EKONOMIJA ZA OPŠTE DOBRO

Biblioteka
NUMMUS

Za izdavača
Bora Babić, direktorka

Stručna redaktura prevoda
Doc. dr Jasna Atanasijević
Departman za matematiku i informatiku
Prirodno-matematički fakultet Univerziteta u Novom Sadu

Stručna redaktura 17. poglavlja knjige
Bojan Ristić
Dejan Trifunović

ŽAN TIROL

EKONOMIJA ZA OPŠTE DOBRO

Preveli s francuskog
Gorana Prodanović
Marko Božić

AKADEMSKA KNJIGA
NOVI SAD

Naslov originala

Jean Tirole, *Économie du bien commun*
Presses Universitaires de France, 2016

SADRŽAJ

INSTITUCIONALNI
OKVIR EKONOMIJE

VELIKI MAKROEKONOMSKI IZAZOVI

IZAZOVI INDUSTRIJSKE ORGANIZACIJE

IZRAZI ZAHVALNOSTI

Ovoj knjizi doprineli su brojni saveti i napomene. Naročito mi je stalo da zahvalim Frederiku Šerbonijeu (Frédéric Cherbonnier), Matjasu Devatriponu (Mathias Dewatripont), Ogistenu Landjeu (Augustin Landier), Patriku Reju (Patrick Rey), Polu Sibrajtu (Paul Seabright), Natali Tirol (Nathalie Tirole), Filipu Trenaru (Philippe Trainar) i Etjenu Vasmeru (Étienne Wasmer), koji su pročitali sve prethodne verzije knjige ili neke od njih. Filip Agion (Philippe Aghion), Rolan Benabu (Roland Bénabou), Olivje Blanšar (Olivier Blanchard), Kristof Bizjer (Christophe Bisière), Pol Šansor (Paul Champssaur) i Alen Kine (Alain Quinet) takođe su mi uputili dragocene opaske. Takođe, želeo bih da se zahvalim Branku Milanoviću za njegov doprinos srpskom izdanju knjige. To što su ovi dobronamerni čitaoci umnogome doprineli ovom delu ni u kom slučaju ne znači da snose i odgovornost za eventualne greške ili propuste.

Kao i svaka knjiga, *Ekonomija za opšte dobro* u velikoj meri nosi pečat autorovog intelektualnog okruženja. U mom slučaju to su različite ustanove kojima pripadam, naravno, najpre *Toulouse School of Economics* (TSE) i *Institut for Advanced Study in Toulouse* (IAST), multidisciplinarni institut osnovan 2011. godine na Univerzitetu Tuluz Kapitol. Takvo intelektualno okruženje zasluga je Žan-Žaka Lafona (Jean-Jacques Laffont), koji je oličenje ekonomiste i otelotvorenje istraživanja u oblasti opšteg dobra. Intelektualni uticaj mojih saradnika, koji svakako nisu odgovorni za nedostatke, primetan je u skoro svakom redu ovog dela.

Bilo mi je veliko zadovoljstvo da radim sa ekipom izdavačke kuće *Presses Universitaires de France*, a naročito s Monik Labrin (Monique Labrune), urednicom izdanja, koja je znalački i s mnogo dobre volje ispratila proces nastanka ovog dela.

Naposletku, želeo bih da zahvalim onima koji su me ohrabrili da napišem ovo delo. Pre svega, mnogobrojnim, ponekad anonimnim osobama zahvaljujući kojima sam postao svestan dužnosti da govorim o svojoj disciplini van uskog kruga donosilaca odluka, zadržavajući pritom naučnu strogost izlaganja.

PREDGOVOR

Gde se denulo opšte dobro?

Od velikog ekonomskog, kulturnog, društvenog i ekološkog kraha planske ekonomije, od pada Berlinskog zida i ekonomskog preobražaja Kine, tržišna privreda postala je vodeći, pa i jedini model ustrojstva našeg društva. Čak je i u „slobodnom svetu" politička moć izgubila uticaj pored tržišta i novih aktera. Privatizacija, konkurencija, globalizacija i sve češće pribegavanje tenderima pri javnim nabavkama ograničavaju moć javnog odlučivanja. A u javnom odlučivanju pravosuđe i nezavisna regulatorna tela, kao organi koji ne podležu uticaju državne administracije, postali su nezaobilazni činioci.

Međutim, tržišna ekonomija odnela je samo polovičnu pobedu, jer nije osvojila ni srce ni um ljudi. Nadmoć tržišta, kojem tek skromna manjina naših sugrađana poklanja poverenje, prihvata se s fatalnošću, a kod nekih biva propraćena i buntom. Opšte negodovanje ukazuje na trijumf ekonomije nad humanističkim vrednostima, na svet bez milosti i saosećanja, prepušten zadovoljavanju ličnih interesa, na razaranje društvenih veza i vrednosti koje počivaju na ljudskom dostojanstvu, na otklon politike i javnih službi, te na nemogućnost održivosti prirodne sredine. Čuveno geslo koje je obišlo svet podseća na to da „svet nije roba". Ta pitanja posebno snažno odjekuju u trenutnim okolnostima, gde vladaju finansijska kriza, rast stope nezaposlenosti i nejednakosti, nesnalaženje rukovodećih ličnosti suočenih s klimatskim promenama, kolebljivost evropskih integracija, geopolitička nestabilnost i migrantska kriza proistekla iz nje, kao i rast populizma širom sveta.

Gde je nestala težnja ka opštem dobru? I na koji način ekonomija može doprineti njenom postizanju?

Definicija opšteg dobra, onoga čemu težimo u korist društva, nužno – ili bar delimično – zahteva davanje vrednosnog suda. Taj sud može biti izraz naših sklonosti, stepena informisanosti i društvenog položaja. Čak i ako se složimo u pogledu poželjnosti određenih ciljeva, možemo pridati različit značaj jednakosti, kupovnoj moći, životnoj sredini, poslu ili privatnom životu. A da ne govorimo o drugim dimenzijama, poput moralnih vrednosti, religije ili duhovnosti, u pogledu kojih se mišljenja mogu ozbiljno razilaziti.

Ipak, moguće je do izvesne mere ukloniti proizvoljnost svojstvenu određivanju pojma opšteg dobra. Sledeći misaoni eksperiment predstavlja dobar uvod u temu. Pretpostavimo da se još niste rodili i da ne znate koje ćete mesto zauzimati u društvu, ni kakav će vam biti genetski sklop, ni ko će vam biti članovi porodice, ni koja će vam biti religijska, društvena, etnička ili nacionalna pripadnost... Zapitajte se potom: „U kakvom bih društvu želeo da živim, imajući na umu da mogu biti muškarac ili žena, dobrog ili lošeg zdravlja; da se mogu roditi u imućnoj ili siromašnoj porodici, od obrazovanih ili neobrazovanih roditelja, u ateističkoj ili verujućoj sredini; odrastati u centru Pariza ili u Lozeru, sa željom da se ostvarim u poslu ili da usvojim neki drugačiji pristup životu, i tako dalje?" Taj način samopreispitivanja, apstrahovanja društvenog položaja i onoga što on nosi sa sobom, to stavljanje „vela neznanja" – tekovina je duge intelektualne tradicije koju su u Engleskoj u XVII veku započeli Tomas Hobs i Džon Lok, u kontinentalnoj Evropi nastavili Imanuel Kant i Žan-Žak Ruso (sa svojim društvenim ugovorom), a u Sjedinjenim Američkim Državama nedavno obnovili filozof Džon Rols (John Rawls, 1971) s teorijom pravde i ekonomista Džon Haršanji (John Harsanyi, 1955) svojim interpersonalnim poređenjem blagostanja.

Kako bih vam ograničio izbor i sprečio vas da se izvučete dajući neki neodređen odgovor, blago ću preinačiti pitanje: „U kakvom biste društvenom uređenju želeli da živite?" Zapravo, pravo pitanje nije usmereno ka tome da saznamo u kom bismo idealnom svetu želeli da živimo, na primer, u svetu čiji bi stanovnici, radnici, rukovodioci iz privrede, političke vođe ili države samoinicijativno davali prednost opštem interesu nauštrb ličnog. Jer, kao što ćemo videti u ovoj knjizi, iako je tačno da ljudsko biće nije neprestano u potrazi za zadovoljenjem ličnog interesa, zanemarivanje podsticaja i ipak vrlo predvidljivih modela ponašanja, što se na primer dešava u mitu o novom čoveku, u prošlosti je dovelo do stvaranja totalitarnih ili osiromašenih formi društvenih organizacija.

Dakle, ova knjiga polazi od sledećeg stanovišta: bilo da smo politički akteri, rukovodioci preduzeća, zaposleni, nezaposleni, frilenseri, državni funkcioneri, zemljoradnici ili naučni istraživači, kakvo god mesto zauzimali u društvu, svi mi reagujemo na okolnosti s kojima smo suočeni. Te okolnosti - materijalne ili društvene prirode - zajedno s ličnim sklonostima određuju naše ponašanje, koje se može kositi sa opštim interesom. Zbog toga se u analizi zajedničke dobrobiti u velikoj meri traga za uspostavljanjem institucija koje bi trebalo da pomire, koliko god je to moguće, lični i zajednički interes. Tako posmatrano, tržišna ekonomija nikako nije cilj. Ona je u najboljem slučaju sredstvo, i to vrlo nesavršeno sredstvo, ako se ima u vidu moguće razmimoilaženje ličnih interesa pojedinaca, društvenih grupa i nacija, s jedne strane, i opšteg interesa, s druge strane.

Ako smo baš toliko uslovljeni mestom koje zauzimamo u društvu[1] da nam je teško da navučemo veo neznanja, ovaj misaoni eksperiment omogućiće nam da lakše nađemo zajednički jezik. Možda ja trošim mnogo vode ili zagađujem okolinu, ne zato što u tome nalazim neko posebno zadovoljstvo, već zato što tako zadovoljavam svoj materijalni interes - proizvodim više povrća ili štedim na izolaciji, ili pak štedim ne kupujući energetski efikasno vozilo. Vi koji ispaštate zbog toga - osuđujete moje postupke. Ali ako razmišljamo sa stanovišta društvenog uređenja, možemo se složiti u pogledu toga da li je moje ponašanje poželjno iz ugla nekoga ko unapred ne zna hoće li biti profiter ili žrtva, odnosno hoće li šteta od ovog drugog biti veća od koristi koju bi donelo ono prvo. Lični i opšti interes razmimoilaze

[1] Kad bismo se ograničili na primer stanovnika Francuske, morali bismo zamisliti da smo se rodili u telu jednog od šezdeset šest miliona naših sugrađana... Kritika koju nam upućuju osobe drugačijeg društvenog položaja može pomoći da odlučnije zaodenemo veo neznanja. No, idealno bi bilo zamisliti da nismo rođeni kao Francuzi, već kao pripadnici neke druge nacije. Vežba postaje još složenija kada se u nju uključe različite generacije, što je, štaviše, neizbežno za razmišljanje o praktičnim pitanjima kao što su javni dug, politika prema globalnom zagrevanju, itd.

se čim se moja slobodna volja okrene protiv vaših interesa, ali se oni delimično podudaraju pod velom neznanja.

Još jedna prednost vela neznanja kao okvira za razmišljanje jeste racionalnije poimanje prava koja više nisu tek puke parole: pravo na zdravstvenu zaštitu predstavlja osiguranje u slučaju lošeg genetskog nasleđa, jednakost šansi za obrazovanje treba da nadomesti razlike u društvenim sredinama u kojima se rađamo i odrastamo, dok su ljudska prava i slobode zaštita od samovolje vlasti, itd. Prava više nisu apstraktni pojmovi koje društvo može i ne mora da prizna, što ih čini delotvornijim jer se u praksi mogu priznavati u različitim stupnjevima, ili se pak mogu naći u međusobnom sukobu (na primer, naša sloboda prestaje tamo gde počinje sloboda drugih).

Težnja ka opštem dobru polazi od kriterijuma našeg blagostanja pod velom neznanja. Ona ne anticipira rešenja i jedini joj je indikator kolektivno blagostanje. Ona priznaje privatnu upotrebu u svrhe ličnog blagostanja[1], ali ne i zloupotrebu na štetu ostalih. Uzmimo primer zajedničkih resursa, tih resursa koja iza vela neznanja, radi jednakosti, moraju pripadati zajednici: planeta, voda, vazduh, biodiverzitet, kulturna baština, lepota pejzaža... Na kraju krajeva, njihovo pripadanje zajednici nije prepreka da ih koriste i pojedinci, uz jedini uslov da nečiji način korišćenja ne ugrožava mogućnost da ih koriste ostali (to je tako sa znanjem, javnom rasvetom, državnom odbranom ili vazduhom[2]). Međutim, ukoliko se tim dobrom može raspolagati samo u ograničenim količinama, ili ako zajednica hoće da ograniči njegovu upotrebu (kao u slučaju emisije ugljen-dioksida), upotreba nužno biva na ovaj ili onaj način privatizovana. Vodosnabdevanje, emisija ugljen-dioksida ili korišćenje radiofrekvencijskog spektra naplaćuju se tako što se ekonomskim akterima udeljuje privatni pri-

1 Što nas ponovo vraća na Aristotelovu kritiku Platonovog pojma javnog dobra. Aristotel ističe da zajednica dobara u idealnom društvu, koju je zamislio Platon, može ujedno biti i izvor i rešenje problema.

2 Sve dok ne zagađujem vazduh, naravno. Takva dobra, gde se moja upotreba ne kosi s vašom, u ekonomiji se nazivaju „javna dobra" (definiciji javnog dobra ponekad se dodaje nemogućnost izostavljanja izvesnih korisnika: sportski događaj na televiziji, javni prostor, onlajn kurs ili patentirani izum jesu dobra otvorenog pristupa, s tim što – za razliku od vazduha – taj pristup može biti ograničen).

stup pod uslovom da društvu za njega plate traženu cenu. Razlog davanju privatnog pristupa tim resursima upravo je težnja ka opštoj dobrobiti: vlast neće dozvoliti da se voda rasipa, ona želi da ekonomske aktere učini odgovornim u pogledu štetnosti njihovog zračenja i namerava da ograničeni resurs, radio-talase, dodeli operaterima koji će ih koristiti kako treba.

Ove napomene umnogome najavljuju odgovor na drugo pitanje, ono koje se tiče doprinosa ekonomije na polju istraživanja opšte dobrobiti. Ekonomija, poput drugih humanističkih i društvenih nauka, nema za cilj da se stavi u ulogu društva i sama definiše opštu dobrobit. Ali ona tome može doprineti na dva načina. S jedne strane, može usmeriti raspravu ka ciljevima otelovljenim u pojmu opšte dobrobiti, razlikujući ih od instrumenata koji mogu doprineti njihovom ostvarenju. Jer, kako ćemo videti, suviše često ti instrumenti, bilo da je reč o nekoj instituciji (na primer, tržištu), o nekom „pravu na" ili o nekoj ekonomskoj politici, počnu da žive svojim životom i na kraju gube iz vida svoju svrhu, čineći štetu opštoj dobrobiti, koja ih je u prvi mah opravdavala. S druge strane, i pre svega, uzimajući opštu dobrobit kao datost, ekonomija razvija alatke kako bi joj doprinela.

Ekonomija nije u službi ni privatnog vlasništva ni ličnih interesa, niti pak onih što bi želeli da koriste državu kako bi nametnuli svoje vrednosti ili postigli prevlast svojih interesa. Ona odbija prevlast tržišta, ali i prevlast države. Ekonomija je u službi opšte dobrobiti, a cilj joj je da učini svet boljim. Kako bi to postigla, treba da prepozna institucije i politike koje će zastupati opšti interes. U svojoj potrazi za blagostanjem zajednice, ona objedinjuje individualnu i kolektivnu dimenziju subjekta. Ekonomija proučava situacije u kojima je individualni interes usklađen s težnjom ka blagostanju zajednice, kao i one situacije u kojima on, naprotiv, predstavlja prepreku.

Vodič

Put kroz ekonomiju opšte dobrobiti koji predlažem čitaocu jeste zahtevan, ali je, nadam se, i poučan. Ova knjiga nije univerzitetsko predavanje niti niz već gotovih odgovora, već, u istraživačkom duhu, sredstvo za propitivanje. Kroz nju provejava lično viđenje ekonomske nauke, načina na koji se ona razvija i onoga što ona podrazumeva. To viđenje podrazumeva istraživanje zasnovano na sučeljavanju teorije i prakse, kao i uređenje društva koje ujedno priznaje prednosti tržišta i nužnost njegovog regulisanja. Samim tim, može se dogoditi da se čitalac ne složi s nekim od iznetih zaključaka, pa ni s većinom njih; ali ja želim da čitalac, čak i u tom slučaju, u argumentaciji iznesenoj u ovom delu pronađe građu za razmišljanje. Kladim se da ona poseduje slast koja će čitaoca navesti da dublje zagrize u ekonomiju kojom je ovaj svet prožet, te da će ga zanimljivost te ekonomije podstaći da zaviri s one strane ogledala.

Ekonomija za opšte dobro takođe ima za cilj da podeli strast prema jednoj naučnoj disciplini - ekonomiji – kao prozoru ka našem svetu. Sve do svog prvog časa ekonomije, koji sam imao u 21. ili 22. godini, s ovom materijom susretao sam se samo preko medija. Nastojao sam da shvatim društvo. Voleo sam strogost matematike i fizike, ali sam se strasno zanimao i za humanističke i društvene nauke: filozofiju, istoriju, psihologiju... Ekonomija me je odmah osvojila jer objedinjuje kvantitativni pristup i proučavanje individualnog i kolektivnog ponašanja ljudi. A zatim sam shvatio da mi je ekonomija otvorila prozor u svet koji sam slabo razumevao, te da mi pruža dve mogućnosti: da se suočim sa intelektualno zahtevnim i uzbudljivim problemima, kao i da dam svoj doprinos odlučivanju u privatnom i javnom životu. Ekonomija ne samo što dokumentuje i analizira individualno i kolektivno ponašanje – već i teži tome da svet učini boljim, dajući preporuke u oblasti ekonomske politike.

Knjiga obrađuje pet velikih tema. Prva se tiče **odnosa društva prema ekonomiji** kao disciplini i paradigmi. Druga je posvećena **profesiji ekonomiste**, od njegove svakodnevice na polju istraživanja do njegovog uključivanja u društveni život. **Naše institucije**, država i tržište u fokusu su treće tematike, koja ih smešta u njihovu ekonomsku dimenziju. Četvrta tema donosi elemente za razmišljanje o četiri **velika makroekonomska izazova** što su trenutno u središtu pažnje: o klimi, nezaposlenosti, evru i finansijskom sektoru. Petu temu čini skup mikroekonomskih pitanja koja su verovatno manje zastupljena u javnoj debati, a koja su od suštinskog značaja za našu svakodnevicu i za budućnost našeg društva. Objedinjena pod naslovom ***izazovi***

privrede, ona obuhvataju politiku konkurencije i industrijsku politiku, digitalnu revoluciju – njene nove ekonomske modele i društvene izazove – inovacije i sektorsku regulaciju.

Odnos društva prema ekonomiji

Prva dva dela knjige tiču se uloge ekonomske nauke u našem društvu, položaja ekonomiste, svakodnevnog rada istraživača u toj oblasti i njegovog odnosa prema drugim društvenim naukama i preispitivanju moralnih temelja tržišta.

Dugo sam oklevao da uvrstim u knjigu ta poglavlja strahujući da bi to dodatno doprinelo „tabloidizaciji" ekonomske profesije, čemu su novinari ponekad skloni, a što bi moglo odvratiti pažnju čitalaca sa osnovne teme knjige – ekonomije. Na kraju sam odlučio da preuzmem taj rizik. Ipak, rasprave koje sam vodio po gimnazijama i univerzitetima, pa i van tih prosvetnih ustanova, navele su me da shvatim šta ljude kopka u vezi s mojom disciplinom. Pitanja su uvek ista: šta radi neko ko se bavi istraživanjem u oblasti ekonomije? Je li ekonomija nauka? Može li postojati ekonomska disciplina zasnovana na „metodološkom individualizmu", po kome su fenomeni kolektivnog života uslovljeni individualnim ponašanjem, a ovo kolektivno tek naknadno utiče na individualno ponašanje? Može li se načelno prepoznati neki vid racionalnosti u ponašanju? Može li se utvrditi neko načelo racionalnog ponašanja – i, ako može, koje? Je li tržište moralno? Jesu li ekonomisti korisni, budući da nisu umeli da predvide finansijsku krizu iz 2008. godine?

Ekonomija je ujedno zahtevna i pristupačna. Zahtevna je jer, kako ćemo videti u prvom poglavlju, intuicija često ume da nas obmane. Svi smo donekle slabi i skloni podleganju određenim heurističkim obrascima zaključivanja i određenim predubeđenjima. Kada razmišljamo o nekom ekonomskom problemu, prvi odgovor koji nam pada na pamet nije uvek i tačan. Naše rezonovanje često ostaje na prividu, na onome u šta bismo želeli da verujemo, na emocijama koje nas ponekad ponesu. Ekonomija ima za cilj da ide dalje od privida. Ona je sočivo koje oblikuje naš pogled na svet i omogućava nam da zavirimo iza ogledala. Dobra stvar je to što ekonomija postaje pristupačna kada uspemo da izbegnemo te zamke. Njeno razumevanje nije uslovljeno vrsnim obrazovanjem niti natprosečnim koeficijentom inteligencije. Do njega se može doći spojem intelektualne radoznalosti i mapiranjem prirodnih zamki koje nam postavlja intuicija. Ilustrovaću svako poglavlje konkretnim primerima kako bih razjasnio teoriju i usmerio intuiciju.

Kao osvrt na maločas pomenuto opšte negodovanje, mnoge knjige postavljaju pitanja o moralnosti tržišta i ističu nužnost uspostavljanja jasne granice između onog čime se može i čime se ne može trgovati. Drugo poglavlje pokazuje da su izvesne kritike upućene tržištu u pogledu morala zapravo samo drugačije formulisan pojam „nesavršenosti tržišta", koji poziva na javno delovanje, ali ne uključuje nužno etičke probleme. Druge kritike su bolje utemeljene. Nastojaću da razjasnim zašto nas onespokojavaju tržišne transakcije koje se tiču prodaje organa, surogat majčinstva ili prostitucije. Pozabaviću se idejom o tome da bunt, iako ume da ukaže na greške u ponašanju pojedinaca ili u organizaciji društva, može isto tako biti pogrešan putokaz. U prošlosti je bunt često vodio nametanju nečijih ličnih sklonosti na štetu tuđe slobode. Bunt prečesto zapostavlja dublje promišljanje. Najzad, u ovom poglavlju analiziram našu zabrinutost u pogledu kidanja društvenih veza i produbljivanja nejednakosti u tržišnoj ekonomiji.

Ekonomista kao zanimanje

Drugi deo knjige obrađuje profesiju ekonomiste, počevši, u trećem poglavlju, od njegovog angažovanja u političkoj zajednici. Ekonomska disciplina ima posebno mesto u humanističkim i društvenim naukama; više nego ostale nauke, ona ispituje, zadivljuje i zabrinjava. Ekonomisti, čija uloga nije da donose odluke već da uočavaju zakonitosti koje ustrojavaju ekonomiju i da šire aktuelnu sumu znanja kojom raspolaže ekonomska nauka, suočavaju se s dve donekle protivrečne kritike. Po jednoj, ekonomisti ničemu ne služe, po drugoj – oni su uticajni, ali njihova istraživanja samo opravdavaju politiku usmerenu protiv opšte dobrobiti. Usredsrediću se na drugu kritiku, a cela knjiga neka bude odgovor na prvu.

Razmišljati o društvenoj ulozi ekonomiste jeste legitimno. Istraživače u oblasti ekonomije, kao i njihove kolege iz drugih naučnih oblasti, najčešće finansira država; oni imaju uticaja na čitav niz regulativa i na naš ekonomski sistem, bilo neposredno, učešćem u životu političke zajednice, bilo posredno, istraživanjima ili nastavnim aktivnostima. Zbog mogućnosti njihove greške, koje nije pošteđen nijedan naučnik, ne treba da zanemarimo činjenicu da oni moraju podnositi račune drugima. Koliko god da je uzbudljiv život ekonomista univerzitetskih profesora, svi oni kolektivno moraju biti od koristi društvu.

Istraživač se uključuje u život zajednice na više načina, a jedan od njih je interakcija s privatnim i javnim sektorom, učestvovanje u javnim, medijskim i političkim raspravama. Svaka interakcija, ako je dobro strukturirana, može biti od koristi društvu, ali nosi u sebi klicu zaraze. Uzimajući ekonomiju za primer (a imajući u vidu širu perspektivu svih univerzitetskih istraživanja), treće poglavlje govori o onome što može loše uticati na istraživanja i prenošenje njihovih rezultata, te iznosi neka lična razmišljanja o tome kako bi ustanove mogle umanjiti opasnost koju novac, prijateljstvo, želja za priznanjem ili slavom predstavljaju u pogledu istraživačevog ponašanja van njegovog kabineta i u samom kabinetu.

Četvrto poglavlje opisuje svakodnevicu istraživača u oblasti ekonomije. Objašnjavam zašto je zavodljiva ta „sumorna nauka" – što je pridev koji joj je prišio istoričar Tomas Karlajl (Thomas Carlyle) 1849. godine u letku gde zagovara ponovno uspostavljanje ropstva – kao i zbog čega bi srednjoškolac (ili student) koji razmišlja o svojoj budućnosti možda mogao poželeti da postane ekonomista.

Podsećam i na komplementarnost i komunikaciju između teorije i empirijskog rada, ulogu matematike, proveru znanja, slaganja i neslaganja među ekonomistima, kao i na njihov način kognitivnog zaključivanja. Najzad, na intuitivan način predstavljam dve novije teorije – teoriju igara i teoriju informacija, koje su napravile revoluciju u našem shvatanju ekonomskih institucija u poslednjih četrdeset godina.

Antropolozi, ekonomisti, istoričari, pravnici, politikolozi, psiholozi i sociolozi interesuju se za iste osobe, iste grupe i ista društva.

Peto poglavlje vraća ekonomiju među humanističke i društvene nauke, kojima je i pripadala do kraja XIX veka. U XX veku ekonomija se samostalno razvijala na osnovu fikcije *homo oeconomicus*, to jest na osnovu uprošćene pretpostavke prema kojoj su oni koji odlučuju (potrošači, političari, preduzeća...) racionalni u smislu da čine upravo ono što im je najviše u interesu, u skladu sa informacijama kojima raspolažu (ekonomija, međutim, ističe da njihove informacije mogu biti nepotpune ili netačne). Naravno, svi mi u praksi odstupamo od prave linije u razmišljanju i odlučivanju, a imamo i ciljeve koji nadilaze materijalne interese, čemu ne težimo baš uvek. Od pre dvadeset godina, istraživanja u oblasti ekonomije sve češće uzimaju u obzir doprinose drugih društvenih i humanističkih nauka kako bi se bolje shvatilo ponašanje individua i grupa, donošenje političkih odluka ili način na koji su zakoni oblikovani. To poglavlje pokazuje na koji način uzimanje u obzir odlaganja obaveza i grešaka pri nastanku naših uverenja – ili efekata društvene sredine – obogaćuje opis ponašanja i ekonomsku nauku. U tom poglavlju vraćamo se na našu moralnost i njenu krhkost; podsećamo na vezu između unutrašnje i spoljašnje motivacije, te na uticaj društvenih normi na naše ponašanje.

Naše institucije

Dva naredna poglavlja proučavaju neke od glavnih činilaca našeg ekonomskog života: državu i preduzeće. Opšta dobrobit navela me je na to da u šestom poglavlju ponudim novu koncepciju države. Naš društveni izbor nije izbor između države i tržišta, kako nas uveravaju pobornici intervencionizma i pristalice politike *laissez-faire*. Država i tržište međusobno se dopunjuju – ne isključuju se. Tržište ima potrebu za regulacijom, a država za konkurencijom i podsticajima.

Od poslodavca putem javnih službi, i proizvođača dobara i pružalaca usluga putem državnih preduzeća, država se preobražava u regulatora. Njena nova uloga jeste da odredi pravila igre i interveniše kako bi ublažila nesavršenost tržišta, a ne da zameni tržište. Ona preuzima svu odgovornost tamo gde tržište pokaže svoje nedostatke, kako bi obezbedila zdravu konkurenciju, regulisala monopol, nadzirala finansijski sistem ili nas učinila odgovornima prema životnoj sredini, ali i kako bi nas zaštitila od nepredvidivih zdravstvenih i karijernih nedaća, obezbedila istinsku jednakost šansi i preraspodelila bogatstvo putem poreza. U tom poglavlju analiziram ulogu i važnost nezavisnih tela i primat politike... Bavim se osetljivim pitanjem državne reforme, insistirajući na njenoj nužnosti, budući da javne finansije prete da ugroze održivost našeg sistema socijalne zaštite. Dajem i ideje o tome kako sprovesti reformu.

Sedmo poglavlje tiče se preduzeća, a počinje enigmom: zašto je baš kapitalistički način upravljanja toliko zastupljen u većini svetskih država? Taj način upravljanja dodeljuje moć odlučivanja akcionarima, a izuzetno i poveriocima, ukoliko dugovi nisu izmireni. Ali u preduzeću ima i mnogo drugih zainteresovanih strana: zaposleni, podizvođači, klijenti, jedinice lokalne i regionalne samouprave, države u kojima ono posluje, lokalno stanovništvo koje može trpeti štetu zbog delovanja preduzeća... Dakle, mogli bismo zamisliti mnoštvo organizacija gde bi zainteresovane strane podelile moć odlučivanja u konfiguracijama različitih oblika. Skloni smo tome da zaboravimo da i drugačiji oblici, kao samoupravljanje ili zadružno organizovanje, mogu doći u obzir u svetu slobodnog preduzetništva. Analiza održivosti ovih mogućnosti navodi me da razmotrim prednosti i mane korporativnog upravljanja. Dakle, analiziraću pojmove društvene odgovornosti preduzeća i socijalno odgovornog investiranja: šta ovi koncepti podrazumevaju? Jesu li nekompatibilni s tržišnom ekonomijom, ili su, naprotiv, njena prirodna posledica?

Prozor u naš svet

Poglavlja u kojima se obrađuju nama toliko poznate ekonomske teme (8–17) zahtevaju manje objašnjenja. Taj deo knjige poziv je na putovanje kroz pitanja koja se tiču naše svakodnevice, a koja mi ipak ne kontrolišemo: globalno zagrevanje, nezaposlenost, Evropa, finansije, konkurencija i industrijska politika, naš odnos prema digitalizaciji, inovacijama i sektorskoj regulaciji... Pri obradi svake od tih tema analiziraću postupke državnih i privatnih aktera, te razmatrati institucije koje bi mogle doprineti objedinjavanju ličnih i opštih interesa, ukratko – opštem dobru.

Moja poruka je optimistična. Ona objašnjava zašto boljke od kojih pati naše društvo nisu pogubne: postoje rešenja za nezaposlenost, globalno zagrevanje i posustajanje evropskih integracija. Takođe objašnjava kako odgovoriti na izazov koji nam postavlja privreda, te kako postići da dobra i usluge budu u funkciji zajednice, a ne prihoda akcionara ili zaposlenih u preduzećima. Ukazuje na to kako regulisati finansije, velike monopole, tržišta i samu državu, a pritom sprečiti raspad ekonomske mašinerije i ne poreći ulogu države u organizovanju društva.

Izbor ekonomskih tema ovde je nužno sužen. Prednost sam dao onima o kojima sam objavljivao radove u naučnim časopisima. Ostavio sam po strani izvesne teme o kojima bi se neki drugi ekonomisti izrazili mnogo stručnije od mene, ili sam, kao u primeru globalizacije ili nejednakosti, odlučio da ih se tek ovlaš dotaknem u okviru postojećih poglavlja, u slučajevima kad se one prepliću i tako međusobno rasvetljavaju jedna drugu.

Crvena nit

Iako ova knjiga počiva na temama koje su nam svima poznate, njena crvena nit je koncept s kojim su mnogi čitaoci verovatno manje upoznati, a to je teorija informacija, koja predstavlja veliki napredak u ekonomiji poslednjih četrdeset godina. Ta teorija zasniva se na jednoj očiglednosti: odluke ekonomskih aktera (domaćinstava, preduzeća, država...) uslovljene su ograničenošću informacija kojima oni raspolažu. Posledice ograničenosti informacija nalaze se posvuda: u poteškoćama birokratije da shvati i proceni politiku koju sprovodi vlada; u poteškoćama države da reguliše velike banke i preduzeća, zaštiti životnu sredinu ili upravlja inovacijama; u poteškoćama investitora da kontrolišu način na koji njihov novac koriste preduzeća u koja su oni uložili novac; u načinu unutrašnjeg organizovanja naših preduzeća; u našim međuljudskim odnosima, pa čak i u našem odnosu prema sebi, kada gradimo sopstveni identitet i verujemo u ono u šta bismo želeli da poverujemo.

Kao što ću pokazati, neophodna kompatibilnost javnih politika s raspoloživim informacijama ima ključni uticaj na kreiranje politike zapošljavanja, industrijske politike, zaštite životne sredine, sektorske regulacije i regulacije bankarskog sistema. U privatnom sektoru asimetričnost informacija prožima upravljačke institucije i načine finansiranja. Pitanje informacije nalazimo svuda, u ustrojstvu naših institucija i izbora naše ekonomske politike.

Vodič za čitanje: ovih sedamnaest poglavlja napisano je tako da se mogu čitati nezavisno jedno od drugog. Dakle, čitalac koji je vremenski ograničen – ili onaj koji ima naročita interesovanja – može se usredsrediti na svoje omiljene teme. Međutim, savet je da se pre čitanja dvanaestog poglavlja (o krizi iz 2008) prvo pročita jedanaesto poglavlje (o finansijskom sektoru).

Ugodno čitanje!

EKONOMIJA I DRUŠTVO

Poglavlje 1

Volite li ekonomiju?

Ukoliko niste ekonomista po obrazovanju ili zanimanju, ekonomija vas verovatno intrigira (inače ne biste listali ove stranice), ali od intrigiranja do ljubavi dug je put... Verovatno nalazite da je ekonomski žargon teško razumljiv, da nije dovoljan zdrav razum kako bi se on shvatio, pa čak i da je neintuitivan, štaviše – kontraintuitivan. U ovom poglavlju želeo bih da objasnim zašto je to tako, predstavljajući nekoliko kognitivnih pristrasnosti koje nas sputavaju pri bavljenju ekonomskim pitanjima. Takođe, daću predloge kako doprineti popularizaciji ekonomske kulture. Jer, ekonomija se tiče svakodnevice svih nas, tako da ne može biti isključivo domen stručnjaka; ona je pristupačna pod uslovom da naš pogled ne ostaje na prividu. Čak je uzbudljiva kada se uoče i savladaju prve prepreke.

I. ŠTA NAS SPUTAVA U RAZUMEVANJU EKONOMIJE?

Psiholozi i filozofi oduvek su se zanimali za uzroke nastanka naših uverenja. Ljudi neguju mnogobrojne kognitivne pristrasnosti koje ujedno pomažu (što, verovatno, opravdava njihovo postojanje) i odmažu. Susretaćemo se s njima u celoj knjizi, jer one utiču na naše razumevanje ekonomskih pojava i na naše viđenje društva. Ukratko, postoji ono što vidimo, iliti ono što želimo da vidimo, i ono što je stvarnost.

Verujemo u ono u šta želimo da verujemo, vidimo ono što želimo da vidimo

Često verujemo u ono u šta želimo da verujemo, a ne u ono na šta nas očigledni dokazi upućuju. Kako su istakli međusobno veoma različiti mislioci – poput Platona, Adama Smita ili Vilijama Džejmsa (Wiliam James), velikog američkog psihologa iz XIX veka – nastanak i menjanje naših uverenja često su u službi potvrđivanja slike koju želimo da imamo o sebi samima ili o svetu koji nas okružuje. A ta uverenja, posmatrano na nivou jedne zemlje, uslovljavaju ekonomsku, socijalnu i naučnu politiku, kao i geopolitiku.

Mi nismo samo žrtve svojih kognitivnih pristrasnosti, već često i sami njima težimo. Tumačimo činjenice kroz prizmu svojih uverenja, čitamo novine i tražimo društvo osoba koje potvrđuju naša uverenja... Stoga se kruto držimo tih uverenja, bila ona ispravna ili pogrešna. Predočavajući ljudima naučne dokaze o antropogenom faktoru (tj. faktoru povezanom s čovekovim uticajem) u globalnom zagrevanju, Den Kahan (Dan Kahan), profesor prava na Univerzitetu Jejl, zapazio je da Amerikanci koji glasaju za demokrate, suočeni s takvim podacima, bivaju još ubeđeniji u neophodnost delovanja protiv globalnog zagrevanja, dok republikanci, suočeni s istim tim podacima, postaju još čvršći u svom klimatoskepticizmu.[1] Još više začuđuje što ta reakcija nije stvar obrazovanja ili inteligencije: statistički, odbijanje da se uzmu u obzir očiti dokazi u najmanju ruku jednako je kod republikanca visokog obrazovanja i kod republikanaca skromnijeg obrazovanja! Dakle, toj pojavi niko ne može umaći.

Čovekova želja da odagna strepnje u pogledu svoje budućnosti takođe igra važnu ulogu u razumevanju ekonomskih i uopšte naučnih pojava. Ne želimo da slušamo o tome kako će borba protiv globalnog zagrevanja biti skupa. Otud i popularnost pojma „zeleni rast"

---

[1] U svom članku *Ideology, Motivated Reasoning, and Cognitive Reflection*, Judgment and Decision Making, 2013, n°8, str. 407–424. Tačnije rečeno, Kahan pokazuje da kalkulativne i analitičke sposobnosti ne doprinose preispitivanju uverenja u pogledu antropogenog faktora. Podsetimo, godine 2010. samo je 38% republikanaca prihvatalo postojanje globalnog zagrevanja od predindustrijskog doba, dok je tek 18% njih videlo u tome antropogeni faktor (tj. čoveka kao uzročnika).

u političkom diskursu, koji već i sâm ukazuje na politiku očuvanja životne sredine koja bi bila „čista dobit". Ali, ako nije tako skupa, zašto dosad nije sprovedena?

Isto tako, želimo da verujemo da nevolje i bolesti mogu zadesiti samo nekog drugog, nikako nas same niti naše bližnje (što može dovesti do kobnog ponašanja – smanjene opreznosti za volanom ili nedovoljne medicinske prevencije, što, doduše, ima i svojih prednosti, budući da bezbrižnost na tom polju pozitivno utiče na kvalitet života). Mi ne želimo da se opterećujemo mogućnošću da eksplozija javnog duga ili krah našeg sistema socijalnog osiguranja dovedu u pitanje održivost našeg društvenog sistema. Ili, u krajnjoj liniji, želimo da verujemo kako će „neko drugi" to platiti.

Svi sanjamo o nekom drugom svetu čije aktere ne bi trebalo zakonom podsticati na to da ne greše, da uklanjaju posledice zagađenja ili da plaćaju porez i oprezno voze čak i kad nema policije. Zato se filmski reditelji (i to ne samo oni holivudski) odlučuju za kraj filma koji je u skladu s našim očekivanjima; *happy end* služi da nas ojača u uverenju da živimo u pravednom svetu, gde vrlina pobeđuje greh (što je sociolog Melvin Lerner nazvao „verovanje u pravedan svet" – *belief in a just world*[1]).

Dok i desničarske i levičarske populističke partije forsiraju priču o ekonomiji bez ograničenja, poruke koje kvare tu bajku o medvedićima dobrog srca u najboljem slučaju doživljavaju se kao uznemirujuće, a u najgorem kao priče koje potiču od samog đavola, ili pak od fanatika opsednutih globalnim zagrevanjem, ideologa politike štednje ili neprijatelja ljudske vrste. To je jedan od razloga što se ekonomija često naziva sumornom naukom.

Ono što vidimo i ono što ne vidimo

— Prvi utisci i heuristički obrasci ponašanja

Naučni pristup u ekonomiji često počiva na teoriji racionalnog izbora. Da bi se opisalo ponašanje nekog ekonomskog aktera, polazi

---

[1] U knjizi *Belief in a Just World. A Fundamental Delusion*, New York, Plenum Press, 1982.

se od opisa njegovog cilja. Bilo da je reč o egoisti ili altruisti, pojedincu željnom dobiti ili društvenog priznanja, ili pak o osobi vođenoj nekom drugom ambicijom, svakako se podrazumeva da će dotični postupati što je moguće više u sopstvenom interesu. Ta hipoteza ponekad je prenaglašena, ali ne samo zato što pojedinac ne raspolaže uvek informacijom koja mu je potrebna da bi doneo pravu odluku. Budući da je žrtva kognitivnih pristrasnosti, svaki ekonomski akter može se prevariti u proceni načina za postizanje svog cilja. Tih kognitivnih pristrasnosti u rezonovanju i opažanju ima mnogo. One ne čine nužno pogrešnom teoriju racionalnog izbora koju definišu normativne odluke (najbolje odluke koje bi ljudi trebalo da donesu radi zadovoljenja svojih interesa), već objašnjavaju zašto mi nužno ne donosimo takve odluke.

Mi koristimo „heurističke obrasce" drage psihologu Danijelu Kanemanu (Daniel Kahneman)[1], dobitniku Nobelove nagrade za ekonomiju 2002, to jest oblike zaključivanja, prečice koje nam nude skice odgovora na naša pitanja. Ti heuristički obrasci često su vrlo korisni jer nam omogućavaju da se brzo odlučimo (ako se nađemo oči u oči s tigrom, nemamo baš vremena da razmatramo šta bi bilo optimalno rešenje...), ali oni takođe umeju da prevare. Mogu biti vođeni osećanjima, koja su ponekad pouzdan, a ponekad vrlo nepromišljen vodič.

Uzmimo jedan klasičan primer heurističkog obrasca: ono čega se setimo kad smo u prilici da odlučujemo, ili prosto da procenjujemo. Uverenje da „telefon uvek zvoni kada smo zauzeti ili kad se tuširamo" očito je obmana našeg pamćenja; mnogo se bolje sećamo situacija kada smo besneli zato što nas neko prekida u poslu (to ostaje urezano u pamćenju) nego situacija u kojima nam telefonski pozivi

[1] Daniel Kahneman, *Système 1/Système 2. Les deux vitesses de la pensée*, Paris, Flammarion, „Essais", 2012. Pogledati takođe njegove radove s Amosom Tverskim (Amos Tversky), naročito njihovu knjigu s Polom Slovikom (Paul Slovic) – *Judgment Under Uncertainty. Heuristics and Biases*, New York, Cambridge University Press, 1982. Za drugačiji pogled na heurističke obrasce, takođe konsultovati Gerd Gigenrenzer, *Simple Heuristics That Make Us Smart*, Oxford, Oxford University Press, 1999.

nisu predstavljali nikakvu smetnju. Isto tako, svi se bojimo avionskih nesreća i terorističkih napada jer se o njima dosta izveštava u štampi, te zaboravljamo da su automobilske nesreće i „obična" ubistva neuporedivo češći uzrok smrti nego ovi, srećom, retki incidenti. Tako se nakon 11. septembra 2001. godine u SAD dogodilo 200.000 ubistava, od kojih su samo 50 počinili američki islamisti.[1] Bez obzira na to, teroristički napadi duboko se urezuju u pamćenje svih nas.

Glavni doprinos radova Kanemana i Tverskog jeste saznanje da nas ti heuristički obrasci često navode na grešku. Ta dvojica psihologa daju brojne primere ovog fenomena, ali jedan je naročito upečatljiv: studenti medicine na Univerzitetu u Harvardu prave kardinalne greške[2] kad treba da procene verovatnoću razvoja raka na osnovu određenih simptoma. A tu je reč o najboljim američkim studentima. Opet se susrećemo s primerom iskrivljenih uverenja od kojih se ne odstupa uprkos vanrednom intelektu i visokom nivou obrazovanja.[3]

Isto tako, u ekonomiji ume da nas obmane prvi utisak, pažnja usmerena isključivo na ono što deluje najočiglednije. Posmatramo neposrednu i lako razumljivu posledicu neke ekonomske politike i na tome se zaustavljamo. Najčešće nismo svesni fenomena podsticaja, zamene ili odlaganja, koji su svojstveni funkcionisanju tržišta; ne sagledavamo probleme kao celinu. A političke odluke imaju sporedne efekte koji neku dobronamernu politiku lako mogu učiniti štetnom.

---

1 Podatke je prikupio sociolog sa Univerziteta u Severnoj Karolini Čarls Kurzman (Charles Kurzman), a naveo ih Sajmon Kuper (Simon Kuper) u listu *Financial Times* od 21. novembra 2015. Naravno, ovaj broj isključuje žrtve 11. septembra, ali zahvaljujući njima stičemo predstavu o problemu opažanja. Kurzman je takođe izjavio za *Huffington Post* 17. decembra 2015: „Ove godine, jedan američki musliman od milion izgubio je život zbog tuđe mržnje prema njegovoj veri, dok su jednog od sedamnaest miliona Amerikanaca ubili muslimanski teroristi."

2 U primeru koji navode polovina studenata smatra da je verovatnoća za razvoj oboljenja 95%, dok je realna verovatnoća samo 2%. Pogledati peto poglavlje za opis ovog eksperimenta.

3 U SAD medicina se ne može studirati nakon srednje škole, već posle četvorogodišnjih studija drugih disciplina.

Susretaćemo se s brojnim potvrdama ove pojave u čitavoj knjizi, ali već sad ćemo namerno izneti jedan provokativan primer.[1] Izabrao sam ga jer nam omogućava da vidimo koje kognitivne pristrasnosti mogu navesti na loše razumevanje posledica odluka javnih politika. Pretpostavimo da jedna nevladina organizacija zaplenjuje slonovaču od krijumčara. Ona treba da odluči hoće li je odmah uništiti ili će je diskretno preprodati na tržištu. Primorana da brzo reaguje, velika većina čitalaca našla bi da je drugi postupak za krajnju osudu. Ni ja ne bih drugačije reagovao na prvu loptu. Ali zadržimo se malo na ovom primeru.

Mimo ostvarenog prihoda za nevladine organizacije, koji bi mogao poslužiti plemenitom cilju za koji se ona zalaže i koji bi joj obezbedio sredstva za suzbijanje nedozvoljene trgovine (uvećanu sposobnost otkrivanja i sprovođenja istrage, dodatna vozila...), preprodaja slonovače ima za neposrednu posledicu pad cene slonovače (mali, ako je preprodato malo slonovače, i obratno[2]). Krijumčari slonovače, kao i mnogi drugi, razmišljaju racionalno: mere novčanu dobit svoje protivzakonite aktivnosti spram rizika od zatvorske kazne ili borbe sa silama zakona kojima se izlažu; pad cene imao bi za sporednu posledicu odvraćanje nekih krivolovaca od daljeg ubijanja slonova. Da li bi to bilo nemoralno? Možda, jer bi se moglo desiti da preprodaja slonovače koju sprovodi nevladina organizacija od ugleda i poštovanja učini ovu trgovinu opravdanom u očima kupaca, koji bi se inače bar donekle osećali krivim zbog svog zanimanja za slonovaču. No, trebalo bi ipak dvaput razmisliti pre nego što nevladinu organizaciju osudimo zbog takvog ponašanja. Tim pre što javnu vlast ionako ništa ne sprečava da obavlja funkcije koje su po prirodi stvari u njenoj isključivoj nadležnosti: da progoni krivolovce i preprodavce slonovače i nosorogovog roga, te da utvrđuje norme ponašanja kako bi ga menjala.

---

[1] Proučavali Majkl Kremer (Michael Kremer) i Čarls Morkom (Charles Morcom) u *Elephantsu*, American Economic Review, 2000, vol. 90, n°1, str. 212–234.

[2] Pre izvođenja zaključka bitno je utvrditi hoće li se ta preprodaja ostvariti u svrhu nečeg dobrog, bez obzira na svoje razmere i domet.

Ovaj izmišljeni scenario omogućava nam da razumemo jedan od osnovnih razloga za neuspeh Protokola iz Kjota, koji je 1997. obećavao da će biti ključna faza u borbi protiv globalnog zagrevanja. Pojasnimo. Posledice odlaganja rešavanja pitanja životne sredine u ekonomskom žargonu nazivaju se „problemom uzmicanja". On se odnosi na mehanizam u kojem borba protiv emisije gasova s efektom staklene bašte u nekom delu planete nema nimalo ili ima tek nešto malo uticaja na nivo zagađenja u svetu. Pretpostavimo, na primer, da Francuska umanji svoju potrošnju energije iz fosilnih goriva (mazuta, uglja...); taj napor je za svaku pohvalu, a stručnjaci se slažu u mišljenju da je potrebno uložiti mnogo više napora u svim zemljama kako bi se zauzdao porast temperature do nekog razumnog nivoa (1,5 do 2 stepena C). Međutim, uštedom tone uglja ili barela goriva obaramo cenu uglja ili nafte, podstičući tako druge da ih više troše negde u svetu.

Isto tako, kada Evropa obavezuje preduzeća izložena međunarodnoj konkurenciji da plate za emisiju gasova s efektom staklene bašte, pojavljuje se tendencija da proizvodnja pri kojoj se gasovi ispuštaju bude premeštena u zemlje gde se o tome ne vodi računa, što će delimično ili potpuno doprineti umanjenju emisije tih gasova u Evropi, ali će sveukupni ekološki učinak biti vrlo slab.

Na polju ekonomije, put do pakla popločan je dobrim namerama. Svako temeljno rešenje za problem globalnog zagrevanja mora biti sprovedeno na globalnom nivou.

— *Pristrasnost prema prepoznatljivoj žrtvi*

Naša empatija biva prirodno usmerena ka onima koji su nam geografski, etnički ili kulturno bliski. Naša prirodna naklonost, uzrokovana evolutivnim razvojem[1], čini da imamo više saosećanja

[1] Kroz istoriju je naš opstanak uvek zavisio od pravila uzajamnosti u okviru određene društvene grupe. Jedna od novina ne tako davne istorije (u evolutivnom smislu) jeste to što je čovek naučio da opšti u miru s populacijama koje su mu strane. Videti knjigu Paul Seabright, *La Société des inconnus. Histoire naturelle de la collectivité humaine*, fr. prev. Julien Randon-Furlang, Genève, Markus Haller, 2011.

prema ljudima iz svoje zajednice koji su u lošem materijalnom položaju nego prema deci iz Afrike koja umiru od gladi, iako racionalno priznajemo da je ovim drugima naša pomoć potrebnija. Uopšte, osećamo više empatije kada se možemo poistovetiti sa žrtvom; a da bismo se s njom poistovetili, potrebno je da ona bude prepoznatljiva. Još davno su psiholozi proučavali sklonost svih nas da pridajemo veću važnost ljudima čiji lik možemo prepoznati nego svim drugima, koji za nas ostaju neznanci.[1] Pristrasnost prema prepoznatljivoj žrtvi, koliko god da je svojstvena čoveku, utiče na javnu politiku, kako kaže rečenica spornog porekla koja se često pripisuje Josifu Staljinu: „Smrt jednog čoveka je tragedija, a smrt miliona ljudi je statistički podatak". Stoga nas je potresna fotografija trogodišnjeg sirijskog deteta koje je pronađeno mrtvo na nekoj turskoj plaži naterala da postanemo svesni fenomena koji smo želeli da potisnemo. Ona je imala snažniji uticaj na osvešćivanje Evropljana od statistika o hiljadama migranata koji su se pre toga davili u Mediteranu. Ajlanova fotografija je za imigraciju ka Evropi ono što je za rat u Vijetnamu 1972. godine bila slika male vijetnamske devojčice Kim Fuk, koja je spržene kože gola trčala po putu posle napada napalm-bombama. Jedna jedina žrtva kojoj se može pripisati identitet ostavlja mnogo više traga u svesti ljudi nego hiljade anonimnih žrtava. Na isti način, marketinška kampanja protiv alkoholizma ima više uspeha kada prikazuje putnika koji proleće kroz šoferšajbnu nego kad objavi izveštaj o godišnjem broju žrtava (iako statistika pruža mnogo više informacija o ozbiljnosti problema).

Pristrasnost prema prepoznatljivoj žrtvi obmanjuje nas i u politici zapošljavanja. Mediji nas toliko obilato izveštavaju o borbi zaposlenih koji su na korak od toga da dobiju otkaz, kao i o njihovoj drami, koja je tim pre ozbiljnija jer žive u zemlji gde su male šanse da dobiju drugi ugovor na neodređeno vreme; te žrtve imaju lik. Oni i one kojih je mnogo više, a koji se muče zbog nezaposlenosti, subvencionisanih radnih mesta ili ugovora na određeno vreme, nemaju lik;

[1] Američki psiholog Pol Slovik (Paul Slovic) pokazao je kako jedna jedina slika izgladnelog deteta u Maliju može izazvati veći izliv velikodušnosti nego statistike o gladi, koje, na primer, kazuju da nekoliko miliona dece pati od neuhranjenosti. Naravno, razlika u reakciji nema smisla, ali lepo pokazuje kako naše opažanje i naša osećanja utiču na naše ponašanje.

oni su tek statistički podaci. Međutim, kako ćemo videti u devetom poglavlju, oni su žrtve pravnih institucija, između ostalog, onih koje štite ugovore na neodređeno vreme, zbog čega preduzeća daju prednost ugovorima na određeno vreme, kao i radnim mestima finansiranim iz budžeta u odnosu na stalna radna mesta. Kako je moglo biti potrošeno toliko javnog novca i socijalnih doprinosa, uz ugrožavanje konkurentnosti preduzeća, a time i zapošljavanja, uz žrtvovanje novca koji se mogao usmeriti na obrazovanje ili na zdravstvo, da bi se postigli tako skromni rezultati? Na odgovor nas delom upućuje i činjenica što mislimo na programe smanjenja broja zaposlenih, dok zaboravljamo na one radno sposobne a isključene s tržišta rada – dve strane iste medalje.

Ovde kontrast između ekonomije i medicine zapanjuje: prema opštem mišljenju, za razliku od „sumorne nauke", medicina se – opravdano – smatra profesijom posvećenom blagostanju ljudi (engleski izraz „caring profession" ovde naročito odgovara). Međutim, cilj ekonomije sličan je cilju medicine: ekonomista, kao i onkolog, dijagnostikuje i, kada je to neophodno, predlaže najprikladniji mogući tretman u skladu s obimom (nužno nepotpunim) svojih saznanja, ili preporučuje izostavljanje tretmana ako on nije neophodan.

Razlog za postajanje tog kontrasta lako je uočljiv. U medicini su žrtve neželjenih dejstava iste osobe koje su imale tretman (osim u oblasti epidemiologije, čije su posledice povezane s otpornošću na antibiotike ili s izostankom vakcinacije); lekar, dakle, treba samo da ostane veran Hipokratovoj zakletvi i da preporuči ono što smatra korisnim za pacijenta. U ekonomiji su žrtve neželjenih dejstava često neke druge osobe, ne one na koje se tretman primenjuje, kako to vrlo lepo ilustruje primer s tržištem rada. Ekonomista je primoran da misli i na nevidljive žrtve, izlažući se ponekad osudi da je neosetljiv na patnje vidljivih žrtava.

II. TRŽIŠTE I DRUGI NAČINI UPRAVLJANJA OSKUDNIM DOBRIMA

Dok u vazduhu, vodi s potoka ili posmatranju krajolika mogu uživati svi ljudi ne sprečavajući u tome jedni druge, većina drugih stvari je ograničena. Upotreba stvari od strane jednih isključuje njihovu upotrebu od strane drugih. Osnovno pitanje društvenog uređenja jeste pitanje upravljanja oskudnim dobrima, dakle onim dobrima i uslugama koje svi želimo da koristimo ili posedujemo: stan koji iznajmljujemo ili kupujemo, hleb koji uzimamo od pekara, elementi koji se koriste za legure metala, boje ili zelene tehnologije. Ako društvo može umanjiti njihovu oskudnost - putem efikasnije proizvodnje, inovacija ili trgovine - ono takođe njima mora upravljati u realnom vremenu, iz dana u dan, u čemu može biti manje ili više uspešno.

Kroz istoriju, oskudnim dobrima upravljalo se na različite načine: čekanjem u redovima (slučaj oskudice osnovnih dobara, poput hrane ili goriva); izvlačenjem na sreću (dodela trajne boravišne dozvole - *green card* - u SAD ili karata za koncert u slučaju prevelike tražnje, kao i transplantacija organa); administrativnim pristupom u raspodeli dobara (davanje prioriteta određenim grupama) ili držanjem njihovih cena ispod nivoa koji bi njihovu ponudu uravnotežio s njihovom tražnjom; korupcijom i favorizovanjem; nasiljem i ratovima, te tržištem kao poslednjim, ali ne i manje bitnim pristupom, što je, dakle, samo jedan od mnogih načina upravljanja oskudnim dobrima. Iako danas tržište preovlađuje u raspodeli resursa među preduzećima (B2B, *eng.* business to business), između preduzeća i fizičkih lica (trgovina na malo) i među fizičkim licima (*eBay*), to nije uvek bilo tako.

Sve druge metode podrazumevaju plaćanje cene koja je niža od tržišne, te stoga postoje kupci koji žele da ostvare tu dobit (u ekonomiji se to naziva rentom) kao posledicu niskih cena. Pretpostavimo da su svi kupci spremni da plate 1.000 evra za nešto što postoji u ograničenim količinama, te da ima više kupaca nego raspoložive robe. Tržišna cena uravnotežuje ponudu i tražnju. Kada je cena viša od 1.000, niko ne kupuje; a kad je niža od 1.000, tražnja je prekomerna. Tržišna cena stoga je 1.000 evra.

Pretpostavimo sad da je država utvrdila cenu od 400 evra praćenu zabranom prodaje po višoj ceni, tako da ima više zainteresovanih kupaca nego raspoloživih dobara. Kupci će biti spremni da potroše - ako mogu - 600 evra više kako bi ostvarili pristup tom dobru. I ako im se pruži prilika da proćerdaju neke druge resurse kako bi se domogli tog retkog resursa, oni će to i uraditi. Uzmimo primer upravljanja oskudnim dobrima putem čekanja u redu, što se nekad redovno praktikovalo, recimo, u sovjetskim državama (a još se praktikuje i u našem društvu, prilikom prodaje ulaznica za neke velike sportske događaje). Potrošači dolaze nekoliko sati ranije i stoje u redu, nekad i po zimi[1], da bi došli do namirnica koje koriste svakodnevno. Oborite im cenu, i dolaziće još ranije. Taj gubitak korisnosti čini da mimo izopačenih posledica suviše niske cene (čemu ćemo se vratiti kasnije) – tobožnji profiteri zapravo nemaju koristi od ovih niskih cena. Tržište se ne uravnotežuje cenama već nekom drugom „valutom", u konkretnom primeru – traćenjem vremena, što vodi bitnom umanjenju društvenog blagostanja. U gorenavedenom primeru, suma od 600 evra je proćerdana: vlasnik (javnih ili privatnih) resursa izgubio je 600 evra, a kupci nisu ništa uštedeli jer su na drugi način protraćili dodatnu korisnost stečenu u vidu oborene cene.

Izvesne metode raspodele dobara, kao korupcija, protekcija, nasilje i rat, krajnje su nepravedne. Ali su i neefikasne, ako se uzmu u obzir troškovi koje su akteri napravili ili koji su im bili nametnuti u traganju za ekonomskom rentom, u nastojanju da se domognu resursa ne plaćajući njegovu pravu cenu. Nije neophodno zadržavati se na neadekvatnosti tih metoda raspodele dobara. Toliko o tome.

Čekanje u redu, izvlačenje na sreću, administrativna raspodela oskudnih dobara ili utvrđivanje njihove cene mnogo su pravičnija rešenja (naravno, ako u to nisu upletene protekcija ili korupcija). Ali oni mogu prouzrokovati tri vrste problema. Prva je već pomenuta u gorenavedenom primeru: preniske cene vode ka traćenju resursa u potrazi za rentom (čekanje u redovima, na primer). Drugo, u navedenom primeru količina dobara bila je fiksna, ali to inače nije tako; očito, prodavci proizvode više robe ako je cena 1.000 evra nego ukoliko ona iznosi 400 evra. Suviše niska cena na kraju dovodi do nestašice. To se primećuje u primeru zamrzavanja visine stanarina: broj raspoloživih kvalitetnih stanova (stambeni fond) postepeno se smanjuje postajući oskudno dobro, čime bivaju oštećeni potencijalni

[1] Mogli bismo poverovati da bi se ovi troškovi delimično izbegli putem poklanjanja mesta ili grejanja čekaonice. No, to je zabluda: kupci bi dolazili još ranije (noću na primer), tako da bi se u svakom slučaju dodatna korisnost povezana s cenom nižom od tržišne opet proćerdala.

korisnici. Najzad, neki mehanizmi mogu dovesti do loše raspodele resursa određene količine; na primer, pribegavanje izvlačenju na sreću pri podeli karata za sportski događaj neće nužno doprineti tome da karte dobiju upravo oni kojima je najviše stalo da prisustvuju tom događaju (osim ako ne postoji preprodaja na sekundarnom tržištu); ili pak u primeru s čekanjem u redu – tim mehanizmom roba biva dodeljena onima koji su tog dana slobodni da čekaju ili onima koji manje zaziru od zime, a ne onima kojima je najviše stalo da dođu do te robe.

Dakle, loša raspodela resursa upućuje nas na činjenicu da oni ne završavaju nužno kod onih kojima je do njih najviše stalo. Osnovne životne namirnice, administrativno raspodeljene, mogu završiti u rukama nekoga ko to možda već ima ili onoga kome su draži neki drugi proizvodi. Tako nikome ne bi palo na pamet da dodeljuje stanove nasumičnim izborom. Stan koji bi vam bio dodeljen verovatno ne bi imao odgovarajuću lokaciju, površinu i drugo. Osim ako ne bi postojalo sekundarno tržište stanova, gde bi se ta dobra mogla slobodno razmenjivati. Tako se opet vraćamo na tržište.

Primer s raspodelom frekvencija ovde nam naročito mnogo govori. Radiofrekvencijski spektar jeste resurs koji pripada zajednici, ali koji, za razliku od vazduha, postoji u ograničenoj količini: kada ga koristi samo jedan ekonomski akter, drugi ekonomski akter, onaj koji takođe želi da ga koristi, biva u tome sprečen. Taj resurs zaista ima veliku vrednost za telekomunikacije i medije. U SAD, zakon iz 1934. godine tražio je od regulatornog tela za komunikacije (Federalna komisija za komunikacije, FKK) da dodeli frekvencije „u skladu s javnim interesom". U prošlosti je ta komisija često pribegavala saslušavanju kandidata za dodelu licenci u okviru javnog slušanja u parlamentu, posle čega su se licence dodeljivale prema kvalifikacijama konkurentskih kandidata. Međutim, ta slušanja oduzimala su mnogo vremena i resursa; osim toga, nije se moglo znati da li je napravljen dobar izbor kandidata, budući da reference nisu bile uvek sinonim za dobar strateški plan ili valjano upravljanje. Federalna komisija za komunikacije takođe je pribegavala lutriji pri dodeljivanju licenci.

U oba slučaja, američka administracija je privatnim licima velikodušno dodeljivala javni resurs (ili kako smo mi radili u Francuskoj prilikom dodele licenci za taksi, za dobra velike vrednosti). Osim toga, nije bilo nikakve garancije da će osoba – ili preduzeće – koja je stekla privilegiju biti u stanju da je koristi na najbolji mogući način (što se očigledno dešava prilikom izvlačenja na sreću, a što se može desiti i pri dodeli dobra na osnovu prethodnih referenci). Stoga je preprodaja licenci na sekundarnom tržištu bila dozvoljena kako bi se postigla efikasnost. S mogućnošću ustupanja ponovo se pojavljuje tržište, s tim što je u međuvremenu dodatna vrednost oskudne robe završila u džepovima privatnih lica, a ne zajednice kojoj je pripadala.

Od pre dvadeset godina, Sjedinjene Države, kao i većina drugih zemalja, organizuju licitaciju radi dodele licenci. Iskustvo pokazuje da tenderi predstavljaju efikasan način dodeljivanja licence akterima koji ponude najvišu cenu, čime zajednica dobija protivvrednost retkog resursa, radiofrekvencijskog spektra. Na primer, u Sjedinjenim Državama su od 1994. godine licitacije za raspodelu frekvencija donele šezdeset milijardi dolara američkom budžetu, što je novac koji bi inače bez ikakvog opravdanja završio u nečijem privatnom novčaniku. Učešće ekonomista u kreiranju tih licitacija znatno je doprinelo tome da one rezultiraju finansijskim uspehom u korist države.

Ono što se hoće i ono što se može uraditi

Kakve veze, reći ćete, ima rasprava o mehanizmima upravljanja oskudnim dobrima s gorepomenutim kognitivnim pristrasnostima? Kada država odluči da naplati neki redak resurs 400 evra umesto 1.000 evra po tržišnoj ceni, ona izražava nameru vrednu pohvale – da taj resurs učini dostupnijim; ali ne osvrće se na indirektne posledice: kratkoročna posledica je čekanje u redu ili bilo koje drugo rasipanje resursa do koga dovodi konkurencija među akterima željnim da se domognu dobara, dok je dugoročna posledica oskudica uzrokovana suviše niskom cenom.

Kada pokuša besplatno da dodeli radiofrekvencijski opseg onima koje smatra najsposobnijima da ga koriste, država često brka ono što bi htela da uradi s onim što može da uradi, zaboravljajući da ne raspolaže neophodnim informacijama. Informacija je u središtu raspodele resursa. Ona se razotkriva mehanizmom tržišta. Mi ne znamo koja preduzeća imaju najbolje ideje ili najmanje troškove korišćenja radiofrekvencijskog opsega, ali nam licitacija radio-frekvencija to otkriva: ona koja su spremna najviše da plate.[1]

Uopšte gledano, država retko raspolaže informacijom neophodnom kako bi sama ispravno odlučila o raspodeli. To nikako ne znači da ona nema manevarskog prostora, baš naprotiv; ali mora ponizno prihvatiti svoja ograničenja. U čitavoj knjizi viđaćemo kako hibris - u ovom slučaju preterana samouverenost pri donošenju valjanih odluka ekonomske politike - u sprezi sa željom da se zadrži kontrola, odnosno moć činjenja ustupaka, može dovesti državu do toga da sprovodi štetnu politiku zaštite životne sredine i zapošljavanja. Glasači su zabrinuti u svetu u kojem vlada anonimna figura - tržište; oni traže poznata lica koja će ih zaštititi. Ali oni takođe moraju priznati da naši vladari nisu nadljudi. Glasači treba da ostanu zahtevni prema njima kada oni ne sprovode ono što je izvodljivo i korisno, ali ih ne smeju smatrati nesposobnim ili „prodanim" ako ne pronađu čudotvorni lek. U praksi glasači nisu uvek blagi prema onima koji pokažu skromnost, kako je to na svojoj koži iskusio premijer Lionel Žospen (Lionel Jospin): jedna kratka rečenica izgovorena povodom otpuštanja u fabrici *Michelin* („Država ne može sve", 14. septembra 1999) progonila ga je do izborne kampanje 2002. godine, u kojoj je izgubio izbore.

III. BOLJE UPUTITI LJUDE U EKONOMIJU

Sa ekonomijom je kao i s kulturom, muzikom, književnošću ili sportom – više ih cenimo ako ih razumemo. Kako običnom čoveku olakšati pristup ekonomskoj kulturi?

Mobilišimo ekonomiste koji prenose znanje!

Pre svega, sami ekonomisti mogli bi igrati važniju ulogu u prenošenju svog znanja. Istraživači, kao i svi ostali, reaguju na podsticaje

[1] Naravno, ako se preduzeća ne suočavaju s finansijskim ograničenjima. Tom situacijom bavili su se istraživači, s namerom da uvide čemu treba prilagoditi licitaciju u datoj prilici.

s kojima su suočeni; u svim naučnim oblastima akademska karijera zasniva se na istraživačkim radovima i na radu sa studentima, a ni u jednom slučaju na preduzetim koracima da se nauka približi širokoj publici. Zaista moramo priznati da je udobnije ne napuštati univerzitetsku čauru; jer, kako ćemo videti u trećem poglavlju, nije baš tako jednostavno preći sa univerzitetske debate na komunikaciju sa širom publikom.

Najkreativniji istraživači najčešće ne učestvuju u javnoj debati. Njima je dodeljen zadatak da stvaraju znanje i da ga prenose studentima. Samo ukoliko poseduju natprosečnu energiju uspevaju da pomire taj zadatak s prenošenjem znanja širokoj publici. Od Adama Smita nije se tražilo da iznosi predviđanja, sastavlja izveštaje i popularne priručnike, da nastupa na televiziji; svi su ti novi društveni zahtevi opravdani, ali ponekad prave jaz između stvaralaca znanja i prenosilaca znanja.

Osim toga, ekonomisti nisu pošteđeni kritike u pogledu izvršavanja svog zadatka u užem smislu. Oni moraju uložiti više napora da bi nastavni program učinili pragmatičnijim i intuitivnijim, i zasnovali ga na savremenim problemima tržišta, preduzeća i javnog odlučivanja, kako bi on istovremeno počivao na oprobanom konceptualnom okviru, pojednostavljenom u pedagoške svrhe, te na empirijskom posmatranju. Predavanja posvećena zastarelim ekonomskim shvatanjima i raspravama starih ekonomista, slobodno izražavanje u kojem izostaje naučna strogost ili, nasuprot tome, preterana matematizacija nastave – ne odgovaraju potrebama srednjoškolaca i studenata. Ogromna većina njih neće biti profesionalni ekonomisti, a još manje istraživači u oblasti ekonomije. Njima je potrebno dati pragmatičan uvod u ekonomiju, koji bi istovremeno bio i intuitivan i strogo naučan.

Ova zapažanja jednako važe za *grandes écoles*[1], univerzitete i *École nationale d'administration* (ENA – visoka nacionalna škola za

[1] *Grandes écoles*, visoke ili velike škole, vrsta su francuske elitne visokoškolske ustanove gde se upis vrši putem prijemnog ispita nakon dvogodišnjih priprema, za razliku od fakulteta. Osnovane su u XVIII veku, s ciljem da se pruži izuzetno kvalitetno obrazovanje i da se obrazuje elitni radni kadar, *prim. prev.).*

državnu upravu, *prim. prev.*), kao i za ekonomske, društvene, prirodne i tehničke smerove, te srednjoškolske smerove za menadžment i upravljanje. Uprkos naporima profesora srednjih škola i nedavnom unapređenju programa i maturskog ispita, srednjoškolski nastavni program i dalje ne pruža učenicima dovoljno dobru pripremu za razumevanje ekonomskih fenomena u građanskom i profesionalnom životu koji ih čeka.[1] Jedan od hendikepa jeste nedostatak matematike (iako su izvesne škole ulagale napore da se pojača program iz matematike na ekonomskim i društvenim smerovima). Jaz između ekonomskih smerova, vrlo siromašnih u časovima matematike, i prirodnih smerova, koji obiluju matematikom, ali na kojima učenici uglavnom radije odlažu učenje ekonomije, sociologije i menadžmenta - pri čemu oni nisu nužno zaljubljenici u fiziku ili biologiju - samo je odraz neprilagođenosti francuskog obrazovnog sistema, koji prerano usmerava učenike i ostavlja im malo manevarskog prostora za predomišljanje pri izboru karijere.

Promenimo naš sistem visokog obrazovanja

Velika većina Francuza koji nastavljaju školovanje na visokoškolskim ustanovama bira usmerenje nakon maturskog ispita. Naravno da je to besmisleno: kako neko sa 18 godina može odlučiti hoće li biti ekonomista, sociolog, pravnik ili lekar, kad nije imao nikakvog

[1] Rože Generi (Roger Guesnerie), profesor na visokoškolskoj ustanovi *Collège de France*, godine 2008. predsedavao je komisiji koja je ocenjivala nastavni program ekonomskih i društvenih nauka u srednjim školama. Ta komisija skrenula je pažnju na preveliki udeo istorijskog pristupa znanju i premali udeo empirijskih podataka i komparativnih saznanja o stranim zemljama, a naglašeno je i da se fotografijama, crtežima i ličnim iskustvima daje prednost nad analitičkim pristupom. Komisija je uložila prigovor zbog preovlađivanja makroekonomije kao složene oblasti ekonomije koja nije konsenzualna i koja je laiku najmanje korisna za razumevanje svakodnevnog života. S druge strane, programom je bilo predviđeno vrlo malo sociologije organizacije, a pitanje preduzeća ranije je ostavljano za drugi razred srednje škole, s vrlo malo informacija o računovodstvu, tržišnim strategijama ili pitanjima finansiranja preduzeća. Od tada se nastavni program poboljšao predviđajući, na primer, više empirijskih podataka i saznanja o drugim državama.

ili skoro nikakvog kontakta s tim disciplinama? Da ne govorimo o činjenici da ljudi svoj poziv mogu otkriti tek kasnije u životu. To preuranjeno usmeravanje studenata čini da malo njih prisustvuje času ekonomije. A trebalo bi da studenti svih usmerenja prate predavanja iz ekonomije, čak i ako se kasnije više neće baviti time. Naravno, za razliku od svojih vršnjaka koji su otišli na univerzitet da studiraju, studenti prestižnih velikih škola imaju tu sreću da mogu odložiti donošenje odluke. Ali oni predstavljaju tek skromnu manjinu u sistemu visokog obrazovanja i do njihovog otkrivanja novih oblasti – između ostalog, i ekonomije – često dolazi znatno kasnije.

Promenimo način odlučivanja u javnom sektoru

U neka druga vremena pribegavanje ekonomskoj logici u francuskom javnom i parajavnom sektoru izazivalo je veliko divljenje u inostranstvu. Niz istaknutih ličnosti, Žil Dipi (Jules Dupuit), Marsel Boate (Marcel Boiteux), Pjer Mase (Pierre Massé) – od kojih su poslednja dvojica napravila revoluciju u upravljanju i tarifiranju u okviru javnog preduzeća za elektroprivredu (*EDF*) – ali i drugi francuski „ekonomisti inženjeri", dugo su doprinosili razvijanju alatki ekonomske analize u okviru francuske državne uprave. Ali tu je pre bilo reči o doprinosu izvanrednih pojedinaca nego o institucionalnoj odluci, a ta praksa od pre više decenija u osnovi je bila usmerena na ekonomiju javnog sektora. Međutim, brojna važna aktuelna ekonomska pitanja tiču se preduzeća i tržišta: međunarodna konkurencija, antimonopolsko pravo, regulacija tržišta, tržište rada, upravljanje portfeljom, penziona reforma, regulisanje prirodnih monopola, upravljanje javnim i privatnim organizacijama, javno-privatna partnerstva, društvena odgovornost preduzeća, održivi razvoj, promocija inovacija, tretman prava intelektualne svojine ili kontrola solventnosti finansijskih posrednika – da navedemo samo neke od velikih tema.

Francuska ima dugu tradiciju državnih intervencija; štaviše, one su često bile usmerene na samu državu. Ranije, generalni direktor nekog snažnog preduzeća koji bi se suočio s problemom iz antimonopolskog prava nije imao potrebe da se bogzna kako razume u ekonomiku privrednog sektora; bilo je mnogo važnije da pokrene svoje veze kako bi telefonirao ministru i tako rešio stvar. Isto tako, preduzeće koje je uživalo udobnu monopolsku poziciju nije postavljalo sebi pitanje o svom strateškom razvoju.

Čak i u okviru državne uprave, Francuska je nesumnjivo zaostajala za drugim zemljama u pogledu osmišljavanja, širenja i upotrebe stečenih naučnih saznanja. Svakako, u okviru Ministarstva privrede i finansija postoji ekonomska tradicija oličena u Nacionalnom institutu za statističke i ekonomske studije (Insee) i Upravi za planiranje i predviđanje, koja je sad prebačena u Trezor; uvek je bilo ekonomista u Ministarstvu za održivi razvoj i u Upravi za budžet; ali ta kultura nije se proširila i na druga ministarstva, pa čak ni unutar ovih ministarstava. Dok su druge zemlje otvarale radna mesta za glavne ekonomiste, koja su zauzimali renomirani istraživači na univerzitetskom dopustu s neposrednim pristupom donosiocima odluka najvišeg nivoa u ministarstvima i nezavisnim telima, i nisu oklevale da koriste istraživače iz oblasti ekonomije kako bi ih postavile na mesta ministara privrede i finansija ili guvernera centralne banke – Francuska je u tome oduvek bila bojažljiva.

Uzmimo stvar u svoje ruke

Naša ekonomska shvatanja, kao i ona naučna i geopolitička, utiču na izbore odluka naših vlada. Čuvena fraza kaže: „U demokratiji imamo političare kakve zaslužujemo." Možda je tako. Mada, kako kaže Andre Kont-Sponvil (André Comte-Sponville), bilo bi bolje podržati političare nego ih neprestano kritikovati.[1] Ono u šta sam siguran jeste da imamo ekonomske politike kakve zaslužujemo, a bez upućenosti široke javnosti u ekonomiju, dobar izbor mogao bi zahtevati mnogo političke hrabrosti.

Naime, političari oklevaju da usvoje nepopularne politike plašeći se da će zbog toga biti kažnjeni na narednim izborima. Prema tome, bolje razumevanje ekonomskih mehanizama od opšte je koristi: želeo bih da drugi ulože intelektualni napor i podstaknu donosioce

[1] Na kanalu RTL, 29. marta 2014.

političkih odluka na donošenje racionalnijih odluka koje se tiču čitave zajednice, ali sâm nisam spreman da uložim taj napor. U odsustvu intelektualne radoznalosti, mi usvajamo ponašanje u stilu slepog putnika (kao *free rider*) i ne trudimo se dovoljno da razumemo ekonomske mehanizme.[1]

Jedan od retkih ekonomista krupnog kalibra koji su uspeli da učine pristupačnim složene koncepte ekonomske nauke – Pol Krugman (Paul Krugman), dobitnik Nobelove nagrade – predložio je sledeću analizu:

> Postoje tri načina da se govori o ekonomiji: naučni, novinarski i aerodromski. Naučni pristup – formalan, teorijski i matematički – ekskluzivni je domen univerzitetskih profesora. Kao i u svakoj naučnoj disciplini, tako i u ekonomiji postoje šarlatani koji zamršenim jezikom kamufliraju banalnost svojih misli; ali postoji i izvestan broj istinskih istraživača koji koriste stručni jezik kako bi s tačnošću izrazili svoje mišljenje. Nažalost, čak i najbolja naučna literatura ostaje nerazumljiva onome ko nije studirao ekonomiju. (Novinar koji piše za *Village Voice* imao je nesreću da naleti na neke moje naučne radove za koje je izjavio da im je „jezik tako opskuran da čak i srednjovekovna sholastika u poređenju s tim deluje razumljivo, pa čak i prijatno".) Novinarski stil ukrašava stranice posvećene ekonomiji po časopisima i, još češće, ekonomske vesti na televiziji. On se naročito zanima za poslednje novosti i najnovije statistike: „Prema poslednjem objavljenom izveštaju, investiranje domaćinstava u nekretnine dodatno je poraslo, što je jasan znak snage i ekonomskog oporavka. Ta vest izazvala je pad na tržištu obveznica..." Za taj ekonomski stil važi da je posebno dosadan, a ta njegova reputacija umnogome je opravdana. Naravno, moguće je biti izvrstan u tome – neki su posebno dobri u pravljenju kratkoročnih ekonomskih predviđanja. Ali žalosno je konstatovati da je većina ljudi ubeđena kako se ekonomska nauka svodi na ta novinarska trabunjanja. Najzad, aerodromski stil rezervisan je za ekonomske bestselere, a ponajviše ga srećemo na aerodromima, kod prodavaca novina namenjenih

---

[1] Kako to Pol Krugman sumira u knjizi *Pop Internationalism* (Cambridge, MA, MIT Press, 1996): „Intelektualna lenjost, čak i među onima koji se smatraju mudrima i mislećima, uvek će biti moćna sila."

poslovnim ljudima čiji let kasni. Većina tih knjiga najavljuje neku katastrofu: velika predstojeća recesija, razaranje naše privrede od strane japanskih multinacionalnih kompanija, srozavanje naše valute... Neki među njima, oni malobrojniji, naprotiv, izražavaju blaženi optimizam: tehnološki napredak ili ekonomija ponude samo što nisu doveli do nezapamćene ere ekonomskog rasta. Bila optimistična ili pesimistična, ova vrsta ekonomske literature uvek je zabavna, a retko je valjano argumentovana i nikad nije ozbiljna.[1]

Svi smo mi odgovorni za ograničeno razumevanje ekonomskih fenomena, jer smo uslovljeni svojom potrebom da verujemo u ono u šta želimo da verujemo, svojom relativnom intelektualnom lenjošću i svojim kognitivnim pristrasnostima. Jer, mi imamo sposobnost da razumemo ekonomiju; kako sam već napomenuo, daleko od toga da se greške u rezonovanju mogu objasniti koeficijentom inteligencije i nivoom obrazovanja.

Priznajmo: lakše nam je da gledamo film ili progutamo dobar krimi roman nego da se upregnemo u čitanje knjige iz ekonomije (ne kritikujem: to često uočavam i kod samog sebe kad su u pitanju druge naučne discipline). A kada se odlučimo za ekonomsku literaturu, očekujemo da će se u knjizi braniti neka jednostavna teza, kako to vrlo lepo ilustruje alegorija Pola Krugmana o knjizi sa aerodroma. Kao i u svakoj drugoj naučnoj oblasti, udaljavanje od privida zahteva više napora, manje izvesnosti i više istrajnosti u nastojanju da se stvari razumeju.

Sutra

Naša država raspolaže velikim ljudskim kapitalom talentovanih ekonomista. Učenici velikih škola (Politehničke škole ili ENS, na primer) imaju privilegiju da stiču izuzetno obrazovanje; a sada i neki univerziteti nude odlične nastavne programe iz ekonomije.

Simboličan ali vrlo upečatljiv detalj jeste MMF-ov izbor 25 uticajnih ekonomista mlađih od 45 godina, napravljen 2014. Zanimljivo je što među njima ima sedam ekonomista Francuza, mada su svi dok-

[1] U predgovoru dela *L'Âge des rendements décroissants*, Paris, Economica, 2000.

torirali u anglosaksonskim zemljama (od kojih četvorica u MIT-u). Još više ohrabruje činjenica što se toj listi MMF-a pridružuju mnogi talentovani mladi Francuzi koji iz raznih razloga (poput teme istraživanja, recimo, jer je ova lista, iako odlična, iz razloga razumljivih za MMF okrenuta makroekonomiji i primenjenoj ekonomiji) nisu na spisku. Međutim, ne mislim da tu postoji neki *french touch*, kako su mnogi tvrdili. Razlog tome naprosto je dobro obrazovanje studenata na polju kvantitativnih tehnika, koji se potom susreću sa savremenom ekonomijom na velikim američkim univerzitetima.

Visok rang francuskih ekonomista stara je stvar. Novost u odnosu na prethodna pokolenja jeste njihova mobilnost. Među njih sedam koje je uočio MMF, pet žive u SAD, a jedna ekonomistkinja - Elen Re (Hélène Rey) - u Engleskoj. Jedino Toma Piketi (Thomas Piketty) živi u Francuskoj.

Tu ima mesta za brigu, jer osim priznanja o kvalitetu francuskog obrazovanja, u pitanju je i istinski gubitak ljudskog kapitala za našu zemlju. Mnogi naši najproduktivniji istraživači, u čije je obrazovanje Francuska dosta uložila, odlaze u inostranstvo. U globalizovanom svetu ne priliči da na njih bacamo kamenje. Oni su građani sveta. Mi treba da im ponudimo uslove za istraživanje jednako dobre kao u zemljama gde se istraživački rad ceni. Naša sposobnost opstanka u ekonomiji XXI veka zavisiće od privlačnosti naših istraživačkih centara u ekonomiji, ali i u drugim naučnim oblastima.

Osim toga, imamo razloga da verujemo kako će se naša ekonomska kultura popraviti, budući da se uočava snažno interesovanje za tu oblast. Danas se preduzeće mora braniti na ekonomskom, a ne na političkom terenu, osnovanošću akvizicije koju planira, ili postupcima koje je preduzimalo u prošlosti. Što se tiče francuskih političkih vođa, oni treba da vode rasprave sa svojim inostranim kolegama u okviru Evropske komisije, MMF-a ili Svetske banke, Svetske zdravstvene organizacije, Svetske trgovinske organizacije, Evropske centralne banke i mnogih drugih međunarodnih instanci. A ta rasprava umnogome se tiče ekonomskih pitanja. Bez dobrog poznavanja ekonomije, glas Francuske sve će se manje čuti. U tom pogledu moramo istaći jednu dobru novost: ta evolucija primećuje se u sve većoj želji mlađih naraštaja za pragmatičnim razumevanjem ekonomije.

Poglavlje 2

Moralna ograničenja tržišta

U carstvu u kojem vladaju ciljevi – sve ima cenu ili dostojanstvo. Ono što ima cenu lako može biti zamenjeno nečim drugim iste vrednosti; za razliku od toga, ono što je iznad svake cene, čemu nema ravna, to ima dostojanstvo.

Imanuel Kant[1]

Ako detetu date dolar za pročitanu knjigu, što su neke škole pokušale da rade, ne samo da kod njega stvarate očekivanje da se čitanjem zarađuje – već i rizikujete da detetu zauvek uskratite prednosti čitanja. Trgovina nije naivna stvar.

Majkl Sandel[2]

DA tržišnoj ekonomiji; NE tržišnom društvu.

Lionel Žospen[3]

Uverenja građana u „prednosti slobodnog preduzetništva i tržišne ekonomije" bitno se razlikuju u svetu.[4] Godine 2005. šezdeset jedan odsto stanovništva naše planete verovalo je da je tržišna ekonomija najbolji sistem na kom bi trebalo da počiva njihova budućnost.

---

[1] (1785), II. Taj citat ponekad bude tema na maturskom ispitu iz filozofije. *Fondements de la métaphysique des moeurs* (1785).

[2] Profesor filozofije na Harvardu, *The Guardian*, 27. april 2013.

[3] U junu 1998, dok je bio premijer.

[4] World Value Survey

Među njima se 65% Nemaca, 71% Amerikanaca i 74% Kineza izjasnilo u prilog tome, dok je samo 43% Rusa, 42% Argentinaca i 36% Francuza izrazilo poverenje u tržište. Ta verovanja nesumnjivo utiču na ekonomske odluke u ovim zemljama.

Tržište, ako je dovoljno konkurentno, povećava kupovnu moć domaćinstava obarajući cene, stvarajući podsticaje za smanjenje troškova proizvodnje, stimulišući inovacije i međunarodnu trgovinsku razmenu. Na možda manje vidljiv način štiti građanina od diskrecionog odlučivanja, lobija ili favoritizma, toliko zastupljenih u najcentralizovanijim mehanizmima raspodele resursa (što je bio razlog za izbijanje Francuske revolucije, koja je 1789. ukinula privilegije, a 1791. godine i esnafe, koji su takođe uzrokovali urušavanje planskih ekonomija krajem XX veka). Zbog svega toga, tržište igra glavnu ulogu u ekonomskom životu.[1]

Ali, kako to ova knjiga namerava da pokaže, da bi se izvukla korist iz prednosti tržišta, često je potrebno udaljiti se od politike *laissez-faire*. Zaista, ekonomisti su posvetili veliki deo svojih istraživanja uočavanju nedostataka tržišta i njihovom nadomeščivanju putem mera javne politike, a to su: pravo konkurencije, sektorska i prudencijalna regulacija, oporezivanje eksternalija u vidu zagađenja životne sredine ili saobraćajne gužve i prometa, monetarna politika i finansijska stabilizacija, mehanizmi obezbeđivanja meritornih dobara kao što su obrazovanje i zdravstvene usluge, preraspodela, itd. Uprkos tim slabostima, velika većina ekonomista, iz gorenavedenih razloga, blagonaklona je prema tržištu, u kojem vide samo sredstvo, a nikako cilj sam po sebi.

Stručnjaci iz drugih društvenih nauka (filozofi, psiholozi, sociolozi, pravnici, politikolozi, itd.), veliki deo građanskog društva i većina religija imaju različito viđenje tržišta. Iako priznaju njegove prednosti, ekonomistima često zameraju na tome što ne vode dovolj-

[1] Za lako čitljive argumente u korist tržišne ekonomije, koje su izneli neki od naših najpriznatijih ekonomista, preporučujem knjigu Bernara Salanijea (Bernard Salanié, *L'Économie sans tabou*, Paris, Le Pommier, 2004) i knjigu Ogistena Landjea i Davida Tesmara (Augustin Landier, David Thesmar, *Le Grand Méchant Marché*, Paris, Flammarion, 2007).

no računa o etičkim problemima i nužnosti postavljanja jasne granice između onoga čime se može trgovati i onoga čime se ne može trgovati.

Simptom takve percepcije stvari jeste planetarni uspeh knjige *What Money Can't Buy* autora Majkla Sandela (Michael Sandel), profesora filozofije na Harvardu. Navešćemo samo neke njegove primere. Majkl Sandel ističe vrednost čitave lepeze dobara i usluga (usvajanje dece, usluge surogat majčinstva, seksualnost, droga, vojni rok, pravo glasa, zagađenje ili transplantacija organa) koji se ne smeju banalizovati tržištem; kao što ni prijateljstvo, prijem na velike univerzitete ili Nobelova nagrada ne smeju biti na prodaju; kao što ni geni i uopšte živi svet ne smeju biti predmet patentiranja. Načelno, u društvu vlada podozrivost prema tržištu, podozrivost koju prepoznajemo u čuvenom geslu „Svet nije roba".

Ovo poglavlje analizira to opiranje tržištu, razliku između onoga čime se može trgovati i onoga što je sveto, ulogu emocija i bunta u našim izborima u pogledu društvenog uređenja i tržište kao pretnju za društvene veze i jednakost. Zamisao mi je da ponekog navedem na naučno promišljanje o temeljima naše moralnosti, bez namere da iznedrim odgovor – koji često i nemam – na vrlo složene probleme. Naučno promišljanje na ovu temu ugrožava naša uverenja (počevši od mojih). Ali taj intelektualni izlet čini mi se neophodnim da bismo se zapitali o kreiranju javnih politika, čak i ako nas taj misaoni proces na kraju učvrsti u uverenjima od kojih smo pošli.

Pre svega, zato što se naše shvatanje onoga što je moralno menja kroz vreme, uključujući tu i oblast ekonomije. Ranije su se osiguranje za slučaj smrti i kamata na štednju doživljavali kao nešto nemoralno. U novije vreme, rešenja koja su mnogi ekonomisti zagovarali da bi smanjili nezaposlenost ili globalno zagrevanje – rešenja koja se sastoje u utvrđivanju odgovornosti aktera za posledice sopstvenih postupaka[1] – i dalje se ponekad smatraju nemoralnim, iako je javno mnjenje donekle napredovalo u poslednjih trideset godina.

A onda i zato što moral može imati vrlo ličnu dimenziju. Kada moral obznanjuje svoj bunt visoko podignute glave, on se može isko-

[1] Vidi osmo i deveto poglavlje.

ristiti za nametanje ličnih vrednosnih sudova i ograničavanje slobode drugih. Tako je u većini društava mnogo građana veoma dugo osuđivalo seksualni odnos između osoba istog pola ili različitih rasa, smatrajući ga nemoralnim. Odgovor na takav moralni stav nije nužno neki drugi moralni stav - moj moral suprotstavljen vašem dovodi do sukoba i čini problem nerešivim - već se možda sastoji u promišljanju koje otpočinje prostim pitanjem: Gde je žrtva? Na čemu se temelji vaše uverenje? Kako opravdavate to što tuđu slobodu ugrožavate svojim pukim buntom? Slušajte me dobro: bunt je često vrlo koristan, jer skreće pažnju na društvenu nefunkcionalnost ili na neprimerenost ponašanja. Moj stav je da se na tome ne može ostati: treba razumeti njegovu utemeljenost.

Ovo poglavlje prvenstveno ukazuje na to zašto regulacija – ili zabrana – nekog tržišta može biti odgovor na problem s informacijom (shvatanje po kom monetizacija nekog dobra može uništiti njegovu vrednost menjajući mu značenje), na problem postojanja eksternalija (postojanje troškova izazvanih trgovinom koje snose treća lica), ili pak na internaliju (odnosi se na ponašanje osobe koja radi protiv sopstvenih interesa). U ta tri slučaja, regulacija ili zabrana trgovine predstavlja odgovor na nesavršenost tržišta. U takvoj prilici, pozivanje na etiku neznatno doprinosi analizi ili zaključku, a pritom ne ukazuje na tržište na koje bi tu regulaciju – ili zabranu – trebalo primeniti, niti pak rasvetljava način iznalaženja rešenja koja bi našim etičkim stavovima bila prijemčivija od proste tržišne razmene.

Zatim sam se posvetio drugim temama, onim koje kod nas izazivaju podozrivost etičke prirode: novčana naknada za doniranje organa, surogat majčinstvo, prostitucija... Ovde cilj ni u kom slučaju nije dovesti u pitanje postojeću regulativu i zabrane, već promisliti o njihovoj utemeljenosti. S jedne strane, iz već pomenutih razloga, razmišljanje o uzrocima može doprineti boljem razumevanju naše politike u ovoj materiji. S druge strane, promišljanje koje vodi boljem razumevanju može pomoći u njenom poboljšanju. Stoga ću opisati način na koji su ekonomisti uspeli da sačuvaju živote – ohrabrujući doniranje organa – a da kod ljudi nisu izazvali veće etičke prigovore.

Dva poslednja dela ovog poglavlja tiču se drugih razloga podozrivosti prema tržištu: popuštanje društvenih veza i nejednakost, uz naglašavanje onoga čemu ekonomija može doprineti na tom polju. Ovde je jedan od lajtmotiva ideja da se javna politika mora rukovoditi zahtevom za postizanje ciljeva, a ne poziranjem i reklamiranjem, koji se ponekad kose sa željenim efektima i vode rasipanju novca iz javnih izvora.

I. MORALNA OGRANIČENJA ILI NESAVRŠENOST TRŽIŠTA?

Kako bismo se usredsredili na prava pitanja, odmah uklonimo neke primere koje je dao Majkl Sandel, a koji odražavaju nedostatak poznavanja radova iz oblasti ekonomije. U pitanju su radovi koji se tiču klasičnih oblasti ekonomije, poput ekonomije informacija ili eksternalija.[1] Ili pak multidisciplinarni radovi započeti pre deset ili dvadeset godina u Evropi i SAD; ti poslednji teorijski ili eksperimentalni radovi (izvedeni na terenu, u istraživačkom okruženju ili u oblasti neuroekonomije) obuhvataju veoma široke teme kao što su moral i etika, društvene norme, problem identiteta, poverenje ili fenomen „istiskivanja" izazvanog podsticajima. Obiljem primera dočaraćemo zbrku koja vlada između nesavršenosti tržišta i njegovih moralnih ograničenja.

Informacije

Na primer, pomisao da se prijateljstvo, upis na fakultet ili nagrada za naučno delo mogu kupiti kosi se sa osnovnim teorijama o asimetričnosti informacija: ta „dobra" izgubila bi svaku vrednost ako bi se mogla kupiti! Jer, više ne bismo mogli znati da li je prijateljstvo pravo, je li upis na univerzitet rezultat talenta i da li je naučna nagrada dobijena zasluženo. U takvim uslovima, univerzitetska diploma bila bi znamenje bogatstva, a ne sposobnosti, te poslodavcu ne bi

[1] Kaže se da jedan ekonomski agent ili grupa ekonomskih agenata stvaraju eksternalije (eksterne efekte) kada zbog njihovog delovanja i drugi imaju besplatne koristi ili prednosti; ili, naprotiv, trpe štetu bez obeštećenja.

ničemu služila. S te tačke gledišta, naročito zapanjuje činjenica što neki američki univerziteti, prvenstveno oni iz Ajvi lige (Ivy League), primaju studente koje inače ne bi primili – samo zato što su njihovi roditelji dali ogromne donacije univerzitetu. Naravno da iza većine donacija koje dobijaju univerziteti ne stoje takvi motivi. Štaviše, takve pojave dovoljno su male da se kvalitet obrazovanja studenata ne dovodi u pitanje; ali upravo to i jeste poenta – zato neki veoma bogati roditelji i jesu spremni da uplate velike novčane sume, kako bi kupili upis i kako bi se njihova deca utopila u masi sjajnih studenata, te kasnije imala koristi od veoma cenjene diplome.

Eksternalije i internalije

U nešto drugačijem kontekstu, na tržištu usvojene dece, „prodavci" (biološki roditelji, agencije za usvajanje dece) i „kupci" (usvojitelji) razmenjuju decu za šuškave novčanice, ne uključujući treća lica, one kojih se transakcija najviše tiče – samu decu, koja bi zbog nje mogla patiti trpeći uticaj ozbiljnih eksternalija. Još jedan primer eksternalija koje stvara tržište jeste trgovina dijamantima koja služi za potpirivanje građanskog rata. Očito je da to što naoružane grupe tolerišu trgovinu dijamantima ozbiljno pogađa civilno stanovništvo ugroženo ratom. Što se tiče zagađenja, iskustvo pokazuje da su preporuke ekonomista - oporezivanje zagađivača naplatom poreza na štetnu emisiju ili naplatom prava na štetnu emisiju - drastično smanjile troškove ekološke politike, te tako doprinele poboljšanju naše životne sredine. Neki i dalje smatraju nemoralnom mogućnost da preduzeće plaćanjem stekne pravo da zagađuje. No, argument na koji se oslanjaju veoma je slab. Danas preduzeća koja emituju ugljen-dioksid plaćaju smešnu sumu u poređenju s posledicama: je li to zaista moralnije? Na kraju krajeva, zagađenje se mora smanjiti; a kako se ono, nažalost, ne može u potpunosti izbeći, mora se izdejstvovati da oni koji mogu umanjiti zagađenje nastalo usled niskih troškova – to i učine. Oporezivanjem emisije ugljen-dioksida upravo se to i postiže.

Što se tiče problema droge, pored problema nasilja i javnog zdravlja povezanih s teškim drogama, on poteže i problem nedovoljne samodiscipline i zavisnosti, čije su prve žrtve upravo oni što upražnjavaju drogu. Dakle, pitanje droge nije pitanje morala, već zaštite građana od drugih (eksternalije), a naročito od njih samih (internalije).

Naravno, ova razmatranja međusobno se nadopunjuju, kao u slučaju dopinga u sportu. Kontrola dopinga ujedno se opravdava internalijom (dugoročno zdravlje sportiste žrtvovano zbog želje za priznanjem, slavom i novcem) i eksternalijom (sportista koji se dopinguje šteti imidžu svoga sporta i negativno utiče na kolege).

Još jedan primer: zemlja gde bi se pravo glasa moglo zameniti za tržišnu cenu ne bi mogla sprovoditi politiku kakvu smo poželeli „pod velom neznanja", tj. razmišljajući o našem društvu iz perspektive nerođenog deteta.[1] Najimućnija domaćinstva mogla bi kupiti glasačka prava i izdejstvovati da se usvoje zakoni koji bi njima odgovarali. Uostalom, upravo taj argument koristi se za ograničavanje ličnih donacija za izborne kampanje ili za njihovo delimično finansiranje javnim novcem. A neposredna kupovina glasova bila bi još štetnija od finansiranja izborne kampanje – kojom se glasovi kupuju posredno – čineći kandidata vidljivijim.

Tako je, kao što vidimo, lista nedostataka tržišta prilično duga, a ekonomisti su ih uvek isticali u prvi plan.

Kontraproduktivne posledice podsticaja

Ekonomija insistira na neophodnosti usklađivanja ličnih ciljeva s kolektivnim ciljevima. Reč je o usklađivanju pojedinaca i društva, najviše putem podsticaja koji odvraćaju od ponašanja štetnog po društvo, poput zagađivanja, a ohrabruju uzorno ponašanje. Druge društvene nauke ne slažu se u potpunosti s tim načelom; prema njima, spoljašnja motivacija može potisnuti unutrašnju motivaciju, zbog čega se podsticaji mogu pokazati kontraproduktivnim. U citatu navedenom u zaglavlju ovog poglavlja – Majkl Sandel osuđuje tržište, ali, šire posmatrano, napada podsticaje. U suštini, politika kojoj je cilj da nagradi učenike kad čitaju može lako poteći od države

[1] Za podrobnu diskusiju o problemu glasanja, vidi na primer: Alessandra Casella, *Storable Votes. Protecting the Minority Voice*, Oxford, Oxford University Press, 2012.

ili nekog multilateralnog tela – tržište samo stvara specifičan sistem podsticaja.

Po uzoru na ranije psihologe, Sandel kritikuje ekonomski postulat prema kome porast cene proizvoda povećava njegovu ponudu. Iako je taj postulat empirijski potvrđen u mnogobrojnim oblastima ekonomskog života, on poznaje i izuzetke. Plaćanje detetu da bi čitalo knjigu, ili položilo ispit, može zaista naterati dete da pročita baš tu knjigu, ili da dobro pripremi ispit; ali ta kratkoročna dobit može takođe biti poništena kasnije, jer će se detetova želja za učenjem umanjiti pošto nagrada nestane. Tada se podsticajna politika pokazuje kao kontraproduktivna.

U drugim okolnostima, u slučaju dobrovoljnog davanja krvi, poznato je da nagrada nužno ne povećava količinu doniranog krvnog materijala. Dok neki dobro reaguju na takvu vrstu podsticaja, drugi, naprotiv, gube motivaciju. Kako ćemo videti u petom poglavlju, naša želja da se prikažemo, to jest da sebi ili drugima pošaljemo lepu sliku o sebi, može dovesti do kontraproduktivnih podsticaja, tim pre što je reč o ponašanju u javnosti (naročito pred osobama od kojih priželjkujemo uvažavanje) koje ostaje u sećanju. Mogućnost nagrađivanja društveno korisnog čina (poput dobrovoljnog davanja krvi) plaši nas jer mislimo da će se naš prilog možda pre protumačiti kao znak pohlepe nego kao znak velikodušnosti, te da će se slika o našoj vrlini, koju hoćemo da pošaljemo drugima ili sebi, tako razvodniti. Nasuprot osnovnom načelu ekonomije, novčana nagrada može umanjiti ponudu određenog ponašanja. Nekoliko empirijskih studija potvrdilo je tu pretpostavku.

II. ONO ČIME SE NE MOŽE TRGOVATI I ONO ŠTO JE SVETO

Prethodni primeri spadaju u polje klasične ekonomije. Uostalom, svi smo mi iz etičkih ili moralnih pobuda podozrivi prema trgovini određenim stvarima ili prema određenim vidovima podsticaja. To je tako s doniranjem organa, surogat majčinstvom, odlukama koje se tiču živog sveta, prostitucijom ili otkupom vojne obaveze. Zašto?

Život nema cenu

U maksimi navedenoj na početku ovog poglavlja – Kant poziva da se jasno razdvoji ono što ima cenu od onoga što ima dostojanstvo. Naš stav prema tržištu potiče možda od našeg odbijanja da ciljevima dodeljujemo cenu u novcu. Na primer, s našim pogledima na neprikosnovenost ljudskog života posebno se kosi uvođenje finansijskih aspekata u razmatranja koja su povezana s tim. Svi znamo da život nema cenu. Tabui o životu i smrti, koji spadaju u ono „nemerljivo" – taj je izraz drag Emilu Dirkemu – ostavljaju svoje posledice. Obrazloženje odluka koje se odnose na zdravlje i život (raspodela bolničkog budžeta ili budžeta za medicinska istraživanja, ili pak odluke o bezbednosnim normama), može podstaći živu raspravu, ali naše odbijanje da uporedimo terapeutski učinak s brojem spasenih života postignutim zahvaljujući tim odlukama – može voditi porastu broja smrtnih slučajeva. Nije li suludo potrošiti veliku sumu da bi se spasao jedan život, kad bi se sa istom sumom moglo spasti na desetine drugih života?[1] Međutim, finansijski aspekt i naizgled ciničan pristup takvog zaključivanja zapanjuju društvo koje nije spremno to da čuje.

Filozofi su oduvek razmišljali o podozrivosti ljudi pred utilitarističkim razmatranjima ovog tipa.[2] Najčuvenija dilema u kojoj su se našli filozofi te oblasti jeste dilema tramvaja: da li bismo bili spremni da gurnemo čoveka pod tramvaj, kako bi vozilo iskočilo iz šina, i tako spasemo od smrti pet drugih osoba koje su mu stajale na putu?

---

[1] Za podrobniju raspravu o ovim pitanjima, vidi: James Hammitt, *Positive vs. Normative Justifications for Benefit-Cost Analysis. Implications for Interpretation and Policy*, Review of Environmental Economics and Policy, 2013, vol. 7, n° 2, str. 199–218. Mnogobrojni radovi ukazuju na nedoslednost naših odluka u oblasti zaštite života. Na primer, neke su političke strategije koje koštaju nekoliko stotina evra po godini životne zaštite zanemarene, dok su neke druge, one koje idu do nekoliko milijardi evra po godini životne zaštite, sprovedene (Tammy Tengs *et al.*, *Five-Hundred Life-Saving Interventions and Their Cost-Effectiveness*, Risk Analysis, 1995, vol. 15, n° 3, str. 369–390).

[2] Klasični utilitaristički pogled u moralnoj filozofiji ima Peter Singer, *Practical Ethics*, Cambridge, Cambridge University Press, 1993.

(Većina ispitanika ne bi to učinila.) Ili, da li bi hirurg bio spreman da ubije jednog čestitog čoveka kako bi spasao pet osuđenika kojima je hitno potrebna transplantacija organa? Ili, šta bismo uradili kad bismo morali birati hoćemo li spasti od davljenja sopstveno dete ili petoro druge dece, pri čemu fizički nije izvodljivo spasti ih sve odjednom?

Čisto teorijska pitanja? Ni najmanje, a primera ima u izobilju. Država se suočava s takvim dilemama u slučaju otimanja talaca: platiti otkup i spasti taj jedan život, izlažući tako svoje stanovnike opasnosti od drugih otmica u budućnosti? Zapazimo da se ovde srećemo s fenomenom pristrasnosti prema prepoznatljivoj žrtvi, analiziranim u prvom poglavlju: u slučaju otimanja talaca, talac ima lik; budući taoci, žrtve isplaćenog otkupa, nemaju ga. Igra je unapred nameštena. Zbog toga država treba da usvoji načelnu politiku, a ne da proučava svaki slučaj zasebno.

Uzmimo još jedan primer koji bi mogao predstavljati problem u bliskoj budućnosti. Za nekoliko godina, na puteve će stići automobili bez vozača. Vrlo dobra stvar. Broj udesa možda će se smanjiti za 90%. Naše ulice i putevi biće mnogo sigurniji. Ali naše društvo moraće preseći kad je reč o nekim delikatnim etičkim pitanjima.[1] Pretpostavimo da sam ja jedini putnik u vozilu, te da se ono nađe u specifičnoj i retkoj situaciji u kojoj neće moći da izbegne udes. Njegov izbor svešće se na dve mogućnosti – da sleti u provaliju i tako žrtvuje sebe, ili da usmrti pet pešaka koji su mu se isprečili na putu. Danas je vozač taj koji donosi tu odluku u deliću sekunde. Sutra će to biti algoritam što ga je neko hladne glave već ugradio u automobil koji je unapred programiran kako da reaguje i u kom pravcu da ode. Da me neko upita koji bi mi automobil bio draži, onaj koji će žrtvovati svog putnika ili onaj koji će zgaziti pet pešaka, intuicija bi mi govorila da je prvi automobil „moralniji"; ali koji bih automobil ja izabrao za sebe? „Pod velom neznanja", pet puta su veće šanse da budem jedan od pet pešaka nego da budem putnik u kolima; dakle, opredeliću se za kola koja

[1] Vidi članak: Jean-François Bonnefon, Iyad Rahwan, Azim Shariff, *Experimental Ethics for Autonomous Vehicles*, neobjavljeni naučni rad, prikazan u publikaciji *MIT Technology Review 2015.*

će izazvati manje žrtava. Ali stvari su bitno drugačije kad je u pitanju konačna odluka o mojim kolima. Ako budemo spremni da napravimo tako eksplicitan etički izbor (a mislim da ćemo biti primorani da ga napravimo), on će morati da se uredi javnom regulativom. Međutim, suočeni sa ovim pitanjem, brojni građani neće pristati na to da im odluku o tome nameće država.

U načelu, nama je neugodno kad su posredi odluke koje se na ovaj ili onaj način tiču živih bića. Uzmimo jedan slučaj manje drastičan od prethodnih. Dve američke istraživačice[1] pokazale su da američko tržište pogrebnih usluga, koje bi po svojoj prirodi trebalo da bude otvoreno za konkurenciju, ima gotovo monopolske cene zbog naše odbojnosti da pričamo o novcu prilikom smrti bliske osobe. Međutim, trebalo bi se zapitati o poreklu tih tabua, o tome jesu li društveno opravdani, te proceniti njihov uticaj na javne politike. *De facto,* svi mi nesvesno pridajemo određenu vrednost životu, na primer životu pacijenata tokom sastanaka bolničkih komisija koje odlučuju o nabavci opreme, ili životu naše dece prilikom kupovine automobila ili odlučivanja o destinaciji za godišnji odmor. Ali nikad nećemo priznati da zaista pravimo izbore koje smatramo neprihvatljivim. Jesu li ti tabui prouzrokovani strahom da ćemo izgubiti dostojanstvo ako otvoreno preuzmemo odgovornost za donošenje takvih odluka?[2] Ili strahom da se društvo ne uputi „klizavom nizbrdicom"?

Doniranje organa

Nastavimo ovu raspravu debatom koja izaziva burne reakcije na sve strane, a reč je o novčanoj nadoknadi za doniranje organa. Gari Beker (Gary Becker), profesor na Univerzitetu u Čikagu i istaknuti zagovornik proučavanja društvenog ponašanja (porodica, dro-

---

[1] Judith Chevalier, Fiona Scott Morton, *State Casket Sales and Restrictions. A Pointless Undertaking?*, Journal of Law and Economics, 2008, vol. 51, n° 1, str. 1–23.

[2] Roland Bénabou, Jean Tirole, *Over My Dead Body. Bargaining and the Price of Dignity*, American Economic Review, Papers and Proceedings, 2009, vol. 99, n° 2, str. 459–465.

ga, itd.), kroz prizmu ekonomije zapazio je da, na primer, zabrana prodaje bubrega smanjuje mogućnost doniranja (danas uglavnom rezervisanog za članove porodice ili bližnje), zbog čega svake godine samo u SAD nekoliko hiljada osoba biva osuđeno na smrt u nedostatku donora. Gari Beker je po tome zaključio da je pitanje složeno i da, kada se sagledaju podaci, protivnici trgovine organima ne bi trebalo da se osećaju moralno superiornijim.

Uprkos osnovanosti Bekerovog argumenta, osuđujemo novčanu naknadu za doniranje organa. Međutim, budući da su ulozi veliki, valjalo bi objasniti i zašto. Prva stvar, koja nije sporna, jeste strah da donatori nisu dovoljno obavešteni o posledicama svog čina. U suštini, davanje bubrega povlači za sobom dugoročne posledice i nije ni najmanje bezazleno. Ovde je potrebno strogo pratiti proceduru koja vodi ka davanju organa i predočiti donatoru tačne informacije o posledicama tog čina. Ovde nema ničeg novog: to se već radi u slučaju dobrovoljnog davanja organa bliskoj osobi. Drugi problem je to što bi, u slučaju novčane naknade, neke osobe – privučene kratkoročnom dobiti (da bi pomogle porodici ili, kako ćemo videti, zbog nemaštine) – mogle u budućnosti zažaliti zbog svoje odluke. Ovde smo na polju internalija i zaštite pojedinaca, kako je gore opisano. Treća stvar, ukazujući na spremnost nekih osoba da izgube bubreg za nekoliko stotina evra, prodaja organa otkrila bi nejednakosti koje bismo žarko želeli da zaboravimo.[1] Jer, činjenica je da će upravo oni najsiromašniji, najbedniji, prodati svoj bubreg. Varijanta istog argumenta jeste gnušanje koje osećamo prema turizmu radi transplantacije.[2] Očito, pokušaj da se stvarnost prikrije zabranom takve trgovine nikako ne rešava problem sa siromaštvom. Ali ta treća stvar pojačava drugu, jer beda podstiče potrebu za novcem, zbog čega osoba biva izložena štetnim odlukama. Trgovina postoji; naravno, treba preduzeti mere da se ona predupredi, ali i da se pronađu rešenja za ono što uzrokuje tu trgovinu, a to je očajanje onih koji iščekuju donatora. Zbog toga treba olakšati uzimanje organa od preminulih osoba i tre-

[1] Za raspravu o krhkosti našeg morala, vidi peto poglavlje.

[2] Trgovina organima legalna je samo u Iranu, ali različiti nelegalni oblici trgovine organima postoje u nekoliko zemalja u usponu ili u razvoju.

ba to podsticati, uz podržavanje inovativnih rešenja, poput ukrštenog doniranja, o kome će biti reči u nastavku teksta. Najzad, četvrta stvar, donatori možda nisu dali svoj pristanak za doniranje, nego su ih mafijaške organizacije primorale na prodaju bubrega. Naravno, taj argument stoji, ali nije svojstven samo prodaji organa: mafija takođe može nekog primorati da joj preda ušteđevinu, ili ga pretvoriti u poluroba, redovno mu oduzimajući deo primanja. Svakako se može reći da postojanje tržišta organa dodatno uvećava mogućnosti iznude.

Ponekad i druge stvari, koje nisu uvek očigledne, uzrokuju naše neodobravanje. Na primer, slika koju sportska nadmetanja šalju o našem društvu, kao u slučaju izuzetno nasilnih sportova, poput mešovitih borilačkih veština (zabranjenih u Francuskoj) ili boksa. Naše blagostanje zahteva da živimo u nenasilnom društvu, te prizor gledalaca koji se raduju takvom nasilju stvara uznemirenost. Dakle, nije reč samo o zaštiti učesnika u tim borbama od njih samih (kada prednost daju novčanoj naknadi pred dugoročnim posledicama po zdravlje ili pred neposrednim rizikom kome se izlažu) – već i o zaštiti ostalih od neprijatnog prizora opšteg užitka prilikom tih borbi. Iz sličnih razloga su javna pogubljenja osuđenika na smrt u Francuskoj bila zabranjena od 1939. do 1981. godine, kada je smrtna kazna ukinuta.[1]

Još jedan zapanjujući primer jeste bacanje udalj patuljastih ljudi (čije je postojanje većina otkrila preko filmova *Gospodar prstenova* i *Vuk s Vol strita*). Ranije je u nekim zemljama postojao čudan običaj da osobe patuljastog rasta zarađuju pristajući da budu „lansirane" (uglavnom na dušek i zaštićene kacigom, kao i uz druge mere opreza, kako bi se ta aktivnost učinila bezbednom) prilikom takmičenja na kojima su učesnici pokušavali da ih bace što je moguće dalje. U Francuskoj se Državni savet morao izjasniti o tome najkasnije do 1995. godine. Opština Morsansir Orž u departmanu Eson zabranila je 1991. takmičenje u bacanju patuljaka koje se održavalo u nekoj diskoteci. Dotična osoba niskog rasta pokrenula je sudski proces

[1] Za teorijsku studiju o ekspresivnom karakteru prava, vidi moj članak s Rolanom Benabuom: *Laws and Norms*, neobjavljeni naučni rad.

kako bi zaštitila svoje pravo da se bavi ovim poslom; Upravni sud u Versaju presudio je u njenu korist, ali je Državni savet zauzeo stav da je poštovanje ljudskog dostojanstva deo javnog poretka. Pored činjenice što je većini nas teško da shvatimo interesovanje ljudi za takvu praksu, ipak bismo se mogli zapitati zašto osećamo odbojnost pred onim što je, kako kažu njeni zagovornici, saradnja na koju su obe strane dobrovoljno pristale. Odgovor – upućen, uostalom, od udruženja osoba izrazito niskog rasta – jeste eksternalija po druge osobe izrazito niskog rasta i njihov kolektivni imidž, što dovodi do gubitka dostojanstva svih, a ne samo onih koji se upuštaju u igru.[1]

Primer prostitucije na neki način objedinjuje sve što je već pomenuto u našim primerima: internaliju; želju da se zaborave nejednakosti (uostalom, politike koje se vode na tom polju ponekad imaju za cilj da prosto kamufliraju problem ili da skrenu pažnju s njega); eksternalije (narušavanje slike o ženama); nasilje i neželjeno iskorišćavanje od strane svodnika.

Vratimo se za trenutak doniranju organa. Kako bi nadomestio nestašicu organa za transplantaciju, Alvin Rot (Alvin Roth), dobitnik Nobelove nagrade u 2012,[2] i njegovi saradnici, s ciljem da se poveća broj transplantacija, smislili su nov pristup, koji ne uključuje novčanu naknadu, a koji će se kasnije primeniti u praksi: tradicionalni pristup podrazumeva doniranje od strane živih osoba, ograničeno na bliske srodnike. Međutim, može se desiti da donator i primalac ne budu kompatibilni (naročito ako imaju različite krvne grupe), što umnogome ograničava mogućnosti. Ideja je sledeća: u najjednostavnijoj verziji ovog mehanizma, A hoće da dâ bubreg za B, a C hoće isto da učini za D; nažalost, A i B nisu kompatibilni, za razliku od C i D. Umesto odustajanja od transplantacije, možemo imati dve transplantacije ako su A i D kompatibilni, isto kao B i C. Četiri protagonista uparuju se putem centralizovanog sistema razmene. Istovremeno se koriste četiri sale za operaciju; A daje bubreg za D, C čini

[1] Još jedna stvar, ovog puta na klijentovoj strani, jeste to što upravo ne želimo da živimo u društvu čiji članovi uživaju u takvom prizoru.

[2] S Lojdom Šeplijem (Lloyd Shapley), koji je, kao i on, radio na mehanizmima raspodele između dve strane tržišta.

isto za B. U SAD postoje razmene koje uključuju mnogo više ljudi kada jedan od bubrega dolazi od preminule osobe.[1] U Francuskoj su takva „ukrštena doniranja" bila dozvoljena samo u eksperimentalne svrhe, po Zakonu o bioetici iz 2011. Zapazimo takođe da doniranje od strane živih – prijatelju ili nepoznatoj osobi – nije u skladu s francuskim zakonom iz 2004. godine koji ograničava doniranje na člana porodice ili na osobu s kojom živimo barem dve godine.[2]

Razmena ne podrazumeva nužno monetarni aspekt. Ekonomija načelno proučava odnos između ponude i tražnje. Ekonomisti mogu promovisati opštu dobrobit smišljajući bolje mehanizme raspodele, što dokazuju radovi Alvina Rota i uopšte istraživača koji rade na onome što danas zovemo kreiranjem tržišta (*market design*).

Avaj! Bunt je ponekad pogrešan putokaz za moralnost

Uz primere moralnih dilema, podsetimo na to da se tabui menjaju kroz vreme i prostor. Kako sam primetio na početku poglavlja, dovoljno je razmotriti stavove društva prema osiguranju života i naplati kamate na dugove, kao dve prakse koje su se nekad široko osuđivale kao nemoralne. Više na ekonomskom planu, prava na emisiju štetnih gasova kojima se može trgovati izazivala su pre 20 godina opštu odbojnost, dok nisu postala normalna stvar – kad je deo populacije shvatio da ona promovišu ekološke ciljeve. Iako bi nas širenje trgovine na polje onoga čime se ne bi smelo trgovati moglo zabrinuti, kao što je zabrinulo i Lionela Žospena, definisanje ekonomskih politika ipak ne može poći od tako proizvoljne dihotomije kakva je ona između onog čime se ne trguje i onog čime se trguje

[1] Za opis, vidi na primer govor Alvina Rota prilikom uručivanja Nobelove nagrade: Alvin Roth, *The Theory and Practice of Market Design* – na sajtu Nobelove fondacije.

[2] Stoga anonimnost važi samo u slučaju da je donator preminuo. Osim toga, evropsko zakonodavstvo ne insistira na neophodnosti srodničke veze. Zapazimo da je ova rasprava specifična za doniranje organa (srce, pluća, bubrezi, jetra, pankreas); pravila su drugačija za tkiva (koža, kosti, rožnjača, srčani zalisci, koštana srž).

– ili, da se poslužimo Kantovim rečima, između onog što ima cenu i onoga što je plemenito. To ne može zavisiti od običnih talasanja u moralnim shvatanjima.

Bunimo se zbog nepravde, na primer, ili zbog ponašanja koje ne vodi mnogo računa o čoveku. Osećaj bunta često ukazuje na greške u individualnom ponašanju ili organizaciji našeg društva, kao što moralni imperativ možda previše kruto nalaže ponašanje koje treba usvojiti ili zabraniti. Međutim, bunt može biti i loš putokaz. On može voditi isticanju ličnih sklonosti nauštrb tuđe slobode; i ponekad je nepromišljen.

Kao što zapaža psiholog Džonatan Hajt (Jonathan Haidt),[1] profesor na Njujorškom univerzitetu, zajednički moral ne upućuje samo na eksternalije već i na osudu ponašanja bez jasno prepoznatljive žrtve. Podsetimo ovde na to da je pre pedeset godina većina stanovništva osuđivala seksualni čin između osoba istog pola, ili između dve osobe različite rase (u SAD), ili pak onaj u kojem učestvuje neudata žena (ali ne i muškarac). Ko su bile žrtve tog ponašanja, koje se smatralo mrskim? U nedostatku jasno uočljivih eksternalija, nametanje ličnih sklonosti jednih može brzo ugroziti slobodu drugih.

Naš osećaj bunta stoga je nepouzdan etički oslonac. On nas može izvesti na put i skrenuti nam pažnju na to da nešto ne valja u društvenoj organizaciji ili u našem individualnom ponašanju. Ali njegovoj ulozi tu je kraj. Neophodno je da preispitamo ta osećanja i damo prednost promišljanju o javnoj politici. I valja nam bolje promisliti o temeljima moralnosti i straha od prepuštanja određenih domena trgovini. To su pitanja kojima se bavi akademska zajednica.

III. TRŽIŠTE – PRETNJA PO DRUŠTVENE VEZE?

Druga kategorija zamerki upućenih tržišnoj ekonomiji polazi od opšteg nezadovoljstva zbog gubljenja društvenih veza. Jasno je da to ima mnogo drugih uzroka, poput urbanizacije, na primer,

[1] Jonathan Haidt, *The Righteous Mind. Why Good People are Divided by Politics and Religion*, London, Penguin Books, 2012.

ili potiskivanja neposredne komunikacije usled one koja se odvija preko interneta (uprkos tome što internet, zahvaljujući društvenim mrežama, skajpu ili mejlu, omogućava da se češće bude u kontaktu s porodicom ili udaljenim prijateljima). Bez obzira na to, ostaje da društvene veze mogu oslabiti i zbog pojava povezanih s tržištem: globalizacije, mobilnosti...[1] Danas trgujemo s Kinom, a ne sa susednom varošicom. Odlazimo da živimo daleko od roditelja i svojih korena. Opšte prihvatanje krilatice tipa „Kupujmo francusko" ili „Kupujmo američko" odraz je tog fenomena, a ne, nadamo se, suda u pogledu vrednosti ili potreba francuskih i američkih radnika u poređenju s kineskim ili indijskim radnicima.

Tržište čini međuljudske odnose anonimnim. Ali to delom i jeste njegova funkcija: od njega se očekuje da oslobodi činioce od ekonomske moći drugih činilaca, drugim rečima – da ograniči tržišnu moć (mogućnost diktiranja uslova razmene), sprečavajući, na primer, moćna preduzeća da potrošačima, ograničenim izborom, nameću visoke cene i osrednji kvalitet. Kako to opažaju oni što tuguju zbog slabljenja društvenih veza, ono zaista može pogodovati prolaznoj, bezličnoj razmeni, koja je sušta suprotnost ekonomiji darivanja i uzvraćanja (iako u modernim privredama pojmovi reputacije i trajne saradnje još uvek igraju vrlo važnu ulogu u razmeni, koju nije lako tačno predvideti ugovorom, te su stoga prepušteni dobroj volji ugovornih strana: ne čudi što su giganti interneta – *Uber, eBay, Booking* – uveli sistem ocenjivanja i razmenu iskustava među korisnicima).

Ipak, to slabljenje veza ima i svojih prednosti. S jedne strane, ekonomija darivanja i uzvraćanja stvara odnose zavisnosti.[2] Pjer Burdje (Pierre Bourdieu) prepoznao je u tome čak superioran odnos između poklonodavca i poklonoprimca, u kome je „nasilje maskirano privi-

[1] Neki će dodati i postojanje prekarijata. Razume se da nezaposlenost u velikoj meri doprinosi gubljenju društvenih veza. Ali, kao što napominjem u devetom poglavlju, masovna nezaposlenost posledica je odluke našeg društva i povezana je s institucijama, a ne sa samim tržištem.

[2] Ovde upućujemo na predavanje Žan-Pjera Ansena (Jean-Pierre Hansen) održano na Akademiji moralnih i političkih nauka 5. oktobra 2015, pod naslovom *Une éthique de l'économie libérale? Pourquoi?*

dom neproračunate velikodušnosti."[1] U načelu, jeste da društvene veze imaju svoje prednosti, ali se isto tako može ispostaviti da nas one guše i primoravaju ne nešto (kako to pokazuje primer seljaka koji je čitav život jeo loš hleb jer se nije usuđivao da povredi seoskog pekara). S druge strane, tržište omogućava da se proširi opseg interakcija. Monteskje je govorio o „slatkoj trgovini". Prema njegovom mišljenju, tržište nas uči da komuniciramo sa strancima i da ih upoznajemo. Američki ekonomista Samjuel Bouls (Samuel Bowles), bivši saradnik Martina Lutera Kinga, postmarksista i jedan od pionira proširenja ekonomije na druge humanističke i društvene discipline, zauzima sličan stav u svojim delima i članku sugestivnog naslova *The Civilizing Effect of Market Economies* (Civilizacijski uticaj tržišnih ekonomija).[2]

Oni koji izražavaju zabrinutost zbog uticaja tržišta na društvene veze – često mešaju tri vrlo različita razloga za zabrinutost.

Prvi razlog za zabrinutost: tržište osnažuje egoizam aktera, čineći ih manje sposobnim za afektivno povezivanje s drugima. Na kraju krajeva, nije li Adam Smit izrekao čuvenu misao:

> Ne očekujemo da će nam mesar, pivar ili pekar obezbediti namirnice zbog svoje dobrodušnosti, već zbog staranja o ličnom interesu.

Čini se da je egoizam u srcu tržišne ekonomije, mada, kako kaže jedan od najsjajnijih savremenih ekonomista i profesor na univerzitetu MIT, Daron Asemoglu (Daron Açemoglu),[3] nadovezujući se na Adama Smita, nije važno ono što vodi rezultatu, već sam rezultat:

---

[1] Nadovezujući se na radove Marsela Mosa (Marcel Mauss, *Essai sur le don*, 1923), Burdje je napravio tu opasku u svom prikazu zbornika radova s naučnog skupa posvećenog Mosovom naučnom stvaralaštvu, koji je 2008. godine objavio Nikola Olivje (Nicolas Olivier).

[2] Samuel Bowles, *Macroeconomics. Behavior, Institutions, and Evolution*, Princeton, Princeton University Press, 2006. Članak se pojavio u listu *Wall Street Journal* 2002.

[3] U članku *The Crisis of 2008. Structural Lessons for and from Economics*, 2009, Centre for Economic Policy Research, *Policy Insight*, n° 28.

Jedan od velikih i važnih doprinosa ekonomske nauke jeste otkriće da pohlepa sama po sebi nije ni dobra ni loša. Kada se kanališe u obliku inovativnog i kompetitivnog ponašanja koje počiva na uvećanju profita, u okviru dobro smišljenih zakona i pravila, pohlepa može poslužiti kao pokretač za inovacije i ekonomski rast. Ali kada ne podleže kontroli odgovarajućih institucija i regulativa, ona se izopačuje u potragu za rentom, korupciju i kriminal.

Drugi razlog za zabrinutost: tržište navodno doprinosi udaljavanju građana od tradicionalnih institucija, poput sela ili šire porodice, slabeći tako veze s okruženjem.

Treći razlog za zabrinutost jeste nešto što smo već pominjali: tržište navodno omogućava građanima da izvedu izvesne transakcije koje bi inače bile nezamislive – na primer, da prodaju svoje organe ili naplate seksualne usluge – izjednačavajući tako izvesne aspekte intime s najobičnijim trgovačkim pogađanjem.

U knjizi *The Company of Strangers: A Natural History of Economic Life*, Pol Sibrajt (Paul Seabright), direktor Instituta za napredne studije u Tuluzu (IAST), analizira ova tri razloga zabrinutosti u pogledu uticaja tržišne ekonomije.[1] On zapaža da tržište, koje se nikako ne oslanja samo na egoizam svojih učesnika, zahteva i veliku sposobnost za uspostavljanje poverenja – a nema ništa pogubnije za uspostavljanje poverenja od čistog egoizma. On pokazuje kako nam, još od preistorije, upravo taj društveni aspekt ljudske prirode omogućava da proširimo krug ekonomske i društvene razmene. Svakako da nas to ne preobražava u velike altruiste. Tržište je ujedno mesto nadmetanja i saradnje, a ravnoteža između toga uvek je krhka.

Takođe je tačno da tržište, omogućavajući nam da izaberemo partnere za razmenu, doprinosi raskidu izvesnih tradicionalnih veza. Međutim, tu je pre reč o preobražavanju nasleđenih veza u izabrane veze nego o prostom uništavanju veza. Bez sumnje, te veze su manje trajne. Ali ni trajnost ni nasledni karakter društvenih veza nisu prednosti same po sebi. Ko bi, na kraju krajeva, žalio za nestan-

[1] Paul Seabright, *La Société des inconnus*, *op. cit.* Za analizu komercijalizacije seksualnosti, vidi takođe njegovu knjigu *Sexonomics*, Paris, Alma Éditions, 2012.

kom najsnažnijih društvenih veza koje su ikad postojale, onih između roba i gospodara, žene i svemoćnog muža, potčinjenog radnika koji trpi uslove poslodavca monopsoniste[1], ili – da uzmemo blaži primer – našeg seljaka koji čitavog života trpi zbog netalentovanog pekara.

Što se tiče komercijalizacije izvesnih transakcija koje se, kako se dosad smatralo, tiču onoga što je sveto, Pol Sibrajt ističe koliko se naš doživljaj svetog menja kroz epohe i kulture. Odbijanje da se prihvati otvorena komercijalizacija, kaže on, može postojati naporedo s prikrivenom komercijalizacijom: osoba koja se moralno gnuša pri pomisli na prostituciju i novčanu naknadu koju prima osoba s kojom deli život – može, uprkos tome, ostati s mužem (ili ženom) kojeg (ili koju) više ne voli samo zbog potrebe za finansijskom sigurnošću, ili iz straha od samoće. Ne mogu se olako izvoditi zaključci na tom polju, a poslednje zapažanje nikako nije argument u korist legalizacije tog tržišta (ma kakvo mu značenje pridavali), niti nekog naročitog oblika regulative (koja se bitno razlikuje od države do države). Nadovezujući se na ranije izloženo zapažanje o nejednakosti, iz toga bih izveo zaključak da je tržište ponekad žrtveni jarac našeg licemerja. Samo po sebi ne jačajući niti slabeći naše društvene veze, tržište je ogledalo naše duše, te čini eksplicitnom svu stvarnost našeg društva, odnosno naličje naših težnji i sklonosti koje bismo voleli da sakrijemo ne samo od drugih već i od sebe. Ukidajući tržište, razbili bismo ogledalo. A tako bismo samo odgodili suočavanje s ličnim i kolektivnim vrednostima.

IV. NEJEDNAKOSTI

Analiza veze između tržišta i morala ne bi bila potpuna bez barem kratkog pomena nejednakosti. Tržišna ekonomija nema *a priori* nikakvog razloga da stvara društveno poželjnu strukturu prihoda i bogatstva. Zbog toga je u svim zemljama ustanovljena fiskalna preraspodela.

[1] Monopsonista označava jedinog kupca (ovde je to kupac rada zaposlenog), koji je stoga u položaju da diktira uslove razmene.

Mogli bismo pomisliti sledeće: budući da se tržište često shvata kao uzrok produbljivanja nejednakosti[1] u poslednjih trideset godina, u nekim zemljama podozrenje prema tržištu upravo predstavlja reakciju na to produbljivanje nejednakosti. Ipak, čini se da to nije istina. Tako je 1% najbolje plaćenih Francuza 2007. zarađivalo dvaput manje (udeo u ukupnom nacionalnom dohotku) od svojih američkih parnjaka; takođe, globalna nejednakost[2] je nakon oporezivanja drastično manja u Francuskoj nego u SAD. A, kako sam rekao, dvaput više Amerikanaca nego Francuza veruje u prednost tržišta. Osim toga, nema nikakvog razloga da stav prema tržištu zavisi od postojećeg nivoa nejednakosti; kako pokazuju skandinavske zemlje, država može u potpunosti prihvatiti tržišnu ekonomiju i pribeći oporezivanju s ciljem ublažavanja nejednakosti.

Brojna istraživanja u savremenoj ekonomskoj nauci ticala su se merenja i razumevanja nejednakosti. Mogla bi se napisati čitava knjiga samo na tu temu. Želeo bih ovde naprosto da iznesem nekoliko opažanja o načinu na koji ekonomska nauka može – i ne može – doprineti ovoj raspravi.

Uloga ekonomije

Krenimo od onog što je resor ekonomije: prikupiti dokaze o nejednakosti, shvatiti ih i predložiti efikasne politike (one koje ne rasipaju javni novac) kako bi se postigao određeni nivo redistribucije.

— *Izmeriti nejednakost*

Brojne statistike objavljene u poslednjih dvadeset godina doprinele su jasnijem sagledavanju nejednakosti. Posebno kad je u pita-

[1] Jeste da tržište koje nije korigovano poreskim sistemom stvara izraženu nejednakost, ali treba zapaziti i da se u drugim zemljama, tamo gde je tržišna ekonomija manje razvijena, takođe stvara izražena nejednakost.

[2] Globalna nejednakost meri se indeksima (ovde Džini koeficijentom) koji uzimaju u obzir celu krivu raspodele prihoda, a ne samo poređenje, na primer, između tih 1% i ostalih.

nju relativno povećanje bogatstva jednog procenta najimućnijih (top 1%), koje su ekonomisti podrobno proučavali, pogotovo Toma Piketi[1] i njegovi saradnici, analizirajući nejednakosti u bogatstvu. Ostvareno povećanje prihoda među tih 1% najbogatijih takođe je privuklo veliku pažnju. Na primer, u SAD prosečni prihod porastao je za 17,9% od 1993. do 2012. godine; najviši prihodi (top 1%) porasli su za 86,1%, dok je preostalih 99% poraslo tek za 6,6%. Udeo prihoda tih 1% najbogatijih porastao je sa 10%, koliko je iznosio 1982, na 22,5%, koliki je bio 2012. godine.[2] Ekonomisti su takođe proučavali ukupnu nejednakost, budući da se ona javlja u mnoštvu oblika.[3]

Osim toga, ekonomisti su dosta proučavali i fenomen polarizacije, koji je započet pre dvadesetak godina u SAD, a koji zapažamo u većini drugih zemalja. Ta polarizacija predstavlja porast broja visokokvalifikovanih osoba, čije zarade snažno rastu, i onih niskokvalifikovanih, kojima zarade stagniraju, što je praćeno smanjenjem broja srednjekvalifikovanih poslova koje prati tendencija nestanka.[4] Na kraju, ekonomisti su analizirali smanjenje nejednakosti među nacijama i posvetili se smanjivanju siromaštva – ono se znatno smanjuje naročito zahvaljujući dinamičnosti kineske i indijske ekonomije, koje su prešle na tržišni sistem, mada je i tu nejednakost još uvek

---

[1] Thomas Piketty, *Le Capital au XXIe siècle*, Paris, Seuil, 2014.

[2] Facundo Alvaredo, Tony Atkinson, Thomas Piketty, Emmanuel Saez, Gabriel Zucman, *The World Wealth and Income Database*.

[3] Na primer, u Ujedinjenom Kraljevstvu za vreme Tonija Blera nejednakost je postala mnogo izraženija ako se gleda udeo bogatstva koje je stekao taj 1%, ali ukoliko se gledaju odnosi između 10% najbogatijih i 10% najsiromašnijih, društvo je mnogo egalitarnije. Ukratko, ne zaključujući nužno da je Ujedinjeno Kraljevstvo postalo egalitarnije pod Tonijem Blerom, valja zapaziti da se uzima u obzir ukupna distribucija, a ne samo jedna važeća statistika. Vidi: Džon van Rinen (John Van Reenen, London School of Economics), *Corbyn and the Political Economy of Nostalgia*, na osnovu radova Gabrijela Zikmana (Gabriel Zucman) i podataka koje je izneo Department of Work & Pension.

[4] Vidi radove Dejvida Otora (David Autor), profesora u MIT-u. Sličan fenomen zapaža se u Francuskoj – vidi: Sylvain Catherine, Augustin Landier, David Thesmar, *Marché du travail. La grande fracture*, Paris, Institut Montaigne, 2015. Petnaesto poglavlje osvrće se na pitanje polarizacije.

previše izražena. Svi ti radovi o merenju nejednakosti neophodni su nam jer nam pružaju sliku trenutne situacije i omogućavaju da bolje shvatimo ozbiljnost problema.

Razumeti nejednakost

Rast nejednakosti ima različite uzroke, a zavisi od vrste nejednakosti o kojoj pričamo: o nejednakosti prihoda ili bogatstva? I na kom nivou (među tih top 1% ili na opštem nivou)? Kad se govori, na primer, o snažnom rastu prihoda tog najvišeg jednog procenta, navode se brojni razlozi.

Prvi faktor koji to objašnjava jesu tehnološke promene, koje favorizuju visokokompetentne pojedince zahvaljujući pojavi digitalne ekonomije, i uopšte jačanju ekonomije znanja. To je posebno vidljivo na vrhu piramide raspodele zarada. Kako ćemo videti u četrnaestom poglavlju, digitalnu ekonomiju odlikuju niski troškovi proizvodnje i velika produktivnost, pri čemu ona podleže efektima mrežne ekonomije, što su karakteristike fenomena *winner takes all* (pobednik nosi sve): preduzetnici koji su osnovali *Microsoft*, *Amazon*, *Google*, *eBay*, *Uber*, *Airbnb*, *Skype* i *Facebook*, kao i njihovi saradnici – izuzetno su se obogatili, istovremeno stvarajući vrednost za društvo. Isto važi i za one koji su napravili nove lekove ili vakcine.

Globalizacija[1] je doprinela tome da ova preduzeća brzo izvezu svoj model u čitav svet; s druge strane, u nezaštićenim sektorima (koji podležu međunarodnoj konkurenciji) ona dovodi u konkurenciju zaposlene iz zemalja s niskim prihodima i one iz razvijenih zemalja, dajući prvima šansu da izađu iz siromaštva, a istovremeno stvarajući pritisak da se smanje plate ovim drugima. Manje je poznata činjenica da liberalizacija trgovine izrazito uvećava nejednakosti među osobama iz iste države koje imaju isti nivo kompetentnosti,

[1] Podsetimo da je svet pod uticajem drugog talasa globalizacije u poslednjih pedeset godina, nakon što ga je zadesio vrlo snažan talas prve globalizacije, okončan s Prvim svetskim ratom. Međunarodna trgovina danas čini otprilike trećinu svetskog BDP-a.

kao i to da od nje mnogo više koristi imaju efikasna preduzeća (koja mogu izvoziti), te da ona dodatno oslabljuje manje efikasna preduzeća (koja se suočavaju sa uvozom).[1]

Globalizacija je dovela do otimanja za talente. Preduzetnici mogu birati gde će osnovati startap. Najbolji istraživači, lekari, umetnici ili menadžeri sve češće idu tamo gde im se ponude optimalni uslovi. Zbog toga možemo žaliti, ali to je činjenica u našem globalizovanom svetu. Svakako, nadmetanje za pridobijanje talenata pruža tim talentima slobodu izbora, koja može otići predaleko, što smo kolega Rolan Benabu (Roland Bénabou) sa Univerziteta u Prinstonu i ja nedavno pokazali u jednom članku o kulturi bonusa:[2] kako bi privukla najbolje talente – ili pak zadržala one svoje – preduzeća nude vrlo visoke zarade, previše usmerene na kratkoročne performanse, navodeći tako talente, naročito one manje skrupulozne, na to da zanemare dugoročnu perspektivu, pa čak i da se ponašaju neetički.

Odlazak jednog preduzetnika, imovine, istraživača ili kompanije u inostranstvo predstavlja gubitak za državu: gubitak radnih mesta koje je ta osoba – ili kompanija – stvorila u datoj državi, gubitak naplaćenog poreza koji bi koristio državi, gubitak u prenošenju znanja, itd. Trebalo bi sagledati širinu fenomena, ali upravo tu i škripi: nedostatak pouzdanih podataka i nizak nivo empirijskih studija puštaju sve mašti na volju.[3]

---

[1] Elhanan Helpman, *Globalization and Inequality. Jean-Jacques Laffont Lecture*, oktobar 2015. Vidi takođe François Bourguignon, *La Mondialisation de l'inégalité*, Paris, Seuil, 2012, i u vezi s globalnim viđenjem nejednakosti *Pauvreté et développement dans un monde globalisé*, Paris, Fayard, 2015. Među nedavno objavljenim radovima, vidi i Anthony Atkinson, *Inequality. What Can Be Done?*, Cambridge, Harvard University Press, 2015, i Joseph Stiglitz, *The Great Divide. Unequal Societies and What We Can Do about Them*, New York, Norton, 2015.

[2] *Bonus culture*, Journal of Political Economy, 2016.

[3] No, zapazimo za Francusku vrlo koristan rad Sesilije Garsije Penjalose (Cecilia Garcia-Peñalosa) i Etjena Vasmera (Étienne Wasmer) o odlivu mozgova. Oni pokazuju da ta pojava ima ograničene razmere, ali da se ponajviše tiče „talenata". Oni uočavaju da je najbolja strategija za iskorišćavanje socijalnog sistema obrazovati se u Francuskoj (besplatne studije), otići

Brzo uviđamo s kakvim se poteškoćama suočavaju istraživači koji nastoje da stišaju strasti iznošenjem činjenica. Dejstvo sa odloženim efektom (zemlja se ne napušta neposredno nakon sprovođenja politike koja se smatra nepovoljnom; posledice se primećuju tek kako vreme odmiče) komplikuju ekonometrijsku procenu, baš kao i procenu fenomena „nestacionarnosti" (novi naraštaji više se kreću po svetu nego stariji). Potom, ne zanima nas samo puki broj odlazaka u inostranstvo (jer kulturna tradicija obavezuje da se putuje; Francuzi se, uopšte uzevši, manje iseljavaju). Kad je reč o preduzetnicima, slobodnim zanimanjima i istraživačima, izgleda da se odliv mozgova u inostranstvo prvenstveno odnosi na najveće talente; na primer, na polju istraživanja malo je evropskih istraživača koji se iseljavaju, ali taj gubitak najizraženiji je kod onih najkreativnijih, vrlo traženih u inostranstvu;[1] tako da je izgubiti novog Stiva Džobsa, ili novog Bila Gejtsa, vrlo skupo, gledano iz ugla stvaranja radnih mesta, prihoda od poreza i inovativnosti okruženja.[2]

Globalizacija i tehnološki napredak koji pogoduje onim najkvalifikovanijima nisu jedini razlozi za obogaćivanje tih gornjih 1%.[3] Neki

u inostranstvo i vratiti se u Francusku kada treba da se plate studije dece ili lečenje. Oni zagovaraju niz mera javne politike.

[1] Linda Van Bouwel i Reinhilde Veugelers pokazuju da se najbolji evropski studenti (kako je uočeno praćenjem njihove kasnije karijere) ređe vraćaju u Evropu, te da se malo njih vrati ako prvi posao dobiju u SAD. Druge studije potvrđuju to zapažanje i za druge naučne oblasti (*Are Foreign PhD Students More Likely to Stay in the US? SomeEvidence from European Economists, u* Marcel Gérard, Silke Uebelmesser [dir.], *The Mobility of Students and the Highly Skilled*, CESifo, 2015). Važno pitanje jeste hoće li nedavno osnovani *European Research Council* (koji za cilj ima da privuče najbolje istraživače u Evropi) uspeti da stane na put toj pojavi. I, što je verovatnije, ako je njegovo osnivanje komplementarno s reformom univerzitetskog sistema, hoće li od tog istraživačkog centra koristi imati uglavnom zemlje koje sprovedu reforme?

[2] Najzad, može se desiti da su neke okolnosti promakle ovim podacima (npr. ako je Francuz osnovao preduzeće u Palo Altu ili u Bostonu nakon studija u SAD), ili da su one teško dostupne.

[3] Neki su pomenuli pad značaja sindikata. Međutim, izgleda da ne postoji empirijski dokaz u korist te hipoteze.

su prst uperili na zarade u finansijskom sektoru, koje u anglosaksonskim zemljama mogu dostići nekoliko desetina miliona dolara godišnje u velikim poslovnim bankama, a još više u neregulisanim strukturama, poput špekulativnih investicionih fondova, privatnih investicionih fondova ili investicionih banaka.

Shvatanje s kojim se svi ekonomisti slažu, kakav god da je njihov stav prema preraspodeli, jeste da nemaju sve nejednakosti isti status. Bogatstvo stečeno stvaranjem vrednosti za društvo nije isto kao bogatstvo koje dolazi od položajne rente. Na primer, u mnogim zemljama je porast prinosa od rentiranja nekretnina bitan faktor porasta nejednakosti u bogatstvu.[1] Ali, za razliku od pronalazača nove metode lečenja raka, vlasnik nekretnine ne stvara vrednost za društvo. Taj porast nejednakosti mogao se delimično izbeći, s jedne strane, oporezivanjem kapitalnog dobitka od prodaje nepokretnosti, a, s druge strane, odustajanjem od lokalnih urbanističkih planova koji onemogućavaju gradnju u centru grada, utičući tako na rast cena nekretnina. Isto tako, poslužićemo se ponovo primerom koji je Filip Agion (Philippe Aghion) izneo na svom inauguralnom predavanju u obrazovnoj instituciji *Collège de France*. Meksički milijarder Karlos Slim (Carlos Slim), jedan od najbogatijih ljudi na svetu, izgradio je svoje bogatstvo štiteći se od konkurencije – i ne može se porediti s milijarderima Stivom Džobsom ili Bilom Gejtsom, koji su igrali na kartu inovacija. Zaključak Filipa Agiona[2] jeste da bi ponovo trebalo iz korena menjati naš fiskalni sistem kako bi se napravila jasna razlika između stvaranja nove vrednosti i prihoda od rente, iako u praksi nije uvek lako prepoznati tu razliku.

— Predložiti rešenja i oceniti ih

Ekonomista takođe može da objasni na koji se način može postići ciljana preraspodela i da li data politika preraspodele zaista postiže

[1] Odran Bonnet, Pierre-Henri Bono, Guillaume Chapelle, Étienne Wasmer, *Does Housing Capital Contribute to Inequality? A Comment on Thomas Piketty's Capital in the 21st Century*, neobjavljeni naučni rad, 2015.

[2] Philippe Aghion, Ufuk Akcigit, Antonin Bergeaud, Richard Blundell, David Hemous - u naučnom radu *Innovation and Top Income Inequality*, objavljenom na internetu 2015, tvrde da inovacija, ako i poveća udeo onih 1%, ne povećava globalnu nejednakost i promoviše društvenu mobilnost.

svoj cilj. Skoro svi ekonomisti se bore za pojednostavljivanje oporezivanja. Složen poreski sistem, gomilanje poreza i poreskih niša stvaraju potpunu zbrku u našem društvu. Ali sve vlade odlažu veliki obračun s fiskalnim sistemom. Ponekad se pristupa delimičnom dovođenju u red, koje je uglavnom kratkog daha. Kao premijer, Lionel Žospen uveo je poseban dodatak na zaradu koju je država isplaćivala osobama s niskim platama, rukovodeći se rezultatima ekonomskih istraživanja koji su pokazali da se nezaposlenoj osobi, kad ponovo počne da radi, može desiti da joj sveukupni prihodi budu smanjeni (poreska stopa viša od 100%). Greška je u gomilanju novčane pomoći i socijalnih dodataka uslovljenih visinom novčanih primanja; dok je svaka od tih novčanih pomoći – uzeta sama za sebe – polazila od plemenitog cilja i bez poteškoća zadobijala podršku parlamentaraca, usklađenost svih ovih mera nikad nije uzeta u obzir. Zato na površinu redovno isplivava isti problem. Svaka ova mala novčana podrška, namenjena onim najugroženijima, opravdana je sama za sebe, ali zajedno sa svim ostalim – na kraju dovodi do izrazito štetnih posledica po društvo. A to je samo jedan od mnogih primera. Bilateralni dogovor o novom konceptu fiskalnog sistema mnogo bi toga dobrog doneo našoj zemlji.

Kao i na drugim poljima, i na polju politike preraspodele ima prostora za preispitivanje.[1] Iz neznanja ili iz navike, izgleda da javni diskurs ponekad pridaje više značaja isticanju različitih „pokazatelja" politike preraspodele nego njenoj stvarnoj moći da postigne svoje osnovne ciljeve. A brojne navodno egalitarističke politike okrenu se protiv onih kojima su namenjene, ili im pak omoguće tek neznatnu korist, a skupo koštaju društvo, dovodeći u pitanje budućnost socijalnog sistema kome smo privrženi. Deveto poglavlje, posvećeno nezaposlenosti, podrobno pokazuje da se politike za koje se pretpostavlja da idu u prilog radnicima – poput sudske zaštite radnika u postupku otkazivanja radnog odnosa, ili odluke o povećanju minimalnog dohotka („minimalca") umesto da se vodi računa o zagarantovanoj zaradi za radno sposobne – u praksi okreću protiv navodnih korisnika ovih mera, ili barem protiv najugroženijih među njima. Navešćemo još primera iz drugih oblasti.

---

[1] Ono što sledi potiče iz članka koji sam napisao sa Etjenom Vasmerom (Étienne Wasmer) i objavio u listu *Libération* u broju od 8. juna 2015.

U oblasti stanovanja, politika kojoj je cilj da zaštiti podstanare u slučaju da nemaju novca za stanarinu naizgled je velikodušna i humana. Ali njihovo neplaćanje navodi stanodavce na to da strogo biraju podstanare, što osobu s ugovorom o radu na određeno vreme ili mlade uskraćuje za mogućnost iznajmljivanja privatnih stanova ukoliko njihovi roditelji nisu u stanju da im budu jemci. Takođe, potpuno je legitimno štititi stanare od previsokih stanarina tokom zakupa, ali politika kontrole visine stanarine između dva različita zakupa na kraju uvek vodi do oskudnog stambenog fonda lošeg kvaliteta, što prvenstveno pogađa ekonomski najugroženije. Opet se naizgled progresivne politike stanovanja lako okreću protiv socijalno najugroženijih osoba.

Na polju stanovanja, opet, novčana pomoć za troškove stanovanja *de facto* je osnovno sredstvo preraspodele u Francuskoj. Izdvojena novčana suma dostigla je sedamnaest milijardi u 2013. godini, mnogo više nego što iznosi „dohodak solidarnosti" (*fr.* RSA)[1] i „premija za radno mesto" (*fr.* PPE)[2] zajedno (koji su danas objedinjeni). Međutim, ta pomoć doprinela je inflaciji stanarina, dok ponuda stanova za iznajmljivanje nije ispratila taj rast, jer se izbegavanjem visoke gradnje u velikim gradovima, tamo gde bi to bilo izvodljivo, štiti prihod od nepokretnosti. To je dobra stvar za stanodavce čiji se prihodi uvećavaju zahvaljujući toj novčanoj pomoći, ali oni, naravno, nisu ciljna grupa. Od dodatka za troškove stanovanja, koji se smatra moćnim sredstvom preraspodele, vrlo malo koristi imaju oni kojima je namenjen, a podrazumeva visoke javne rashode na štetu drugačije upotrebe novca iz budžeta.

Još jedan paradoksalan primer: francuski obrazovni sistem ističe egalitarističke ciljeve (putem uniformizacije programa i sektorizacije), ali stvara snažne nejednakosti nauštrb najsiromašnijih, a u ko-

---

[1] RSA (skraćeno od *revenu de solidarité active*) oblik je socijalne pomoći namenjene zaposlenim licima s ličnim primanjima manjim od zakonskog minimuma, kao i nezaposlenima u aktivnoj potrazi za poslom ili na prekvalifikaciji, *prim. prev.*

[2] PPE (skraćeno od *prime pour l'emploi*) oblik je socijalne pomoći u obliku negativnog poreza – putem umanjenja poreza na platu – namenjene osobama s ličnim primanjima manjim od zakonskog minimuma, *prim. prev.*

rist najobaveštenijih i onih čiji roditelji žive u elitnim delovima grada. Druga paradoksalna strana navodnog egalitarizma francuskog obrazovnog sistema jeste odustajanje od selekcije pri upisu na fakultet. To dovodi do selekcije putem neuspeha na kraju prve ili druge godine studija, a posledično i do toga da najslabije pripremljeni studenti ne samo što ne stiču diplomu već se i obeshrabruju, te bivaju društveno žigosani zato što su izgubili jednu, dve ili tri godine. To traćenje vremena retko pogađa višu klasu, čiju decu ovaj fenomen uglavnom zaobilazi. Sistem francuske nastave sveukupno počiva na diskriminaciji u pristupu informacijama.

Isto tako, nepostojanje troškova upisa na fakultet i u većinu visokih škola najviše ide u korist višoj klasi. Rešenje za taj problem nije jednostavno. Naplaćivanje upisa na studije može imati neželjene posledice, kao što vidimo na primeru prezaduženosti nekih američkih studenata. Srednja klasa može imati poteškoće usled nemogućnosti dobijanja stipendija. Ipak, moguće je smisliti progresivan ali razuman sistem troškova studiranja, koje bi delimično snosile porodice čiji prihodi to dozvoljavaju, dok bi se deo ovih izdataka pokrivao iz dodatnih stipendija uslovljenih uspehom na studijama.

Najzad, više na makroekonomskom planu, kontrola javnih finansija prečesto se smatra kočnicom za politike preraspodele. Međutim, boreći se protiv kontrole javnih troškova, ugrožavamo sam opstanak našeg socijalnog sistema: drastično smanjenje zdravstvenih troškova i troškova obrazovanja, te pad penzija – što je odraz finansijskih poteškoća – zaista bi predstavljali raskid s republikanskim paktom i posebno bi pogodili najsiromašnije.

Pouka koju treba izvući iz ovih primera, izdvojenih iz mora njima sličnih, jeste opet da treba zaviriti s one strane ogledala. Da bi se spoznalo da li neka javna politika uspešno vrši preraspodelu, nije dovoljno poznavati socioekonomske uslove ciljnih grupa kojima je namenjena. Treba voditi računa i o svim njenim posledicama.

Ograničenja ekonomije

U razumevanju nejednakosti i analizi politika preraspodele nazire se društveni izbor, o čemu ekonomista ima manje toga da kaže, ali može izreći svoj stav kao običan građanin.

U koherentnom fiskalnom sistemu nužno postoji kompromis između malo više preraspodele i malo manje kupovne moći ili niže stope rasta (u suprotnom, fiskalni sistem je loše postavljen i treba ga usavršiti). Smisleni izbor pred tim kompromisom jeste složen. S jedne strane, zato što zavisi od stava konkretne osobe prema preraspodeli, što je stvar ličnog vrednosnog suda. Potom, zato što ne raspolažemo svim nužnim informacijama o tom kompromisu. To me vraća na vezu između uzroka nejednakosti i poželjnosti preraspodele. Naslućujemo kako bi valjalo znati da li je prihod proizvod slučajnosti, ili je uslovljen poznavanjem ljudi na visokim položajima, ili je pak plod nekog napora i ulaganja. U prvom slučaju, nema lične zasluge, te bi preraspodela trebalo da bude potpuna (stopa oporezivanja od 100%). Tu tačku gledišta svi prihvataju; čak i najkonzervativniji američki republikanci smatraju da društvo mora pokazati solidarnost prema hendikepiranim osobama koje se nisu svojom krivicom našle u takvoj situaciji. U drugom slučaju, argument za zadržavanje podsticajne stope oporezivanja jeste ubedljiv.

Problem je što mi imamo tek nejasnu sliku o načinu postizanja finansijskog uspeha, to jest o tome je li posredi uloženi napor ili splet okolnosti.

Pred tom oskudicom informacija, ne čudi što svako veruje u ono što mu se sviđa. Na tu temu, sociolozi i psiholozi rasvetlili su jednu začuđujuću pojavu: 29% Amerikanaca veruje da su siromašni uhvaćeni u zamku siromaštva, dok 30% njih smatra da je uspeh stvar sreće, a ne uloženog rada i obrazovanja. U tom pogledu, kod Evropljana su ti procenti 60% i 54%.[1] Takođe, 60% Amerikanaca (računajući tu i veliki udeo siromašnih!) i samo 26% Evropljana potvrdno odgovara na sledeće pitanje: „Jesu li siromašni zato što su lenji i bezvoljni?" Dva prilično oprečna viđenja sveta. Amerikanci veruju u pravičan svet, u kojem ljudi imaju ono što zaslužuju; osim toga, imaju tendenciju da precenjuju društvenu mobilnost u svojoj zemlji. Nisu li u zabludi? Kao, uostalom, i Francuzi, koji su nesumnjivo previše pesi-

[1] World Value Survey. Vidi takođe članak: Alberto Alesina, Ed Glaeser, Bruce Sacerdote, *Why Doesn't the United States Have a European-Style Welfare State?*, Brookings Papers on Economic Activity, 2001, n° 2, str. 187–278.

mistični, mada to što ne veruju u zasluge mogu opravdati navodeći, na primer, mnogobrojne fiskalne niše, profesije zatvorene za uzak krug, obrazovni sistem koji favorizuje višu klasu i upućene, lošu integraciju imigrantske populacije, javne odluke donete pod pritiskom interesnih grupa, a ne na osnovu analize opšteg interesa, ili pak preveliku ulogu ličnih poznanstava pri dobijanju pripravničkih mesta ili ugovora na neodređeno vreme. Uzgred budi rečeno, radovi sociologa Marka Granovetera (Mark Granovetter) pokazuju da isto važi i za SAD.[1] Ne znam više. Istina je da nemamo mnogo empirijskih podataka o vezi između zasluga i ekonomskog uspeha u različitim zemljama, a upravo je to srž problema: nedostatak informacija sve pušta mašti na volju, te nastaju razna uverenja.

Ali tu priči nije kraj. Ma kako krhka bila ta uverenja, ona su ipak koherentna u odnosu na fiskalni i socijalni sistem države. Rolan Benabu (Roland Bénabou) i ja pokazali smo da su ta uverenja, koja očigledno utiču na odluke u fiskalnoj politici i socijalnoj zaštiti (koje su, logično, progresivnije u Evropi, s obzirom na različita uverenja), delimično endogena.[2] U zemlji sa slabijom socijalnom zaštitom bolje je verovati da uspeh prvenstveno zavisi od ličnog zalaganja, te da samo odlučnost može čoveku obezbediti pristojnu budućnost, dok je obrnuto u sistemu sa snažnom socijalnom zaštitom. Mi smo ispitali posledice (troškove i benefite) obaju sistema uverenja. Na primer, prirodna posledica verovanja u pravičnost sveta jeste izraženija stigmatizacija siromašnih i svih ostalih koji zavise od sistema socijalne zaštite. To može dovesti do precenjivanja mobilnosti (što se, izgleda, dešava u SAD). Ali to podstiče rast i bolje povezuje neto prihod sa zaslugom, što za posledicu može imati povoljne posledice (osim

[1] Mark Granovetter, *Getting a Job. A Study of Contacts and Careers*, Cambridge, MA, Harvard University Press, 1974. Na primer, Granoveter pokazuje da je više od 50% zaposlenja u jednom gradu u Masačusetsu dobijeno zahvaljujući poznanstvima. Granoveter je vrlo poznat po svojoj teoriji „snage slabih veza", kako glasi naslov njegovog članka koji se pojavio u listu *American Journal of Sociology* 1973.

[2] Roland Bénabou, Jean Tirole, *Belief in a Just World and Redistributive Politics*, Quarterly Journal of Economics, 2006, vol. 121, n° 2, str. 699–746.

za one siromašne), čak i ako se verovanje u pravičnost sveta pokaže pogrešnim...

Dodatna poteškoća odnosi se na utvrđivanje okvira u kom se posmatra nejednakost. Da bi se problem shvatio, dovoljno je setiti se, recimo, liberalizacije trgovine – koja je izazvala rast izvesnih oblika nejednakosti u bogatim privredama, ali koja je velikom delu populacija s juga omogućila da izađe iz siromaštva – ili naše reakcije na migrante (mada naši sugrađani i ne znaju da imigracija često sa sobom nosi dosta ekonomskih prednosti za zemlju domaćina, ali ako tržište rada ne isključuje doseljenike). Tu je reč o etičkom sudu prema kom će ekonomista imati svoj stav, ali ne i posebno znanje kojim bi dao svoj doprinos.

Međutim, taj etički stav snažno uslovljava naše politike preraspodele i uopšte naše ekonomske politike. Radovi Alberta Alezina (Alberto Alesina), Reze Bakira (Reza Baqir) i Vilijama Isterlija (William Easterly) pokazali su da je preraspodela putem snabdevanja javnim dobrima na lokalnom nivou mnogo razvijenija kada je populacija homogena, bilo etnički ili religijski.[1] Iako nas zapanjuje činjenica što postoje prioriteti u raspodeli usko postavljeni na nivou lokalne zajednice, nacionalni ili drugačije motivisani, oni su datost s kojom smo suočeni pri kreiranju javnih politika.

Najzad, iako se nejednakost obično meri iz finansijskog ugla (prihod i bogatstvo), ona pored novčanog aspekta pokriva i druge aspekte, poput društvene integracije. Pristup zdravstvenoj zaštiti takođe. Nejednakosti u zdravstvenoj zaštiti dobro su poznate. Ali manje je poznato da su one znatno porasle.[2] U SAD, muškarac koji se rodio 1920. godine, a koji je, s tačke gledišta prihoda, spadao u 10% najbolje plaćenih – imao je šest godina duži životni vek[3] od muškaraca koji su spadali u onih 10% najslabije plaćenih. Kod žena je ta razlika

---

[1] Alberto Alesina, Reza Baqir, William Easterly, *Public Goods and Ethnic Divisions*, Quarterly Journal of Economics, 1999, vol. 114, str. 1243–1284.

[2] Barry Bosworth, Gary Burtless, Kan Zhang, *Later Retirement, Inequality in Old Age, and the Growing Gap in Longevity between Rich and Poor*, The Brookings Institution, 2016.

[3] U ovoj studiji uzeti su u obzir ljudi koji su živeli duže od pedeset godina.

iznosila 4,7 godina. Za muškarce i žene rođene 1950. godine razlika sada iznosi 14 odnosno 13 godina. Na primer, životni vek muškaraca iz najugroženije grupe produžio se samo 3%, a onih s najvišim prihodima 28%. Istraživači danas pokušavaju da utvrde uzroke te neujednačenosti, što je od ključne važnosti za definisanje prirode odgovora javne politike. Počeli su s kauzalnim vezama: u kojoj meri siromaštvo uzrokuje loše zdravstveno stanje – ili da li loše zdravlje povećava opasnost od siromaštva? Vode li najimućniji zdraviji život (autori studije navode na to: u Sjedinjenim Državama pušenje je postalo klasna pojava, svojstvena najsiromašnijima)? Imaju li oni pristup boljoj nezi? Sigurno tu ima pomalo od svega, ali tek jasno uočavanje uzroka omogućava da se javna politika usredsredi na ono na šta će se najjače odraziti.

Posebno je izražena potreba za dostojanstvom. U prirodi velike većine ljudskih bića postoji želja da se osete korisnim za društvo, a ne da mu budu na teretu. Osobe s posebnim potrebama, opravdano zahtevajući da se društvo solidariše s njihovom sudbinom, traže više od novca – oni traže i posao.

Takođe, etička pitanja nameću se kad institucije rada opredeljuju politiku preraspodele, što se dešava kada treba birati između povećanja „minimalca" i minimalnog dohotka za radno sposobne. Podižući minimalnu zaradu iznad one u većini drugih zemalja, Francuska se opredelila za to da podigne prihod najmanje plaćenih radnika putem plata pre nego putem transfera, uzrokujući tako znatnu nezaposlenost među onima čije kvalifikacije odgovaraju radnom mestu s minimalnom zaradom ili nešto nižom zaradom od minimalne. Te nezaposlene osobe ne gube samo svoj ljudski kapital već i vezu s društvom, a delimično i dostojanstvo. Neki naši sunarodnici koji imaju naviku da ismevaju „mini-poslove po nemačkom modelu", izgleda, gube iz vida tu dimenziju problema.

Eto još jedne debate o moralnosti i tržištu koju nećemo moći da izbegnemo s digitalizacijom privrede, a koja će katkad ostavljati pogubne posledice na skoro sva zanimanja i na koju, verujem, nismo pripremljeni.

ZANIMANJE ISTRAŽIVAČA U OBLASTI EKONOMIJE

POGLAVLJE 3

Ekonomista u zajednici

> The age of chivalry is gone. That of sophists, economists and calculators has succeeded and the glory of Europe is extinguished forever.[1]
>
> Edmund Berk

Svuda u svetu ekonomska disciplina ispituje, općinjava i zabrinjava. Ekonomistima, koji ponekad postaju megazvezde, često zavide, ili ih pak kude. Pre više od dva veka, pod perom Edmunda Berka (Edmund Burke) – koji je opšteprihvaćen kao jedan od osnivača anglosaksonskog konzervativizma – ekonomisti su svedeni na rang sofista[2], račundžija[3], a i danas je deo naših sugrađana sumnjičav prema njima. Optužuju ih da svi isto misle. Ali čemu bi služili ekonomisti kad se ni u čemu ne bi slagali? Ekonomistima ujedno i laska i smeta tolika pažnja usmerena na njihovu disciplinu. Oni se povlače

1 „Minulo je viteško doba. Usledilo je vreme sofista, ekonomista i račundžija, i slava Evrope zgasla je zauvek." Berk piše ove redove 1793. godine, kao reakciju na pogubljenje Marije Antoanete.

2 Uobičajeno značenje termina manipulator, sofista – onaj koji teži tome da svoju publiku ubedi u nešto pomoću naizgled smislenih, ali zapravo pogrešnih argumenata.

3 Berkov citat je dvosmislen: je li pod rečju „račundžija" podrazumevao grupu manipulatora koji su proračunati i koji rade u sopstvenom interesu, što bi se nadovezivalo na osudu da su oni sofisti? Ili je pak napao matematičare, koje možda nije cenio ništa više nego ekonomiste?

u apstrakciju, ili pak upravo to odbijaju da urade kako bi što pre iznedrili preporuke ekonomske politike; ostaju u svojoj kuli od slonovače ili postaju vladarevi savetodavci; rade u senci ili traže svetlo medija.

Dakle, čemu služe ekonomisti? Da li svi isto misle? Čime se tačno bave? Kakav je njihov uticaj na naše društvo? Tim pitanjima mogla bi se posvetiti čitava knjiga, a budući da su od ključne važnosti, ovde ću ih se barem ovlaš dotaći. Zadatak je tim pre složeniji jer sam i sâm akter u toj debati. Položaj naučnika je mač s dve oštrice, pod čijim se udarom ponekad nađu svi naučnici, bez obzira na naučnu oblast. S jedne strane, oštrica konformizma, podilaženja i privrženosti profesiji, s druge strane – pokušaj da se izgradi imidž slobodnog duha i nezavisnosti od sopstvene zajednice jednom pošto je reputacija već izgrađena na radovima utemeljenim na vladajućim teorijama. Pokušao sam da izbegnem obe oštrice, ali je na čitaocu da proceni koliko sam u tome uspeo. Opisujući svakodnevicu ekonomiste na univerzitetu (koju široka publika slabo poznaje), želeo bih da objasnim složenu vezu između istraživanja koja on sprovodi i njihove primene.

I. EKONOMISTA, JAVNI INTELEKTUALAC

Profesija naučnika

Koja god naučna disciplina da je u pitanju, istraživač ima sreću da radi posao u kom unutrašnja motivacija igra ključnu ulogu. Ogromnu većinu mojih kolega čine strastveni posvećenici, „ludi za istraživanjem", kako je voleo da kaže osnivač ustanove *École d'économie de Toulouse* – Žan-Žak Lafon (Jean-Jacques Laffont). Isto važi i za brojne istraživačke centre svih drugih naučnih disciplina. Naučna zajednica predstavlja privlačno okruženje za rad, njeni članovi ne moraju zavideti drugim radnim zajednicama.

Specifičnost istraživačke delatnosti jeste to što se razvija u dugom vremenskom rasponu, koji naučnik izričito zahteva. Zajedno s dugoročnom perspektivom istraživanja ide i metodološka sumnja, pandan piščevim mukama pred praznom stranicom, ali i trenuci ispunjeni pravim intelektualnim ushićenjem. Veliki francuski naučnik Anri Poankare opisao je to zadovoljstvo otkrivanja, koje se ni s čim ne može uporediti (i taj citat ugraviran je na plaketi Nacionalnog centra za naučna istraživanja – CNRS): „Misao je samo munja usred duge noći, ali u munji je sve." Zanimanje istraživača je, bez ikakve sumnje, privilegovano zanimanje, zanimanje s mnogo slobode, koja, kao šlag na torti, pruža intenzivne trenutke u kojima sve što je bilo zbrkano iznenada postaje kristalno jasno. Potom, kao i svaki nastavnik, i istraživač ima tu sreću da prenosi svoje znanje drugima.

Naravno da unutrašnja motivacija nije naš jedini pokretač. Naučnici nisu ništa drugačiji od pripadnika drugih zanimanja: oni reaguju na okruženje i podsticaje kojima su izloženi. Dok ispunjavaju i organizuju svoje radne zadatke, njih ne vodi samo unutrašnja motivacija već i želja da steknu priznanje svojih kolega i društva u celini, želja da napreduju u karijeri i steknu moć, ili težnja da postignu finansijski uspeh.

Svaki istraživač brine o tome koliko ga priznaju oni ravni njemu; on najčešće želi i da ima kontakt s najboljim studentima, da olakša sebi obaveze i uveća životni komfor. Međutim, što se više naučna disciplina približava konkretnoj primeni, kao u slučaju ekonomije, informatike, biologije, medicine ili nauke o klimi – to spoljna motivacija postaje potencijalno veća: zarada u privatnom ili javnom sektoru, poštovanje mimo akademskih krugova, traženje medijske pažnje ili želja za političkim uticajem.

Dakle, motivi su složeni i brojni, ali, na kraju krajeva, uzrok motivacije nije ni bitan. Istraživač može razviti svoju teoriju iz gordosti, pohlepe ili rivalstva s kolegom iz kabineta, ali najbitniji je napredak nauke i potvrda u okviru procesa otvorene kritike.

Naučnik i društvo – period sumnje

Implicitni ugovor između građanina poreskog obveznika i istraživača, koji je bio na snazi poslednjih 50 godina, sve se više dovodi u pitanje. Možemo predvideti da će istraživači, koji su u prošlosti delovali nezainteresovano, pa čak i nehajno, morati sve češće zajednički da opravdavaju svoj rad pred onima koji finansiraju sistem. Zapravo, živimo u periodu u kom je javnost nepoverljiva prema naučnoj stručnosti kad god nije reč o nekoj konkretnoj oblasti – ekonomiji, medicini, teoriji evolucije, nauci o klimi ili biologiji. Da bi opravdala svoju sumnjičavost, široka javnost poziva se na konkretna zastranjivanja naučne zajednice, na primer, u slučaju izbacivanja na tržište i zadržavanja u prometu leka *mediator*, ili naučne prevare povezane s lažiranjem ili izmišljanjem podataka, što se dešava u mnogim oblastima, od političkih nauka do biologije. Što se tiče ekonomista, njima se prigovara zbog finansijske krize iz 2008. godine. (U dvanaestom poglavlju vratiću se na tu krizu i na odgovornost ekonomista u tim zbivanjima.)

Reakcija na te kritike mogla bi se sastojati u povlačenju nastavnika-istraživača u sebe. No, taj pristup kule od slonovače ne može se braniti na nivou naučne zajednice u celini. Državi je potrebno da se nezavisni stručnjaci uključe u javni život i učestvuju u debatama organizovanim pri telima koja donose odluke, kao i u medijima. Kolektivno, naravno, jer neki istraživači ne žude za tim. Neki krče teren na planu metodoloških problema, usko se baveći fundamentalnim istraživanjem (iako je granica između fundamentalnog istraživanja i primenjenog istraživanja često porozna). Iako su neophodna karika u istraživačkom procesu, oni se često osećaju nelagodnije kada treba govoriti o primeni rezultata od svojih kolega koje koriste njihova saznanja.

Ekonomista u zajednici – naučnik i privatni sektor

Veza između univerziteta i privrede često je kontroverzna. Po mišljenju onih koji je osuđuju, saradnja s privredom rizičan je poduhvat (za najumerenije), odnosno devijacija naučnog mišljenja, pa i čačkanje đavola (za najekstremnije). Njeni zagovornici navode da ta saradnja daje podstreka novim istraživanjima i omogućava da se delimično nadomesti zaostajanje francuskih ekonomista za ekonomistima drugih zemalja u pogledu zarada, te uopšte da se unapredi kompetitivnost univerzitetskog okruženja. Drugi vidovi saradnje između univerziteta i ostalih aktera podstiču slične rasprave.

Suočavanje sa stvarnošću verovatno je jedan od najsmislenijih načina za upoznavanje s problemima koji se nameću ekonomiji i društvu, za pokretanje i finansiranje originalnih istraživanja, stranih onima koji ne napuštaju svoju kulu od slonovače. Tako je dobitnik Nobelove nagrade za fiziku 2007. godine Alber Fer (Albert Fert) otkrio gigantski magnetootpornički efekat (GME) sarađujući s kompanijom *Thomson–CSF* (danas *Thales*) u proizvodnji višeslojnih magnetnih komponenata koje se koriste u izradi glava za očitavanje sadržaja računarskih hard-diskova. Pjer-Žil de Žen (Pierre-Gilles de Gennes), takođe dobitnik Nobelove nagrade za fiziku (1991. godine), i sâm je bio veoma zainteresovan za primenu nauke u industriji. I ja iz ličnog iskustva mogu svedočiti o uticaju interakcija s donosiocima javnih i privatnih odluka na moja istraživanja. Odista, brojni radovi koje je Švedska kraljevska akademija navela u svom naučnom izveštaju iz oktobra 2014. proistekli su iz novih problema koji se verovatno ne bi razvili mimo tog okvira. Naime, naučna zajednica ekonomista može se do tančina baviti temama na koje primenjuje ono što zovemo „dubinsko istraživanje", a što produbljuje postojeća znanja – a istovremeno zanemarivati suštinske teme, iako one takoreći bodu oči onima što se bave praktičnim radom, upravo zato što nije dovoljno razvila „ekstenzivno istraživanje" koje proučava nova naučna prostranstva.

Smisla imaju i upozoravanja na opasnosti od tih interakcija, s jedne strane, i argumenti koji idu u prilog njihovoj svrsishodnosti i privlačnosti, s druge strane. Ali svi zanemaruju treću stvar: te aktivnosti imaju veliku ekonomsku vrednost. Zbog toga se tolerišu i zato se, uostalom, mnogo više razvijaju u inostranstvu, a u nekim zemljama naučnici vrlo lepo zarađuju. Navešću samo primer patenata i startapa, koji mogu biti izvor poreskih prihoda i radnih mesta u budućnosti.

— Naučnik i javna stvar

Naučnikova dužnost jeste da doprinese proširivanju sume znanja. U mnogo slučajeva (matematika, fizika elementarnih čestica, poreklo svemira, itd.) – najbolji način za rad jeste ne opterećivati se budućom primenom, već samo tragati za istinom; primena dođe kasnije, često na neočekivan način. Čak je i u disciplinama koje su po svojoj prirodi bliže primeni neophodno da postoje istraživanja koja pokreće isključivo žeđ za znanjem, ma kakav da je njihov teorijski koncept. Ali naučnici takođe moraju zajedničkim snagama učiniti svet boljim; stoga naučnik ili naučnica ne smeju biti prosto nezainteresovani za javnu stvar. Na primer, ekonomisti moraju doprinositi poboljšanju sektorske, finansijske, bankarske i ekološke regulative, kao i pravu konkurencije. Takođe, moraju poboljšavati naše monetarne i fiskalne politike, razmišljati o evropskim integracijama, iznalaziti rešenja za suzbijanje siromaštva u nerazvijenim državama, činiti obrazovnu i zdravstvenu politiku efikasnijom i pravednijom, sprečavati produbljivanje nejednakosti, itd. Oni moraju uzimati učešća u parlamentarnim slušanjima, sarađivati sa organima izvršne vlasti, priključivati se stručnim komisijama...

Istraživači imaju dužnost da ostvare svoju društvenu ulogu zauzimajući stav prema pitanjima iz domena stečene profesionalne kompetencije. To je klizav teren za istraživače drugih disciplina, ali i za istraživače iz oblasti ekonomskih nauka. Neke oblasti dosta su istražene, druge mnogo manje. Znanje evoluira, te ono što danas smatramo tačnim – sutra može biti dovedeno u pitanje; najzad, čak i kad postoji konsenzus, taj konsenzus nikada nije potpun. Stoga istraživač iz oblasti ekonomije može izjaviti da – što se tiče *njegovih trenutnih saznanja* – ova ili ona opcija imaju prednost nad nekom drugom. Podrazumeva se da se to odnosi i na sve predloge iznesene u ovoj knjizi. Nema samo ekonomista povlasticu da zauzme takav stav: klimatolog će, na primer, ukazati na to da je za određene zone nesiguran u pogledu mera i uzroka klimatskog zagrevanja, ali zato će biti od velike koristi najavljujući najverovatniji scenario u skladu sa svojim trenutnim saznanjima; profesor medicine izjasniće se o tretmanu koji je, po njegovom ili njenom mišljenju, najbolji za određeni tip raka ili za neku degenerativnu bolest. Tako i naučnik mora pronaći ravnotežu između neophodne skromnosti i odlučnosti, to jest mora ubediti sagovornika u istovremenu korisnost i ograničenost stečenih saznanja, što nije uvek lako jer se ono u šta smo sigurni – mnogo lakše prenosi i često deluje uverljivije.

II. OPASNOSTI OD ANGAŽOVANJA U ZAJEDNICI

Naučnike koji se angažuju u zajednici pokreće unutrašnja motivacija povezana sa samom biti njihovog zanimanja: unapređivanje saznanja i prenošenje naučnog znanja. Ali to angažovanje takođe je stvar spoljašnje motivacije – novčane zarade ili priznanja šire publike, a ne samo priznanja uskog kruga naučnika. Takva motivacija, koja dolazi spolja, ne predstavlja problem sve dok ne utiče na pristup naučnom radu, ali može biti i izvor opasnosti.

Dodaci na zaradu

Prvo iskušenje je finansijske prirode. To je tabu tema u Francuskoj, iako je tu želja da se dodatno zaradi posebno rasprostranjena: zaista, istraživač visokog ranga koji radi u Nacionalnom centru za naučna istraživanja (CNRS), Nacionalnom centru za agronomska istraživanja (Inra) ili na univerzitetu – zarađuje mnogo manje (ponekad tri do pet puta manje) nego što bi zarađivao u zemljama gde naučno istraživanje zauzima važno mesto, poput SAD, Ujedinjenog Kraljevstva ili Švajcarske, okruženja u kojima naučni kvalitet interakcija ne bi bio žrtvovan u korist zarade.[1]

Obično se tvrdi da se naučnici ne opredeljuju za istraživanje iz finansijskih pobuda. Tačno je da su se mnogi od njih mogli opredeliti za isplativija zanimanja i da su se posvetili istraživačkoj karijeri iz ličnih razloga. No, to ne znači da su oni nezainteresovani za zaradu, baš kao što ne žrtvuju intelektualno interesovanje radi bolje zarade. U praksi, dok se neki zadovoljavaju platom iz državnog sektora, velika većina istraživača na međunarodnom planu dopunjuje prihode na različite načine, u zavisnosti od domena istraživanja i svojih

[1] Daleko od toga da je zarada jedini uzrok neprivlačnosti naše zemlje među naučnicima. Taj deficit tiče se drugih aspekata ključnih za istraživača, a to su: neprikladne strukture upravljanja, evaluacija koja je još uvek u začetku, mnoštvo institucija i izvora finansiranja, itd. Autonomija univerziteta i dizanje velikih zajmova radi politike izvrsnosti jesu poboljšali stvari, ali i dalje ima dosta prostora za unapređenje.

sklonosti. Pa tako, povremeno ili redovno drže nastavu na stranim univerzitetima, ili se čak stalno tamo radno angažuju; pokreću startape; registruju patente; savetuju privatna preduzeća ili javne organe; poslovno se udružuju u kuće za reviziju ili konsalting; pišu knjige velikih tiraža (školske udžbenike ili knjige za široku publiku); obavljaju privatnu medicinsku ili pravnu praksu; veštače na strani parničnih stranaka u antimonopolskim postupcima ili pred regulatornim telima; pružaju savete u vezi sa upravljanjem; naplaćuju pisanje članaka u novinama; drže predavanja pred publikom iz sveta privrede; itd.

Neki to zovu „svijanjem gnezda" i osuđuju „toleranciju" univerziteta, Nacionalnog centra za naučna istraživanja i drugih javnih ustanova naučnog i tehnološkog karaktera (Inra, Inserm...) prema toj praksi. Iz razloga koje sam naveo, a ne samo zato što i sâm privremeno napuštam svoju svakodnevnu praksu istraživača-predavača, ne delim tu tačku gledišta: te aktivnosti uglavnom su korisne za društvo. Štaviše, u slučaju Francuske, to je ceh koji naša država mora platiti kako bi zadržala veliki broj izuzetnih istraživača u vreme kada su oni, za razliku od ranijih pokolenja, potpuno okrenuti svetu i vrlo mobilni. Licemerje na tu temu bolno je i izaziva zabrinutost za opstanak Francuske kao velike naučne nacije, spremne da odgovori na ekonomske izazove XXI veka.

No, bilo bi neodgovorno ne pomenuti i dve opasnosti koje se kriju iza tih spoljnih aktivnosti. Pre svega, te spoljne aktivnosti mogu skratiti vreme provedeno na primarnim zadacima, a to su istraživanje i nastava. Ta potencijalna negativna pojava ne čini mi se kao ozbiljan problem pod uslovom da se prihvati pribegavanje nezavisnim evaluacijama (praksa koja još uvek nije naišla na odobravanje u francuskim naučnim krugovima, ali koja je uhvatila korena u čitavom svetu). Istraživač koji zanemaruje svoja istraživanja u korist spoljnih aktivnosti, koji duži period ne objavljuje u velikim međunarodnim časopisima – ne bi trebalo da raspolaže istim uslovima (platom, obimom nastave i uopšte uslovima rada) kao njegov kolega koji je ostao veran svom pozivu. Takođe, evaluacija profesora što dolazi od studenata oduvek mi se činila suštinski važnom, mada dobro poznajemo njene mane (ponekad se dobrim ocenama nagrađuju profesori koji gaje pomalo demagoški pristup, dok loše ocene dobijaju oni čiji su stavovi manje omiljeni ili koji strogo ocenjuju). Nažalost, oni koji se protive spoljnim aktivnostima takođe često odbijaju princip nezavisne evaluacije.

Po mom mišljenju, mnogo je veća opasnost od „korumpiranja" naučne aktivnosti i „stavljanja pod uticaj" istraživača kad su u pitanju veliki ulozi. Naučnik može biti naveden da ublaži svoj stav i podiđe interesima kompanije (ili državne uprave) koja ga plaća ili koja mu pribavlja budžet za istraživanja. Još ćemo se vratiti toj temi.

Medijsko iskušenje

Naučnika takođe mogu dovesti u iskušenje mediji, iz dobrih ili loših pobuda. Čoveku uvek laska kada vidi svoje ime odnosno lice u štampi ili na televiziji. Međutim, u demokratiji je važno da mišljenje stručnjaka ne bude dostupno samo uskom krugu elite bliske intelektualnim krugovima. Bolje je da se eksperti oglase u javnosti. Brojni naučnici pojavljuju se u medijima ili da bi udovoljili svom egu, ili da bi služili javnom interesu (opet ponavljam – rezultat je važniji od motivacije).

Ipak, mediji nisu naučnikova prirodna sredina. Naučniku je svojstvena sumnja, to je njegova DNK. Na istraživanje ga podstiče sopstvena nesigurnost. Njegovu težnju da daje argumente i protivargumente, što naučnik redovno čini u stručnom članku, na stručnom skupu ili predavanju, ne tolerišu uvek donosioci odluka koji moraju brzo zauzeti stav. „Nađite mi nekog ekonomistu šarlatana!", uzviknuo je predsednik Truman, ne mogavši više da trpi ekonomiste koji su izlagali po modelu „s jedne strane (*on the one hand*), može se desiti ovo – ali, s druge strane (*on the other hand),* može se desiti ono". Naročito zato što se naučno zaključivanje loše uklapa u najučestaliji format televizijskih i radijskih debata. Gesla, isečci iz govora (*sound bites*) i fotografije lakši su za prikazivanje nego složeno izvođenje zaključaka bez jednoznačnog odgovora; slabu argumentaciju teško je pobiti bez upuštanja u dokazni postupak. Za efikasnost je često potrebno ponašati se kao u politici: izaći s jednostavnom porukom, čak uprošćenom, i držati je se. Poslušajte me dobro: naučnik ne treba da se krije iza svoje nesigurnosti i naučnih sumnji, već mora izneti svoj sud u meri u kojoj je to moguće. S tim ciljem, on mora prenebreći svoju osnovnu osobinu i obznaniti stvari, ubediti sebe u to da su u datim okolnostima neki mehanizmi bolji od drugih: „Naša trenutna naučna saznanja stoje tako da me moje čvrsto uverenje savetuje da preporučim..." On se mora ponašati kao lekar koji zaključuje da je jedan tretman preporučljiviji od drugog, premda i dalje postoje naučne sumnje da je to stvarno tako.

Međutim, ovde se upliće jedno drugo pitanje: pošto naučna saznanja napreduju, prirodno je promeniti mišljenje. Intelektualci koji učestvuju u javnim debatama često ostaju pri svojim ranijim stavovima kako ne bi ispalo da se „predomišljaju kako vetar duva". Svakako da izvesna intelektualna okamenjenost nakon zauzimanja stava postoji i u akademskim krugovima, ali neprestano dovođenje u pitanje istraživanja na seminarima i konferencijama po svetu, te neophodnost objavljivanja radova u časopisima sa anonimnim postupkom recenziranja (vratiću se na to) – olakšavaju to preispitivanje.

Pritom, izjave date u tim medijskim nastupima prenose se u komentarima, na blogovima i u drugim medijima, ali ih kolege retko komentarišu, osim u nekom neobaveznom lakom razgovoru pred kafematom. Nažalost, kao u slučaju dodatnih poslova, dešava se da naučnici u medijima zastupaju teze koje nikad ne bi branili – ili bi ih brzo korigovali – u prostoriji za sastanke ili u specijalizovanom časopisu.

Na kraju, medijski istupi izlažu naučnika obavezi da se izjasni o pitanjima koja nisu njegova specijalizacija, jer nijedan naučnik nije stručnjak za sve, čak ni u sopstvenoj oblasti (težnja ka tome da se izađe iz struke ponekad se zove „sindrom Nobelove nagrade"!)

Nije lako reći: „Odbijam da odgovorim, nemam ništa da kažem na tu temu." Treba pronaći pravu meru: mora li naučnik odgovoriti ako nije stručan za određenu temu, ali se u nju donekle uputio razgovarajući s drugim naučnicima ili čitajući referentna dela? Ili, prosto, ako odgovor iziskuje samo zdrav razum?

Zov politike

Po Platonovom mišljenju, filozof – koji je slabo mario za organizaciju javne stvari i koga su obični smrtnici smatrali beskorisnim – slobodan je, za razliku od političara, koji je neprestano okupiran javnim životom. Nasuprot tome, duga francuska tradicija slavi „angažovanog intelektualca". Neću bacati kamenje na naučnike niti uopšte na intelektualce koji zauzimaju političke stavove; mnogo njih to radi iz ubeđenja. I mnogo njih to dobro radi. Pritom, upravo zahvaljujući svom političkom angažovanju – istraživač može pronaći motivaciju da se uputi zapuštenim istraživačkim stazama. Ali, po mom shvatanju - to je samo stvar ličnog stava - pojam „angažovani intelektualac" može izazvati podozrivost kod ljudi iz tri razloga.

Prvi razlog: naučnik koji prenosi političku poruku brzo dobija etiketu („levičar", „desničar", „kejnzijanac", „neoklasičar", „liberal", „antiliberal"), što će, uprkos njegovoj volji, doprineti tome da njegov govor stekne – ili izgubi – kredibilitet. Kao da istraživačeva uloga, koja god da je njegova disciplina, nije da stvara znanje prezirući predubeđenja. Publika prečesto zaboravlja sadržaj argumenata, da bi sudila samo o zaključku, polazeći od svojih političkih ubeđenja, blagonaklono ili neblagonaklono, zavisno od toga da li naučnika doživljava kao nekog iz svog odnosno protivničkog tabora. U tim okolnostima, učešće naučnika u javnoj debati gubi na društvenoj korisnosti. Teško je odoleti i ne kročiti na politički teren: na primer, čim se neko pitanje dotakne neke stručne teme koja je podstakla parlamentarnu većinu i opoziciju da zauzmu suprotstavljene stavove, svaki odgovor odmah se tumači kao naučnikovo zauzimanje političkog gledišta. Podrška etiketiranju zauzimanjem političkih stavova može nehotice sprečiti mogućnost da se njegova poruka čuje, zbog čega njegov doprinos racionalnoj debati može izostati.

Druga poteškoća jeste u tome što, angažujući se, intelektualac preuzima rizik od gubljenja slobode mišljenja. Drastičan ali upečatljiv primer bila je zaslepljenost, a potom i otvoreno poricanje totalitarizma, pogotovo sovjetskog, maoističkog i kubanskog, od strane brojnih francuskih intelektualaca i umetnika. Nije da su ti intelektualci podržavali lišavanje ljudi slobode, genocide, rđavo upravljanje ekonomijom i prirodnim resursima, gušenje kulturne inventivnosti... Naprotiv, proizvodi totalitarizma predstavljali su sve što su ti intelektualci prezirali, ali ih je njihovo političko angažovanje uskratilo za kritički pristup i slobodu. Naravno, mogu se takođe navesti imena brojnih intelektualaca koji nisu podlegli čarima sirena „napretka" – poput Albera Kamija ili Remona Arona, kao i većine poznatih ekonomista, uostalom – ali moralne posledice po francuske intelektualce u toj tragičnoj epizodi svakako su poražavajuće. Danas je jasno da bi malo intelektualaca zauzelo tako ekstreman stav, ali naravoučenije ostaje: političko angažovanje je rizično, jer istrajava u stavovima kako se ne bi razočarali saborci ili medijska publika.

Na kraju, kao i u slučaju medija, odnos između naučnika i političara prilično je složen, iako brojni političari i političarke pokazuju izvesnu intelektualnu radoznalost. Istraživačevo vreme ne protiče isto kao i političarevo, niti se njihove obaveze podudaraju. Uloga istraživača jeste da analizira postojeću stvarnost i da predlaže nove ideje, posve slobodno i bez potrebe za proizvođenjem neposrednih rezultata. Političar nužno živi u neposrednoj stvarnosti, pod pritiskom poraza na narednim izborima. Različit odnos prema vremenu, zasnovan na drugačijim podsticajima, ipak ne bi mogao opravdati snažnu netrpeljivost prema političkoj klasi.[1] Ali ako je naučnikova dužnost da pomogne političaru pri odlučivanju, opskrbljujući ga alatkama za razmišljanje, njegov zadatak nije i da ga odmeni.

Zamka etiketiranja

Vraćam se na prilepljivanje etiketa naučniku. Ekonomista, kao i svaki drugi istraživač, mora ići kuda ga teorije i događaji vuku, bez intelektualnih ograničenja. U privatnom životu, naravno, on je običan građanin kao i drugi ljudi; izgrađuje svoje mišljenje i angažuje se. Ali čim iznese mišljenje u javnost, različite kategorizacije (poput privrženosti nekoj političkoj ideji ili nekoj školi ekonomskog mišljenja) mogu nas navesti na pomisao da dotični istraživač žrtvuje naučni integritet radi privatnih obaveza – medijskih, političkih, ideoloških, finansijskih, onih povezanih sa istraživačkim centrom, itd.

To etiketiranje vrlo podmuklo dovodi ekonomsku nauku u opasnost da je ljudi počnu doživljavati kao nauku bez konsenzusa, čijih se pouka možemo lišiti bez posledica. Tako se zaboravlja da se ekonomisti visokog ranga (kakvi god da su njihovi stavovi, a ima ih raznih) slažu u pogledu mnogih pitanja, bar u pogledu onoga što se ne

[1] Za analizu države, vidi šesto poglavlje.

sme raditi, ako se već ne mogu uvek složiti u pogledu onoga što treba uraditi. Sva sreća što je tako, jer u suprotnom, kada većinsko mišljenje ne bi postojalo, finansiranje istraživanja u ekonomiji bilo bi teško opravdati uprkos ogromnoj ulozi ekonomskih politika u našem društvu. Baš zato se istraživanja i rasprave tiču – što je svojstveno istraživanju – tema u pogledu kojih su ekonomisti manje složni i u pogledu kojih se teže postiže širi konsenzus. Podrazumeva se da se konsenzus može i mora širiti postepeno, s napretkom nauke.

III. NEOPHODNA INTERAKCIJA I NEKOLIKO PREPREKA

Ne postoji savršeno rešenje za upravljanje interakcijama naučnika izvan akademske sredine. Ali neke prakse mogu uspostaviti strukturu tog odnosa tako da ga rasvetle ne slabeći pritom sinergiju.

Individualno ponašanje

Kao i u svakoj drugoj profesiji, naučnikova lična etika utiče na njegovo ponašanje. Dva osnovna pravila mogla bi biti: 1) raspravlja se o idejama, nikad o ljudima (dakle, bez argumenata *ad hominem*); 2) naučnik nikad ne treba da kaže nešto što ne bi bio spreman da brani pred sebi ravnima u sali za sastanke ili na nekoj konferenciji. Etička povelja takođe služi tome da istraživača podseća na neka osnovna načela, na transparentnost njegovih podataka i primenjenu metodologiju, kao i na obelodanjivanje potencijalnih sukoba interesa. Svakako da je teško jasno utvrditi postojanje sukoba interesa, budući da su oni, kako smo videli, raznoobrazni i da zavise od konteksta. Isto tako, nije lako odrediti istraživačeve dužnosti kada rezultate njegovog istraživanja koriste treća lica, ne vodeći pritom računa o upozorenjima iznesenim u radovima: gde prestaje naučnikova dužnost u tom slučaju? Na kraju krajeva, etički principi – bilo da su upisani u deontološku povelju, bilo da predstavljaju jednostavna lična načela ponašanja – uvek su krhki, jer se pre tiču duha nego nužno nesavršenog slova zakona. No, ti etički principi treba da igraju bitnu ulogu, pa ih profesija mora energično braniti.

Institucionalizovano partnerstvo

Saradnja zaključena između istraživača, istraživačkih centara, univerziteta ili velikih škola s nekom privatnom ili državnom institucijom takođe podleže određenim pravilima. Izazov za te istraživačke ustanove jeste to da potpuno očuvaju slobodu istraživača suočenog s mogućnošću da finansiranje privatnog ili javnog partnera ne bude produženo, kao i da odgovore na njegov, uostalom, legitiman zahtev da se istraživanja finansirana na taj način dotiču oblasti koja ga zanima. Svi najveći univerziteti sveta suočavaju se s tim pitanjima i uglavnom su na njih pružili zadovoljavajuće odgovore (budući da sam radio u SAD na početku karijere, mogu posvedočiti o neverovatnoj slobodi koju američki univerziteti pružaju svojim istraživačima). To je, opet, složena tema, pa je moguće govoriti o više modela. Ovde ću se ograničiti na to da opišem način na koji grupa ekonomista iz Tuluza od 1990. godine vodi taj *interface* s donosiocima odluka, uz napomenu da je ta praksa donekle specifično iskustvo i da ni najmanje ne pretenduje na to da postane opšteprihvaćena.

Imperativ u to doba bio je pronaći inovativni pristup za finansiranje ekonomskog istraživanja u Francuskoj. Osnivač te ekipe tuluskih ekonomista Žan-Žak Lafon (Jean-Jacques Laffont) uočio je neprivlačnost Francuske kao destinacije za naučna istraživanja, koja su već tad uveliko bila u povoju. Uz aktivnu podršku mlađih profesora sa Univerziteta Tuluz 1, on je 1980. godine počeo sa obrazovanjem ekipe u Tuluzu, da bi potom odlučio da osnuje Institut za industrijsku ekonomiju (IDEI) kako bi obezbedio sredstva za osnivanje departmana na međunarodnom nivou. Institut za industrijsku ekonomiju već dvadeset i pet godina uspostavlja dugoročne partnerske odnose u istraživanju s privatnim, ali i državnim akterima (javnom upravom, međunarodnim organizacijama, državnim i privatnim preduzećima iz različitih ekonomskih oblasti, itd.). Dugoročna perspektiva tih partnerstava, njihov duh i snažna interakcija sa ovim ekonomskim akterima omogućavaju tuluskim istraživačima da se bave originalnim temama za istraživanje, koje moraju odgovoriti na dvostruki zahtev. Naime, s jedne strane, traži se da imaju smisla za strategiju preduzeća i javnu politiku u domenu regulacije tržišta, dok bi, s druge strane, trebalo da proizvedu naučne radove pozitivno vrednovane u naučnoj zajednici posredstvom objavljivanja u recenziranim časopisima koji se smatraju najboljim u datoj oblasti, bez obzira na to jesu li šireg tematskog spektra ili su usko specijalizovani. Partnerstva takođe imaju za cilj organizovanje konferencija koje su posvećene nekom sektoru privrede, a koje okupljaju univerzitetske profesore, donosioce javnih odluka i ljude iz struke.

Zahtev za nezavisnost bio je pravi izazov, pa u potpunosti razumem zabrinutost koju taj pristup može izazvati. Naše iskustvo pokazuje da je velika većina naših finansijera vrlo korektno ispoštovala nezavisnost istraživača.[1] Šest faktora doprinelo je izvođenju tog zaključka: istovetnost pogleda na cilj ugovora i njegove modalitete, dugoročna perspektiva, raznovrsnost partnerskih ustanova, sloboda publikovanja rezultata, vrednovanje radova u velikim međunarodnim časopisima i autonomija istraživača.

Razjašnjenje načina interaktivnog delovanja pre početka ugovora, bez sumnje, omogućava da se postigne „pozitivna selekcija", što znači da su partneri koji prihvataju te modalitete sami po sebi spremni da se upuste u tu igru. Dugoročna perspektiva, koja odgovara ritmu istraživanja, pruža podstrek nezavisnosti kao zalog kredibiliteta: pre ili kasnije, autori čiji izveštaji podilaze nekome ili nečemu bivaju diskreditovani. Dakle, taj selektivni uzorak partnera mnogo duguje prvim dvama faktorima. Potpisivanje ugovora s različitim partnerima takođe je zalog nezavisnosti. Ono omogućava da se lakše odagnaju eventualni pritisci za zauzimanje pristrasnog stava. Nasuprot tome, zavisnost od samo jednog aktera, umesto od više njih, uvećava rizik da se podlegne pritiscima.

Nema ni najmanje potrebe komentarisati istraživačevo pravo da slobodno objavljuje. Ali zato valja insistirati na tome da se radovi vrednuju u uglednim međunarodnim naučnim časopisima, što je proces koji čitaocu sigurno nije mnogo poznat. Kad je reč o „recen-

---

[1] U nekim slučajevima, mogućnosti uspostavljanja partnerskih odnosa bile su razmatrane, ali saradnja nije uspostavljana usled nedostatka garancija po tom osnovu; u nekoliko retkih slučajeva (na primer, zbog promene kadra ili strategije u partnerskoj ustanovi) – pokušaji vršenja pritiska doveli su do okončanja partnerskog odnosa.

ziranim" naučnim časopisima, u procesu evaluiranja učestvuju ljudi iz iste branše. Članak poslat časopisu preuzima nekoliko stručnjaka za tu oblast, koji u svojstvu „recenzenata" ili „ocenjivača" sastavljaju evaluaciju i šalju je uredniku časopisa, da bi je on potom, poštujući anonimnost recenzenata, prosledio autoru članka zajedno sa svojom konačnom odlukom. Anonimnost recenzenta od suštinske je važnosti: izveštači bi iz ličnog interesa mogli poželeti da podiđu autoru ako bi mu njihov identitet bio otkriven!

U velikoj većini naučnih oblasti, naučni časopisi rangirani su prema kvalitetu.[1] Na primer, u ekonomiji pet časopisa širokog tematskog raspona koje naučna zajednica najviše čita[2] ujedno su i najstroži u pogledu izbora članaka za objavljivanje (stopa prihvaćenih članaka kreće se od 5% do 10%). Oni takođe imaju najviši indeks citiranosti objavljenih članaka. Potom dolaze najbolji uskospecijalizovani naučni časopisi, i tako dalje. Svi časopisi angažuju recenzente iz celog sveta. S jedne strane, vrednovanje u velikim međunarodnim časopisima podseća istraživače na važan cilj partnerskog odnosa, a to je sprovođenje pionirskih istraživanja fokusiranih na nove naučne probleme. S druge strane, ponavljam, može se desiti da naučnik iz finansijskih, medijskih, političkih ili prosto prijateljskih pobuda iznese argumente koje se nikad ne bi usudio da brani – ili od kojih bi brzo odustao – u akademskim krugovima. Podsticanje da se objavljuje u najboljim naučnim časopisima jeste test: velike su šanse da dati naučni časopis uoči podilaženje finansijeru istraživanja pri sakupljanju ili obradi podataka, ili pak u teorijskim okvirima. Na duge staze, obaveza objavljivanja deluje kao element intelektualne discipline.

Najzad, treba uspostaviti ustanove za eksternu kontrolu koje bi bile spremne da intervenišu kada se javi opasnost od narušavanja imidža institucije usled kratkovidosti u ponašanju: nezavisni upravni odbor (naučnici iz kontrolisane institucije ne mogu biti ujedno i

---

[1] Vidi četvrto poglavlje.

[2] *American Economic Review, Econometrica, Journal of Political Economy, Quarterly Journal of Economics, Review of Economic Studies.*

sudije i stranke) i potpuno eksterni naučni savet, koji igra dopunsku ulogu uz objavljivanja, ocenjuju naučnu ozbiljnost institucije i o tome obaveštavaju upravni odbor.[1]

IV. OD TEORIJE DO EKONOMSKE POLITIKE

Želeo bih da zaključim ovo poglavlje nekim ličnim razmišljanjima – bez sumnje, samo meni svojstvenim – o načinu na koji ideje prerastaju u koncepte javnih politika.

Kejnz je ovako opisao uticaj ekonomista: „Svi političari primenjuju, a da to i ne znaju, preporuke često davno umrlih ekonomista čija imena takođe ne poznaju."[2] Sumorno gledište, ali nije tako daleko od istine... O kojoj god ekonomskoj disciplini da je reč, istraživač može na dva načina uticati na debatu o ekonomskoj politici i na odluke u preduzećima (ne postoji *jedan* dobar model, svako postupa u skladu sa svojim temperamentom). Prvi način je da se sam (ili sama) angažuje, u čemu oni koji su puni energije i uspevaju, ali retkost je da istraživač nastavi istraživačku aktivnost istim intenzitetom rada, ostajući istovremeno vrlo aktivan u debati.

Drugi način je posredan: njegove radove čitaju ekonomisti u međunarodnim organizacijama, ministarstvima ili preduzećima, koji ih onda primenjuju. Ponekad se koriste uglavnom tehnički istraživački članci objavljeni u naučnim časopisima, a ponekad prezentacija za najširu publiku istih tih radova.

Lično sam uvek birao srednji put, koji mi je omogućavao da nastavim istraživačku i nastavnu delatnost u Tuluzu: učestvovao sam u raznim komisijama, od 1999. radio za Savet ekonomske analize (nepristrasno telo pripojeno premijerovom kabinetu), a takođe

---

[1] U ustanovi *Toulouse School of Economics*, trinaest od petnaest članova upravnog odbora čine spoljne ličnosti, koje u tri trećine sa istim brojem zastupnika predstavljaju: državne obrazovne i istraživačke ustanove (univerzitet, CNRS, Inra, EHESS), partnere iz sveta privrede, eksperte (tri od pet osoba jesu eksterne osobe). Svih šesnaest članova naučnog saveta eksterne su osobe.

[2] *Théorie générale de l'emploi, de l'intérêt et de la monnaie* (1936).

sam se povremeno uključivao u rad centralnih banaka, regulatornih ili antimonopolskih tela, ili pak međunarodnih organizacija. Ali značaj onih praktičara koji u širenju ekonomskih ideja dobro primenjuju lekcije naučene iz radova istraživača – ne može se dovoljno naglasiti.

Paradoksalno, stručan i relativno poverljiv karakter mikroekonomskih debata o politici konkurencije, o prudencijalnoj superviziji banaka ili o regulaciji infrastrukturnih (mrežnih) delatnosti – nije nužno prepreka širenju ekonomskih ideja u ekonomskom odlučivanju. Naime, moć odlučivanja na tim poljima često je bila poveravana nezavisnim telima (antimonopolskim organima, centralnoj banci, sektorskom regulatoru...). Ta tela često su manje ograničena pri donošenju odluka od ministarstva, i mnogo ih lakše mogu podržati stručnim i ekonomskim razmatranjima. Vidimo da se sa ideja prelazi na akciju nešto brže nego u vremenu Kejnzovog zapažanja.

Poglavlje 4

Istraživanje kao svakodnevica

Svet ekonomskog istraživanja nije toliko poznat široj publici. Šta ekonomista koji je univerzitetski profesor radi u životu kada ne predaje studentima? Kako se pristupa stvaranju novog znanja u ekonomiji? Kako se ocenjuje ekonomsko istraživanje? Ekonomsko istraživanje takođe je predmet mnogobrojnih kritika, od kojih su neke opravdane, a neke nisu. Je li ekonomija nauka? Je li ona previše apstraktna, ima li preterano teorijski i matematički karakter? Da li ekonomisti usvajaju naročito viđenje sveta, drugačije od onog u ostalim društvenim naukama? Je li ta disciplina previše konsenzualna, pod prevelikom dominacijom anglosaksonskog sveta?

Ovo poglavlje (i ono sledeće) pokušava da odgovori na ta pitanja. Ono počinje opisivanjem istraživačeve svakodnevice, procesom sastavljanja i empirijske provere u ekonomiji. U njemu se izlažu prednosti i mane procesa evaluacije istraživanja. Potom se prikazuju kognitivni profili ekonomista: da li se oni razlikuju od stručnjaka iz drugih disciplina? Jesu li „lisice" ili „ježevi", da preuzmemo razliku koju je napravio filozof Isaija Berlin (prvi znaju mnogo, a drugi nešto važno)? Potom se u ovom poglavlju raspravlja o upotrebi matematičkih alatki. Najzad, predstavljaju se alatke koje su napravile revoluciju u ovoj disciplini u poslednjih četrdeset godina – teorija igara i teorija informacija. Poglavlje se završava diskusijom o metodološkim doprinosima.

I. OD TEORIJE DO PRAKSE I NAZAD

Kao i u većini naučnih disciplina, i u ekonomiji istraživanje zahteva kombinovanje teorije s praksom. Teorija daje okvir razmišljanju. Ona je takođe ključ za razumevanje podataka: bez teorije, tj. bez uputstva za čitanje, podaci se svode na zanimljiva opažanja iz kojih se ne može izvesti nikakav zaključak koristan za ekonomsku politiku. I obrnuto, teorija se napaja praksom, koja može oboriti njene pretpostavke i zaključke, te tako dovesti ili do poboljšanja, ili do napuštanja teorije.

Kao i ostali naučnici, i ekonomisti uče putem opipavanja, pokušaja i grešaka. Oni su pristalice teorije Karla Popera, koji je tvrdio da je svaka nauka zasnovana na (nesavršenom) posmatranju sveta, kao i da se naučni pristup sastoji od uočavanja opštih zakonitosti, te da polazi od tih opažanja, koja će potom biti testirana kako bi se utvrdila njihova osnovanost. Taj proces neprestane razmene između teorije i prakse nikad ne dovodi do čvrstih zaključaka, ali postepeno vodi boljem razumevanju pojava.

Isprva neformalna (u doba Adama Smita), teorija je s vremenom poprimila matematički okvir. Ona je kroz istoriju igrala vrlo važnu ulogu u razvoju ekonomske discipline. Navedimo samo nekoliko imena poznatih francuskim čitaocima: Krugman, Sen ili Stiglic izgradili su karijeru na svojim teorijskim postavkama, dok su brojni slavni ekonomisti postali bankari u nacionalnim bankama ili glavni ekonomisti velikih međunarodnih organizacija, među njima i Bernanki (Bernanke), Blanšar (Blachard), Fišer (Fischer), King (King), Radžan (Rajan), Samers (Summers) ili Jelen (Yellen). Zapazimo da su sva navedena imena, izuzev Sena, makroekonomisti, jer je medijska vidljivost, kako ćemo videti, rezervisana za svega nekoliko disciplina. Većina velikih francuskih ekonomista ovih poslednjih decenija – Granmon (Grandmont), Generi (Guesnerie), Lafon (Laffont), Larok (Laroque), Kolm ili, pre njih, Ale (Allais), Boate (Boiteux), Debre (Debreu), Malenvo (Malinvaud) – jesu teoretičari okrenuti ka mikroekonomiji, te su samim tim manje poznati široj publici.

Od pre nekoliko decenija, obrada podataka s punim pravom zauzima sve važnije mesto u ekonomiji. Mnogo je razloga za to: usavršavanje statističkih tehnika primenjenih na ekonometriju, razvoj tehnika kontrolisanih nasumičnih eksperimenata sličnih medicinskim tehnikama – Francuskinja Ester Diflo (Esther Duflo), profesor u MIT-u, veliki je stručnjak na tom polju – sistematičnije pribegavanje eksperimentima u istraživačkim centrima i na terenu, što su oblasti koje su ranije bile strogo poverljive, a koje su danas vrlo rasprostranjene na velikim univerzitetima... I najzad, imamo informatičke tehnologije, koje su, s jedne strane, omogućile veliko i brzo širenje baza podataka, a, s druge strane, pojednostavile statističku obradu podataka zahvaljujući efikasnim i jeftinim programima – tu su, naravno, i mogućnosti računanja neuporedivo veće nego ranije. Sada *Big Data* počinje da pravi darmar u ovoj disciplini.

Mnogi laici vide u ekonomiji suštu teoriju, nesvesni da je to viđenje daleko od istine. Ako teorija i nastavlja da igra glavnu ulogu u izradi javnih politika, od antimonopolskog prava do monetarnih i finansijskih politika, ona se oslanja na empirijske podatke više nego ranije. Veliki deo aktuelnih istraživanja empirijskog je tipa. Još u prvoj polovini devedesetih godina XX veka, većina članaka koje je objavio *American Economic Review*, jedan od pet najboljih časopisa iz oblasti ekonomije, ticala se empirijske prakse ili primene.[1] Nema sumnje da je to i danas tako. I zaista, kad su u pitanju nova pokolenja, mnogi sjajni studenti velikih američkih univerziteta uglavnom se okreću primenjenim istraživanjima, najčešće ne napuštajući teoriju.[2]

---

[1] Partha Dasgupta, *Modern Economics and Its Critics, in* Uskali Maki (dir.), *Fact and Fiction in Economics. Models, Realism and Social Construction*, Cambridge, Cambridge University Press, 2002. Parta Dasgupta analizira 281 članak objavljen od 1991. do 1995; među njima je 25 čisto teorijskih članaka; u 100 članaka teorija je primenjena na određeni problem iz ekonomske politike, dok je 156 članaka (više od polovine) empirijskog ili eksperimentalnog karaktera.

[2] Daron Asemoglu (Daron Acemoglu), ekonomske institucije, ekonomija rada; Suzan Ati (Susan Athey) i Džon Levin (Jon Levin), industrijska ekonomija; Radž Četi (Raj Chetty) i Emanuel Saez (Emmanuel Saez); evaluacija javnih politika; Ester Diflo (Esther Duflo), ekonomija razvoja; Emi Finkelstejn (Amy Finkelstein), ekonomija zdravlja; Roland Frajer (Roland Fryer), ekonomija diskriminacije; Metju Genckou (Matthew Gentzkow), mediji i politička ekonomija; Stiv Levit (Steve Levitt), društvene činjenice i mikroekonomija; Levit je autor bestselera *Freakonomics*); da se ograničimo na de-

Modelovanje u ekonomiji po karakteru je prilično slično onome koje se sprovodi u inženjerskim naukama. Polazište je konkretan problem – neki koji je već uočen ili neki što ga je zadao državni, odnosno privatni donosilac odluka. Sledi jedan izlet u apstrakciju. Izdvajamo srž problema radi usredsređivanja na njegovu suštinu. Teorijski model je *ad hoc* model: on nikad nije pravi odraz stvari; njegove su hipoteze uprošćene, a njegovi zaključci nikad ne mogu objasniti stvarnost u njenoj punoći. Uvek postoji kompromis između modelovanja koje opisuje tipove ponašanja na istančaniji i verodostojniji način i poteškoća da se model analizira na osnovu uglavnom opštih hipoteza.

Primer

Ne ulazeći u podrobnu analizu osmog poglavlja, uzećemo za primer klimatsko zagrevanje. Klimatolozi su uočili da nam je preostalo još malo „kredita za ispuštanje ugljenika", to jest za emisiju gasova s efektom staklene bašte, pre nego što dosegnemo maksimalni prag rasta temperature od 1,5 ili 2 stepena Celzijusa. Ekonomista se mora osloniti na konsenzus koji su postigli klimatolozi. Polazeći odatle, njegov je izazov da opiše politike koje će omogućiti da se po razumnoj ceni ostane ispod tog praga. S tim ciljem treba modelovati ponašanje aktera koji emituju gasove staklene bašte: preduzeća, organe državne uprave i domaćinstva. Kako bi se dobila prva analiza, pretpostavljamo (to je samo hipoteza) da će ti akteri napraviti sledeći racionalni izbor: zagađivaće ako je cena odustajanja od zagađivanja viša od kazne koju će im vlasti naplatiti u slučaju zagađivanja; drugim rečima – postupiće što je moguće više u skladu sa svojim materijalnim interesima.

Sledeća etapa modelovanja ponašanja jeste normativna analiza regulacije. Ekonomisti se pitaju koji bi aranžman mogao proizvesti rezultat kome teže vlasti. Opet postavljamo jednostavnu, pa i uprošćenu hipotezu – da bismo stekli prvi utisak. Pretpostavlja se da je

set poslednjih istraživača koji su dobili medalju Klark (nagrada za najboljeg ekonomistu mlađeg od 40 godina koji radi u SAD).

neophodno i da se za dati ekološki cilj što više ograniče troškovi primenjene politike, ne samo zato što će se rasipnička politika odraziti na kupovnu moć potrošača ili što će ograničiti konkurentnost preduzeća i broj radnih mesta – već i stoga što će ona povećati silovitost i moć lobija koji se suprotstavljaju ekološkim politikama. Kada bi regulatorno telo poznavalo karakteristike svakog preduzeća, ono bi, na primer, moglo usvojiti „administrativni pristup" i narediti preduzeću da izbegava zagađivanje svaki put kada je cena zagađivanja niža od datog nivoa, što je nivo koji omogućava da se globalno ostane ispod praga porasta temperature, ako je to pravilo usvojeno. Ukoliko, što je verovatnije, ono ne raspolaže tim informacijama, analiza pokazuje da je za društvo bolje da država poveri tu odluku samom preduzeću namećući mu odgovornost kada zagađuje, bilo naplatom poreza na emisiju ugljen-dioksida, bilo sticanjem prenosivih prava na emisiju.[1] Ta analiza, koja seže do radova engleskog ekonomiste Pigua (Pigou) iz 1920. godine, završava se jednostavnim preporukama ekonomske politike, koje su mnogo doprinele uspehu naših ekoloških napora u poslednjih trideset godina. Ali, naravno, tu je reč tek o prvoj aproksimaciji. Pre svega, akteri se ne ponašaju tačno onako kako smo rekli. Oni ne raspolažu uvek informacijama koje će im omogućiti da naprave pravi ekonomski izbor (na primer, informacijama o ceni ugljenika koju će neki pogoni koji zagađuju morati da plate za dvadeset godina). Oni su takođe u mogućnosti da se ne ponašaju saobrazno cilju maksimiranja svojih materijalnih benefita.

Oni mogu imati istinsku ekološku svest, ili pak želeti da se primereno vladaju u očima komšija ili kolega. Preduzeće može hteti da se ponaša društveno odgovorno.[2] Druga etapa produbljivanja, dakle, sastoji se u inkorporiranju nepotpune informacije ekonomskih agenata i njihovih postupaka koji idu u prilog društvenoj koristi, a potom i mnogih drugih važnih aspekata, poput kredibiliteta angažovanja država, nesigurnosti naučnih zaključaka o klimi, inovacija, pregovora između država, geopolitike, itd.

---

[1] Vidi osmo poglavlje za više detalja.

[2] Vidi sedmo poglavlje.

Produbljivanje analize takođe se sastoji u testiranju zauzetih hipoteza. Na primer, preporuka da se koristi „ekonomski instrument" (porez na emisiju ugljen-dioksida, prenosiva prava na emisije gasova) pre nego neki *ad hoc* administrativni pristup – počiva na pretpostavci da regulatoru nedostaje informacija (ili bi takav *ad hoc* pristup mogao navesti nekog manje doslednog regulatora da dodeli nezakonite privilegije svojim prijateljima ili moćnim lobi grupama!). Iako deluje da ovu hipotezu opravdavaju anegdotska zapažanja, to je samo hipoteza. Možemo je neposredno ispitati, ili je pak indirektno potvrditi proučavajući njene posledice. Stoga su ekonomisti sproveli empirijska ispitivanja, pokazujući da je upotreba administrativnog pristupa mogla, u zavisnosti od vrste zagađivača, povećati troškove ekološke politike 50% do 200%, potvrđujući tako sasvim intuitivnu hipotezu o nepotpunoj informaciji regulatora što se tiče najboljih rešenja za umanjenje zagađivanja.

Jedna analogija s pojmovima poznatim iz fizike može nam koristiti u ovom trenutku. Njutnova teorija gravitacije i teorija idealnih gasova zasnovane su na hipotezama za koje znamo da su pogrešne.[1] Međutim, te teorije pokazale su se ključnim na dva načina: pre svega, bez njih nikad ne bi nastale naredne teorije (poput teorije relativiteta). Jednostavnost jedne teorije olakšava razumevanje i omogućava da se pređe na sledeći nivo. Potom, Njutnovi zakoni ili teorija idealnih gasova predstavljaju savršene aproksimacije za izvesna okruženja (u slučaju malih brzina za prvu teoriju i niskog pritiska za drugu teoriju), te stoga imaju direktnu primenu. U većini nauka, a pogotovo u društvenim naukama, aproksimacije su se uglavnom pokazale mnogo nepreciznijim od, recimo, onih što su potekle iz Njutnove teorije ili teorije idealnih gasova, ali njihova korisnost ostaje nesporna.

Stoga ne nameravam da poredim tačnost predviđanja u društvenim i humanističkim naukama s tačnošću Njutnove teorije. Na svoj način, humanističke i društvene nauke složenije su od prirodnih nauka. Neki će reći kako su previše složene da bi se mogli ustanoviti modeli. Činjenica je da su ljudska bića uslovljena raznoraznim

[1] Na primer, za prvu – homogeni prostor i izotopi treće dimenzije; za drugu – odsustvo elektrostatičke interakcije.

motivacijama, od kojih neke potiču iz samog njihovog okruženja, te da ljudi greše ili da su, pod uticajem emocija, skloni usvajanju ponašanja koje bi neki ocenili kao neracionalno. Ipak, društvene nauke su u srži naše društvene organizacije, pa treba napredovati uprkos poteškoćama. Srećom po istraživače iz društvenih nauka (čiji rad ne bi imao smisla da to nije tako), mogu se uočiti pravilnosti u ponašanju individua i kolektiva.

Teorijska formulacija

Vratimo se suštini stvari. Ova vežba je u velikoj meri teška, jer počiva na izdvajanju suštine stvari; nije izvodljivo sve uzeti u obzir. Stoga je potrebno razlikovati ono što je bitno od onog što je samo slučajnost i čije izostavljanje gotovo da ne može uticati na analizu. U ovom stadijumu, iskustvo istraživača i rasprava s ljudima iz prakse pokazali su se vrlo korisnim, iako se na kraju, kada je problem bolje shvaćen, može nametnuti potreba za preispitivanjem početne hipoteze, kao i empirijska provera, ukoliko je ona moguća. Dakle, model će u najboljem slučaju biti metafora, a u najgorem – karikatura stvarnosti.

Ekonomsko modelovanje interne organizacije preduzeća, konkurencije na tržištima ili makroekonomskih mehanizama zahteva opisivanje ciljeva donosilaca odluka i hipoteza o njihovom ponašanju. Na primer, pri prvoj proceni možemo pretpostaviti da kapitalistička preduzeća žele da optimizuju profit kako bi zadovoljila svoje akcionare; naravno, reč je o diskontovanom profitu,[1] jer je često u dugoročnom interesu preduzeća da žrtvuje kratkoročnu zaradu – na primer, poštujući poverenje svojih zaposlenih, snabdevača ili klijenata,

[1] Diskontovanje se sastoji u svođenju na jednu sumu finansijskih tokova koji su sami po sebi neuporedivi, jer se dešavaju u različito vreme. Da bi se izračunala ova suma, koristi se kamatna stopa *i*, jer ona odražava kompromis koji nastaje na tržištu štednje između 1 € danas i (1 + *i*) € za godinu dana (pojednostavljeno gledano, pošto se u to mogu uključiti i razni faktori, poput rizika ili ostvarivanja buduće dobiti; videti naročito knjigu Christian Gollier, *Pricing the Planet's Future? The Economics of Discounting in an Uncertain World*, Princeton, Princeton University Press, 2012).

ili trošeći novac na opremu i održavanje – kako bi ostvarilo dugoročni profit. Ukoliko je potrebno, razradićemo tu pojednostavljenu hipotezu o maksimiranju profita, koristeći ogromni fond znanja o korporativnom upravljanju i o podsticajima menadžera i upravnog odbora, kako bismo razumeli i uključili ponašanje koje se razlikuje od tog aktuelnog okvira za analizu maksimiranja profita; rukovodeći kadrovi mogli bi, na primer, staviti akcenat na kratkoročni profit po cenu onog dugoročnog.

Što se tiče ponašanja, hipoteza za prvu aproksimaciju jeste to da se donosioci odluka ponašaju racionalno, to jest da postupaju u skladu sa svojim interesima, raspoloživim informacijama i ciljevima koje im je istraživač dodelio, uzme li se u obzir da su oni odgovarajući opis njihovih stvarnih težnji. Opet možemo razraditi osnovnu analizu zahvaljujući novijim istraživanjima koja proučavaju ponašanja ograničene racionalnosti. Najzad, treba modelovati način na koji nekoliko aktera – na primer, konkurenata na nekom tržištu – međusobno reaguje. Tu na scenu stupa teorija igara (kojoj ću se vratiti).

Taj svedeni, čak preuprošćeni model, s jedne strane, omogućava da se predvidi šta će se dogoditi na tržištu ili kakav će biti razvoj privrede u celini, dok, s druge strane, omogućava da se formulišu preporuke za privatne i javne donosioce odluka, odnosno za kreiranje ekonomskih politika. Jer, možda više nego druge humanističke i društvene nauke, ekonomija pretenduje na to da bude normativna nauka; ona teži tome da „promeni svet". Važno je analizirati individualno i kolektivno ponašanje, te otkriti izvesne pravilnosti u njima. Ali krajnji cilj je ekonomska politika.

Stoga, ekonomija poredi troškove i benefite mogućih politika. Ona može ostati na tome i izabrati rešenje koje društvu pruža maksimalan čist benefit (benefit umanjen za troškove), što predstavlja dobar pristup ako, recimo, postoje transferi kao nadoknada za one koji eventualno trpe zbog izabrane politike. U nedostatku takvih transfera, analiza je složenija, jer javni donosilac odluka mora odmeriti blagostanje različitih aktera ukazujući na one koje želi da dovede u privilegovan položaj.

Iako svedeni i uprošćeni, i sami ovi modeli mogu se pokazati složenim za proučavanje... Na tom polju lako je kritikovati, ali teško je delati. Kritikovanje ima ograničen domet sve dok se ne poveže s alternativnim modelom koji se može koristiti. Eto zašto nastaju žučne rasprave u salama za sastanke i konferencije, anonimne recenzije u međunarodnim naučnim časopisima koje često nikome ne povlađuju, naučna zajednica za koju je preispitivanje teorija od suštinske važnosti... Ali kritika će biti zaista korisna tek ako bude konstruktivna.

Ekonomski pristup je pristup „metodološkog individualizma", prema kome su kolektivni fenomeni posledica individualnog ponašanja, a onda kao takvi utiču na individualno ponašanje.

Metodološki individualizam savršeno je kompatibilan s razumevanjem i istančanom analizom fenomena grupe (možda se čak ne može ni izostaviti iz toga). Ekonomski akteri reaguju na podsticaje, a neki od tih podsticaja potiču od društvenih grupa kojima pripadaju: na njih utiču društvene norme, oni popuštaju pred konformizmom i trendovima, grade višestruke identitete, ponašajući se po principu gomile. Na njih utiču osobe s kojima su neposredno ili posredno povezane preko društvenih mreža, i oni pokazuju tendenciju da misle kao članovi njihove zajednice.[1]

Empirijski testovi

Kada se teorija formuliše i kad se njene implikacije shvate, red je da se zapitamo o podudarnosti rezultata s hipotezama i da, u meri u kojoj je to moguće, testiramo predviđanja dobijena na osnovu modela. Dve su vrste testova (pored „testa zdravog razuma") izvodljive. Ako su prikupljeni podaci o prošlosti raspoloživi u dovoljnom kvalitetu i obimu, predviđanja na osnovu modela mogu se podvrći ekonometrijskom testiranju (ekonometrija, primena statistike na ekonomske i uopšte društvene nauke, omogućava da se odredi stepen pouzdanosti međusobne povezanosti između više promenjivih).

[1] Ovde bih mogao navesti stotine ili hiljade članaka posvećenih toj temi u ekonomskoj literaturi. Za ograničen broj referentnih dela, čitalac će moći da konsultuje radove koji su navedeni u mojim člancima s Rolanom Benabuom (Roland Bénabou), a u kojima je reč o identitetu i o društvenim normama.

Ali može se dogoditi da nema dovoljno podataka, ili da se svet toliko izmenio da se podaci ne mogu upotrebiti za proučavanje sadašnjosti. Na primer, kada su vlade devedesetih godina XX veka odlučile da stave na licitaciju radio-frekvencije (umesto da ih dodeljuju besplatno, kako se to često dešavalo), trebalo je uzeti u razmatranje dve stvari: s teorijske tačke gledišta, kako prodati radio-frekvenciju koja zahvata više geografskih zona, ukoliko se pritom zna da će telekomunikacioni operateri biti zainteresovaniji za određenu zonu ako već imaju i susedne zone? A kada je već donesena odluka o prodaji putem licitacije, kako znati hoće li akteri dobro razumeti taj način prodaje i jesu li ekonomisti zaboravili na sitnice koje bi se mogle pokazati bitnim u praksi (na primer, da se može desiti da kupac radio-frekvencija manipuliše ovim mehanizmom)? Zato ekonomisti i vladini službenici obavljaju testove, kako bi proverili teorijske implikacije pre nego što pristupe samoj prodaji radio-frekvencija. A ove licitacije donele su budžetu mnogo novca (šezdeset milijardi dolara samo u SAD od 1994).

Postoje dve mogućnosti kad je reč o klasičnoj ekonometriji: eksperimenti na terenu i eksperimenti u istraživačkom centru. U slučaju eksperimenta na terenu, grupa ljudi koja služi kao uzorak, a koju zovemo „eksperimentalnom grupom", izlaže se okruženju koje se razlikuje od okruženja tzv. kontrolne grupe, kako bi se analizirale razlike u ponašanju i posledicama. Eksperimentisanje sa slučajnim uzorkom[1] domen je koji je jasno definisan u fizici, društvenim naukama, marketingu i u medicini (za kliničko testiranje lekova i vakcina). Primera radi, podsetimo se da je još 1882. godine Paster nasumično podelio grupu od pedeset ovaca na dve podgrupe – jednu je vakcinisao, a drugu nije – i obema ubrizgao antraks kako bi testirao vakcinu protiv antraksa.

Ponekad je uzorak već po prirodi stvari podeljen na dva, te govorimo o „prirodnom eksperimentu". Takav slučaj, na primer, imamo s dva jednojajčana blizanca koji su po rođenju bili razdvojeni i povere-

[1] Naravno, trebalo bi da uzorak zaista bude nasumično odabran; može se desiti da dođe do autoselekcije, na primer, onih koji su voljni da uzmu učešća u nasumičnom kliničkom testiranju.

ni različitim porodicama. Istraživač iz polja društvenih nauka može pokušati da razdvoji ono što je urođeno od onog što je stečeno (u društvenom okruženju). Drugi primer predstavljaju sudbine koje nisu određene ličnim izborom (uslovljenim brojnim individualnim obeležjima), već slučajem (na primer, smeštanjem učenika u određenu školu ili mestom služenja vojnog roka).[1]

Ekonomisti su koristili i razvili metodologiju „nasumičnih eksperimenata" i strategije za razdvajanje eksperimentalne grupe od one kontrolne. U eksperimentima su proučavali, na primer, uticaj novog tarifiranja struje, nove oblike lične pomoći, zdravstvenog osiguranja i podrške nezaposlenima. Ti eksperimenti dobili su zamaha naročito na polju razvojne ekonomije.[2] Čuveni program iz te oblasti jeste *Progresa*, pokrenut u Meksiku 1997. godine s ciljem borbe protiv siromaštva. On se sastoji u davanju novca majkama, ali pod uslovom da one prihvate praćenje zdravstvenog stanja čitave porodice, da im deca redovno pohađaju školu i da se deo porodičnog budžeta troši na hranu. Ovaj program ocenjivan je metodom „nasumičnih eksperimenata". Dok veliki broj ovih eksperimenata nastoji da oceni uspešnost javnih politika i strategija preduzeća, drugi nastoje da provere ekonomske teorije: na primer, znaju li akteri kojoj bi strategiji trebalo pribeći u različitim mehanizmima licitacije?[3]

---

[1] Druga nasumično odabrana okolnost jeste (ili je bila) pol dece nekog bračnog para. Na primer, teško je proceniti uticaj broja dece na majčinu karijeru: majka koja je unapređena može odlučiti da ima manje dece, ili da ih ima kasnije. Dakle, kauzalna veza je nejasna: da li majka žrtvuje karijeru zbog dece, ili obratno, tj. da li majka koja ima uspešnu karijeru ima manje dece? Međutim, činjenica da porodicu koja već ima dvojicu dečaka ili dve devojčice prati velika verovatnoća da će poželeti i treće dete otvara put analizama kauzaliteta (vidi Josh Angrist, Wiliam Evans, *Children and Their Parents' Labor Supply, Evidence from Exogenous Variation in Family Size*, American Economic Review, 1998, vol. 88, n° 3, str. 450–477).

[2] Posebno vidi knjigu Abhijit Banerjee i Esther Duflo, *Repenser la pauvreté*, Paris, Seuil, Les livres du Nouveau Monde, 2012.

[3] Kao opšti pregled može poslužiti članak Steven Levitt i John List *Field Experiments in Economics. The Past, The Present, and The Future*, European Economic Review, 2009, vol. 53, str. 1–18.

Isto tako, u eksperimentalnim uslovima može se postići situacija predviđena teorijskim modelom tako što će neko (studenti, profesori, ljudi iz struke...) „odglumiti" odgovarajuću scenu i posmatrati razvoj situacije. Upravo je ta metoda eksperimenata 2002. godine donela Nobelovu nagradu psihologu Danijelu Kanemanu (Daniel Kahneman) i ekonomisti Vernonu Smitu (Vernon Smith). Tako je jedan čuveni eksperiment Vernona Smita imao za cilj da analizira različite vidove tržišta, recimo, prodaju državnih obveznica ili berze sirovina. Učesnici u eksperimentu podeljeni su na dve grupe: prodavce (koji su prodavali određeni artikal) i kupce (koji su mogli kupiti određeni artikal). Akter koji ne trguje prima samo početnu sumu koju mu je eksperimentator dodelio prosto da bi učestvovao u eksperimentu. Dobitke u razmeni pored te početne sume odredio je eksperimentator (i oni nisu isti za sve unutar iste strane tržišta; podeljeni su, na primer, slučajnim izborom vrednosti unutar neke raspodele). Da bismo pojasnili, recimo da će kupac, ukoliko se odluči za kupovinu, dobiti $10-p$, gde je p cena koju plaća, a 10 njegov pristanak da plati, tj. maksimum koji je spreman da plati pri kupovini. Takođe, prodavac će podneti trošak u visini 4, tako da iz eksperimenta izađe sa $p-4$ ako prodaje po ceni p. Teorijska konkurentska ravnoteža jeste cena p^*, koja podrazumeva da je broj prodavaca čiji je trošak manji od p^* jednak broju kupaca koji su pristali da plate više od p^*. Tada kažemo da je tržište uravnoteženo. Ali kakva je situacija u svetu gde su akterima poznate samo sopstvene procene (trošak, pristanak da se plati), na osnovu kojih daju svoje ponude za kupovinu i prodaju? Pojedinosti koje se tiču organizacije tržišta utiču na rezultat, ali klasična vrednost koju je dobio Vernon Smit jeste ona gde se rezultat (cena, razmenjena količina) kreće u pravcu teorijskog predviđanja o postojanju konkurentske ravnoteže u kojoj ima dovoljno prodavaca i kupaca.[1]

[1] Ovo nije nužno tačno ako je ugovor između kupaca i prodavaca nepotpun: bitan uslov jeste da su sve okolnosti razmene tačno utvrđene. U sprovedenim kontrolisanim eksperimentima – broj „zaposlenih" premašivao je broj „radnih mesta". Ako je trud uložen u obavljanje radnih zadataka precizno utvrđen ugovorom, onda je Smitov rezultat potvrđen. Ukoliko je uloženi trud delimično prepušten na volju zaposlenom, poslodavci pokušavaju da

Eksperimenti u okviru istraživačkog centra – koji su takođe nasumični – mogu se lakše sprovesti i omogućavaju bolju kontrolu okruženja učesnika nego eksperimenti na terenu. Oni su isto što i aerotunelska ispitivanja kojima se služe inženjeri. Njihov nedostatak jeste to što imaju veštačko okruženje, za razliku od okruženja eksperimenata na terenu. Eksperimenti u istraživačkom centru i eksperimenti na terenu ne koriste se samo u ekonomiji i psihologiji već i u drugim društvenim i humanističkim naukama, a naročito u političkim naukama, gde im je cilj bolje razumevanje procesa odlučivanja u okviru odbora.

Da li je ekonomija nauka?

Vratimo se za trenutak pitanju statusa ekonomije kao discipline.[1] Njen postupak ima naučni karakter u sledećem smislu. Njene hipoteze eksplicitno su iznesene, te su stoga podložne kritici. Zaključci i njihovo polje važenja dobijeni su putem logičkog zaključivanja, u skladu s deduktivnom metodom. Ovi zaključci su na kraju testirani primenom statističkih alata.

Naprotiv, ekonomija nije egzaktna nauka u smislu da njena predviđanja nisu ni blizu onako precizna kao, na primer, proračuni nebeske mehanike. Kao u slučaju seizmologa, koji proučava zemljotrese i rasprostiranje seizmičkih talasa, ili lekara, koji se pita o mogućnosti nastupanja infarkta ili pojave karcinoma kod nekog pacijenta, ekonomista, koji pokušava da predvidi na primer neku bankarsku krizu ili pad kursa – lakše će prepoznati činioce koji bi mogli dovesti do pojave nekog fenomena nego predvideti tačan datum njegovog izbijanja ili sklop okolnosti. U više navrata vraćaću se pitanju predviđanja u ovoj knjizi, ali korisno je već sada podvući dve prepreke za moć predviđanja. Prva prepreka zajednička je brojnim drugim naukama:

---

podstaknu zalaganje zaposlenog (vidi peto poglavlje), te nude veće plate nego što je potrebno samo da bi podstakli zaposlene. Vidi, na primer, Ernst Fehr, Armin Falk, *Wage Rigidity in a Competitive Incomplete Contract Market*, Journal of Political Economy, 1999, n⁰ 107, str. 106–134.

[1] Za nedavna promišljanja o naučnom statusu ekonomije, savetujem knjigu Dani Rodrik, *Economics Rules. The Rights and Wrongs of the Dismal Science*, New York, Norton, 2015.

manjak podataka ili nepotpuno razumevanje fenomena. Na primer, ekonomista može raspolagati samo delimičnim saznanjima o stvarnim bilansima banaka ili o stručnosti i ciljevima bankarskog supervizora. On može razumeti da međusobna izloženost banaka i neki drugi činioci vode nastanku opšte krize – a da mu pritom promakne složena dinamika širenja jedne takve krize.

Druga prepreka je specifičnost društvenih i humanističkih nauka. Iako ekonomista raspolaže svim podacima i savršeno razume situaciju, pod određenim okolnostima ipak teško može predvideti situaciju. Činjenica da postoji mogućnost da mu ona zavisi od vašeg izbora može voditi nastanku „strateške nesigurnosti" – ili teškoći da se predvidi ponašanje - kad je u pitanju posmatrač sa strane. Ovde smo na polju „samoostvarujućeg proročanstva" i „mnoštva ravnoteža", koje ćemo ilustrovati u ovoj knjizi[1], a koji, da podsetimo na gorenavedene primere, mogu nastupiti tokom bankarske krize ili monetarnog udara. Ograničimo se zasad na sledeći primer: jedna od tema koje se stalno provlače u političkoj ekonomiji jeste ideja da građani mogu poželeti da usklade svoje izbore obrazujući grupu za pritisak s većim uticajem na političko odlučivanje. Tako, na primer, ako samo ja odlučim da sagradim kuću u blizini aerodroma, ništa neće stati na put širenju aerodroma u budućnosti, te zato nemam interesa to da uradim. Naprotiv, ako mnoštvo ljudi krene da gradi u blizini aerodroma, moćan lobi moći će da spreči njegovu izgradnju, pa ću i ja sam imati više motiva da gradim u tom kraju. Zato predvidljivost kolektivnog ponašanja nužno zahteva razumevanje načina na koji će se odvijati koordinacija među akterima.

II. MIKROKOSMOS UNIVERZITETSKE EKONOMIJE

Validacija i preispitivanje saznanja

Kao i u svakoj drugoj naučnoj disciplini, istraživanje je zajednički stvaralački proces, koji se odvija putem diskusije s kolegama na naučnim skupovima i konferencijama, te putem objavljivanja rado-

[1] Počevši od sekcije V ovog poglavlja. Vidi takođe deveto i jedanaesto poglavlje.

va. Ove diskusije su žive. Naime, suština istraživanja je u tome da se skrene pažnja na manje razjašnjene fenomene, one u pogledu kojih su razlike u mišljenju najizraženije. Vladajuće struje mišljenja smenjuju se u zavisnosti od utemeljenosti teorija i iskustvenih potvrda. Tako je bihevioralna ekonomija bila relativno pouzdana do pre dvadeset pet ili trideset godina. Izvesni istraživački centri, kao *Caltech* ili *Carnegie Mellon*, s razlogom su davali šansu ovoj zapostavljenoj disciplini. Od tada je bihevioralna ekonomija deo vladajuće struje mišljenja (*mainstream*), pa veliki univerziteti imaju eksperimentalne istraživačke centre i istraživače koji se time bave.

Makroekonomija je teren drugačijih rasprava i dokaza o razvoju ove profesije.[1] Sve do sredine sedamdesetih godina XX veka, ovim domenom u potpunosti je vladala kejnzijanska teorija. Kao isključivi pristup? Nikako, jer se na američkim univerzitetima, prvenstveno na Srednjem zapadu, razvijao kritički pokret. Ova manjina istovremeno je osporavala i empirijski domašaj postojećih teorija i same njihove temelje. Na primer, prema kejnzijanskoj teoriji, rast ponude novca s ciljem stvaranja inflacije mogao je kratkoročno imati iznenađujuće posledice i koristiti privredi. Naime, on umanjuje realnu kamatnu stopu, dajući tako kiseonik svim kreditnim dužnicima; umanjuje realne plate u ekonomiji u kojoj je izražena nezaposlenost i rigidnost nominalnih plata, tj. plata koje nisu indeksirane troškovima života; umanjuje realno zaduženje preduzeća čiji su dugovi po pravilu ugovoreni u nominalnoj vrednosti... Međutim, nije teško shvatiti da sistematsko pribegavanje inflaciji ne može zavarati potrošače, poverioce i zaposlene na duže staze. Svi će se oni tome prilagoditi. Tako će štediše koje se nađu s manje novca i potraživanjima u obliku hartija od vrednosti koja nisu indeksirana tako da prate inflaciju – zahtevati daleko više kamatne stope; dok će zaposleni tražiti indeksiranje plata (što očigledno zadaje veliku glavobolju brojnim vladama širom sveta). Čini se da ni danas činjenice ne pravdaju kejnzijansku teoriju: sedamdesete godine XX veka bile su obeležene stagflacijom (kombinacijom nepostojanog rasta i snažne inflacije).

Konačno, kejnzijanska perspektiva poznaje samo tzv. adaptativna očekivanja: ekonomski akteri mogli su doneti zaključke o tendencijama uočenim u prošlosti, ali nisu mogli predvideti one buduće.

---

[1] Naravno, mogao bih uzeti i primere iz mikroekonomije.

Uzmimo za primer finansijski mehur, tj. imovinu koja je precenjena u odnosu na svoju osnovnu vrednost.[1] Akter koji se odluči da kupi precenjenu imovinu čini to samo zato što računa da će je kasnije preprodati, te da će to uraditi „na vreme". Stoga se on mora zapitati hoće li i dokle će i ostali akteri u budućnosti nastaviti da ulažu u ovu imovinu. Isto tako, portfolio menadžer treba da izabere ročnost određenog portfelja obveznica (što se naziva „trajanjem"); ili, kada treba da odluči da li da se zaštiti od fluktuacija kamatnih stopa, mora voditi računa o mogućem kretanju kamatnih stopa, te zato mora anticipirati način na koji će centralna banka reagovati na stanje u ekonomiji. A preduzeće koje odlučuje o investiciji u inostranstvu ili o prebacivanju svojih prihoda iz inostranstva mora razmišljati o činiocima koji će uticati na kretanje kursa u kraćem ili dužem roku. Odsustvo prospektivne analize u kejnzijanskoj teoriji očekivanja donekle je paradoksalno ako se zna da je sam Kejnz podsećao na „animalne duhove" koji, po njegovom mišljenju, odražavaju fenomene optimističkih očekivanja s potencijalom da destabilizuju ekonomiju.

Kritičari su razradili modele dodavši im dinamičku (vremensku) komponentu, razvili ekonometrijsku analizu vremenskih serija i postali dominantna struja mišljenja. Ali njihovi modeli imali su svojih ograničenja: skoro pa potpun izostanak razmatranja finansijskog sistema – kao, uostalom, i u slučaju mnogih drugih neokenzijanskih modela (što je vrhunac, tim pre jer je makroekonomija sve vreme insistirala na mehanizmu monetarne transmisije preko bankarskog i finansijskog sistema) – izostanak razmatranja mehurova i problema s manjkom likvidnosti u ekonomiji, itd.

Danas, bili kejnzijanci ili ne, makroekonomisti rade s ciljem unapređenja ovih modela, koji se i dalje mogu usavršavati. Oni pokušavaju da sugerišu prednosti različitih struja mišljenja kako bi unapredili naše razumevanje makroekonomskog upravljanja (na primer, jedan od najslabije shvaćenih problema tiče se budžetske politike, i s teorijske tačke gledišta i sa empirijske tačke gledišta). Jedan Francuz s Harvarda – Emanuel Fari (Emmanuel Farhi) – vrhunski je istraživač na ovom polju.

[1] Vidi jedanaesto poglavlje.

Vrednovanje istraživanja

Evaluacija istraživanja može uticati na finansiranje istraživanja, omogućiti nam da saznamo da li neka istraživačka grupa funkcioniše bolje ili lošije, usmeravati studente pri njihovom donošenju odluka. Kako evaluirati kvalitet istraživanja u ekonomiji ili u drugim naučnim disciplinama? Postoje, da pojednostavimo, dva pristupa. Jedan je vrlo grub, a zasniva se na statistici, dok u drugom evaluaciju sprovode kolege.

Šira publika upoznala se sa statističkim pristupom putem Šangajske liste. Svake godine, univerziteti iz celog sveta grozničavo iščekuju da saznaju kako ih je izbodovala ekipa sa Univerziteta Đao Tong. Ali je li ovo rangiranje dovoljno utemeljeno da bi poslužilo za utvrđivanje ranga univerziteta u svetu? Jer, šangajsko rangiranje ima i svoje nedostatke. Na primer, kvalitet naučnih časopisa vrlo se malo uzima u obzir prilikom merenja naučne produkcije. Povrh toga, ovo rangiranje favorizuje ustanove koje u redovima svojih bivših učenika imaju nobelovce i dobitnike Fildsove medalje; ali čime ovi istraživači doprinose univerzitetskom okruženju, kad mu čak više i ne pripadaju?

Šta su onda kriterijumi i analitička polja koje bi jedna valjana „bibliometrija" trebalo da uzme u obzir? Pre svega, rangiranje bi trebalo da se sprovodi po disciplinama, što je najbitnije svakom studentu pri izboru univerziteta, kao i rektoru da bi upravljao ustanovom. Šangajska lista rangira i po disciplinama, ali to ne čini u dovoljnoj meri. S druge strane, studenti koji se još nisu opredelili za određenu disciplinu imaju potrebu za rang-listom univerziteta kako bi mogli uporediti alternative. Trebalo bi nam rangiranje na svetskom nivou koje bi istovremeno uzelo u obzir discipline i univerzitete.

Merenje naučne produkcije istraživača prema indeksu citiranosti ili bibliometriji prilično je složeno. Jedan pristup sastoji se u odmeravanju naučne produkcije istraživača prema broju njegovih publikacija. Ali postoji mnoštvo publikacija. Publikacija u časopisima *Nature* ili *Science* nije isto što i publikacija u nekom malo poznatom časopisu. Kako bi se obuhvatila razlika u kvalitetu naučnih časopisa, najbolje metode ponderišu publikacije s kvalitetom naučnog časopisa (koji su sami rangirani, bilo prema uticaju časopisa – izračunatom putem algoritma koji broji citate, sličnog onom što ga koristi *Google* kada traga za internet stranicom koja bi vam bila najpoželjnija – bilo prema uređivačkom odboru). Kako i treba, ove metode manje bodova dodeljuju istraživaču čija je publikacija urađena u saradnji s brojnim drugim autorima. Ali jasno vidimo ograničenja ovog pristupa. Naučni časopis govori o kvalitetu, ali u istom naučnom časopisu stoje jedan do drugog članci vrlo različitog značaja. A broj poena, čak i ako je izvagan na osnovu kvaliteta naučnog časopisa, tek je aproksimativna mera za utvrđivanje važnosti istraživanja. Amerikanac francuskog porekla Žerar Debre (Gérard Debreu), koji je primio Nobelovu nagradu 1983, nije bio posebno „produktivan", ali je članak koji bi napisao svake treće ili pete godine bio od velikog uticaja.

Drugi pristup broji citate, te ih eventualno ponderiše prema značaju izvora (koji se i sam ceni po citatima citatora – što je problem koji matematičari prepoznaju kao problem fiksne tačke). U ovoj igri, Moris Ale (Maurice Allais), poslednji veliki ekonomista koji nije bio Angloamerikanac – a da je pisao na maternjem jeziku i bio prvi francuski dobitnik Nobelove nagrade za ekonomiju (1987) – ne bi briljirao u indeksu citiranosti... Osim toga, neki naučni domeni citiraniji su od drugih. A postojanje citata ne garantuje naučnu dubinu: kontroverzne ili medijatizovane teme citiranije su od ostalih. Da se poslužimo ekstremnim primerom: istoričar koji negira Holokaust često će biti komentarisan, što znači i vrlo citiran, iako nije bitan naučnik! Pregledi literature i sintetičke obrade, koji su, uostalom, vrlo korisni jer omogućavaju nekome ko nije specijalista da brzo uđe u materiju, po prirodi stvari vrlo su citirani, ali najčešće ne podrazumevaju veliki naučni doprinos. Konačno, citiranje zahteva vremensku distancu, što ne ide u prilog mlađim istraživačima.

Dakle, rangiranje ima dosta nedostataka, na kojima se više neću zadržavati. Pa ipak, mada sam jedan od najljućih kritičara ovih rangiranja, spreman sam da nepokolebljivo branim njihovu upotrebu. Paradoksalno? Ne baš: u zemlji poput SAD, gde su uprave univerziteta i fondovi u potpunosti okrenuti naučnoj izvrsnosti, upotreba ovih objektivnih merila ostaje ograničena (mada je u porastu). S druge strane, ona predstavljaju neophodan alat u prepoznavanju centara naučne izvrsnosti u mnogim evropskim zemljama. Za razliku od svojih glavnih konkurenata u istraživanjima i inovacijama, Francuska nema kulturu naučne evaluacije koja bi mogla obelodaniti ogromne razlike u stvaralaštvu među francuskim istraživačkim centrima, ali i među najboljim svetskim istraživačkim centrima. Dakle, studentima i donosiocima odluka često je teško da prepoznaju francuske istraživačke centre koji su najinovativniji i vidljivi u inostranstvu. Rangiranje sa sobom nosi važnu informaciju u kontekstu oskudice pravih informacija.

Ovde stižemo do evaluacije od strane kolega i dobrog upravljanja univerzitetskim istraživanjem. Fondovi za finansiranje istraživanja koji na kompetitivan način usmeravaju istraživački budžet moraju obrazovati komisije sastavljene od najvećih stručnjaka, kako to u Evropi čini Evropski savet za istraživanje (European Research Council – ERC), a u SAD *National Science Foundation* i *National Institute of Health*. Ali za takvo nešto neophodno je privući najbolje stručnjake, koji su upravo zbog toga vrlo traženi. Da bi se to postiglo, potrebno je ispuniti neophodne uslove: da procedure ne oduzimaju mnogo vremena i da postoji sigurnost u to da će se odluka članova komisije poštovati.

Procena koja dolazi od kolega ključna je i u okvirima procedura imenovanja profesora. U zemljama gde nauka zauzima bitno mesto profesori se sve češće biraju na sledeći način: prvo se porede potencijalni kandidati – kako oni interni, tako i oni eksterni – bez obzira na to hoće li se oni na kraju zaista kandidovati. Zatim sledi nekoliko rasprava u kojima se sučeljavaju različita mišljenja (što je olakšano etičkom normom o tajnosti), te zajednička procena profesora koja za predmet ima glavne naučne radove kandidata. I, što je od suštinske važnosti, uprava se postavlja kao „zaštitnik kvaliteta". Svaka ponuda radnog mesta koja se tiče akademskog položaja višeg od docentskog[1] predmet je čak petnaestak uporednih evaluacija koje daju stručnjaci sa strane, a koje potom analizira rektor ili dekan. Od spoljnih eksperata traži se da po kvalitetu uporede istraživače koje je izabrao fakultet sa ostalim istraživačima s liste za dato naučno polje, što omogućava rektoru (ili dekanu) koji *a priori* nije specijalista za tu disciplinu – da dobije potpuniju sliku. Ideja je da se ublaži asimetričnost informacija između uprave univerziteta i konkretnog departmana, te da se omogući prvoj da kontroliše kvalitet zapošljavanja koje predlaže ova druga. Francuska bi bila samo na dobitku kada bi usvojila sličnu praksu upravljanja.

---

1 Odnosno svako stalno radno mesto na većini univerziteta, na primer, na američkim univerzitetima.

Slabosti i zloupotrebe naučne evaluacije

U srži naučne evaluacije jeste proces čitanja i potvrde kvaliteta naučnih radova od strane kolega: naučni radovi prolaze anonimnu recenziju drugih istraživača, koje bira uredništvo naučnog časopisa s recenzentskim odborom, kome se članak podnosi s ciljem objavljivanja. Oslanjajući se na izveštaje recenzenata i na sopstveno čitanje, urednik donosi odluku da prihvati rad (najčešće nakon prepiske sa autorom gde se zahtevaju izmene u tekstu), ili pak da ga odbaci. Pažljiva evaluacija naučnih članaka nužna je za dobro funkcionisanje istraživačke zajednice i za sticanje naučnih saznanja: istraživač ne može čitati na hiljade ili desetine hiljada naučnih radova koji se u njegovoj disciplini pišu svake godine, a još manje ih može analizirati do najsitnijih pojedinosti. Zadatak naučnih časopisa jeste da provere kvalitet podataka i valjanost njihove statističke obrade, logičku koherentnost i značaj njihove teorije, kao i inovativnost njihovog doprinosa.

Međutim, ne treba biti naivan i gajiti utopističku predstavu o ovom procesu evaluacije. Sistem ima i svojih slabosti, a jedna od njih je psihologija gomile koja postoji i kod naučnika, zbog čega određena tema privlači pažnju zajednice, dok se druge, važne i srodne teme zanemaruju. Osim toga, prednost pri objavljivanju ima ono što „zapanjuje" (empirijska studija koja bi pažljivije obradila već objavljenu studiju ima manje šanse da privuče pažnju naučne zajednice, pa samim tim i urednika naučnog časopisa, nego prva studija, ona koja je došla do začuđujućih rezultata). Takođe, izostaje „replikacija" izvesnih empirijskih rezultata, što odražava nemogućnost drugih istraživača da u svojim studijama makar ponove zaključke do kojih se došlo u čuvenim eksperimentima ili u sličnim situacijama[1]; ili,

---

[1] Posebno pogledati sajt *Retraction Watch*. Za diskusiju o reproduktivnosti rezultata, konsultovaćemo, na primer, u psihologiji članak iz *Sciencea* (*Sciencemag*) od 28. avgusta 2015: *Estimating the Reproductibility of Psychological Science*; u medicini onaj *PLOS One*, *Does Publication Bias Inflate the Apparent Efficacy of Psychological Treatment for Major Depressive Disorder? A Systematic Review and Meta-Analysis of US National Institutes of Health-Funded Trials* od 30. septembra 2015; u ekonomiji članak Andrew Chang and Phillip Li, *Is Economics Research Replicable? Sixty Published Papers from Thirteen Journals Say Usually Not*, Federal Reserve Board, 2015.

prosto, recenzent se ponaša u stilu „slepog putnika"[1] – od njega se očekuje da žrtvuje svoje vreme za evaluaciju istraživanja drugih i tako doprinese opštem dobru, pri čemu može propustiti priliku da dublje promisli o kvalitetu, originalnosti i utemeljenosti doprinosa.

Konačno, naravno da na svim naučnim poljima neizbežno dolazi do prostih i banalnih prevara, a najčešće su to svesno i namerno izmišljeni podaci – ili, mnogo ređe, upadi na sajt naučnog časopisa kako bi se izmenili izveštaji recenzenata. Neki naučni časopisi čak čine takvu grešku da traže od autora da sami predlažu imena recenzenata; šalju se lažne elektronske adrese, iza kojih se, umesto osobe za koju se pretpostavlja da bi trebalo da obavi evaluaciju istraživanja, nalazi nečiji prijatelj!

Po mom mišljenju, jedino rešenje za ove probleme jeste da se valjano shvati njihova priroda i da se pokuša uspostaviti, koliko god je to moguće, kontrola nad njima. U tom smislu, poslednjih godina primećuje se rast transparentnosti (omogućene prvenstveno zahtevom da se podaci javno publikuju i obavezom da se utvrdi spisak mogućih sukoba interesa). Naći ćemo se u iskušenju da kažemo kako je, baš poput demokratije, i sistem kolegijalne recenzije „*najgori* među režimima – s izuzetkom svih onih koji su već oprobani u prošlosti". A među ovim alternativnim sistemima, što su često bili isprobavani, nalazi se i interna evaluacija, koja je uglavnom u znaku međusobnog ispomaganja istraživača. Prema tome, eksterna evaluacija i proces kolegijalne recenzije predstavljaju noseći stub naučne evaluacije.

Relativni konsenzus i američka dominacija u disciplini

Kritika koja se često upućuje ekonomskim istraživanjima, a kojoj se ponekad čude istraživači iz drugih društvenih i humanističkih nauka, jeste relativni konsenzus koji vlada među ekonomistima. Nije reč o postojanju konsenzusa u pogledu ekonomskih politika, naročito ne u domenu makroekonomije, koja je posebno složena. Osim toga, podrazumeva se da postoje vrlo različiti senzibiliteti; uzmimo samo jedan primer – MIT je obično naklonjeniji demokratiji i kej-

[1] Odnosno ponašanje pojedinca da izvuče ličnu korist iz napora koji je uložila zajednica – a da pritom on sam ne uloži napor.

nzijanizmu od Čikaga, koji je, opet, konzervativniji i više okrenut monetarizmu. S druge strane, postoji konsenzus u načinu na koji se obavlja istraživanje. Kako objašnjava Pol Samjuelson (Paul Samuelson), prepoznatljivo lice MIT-a, on i njegov kolega Milton Fridman iz Čikaga slažu se do tančina u pogledu toga šta se smatra dobrim istraživanjem: saglasni su u pitanju nužnosti kvantitativnog pristupa (formalizovana teorija i empirijsko testiranje ovih teorija), značaja kauzalnosti i insistiranja na normativnom aspektu ekonomije, koji imaju ulogu da pomognu pri donošenju odluka.

Naravno, ovaj metodološki konsenzus ne znači da istraživanja donose inkrementne (minimalne) doprinose i da automatski slede već utabane staze profesije. Naprotiv, kako je naglasio Robert Solou (Robert Solow)[1], još jedno prepoznatljivo lice MIT-a, istraživači se češće pročuju tako što dovedu u pitanje postojeće znanje i probiju nove puteve. Stoga se ekonomija danas bavi analizama na mnogim poljima, a to su: rigidnost cena, problemi podsticaja, nesavršena konkurencija, greške u očekivanjima, pristrasnost u ponašanju, itd. Ponavljam, rasprave u salama za konferencije, u naučnim časopisima i na naučnim skupovima jesu oštre, i dobro je što je tako: sučeljavanje ideja i kolegijalna kritika svakome omogućavaju da napreduje.

Od suštinske je važnosti da se različiti pristupi međusobno dopunjuju, što zahteva mobilnost. Nema ništa gore od škole mišljenja čiji učenici tumače radove svojih učitelja. U tom smislu, vrlo je koristan anglosaksonski običaj zabrana endogamije: student je dužan da napusti svoj univerzitet kad odbrani doktorat čak i ako odluči da ostane u univerzitetskom sistemu (s druge strane, ne brani mu se da se kasnije vrati na njega). Pored toga što favorizuje bolje odnose među profesorima (koji se više ne bore za to da „ubace" svoje studente na svoje departmane), zabrana endogamije primorava studenta da otkriva nove ideje, a njegov departman da se otvara za prijem predavača koji nisu izašli iz istog kalupa.

Druga tema kritike je, konačno, američka dominacija. Ne zalazeći u detalje, deset najcenjenijih univerziteta u ekonomskoj nauci jesu američki univerziteti, kao i većina onih u prvih sto. Prvi ja žalim zbog toga. Ali, umesto da se žestimo zbog te činjenice, bolje bi bilo zasukati rukave. Jer, da opet citiram Roberta Soloua, ne čudi to što su

[1] U intervjuu za *Le Monde* od 3. januara 2001.

SAD suvereno izbile na čelo: naime, one obrazuju neverovatan broj doktoranada u toj disciplini. Posebno je značajno to što akademski sistem nagrađuje zasluge pre nego položaj na hijerarhijskoj lestvici, a da ne pominjemo to da snažna konkurencija među univerzitetima, s ciljem privlačenja profesora i studenata, primorava univerzitete da stvaraju izuzetne uslove za istraživanje.

Uticaj nastave ekonomije na individualno ponašanje

Ekonomisti su napravili eksperimente u istraživačkom centru i terenske eksperimente da bi proučili ponašanje svojih studenata. Suočeni sa izborom koji je podrazumevao kompromis između sopstvene dobrobiti i dobrobiti ostalih, studenti koji su pratili predavanja iz ekonomije[1] pokazali su sklonost ka tome da se ponašaju sebičnije od onih što nisu studirali ekonomiju. Tako studenti sa Univerziteta u Cirihu prilikom upisa na fakultet imaju mogućnost da doniraju po sedam švajcarskih franaka za finansiranje studentskih kredita, ili po pet švajcarskih franaka za pomoć stranim studentima na tom univerzitetu. Samo 61,8% studenata ekonomije i trgovine, za razliku od 68,7% studenata drugih disciplina, priložilo je nešto barem jednom od ova dva fonda.[2] I drugi eksperimenti potvrđuju ove zaključke. Jedno od važnih pitanja jeste da se utvrdi jesu li zaključci ovih posmatranja rezultat selekcije (studenti imaju više šanse da se upišu na ekonomiju ili trgovinu ako su sebičniji), ili pak indoktrinacije (studenti postaju sebični tokom studija ekonomije). Objašnjenje je važno. U prvom slučaju, studiranje ekonomije je bezopasno (možete nastaviti s čitanjem ove knjige, nije zarazna); dok u drugom slučaju ekonomija može biti „performativna", što znači da bi mogla oblikovati naše viđenje sveta i navesti nas da ga posmatramo na izvitoperen način.

---

[1] Ogromna većina ovih studenata na kraju ne postanu ekonomisti, već nastave studije menadžmenta, prava ili neke druge discipline, ili pak stupaju u profesionalni život.

[2] Bruno Frey, Stephan Meier, *Selfish and Indoctrinated Economists?*, European Journal of Law and Economics, 2005, vol. 19, str. 165–171

Nažalost, naše poznavanje materije nije potpuno. Ciriška studija takođe se pozabavila promenom velikodušnosti tokom studija, te došla do zaključka o nepostojanju indoktrinacije (barem što se tiče ekonomista), pa selekcija ispada jedino objašnjenje. Izvesna istraživanja potvrđuju ovaj zaključak, dok druga stižu do suprotnog. Na primer[1], studenti prava na Jejlu u prvo vreme prate nastavu nekih predmeta po donekle nasumično napravljenom izboru. Oni koji prate predavanja što imaju dodirnih tačaka sa ekonomijom (poput imovinsko-pravnih odnosa), i koji se suočavaju s profesorima ekonomskog obrazovanja u datom periodu – počeli su se ponašati sebičnije od onih koji su pratili „manje ekonomska" predavanja (ustavno pravo) i koji su bili u kontaktu s profesorima humanističkog obrazovanja. Budući da je izbor bio nasumičan, selekcija ne igra nikakvu ulogu.

Mogućnost da ekonomsko obrazovanje promeni stanje duha kod pojedinca mora se ozbiljno uzeti u obzir. Moramo razumeti barem način na koji se odvija ova promena mentaliteta kako bismo joj mogli utvrditi posledice. Jedna od hipoteza (jer, s obzirom na naše postojeća saznanja, to može biti samo hipoteza) povezuje se s krhkošću altruizma. Kao što ćemo to ispitati u narednom poglavlju, naš altruizam u ogromnoj meri bledi kada neko sebično ponašanje možemo „opravdati" boljim ili gorim „izgovorom".[2] U slučaju studiranja ekonomije, proučavanje, primera radi, strategija konkurencije na tržištu (koje sugerišu da je svet u svakom slučaju nemilosrdan), učenje da sebično ljudsko ponašanje može voditi društvenom skladu putem raspodele resursa[3] (sugeriše da je razumno biti sebičan) ili čitanje radova o empirijskim istraživanjima koja ukazuju na razne vidove disfunkcionalnog ponašanja što potiču od neadekvatnih podsticaja

[1] Raymond Fisman, Shachar Kariv, Daniel Markovits, *Exposure to Ideology and Distributional Preferences*, 2009, rad objavljen na internetu.

[2] Za studiju o uticaju narativa na ponašanje, vidi moj rad s Arminom Falkom, *Narratives, Imperatives, and Moral Reasoning*, 2009, objavljen na internetu.

[3] Setimo se čuvene rečenice Adama Smita: „Mi ne očekujemo da će nam mesar, pivar ili pekar obezbediti večeru zbog svoje dobrodušnosti, već zbog staranja o ličnom interesu." Naravno, i Adam Smit je mnogo pisao o nužnosti društveno korisnog ponašanja i nužnosti regulacije (preporučujući državnu intervenciju da bi se pobedilo siromaštvo, zabranilo zelenašenje ili podstaklo obrazovanje), suprotno uprošćenoj slici koju često imamo o njemu.

(navodi nas na pomisao da ne možemo uvek gajiti poverenje u ekonomske ili političke aktere) – sve to može voditi stvaranju narativa koji, čak i kada su tačni, nude loše ali upotrebljive izgovore za nemoralno ponašanje.

Ukoliko bi se ova hipoteza ispostavila kao tačna, valjalo bi ispitati da li i neki drugi narativi (drugačiji, ali sa istim uticajem) možda kasnije nastaju iz profesionalnog života ili međuljudskih odnosa. Uostalom, eksperimenti o kojima smo već govorili odnose se na neposredan uticaj predavanja iz ekonomije, dok nemamo mnogo podataka o tome jesu li ekonomisti koji rade u državnom ili u privatnom sektoru, ili koji se bave istraživanjima, bolji ili lošiji građani od drugih u pogledu doniranja, javnog interesa, zagađivanja, glasanja, itd. Drugim rečima, jedna od istraživačkih tema kojima bi se trebalo posvetiti sastojala bi se ne samo u boljem razumevanju istinskog uzroka kratkoročnih posledica nastave iz ekonomije – već i u analiziranju dugoročnog uticaja koji izučavanje ekonomije ostavlja za sobom.

III. EKONOMISTI: LISICE ILI JEŽEVI

Engleski filozof Isaija Berlin započinje svoj esej *Jež i lisica*[1] odlomkom koji se pripisuje grčkom pesniku Arhilohu: „Lisica zna mnogo stvari, a jež zna jednu bitnu stvar".

Posmatrani u globalu, svi su ekonomisti do pre četrdeset godina bili ježevi. Da pojednostavimo do kraja (u tom je smislu nastavak ove priče nepravedan), oni su držali u malom prstu model otvorenog tržišta, kao intelektualno najsavršeniju paradigmu u svojoj disciplini. Svakako svesni ograničenja ovog modela, razvijali su i druge ideje, ponekad i bez odgovarajućeg teorijskog okvira. Nalik teoriji savršenih gasova u ekonomiji, model otvorenog tržišta primenjivao se na sve moguće situacije: volatilnost tržišta, finansije, međunarodnu trgovinu, itd.

1 Isaiah Berlin, *The Hedgehog and the Fox. An Essay on Tolstoy's View of History*, London, Weidenfels & Nicolson, 1953.

Model otvorenog tržišta

Prema paradigmi otvorenog tržišta, smatra se da su kupci i preduzeća suviše mali da bi mogli uticati na cene na tržištu na kojem trguju (drugim rečima, da bi podizali cenu sužavajući ponudu, ili je obarali umanjujući tražnju; njihovo pojedinačno ponašanje ima zanemarljiv efekat na tržišne cene). Odlično poznajući aktuelne cene i kvalitet proizvoda, i ponašajući se racionalno i prema slobodnom izboru, kupci maksimiziraju svoju korisnost ostvarenom razmenom, a preduzeća svoj profit. Oni racionalno anticipiraju ono što će se desiti u slučaju svakog budućeg događaja, bez mogućnosti preciznog predviđanja budućnosti.

Ovaj model bio je primenjivan da bi se objasnilo kako se ponuda i tražnja uravnotežuju na različitim tržištima, što omogućava proučavanje fenomena „opšte ravnoteže". Na primer, promena ponude na tržištu pogađa druga tržišta, s jedne strane, preko odnosa komplementarnosti ili supstitucionalnosti proizvoda (ako kupim pametni telefon koji koristi *Android*, kupiću i odgovarajuću futrolu, kao i aplikacije za *Android* smartfon). S druge strane, pogađa ih putem efekta dohotka (promena cene na tržištu odražava se na potrošnju ovog proizvoda i raspoloživi dohodak za ovaj i druge proizvode, čak i ako ovi poslednji nemaju neposredne veze s pogođenim tržištem – ako mladi skuplje plaćaju najam stana, trošiće manje na one proizvode na koje obično troše u svojim godinama).

Ovo je bila bitna etapa u razvoju ekonomske teorije, ali je sa sobom nosila dva suštinski povezana nedostatka. S jedne strane, njene implikacije na ekonomsku politiku nisu bile očigledne: odsustvo nesavršenosti (tržišta na kojima vlada konkurencija, simetričnost informacija, racionalnost, itd.) čini da tržište bude efikasno. Otud, jedina javna politika koja se uzima u razmatranje jeste progresivnost u oporezivanju dohotka, što bi onda učinilo nepotrebnim ministre, nezavisna tela i lokalne zajednice! S druge strane, ovaj model ne opisuje praktično nijednu od situacija kojima se bavim u ovoj knjizi.

Od tada je ekonomija znatno unapredila svoja saznanja: kako proučavati nesavršenu konkurenciju na tržištu s malo prodavaca ili kupaca, i iz toga izvući normativna rešenja antimonopolskog prava; kako ugraditi asimetričnost informacija o cenama i kvalitetu robe, ili čak manjak znanja o trgovačkim partnerima s kojima možemo sarađivati, da bi se predvideli i predupredili drugi nedostaci tržišta; kako uskladiti predviđanja koja polaze od hipoteze o racionalnom ponašanju, uključujući i uočena odstupanja od ovog ponašanja; kako analizirati posledice razdvajanja u preduzećima, prava vlasništva (koje pripada investitorima) i stvarne kontrole (koja je često u rukama menadžmenta, čiji se interesi mogu razlikovati od investitorovih interesa), itd. Uvođenje ovih „frikcija" u odnosu na stari model posao je koji će potrajati, ali koji donosi plodove na duge staze. Modeli nisu više tako šturi (uzimaju više stvari u razmatranje), ali omogućavaju proučavanje izvesnog broja novih pitanja bitnih za vođenje javne politike i za izradu strategija preduzeća.

Čak i u svetu lisica, koje danas preovlađuju, neki su „više lisice", a neki „više ježevi". Ježevi ceo život provedu u istraživanju, vođeni nekom fiks-idejom, često pokušavajući da ubede svoje učenike da krenu putem koji i sami slede. Oni preuzimaju hvale vredan rizik da brane paradigmu koju smatraju bitnom, pa i sveobuhvatnom. Lisice, opet, s podozrenjem gledaju na globalna teorijska rešenja – izgrađuju ih pristupajući im s raznih strana i češće se preispitujući. Prelaze s jednog istraživanja na drugo kada procene da „prinos počinje opadati" u prethodnom. Nijedan od ova dva stila nije bolji od onog drugog, pa nauka ima potrebu i za lisicama i za ježevima; istraživanje prolazi kroz naizmeničnu komunikaciju između teorije i empirijske provere, a isto tako se odvija i između lisica i ježeva (svako je od nas ponekad lisica, a ponekad jež). Uostalom, izgleda da iskustvo dokazuje da svet istraživanja nagrađuje i jedne i druge.[1]

Da li je u javnoj debati bolje biti ekonomista lisica ili ekonomista jež? O tome malo znamo, ali radovi psihologa Filipa Tetloka (Philip

---

[1] Kao, uostalom, i književnici – koji su bili predmet eseja Isaije Berlina. To je samo utisak koji traži svoju strožu potvrdu preko empirijske studije slične Tetlokovoj, koju ćemo opisati u nastavku.

Tetlock) sa Univerziteta u Pensilvaniji o stručnjacima za političke nauke jesu zapanjujući.[1] Šematski posmatrano, Tetlok je ponudio dva odgovora na ovo pitanje. Prvi se bavi prijemom na koji nailaze ideje predstavnika univerziteta u javnoj debati. Ježevi iritiraju samo one koji se suprotstavljaju njihovim gledištima, dok lisice privlače gromove sa svih strana, jer služeći se raznolikim znanjem, ne štede nikoga. Osim toga, baratajući s više parametara, lisci često razvodnjavaju svoje preporuke primedbama te tako troše strpljenje publike, koja vapi za izvesnošću, i ne privlače pažnju televizije (zaista, „lisičarenje" dovedeno do krajnjih granica može čak voditi poplavi preporuka; lisci su nekad primorani da odaberu jednu preporuku koju smatraju najrazboritijom). Mediji više vole ježeve.

Kao drugo, Tetlok je gotovo dvadeset godina proučavao predviđanja 284 stručnjaka iz političkih nauka. Sakupio je 28.000 predviđanja: tražio je, recimo, da iznesu predviđanja o padu Sovjetskog Saveza, o verovatnoći raspada SAD, o ratu u Iraku ili o zalasku moćnih političkih partija. Tetlok je ove stručnjake podelio na lisce i ježeve polazeći od četrnaest kriterijuma.[2] On takođe razvrstava stručnjake prema njihovim političkim gledištima. Ova dimenzija nije sasvim nezavisna u odnosu na kognitivni stil stručnjaka. Ne iznenađuje što lisci imaju više šansi od ježeva da se nađu na sredokraći dveju krajnjih političkih opcija. Štaviše, ova politička gledišta imaju tek malo uticaja na stopu pogrešnih procena. Na primer, osamdesetih godina XX veka, stručnjaci s levice bili su zaslepljeni svojim lošim mišljenjem o Reganovom intelektu, dok su oni s desnice bili opsednuti sovjetskom pretnjom. Ali zato kognitivni stil sadrži mnogo značajniju informaciju. Lisice daju najbolja predviđanja. One su, uostalom, svesne verovatnoće (koja nije zanemarljiva) da greše. Nasuprot tome,

---

[1] Vidi njegove knjige *Expert Political Judgment. How Good Is It? How Can We Know?* Princeton, Princeton University Press, 2005, i drugu, pisanu s Danom Gardnerom, *Superforcasting*, New York, Crown, 2015.

[2] Tetlok se služi faktorskom analizom. Primeri pitanja jesu „Mislite li da je najuobičajenija greška u prosudi situacija suviše složen doživljaj sveta?", ili „Mislite li da je klasična greška u donošenju odluka prebrzo napuštanje neke dobre ideje?" Potvrdni odgovori na ova pitanja upućuju na kognitivni stil ježa.

Tetlok kao primere ježeva uzima Marksa i pristalice slobodnog tržišta[1], privržene jednostavnoj predstavi o svetu čija se velika predviđanja nikada nisu obistinila. Nije lako izvući konačne zaključke iz ove inovativne studije, iako se ona oslanjala na veliki uzorak. Druge studije morale bi se sprovesti u drugim domenima.

IV. ULOGA MATEMATIKE

Od svih društvenih i humanističkih nauka, ekonomija se najviše služi matematičkim alatima; više od političkih nauka, prava (uključujući i privredno pravo) ili evolucionističke biologije; i sigurno mnogo više od sociologije, psihologije, antropologije i istorije. Stoga ekonomiju često kritikuju da je suviše formalizovana, odveć apstraktna.

Matematizacija ekonomije relativno se kasno pojavila, iako u XIX veku francuski inženjeri-ekonomisti Antoan Ogist Kurno (Antoine Augustin Cournot), Žil Dipi (Jules Dupuit), Žozef Bertran (Joseph Bertrand), Leon Valras (Léon Walras) i Vilfredo Pareto (Wilfredo Pareto) u Lozani, Johan Hajnrih fon Tinen (Johann Heinrich von Thünen) u Nemačkoj, Fransis Edževort (Francis Edgeworth) na Oksfordu i Vilijam Stenli Dževons (Wiliam Stanely Jevons) na Univerzitetskom koledžu u Londonu – nisu oklevali da formalizuju svoju disciplinu. Ekonomija se postepeno matematizovala tokom XX veka, uz ubrzanje ove tendencije četrdesetih i pedesetih godina XX veka. Radovi brojnih velikih ekonomista tog doba, poput Kena Aroua (Arrow), Žerara Debrea i Pola Samjuelsona, bili su za ekonomiju ono što su Burbakijevi (Bourbaki) radovi[2] bili za matematiku. Oni su organizovali ekonomsku misao tako što su je formalizovali. Još

---

[1] Protivnici državnog intervencionizma, osim u pogledu intervencije pri konstituisanju sudova, omogućavaju ekonomskim akterima da zaključuju ugovore po svojoj volji, i u pogledu uspostavljanja javnog poretka i državne odbrane, štiteći tako pravo svojine.

[2] Nikola Burbaki (Nicolas Bourbaki) izmišljeni je matematičar. Grupa talentovanih francuskih matematičara (od kojih su petorica nosioci Fildsove medalje) okupljala se od 1934. do 1968. godine da bi pisali rasprave (obja-

važnije, oni su formalizovali i proverili (ili opovrgli) logiku inovativnih zamisli velikih klasičnih ekonomista – od Adama Smita do Alfreda Maršala – koje bi inače ostale neodređene. To je bila etapa koja se morala preći i na kojoj su se temeljili naredni radovi; ali trebalo je krenuti dalje.

Kao u fizici ili tehnici, matematika se koristi na dva nivoa: na nivou teorijskog modelovanja i na nivou empirijske provere. Ne bi trebalo da postoje krupne kontroverze u pogledu neophodnosti upotrebe ekonometrije (primene statistike u ekonomiji) s ciljem obrade podataka, budući da je preduslov za donošenje odluke identifikacija uzročno-posledičnih veza. Korelacija i kauzalitet dve su različite stvari; komičar Kološ (Coluche) u šali je rekao: „Kada ste bolesni, nikako ne treba da idete u bolnicu: verovatnoća od umiranja u bolničkom krevetu veća je deset puta od verovatnoće umiranja u sopstvenom krevetu", što je potpuno besmisleno, pa čak i kada uzmemo u obzir bolničke infekcije. Kažemo da postoji veza korelacije, ali da nema kauzalnosti (jer bi u protivnom trebalo ukinuti bolnice). I samo empirijska strategija zasnovana na ekonometriji omogućava identifikaciju uzročnosti, pa i upućivanje preporuka za donošenje ekonomskih odluka.

Kontroverznija je upotreba modela koja teži da pronikne u srž problema. Kako sam već ukazao, svaki model je jedna pojednostavljena, ponekad i preterano pojednostavljena slika stvarnosti, čak i ako su kasnija istraživanja omogućila produbljivanje i popunjavanje nekih praznina. Kao što kaže Robert Solou (Robert Solow) u prvim redovima svog čuvenog članka o ekonomskom rastu (koji mu je doneo Nobelovu nagradu):

> Svaka teorija počiva na nekim naučnim pretpostavkama koje nisu sasvim tačne. To je ono što ih čini teorijama. Veština dobrog teoretisanja jeste u postavljanju uprošćavajućih naučnih pretpostavki, tako da konačni rezultati ne budu preosetljivi. „Ključna" naučna hipoteza jeste ona na kojoj počivaju zaključci – i bitno je da ključne hipoteze budu razumno realistične. Kada se čini da rezultati jedne teorije

vljivane pod imenom Burbaki) s ciljem strože, apstraktnije i usaglašenije rekonstrukcije matematike.

isključivo proizlaze iz ključne hipoteze, a ta je hipoteza sumnjiva – i rezultati su sumnjivi.[1]

Uprkos ovim nedostacima, po mom mišljenju, takav model neophodan je iz više razloga. Pre svega, njime se rukovodi empirijski rad. Bez modela koji bi se testirao – podaci ne bi uputili na bogzna šta korisno za ekonomsku politiku. Model omogućava analizu blagostanja, a time i ekonomske politike. Potom, zato što samo pravljenje modela disciplinuje naučnu misao. On primorava ekonomiste da pojasne svoje naučne pretpostavke i da budu transparentniji u zaključivanju (na taj način, ostali mogu, ne zbunjujući se, suditi o robusnosti modela u pogledu pretpostavke). To pravljenje modela nalaže i da se proveri logika argumentacije, jer intuicija ponekad ume da zavara.

Kako to odlično primećuje harvardski ekonomista Dani Rodrik[2], ekonomisti ne koriste matematiku zato što su inteligentni, već upravo zato što nisu dovoljno inteligentni:

> Matematika nam je potrebna kako bismo se uverili da razmišljamo logički – da pazimo da naši zaključci proizlaze iz naših premisa i da budemo sigurni da nismo zanemarili nijedan detalj u svom argumentovanju. Drugim rečima, koristimo se matematikom ne zato što smo inteligentni, već upravo zato što nismo dovoljno inteligentni... Mi smo taman toliko inteligentni da priznamo kako nismo dovoljno inteligentni. I ovo priznanje, to kažem našim studentima, razlikuje ih od mnogih drugih ljudi koji imaju jasna uverenja o tome šta treba raditi sa siromaštvom ili s nerazvijenošću.

Konačno, pravljenje i rešavanje modela navode nas da razmislimo i o drugim idejama (vode li naučne pretpostavke ka falsifikovanim zaključcima, jesu li one neodgovarajuće ili nešto nije izvedeno kako treba u samom modelovanju).

---

[1] Robert Solow, *A Contribution to the Theory of Economic Growth*, Quarterly Journal of Economics, 1956, vol. 70, n° 1, str. 65–94 (prevod na francuski: Žan Tirol).

[2] Dani Rodrik, *Why We Use Math in Economics*, Dani Rodrik's Weblog, 4. septembar 2007. (prevod na francuski: Žan Tirol).

Međutim, matematizacija ima svoju cenu. Kao prvo, ona je ponekad teška, pa se prvi pokušaji proučavanja nekog predmeta često izvode otprilike; otud i neophodnost da se bude strpljiv, a od ekonomista se traži da odmah iznesu i predloge za ekonomsku politiku. Do pre četrdeset godina nismo znali za modelovanje predviđanja, ili smo bili slabi u tome, što važi i za interakciju između preduzeća, asimetrične informacije... Bilo je teško formalizovati čitave oblasti ekonomije. Kao drugo, ekonomisti ponekad imaju tu sklonost da „gledaju kuda svetlo pada" (po analogiji s ponašanjem koje se sastoji u traganju za nekim predmetom oko izvora svetlosti, a ne tamo gde je predmet izgubljen). Makroekonomija se, na primer, dugo oslanjala na „reprezentativnog agenta" (drugim rečima, pretpostavljala je da su svi potrošači isti) samo zato što je to činilo model jednostavnijim za analizu; danas se ova naučna pretpostavka uglavnom napušta jer se potrošači po mnogo čemu međusobno razlikuju (po ukusu, bogatstvu, prihodima, pritisku kreditnih obaveza, sociodemografskim varijablama, itd.), ali po cenu rastuće kompleksnosti. Što su naše naučne pretpostavke istančanije, a opisi činilaca kompleksniji, to je pribegavanje matematici neophodnije da bismo se uverili u valjanost svog zaključivanja.

Kao treće, nastava ekonomije često ume biti suviše apstraktna, a ta tendencija samo je pojačana upotrebom matematike. Sama matematika nije uzrok toga, jer je svaki predavač slobodan da izabere svoj način izlaganja materije. Podučavanje mora biti kompatibilno sa znanjem proisteklim iz istraživanja, ali ono ne mora nužno slediti iste strategije komunikacije. Zapravo, anglosaksonski udžbenici za niže nivoe studija uglavnom su manje naklonjeni matematici. Međutim, nastavniku je često lakše da prikaže istraživanja u njihovoj postojećoj formi nego da se trudi da ih prenese u pristupačnijem obliku.

Konačno, istraživačkoj zajednici iz oblasti ekonomije ponekad se zamera to što preterano pridaje važnost načinu prikazivanja. Matematika više nije sredstvo, već postaje cilj, zbog čega se njena upotreba u izradi elegantnih i solventnih modela doživljava kao obeležje naučnog kvaliteta. Ovako pomerena shvatanja nesumnjivo postoje, ali treba se setiti i da, baš kao i u drugim naučnim disciplinama, genijalno napisani članci površnog sadržaja brzo bivaju zaboravljeni, osim ako ne donose neki metodološki napredak koji bi vodio ka novim, lako primenjivim naučnim doprinosima.

V. TEORIJA IGARA I TEORIJA INFORMACIJE

Teorija igara i teorija informacije uvele su revoluciju u sve domene ekonomije, u kojima se obe često koriste, baš kao i u evolucionoj biologiji, u političkim naukama i pravu, a povremeno i u sociologiji, psihologiji i istoriji.

Moderna mikroekonomija zasniva se na teoriji igara – koja prikazuje i predviđa strategije ekonomskih činilaca usmerenih ka postizanju sopstvenih ciljeva, kao i onih u situacijama međusobne zavisnosti – i na teoriji informacije, koja objašnjava kako isti ti akteri strateški upotrebljavaju privilegovane informacije.

Teorija igara omogućava da se definišu strateški izbori različitih aktera u situacijama kada im se interesi razilaze. U tom smislu, predmet teorije igara nije samo ekonomija već i društvene nauke posmatrane u celini, te ona nalazi jednako dobru primenu i u politici, pravu, sociologiji, pa čak (kako ćemo videti kasnije) i u psihologiji. Inicijalno su je razvili matematičari: Francuz Emil Borel (Émile Borel) 1921. i Amerikanci Džon fon Nojman (John von Neumann, u jednom članku objavljenom 1928, a potom u knjizi koju je napisao sa Oskarom Morgensternom, a koja je objavljena 1944. godine) i Džon Neš[1] (John Nash, u jednom članku koji se pojavio 1950). Skoriji razvoj uglavnom je motivisan primenom u društvenim naukama, i umnogome je zasluga ekonomista (mada je razvoj teorije delimično ostvaren i zahvaljujući biolozima i matematičarima).

— *Od individualnog do kolektivnog ponašanja*

Specifičnost društvenih i humanističkih nauka jeste u tome što pridaju značaj očekivanjima, a posebno razumevanju načina na koji će se okruženje ekonomskog aktera promeniti i reagovati na njegove odluke: da bi znao kako da odigra, ekonomski činilac mora formirati

[1] Neš, dobitnik Nobelove nagrade 1994. godine, stradao je sa suprugom u automobilskoj nesreći u maju 2015. godine, po povratku iz Osla, gde je upravo bio primio Abelovu nagradu, što je, uz Fildsovu medalju, najveće priznanje u matematici. Njegov život bio je inspiracija za film Rona Hauarda iz 2002. godine – *Blistavi um*, gde ga tumači Rasel Krou.

očekivanje u pogledu toga kako će se ostali akteri ponašati. Ova očekivanja su racionalna ako učesnik, bar „u većini slučajeva", valjano shvati motive drugih aktera i njihove strategije. Kažemo da su strategije „u ravnoteži" (što se ponekad naziva „Nešovom ravnotežom", jer je Neš 1950. godine razvio opštu teoriju ovih ravnoteža). Ovo razumevanje verovatnog ponašanja drugih aktera može biti rezultat promišljanja (akter se „stavlja u kožu drugih" i razmišlja o tome kakvo bi ponašanje usvojio kad bi se našao na njihovom mestu), ili, ako je igra dobro poznata, ekstrapolacije ponašanja iz prošlosti.

Osoba koja ne ostavlja novčanik ili bicikl bez nadzora na ulici – ili pešak koji ne koristi pešački prelaz u zemlji gde vozači automobila nemaju običaj da poštuju pešake – rešava elementarne probleme teorije igara utoliko što tačno anticipira verovatno ponašanje drugih činilaca. Primer s pešačkim prelazom takođe ilustruje mogućnost višestruke ravnoteže: vozač automobila koji ne usporava u blizini pešačkog prelaza ne snosi nikakav (osim psihološki) trošak za takvo ponašanje ako pešaci ne prelaze ulicu dok im se vozilo približava... I obratno, vozaču automobila koji predvidi pešakov prelazak ulice u trenutku dok se približava vozilom – u interesu je da uspori, zbog čega će pešak moći da pređe ulicu ako očekuje civilizovano ponašanje vozača automobila.

Svi smo mi eksperti u teoriji igara a da toga nismo ni svesni, jer svakog dana učestvujemo u stotinama ili hiljadama „igara": uključeni smo u situacije u kojima moramo anticipirati ponašanje drugih, uključujući i njihove reakcije na naše ponašanje. Naravno, mnogo smo veći eksperti u nekim igrama koje neprestano ponavljamo čitavog života (na primer, u onima koje su povezane s našim društvenim i ličnim odnosima) nego u onima u koje smo uključeni tek povremeno: tako, malo ko ume odmah da usvoji dobru strategiju na licitaciji gde svako ima svoje informacije o vrednosti stvari koja je ponuđena na prodaju (na primer, nalazište neke rude ili akcije nekog preduzeća koje je izašlo na berzu). Najveći broj ljudi, za razliku od stručnjaka, ima sklonost da suviše optimistično licitira, jer se „ne stavljaju u kožu" drugih potencijalnih kupaca i ne razumeju da oni neće podizati cenu kad su upoznati s lošim vestima (ovu pojavu nazivamo „prokletstvom dobitnika", jer postoji pravilo da se na licitaciji dobija upravo onda kad predmet ima malu vrednost).

Izbor određenog ponašanja često zavisi od toga šta drugi rade. Ako znam da drugi vozači automobila ili korisnici metroa polaze na posao u osam ujutru, možda će mi biti u interesu da krenem u šest sati, čak i ako je to suviše rano, s moje tačke gledišta. Kretanje mase dovodi se „u ravnotežu" tako što svako pravi valjan kompromis između svoje idealne satnice i vremena kada nastupa zagušenje koje će zateći na putu ili u metrou. Pri izboru vremena polaska, ljudi pokušavaju da usvoje ponašanje drugačije od ponašanja ostalih. U nekim drugim okolnostima, akteri se suočavaju s problemom koordinacije, te bi želeli da se ponašaju u skladu s drugim akterima. Na primer, ako niko od mojih sugrađana ne plaća kazne za saobraćajne prekršaje, nastaće (nažalost) politička podrška otpisu ovih dugova prilikom narednih predsedničkih izbora, što mi umanjuje motivaciju da i sam plaćam te kazne.

„Pravljenje dobrih procena u većini situacija" odraz je činjenice da se ravnoteža ponekad ostvaruje putem primene „mešovite strategije": za dobrog golmana u fudbalu ne sme važiti pravilo da se baca više ulevo ili više udesno, niti da ostaje u sredini prilikom pucanja penala; a isto važi i za igrača koji puca penal. Zapravo, studije koje su se bavile profesionalcima (jer su amateri predvidiviji...) precizno pokazuju da je njihovo ponašanje nepredvidivo: kad je reč o dobrom golmanu, na primer, postoji ista verovatnoća da će odbraniti gol (oko 25%) u slučaju izbora svake od ove tri opcije.[1] Još jedan razlog iz kog bi moglo biti nemoguće savršeno predvideti ponašanje drugih jeste to što ne raspolažemo svim relevantnim informacijama. U najboljem slučaju, možemo bar uslovno predvideti njihovo ponašanje: „U tim okolnostima, postupio bih ovako da sam na njihovom mestu." Na primer, u gorepomenutom slučaju licitacije, možemo predvideti da će stvar biti skupo (ili jeftino) licitirana ako je drugi učesnik primio dobre (ili loše) vesti u pogledu vrednosti predmeta koji se našao na licitacijskoj prodaji.

Da bi se ilustrovala moć i ograničenja teorije igara, razmotrićemo situaciju poznatu kao „zatvorenikova dilema", što je strateški okvir

---

1 Ignacio Palacios-Huerta, *Professionals Play Minimax*, Review of Economic Studies, 2003, n° 70, str. 395–415.

koji omogućava prikazivanje i analiziranje brojnih konfliktnih situacija. Ime joj potiče iz analize sledeće situacije: sumnja se da su dva zatvorenika zajedno počinila isto krivično delo (što se zaista i desilo) – i od obojice njih, razdvojenih u različite ćelije, traži se priznanje. Sa onim koji bude priznao postupaće se blaže. Posmatrani zajedno, oba robijaša pre bi želela da nijedan od njih ne prizna, ali posmatrani svaki za sebe, obojica imaju interes da priznaju. Ravnoteža bi se uspostavila ukoliko bi obojica priznala.

Prikaz 1 Zatvorenikova dilema

		Igrač 2	
		K	*D*
Igrač 1	*K*	**15,** 15	**0**, 20
	D	**20**, 0	**5**, 5

Ovde imamo vrlo jednostavnu situaciju, opisanu u prikazu 1, koja uvodi na scenu dvojicu igrača: igrača broj 1 (masnim slovima napisano) i igrača broj 2. Svaki od njih može birati između dva postupka: prvi podrazumeva saradnju s drugim igračem, a drugi usvajanje devijantnog ili oportunističkog ponašanja. Kooperativno ponašanje u vezi s drugim igračem obeleženo je kao opcija *K*, a devijantno kao opcija *D*. U svakom polju šematizovane matrice, prvi ishod (masnim slovima) jeste ishod igrača broj 1, dok je onaj drugi ishod igrača broj 2. Na primer, ako igrač broj 1 sarađuje, a igrač broj 2 bira devijantno ponašanje, igrač 1 ostaje bez ičega, a igrač 2 dobija 20. Kako pokazuje prikaz 1, devijantno ponašanje donosi dobit koja je za pet veća za jednog, dok drugome donosi gubitak od 15, i to bez obzira na izbor tog drugog.

Svakom od igrača poznate su sve informacije sadržane u šemi ove figure, ali svaki mora doneti odluku ne uzimajući u obzir odluku koju je doneo onaj drugi. Kako se lepo vidi u šematskoj matrici dobitaka, obojici igrača u interesu je da sarađuju (tj. obojici je u interesu da igraju na *K*), jer su stečeni dobici za svakog po 15, ili ukupno 30, što je više od bilo kog drugog od tri moguća ishoda igre (20 ako se izbori razlikuju, 10 ukoliko obojica biraju devijantno ponašanje). Ali, posmatrani svaki za sebe, oba igrača imaju interes da usvoje oportunističko ponašanje, te je ravnoteža u igri takva da svako bira devijantno ponašanje i dobija samo po 5. Naime, igrač 2 stalno dobija više igrajući na opciju *D*, šta god radio igrač 1: ako igrač 1 izabere opciju *K*, igrač 2 dobija 20 birajući opciju *D*, a 15 ako igra na opciju *K*; ukoliko igrač broj 1 izabere opciju *D*, broj 2 dobija 5 birajući opciju *D*, a 0 ukoliko odluči da igra na opciju *K*. Isto to važi i za igrača broj 1.

Dakle, ova igra posebno je jednostavna za analizu, jer postoji „dominantna strategija", što znači da igrač, kada donosi odluku, nema potrebu da anticipira šta će raditi drugi igrač: birao njegov protivnik opciju *K* ili *D*, svakom od igrača u interesu je da izabere strategiju *D*.

Iz toga se izvodi zaključak prema kojem bi svaki racionalni pojedinac suočen sa ovim izborom morao odabrati oportunističku strategiju. Ipak, u praksi, u uslovima kontrolisanog eksperimentisanja[1], konstatujemo da ne biraju svi igrači devijantno ponašanje – 15 do 20 odsto njih bira saradnju. Peto poglavlje vratiće se ovom fenomenu; ono nas neće navesti na to da preispitujemo teoriju igara, već postulat prema kojem se ekonomski činioci ponašaju sebično čak i u odnosu na osobe s kojima nisu povezani.

Uprkos svojoj jednostavnosti, igra poznata kao zatvorenikova dilema omogućava da se predstave slučajevi vrlo ozbiljnih strateških sučeljavanja. Tako, pre nego što će kartel OPEK biti osnovan, svakoj od zemalja izvoznica nafte više je bilo u interesu da poveća sopstvenu proizvodnju (strategija *D*), s nepovoljnim posledicama po sve

[1] Važno pojašnjenje: eksperimenti u istraživačkom centru najčešće se izvode uz poštovanje anonimnosti učesnika. Lični izbori prave se kompjuterski; na primer, ako se odlučim za devijantno ponašanje u zatvorenikovoj dilemi, osoba s kojom igram pretrpeće gubitak, ali neće znati zbog koga (u principu, to neće znati ni eksperimentator). U stvarnom životu, ekonomski učesnici prikazuju se velikodušnim, ali manje nego u istraživačkom centru.

druge zemlje izvoznice u vidu obaranja cene, nego da smanji sopstvenu proizvodnju i na taj način sarađuje s drugima (strategija *K*). Uvođenjem kvota i sistema kažnjavanja u slučaju prekoračenja ovih kvota, OPEK je omogućio svojim članicama da povećaju prihod tako što ih je primorao da igraju na opciju *K*. Dakle, u situaciji ovog tipa razumemo interes igrača (pojedinaca, preduzeća i država) da naprave savez, zacementiran sporazumom i pretnjom represivnim merama, s namerom da preduprede devijantno ponašanje učesnika.

Ova igra inspirisala je i pokajničke programe koje su vladina tela za zaštitu konkurencije uvela s ciljem borbe protiv obrazovanja kartela. Ovaj program, koji već odavno postoji u SAD, nedavno je uveden u Evropi, gde već donosi plodove. On se sastoji najpre u obezbeđivanju delimičnog imuniteta za svako preduzeće koje vladinom telu za zaštitu konkurencije razotkrije postojanje sporazuma u kom i samo učestvuje, a potom u kažnjavanju ostalih učesnika. Dakle, program narušava mogućnost sklapanja saveza uvodeći zatvorenikovu dilemu tamo gde je interni sporazum između članova kartela imao za cilj da je ne bude.

Drugi primer primene zatvorenikove dileme jeste borba protiv globalnog zagrevanja, a njime ćemo se baviti u osmom poglavlju. Posmatrano zasebno, svakoj od zemalja u interesu je da ne smanjuje svoju atmosfersku emisiju gasova sa efektom staklene bašte, ali kolektivne posledice ovog sebičnog stava jesu pogubne. Ova tragedija „zajedničkog dobra", koju opisuje Garet Hardin (Garrett Hardin) u članku objavljenom 1968. godine u naučnom časopisu *Science*, objašnjava neuspeh konferencija u Kjotu, Kopenhagenu, itd. Da bi se ova tragedija izbegla, trebalo bi potpisati sporazum koji bi primorao sve zemlje da biraju strategiju *K*, jer u praksi svi slede strategiju *D*.

Dinamika interakcija

Teorija dinamičnih igara zasniva se na ideji da će sadašnje odluke jednog aktera uticati na odluke drugih aktera u budućnosti, te da zato ovaj prvi mora razumeti kako će njegova odluka uticati na strategije ostalih u budućnosti. Na primer, država koja radi na novom zakonskom okviru ili regulativi mora predvideti na koji će se način promeniti ponašanje potrošača ili preduzeća kao reakcija na novi institucionalni kontekst; s tim ciljem, država se mora „naći u koži" drugih ekonomskih učesnika kako bi anticipirala njihovo buduće ponašanje. Zato se u ekonomskom žargonu (koji ovde i nije najsrećnije rešenje) ovaj koncept ravnoteže naziva „savršenom ravnotežom". U jednoj savršenoj ravnoteži – svaki od činilaca lucidno sagledava posledice svojih postupaka na buduće ponašanje drugih aktera.

Često, ponašanje jednog učesnika razotkriva drugima informacije koje samo on poseduje. Na primer, investitor koji kupuje akcije nekog preduzeća otkriva da ga informacije kojima raspolaže ili poznavanje konteksta čine optimističnim u pogledu vrednosti tog preduzeća. Ova informacija vodi rastu cena akcija ovog preduzeća i tako umanjuje kupčev dobitak. Stoga će najveći broj kupaca akcija pokušati da ih otkupljuje diskretno, putem više posebnih naloga za kupovinu ili u posredničkoj kupovini. Zatim, tu je i primer prijatelja (ili snabdevača) koji se ponaša oportunistički, čime izneverava poverenje koje mu je poklonjeno. Ova informacija razotkriva istinski karakter tog pojedinca, koji će zato ubuduće dvaput razmisliti pre nego što dovede u opasnost svoj ugled. Ovakve situacije proučavane su zahvaljujući konceptu Bajesove savršene ravnoteže, koja kombinuje savršenu ravnotežu s racionalnom obradom informacija, u smislu Bajesove teoreme. A to me vodi do teorije informacije.

Teorija informacije

Drugi objedinjujući okvir savremene ekonomije jeste teorija informacije, koja se naziva i teorija podsticaja, teorija ugovora, teorija signala ili teorija odnosa principal–agent, u zavisnosti od primene. Ova teorija zasniva se na strateškoj ulozi sopstvenih informacija kojima raspolažu donosioci odluka. Valjano razumevanje međuljudskih ili ekonomskih odnosa nužno zahteva da se uzme u obzir činjenica da ekonomski akteri nemaju istu informaciju, kao i da se služe sopstvenim informacijama kako bi postigli svoje ciljeve.

Teorija informacije – koju su, između ostalih, razvili Arou (Arrow), dobitnik Nobelove nagrade 1972; Akerlof (Akerlof), Spens (Spence) i Stiglic (sva trojica dobila su Nobelovu nagradu za 2001);

Mirlis (Mirrlees) i Vikri (Vickrey), dobitnici Nobelove nagrada 1996; Hurvic (Hurwicz), Maskin i Majerson (Myerson), dobitnici Nobelove nagrade 2007; Holmstrom (Holmström), Lafon (Laffont) i Milgrom (Milgrom) - zasniva se na dva osnovna koncepta:

Moralni hazard upućuje na činjenicu da ponašanje nekog agenta može ostati neprimećeno od ugovorne strane (ona se u ekonomskom žargonu naziva *principal*) na koju ponašanje tog agenta ima uticaja, ili pak od strane suda, koji bi trebalo da zaštiti poštovanje ugovorenih uslova u slučaju da dođe do parnice. Uzmimo, na primer, ugovor o napolici koji je sklopljen između principala ili nalogodavca (zapravo vlasnika zemlje) i agenta ili nalogoprimca (poljoprivrednika). Može se desiti da poljoprivrednik ne obrati dovoljno pažnje na izbor žetvene kulture ili na tajming setve, da ne uloži dovoljno napora kako bi dobio obilne i kvalitetne prinose i da se posveti drugim aktivnostima: u tom slučaju kaže se da kod poljoprivrednika možda postoji „moralni hazard", tj. neka neizvesna okolnost u pogledu prihoda od žetve koja nije povezana sa spoljašnjim uzrocima (poput neizvesnih vremenskih prilika ili stanja na tržištu), već sa agentovim ponašanjem, koje je i samo uslovljeno ličnim podsticajima. Budući da principal ne može pratiti napore koje ulaže agent (ili ih dokazati na sudu, ako je taj napor bio nedovoljan), te da se zna da konačni rezultat ne zavisi samo od ovog napora već i od događaja koje agent ne kontroliše, ko bi onda – principal ili agent – trebalo da snosi rizik svojstven ovoj delatnosti? Napolica je oblik zakupa u poljoprivredi u kojem vlasnik zemlje, zakupodavac, poverava napoličaru staranje nad obradom zemlje u zamenu za deo žetve. Zakup napola, u kojem poljoprivrednik isplaćuje polovinu svoje žetve vlasniku zemlje, podrazumeva „manju odgovornost" i „podstiče na manje ulaganje napora" nego arenda, gde poljoprivrednik isplaćuje utvrđenu sumu novca (zakupninu) vlasniku zemlje, zadržavajući sve plodove svoje žetve. Najmanje podsticajan zakup jeste onaj gde poljoprivrednik prima tačno utvrđenu platu, zbog čega nije posebno zainteresovan za rezultate svojih radnih napora. S druge strane, arenda prebacuje sav rizik na poljoprivrednika, uključujući neizvesnost vremenskih prilika i druge neizvesne okolnosti za koje on nije odgovoran, pa se može ispostaviti da mu je to skupo ukoliko ima odbojnost prema preuzimanju rizika i ako želi da ima predvidiv prihod. Ako se, naprotiv, poljoprivrednik ne plaši neizvesnih prihoda, onda je arenda najbolje rešenje, jer će poljoprivrednik u potpunosti snositi odgovornost za uloženi napor, pa će se u skladu s tim ponašati, dok će ulagati male napore ako celokupan ili delimičan rizik snosi vlasnik.[1]

Negativna selekcija (koja se naziva još i pogrešnom selekcijom) upućuje na mogućnost da agent raspolaže ličnim informacijama u trenutku potpisivanja ugovora između dve strane. U primeru napolice, samo poljoprivrednik može znati koliko je stvarno raspoložen da obrađuje zemlju, koliko je revnostan u ispunjavanju obaveza ili sklon ulaganju napora. I obratno, vlasnik zemlje može imati ličnu informaciju o kvalitetu zemlje, itd. Negativna selekcija pogađa ugovore jer vodi sumnjičavosti u pogledu posledica koje će on proizvesti. Kako bismo ilustrovali ovu ideju, pretpostavimo da je vlasniku zemlje poznato je li zemlja plodna – a da poljoprivrednik ne raspolaže istom informacijom. Čak i ako se ovaj poslednji ne boji neizvesnih prihoda, pa mu je arenda *a priori* najbolja opcija, on će sa izvesnom sumnjičavošću uzeti u razmatranje predlog o arendi koji mu je uputio vlasnik zemlje: pomisliće da vlasnik zemlje nastoji da se reši rizika jer mu zemlja, u stvari, slabo rađa. Zato bi on mogao zahtevati od vlasnika da dele prihod, kako bi ga naterao da „dokaže" suprotno. Odmah primećujemo da se ovaj okvir za analizu institucija, baziran na moralnom hazardu i negativnoj selekciji, može primeniti i na regulaciju infrastrukturnih (mrežnih) delatnosti i bankarsku regulaciju (regulator raspolaže nesavršenom informacijom o tehnologiji preduzeća, o njegovim naporima da umanji troškove ili o tačnom riziku kojem je izložen portfelj banke), na upravljanje preduzećem i njegovo finansiranje (akcionari, poverioci i ostale zainteresovane strane koje su nedovoljno informisane o odlukama menadžmenta i njihovim posledicama), na sociologiju organizacija (u kojima odeljenja ili radionice iz strateških razloga čuvaju informacije radi postizanja sopstvenih ciljeva), itd.

---

[1] Neko ima odbojnost prema riziku ako je naklonjeniji sigurnom nego prosečnom – ali neizvesnom prihodu (na primer, primiti 20 pre nego 30 s verovatnoćom od 50%, te 10 s verovatnoćom od 50%). Što neko ima veću odbojnost prema riziku, to će biti skloniji tome da se rizik za prihod prenese ugovorom na principala.

Razvoj teorije informacija tokom poslednje tri decenije omogućio je da se ustanove suštinska načela za koncipiranje pregovaračkih mehanizama i mehanizama kontrole. U svetlu tih načela, na primer, možemo izvesti nekoliko prostih pravila kojima bi se trebalo rukovoditi pri koncipiranju i izvršenju svakog ugovora. Tako, strana koja sačinjava ugovor mora drugoj strani, ako ona raspolaže s više informacija, dopustiti izvesnu slobodu kako bi ona sama razotkrila te informacije.

Isto tako, ugovor mora biti utemeljen u dve stvari: s jedne strane, trebalo bi da se zasniva isključivo na tehničkim elementima koji su prebrojivi ili se tiču ponašanja koje se može uočiti ili proveriti, što igra značajnu ulogu u našim analizama politike zapošljavanja ili u borbi protiv globalnog zagrevanja. S druge strane, ugovor se mora zasnivati na skupu nagrada i kazni za koje ljudi veruju da će biti sprovedene, za slučaj da takvi podsticajni mehanizmi izostanu; za obe strane mora postojati mogućnost da se prati njegovo sprovođenje, pri čemu će ponavljanje oportunističkog ponašanja kod jedne strane izazivati sumnjičavost kod druge, što će voditi prekidu odnosa poverenja i saradnje. Takođe, ugovor mora biti zaključen u dinamičnoj perspektivi, prvenstveno zato što, tokom njegovog trajanja, određeni nepredvidljivi događaji (ili uočljivi samo jednoj ugovornoj strani) u momentu zaključivanja – mogu neočekivano nastupiti. Dakle, moraju se predvideti modaliteti za ponovno pregovaranje, pa čak i raskidanje, a posebno pravila za obračun obeštećenja.

Ovi primeri tek su kratak uvod u teoriju informacije, ali dobro pokazuju značaj što se pripisuje racionalnosti aktera koji žele da manipulišu asimetričnošću informacija radi postizanja koristi nauštrb druge ugovorne strane.

VI. METODOLOŠKI DOPRINOSI

U mnogim naučnim disciplinama, radovi koji prethode istraživačkom procesu omogućavaju unapređenje tehnika koje će se potom koristiti. Tako je i sa ekonomijom. Brojni radovi nemaju uvek pred sobom jasnu viziju o svojoj primenjivosti, tj. konkretan ekonomski problem koji bi mogli rešiti. Oni se mogu baviti i samo metodološkim aspektima, lišenim neposredne primene, ali tako da omogućavaju drugim teorijskim radovima da modeluju određene fenomene ili snabdeju empirijske radove jedinim konceptualnim okvirom.

Na primer, ekonometričari prilagođavaju statističke metode, ili izgrađuju sopstvene tehnike, kako bi omogućili ekonomistima-praktičarima preciznija merenja ekonomskih fenomena i prepoznavanje kauzalnih, tj. uzročno-posledičnih veza (utiče li jedna varijabla na neku drugu ili je samo povezana s njom), što je uslov *sine qua non* primenjivosti empirijske analize u javnim politikama. Isto tako, teoretičari mogu raditi na nekim okvirima bez neposredne primene. Primedbe koje slede istovremeno su vrlo apstraktne i vrlo lične (jer opisuju predmet mojih istraživanja, zbog čega molim čitaoca da prihvati moje izvinjenje) – i cilj im je samo da čitaocu omoguće uvid u raznovrsnost istraživačkog rada u ekonomiji.

Moji radovi u *čistoj teoriji igara* odnose se na dinamične igre, odnosno na konfliktne situacije koje se odvijaju u vremenu i čiji akteri (igrači) reaguju na već odigrane poteze drugih igrača. Pre svega, u njima sam definisao (s Erikom Maskinom, profesorom na Harvardu, koji mi je bio mentor pri izradi doktorske teze) pojam Markovljeve savršene ravnoteže. Prema ovom pojmu, tokom svake igre koja se razvija kroz vreme može se nedvosmisleno uočiti „rezime" njenog toka (nazivamo ga „varijablom stanja"), koji može uslovljavati buduće strategije. Ovaj rezime sintetizuje svaki trenutak toka igre sve do momenta koji opisuje ono što je igračima potrebno da znaju o uticaju predstojećih strategija na njihove buduće dobitke. Na primer, na jednom oligopolskom tržištu, aktuelni nivo proizvodnih kapaciteta preduzeća može, ako način i tajming pribavljanja ovih kapaciteta nisu osnovani, sumirati prošlost industrije. Ovaj pojam vrlo je koristan u pomenutim radovima iz strukturalne industrijske ekonomije kao danas dominantnog pristupa empirijske industrijske ekonomije: ekonometričari koji pokušavaju da analiziraju i izmere dinamičko ponašanje međusobno konkurentnih preduzeća – sada rutinski koriste pojam Markovljeve savršene ravnoteže.

Zajedno s Druom Fudenbergom (Drew Fudenberg), koji je danas profesor na Harvardu, a koji je, baš kao i ja, bio prvi student Erika

Maskina u MIT-u, usavršio sam pojam Bajesove savršene ravnoteže[1]. Ovaj koncept kombinuje pojam Bajesove ravnoteže, koji omogućava izučavanje igara koje se igraju u uslovima asimetričnih informacija, s pojmom savršene ravnoteže, koji opisuje ravnoteže u dinamičnom kontekstu. Takođe u saradnji s Druom Fudenbergom, definisao sam metodologiju namenjenu proučavanju igara o pravu prednosti (ili, uopšte uzev, igara u kojima se strategija učesnika sastoji u izboru trenutka kada treba reagovati) u kontinualnom vremenu.

Uostalom, moji radovi u čistoj teoriji ugovora sastojali su se u širenju analitičkog polja ove teorije u četiri pravca:

Dinamika. Ugovorni odnos često se ponavlja. Osim toga, on može biti predmet novih pregovaranja u toku svog izvršenja. Moji radovi sa Žan-Žakom Lafonom, Oliverom Hartom (Oliver Hart), Druom Fundbergom – kao i prethodni radovi s Rožerom Generijem (Roger Guesnerie) i Šavijerom Frešasom (Xavier Freixas) na ovom polju – razvili su dinamičnu i evolutivnu viziju ugovora. Na primer, u kontekstu negativne selekcije (u kojoj agent poseduje informaciju koju principal nema), agentova uspešnost razotkriva informaciju u pogledu njegovih karakteristika ili obeležja njegovog okruženja (težinu njegovog zadatka, njegov talenat, njegovu marljivost...), te utiče na buduće ugovore. Vlasnik zemlje koji uviđa plodnost žetve (da je žetva bogata) pita se da li je zemlja plodna ili je poljoprivrednik radan. On će zato biti skloniji tome da ubuduće traži zahtevnije ugovore; na primer, zahtevaće višu cenu u ugovoru o arendi ili će predvideti ambicioznije planove za naredne žetve. Pošto ga očekuje ovaj „efekat zupčanika", podstaći će zemljoradnika na to da uloži manji trud (ili da sakrije deo žetve!).

Hijerarhije. Ugovori često uključuju dve strane (principala i agenta). Na primer, u jednom ugovoru o napolici, u kojem vlasnik zemlje i zemljoradnik dele žetvu napola, vlasnik zemlje može nekom posredniku delegirati posao merenja ili nadzora nad žetvom. Zapravo, takvih posrednika ima svuda u ekonomiji: finansijski posrednici

[1] Koju su definisali istraživači sa Stanforda – Dejvid Kreps (David Kreps) i Bob Vilson (Bob Wilson), te nobelovac Rajnhart Zelten (Reinhardt Selten).

(banke, investicioni fondovi, fondovi rizičnog kapitala, itd.), nadzornici, direktori ustanova, regulatori, itd. A kada postoji mnoštvo aktera, postoji i mogućnost dosluha između podskupa ovih aktera i drugih članova organizacije. Moje istraživanje sastojalo se u povezivanju ove opasnosti od dosluha između „klika" (da upotrebim izraz iz sociologije) sa strukturom informacija (njihovom rasprostranjenošću u organizaciji), kao i da proučim posledice opasnosti od dogovaranja po ustrojstvo organizacija.

Teorija koja se naziva *teorijom informisanog principala.* Ovi radovi (nastali u saradnji sa Erikom Maskinom) obezbedili su konceptualne alate za modeliranje izbora ugovora što ga je agentu ponudio principal koji je u posedu informacije nepoznate agentu. Na primer, preduzetnik (principal) može prikupiti sredstva na finansijskom tržištu zato što su mu ona stvarno potrebna da bi finansirao neki dobar projekat, ili pak zato što želi da unovči deo svoje imovine pre nego što se loše vesti o njegovom preduzeću obelodane. Obim emisije, kao i njen oblik (akcije, obveznice, itd.), investitori (agenti) tumačiće kao signale.

Unutrašnja organizacija preduzeća i države. S Matjasom Devatriponom (Mathias Dewatripont) sa Slobodnog univerziteta u Briselu analizirao sam načine kako da se organizacije ustroje da bi se u njima stvorilo više odgovornosti. Tako smo pokazali kako jedna suparnička procedura sa suprotstavljenim stranama koja bi uključivala advokate na suprotstavljenim stranama (za razliku od neutralnijih agenata) može pomoći sudiji, ili uopšte neutralnom donosiocu odluka, da dođe do više informacija, i to uprkos činjenici što ovi advokati prećutkuju informaciju koja ne ide u prilog njihovoj strani. Takođe, ispitali smo ciljeve koji se mogu poveriti državi i pokazali kada konkretni i jasno postavljeni ciljevi mogu prevagnuti nad uopštenim pristupom (da ne bude „mnogo hteo, mnogo započeo").

Ovo poglavlje bilo je posvećeno predstavljanju osnovnih crta istraživanja u ekonomiji – međusobnom obogaćivanju teorije i prakse, metodoloških istraživanja i primenjenih istraživanja, načinima evaluacije naučnih doprinosa, naučnoj debati i konsenzusu koji je nužno nestabilan ali koji dovodi do napretka u razumevanju materije, kao i ulozi matematike, te novih konceptualnih alata. Kao i u svakoj nauci, napredak u saznanjima na polju ekonomije prati specijalizacija istraživača, a ponekad i njihova balkanizacija, jer postaje sve teže vladati različitim pristupima, različitim domenima i različitim alatima. Ipak, interdisciplinarnost ostaje važan izvor napretka saznanja u okvirima ekonomske discipline, baš kao i kad su u pitanju različite discipline iz društvenih i humanističkih nauka, što je predmet narednog poglavlja.

Poglavlje 5

Ekonomija u pokretu

Nekad samo deo društvenih i humanističkih nauka, ekonomija je sopstveni identitet izgradila u XX veku po cenu odvajanja od tih sestrinskih disciplina.

Ekonomska nauka izrodila je ideju o *homo oeconomicusu*, tj. uprošćenu naučnu pretpostavku prema kojoj su donosioci odluka racionalni, te stoga postupaju u skladu sa svojim interesom i informacijama kojima raspolažu (ekonomija, međutim, insistira na ideji da ove informacije mogu biti delimične ili lažirane). Preporuke ekonomske politike otud su najčešće zasnovane na postojanju eksternalija ili nedostataka tržišta, odnosno na razlici između individualne i kolektivne racionalnosti: ono što je dobro za jednog ekonomskog činioca – ne mora nužno biti dobro i za društvo u celini.

Nedavno, ekonomisti su se vratili psihologiji posredstvom svojih istraživanja u bihevioralnoj ekonomiji i neuroekonomiji. Motiv za ovaj metodološki zaokret jeste nužnost boljeg razumevanja načina ponašanja. Zapravo, uočava se da se *homo oeconomicus* i *homo politicus* ne ponašaju uvek racionalno, kako to predviđa teorija. Svi mi imamo donekle pomeren način razmišljanja i donošenja odluka. Od pre dvadesetak godina, ekonomija se u načelu vraća drugim društvenim naukama usvajajući njihove doprinose. I to je sasvim normalno. Provokacije radi, rekao bih čak da antropologija, pravo, ekonomija, istorija, filozofija, psihologija, političke nauke i sociologija, u stvari, čine jednu jedinstvenu disciplinu, jer imaju isti predmet proučavanja: ista lica, iste grupe i iste organizacije.

Cilj aktuelnih istraživanja ekonomista u humanističkim i društvenim naukama očigledno nije da utole imperijalistički poriv za laganim porobljavanjem svojih posestrima. One zaista imaju svoje specifičnosti. One često (mada ne i uvek) nisu kvantitativne, što znači da se manje bave formalnim teorijskim analizama i statističkom obradom podataka. Možda ih više razdvaja to što nije baš da svi istraživači u humanističkim i društvenim naukama prihvataju načelo metodološkog individualizma[1], koje je ekonomistima tako drago, a prema kojem bi trebalo poći od individualnih podsticaja i ponašanja kako bi se objasnili motivi i vidovi ponašanja na nivou grupa kojima ti pojedinci pripadaju. No, po mom mišljenju, neophodno je da se različite discipline u humanističkim i društvenim naukama otvore jedne prema drugima, te da se međusobno nadopunjuju. Ekonomisti su mnogo toga naučili od drugih disciplina – i obratno – jer njihovi radovi daju nove istraživačke perspektive o individualnom ponašanju i društvenim fenomenima.[2]

Čitave knjige mogle bi se posvetiti načinu na koji ekonomska disciplina danas umnogome nadilazi svoje tradicionalne granice. Zato, cilj ovog poglavlja jeste da ponudi tek nekoliko primera kako bi se ilustrovao ovaj poduhvat. S tim ciljem, odabrao sam prvenstveno teme bliske mojim istraživanjima, pa se nadam da će mi čitatelj oprostiti ovaj narcisistički izbor. Ta istraživanja, očigledno, pokrivaju tek majušni deo analitičkog polja ekonomista, koji se prostire mimo tradicionalnih tema. Želim da se stekne uvid u obim aktuelnih istraživanja koja ekonomisti rade mimo svog klasičnog polja analize.

---

[1] Ali i mnogim sociolozima, poput Maksa Vebera ili Džejmsa Kolemana (James Coleman), a u Francuskoj Rejmona Budona (Raymond Boudon) i Mišela Krozjea (Michel Crozier), pri čemu ne treba zaboraviti ni specijaliste društvenih nauka koji nisu bili ekonomisti, kao što je filozof Karl Poper.

[2] Uopšte uzev, interdisciplinarnost – ili ukršteni rad više disciplina u konstruktivnom dijalogu – nužna je čak i ako, nažalost, o njoj pričamo dosta, ali je praktikujemo vrlo slabo, osim u nekoliko naučnoistraživačkih centara. Institut za napredna istraživanja u Tuluzu (IAST: *Institute for Advanced Study in Toulouse*) osnovan je 2011. godine upravo s ciljem da na jednom mestu okupi oko zajedničkih poduhvata antropologe, biologe, ekonomiste, pravnike, istoričare, politikologe, psihologe i sociologe.

I. NE UVEK RACIONALAN UČESNIK: *HOMO PSYCHOLOGICUS*

Veoma dugo je *homo oeconomicus* bio oličenje donosioca odluka svesnog sopstvenih interesa, koje uvek racionalno sledi. Naravno, moglo se desiti da mu nedostaju informacije, usled čega su njegove odluke mogle biti lošije od onih koje bi inače doneo da su mu stvari bile bolje poznate. Naravno, mogao je i sam odlučiti da ne bude savršeno informisan ili da ne ide do kraja u svom zaključivanju, jer informisanje i zaključivanje podrazumevaju troškove u vidu vremena, a ponekad i novca.[1] No, on je čak i tada dalje postupao savršeno u skladu sa svojim interesima, kakvi god oni bili.

Protiv ličnog interesa

Ponudimo *a contrario* nekoliko primera ponašanja koji ne odgovaraju modelu *homo oeconomicusa.*

— Odlažemo za sutra

Jedan od ovih slučajeva jeste manjak volje, dakle suviše jaka sklonost ka sadašnjem trenutku, koja vodi odlaganju za sutra, ostavljanju neprijatnih zadataka za kasnije, nedovoljnom ulaganju u budućnost, impulsivnom ponašanju... Postoji mnoštvo radova posvećenih ovom „kratkoročnom" razmišljanju; njime su se bavili još grčki filozofi, a Adam Smit takođe je proučavao to u knjizi *Teorija moralnih osećanja* (1759). Ali tokom skoro jednog veka (XX), tema je iščezla iz polja ekonomskih istraživanja. Danas je to drugačije.

---

[1] Videti, na primer, literaturu o „racionalnoj nepažnji", rođenu s Kristoferom Simsom (Christopher Sims, recimo, u članku *Implications of Rational Inattention*, Journal of Monetary Economics, 2003, vol. 50, n° 3, str. 665–690). I onu o troškovima prikupljanja informacija i nepotpunim ugovorima (na primer, moj članak *Cognition and Incomplete Contracts*, American Economic Review, 2009, vol 99, n° 1, str. 265–294).

Ekonomisti se interesuju za fenomen odlaganja za sutra (prokrastinacije) zbog toga što on ostavlja bitne posledice po ekonomsku politiku. Naime, mi smo podložni tome da delujemo protivno sopstvenom interesu. Prepušteni sami sebi, skloni smo tome da ne štedimo dovoljno za starost; da zloupotrebljavamo alkohol i drogu; da se prepuštamo kocki; da se olako odlučujemo za kupovinu samo da bismo se otarasili prodavca; da preterujemo u hrani; da jedemo premasno ili preslatko; da pušimo iako bismo najradije ostavili cigarete; da gledamo televiziju premda bismo, u stvari, želeli da radimo ili da se družimo s ljudima... Ukratko, ono što radimo danas – nije uvek u skladu sa onim što smo želeli da radimo juče.

Kratkoročno razmišljanje možemo posmatrati i kao sukob ciljeva naših različitih ali sukcesivnih „ja" (ili naših „temporalnih inkarnacija"). Mogli bismo poželeti da prestanemo s pušenjem, ali naše sadašnje ja ima preveliku želju da popuši poslednju paklicu cigareta i da na naše sutrašnje ja prebaci taj neprijatni zadatak ostavljanja pušenja. Ali, naravno, ni naše sutrašnje ja neće imati dovoljno hrabrosti da ostavi duvan. Uvek pridajemo preveliki značaj užitku ili neposrednom trošku, žrtvujući tako dugoročnost.

Što se tiče javne vlasti, ona je suočena s dilemom poštovanja ličnog izbora (oličenog u izboru sadašnjeg ja, koje donosi odluku) i paternalizma (koji bi se mogao tumačiti kao zaštita ličnog interesa na duže staze). Ako postoje dobri razlozi da se načelno čuvamo paternalizma, jer on može „opravdati" svakakva uplitanja države u lične izbore, odlično razumemo i zašto javna vlast ima želju da koriguje našu sklonost ka tome da sve odlažemo za sutra. Upravo to radi kada, recimo, obilato subvencioniše štednju za penziju u zemljama koje imaju penzioni sistem zasnovan na kapitalizaciji; ili kada garantuje minimalnu penziju prema visini prihoda tokom radnog veka u zemljama koje praktikuju sistem raspodele, poput Francuske; ili kada primenjuje visoko oporezivanje duvana; ili kad zabranjuje (tj. reguliše) trgovinu drogom i kocku; ili čak kad nameće potrošačima rok za razmišljanje u određenim tipovima kupovine (poput kupovine iz fotelje).

Neuronauke takođe se dosta zanimaju za ovaj fenomen. Istraživači proučavaju šta se dešava u mozgu, na primer, kada se pojedinci suoče sa intertemporalnim izborima. Kada se dobrovoljnim učesnicima eksperimenta ponudi da biraju između 10 evra odmah ili 15 evra za šest meseci, što je ekstremno visok nivo kamate (preko 130 puta više od onoga što dobijamo kao privilegovane štediše Poštanske štedionice u Francuskoj), i kada se pogleda koje su zone u mozgu aktivne u obradi ovog izbora – primećujemo da je u pogledu onih 10 evra koje dobijamo odmah aktivan limbični sistem, deo mozga koji igra važnu ulogu u emocijama, što je veoma star i već vrlo razvijen sistem kod drugih životinjskih vrsta. Naprotiv, kad je reč o 15 dugoročnih evra, aktivan je prefrontalni korteks, koji je daleko razvijeniji kod ljudi.[1] Ovo zapažanje sugeriše da postoji napetost između naših nagona usmerenih na neposredno nagrađivanje i naših dugoročnih interesa, budući da se njima upravlja iz različitih delova mozga.

— *Umemo da se prevarimo pri obrazovanju svojih uverenja*

Najveći broj naših odluka ima neizvesne posledice. Zato je važno da nemamo suviše iskrivljenu predstavu o verovatnoći različitih mogućih posledica naših postupaka. Ali ponekad smo loši statističari. Na primer, jedna od naših klasičnih grešaka jeste uverenje da će se priroda postarati za to da neki nasumični niz događaja „što pre" počne ličiti na verovatnoću njegove realizacije (oni koji su učili statistiku znaju da se ova sličnost pokaže tačnom u slučaju velikog broja izvlačenja na sreću, što je „zakon velikih brojeva"). Znamo da, kad bacamo novčić, postoje jednake šanse da ispadne i glava i pismo; i, zaista, ako bacamo novčić mnogo puta, procenat da će on pasti na glavu biće vrlo blizak 50%.[2] I pored toga, mnogi među nama greše verujući u sledeće: ako je glava pala triput zaredom, verovatnoća da sledeći put padne pismo veća je nego verovatnoća da padne glava.[3] U

---

[1] Samuel McClure, David Laibson, George Loewenstein, Jonathan Cohen, *Separate Neural Systems Value Immediateand Delayed Monetary Rewards*, Science, 2004, n° 306, str. 503–507.

[2] Neformalnim rečima. Verovatnoća da će frekvencija glave biti između 49% i 51%, na primer, iznosi oko 1; a ovaj koncept može se učiniti još preciznijim.

[3] Ova pristrasnost uočena je, na primer, prilikom igranja ruleta, gde su igrači skloni tome da stavljaju uloge na brojeve koji su se prethodno retko izvlačili; stoga se ova vrsta pristrasnosti naziva *gambler's fallacy*.

stvari, novčić nema pamćenje, pa svaku od dve opcije bira uz verovatnoću od 50%. Ova kognitivna pristrasnost primećuje se u ponašanju ljudi koji na poslu obavljaju neke repetitivne zadatke i imaju sklonost ka donošenju odluka koje „kompenzuju" njihove ranije odluke: sudije koje odlučuju o zahtevima za azil, agenti u bankama koji odobravaju kredite ili sudije na bejzbol mečevima koje odlučuju o strajkovima (*strikes*). Drugim rečima, jedna odluka je verovatnija ako je prethodna odluka išla u suprotnom pravcu.[1]

Još jedna široko rasprostranjena začkoljica jeste poteškoća da se naša postojeća uverenja pravilno usklade s novom informacijom. U gimnaziji i na univerzitetu učimo o Bajesovoj teoremi kao pravilnom načinu prilagođavanja naših uverenja novim dokazima. U standardnim mikroekonomskim i makroekonomskim modelima – smatramo da akteri racionalno preispituju (prema Bajesovoj teoremi) svoja uverenja od trenutka spoznaje novih informacija. Ali u stvarnosti se često ispostavlja da se zavaravamo. To važi i za najobrazovanije kategorije stanovništva. Kako sam prikazao u prvom poglavlju, psiholozi Kaneman i Tverski pokazali su, na primer, da studenti medicine na Harvardu, gde je selekcija izuzetno stroga, prave elementarne greške kada računaju verovatnoću pojave bolesti u odnosu na simptome, ukazujući na to da statistika nije sasvim intuitivan domen.[2] Ili, da se poslužimo drugim čuvenim eksperimentom istih autora[3], na pitanje: „Je li verovatnije da će pre u velikoj nego u maloj bolnici više od 60% novorođene dece određenog dana činiti dečaci?" – najveći broj nas odgovorio bi kako bi verovatnoća trebalo da bude ista bez obzira na

---

[1] Daniel Chen, Tobias Moskowitz, Kelly Shue, *Decision-Making under the Gambler's Fallacy. Evidence from Asylum Jugdes, Loan Officers, and Baseball Umpires*, Quaterly Journal of Economics. Vidi ovaj članak kao prilog objašnjenju termina *gambler's fallacy* u odnosu na alternativna objašnjenja.

[2] Pitanje je bilo sledeće: „Izvesna bolest pogađa svaku hiljaditu osobu. Dijagnostički test za ovu bolest u 5% slučajeva greši ukazujući na postojanje bolesti, ali tačno prepoznaje lica pogođena ovom bolešću. Kod jedne osobe test je bio pozitivan: kolika je verovatnoća da je ta osoba bolesna?" Tačan odgovor je 2%, ali mnogi odgovore da je to 95%.

[3] Amos Tversky, Daniel Kahneman, *Belief in the Law of Small Numbers*, Psychological Bulletin, 1971, n° 76, str. 105–110.

veličinu bolnice. Ali statistika pokazuje da je, u stvari, verovatnoća da više od 60% novorođene dece bude muškog pola - veća kada je bolnica manja. Intuitivno, u nekoj zamišljenoj bolnici gde se dnevno obavi jedan porođaj - verovatnoća da beba bude muško iznosila bi (oko) 50%. U bolnici s dva porođaja dnevno - verovatnoća da se u više od 60% porođaja rode dečaci jeste verovatnoća da u oba porođaja dođu na svet muška deca, ili 25%. S velikim brojem dece, ona se približava nuli (jer će broj dečaka, po svoj prilici, biti blizu 50%, što znači - manji od 60%).

— Sklonost empatiji

Naravno, ne postupamo uvek u skladu s materijalnim interesom koji bi nam uvećao račun u banci ili, uopšte, imovinu i prednosti kojima raspolažemo. Doniramo sredstva dobrotvornim ustanovama, pomažemo neznance za koje znamo da ih više nikada nećemo videti i od kojih, prema tome, i ne očekujemo da nam uzvrate na isti način.

Uključiti dozu empatije u opis cilja ekonomskih činilaca ne predstavlja nikakav problem u klasičnoj ekonomskoj teoriji, jer je dovoljno redefinisati ispravno shvaćen interes: ako internalizujem deo vašeg blagostanja, ono *de facto* postaje i moje blagostanje. Međutim, ponašanje okrenuto društvenoj koristi (ono u kom pojedinac ne postavlja lični interes iznad svih ostalih), kako ćemo videti, mnogo je suptilnije, te dodavanje *homo oeconomicusu* doze empatije tek neznatno uvećava objašnjavajuću moć paradigme, tj. kapacitet ove paradigme da tačno prikaže stvarno ponašanje pojedinaca.

— A onda, takođe...

Među drugim devijacijama koje nas udaljavaju od čiste racionalnosti, i koje su predmet proučavanja eksperimentalne ekonomije, možemo navesti preterani optimizam, teško podnošenje poraza, ponekad korisnu, ali i kontraproduktivnu ulogu emocija u odlučivanju, selektivno sećanje ili samoobmanjivanje.

Društveno korisno ponašanje

Usmerimo sada pažnju na društveno korisno ponašanje, dakle na ponašanje u kojem pojedinac ne daje prednost svom materijalnom interesu, već nesebično internalizuje blagostanje drugih ljudi. Takvo ponašanje umnogome doprinosi kvalitetu života u društvu. Naravno, izvestan broj oblika naših kooperativnih načina ponašanja samo je naizgled društveno koristan. U trajnim odnosima interes nam je da se ponašamo korektno, čak i sa uskogrudog gledišta ispravno shvaćenog ličnog interesa; osoba s kojom se nalazimo u interakciji ili društvena grupa kojoj pripadamo ophodiće se prema nama različito, u zavisnosti od toga da li sarađujemo ili želimo da postignemo kratkoročni lični interes. Ali, kako smo videli, u ekonomskom modelu *stricto sensu* – ne srećemo nikoga ko daje priloge dobrotvornim ustanovama, ulaže u društveno odgovorne fondove, kupuje na tržištu ustrojenom po pravilima pravične trgovine ili radi u nevladinim organizacijama za platu mnogo manju od prosečne.

Ne nailazimo ni na ekonomskog učesnika koji glasa, jer glasanje ne može biti stvar ličnog interesa: verovatnoća da će upravo moj glasački listić promeniti ishod izbora (tada se kaže da je birač „stožer" izbornog procesa) skoro je ravna nuli na gotovo svim izborima, osim na onima koji se odvijaju u vrlo malim zajednicama. Čak i na čuvenim, vrlo neizvesnim izborima iz 2000. godine na Floridi, koji su odredili pobednika na američkim predsedničkim izborima, razlika je bila svega nekoliko stotina glasova, te, prema tome, jedan jedini glas ni tu nije mogao ništa promeniti. Glasati samo da bi se povećale šanse da naš favorit bude izabran – nikad nije vredno tih petnaest minuta koje za to odvajamo. Dakle, u praksi, ili se zaluđujemo verujući da glasamo kako bismo podržali (u smislu pobede) stvar do koje nam je stalo, ili ne glasamo da bismo zadovoljili ma kakav materijalni ili ideološki interes, već zato što smatramo da nam je to obaveza, ili zbog toga što želimo da drugi – ali i mi sami – steknu povoljnu sliku o nama.[1] Uopšte uzev, konstatujemo da pojedinci ponekad

[1] Pitanje identiteta takođe igra ulogu u odluci pojedinca za koga da glasa. Čin glasanja delom je čin kojim se nešto izražava, a ne samo čin rukovođen namerom da se zadovolji lični interes.

donose odluke koje nužno ne slede njihove strogo materijalne interese. Altruizam je jedan od razloga koji objašnjava zašto oni internalizuju blagostanje drugih. No, kao što ćemo videti, altruizam je suviše pojednostavljeno objašnjenje.

Altruizam i slika o sebi

Internalizacija tuđeg blagostanja, bez sumnje, omogućava da se objasni davanje priloga dobrotvornim ustanovama, ali ne objašnjava sve. Da bi se objasnilo zašto, korisno je pribeći igri koja je društvenim naukama odlično poznata, a to je „igra diktatora"

Prikaz 1 Igra diktatora

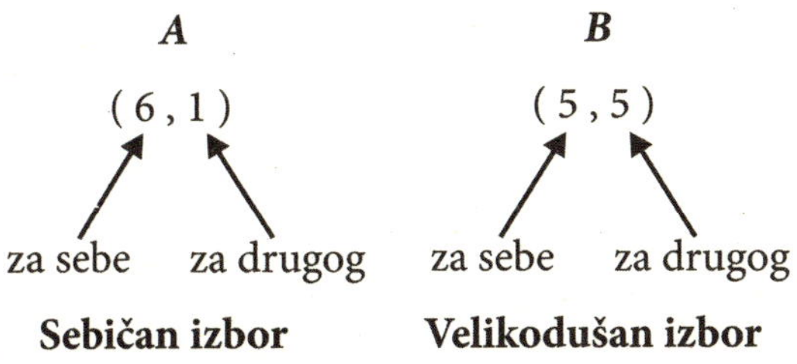

Kada su učesnici eksperimenta anonimni[1], pojedinac (aktivni igrač, kojeg nazivamo diktator) treba da se na računaru odluči između opcije A, koja mu garantuje šest evra, a drugom učesniku donosi jedan evro (pasivnom igraču, kojeg prvi aktivni igrač ne poznaje), i aktivnosti B, koja svakom donosi po pet evra. Dakle, aktivnost A možemo opisati kao sebičnu, a aktivnost B kao velikodušnu. Racio-

[1] U najvećem broju eksperimenata izvedenih u okviru istraživačkog centra, učesnici donose odluke putem računara. Osim toga, složena procedura koja se naziva *double blind* vodi tome da čak ni eksperimentator ne poznaje odluke konkretnih učesnika. On ili ona znaju samo statističku raspodelu ponašanja.

nalno ponašanje, u klasičnom smislu, u odnosu na aktivnog igrača sastoji se u izboru aktivnosti A, što uvećava njegov dobitak. Ipak, u praksi, oko tri četvrtine igrača kojima je ovaj izbor bio ponuđen biralo je opciju B.[1] Žrtvovanje koje se povezuje s velikodušnom aktivnošću dovoljno je malo da većina učesnika odabere tu aktivnost. Međutim, možemo li kazati da je to prosto zato što je ona internalizovala dobrobit pasivnog igrača?

Velikodušnost je zapravo vrlo složen fenomen, koji mogu podstaći tri činioca: unutrašnja motivacija (velikodušni smo spontano i po prirodi), spoljna motivacija (spoljni podsticaji nagone nas da budemo velikodušni) i želja da stvorimo lepu sliku o sebi i uputimo je drugima, ali i sebi.

Slika koju imamo o sebi igra važnu ulogu, što ćemo videti u igri diktatora, gde je igrač upućen samo na sebe (anonimnost je potpuna, čak i u pogledu eksperimentatora). Ali imidž u društvu i društveni prestiž predstavljaju takođe motivaciju od suštinskog značaja, što dokazuje činjenica da jedva 1% zaveštanja koja se ostavljaju muzejima i univerzitetima ostaje anonimno, te stoga posebno vredno divljenja. A, kako vidimo iz prikaza broj 2, kada se darovi dele po kategorijama (na primer, „srebrni" darodavac, čiji se dar kreće između 500 i 999 evra, i „zlatni" darodavac, čiji dar vredi više od 1.000 evra), primećujemo da su darovani iznosi tačno na granici ulaska u neku od ovih kategorija, dok bi se, kad je reč o darovanim sumama, mogla očekivati uniformnija raspodela.

Na istom polju, jedna vrlo zanimljiva studija, sprovedena u nekim švajcarskim kantonima, bila je posvećena reformi izbornog sistema s ciljem omogućavanja dopisnog glasanja.[2] Tradicionalni ekonomista

---

[1] Ovaj procenat veoma varira, a zavisi od različitih faktora, već prema socioprofesionalnoj kategoriji drugog igrača (onakvoj kakva je prijavljena eksperimentatoru), njegovoj etničkoj, verskoj, geografskoj zajednici ili fizičkom odnosno psihičkom stanju u kojem se nalazi „diktator". Važna činjenica jeste da su učesnici uglavnom spremni da žrtvuju deo svog materijalnog interesa za drugog.

[2] Patricia Funk *Social Incentives and Voter Turnout. Evidence from the Swiss Mail Ballot System*, Journal of the European Economic Association, 2010, vol 8, n° 5, str. 1077–1103.

Prikaz 2 Fenomen grupisanja (pokloni po kategoriji)

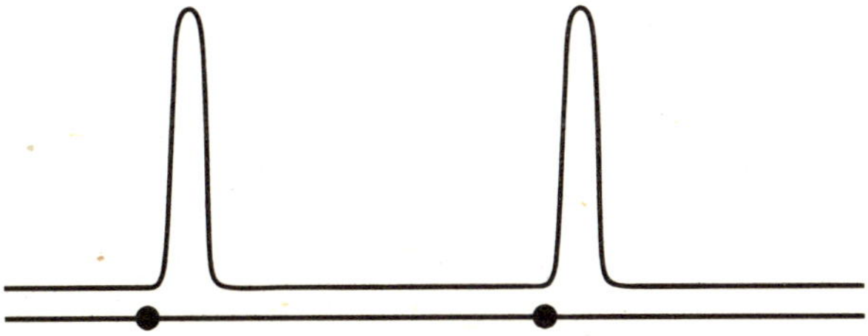

a priori bi rekao da je uvođenje dopisnog glasanja činilac koji utiče na porast izlaznosti na izborima, jer su troškovi za glasače (ili barem za neke glasače, tj. one koji radije glasaju dopisno nego odlazeći na biračko mesto) manji. No, iskustvo pokazuje da se broj glasača ne povećava, kao i da se u nekim kantonima, posebno onim seoskim, on čak smanjio kada je uvedeno dopisno glasanje. Razlog je to što se u selima, gde se birači međusobno poznaju i gde je društveni pritisak veći, odlazi na biračko mesto delimično i da bi se izrazila građanska svest. Međutim, čim više nije neophodno izaći iz kuće da bi se glasalo – kada, dakle, postoji izgovor da se ne ode do biračkog mesta – gubitak društvenog ugleda zbog propuštanja da se izađe i glasa više nije očigledan. Čim čin glasanja više nije vidljiv, uvek možemo tvrditi da smo glasali, pa čak i kada to nije istina. Ova studija ukazuje, ako je to uopšte i bilo potrebno, na svu složenost društvenog ponašanja i motivacije.

— Uzajamni altruizam

Ljudska vrsta ima bitnu odliku koja je čini različitom od drugih životinjskih vrsta, a to je saradnja u okviru velike grupe čiji članovi nisu u genetskoj vezi (pčele i mravi snažno su genetski povezani između sebe, dok se drugi oblici saradnje – recimo, kod drugih primata – odvijaju unutar malih grupa). Kako sam prethodno primetio, treba praviti razliku između saradnje podstaknute ispravno shvaćenim interesom, zasnovane na trajnim odnosima s drugima, ili uopšte s grupom, i saradnje zasnovane na društvenim težnjama. Ovu poslednju ilustruje igra diktatora.

Druga čuvena igra u koju su uključene društvene težnje jeste tzv. igra ultimatuma. Igrač broj 1 dobija zadatak da podeli sumu od deset jedinica između sebe i druge osobe, igrača broj 2. Po tome ova igra veoma podseća na igru diktatora, na koju, uostalom, liči i po tome što se odvija anonimno: igrači nikad neće saznati s kim su igrali, i to da bi se izbegla saradnja motivisana ličnim materijalnim interesom. Ono u čemu se igra ultimatuma razlikuje od igre diktatora jeste to što ovde konačna raspodela zavisi od dobre volje igrača broj 2: ako ovaj odbije raspodelu koju predlaže igrač broj 1, nijedan od igrača neće dobiti ništa. U praksi, ponuda koja deli deset na dva jednaka dela uvek se prihvata, dok ponudu koja podrazumeva da igrač broj 2 prima 0, 1 ili 2 (prepuštajući tako 10, 9 ili 8 igraču broj 1) igrač broj 2 često odbija, iako bi i on imao materijalni interes da prihvati 1 ili 2, što je ipak više od nule. Anticipirajući ovu situaciju, igrač broj 1 često racionalno predlaže manje ekstremne podele, štaviše – one egalitarističke.[1] Često nas pokreće uzajamni altruizam: skloniji smo tome da budemo ljubazni sa osobama koje se prema nama ophode lepo, i obratno, da se svetimo – ili da svetimo naše bližnje – onima čije ponašanje ne odobravamo, pa čak i ako tu osvetu moramo skupo platiti.

Čini se da je altruizam univerzalna konstanta. Istraživanja sprovedena nad petnaest mikrodruštava (kakva su Hadza u Tanzaniji ili Tsimane u Boliviji) otkrila su slične načine ponašanja u igrama ultimatuma. Zanimljivo je primetiti da društva koja imaju prilično izražen stepen međusobnog ispomaganja (te im stoga način života nije usredsređen na porodicu) u eksperimentima pokazuju snažniji duh saradnje.[2]

---

[1] Mnogo je članaka napisano o uzajamnom altruizmu. Vidi, na primer, sintezu Ernsta Fera i Ursa Fišbahera, *The Nature of Human Altruism*, Nature, 2003, n° 425, str. 785–791.

[2] Joseph Henrich, Robert Boyd, Samuel Bowles, Colin Camerer, Ernst Fehr, Herbert Gintis, Richard McElreath, *In Search of Homo Oeconomicus. Behavioral Experiments in 15 Small-Scale Economies*, American Economic Review Papers and Proceedings, 2001, n° 91, str. 73–78.

Krhkost altruizma i poštenja

— *Snaga izgovora*

Da bismo bolje razumeli teškoće na koje nailazimo kada želimo da stvorimo koherentnu sliku o altruizmu, vratimo se igri diktatora menjajući je na način na koji to predstavlja prikaz broj 3.[1]

Prikaz 3 Igra diktatora i neznanje

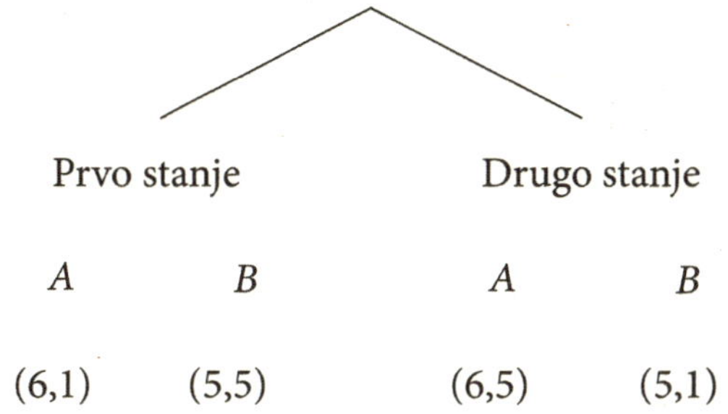

Sada postoje dve mogućnosti ili „prirodna stanja" s poznatom verovatnoćom, na primer, dva jednako moguća stanja. U prvom stanju dobici su isti kao u onom prethodnom, A je sebičan gest, a B velikodušan gest. Ako se odabere postupak A, aktivni igrač imaće šest evra, a pasivni igrač jedan evro, dok izbor poteza B obojici donosi po pet evra. U drugom prirodnom stanju, za obojicu igrača bolje je birati postupak A nego postupak B. U ovom drugom prirodnom stanju, optimalno bi bilo birati postupak A i sa individualne i s kolektivne tačke gledišta.

Sve je to vrlo prosto, samo što na početku eksperimenta diktator ne zna da li se nalazi u stanju jedan ili u stanju dva. Eksperimentator ga pita želi li da zna u kom je stanju (i ništa ga ne košta ako želi to da sazna). Racionalni igrač trebalo bi da odgovori potvrdno – to

---

[1] Ovaj eksperiment sproveli su Jason Dana, Roberto Weber and Jason Kuang (*Exploiting Moral Wriggle Room. Experiments Demonstrating an Illusory Preference for Fairness*, Economic Theory, 2007, n° 33, str. 67–80).

mu omogućava da racionalno odlučuje jer poznaje uloge. Posebno bi altruista, dakle neko ko bira B suočen sa izborom između sebičnosti i altruizma, želeo to da zna kako bi mogao izabrati B kada postoji istinski izbor (u slučaju prvog prirodnog stanja), odnosno kako bi birao A kada to donosi korist obojici (u drugom prirodnom stanju).

Ali iz eksperimenata proizlazi da najviše aktivnih igrača ne bira tu opciju, te da radije ne žele da znaju prirodno stanje. Tako biraju akciju A, kao sebičnu akciju, skrivajući se iza potencijalnog „izgovora" da postoji prirodno stanje (stanje broj 2) u kojem bi izvukli dobit birajući akciju A bez nanošenja štete pasivnom igraču. Da se izrazimo drugačije, on ne želi da zna da su obojica možda u prirodnom stanju 1, u kojem bi se suočio s dilemom izbora između sebičnosti i velikodušnosti. To je ponašanje pešaka koji skreće s pešačke staze ili prelazi ulicu kako bi izbegao prosjaka jer oseća „obavezu" da mu pomogne.[1]

Jedan kontrolisani eksperiment koji su izveli Armin Falk sa Univerziteta u Bonu i Nora Seh (Nora Szech) sa Univerziteta u Karlsrueu[2], a koji je objavljen u časopisu *Science*, ukazuje na to da raspodela odgovornosti može urušiti moralne vrednosti. Ovo urušavanje nastaje na tržištu, ali se, u stvari, jednako snažno ispoljava čim donošenje neke odluke uključi i drugu osobu, dozvoljavajući (naizgled) podelu odgovornosti. U svim organizacijama, postojanje izgovora, „opravdanja" („Tražili su od mene da to uradim", „Neko bi to svakako učinio da nisam ja", „Nisam znao", „Svi to rade", itd.), umanjilo je uzdržavanje pojedinaca od neetičkog ponašanja. Važna uloga istraživanja jeste bolje razumevanje načina na koji različite ustanove, od tržišta do sistema kojima se upravlja, utiču na naše vrednosti i ponašanje.

— Posledice sagledane u kontekstu

Razmotrimo drugu varijantu igre diktatora (prikaz 4), u kojoj eksperimentator dodaje i treću opciju C, još sebičniju od opcije A.

---

[1] Ova strategija takođe je bila posmatrana u terenskom eksperimentu usmerenom na ponašanje pojedinaca u odnosu na dobrotvorne aktivnosti.

[2] *Morals and Markets*, Science, 2013, vol. 340, str. 707–711.

Normalno, učesnik u eksperimentu koji bira opciju B kada postoji izbor između opcija A i B (kao u prikazu 1) trebalo bi da opet bira opciju B i sada kad je u ponudi opcija C. Drugim rečima, uključivanje opcije C ne bi trebalo da utiče na učestalost izbora velikodušne opcije B[1], a posebno ne bi trebalo da utiče na biranje između opcija A i B za one koji u svakom slučaju ne biraju C. U praksi, međutim[2], dodavanje opcije C vrlo jasno umanjuje učestalost opcije B i čini izbor opcije A srazmerno mnogo verovatnijim od izbora opcije B; ispostavlja se da neka druga opcija ima smisla čak i ako je ne biramo!

Prikaz 4 Značaj konteksta

A	*B*	*C*
(6,1)	(5,5)	(10,-15)
Sebičan izbor	**Velikodušan izbor**	**Vrlo sebičan izbor**

Tačno tumačenje značaja konteksta nije nam poznato. Moguće je da opcija C obezbeđuje diktatoru izgovor („nisam bio toliko sebičan") relativizujući posledice njegovog ponašanja, jer pretvara opciju A u onu koja deluje manje egoistično nego u slučaju kada se bira samo između opcija A i B. Tako izbor A postaje „kompromisna" opcija. Ili pak učesnik eksperimenta može u uvođenju opcije C prepoznati signal važećih pravila ponašanja koji upućuje na to da eksperimentator od njega nužno ne očekuje da bude velikodušan. Što god da je razlog, ovaj i drugi eksperimenti ukazuju na značaj konteksta u kojem donosimo odluke. Ovde alternativa koja je beznačajna (utoliko što je svakako nećemo izabrati) utiče na naš izbor.

---

[1] Birati radije opciju B nego opciju A podrazumeva dodeljivanje značaja u vrednosti od najmanje četvrtine blagostanju drugog igrača u odnosu na sopstveno blagostanje (žrtvovanje je u vrednosti 1, dok je dobitak za drugoga u vrednosti 4). Isto tako, kada poredimo opciju B sa opcijom C, žrtvovanje igrača za odluku u prilog opciji B jeste 5, dok je dobitak za drugog igrača 20, ili četiri puta više.

[2] John List, *On the Interpretation of Giving in Dictator Games*, Journal of Political Economy, 2007, n° 115, str. 482–493.

Da bismo zaokružili ovu raspravu o efektima konteksta, pomenimo još nešto zbog čega kontekst može uticati na odluke pojedinaca: ti pojedinci mogu tumačiti način na koji im se izbor predstavlja (a ne više samo opcije) kao relevantan. Ova ideja ima brojne primene. Na primer, preduzeće ili država koji svojim zaposlenima ili građanima nude opciju bez alternative kao strategiju štednje za penziju – prećutno tvrde da ponuđena opcija odgovara „većini ljudi", iako bi nekom možda više odgovarala neka druga strategija. Ova pomoć pri odlučivanju koristi se u literaturi posvećenoj pojmu „libertarijanskog paternalizma"[1], koji obuhvata domen preporuka ili sagledavanje očekivanja u pogledu ponašanja. Oksimoron „libertarijanski paternalizam" jasno izražava ideju koja stoji iza sledećeg pristupa: sva sloboda odlučivanja prepuštena je donosiocu odluka, tako da on može usvojiti rešenje koje mu najviše odgovara pod uslovom da mu je ono poznato. Međutim, on se navodi na odluku onda kada mu nedostaje informacija i kada je neodlučan.

— Uloga pamćenja

Mnogi drugi eksperimenti pokazuju da je naše društveno korisno ponašanje krhko i složeno. Pamćenje, na primer, igra vrlo važnu ulogu u pojavi takvog ponašanja. Zato su psiholozi izmislili igru u kojoj se može varati bez rizika od razotkrivanja. Na primer, dobrovoljni učesnik u eksperimentu putem izvlačenja na sreću dobija sumu vrednosti od jedan do deset evra (cifra će izaći na ekranu računara)

[1] Vidi knjigu Cass Sunstein i Richard Thaler, *Nudge, la méthode douce pour inspirer la bonne decission*, Paris, Vuibert, 2010. Engleska vlada obrazovala je jedan *Nudge Unit* 2010. Kao pregled eksperimenata iz polja opcije po definiciji – onih koje se podrazumevaju u odsustvu drugačijeg izbora koji prave pojedinci – vidi članak Cass Sunstein, *Deciding by Default*, University of Pensilvania Law Review, 2013, n° 162, str. 1–57. Jedan klasičan članak na tom polju pokazuje da upisivanje zaposlenih jednog američkog preduzeća u penzioni plan (štednja koju subvencioniše američka država) nedvojbeno raste kada se opcija koja ne ostavlja alternativu preinači iz one „bez upisa" u opciju „upis", ako izbor ponuđen zaposlenima ostaje isti u oba slučaja (Brigitte Madrian, Dennis Shea, *The Power ofSuggestion. Inertia in 401(k) Participation and Savings Behavior*, Quarterly Journal of Economics, 2001, vol. 116, n° 4, str. 1149–1187).

s verovatnoćom 1 : 10 za svaki mogući iznos. Potom saopštava iznos i prima sumu koja odgovara njegovoj izjavi. On može saopštiti da ima pravo na sedam evra (i primiti ih), dok je, međutim, stvarna suma na koju ima pravo (a koju eksperimentator ne zna) samo pet evra. Kako uočiti prevaru pod ovakvim uslovima? Prosto, po učestalosti prijavljenih suma.[1] Ako su učesnici u eksperimentu pristali da se ponašaju pošteno i ako je uzorak dovoljno velik, otprilike 10% uzorka trebalo bi da saopšti cifru 1, 10% cifru 2, itd. Međutim, učestalost viših cifara veća je nego što bi trebalo da bude, a to upućuje na varanje (ono, verovatno, nije uvek istih razmera – iz drugih eksperimenata znamo da je ponašanje krajnje heterogeno; neki ne varaju, dok drugi varaju, više ili manje). No, eksperiment se tu ne završava.

U nastavku su eksperimentatori ponovili igru, ali tek pošto su učesnicima pročitali deset zapovesti ili univerzitetski kodeks časti.[2] Tada je primećeno da učesnici u eksperimentu varaju mnogo manje nego u prvom slučaju. Dakle, eto još jednog eksperimenta koji ruši tradicionalno shvatanje *homo oeconomicusa,* koji bi trebalo da bude potpuno racionalan, kao što, uostalom, ruši i različite ali uprošćene verzije ljudskog ponašanja. Čitanje deset zapovesti ili univerzitetskog kodeksa časti čini da varanje bude uočljivije, te da se stoga i teže potisne u pamćenju.

— *Kada smo kažnjeni zbog svojih dobrih dela*

Da bi se jasno ukazalo na svu složenost naše velikodušnosti, navešćemo eksperimente francuskog psihologa sa Stanforda – Benoa Monena (Benoît Monin) – i njegovih saradnika o fenomenu ostrakizma.[3] Ovi eksperimenti potvrđuju pretpostavku da nam se

---

1 Čitalac koji poznaje statistiku prepoznaće ovde zakon velikih brojeva.

2 Nina Mazar, On Amir, Dan Ariely, *The Dishonesty of Honest People. A Theory of Self-Concept Maintenance*, Journal of Marketing Research, 2008, 633, vol. XLV, str. 633–644.

3 Benoît Monin *et al.*, *Holier than me? Threatening Social Comparison in the Moral Domain*, International Review of Social Psychology, 2007, vol. 20, n° 1, str. 53–68, i u saradnji sa P. J. Sawyerom i M. J. Marquezom, *The Rejectionof Moral Rebels, Resenting Those Who Do the Right Thing*, Journal of Personality and Social Psychology, 2008, vol. 95, n° 1, str. 76–93. Vidi takođe

sviđaju velikodušni ljudi... ali samo pod uslovom da nisu previše velikodušni. Mi nimalo ne cenimo pojedince koji nam, čak i posredno, drže moralne pridike. Pojedinci koji sebe doživljavaju kao previše velikodušne završavaju ostrakizovani. Problem je u tome što suviše moralne osobe postavljaju visoke standarde za poređenje[1], koji ne idu u prilog našem imidžu. Umesto da trpimo stalno podsećanje na sopstveni sebičluk, radije ćemo ukloniti iz vida one koji ga čine suviše očiglednim.

II. *HOMO SOCIALIS*

Poverenje

U srcu ekonomskog i društvenog života jeste poverenje. Naravno, ono nije uvek neophodno. Izum novca je, na primer, pojednostavio mehanizam razmene. Sve dok možemo proveriti kvalitet robe, kupujemo je od neznanca za novac. Ako ne možemo proveriti kvalitet robe pre kupovine, često se oslanjamo na mehanizam reputacije: vraćamo se istom trgovcu kojim smo ranije bili zadovoljni ili idemo drugom trgovcu kojim je sasvim zadovoljan neki naš prijatelj. Trgovcu je poznat ovaj mehanizam, pa ulaže sve svoje napore da bi pridobio, a potom i zadržao kupce.

U svojoj analizi ponašanja, istraživači se zanimaju za poverenje u nekog. U ekonomskom načinu razmišljanja, ovaj pojam naprosto se formalizuje. Pristupa mu se kao nesavršenoj informaciji o nečijoj pouzdanosti ili o nečijim sklonostima. S vremenom svaki učesnik počinje da preispituje svoja uverenja o ljudima s kojima je u kontaktu. Prinuđen da se susreće i s drugim učesnicima i da održava odnose s njima, upoznaje se s njima i tačnije procenjuje stepen njihove pouzdanosti, pa tako i poverenja koje im može pokloniti.

---

nedavno objavljenu knjigu Larisse MacFarquhar – *Stangers Drowning*, New York, Penguin Press, 2015.

[1] Obično *benchmarking*, ili etaloniranje putem poređenja, upućuje na tehnike koje se sastoje u pružanju modela za praćenje preduzećima i zaposlenima, i eventualno za proračun njihovih zarada na bazi distance koja deli njihovu performativnost od performativnosti modela.

Neke interakcije, naprotiv, izmiču ovom mehanizmu reputacije i počivaju na čistom poverenju, što se dešava kada u nekom turističkom obilasku kupujemo neki predmet čiju vrednost ne procenjujemo najbolje, ili kada odlučimo da ostavimo dete na nekoliko sati dadilji ili komšiji kojeg slabo poznajemo, odnosno kada ulazimo u neku novu vezu. Svakako da nam ponašanje neke osobe omogućava da lakše steknemo mišljenje o njoj, ali to mišljenje prilično je nesavršeno, a to je stanovište koje služi kao polazište za neke televizijske kvizove u kojima sve počiva na poverenju.[1]

Ali ovaj proces učenja tiče se samo interakcija koje se ponavljaju. On nam ništa ne govori o tome kako treba da se vladamo kada prvi put dođemo u kontakt s neznancem. Sada znamo da hormonalni uticaj takođe igra ulogu u tome. Ekonomisti Ernst Fer (Ernst Fehr, Cirih), Mihael Kosfeld (Michael Kosfeld, Frankfurt) i njihovi saradnici[2] ubrizgali su hormon oksitocin[3] dobrovoljnim učesnicima u istraživanju eksperimentalne igre koja se služi „igrom poverenja". Ova igra s dva igrača, koje nazivamo igrač 1 i igrač 2, može se opisati na sledeći način:

- Igrač 1 dobija od eksperimentatora, recimo, 10 evra i odlučuje koliki će deo, od 0 do 10 evra, izdvojiti za igrača 2, dok ostatak zadržava za sebe;
- Igrač 2, međutim, od eksperimentatora uvek prima trostruko veću sumu od one koju mu je dodelio igrač 1, na primer, 15 evra ako mu je igrač 1 dao polovinu svoje početne sume;
- Igrač 2 slobodno odlučuje hoće li vratiti neku sumu igraču 1; ali ne postoji nikakva obavezna suma koju bi mu morao vratiti: igrač 2 može odlučiti i da ništa ne vrati, te otud značaj poverenja koje igrač 1 gaji u to da će mu igrač 2 uzvratiti na isti način.

---

[1] Kao što su engleski TV kvizovi *Golden Balls, Split or Steal.*

[2] Michael Kosfeld, Markus Heinrichs, Paul J. Zak, Urs Fischbacher, Ernst Fehr, *Oxytocin Increases Trust in Humans*, Nature, 2005, n° 435, str. 673–676.

[3] Neuropeptid. Čini se da ovaj hormon utiče na neke vrste ponašanja i orgazam, društveno priznanje, empatiju, anksioznost i majčinsko ponašanje.

Igra se odvija anonimno: svaki igrač je iza računara i nije mu poznat (niti će mu ikada biti poznat) identitet igrača s kojim je uparen.

Za oba igrača idealno bi bilo da igrač 1 dobijenu sumu dâ igraču 2. Ovo bi znatno uvećalo veličinu kolača koji se deli (koji bi onda bio trideset evra), te bi mogli podeliti kolač onako kako se unapred dogovore. Nažalost, prethodni sporazum ne postoji, jer igra nije tako postavljena. Konačna odluka o raspodeli ovih 30 evra ostaje u potpunosti na igraču 2. Zato, da bi igrač 1 prebacio celokupnu sumu igraču 2, treba da ima neverovatno poverenje u to da će mu on uzvratiti istom merom.

„Racionalno" ponašanje igrača 2 (što znači odluka koja znatno uvećava njegov prihod) očigledno se sastoji u tome da on sačuva sve što je primio, dok se takvo ponašanje igrača 1, koji racionalno predviđa da mu igrač 2 neće ništa vratiti, sastoji u tome da sam ništa ne dâ , što umanjuje veličinu kolača (koji u tom slučaju ostaje 10 evra). U životu se dešava nešto drugo. Nezanemarljiv broj pojedinaca u poziciji igrača 2 oseća obavezu da uzvrati istom merom kada dobije poverenje igrača 1. Racionalno predviđajući ovakvo ponašanje, igrač 1 daje novac nadajući se da će se igrač 2 ponašati isto tako.

Interesantna stvar koju su uočili Ernst Fer, Mihael Kosfeld i njihovi saradnici jeste to da ubrizgavanje oksitocina omogućava rast osećaja poverenja u drugoga, a u proseku i rast sume koju igrač 1 prosleđuje igraču 2. Ovo je prilično uznemiravajuće, jer lako se može zamisliti komercijalna primena takve promene u ponašanju!

S oksitocinom ili bez njega, igra poverenja u kontrolisanim uslovima proizvodi mehanizam uzajamnosti (reciprociteta), što je jedan od najmoćnijih društvenih mehanizama. Kako sam već rekao, osećamo da smo dužni onima koji su se pokazali velikodušnim prema nama – i obratno, gajimo osvetnički poriv prema neosetljivim osobama, čak i ako zbog toga sami ispaštamo. Ovo zapažanje dosta se koristi u marketingu, gde besplatni uzorci i poklončići pokušavaju da igraju na kartu „ko poklanja – taj i dobija".

Primena mehanizma reciprociteta u ekonomiji dovela je do naučne pretpostavke prema kojoj poslodavac može uvećati svoj profit nudeći veću platu od one koju je dužan da ponudi (tržišne cene rada, na primer) kako bi privukao radnika, zbog većeg napora koji ulaže zahvalni radnik.[1] Izgleda da osećaj zahvalnosti zaista uvećava trud radnika, zahvalnog na velikodušnoj plati. Međutim, ovaj efekat može se pokazati privremenim, što dokazuje eksperiment izveden na jednoj plantaži čaja u Indiji.[2] Osnovna plata berača čaja uvećana je za 30%, dok je njihov varijabilni prihod (u zavisnosti od ubrane količine čaja) bio umanjen. U globalu, plata je uvećana bez obzira na radni učinak berača (ali je ona posebno uvećana najneučinkovitijim beračima).[3] Suprotno od onoga što predviđa klasični ekonomski model, postignuta produktivnost berača – koji time bivaju manje podstaknuti na rad zbog umanjene zavisnosti njihovih zarada od radnog učinka – jasno je porasla u poređenju sa situacijom u kontrolnoj grupi. Međutim, nakon samo četiri meseca, *homo oeconomicus* se vratio: predviđanje o smanjenju uloženog truda usled umanjenja podsticaja putem varijabilne zarade ponovo je bilo uočeno.

Stereotipi

Sociolozi s pravom insistiraju na tome da se pojedinac ne sme posmatrati van konteksta, tj. bez uzimanja u obzir njegovog društvenog okruženja. Pojedinac pripada društvenim grupama, a te grupe na različite načine utiču na to kako će se pojedinac ponašati. Grupa određuje njegov identitet, sliku o sebi koju on upućuje drugima i samom sebi. Ona služi kao uzor ili vrednost koje se treba držati: ugledamo se na bliske osobe kojima verujemo i s kojima se poistovećujemo; i, logično, određeni način nečijeg ponašanja utiče na naše ponašanje. Ovde bih želeo kratko da se pozabavim jednim drugim

---

[1] George Akerlof, *Labor Contracts as Partial Gift Exchange*, Quarterly Journal of Economics, 1982, vol. 97, str. 543–569. Za test sproveden u okviru istraživačkog centra koji je učinio očiglednim ovu uzajamnost, vidi Ernst Fehr, Simon Gaechter, Georg Kirschsteiger, *Reciprocity as a Contract Enforcement Device. Experimental Evidence*, Econometrica, n° 65, str. 833–860.

[2] Rajshri Jayaraman, Debraj Ray, Francis de Vericourt, *Anatomy of a Contract Change*, American Economic Review, 2016, vol. 106, n° 2, str. 316–358.

[3] Naravno, uvećanje plata svakako je delom bio podstaknuto zakonskom obavezom, ali je delom bilo i poslodavčeva ideja.

tipom uticaja koji vrši grupa: uticajem koji se odvija na osnovu percepcije grupe van nje same.

Moj članak o stereotipima i kolektivnoj reputaciji[1] proučava zašto se države, etničke i verske grupe... doživljavaju kao „poštene", „vredne", „pokvarene", „ratoborne" ili „ekološki svesne", dok isto tako preduzeća uživaju „bolju" ili „lošiju" reputaciju u pogledu kvaliteta svojih proizvoda. Ova reputacija utiče na poverenje koje se poklanja članovima grupe kada deluju izvan njenih okvira.

Na izvestan način, reputacija grupe, ma kakva bila, predstavlja rezultantu ponašanja pojedinaca koji sačinjavaju grupu. Teorija koju sam razvio u ovom članku pretpostavlja da se individualno ponašanje samo donekle posmatra. Naime, kada bi se posmatralo isključivo pojedinačno ponašanje, o pojedincima bi se u potpunosti sudilo samo na osnovu ponašanja njih samih, dok reputacija grupe tu ne bi igrala nikakvu ulogu. I obrnuto, kada se individualno ponašanje uopšte ne bi uzimalo u obzir, pojedinci bi ulagali manje napora da se ponašaju odgovorno, jer je kolektivna reputacija javno dobro čitave zajednice: taksista koji nam naplati nepređenu kilometražu i proizvođač vina koji proizvodi svoje vino na crno – nanose veliku štetu drugim pripadnicima svoje profesije. Čuvanje kolektivne reputacije podrazumeva gubitak koji u potpunosti snosimo sami, a korist je sasvim rasplinuta, jer je deli čitava zajednica. Otud sklonost ka ponašanju tipa „slepog putnika" (*free riding*). Članak time miri metodološki individualizam (taksistu zanima samo lični interes, koji se, uostalom, ne podudara s interesom grupe) i holizam, prema kojem se ponašanje pojedinaca ne može razumeti bez poznavanja odlika grupe kojoj pripadaju.

Analiza pokazuje da se individualno i kolektivno ponašanje u neku ruku nadopunjuju: pojedinac ima slabiju motivaciju da se ponaša kako dolikuje ako njegovu zajednicu prati loša reputacija, dakle reputacija da se, posmatrano u celini, ponaša uglavnom loše: on uživa manje poverenja u odnosima izvan grupe, pa budući da ima manje mogućnosti da održava odnose mimo njenog okvira –

[1] *A Theory of Collective Reputations, with Applications to the Persistence of Corruption and Firm Quality*, Review of Economic Studies, 1996, vol. 63, n° 1, str. 1–22.

ima vrlo malo motiva da gradi dobru reputaciju izvan okvira svoje zajednice. Ovo njegovo racionalno individualno ponašanje čini predrasude o grupi osnovanim i doprinosi njenom lošem imidžu. Dve *a priori* identične grupe mogu biti podložne vrlo različitim stereotipima. Osim toga, moguće je pokazati i da su kolektivne reputacije podložne fenomenu histerezisa[1], a posebno države, preduzeća ili profesije koji mogu dugo trpeti zbog predrasuda pre nego što uspeju da poprave reputaciju. Bolje bi bilo po svaku cenu izbeći lošu kolektivnu reputaciju, jer se ona može ispostaviti i tačnom, zbog čega postoji opasnost da potraje.

III. *HOMO INCITATUS*: KONTRAPRODUKTIVNI EFEKTI NAGRAĐIVANJA

Klasična ograničenja podsticaja

U drugom poglavlju videli smo da se ekonomistima često prebacuje da stavljaju naglasak na podsticaje: u njihovom svetu, ponašanjem učesnika upravlja se samo uz primenu metode štapa i šargarepe. U tom viđenju stvari ima i delić istine, utoliko što je razumevanje uloge podsticaja donekle hleb nasušni ekonomije kao naučne discipline. No, ovo viđenje zanemaruje evoluciju ekonomije u poslednjih tridesetak godina.

Pre svega, ekonomisti su se posvetili dokazivanju toga da podsticaji „imaju jače dejstvo" – znači, da utiču na to da ponašanje bude više u skladu s ciljevima organizacije ili društva – u određenim okolnostima, a da su nekad njihovi domašaji ograničeni, pa čak i kontraproduktivni. Odgovarajuće teorije i njihovi empirijski testovi u skladu su sa onim što svako od nas proživljava. Pogledajmo nekoliko primera.

Pretpostavimo da dati ekonomski akter treba da obavi više zadataka. Na primer, nastavnik (ili škola, univerzitet...), s jedne strane,

[1] Histerezis je fenomen u kojem jedan sistem (društveni, ekonomski ili fizički) teži tome da ostane u nekom stanju nakon prestanka dejstva faktora koji ga je u to stanje doveo.

treba da prenese učeniku znanje koje mu je neophodno kako bi prešao u viši razred, položio ispite ili našao posao. S druge pak strane, u dugoročnoj perspektivi to znanje treba da mu služi kako bi mogao promišljati o stvarima i biti samostalna osoba. Ako je taj nastavnik plaćen prema ocenama ili postignutom uspehu svojih učenika na ispitima, provešće najveći deo vremena pokušavajući da natera učenike da „bubaju", a nauštrb dugoročnog obrazovanja, koje je mnogo teže izmeriti, a samim tim i nagraditi. To ne znači da bi trebalo ukinuti sve podsticaje nastavnicima. U nekim okruženjima podsticaji se mogu pokazati korisnim. Ester Diflo i njeni saradnici pokazali su putem jednog eksperimenta, izvedenog u Indiji, da nastavnici reaguju na finansijske podsticaje kao i na kontrolu svojih aktivnosti, što je za rezultat imalo manje odsustvovanje učenika s nastave i bolji školski uspeh učenika.[1] Ali treba biti vrlo pažljiv i ne poremetiti osnovnu prirodu obrazovnog procesa nepromišljenim i neproverenim podsticajima.

Problem multitaskinga srećemo na brojnim poljima.[2] Ova knjiga nudi i druge primere: neki finansijski agenti koji su bili suočeni s podsticajima zasnovanim na kratkoročnim rezultatima – ponašali su se štetno na duže staze, što je vodilo krizi iz 2008. godine (dvanaesto poglavlje). Regulisano preduzeće koje se velikodušno nagrađuje zbog sniženja cena – težiće tome da žrtvuje troškove redovnog održavanja, stvarajući tako rizik od nastanka havarije. Snažni podsticaji za umanjenje troškova moraju, dakle, ići uporedo s pojačanim nadzorom redovnog održavanja od strane regulatornog tela (sedamnaesto poglavlje).

Ekonomska istraživanja donela su još mnogo pojedinosti o podsticajima. Podsticaji nisu primereni kada je pojedinačni doprinos nekog agenta unutar tima teško uočljiv, ili kada, uopšte uzev, njegovi rezultati zavise od izvesnog broja nemerljivih faktora koji ne

---

[1] Esther Duflo, Rema Hanna, Stephen Ryan, *Incentives Work. Getting Teachers to Come to School*, American Economic Review, 2012, vol. 102, n° 4, str. 1241–1278.

[2] Problem istovremenog obavljanja više stvari analiziran je, na primer, u čuvenom članku Bengta Holmströma i Paula Milgroma – *Multitask Principal-Agent Analyses. Incentive Contracts, Asset Ownership and Job Design*, Journal of Law, Economics and Organization, 1991, n° 7, str. 24–52.

zavise od njegove volje: akter će, dakle, biti nagrađen jer je imao sreću da ima dobre kolege, ili prosto zato što je naišao na odličnu priliku. Obratno, agent bi mogao biti nepravedno kažnjen (kolektivno kažnjavanje, čista loša sreća). Druga ograničenja prvenstveno su povezana s činjenicom da, u okvirima hijerarhijske strukture, neki snažni podsticaji vode ka dosluhu između manjih klika, jer uvećavaju njihovu finansijsku korist koja se ostvaruje manipulisanjem informacijama, ili su u vezi s idejom da, ako principal i agent imaju trajne odnose, ostvareno poverenje može biti vrlo korisno kao zamena za formalne podsticaje.

Isključivanje unutrašnje motivacije

Kritika druge vrste sastoji se u tome da spoljašnji podsticaji mogu ubiti unutrašnju motivaciju. Prema tome, umnožavanje spoljašnjih podsticaja može biti kontraproduktivno, tj. može dovesti do manjeg zalaganja ili manjeg uzimanja učešća. Ovo pitanje od ključnog je značaja za javne politike. Na primer, treba li plaćati dobrovoljno davanje krvi, kako se to praktikuje u nekim zemljama? Treba li računati na dobronamernost pojedinaca ili pustiti žandarme da ih prate u stopu? Treba li subvencionisati kupovinu hibridnih automobila ili ekoloških bojlera kako bi se postigli ciljevi politike zaštite životne sredine?

S ciljem proučavanja društveno osvešćenog ponašanja, Rolan Benabu i ja pošli smo od zapažanja da se pojedinci istovremeno razlikuju po unutrašnjoj motivaciji za učešće u obezbeđivanju opšteg dobra i po gladi za profitom. Ove pojedince pokreću tri motiva: a) unutrašnja motivacija da se doprinese opštem dobru; b) spoljašnja motivacija u vidu finansijskog podsticaja (y u prikazu broj 5) za ispravno vladanje, ili, ekvivalentno tome, kazna jednaka y u slučaju lošeg vladanja; c) pažnja usmerena na sliku koju ostavljamo o sebi samima. Polazeći od statističke raspodele ovih karakteristika unutrašnje motivacije i korisnosti novca, utvrdili smo način na koji se ponašanje (u proseku) menja pod uticajem podsticaja koji se pojedincima daju (vidi prikaz 5, gde ordinata prikazuje ukupnu količinu opšteg dobra koje su obezbedili učesnici, a apscisa plaćanje y ponuđeno onima koji daju svoj doprinos).

Prilozi opštem dobru u zavisnosti od novčanog podsticaja *y*; različite krive odgovaraju različitim stepenima pojedinčeve brige za sliku o sebi (oštrija kriva odgovara većem značaju koji pojedinac pripisuje slici o sebi). Kada slika postane dovoljno važna pojedincu, javlja se interval u kojem rast nagrade ima kontraproduktivan efekat.

Prikaz 5 Unutrašnja i spoljašnja motivacija

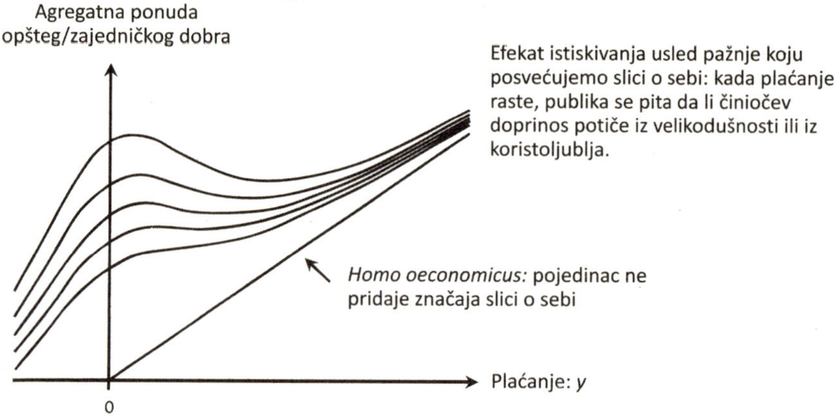

Polazeći od ovog modela, možemo se baviti pitanjima tipa „Treba li novčano nagrađivati pojedince da bi dali krv? Ako se obratimo *homo oeconomicusu*, jasno je da će ga novčana nagrada podstaći na to da uveća svoje dobrovoljno davanje krvi; što je opisano u prikazu 5 blažom krivom: novčana nagrada uvećava „donacije" krvi. Ali ako je pojedinac zaokupljen slikom o sebi, mogu se uočiti fenomeni koje bismo iz ekonomskog aspekta opisali kao „neobične".

U svojoj čuvenoj knjizi iz 1970[1], Ričard Titmus (Richard Titmuss) objašnjava da ne treba plaćati davaoce krvi jer oni tada gube motivaciju za društveno korisno ponašanje. Ova ideja može se razumeti ako se sagledaju različiti tipovi motivacije. Na slici 5 može se videti da, ako pojedinac pridaje dovoljno značaja slici o sebi, postoji je-

[1] Richard Titmuss, *The Gift Relationship. From Human Blood to Social Policy*, New York, The New Press, 1970.

dan interval u finansijskim podsticajima kada ponuđena, što znači ukupna količina donirane krvi pada s porastom novčane nadoknade. Razlog tome naprosto je činjenica da davaoci, u nedostatku novčanih nadoknada, daju krv delimično kako bi drugima, ali i sebi, uputili sliku o sopstvenoj velikodušnosti, kao i činjenica da strahuju kako će, ukoliko bi bili plaćeni, dospeti pod sumnju da to čine zbog primamljive nagrade. Uzimanje u obzir mnogostrukosti motivacije može narušiti pozitivnu vezu – na kojoj često insistira mikroekonomija – između novčane nadoknade, s jedne, i uloženog napora i rezultata, s druge strane.

Tako, dakle, spoljašnji podsticaji mogu voditi istiskivanju unutrašnjih podsticaja. A osim efekta potencijalnog istiskivanja – nesumnjivo ređeg u okvirima klasične ekonomske razmene, ali učestalijeg u društvenim kontekstima – teorija predviđa da će efekat novčanih podsticaja biti manji kada njihovog korisnika posmatraju njegovi bližnji, jer se sumnja može nadviti nad njegovom motivacijom. Tada se slika koju ostavlja o sebi usled pozitivne reakcije na novčanu nagradu - može narušiti. Ova razmatranja od velike su koristi za vođenje javnih politika. Ako se vratimo na pitanje koje smo prethodno postavili: „Treba li pre subvencionisati kupovinu hibridnih automobila ili ekoloških bojlera?", odgovor koji nam se nameće jeste da bi bilo bolje subvencionisati ekološke bojlere, jer reč je o uređajima koji nisu vidljivi drugim ekonomskim akterima, tako da bi novčani podsticaji imali veći efekat nego u slučaju automobila čija bi kupovina bila vidljiva svima, a pri čemu bi, dakle, kupac uzeo u obzir težinu društvene osude.

Ova teorija bila je predmet testiranja u istraživačkom centru i na terenu. Posebno je ekipa psihologa Dena Arijelija (Dan Ariely)[1] pokazala da pojedinci više doprinose nekom plemenitom cilju ako ih drugi posmatraju (potvrđujući različite eksperimente i naučne pretpostavke prema kojima ljude zaista motiviše slika koju ostavljaju o sebi), a naročito da su novčani podsticaji vrlo delotvorni kada ostvarena materijalna korist nije uočljiva, te – u njihovom eksperimentu – da novčani podsticaj ima neznatan uticaj kada je ostvarena

[1] Koji je, između ostalog, i autor knjige *C'est (vraiment?) moi qui décide*, Paris, Flammarion, 2008.

materijalna korist uočljiva. Dakle, prema ovoj teoriji, ljudi se plaše da bi se, u slučaju da im se plati, njihov doprinos mogao shvatiti kao čin pohlepe, a ne kao čin velikodušnosti, te da poruka koju šalju drugima nije ona koju su nameravali da pošalju.[1]

Shvatanje prema kome društveno pravilo proističe iz značenja određenog ponašanja za društvo takođe se može proveriti na terenu, kako to pokazuju nedavne studije. One su izmerile uticaj spoljašnjih podsticaja na društvene norme i ponašanje pojedinaca na raznim poljima, poput utaje poreza u Engleskoj[2], izbora etničke pripadnosti kineske dece[3] ili dezerterstva britanskih vojnika u Prvom svetskom ratu.[4]

---

[1] Dan Ariely, Anat Bracha, Stefan Meier, *Doing Good or Doing Well? Image Motivation and Monetary Incentivesin Behaving Prosocially*, American Economic Review, 2009, vol 99, n⁰ 1, str. 544–555. Izbor učesnika bio je poverljiva informacija, kao i u klasičnim eksperimentima, ili je pak bio dostupan kolegama.

[2] Tim Besley, Anders Jensen, Torsten Persson, *Norms, Enforcement, and Tax evasion*, rad objavljen na internetu. Prelaz – napravljen 1990 – s poreza na imovinu koji je obračunavan spram vrednosti imovine po stanovniku, a koji je vrlo regresivan, snažno je uvećao poresku evaziju, naročito u radničkim četvrtima, inače vrlo neprijateljski nastrojenim prema Margaret Tačer. Poreskoj evaziji trebalo je mnogo vremena da se vrati na svoj niski nivo, pošto je 1993. godine ukinut porez *per capita* i vraćen pravedniji sistem oporezivanja. Članak je proširio model na jedan dinamičan kontekst da bi se razumeo ovaj histerezis, te da bi se ukazalo na to da podsticaji i predviđanja o društvenoj normi objašnjavaju različite reakcije u vremenu i prostoru.

[3] Ruixue Jia, Torsten Persson, *Individual vs. Social Motives in Identity Choice. Theory and Evidence from China*, rad objavljen na internetu. U Kini, dete koje je rođeno u braku između pripadnika naroda Han i pripadnika neke etničke manjine može biti prijavljeno ili kao Han, ili kao pripadnik etničke manjine. Spoljašnja motivacija potiče iz prednosti koje uživaju etničke manjine u okviru programa pozitivne diskriminacije; društveno pravilo povezano je s reakcijom etničke zajednice na izbor etničkog izjašnjavanja.

[4] Daniel Chen, *The Deterrent Effect of the Death Penalty? Evidence from British Commutations during World War I*, rad objavljen na internetu. Spoljašnja motivacija u datom slučaju bilo je kažnjavanje (uključujući i smrtnu kaznu). Danijel Čen takođe razlikuje uticaj društvene norme prema periodu i poreklu vojnika (npr. engleskog ili irskog vojnika).

U primeru s dobrovoljnim davanjem krvi videli smo da doprinos proizvodnji opšteg dobra može opasti kada se davaoci nagrađuju, jer se velikodušnost tada može tumačiti kao gramzivost. Osim toga, može se desiti da taj čin plaćanja ukazuje na to da donosilac odluke poseduje neku informaciju o zadatku koji treba izvršiti ili o poverenju u njegovog izvršitelja. Ova ideja ponovo se nadovezuje na radove psihologa po čijem mišljenju nagrada može proizvesti dve posledice: klasični podsticajni efekat (ohrabrenje za preduzimanje većeg napora) i efekat povezan s onim što nam ova naknada otkriva u pogledu sposobnosti te osobe, ali i u pogledu težine njenog zadatka. Na primer, novčano nagrađivanje deteta za dobre ocene u školi može kasnije proizvesti izopačene efekte, jer se dete izlaže riziku da izgubi unutrašnju motivaciju za studije, te da se ubuduće rukovodi isključivo koristoljubljem. Zato je teorijsko objašnjenje različito od prethodnog:[1] dete može protumačiti obećanje nagrade kao signal manjka unutrašnjeg interesovanja za obavljanje zadatka, što u svim slučajevima umanjuje njegovu unutrašnju motivaciju. Ova teorija predviđa da nagrada ima kratkoročno pozitivan – ali dugoročno adiktivan efekat: ako je potom ukinemo, motivacija će biti slabija nego u situaciji kada nikakva nagrada nikad nije bila dodeljena.

Uopšte, treba se paziti onoga što ljudi zaključuju iz naših izbora. Kada je reč o trudu zaposlenih u preduzeću, zna se da preterano kontrolisanje podređenog može postati signal o nepoverenju i zato narušiti samopouzdanje, a time i ličnu motivaciju radnika. Kontrola može i narušiti efekat pravila o recipročnom altruizmu, koje smo već analizirali u ovom poglavlju. Jedan poznati eksperiment[2], zasnovan

---

[1] Roland Bénabou, Jean Tirole, *Intrinsic and Extrinsic Motivation*, Review of Economic Studies, 2003, n° 70, str. 489–520.

[2] Armin Falk, Michael Kosfeld, *The Hidden Costs of Control*, American Economic Review, 2006, vol 96, n° 5, str. 1611–1630. Na primer, uzmimo igru u kojoj igrač 1 poverava igraču 2 sumu koja se kreće između 0 i 10, a koja se utrostručava po prijemu (igrač 2 može od toga vratiti šta hoće); izmenjena igra podrazumeva da igrač 1 može tražiti minimalni povraćaj jednak sumi između 0 i 4, na primer. Zahtevanje minumuma u iznosu od 4 uklanja potrebu za obostranom saradnjom (te stoga najveći broj igrača to i ne zahteva).

na jednoj varijanti igre poverenja, ukazuje na to da se želja igrača 1 (onog koji odlučuje hoće li pokloniti poverenje) da se uveri u minimalni povraćaj igrača 2 okreće protiv njega: ne možemo istovremeno verovati nekoj osobi i pokazivati da zaziremo od nje.

IV. *HOMO JURIDICUS*: PRAVO I DRUŠTVENE NORME

U svom tumačenju prava, ekonomisti vide, pre svega, čitav skup podsticaja: postojanje mogućnosti novčane ili zatvorske kazne odvraća nas od prebrze vožnje, krađe ili drugih nedela. Međutim, psiholozi i sociolozi ne dele ovo tumačenje. Naime, oni smatraju da bi za navođenje na izvesne vidove društveno korisnog ponašanja – moglo biti važnije služiti se ubeđivanjem i društvenim sankcijama. Država ne bi smela svuda sejati formalne podsticaje. Za brojne načine ponašanja, poput manjih zagađivanja (bacanje masnog papira po ulici, noćna buka i slično), ne može se pribegavati policiji i sudovima, jer bi troškovi njihove intervencije bili nesnošljivi. Osim toga, ne možemo tačno definisati šta se od nas očekuje: deluje normalno pomoći strancu da nađe put, ali gde su granice naše obaveze u tom slučaju? Ljudi se moraju međusobno ispomagati, a društvene norme igraju značajnu ulogu u definisanju onoga što se od nas očekuje, kao i u stvaranju podsticaja za usvajanje ponašanja koje bi bilo bolje od onog koje bismo sami spontano usvojili. Što se tiče pravnika, oni priznaju značaj podsticaja, to jest priznaju podsticajnu ulogu prava, istovremeno insistirajući na izražavanju društvenih vrednosti putem zakona i drugih propisa. Dakle, po mišljenju pravnika, kad je reč o javnoj politici, ne može se računati isključivo na sankcije i finansijske podsticaje s ciljem podsticanja ekonomskih činilaca na društveno korisno ponašanje.

Sociolog Robert Čaldini (Robert Cialdini) s Državnog univerziteta u Arizoni ističe dve vrste normi.[1] Deskriptivna norma je norma koja razotkriva ljudima kako se pojedinci slični njima ili njihova zajednica ponašaju. Na primer, može se obznaniti koliko struje u

[1] Robert Cialdini, *Influence et manipulation*, Paris, First Editions, 2004.

proseku potroše njihove kolege, koliko recikliraju ili prilažu dobrotvornim ustanovama. Preskriptivna norma je ona norma koju pojedinci slični njima ili zajednica odobravaju. Jasno je da pri donošenju izvesnog broja odluka uzimamo u obzir stavove pojedinaca koji su nam slični, kao i njihovo ponašanje. U jednom eksperimentu preskriptivnog tipa, koji je izveden na Prinstonu kao reakcija na preteranu potrošnju alkohola studenata u kampusu, eksperimentatori su imali za cilj da pokažu kako, u stvari, najveći broj studenata ne konzumira alkohol zato što stvarno žele da piju, već zbog toga što (pogrešno) veruju da drugi studenti smatraju kako je taj običaj *cool*. Dakle, ovaj uticaj društvene norme ovde je usmeren na to da ekonomskim akterima uputi informaciju o tome šta drugi ekonomski akteri rade (konzumacija alkohola, potrošnja struje), ili šta smatraju prihvatljivim.

Ali – prema Čaldinijevom mišljenju, kao i prema ekonomskoj teoriji[1] – treba se postarati za to da ove poruke budu pažljivo izabrane. Vlada koja bi preklinjala svoje građane da plate poreske obaveze i pritom se oslanjala na argument da „veliki broj naših sugrađana pribegava utaji poreza kad god to može; u takvom stanju oskudice fiskalnih prihoda, vaš porez ima posebno velik značaj za društvo" - rizikovala bi da ne postigne naročit uspeh... Moraju se birati poruke koje su prikladnije za podsticanje na društveno osvešćeno ponašanje. Treba, na primer, dati informaciju koja je podsticajna za društveno korisno ponašanje: „*x*% vaših sugrađana reciklira", gde *x* predstavlja visok postotak koji pojedinci nisu očekivali, ako je zaista tako. Uvek je bolje „pozitivno se izražavati" o vrlini naših sugrađana.

Pravo i zakon takođe su izrazi društvenih vrednosti, a mogu služiti kao poruke o štetnosti nekih vidova ponašanja, o opštem moralu, o društvenim vrednostima... Jasno je da izvestan broj naših javnih politika vodi računa o tome kakvu poruku šalju. Uzmimo, recimo, krivične sankcije: klasična ekonomska analiza mogla bi preporučiti alternativne sankcije (novčane kazne, društveno koristan rad, itd.), one koje su društveno efikasnije i koje opterećuju državni budžet manje od zatvora. Međutim, neki građani videli bi u tome previše

[1] Roland Bénabou, Jean Tirole, *Laws and Norms*, već navođen članak.

ekonomski pristup, kojim bi se banalizovali neki, po njihovom mišljenju, neprihvatljive postupci.

U istom smislu, u svim zemljama debata o smrtnoj kazni suštinski se zasniva na ideji da smrtna kazna šalje društvu sliku o tome da je ono samo nasilno i da ne poštuje ljudsko dostojanstvo (prema najvećem broju zakonodavstava u najvećem broju zemalja razvijenog sveta) – ili, naprotiv, da je smrtna kazna jasan pokazatelj toga da društvo ne želi da toleriše izvesno ponašanje (u najvećem broju zakonodavstava u SAD). *Cost-benefit* analiza – koja se koristi u razmatranju pitanja smrtne kazne na sledeći način: odvraća li smrtna kazna od zločina i po koju cenu za društvo to čini? – ne doprinosi bitno u ovoj raspravi. Da sumiramo, uopšte uzev, rasprava o smrtnoj kazni ne svrstava se u okvire klasične *cost-benefit* analize, već mnogo pre u okvire vrednosti za koje se društvo opredeljuje. To je teren koji izmiče tradicionalnoj ekonomiji. Ovaj primer takođe omogućava da se razume zašto savremena društva koja žele da istaknu svoje vrednosti odustaju od smrtne kazne, ili od surovih kazni, pa čak i kad se osuđena osoba jasno izjasni njoj u prilog. Tako je velika većina građana smatrala da je zamena zatvorske kazne bičevanjem uz punu saglasnost osuđenika, koji u bičevanju prepoznaje ekvivalentnu kaznenu meru, nedopustiva uprkos velikoj budžetskoj uštedi koju bi ta zamena omogućila.

Konačno, pribegavanje podsticajima može ukazivati na manjak entuzijazma naših sugrađana kad je u pitanju opšti interes, kao i na odustajanje od pridržavanja normi građanskog vladanja, pokazujući se tako kontraproduktivnim. To što ljudi žele da sačuvaju iluziju kako je društvo u kojem živimo puno vrline – pomaže nam da shvatimo sveopšti otpor prema poruci ekonomista, koji su često glasnici loših ali empirijski proverenih vesti u pogledu vrlina članova našeg društva.

Samoobmanjivanje

Teorija igara i teorija informacije u psihologiji nalaze na polje primene koje je svakako neočekivano, ali naposletku tako logično. Naime, psiholozi i filozofi su vekovima (čak milenijumima) insistirali na fenomenu samoobmanjivanja; pojedinci najčešće gledaju da potisnu ili drugačije protumače informacije koje im ne idu u prilog. Jednim člankom koji su 2000. godine objavila dvojica studenata iz Tuluza – Huan Kariljo (Juan Carrillo) i Tomas Marioti (Thomas Mariotti)[1] – nastala je „teorija bihevioralne informacije", i to upravo uz preuzimanje jedne teme koja se često istraživala u psihologiji i filozofiji u vezi sa samoobmanjivanjem.

U saradnji s Rolanom Benabuom sa Univerziteta Prinston, predstavio sam samoobmanjivanje kao ravnotežu u igri između različitih identiteta jedne iste osobe. U pitanju je igra u kojoj pojedinac može pokušati da „zaboravi" (da potisne) neku informaciju koja bi mu mogla ugroziti samopouzdanje.[2] Pojedinac manipuliše svojim uverenjima, pri čemu može biti svestan toga da ima selektivno pamćenje.

Da bi se samoobmana shvatila, trebalo bi prvo shvatiti zašto bi pojedinac uopšte želeo da laže samog sebe; tj. trebalo bi shvatiti aspekt „potražnje" za samoobmanom. Konačno, klasična teorija odlučivanja ukazuje na to da posedovanje prave informacije omogućava donošenje boljih odluka; tako da postupamo potpuno svesni situacije. Zaboraviti neku informaciju znači lagati samog sebe, odnosno obezvrediti kvalitet svoje informacije i svoje odluke. U našem istraživanju, uočavaju se tri razloga iz kojih pojedinac može pokušati da laže samog sebe. Prvi razlog je strah od manjka volje, što za posledicu može imati sklonost ka odlaganju za sutra (prokrastinaciji) u budućnosti (veće samopouzdanje, vera u značaj svojih planova, omogućava da se, barem delimično, predupredi ovaj manjak volje i „energije" za preduzimanje poduhvata); drugi razlog je korist od određenih očekivanja ili anticipiranja (pojedinac se projektuje u budućnost; nepoznavanje, ili pre zanemarivanje negativnih aspekata te budućnosti, na primer mogućnosti da nas zadesi neka nesreća ili smrt, omogućava srećniji život, a povlači za sobom i donošenje loših odluka, poput neodlaska na medicinski pregled ili nevezivanje pojasa u automobilu; i obratno, svi „proživljavamo" godišnji odmor i druga prijatna dešavanja pre nego što do njih uopšte i dođe); a treći

---

[1] Juan Carrillo, Thomas Mariotti, *Strategic Ignorance as a Self-Disciplining Device*, Review of Economic Studies, 2000, vol. 67, n° 3, str. 529–544.

[2] Roland Bénabou, Jean Tirole, *Self-Confidence and Personal Motivation*, Quarterly Journal of Economics, 2011, vol. 117, str. 871–915.

razlog je upotreba uverenja o sebi (pojedinci žele da gaje lepo mišljenje o sebi i da se osećaju pametnim, lepim, velikodušnim, itd.).

U pogledu „ponude" samoobmanjivanja (kako se samoobmanjivanje odvija) uočavamo: manipulaciju sećanjem (strategija potiskivanja ili, naprotiv, ponavljanja); odbijanje primanja, slušanja ili razumevanja određenih informacija; izbor postupaka koji upućuje na karakterne crte pojedinca.

Platon je isticao da je samoobmana loša za pojedinca. Brojni psiholozi (Vilijam Džejms, Martin Seligman i mnogi drugi), naprotiv, insistirali su na neophodnosti da pojedinci vide sami sebe u pozitivnom svetlu: da bi osoba stekla motivaciju da preduzme korake radi sopstvene dobrobiti, ona mora imati dobru sliku o sebi. U ovom naučnom članku, fokusirajući se na problem volje, ukazali smo na to da ova samoobmana koristi pojedincu kada ima ozbiljan problem sa samokontrolom, ali ne i inače. Od tada se bavimo i određenim brojem drugih tema povezanih sa samoobmanjivanjem, koje idu od analize naših ličnih pravila u životu, preko religijskih odluka i uputstava sa uticajem na kolektivna uverenja o političkim odlukama, pa sve do problema sa identitetom (takođe povezanog sa uverenjima, kao u dramatičnom slučaju adolescentovog samoubistva zbog loše slike o sebi).[1]

V. *HOMO DARWINUS*

Konačno, želeo bih da kažem nekoliko reči o jednoj disciplini koja je u punom zamahu, o evolucionoj ekonomiji (na tom polju nisam sprovodio istraživanja). Jedna od najupečatljivijih činjenica ovih poslednjih dvadeset godina u ekonomskim istraživanjima jeste to što možemo otpočeti s mirenjem vizije o čoveku koju nudi ekonomska nauka s Darvinovom vizijom čoveka, prema kojoj smo svi

[1] Roland Bénabou, Jean Tirole, *Willpower and Personal Rules*, Journal of Political Economy, 2004, n° 112, str. 848–887; *Belief in a Just World and Redistributive Politics*, Quarterly Journal of Economics, 2006, vol. 121, n° 2, str. 699–746; *Identity, Morals and Taboos. Beliefs as Assets*, Quarterly Journal of Economics, 2011, vol. 126, str. 805–855.

plod prirodne selekcije. Primera uzajamnog podupiranja ekonomije i evolucione biologije ima mnogo. Na primer, društvene sklonosti, ključne za ekonomistu, kako pokazuje ovo poglavlje, takođe su izučavane iz ugla evolucije.[1]

Biolozi su, uostalom, dali doprinos teoriji igara. Na primer, prvi model „rata iscrpljivanjem protivnika" (koji opisuje kolektivnu iracionalnost u situacijama poput rata ili štrajka, gde svaka od strana mnogo ispašta, ali se i dalje drži u nadi da će pre kapitulirati druga strana) zasluga je biologa Majnarda Smita (Maynard Smith) iz 1974, mada će ovu paradigmu kasnije izbrusiti ekonomisti.

Teorija signala je treća zajednička tema biologa i ekonomista. Generalna ideja teorije signala jeste to da bi rasipanje resursa moglo koristiti pojedincu, životinji, planeti, državi ili preduzeću ukoliko bi se tako i drugi podstakli na poželjno ponašanje. Životinje se služe čitavim nizom skupih, štaviše disfunkcionalnih signala (poput paunovog perja) da bi zavele partnere i izbegle grabljivice, isto kao što se ljudi izlažu riziku da bi zadivili svoje protivnike ili osobu koju žele da privuku, ili kao što neko preduzeće prodaje robu ispod cene kako bi pokušalo da ubedi konkurente da su mu troškovi niski ili da mu je finansijski portfolio stabilan, a sve s ciljem da ih istisne s tržišta. Ubrzo pošto se pojavio čuveni članak ekonomiste Majkla Spensa (Michael Spence) o signalima[2], biolog Amoc Zahavi (Amotz Zahavi) objavio je analize na istu temu.[3] Ovi članci preuzimaju i formalizuju radove sociologa Torstena Veblena (Thorstein Veblen, *Teorija dokoličarske klase,* 1899), te francuske pristupe diferencijaciji (Žan Bodrijar, *Potrošačko društvo*, 1970; Pjer Burdje, *Distinkcija*, 1979).

---

[1] Na primer, pogledajte radove mojih kolega iz Tuluza: Ingela Alger i Jörgen Weibull, *Homo Moralis. Preference Evolution under Incomplete Information and Assortative Matching*, Econometrica, 2013, vol. 81, str. 2269–2302, i Paul Seabright, *La Société des inconnus, op.cit.* O biološkom poreklu saradnje vidi knjigu Sam Bowles and Herb Gintis, *A Cooperative Species. Human Reciprocity and its Evolution*, Princeton, Princeton University Press, 2013.

[2] Michael Spence, *Job Market Signaling*, Quarterly Journal of Economics, 1973, vol. 87, n° 3, str. 355–374.

[3] Amotz Zahavi, *Mate Selection:A Selection for a Handicap*, Journal of Theoretical Biology, 1975, vol. 53, str. 205–214.

Ideje o signalizaciji potiču od Darvina (*Poreklo čoveka* iz 1871), i to mnogo pre nego što su se ekonomisti i sociolozi počeli zanimati za takvo nešto. Prožimanje ekonomije s prirodnim naukama nije ništa slabije od prožimanja ekonomije s drugim društvenim i humanističkim naukama.

Naravno, skup ovih elemenata predstavlja tek kratak i selektivan uvod u polje jedne široke i dinamične naučne discipline. Prisustvujemo postepenom ponovnom objedinjavanju društvenih nauka. Ovo objedinjavanje odvijaće se sporo, ali je neizbežno. Naime, kao što sam to već rekao u uvodu ovog poglavlja, antropolozi, ekonomisti, istoričari, pravnici, politički filozofi, psiholozi i sociolozi zanimaju se za iste pojedince, za iste grupe i za ista društva. Prožimanje koje je postojalo sve do kraja XIX veka moralo bi se obnoviti, pa će od različitih naučnih zajednica iziskivati napore usmerene na otvaranje prema alatima i idejama drugih disciplina.

INSTITUCIONALNI OKVIR EKONOMIJE

Poglavlje 6

Moderna država

Ne želim da živim u svetu koji opisujete.

Decembar 1999. godine u Parizu: Žan-Žak Lafon, najpoznatiji francuski ekonomista svoje generacije, predstavlja Savetu za ekonomsku analizu svoj izveštaj[1] o etapama ka modernoj državi. Dve godine ranije, Lionel Žospen obrazovao je ovaj savet, koji deluje u okviru kabineta predsednika vlade, što je bio revolucionarni čin u zemlji u kojoj se na ekonomiste gledalo s velikim podozrenjem.

Ali, eto, izveštaj Žan-Žaka Lafona, mada je bio vrlo odmeren, ocenjen je kao bogohuljenje visokih funkcionera, akademske i političke elite tog doba. Bila je to tek graja nezadovoljstva, neprekinuti niz izjava koje su čestitale Žan-Žaku Lafonu na njegovom „neverovatnom izveštaju", pojašnjavajući u nastavku kako on ništa nije razumeo, ili – još gore – kako rizikuje da iskvari francusku omladinu. Šta kaže taj izveštaj? Da političari i visoki državni funkcioneri reaguju na podsticaje s kojima se susreću, baš kao i direktori preduzeća, zaposleni, nezaposleni, intelektualci ili... ekonomisti. Da se pri kreiranju države to mora uzeti u obzir. Žan-Žak Lafon, dubokoumni i originalni duh, nije se tu pokazao posebno kreativnim. Od Monteskjea i rodonačelnika američkog ustava (*Founding Fathers*), preko svih velikih konstitucionalista, do samog Karla Marksa, mogućnost da država bude talac ličnih interesa nauštrb kolektivnog interesa, te

---

[1] Jean-Jacques Laffont, *Étapes vers un État modern. Une analyse économique.*

da u jednom demokratskom sistemu briga za izbor ili reizbor preovlađuje u odnosu na sve ostale brige – bila je oduvek u samoj srži svake političke misli.

Žan-Žak Lafon, kao neko ko se i sam izuzetno zanimao za javni interes (kao vrlo mlad odbio je zavidne pozicije na američkim univerzitetima da bi dao svoj doprinos francuskom univerzitetskom sistemu, i to onom u provinciji), ali ni za šta nije optuživao naše političare na vlasti. On je vrlo dobro znao da brojni političari i političarke započinju karijeru kao idealisti, s namerom da učine svet boljim. On je takođe znao da je osuda političke klase opasna po demokratiju, te da je treba prepustiti populističkim partijama i demagozima. Ali ipak je pokrenuo talas nezadovoljstva prostim podsećanjem na to u šta se naši rukovodioci mogu pretvoriti, baš kao i svi drugi ljudi, u nastojanju da zadovolje lični interes. Načelo blagonaklonosti države pogodilo je u osetljivo mesto sve one koji su toga dana komentarisali njegov izveštaj.

Većina nas po celom svetu živi u tržišnim privredama prožetim državnim intervencionizmom. To je društveno ustrojstvo koje nam se sviđa, koje tolerišemo ili mrzimo, a da se ne zapitamo je li drugačije viđenje uopšte moguće. Nakon gromoglasnog ekonomskog, kulturnog, društvenog i ekološkog kraha planskih privreda, suočavamo se s nekom vrstom fatalizma koji je kod nekih obeležen indignacijom. Posebno su Francuzi ostali dezorijentisani. Oni spadaju u skoro najpodozrivije ljude na svetu kad su u pitanju tržište i konkurencija.

Neki se zalažu za *status quo*, pa i za neko vrlo nejasno viđenje sveta u kojem tržište više neće biti u središtu našeg društvenog ustrojstva; drugi, naprotiv, hvale minimalističku državu, koja bi se usredsredila isključivo na svoje regulatorne nadležnosti: pravo i sudstvo, te održavanje unutrašnjeg reda i spoljne bezbednosti, funkcije neophodne za obezbeđenje ugovora i prava svojine kao nužnih preduslova za slobodu preduzetništva. Obe ove vizije nepodesne su za ostvarivanje zajedničkog dobra. U ovom poglavlju pokušaćemo da razumemo zašto je to tako, kao i da vidimo kako drugačija koncepcija države može vratiti malo više vere u sistem koji upravlja našim životima.

Promišljanje o ulozi države nužno zahteva prepoznavanje problema koje tržište nosi sa sobom, a koji onemogućavaju dobro funkcionisanje našeg društva, kao i prepoznavanje ograničenja državne intervencije. Zato ćemo najpre malo zastati i zapitati se o logici našeg društvenog ustrojstva. Potom ćemo pokazati da se tržište i država dopunjuju, da se međusobno ne isključuju, kako se to često želi prikazati u javnoj debati. Zatim ćemo diskutovati o prvenstvu politike i gubitku njenog uticaja. Konačno, pozabavićemo se škakljivim pitanjem reforme države.

I. TRŽIŠTE IMA BROJNE NEDOSTATKE KOJI SE MORAJU ISPRAVITI

Pristalice tržišta naglašavaju njegovu efikasnost i integritet. U pogledu efikasnosti, oni ističu kako slobodna konkurencija primorava preduzeća da budu inovativnija i da domaćinstvima nude robu i usluge po razumnim cenama, što doprinosi kupovnoj moći, koja je posebno važna za najsiromašnije i srednju klasu.

Integritet tržišta je apstraktniji, ali ne manje bitan pojam. Isto kao što politička i kulturna sloboda štite stanovništvo od beskrajnog tlačenja većinske grupe, sloboda preduzetništva i trgovine štiti građane od mogućnosti da ekonomski život prisvoje interesne grupe koje se koriste političkim sistemom s ciljem sticanja privilegija nauštrb zajednice.

Poređenje životnog standarda koji je postojao u državama planske ekonomije i državama tržišnih ekonomija u trenutku pada Berlinskog zida 1989. godine (a koji je i danas viši od 1 : 10 između dve Koreje) – ostavlja malo mesta za sumnju u korist ekonomske slobode. Ipak, tržište ima mnogo mana, te se i ova knjiga bavi brojnim „nedostacima tržišta". Da bismo stekli opštu sliku o ovim nedostacima, postavimo sebi sledeće elementarno pitanje: zašto bi usaglašeni dogovor o razmeni, postignut između kupca i prodavca, predstavljao problem za društvo? *A priori*, ova razmena koristi obema stranama, čim su odlučile da pristanu na nju, pa zašto se onda mešati?

Nedostaci tržišta mogu se klasifikovati u šest kategorija:

1) *Razmena može uticati i na treća lica, koja se, po pravilu, o tome i ne pitaju.* Na primer, preduzeće može zagađivati njihovu životnu sredinu u procesu proizvodnje nekog proizvo-

da za potrošnju. Električna centrala koja proizvodi struju iz uglja emituje zagađujuće materije (sumpor-dioksid, azotne okside...) koje stvaraju kisele kiše ili gasove staklene bašte (ugljen-dioksid). Ne postoji nijedan tržišni mehanizam koji bi zaštitio pogođeno stanovništvo – ono ostaje pasivno i trpi neželjene posledice. Tako je zajednica izložena vazduhu zagađenom sumpor-dioksidom i finim česticama, atmosferom ispunjenom gasovima s efektom staklene bašte i dr. – ili je pak, kad je reč o ostalim zagađivačima, izložena podzemnim vodama i rekama zagađenim veštačkim đubrivom i hemijskim otpadom, itd. Dakle, tržište bi trebalo da bude praćeno politikom zaštite životne sredine. Ovaj argument opravdava postojanje vladinih tela, poput onog za životnu sredinu, ili – na drugom polju – tela za nuklearnu bezbednost.

2) *Do razmene može doći bez potpunog poznavanja situacije i bez saglasnosti obeju strana.* Da bi došlo do dobro promišljene i usaglašene razmene, trebalo bi da kupac bude korektno informisan. Međutim, može se desiti da kupcu nije poznata opasnost od nekog leka ili drugog proizvoda; takođe, može se desiti da ne bude „iz te branše", pa da bude prevaren. Zato je neophodno da postoji vladino telo koje će regulisati potrošnju i kažnjavati prevare, poput Generalne uprave za konkurenciju, potrošnju i suzbijanje prevara pri Ministarstvu privrede. Takođe, može se desiti da se razmena ugovori pod prinudom (na primer, pod pretnjom fizičkog ili nekog drugog nasilja), ili da njen predmet bude imovina nekog lica koje je nesposobno da njome samo upravlja, što bi, naravno, bilo nedopustivo.

3) *Može se desiti i da kupac bude sopstvena žrtva*, kada se ne može obuzdati, te usledi impulsivno ponašanje.[1] Filozofi, psiholozi i ekonomisti još su od antike (a od Adama Smita što se tiče ekonomista) naglašavali mogućnost da pojedinac daje preteranu prednost sadašnjem trenutku, kao i sopstvenoj tački gledišta. On može odlučiti, iako to možda stvarno ne želi, da potroši sve, ne ostavljajući ništa za budućnost. Time se opravdavaju

1 Vidi peto poglavlje.

akcize na cigarete, porezi na masnu hranu i slatkiše, pokušaji ograničavanja pristupa drogama ili, pri kupovini nekih trajnih dobara, zakonski propisan rok za promišljanja (period za opoziv), namenjen zaštiti potrošača od njih samih (ili, u tom smislu, od prodavaca, kojima su skloni da pokleknu kako bi ih se što pre rešili). To i jeste argument koji se u najvećem broju zemalja ističe kako bi se pojedinci naveli ili podstakli na to da uplaćuju doprinose za penziju (zemlje s penzionim sistemom akumulacije kapitala); ili, što je još ekstremnije, kako bi im se nametnuo penzioni sistem sa obaveznim učešćem (zemlje s penzionim sistemom tekućeg finansiranja iz doprinosa). To počiva na ideji da pojedinci manje vrednuju daleku budućnost nego trenutno blagostanje. Odlično uočavamo ograničenja paternalističkog argumenta (država nas ne sme tretirati kao decu i suviše često odlučivati o tome šta je najbolje za nas!), ali pojedinac koji shvata da mu manjka volje i da troši „protiv svoje volje" potencijalni je pokazatelj u proceni kada stav države može odmeniti lični stav.

4) *Sama realizacija razmene može prevazići sposobnosti pojedinca.* Kada stavite svoj novac u banku, ugovor vam pojašnjava da depozit možete povući pod određenim uslovima (ako je reč o štednji po viđenju, to možete učiniti kad god poželite); takođe, vaša polisa osiguranja pojašnjava da možete tražiti njenu isplatu u slučaju neke nesreće ili požara, dok vam investiranje u životno osiguranje daje pravo na prihod (uz garancije ili bez njih). Ali postoji rizik da će onog dana kada poželite da povučete svoj depozit ili zatražite isplatu, odnosno kada nastupi rizik pokriven ugovorom o osiguranju, banka ili osiguravajuće društvo bankrotirati, ostavljajući vas nezbrinutim. Naravno, teoretski gledano, možete danonoćno pratiti bilansne i vanbilansne aktivnosti svog finansijskog posrednika, kako biste prepoznali njegov predstojeći bankrot, povukli depozit na vreme ili raskinuli polisu osiguranja kada se zdravlje vašeg finansijskog posrednika pogorša, ali vrlo brzo biste uvideli ograničenja ove strategije – koliko zbog vremena koje treba posvetiti tom praćenju, toliko zbog tehničke ekspertize koja je nužna da bi se iz njega izveli osnovani zaključci. U praksi, bankar-

ski supervizor (Evropska centralna banka) i regulator tržišta osiguranja (u Francuskoj Organ za prudencijalnu superviziju i regulaciju – *Autorité de contrôle prudentiel et de résolution* – vrši nadzor nad osiguravajućim društvima i pomaže ECB u nadzoru francuskih banaka) pošteđuju vas ovih napora. Osim toga, državno osiguranje garantuje za sva potraživanja vlasnika depozita i štednje do određenog iznosa.

5) *Preduzeća mogu posedovati tržišnu moć*, tj. sposobnost da potrošačima naplaćuju cene koje su mnogo više od troškova ili da im isporučuju robu osrednjeg kvaliteta. To je posebno primetno kada su tržišta monopolizovana usled, recimo, izuzetno velikih prinosa od obima. Tržišna moć je temelj antimonopolskog prava i sektorske regulacije. Tako vladino telo za konkurenciju u Francuskoj i Generalna direkcija za konkurenciju pri Evropskoj komisiji nadziru postojanje monopola i antikonkurentsku praksu; vladino telo za regulaciju elektronske komunikacije i pošta (Arcep) reguliše elektronsku komunikaciju i pošte u Francuskoj; dok komisija za regulaciju struje i gasa (Creg) radi to isto, samo u oblasti struje i gasa.

6) Konačno, *ako tržište i jeste faktor efikasnosti, ne postoji nijedan razlog da ono bude pravedno.* Uzmimo za primer zdravlje: kada bi se osiguravajućim kućama za dopunsko zdravstveno osiguranje ili republičkom fondu za zdravstveno osiguranje dopustilo da u ugovorima zdravstvenog osiguranja vrše diskriminaciju zbog, recimo, trenutnog zdravstvenog stanja ili genetskog koda, osoba obolela od raka – ili neko ko je nosilac gena što ukazuju na krhko zdravlje – ne bi mogla dobiti zdravstveno osiguranje po povoljnoj ceni. Reč je o poznatoj stvari u ekonomiji: informacija ubija osiguranje. Zbog toga zakoni brojnih zemalja zabranjuju da ugovor o zdravstvenom osiguranju bude uslovljen određenim ličnim medicinskim podacima pojedinca (a tako je u Francuskoj, koja, što je paradoksalno, subvencioniše opšteprihvaćene kolektivne ugovore preduzeća, koji, međutim, praktikuju selekciju rizika: to što zaposleni, uglavnom boljeg zdravstvenog stanja od ostatka populacije, spadaju u „posebnu kategoriju" – uvećava troškove dopunskog zdravstvenog osiguranja za sve ostale).

Isto tako, tržište nema ni najmanje razloga da pravi raspodelu prihoda koja bi bila poželjna za društvo. A nejednakost u prihodima pre oporezivanja neće se popraviti u globalizovanom svetu, gde se bogatstvo nacije sve češće zasniva na inovacijama. Nejednakost je skupa iz dva razloga koji se tiču pravičnosti i efikasnosti.

Kao prvo, u tržišnoj ekonomiji nejednakost može biti viđena kao nepostojanje osiguranja. „Pod velom neznanja", tj. pre rođenja, dok još ne znamo svoj budući položaj u društvu, želeli bismo da nagradimo napor kako bismo podstakli pojedince da stvaraju bogatstvo za društvo, ali bismo takođe želeli da osiguramo život u dostojanstvenim uslovima u slučaju nesreće, ako bismo se, nažalost, našli među onim najnesrećnijima. U tom smislu, društveni ugovor može se posmatrati prosto kao polisa osiguranja. To predstavlja temelj preraspodele putem oporezivanja prema dohotku. Ukratko, pristup osiguranju i preraspodela prihoda i bogatstva stvorenog zahvaljujući tržištu nemaju ni najmanje razloga da odgovaraju onome što bismo želeli da vidimo nalazeći se iza vela neznanja, tj. ne poznajući položaj koji ćemo zauzeti u društvu. Kao drugo, i pored aspekta „rizika od sudbine", na koji smo gore ukazali, nejednakost može imati i druge disfunkcionalne posledice.[1] Ona ugrožava društvene veze i može voditi stvaranju eksternalija, zbog kojih kasnije trpi celokupna populacija, uključujući i one koji zahvaljujući svom radu i svojoj okolini uživaju ekonomski privilegovanu sudbinu (nesigurnost, getoizacija, osetljiva i manipulaciji podložna populacija uvučena u stvari koje se ne mogu tolerisati, itd.). Žalostan prizor zatvorenih društava (*gated communities*) odlično pokazuje da se negativne posledice nejednakosti ne svode prosto na nepostojanje osiguranja od sudbinskog rizika.

[1] Druga mana nejednakosti odnosi se na gubitak samostalnosti. Pojedinac koji nema resurse da se prehrani, putuje ili obezbedi sebi krov nad glavom – nije u mogućnosti da nađe posao.

II. KOMPLEMENTARNOST TRŽIŠTA I DRŽAVE I TEMELJI LIBERALIZMA

U javnoj debati često se međusobno sučeljavaju pristalice tržišne ekonomije i pristalice državnog intervencionizma; obe strane smatraju da su tržište i država suprotstavljeni jedno drugom. Pa ipak, država ne bi mogla omogućiti građanima (korektan) život bez tržišta, a tržištu je država potrebna ne samo da bi ona putem pravnog sistema zaštitila slobodu preduzetništva i osigurala ugovore – već i kako bi korigovala njegove nedostatke.

Društveno uređenje obično (i implicitno) počiva na dva stuba:

- Nevidljiva ruka otvorenog tržišta, opisana 1776. godine u delu *Bogatstvo naroda* Adama Smita, oslanja se na nastojanje da se zadovolji lični interes radi postizanja ekonomske efikasnosti. Ideja je da cena neke robe ili usluga, koja proističe iz ukrštanja ponude i potražnje, sadrži mnoštvo informacija o sklonosti kupaca da plate i o troškovima prodavaca. Naime, razmena se dešava samo kada vrednost onoga što je kupac spreman da plati premašuje cenu koja mu se traži, dok, slično tome, prodavac neće pristati na prodaju osim ako isplaćena cena ne premašuje troškove proizvodnje. Kada se ukrste ova dva uvida, kupac kupuje samo ako je spreman da plati više od onoga što je predmet njegove kupovine koštao društvo, odnosno više od troška proizvodnje. Obratno, na tržištu na kojem vlada konkurencija kupci i prodavci suviše su mali da bi manipulisali cenom, te je, u tržišnoj ravnoteži, cena takva da je potražnja po toj ceni jednaka ponudi po toj ceni; sva „dobit od razmene" je ostvarena.[1] Dakle, iz toga proizlazi efikasna podela resursa u društvu;

[1] Svi kupci spremni da plate više od cene biće usluženi, dok će svi prodavci spremni da prodaju po takvoj ceni – prodati. Dakle, jedina preostala potencijalna razmena jeste ona između kupaca koji su spremni da plate manje od cene i prodavaca koji traže više od cene, zbog čega ovakva trgovina ne podrazumeva nikakvu dobit iz razmene. Što je empirijski donekle proverljivo; vidi četvrto poglavlje.

- Država ispravlja (brojne) nedostatke tržišta koje smo upravo predstavili. Ona čini ekonomske učesnike odgovornijim, a sama je odgovorna za solidarnost. Jedan od žestokih pobornika ove ideje jeste engleski ekonomista Artur Pigu (Arthur Pigou, Kejnzov profesor na Kembridžu), koji je 1920. godine uveo načelo „zagađivač plaća" u knjizi *The Economics of Welfare*.

Pre nego što pristupim analizi ograničenja ove organizacije, voleo bih da naglasim njenu koherentnost: država definiše pravila igre i utvrđuje odgovornost učesnika koji mogu (štaviše – moraju!) tragati za zadovoljenjem sopstvenog interesa. Uzmimo primer životne sredine: umesto da bira preduzeća od kojih bi zahtevala da uklone tragove zagađenja (što bi mogla raditi jedino naslepo, usled manjka informacija), država, recimo, kaže: „Ako ispustite tonu ugljen-dioksida, to će vas stajati od pedeset do sto evra (naravno, sad smo u domenu ekonomske fantastike!); vi treba da odlučite". Tada se preduzeće koje je najzad učinjeno odgovornim u pogledu uticaja svojih odluka na društvo može usredsrediti na efikasnost svoje proizvodnje, poštujući ujedno ograničenja koje društvo sebi namerava da nametne na polju emisije ugljen-dioksida.

Smitovi i Piguovi radovi rame uz rame uspostavljaju temelje vrednostima akcionarstva i liberalizma, ali vrednostima akcionarstva i liberalizma koji se bitno razlikuju od tradicionalnih značenja ovih pojmova u Francuskoj, koja teže da ih poistovete sa izostankom državne intervencije i borbom za opstanak pojedinaca. Naprotiv, kamen temeljac ovog zdanja jeste u ideji da učesnici snose odgovornost za štetu koju nanose društvu svojim odlukama.

Nedostaci države

Ova analiza pokazuje da tržišna ekonomija i državni intervencionizam nisu alternativa jedno drugom, već da su, sasvim suprotno tome, međusobno zavisni. Valjano funkcionisanje tržišta zavisi od valjanog funkcionisanja države. I obratno, falična država ne može doprineti efikasnosti tržišta, niti mu može biti alternativa. Međutim, isto kao i tržište, i država često ima svojih nedostataka. Uzroci toga su mnogobrojni.

Prvi uzrok je to što je država zarobljena u kandžama lobi grupa. Često se misli na prijateljske veze ili na kombinacije (na primer, najavljivanje budućeg radnog mesta u nekom sektoru), što stvara dosluh između države i onih koje bi država trebalo da reguliše. Ali to je samo delić jednačine. U prirodi političkih podsticaja jeste želja da se bude izabran ili reizabran, što na dva načina može uticati na odlučivanje.

Kao prvo, postoji veliko iskušenje da se „jaše" na predrasudama i nedostatku stručnosti biračkog tela, čemu ćemo se vratiti u nastavku. A zatim, štetnost politika koje su povoljne po neke grupe za pritisak često je manje vidljiva za ostatak zajednice (na primer, za poreske obveznike i potrošače), dok je korist od tih politika izuzetno vidljiva u okviru snažno angažovane grupe za pritisak. Ova asimetrija informacija, ponekad pojačana svesnom odlukom da se primljena pomoć zabašuri[1], iskrivljuje javni izbor. Drugi važan primer politike čija je korisnost vidljiva onima kojima ide u prilog, a troškovi gotovo nevidljivi svim ostalima, jeste klijentelizam koji se sprovodi otvaranjem radnih mesta, čemu pribegavaju mnoge lokalne samouprave, a što na kraju vodi njihovoj hipertrofiji.

Stvaranje odgovornosti za delovanje javnog sektora složen je proces. U nekim domenima, sankcija je primenjiva, u nekima nije. Na primer, sistem javnog prevoza koji loše funkcioniše odmah pada u oči. Kredite i njihove brojne vanbilansne surogate koji se, s ciljem prikrivanja državnog duga i duga lokalnih samouprava, ne iskazuju u budžetskim bilansima, kao i zapošljavanje u javnom sektoru (stvaranje *de facto* prave dugoročne obaveze, koja se takođe ne prikazuje u bilansima) – biračko telo mnogo će teže uočiti.

Osvrnuću se na uvod u ovo poglavlje: oni koji bi želeli da bacaju kamenje na političare – neka prethodno razmisle o tome kako bi se oni sami poneli da se nađu u njihovoj koži. Suzdržavanje od moralnih pridika nije samo mera zaštite od preterane strogosti pre-

[1] Kao što je pomoć izvoznicima, gde se lista korisnika ne objavljuje, uz obrazloženje da će mera izgubiti u efikasnosti jer će podstaći stranu konkurenciju da izađe s boljom ponudom, ili kao u primeru s ukrštenim subvencijama između sektora u osiguranju od nezaposlenosti (sektor koji je izdašni korisnik osiguranja od nezaposlenosti „oporezuje" druge sektore).

ma političkoj klasi – već i odraz shvatanja važnosti ove analize, umesto umišljanja da su krivi pojedinci (mada jeste tačno da se političari međusobno razlikuju po hrabrosti i upravljačkim sposobnostima).

Konačno, nedostaci tržišta ne mogu se uvek valjano ispraviti zbog teritorijalne nadležnosti sudova. Usled nepostojanja međunarodnog sporazuma, sva je regulativa nužno lokalnog tipa: Francuska može podsticati svoja preduzeća, građane i državnu upravu na smanjenje emisije ugljen-dioksida, ali ne može isto to činiti i u ostalim zemljama. Ona ne može zabraniti dečji rad u nekoj dalekoj i suverenoj državi.[1]

III. POLITIČKI PRIMAT ILI NEZAVISNA TELA?

Insistiranje na nužnosti državne intervencije nije dovoljno. Treba razmišljati i o načinu na koji bi se ova intervencija ostvarivala. Malo je u Francuskoj tako osetljivih pitanja kao što je podela rada između izabranih lica i (čuvenih) nezavisnih upravnih vlasti. Ovim nezavisnim upravnim vlastima – poput sudova, koji su u Francuskoj donedavno bili potčinjeni političkoj vlasti – ne rukovode izabrana lica, te oni izmiču svakodnevnoj kontroli zakonodavne ili izvršne vlasti ministarstava.

Na svim predsedničkim izborima, umerena levica i umerena desnica, strahujući da ih ne preplavi populizam, insistiraju na primatu politike u oblasti ekonomskog odlučivanja, te dovode u pitanje nezavisnost naših regulatornih tela ili Evropske centralne banke (ECB). Sve češće se besno ostrvljuju ne samo na ECB već i na vladina tela za zaštitu konkurencije, koja su navodno opsednuta opstankom konkurencije na tržištu, pa ne dopuštaju našim političkim rukovodiocima da ih organizuju. Pokušavaju s postavljanjem poslanika i senatora u regulatorne i nezavisne sektorske komisije. Nacionalna komisija za informisanje i slobode (Cnil) i Visoko telo za borbu protiv diskriminacije i jednakost (Halde) takođe su se našli na nišanu.

[1] Zabrana uvoza iz takve zemlje mogla bi se pokazati nemogućom zbog međunardnih trgovačkih sporazuma (STO), ili usled drugih političkih pritisaka.

Pogledajmo malo unazad, na dvostruki gubitak uticaja francuske centralističke države u poslednjih trideset godina:

- U korist tržišta usled privatizacije, otvaranja konkurenciji, globalizacije i sistemskog pribegavanja licitacijama i tenderima;
- U korist novih činilaca, bili oni politički (Evropa ili njeni regioni) ili ne (utvrđivanje novih sudskih nadležnosti i uspostavljanje novih nezavisnih tela).

U velikoj meri, ovaj prenos vlasti jeste prećutna diverzija jednog dela političke klase i visokih državnih funkcionera, koji su postali svesni teškoće reformisanja ili, uopšte uzev, delovanja pod pritiskom biračkog tela, te delegiranja procesa odlučivanja učesnicima koji su u tome nezavisniji ili koji su, kao u slučaju regiona, u međusobnoj konkurenciji (što načelno omogućava da se njihovi rezultati porede, te da loše rukovođeno izborno telo regiona sazna za postojanje drugih mogućih politika).

Nezavisnost u odnosu na političku vlast svakako nije nova ideja (na primer, nezavisnost sudija u odnosu na britansku krunu koju je ustanovio *Act of Settlement* iz 1701, kao i podela vlasti upisana u Ustav SAD 1787). Ali reforme izvedene poslednjih trideset godina i povremeni napadi na nezavisne upravne vlasti u Francuskoj teraju nas da se još jednom okrenemo njihovim temeljima.

Primer sudstva odlično ilustruje ključnu tačku: svrha javnog delovanja deo je politike i društvenog odlučivanja. U datom slučaju svrha je upravljanje „dobrim pravosuđem", ma kakvo značenje društvo pripisalo ovom pojmu. Ono smatra da će taj zadatak bolje ispuniti nezavisni sudovi, što je, uostalom, obeležje istinske demokratije. Isto važi i u mnogim drugim oblastima. Za donošenje ekonomske odluke – ekonomija je nauka o sredstvima i rešenjima, a ne o krajnjim ciljevima. Prema tome, nezavisnim vlastima biće poverena generalna nadležnost, u okviru koje će one ocenjivati, pronalaziti tehnička rešenja, te predstavljati jemstvo nezavisnosti u odnosu na grupe za pritisak i koherentnost politike koju vode.

Razlog za postojanje nezavisnih organa

Da bi se objasnila ograničenja političkog delovanja, ponoviću da je beskorisno i neodgovorno upirati prstom na političku klasu.

Važnije je prihvatiti da političari, kao i svi mi, reaguju na podsticaje s kojima se susreću.

U ovom slučaju, ako podsticaja ima mnogo, oni su pod snažnim uticajem straha od neuspeha na izborima. Prednost postojanja tog straha jeste to što on obavezuje izabrana lica da vode računa o javnom mnjenju. Ova prednost je, međutim, i Ahilova peta demokratskog mehanizma: ako je cilj predstavničke demokratije da delegira donošenje odluka akterima koji su bolje informisani od izbornog tela, ti akteri često se preobražavaju u ispitivače i „sledbenike" javnog mnjenja, ili barem javnog mnjenja koje se informiše preko štampe. Brojni su oni koji će odbiti da žrtvuju svoju političku karijeru kako bi se posvetili nekoj nepopularnoj temi ili temi koju angažovane grupe za zaštitu interesa smatraju manje važnom, ili tako što bi, štaviše, doveli u pitanje izbore ne preduzimajući „korake" kakve njihovo izborno telo očekuje od njih. Na ovo mi se može odgovoriti podsećanjem da političar ponekad preuzima rizik da misli sopstvenom glavom i ne sledi javno mnjenje. Tu se može navesti primer smrtne kazne koju je septembra 1981. godine ukinuo Fransoa Miteran, uprkos javnom mnjenju, koje je većinski išlo u prilog njenom zadržavanju. Jeste bilo tako, ali, s jedne strane, izborni kalendar umanjio je rizik (odluka o ukidanju smrtne kazne donesena je na samom početku Miteranovog sedmogodišnjeg mandata); dok, s druge strane, činjenica što je ovaj hrabri politički potez toliko uzburkao duhove samo svedoči u prilog onome o čemu sam govorio.

Činjenica je da je sticanje nezavisnosti centralnih banaka u celom svetu bilo posledica inflatornih pritisaka koji su nastajali usled predizborne kampanje. Podvrgavanje telekomunikacija, energetike i drugih industrija sa tzv. efektom mreže nezavisnoj regulaciji (agencijama, a u nekim zemljama sudovima) posledica je političkih pokušaja (kada iza regulacije stoji ministarstvo) da se veštačkim putem obore cene, što dovodi u pitanje investicije i dugoročnu održivost ovih mreža (čitalac može, na primer, potražiti najučestalije zvanične izjave izabranih lica o cenama struje i gasa).

Iz iste perspektive, prenošenje politike konkurentnosti i sektorske regulacije na nezavisna tela bilo je odraz toga što ministarstva nadležna za ove politike nisu želela da navuku gnev direktora i radnika preduzeća koji su očigledno doživljavali svoj sektor kao zaštićeno lovište, želeći da po svaku cenu izbegnu uvođenje ili rast konkurencije u svojoj oblasti. Na primer, u ministarskom kabinetu raspravljalo bi se o nekoj zloupotrebi dominantnog položaja ili o nekoj fuziji koja dovodi u opasnost konkurenciju na nekom tržištu. Teren je bio političkog tipa, a rezultat mu je zavisio od utemeljenosti ekonomske argumentacije, ali i od ličnih odnosa. Prenošenje primene antimonopolskog zakonodavstva na nezavisne vlasti potpuno je promenilo stvari. Ovde ima vrlo malo mesta za dosluh, pa zainteresovane strane moraju pribaviti ubedljivije argumente i dela. Ekonomska logika zauzima mnogo više mesta. Ne slažem se uvek sa svim odlukama koje ove vlasti donose, ali suština nije u tome: smernice i prikupljanje mišljenja jesu cilj rasprava koje sučeljavaju različita gledišta i u kojima se ističe kvalitet argumenata pre nego odnos snaga. Donete odluke smislenije su od onih prethodnih. A ako se želi unaprediti kvalitet odluka koje ove vlasti donose, ekonomisti treba da unaprede svoja istraživanja i da efikasnije prenose svoje rezultate ostalima, dok bi nezavisne vlasti trebalo da prodube svoje analize.

Još jedan primer ukazuje na opasnost od podilaženja biračima: bankarske krize, a ponekad i krize javnog duga prouzrokovane stanjem na tržištu nekretnina. Vlade u svim zemljama sveta, od vrlo konzervativnog Džordža Buša do socijaliste Hosea Luisa Zapatera, htele su da omoguće svom biračkom telu pristupačno tržište nekretnina. *A priori* tu nema ničeg za osudu, osim što se, među drugim merama, mehanizam pristupa nekretninama oslonio i na spuštanje kriterijuma za odobravanje stambenih kredita koje dele finansijske institucije. Pozajmljuje se domaćinstvima koja jedva da su solventna i koja se u slučaju nastanka problema (ličnih ili makroekonomskih, poput rasta kamatnih stopa, pada cena nekretnina...) nalaze u nemogućnosti da nastave sa otplatom, zbog čega ostaju na ulici.

Mnogo se pričalo o krizi *subprime*, kad je reč o ovim visokorizičnim kreditima za kupovinu nekretnina u SAD, ali slična iskustva mogu se naći i pred našim nosom, recimo, u Španiji (i u Francuskoj su predlagani zakoni o opštim bankarskim uslugama s ciljem olakšanja odobravanja bankarskog kredita licima bez proverene kreditne sposobnosti). U Španiji je sve do 2008. godine naduvavan mehur na tržištu nekretnina, koji je, pošto je eksplodirao, ostavio užasne posledice po sve kreditore, građevinski sektor, banke (*Cajas*) i, konačno, po ceo španski narod. Spasavanje banaka vrlo je brzo urušilo javne finansije i državni dug (koji je bio manji od 40% BDP-a pre krize), i to do te mere da je Španija morala zatražiti pomoć od MMF-a, ECB i Evropske unije za program pomoći. Španija se kolebala između plana oporavka i plana štednje. Nezaposlenost je vrlo brzo rasla, naročito među mladima, i društveni trošak krize bio je izuzetno visok.

Krhkost tih *Cajas* i nekih drugih banaka bio je odlučujući faktor španske krize. A ako vam kažem da su španske bankarske supervizore (iz Centralne banke Španije, koja je isto što i Centralna banka Francuske) njihove kolege smatrale najkvalifikovanijima na svetu? Ovi supervizori su, uostalom, vrlo brzo, već oko 2005, uočili rizik od krize koju su banke stvorile mehurom na tržištu nekretnina. Osim toga, oni su bili prvi na svetu koji su od banaka zatražili da izdvajaju dodatna rezervisanja u doba debelih krava (ne smemo ni zamisliti kakva bi bila španska kriza da nije bilo ovih dodatnih bafera!), anticipirajući tako reformu koja je uvela zahtev za prociklični deo kapitala banaka, što je usvojeno u Bazelu nakon krize. Ali kada je centralna banka postavila dijagnozu, odluka da se banke primoraju na smanjenje svoje izloženosti tržištu nekretnina našla se u rukama političara, i onih u Madridu i onih po regionima. Želja za dopadljivošću prevagnula je nad obazrivošću.

Politički primat ili nezavisna tela?

Kada bi proces odlučivanja trebalo da pređe u sferu politike? U osnovi, izgleda da je politički proces prikladniji za donošenje društvenih odluka bliskih celini biračkog tela (naravno, pod uslovom da ne preti opasnost od tlačenja manjine). Odluke tehničkog karaktera, naprotiv, podložne su lošem razumevanju među biračima, te su stoga predmet neuspeha demokratskog mehanizma: koliko se birača upisuje na doktorske studije iz ekonomije da bi mogli bolje pojmiti značaj raščlanjivanja pristupa lokalnoj petlji u telekomunikacijama, ili značaj monetarne politike, te tako biti bolje upućeni prilikom glasanja? Koliko se birača upiše na doktorske studije iz istorije ili geografije da bi mogli valjano suditi o francuskoj politici na Bliskom istoku? Koliko je birača pregledalo i analiziralo bilanse *Francuskih železnica* da bi steklo uvid u nivo njihovih subvencija i produktivnosti, ili koliko njih poznaje pokazatelje koji se odnose na efikasnost drugih državnih intervencija na polju socijalne stanogradnje i obrazovanja? Koliko se birača ozbiljno bavi teškim naučnim temama, poput problema genetski modifikovane hrane, gasa iz škriljaca ili globalnog zagrevanja? Posledica ove slabe informisanosti građana jeste to što ove odluke tehničkog karaktera donose regulatori koji lako postaju plen finansijski i medijski najmoćnijih interesnih grupa, ili najbolje organizovanih grupa.

Ja ne osuđujem građane ništa više nego političare. Ne bih imao pravo to da činim: i sam procenjujem neko političko delovanje na osnovu sasvim polovičnih saznanja. Želim samo da skrenem pažnju na posledice naše loše obaveštenosti, kojih bi trebalo da budemo svesni.

Naravno, kada smo ovo razjasnili, preostaje da se pristupi pipavom izboru između primata politike i nezavisnosti tela. Ipak, ne treba prenaglašavati njihovu suprotstavljenost; moderna država koja je proizašla iz filozofije prosvećenosti predstavlja se kao nezavisna u odnosu na pojedinačne interese, a i demokratija je izmišljena uz uzimanje u obzir da je „najmanje loša od svih režima", ali ne besprekorna. Osnivanje nezavisnih tela predstavlja jedan od instrumenata koji demokratiji omogućavaju da ublaži preterivanja do kojih vodi iskušenje podilaženja masi, kao i da obezbedi trajnu nezavisnost države. Status javne službe i u vezi s tim namera da se stvori sloj nezavisnih državnih službenika deo su iste filozofije. Na zvaničnoj internet stranici Republike Francuske[1] odlično su sažete prednosti nezavisnosti: „Nezavisna upravna tela pokušaće da zadovolje tri potrebe: da ponude mnjenju veću garanciju nepristrasnosti državne intervencije, da omoguće više učešća osobama različitog porekla i stručnosti, a posebno stručnjacima iz kontrolisanih sektora, kao i da obezbede brzu intervenciju države, prilagođenu razvoju potreba i tržišta"; premda formulacija „posebno stručnjacima iz kontrolisanih sektora" nužno zahteva izvesna pojašnjenja u pogledu načina na koji bi se obezbedila drugačija vrsta nezavisnosti regulisanih sektora.

---

[1] http://www.vie-publique.fr/decouverte-institutions/institutions/administration/organisation/etat/aai/quel-est-role-aai.html

Ne baš sasvim nezavisna tela

Ako donosioci odluka koji ne trpe sankcije u vidu izbornog poraza (sudije, predsednici regulatornih tela, itd.) slobodnije deluju, postoji i druga strana medalje, a to je izostanak sankcije u slučaju njihovog devijantnog ponašanja. Kako bi se ograničio rizik od kvarenja nezavisnih tela, prvi uslov je da se na njihovo čelo postave nezavisne i ugledne ličnosti nakon javnog saslušavanja kandidata, gde će težište biti na njihovoj stručnosti, uz podršku obeju političkih opcija, ako je to ikako moguće. Usluge koje su izraz lojalnosti i dobrih odnosa sa strankom ili nekim političarem ni u kom slučaju ne smeju doći u obzir. Nakon što se ovakvo telo ustanovi, konsultacije, transparentnost u postupanju i obaveza dostavljanja obrazloženih mišljenja podstiču donošenje ekonomski opravdanih odluka; mišljenje o „kvalitetu" regulacije koje iznesu nezavisni stručnjaci ovog tela moglo bi eventualno doprineti tome da neki političar bude posramljen zbog donošenja neopravdanih odluka.

Konačno, „nezavisno telo" ne bi smelo biti (niti je ono to ikad) potpuno nezavisno: kvalifikovana parlamentarna većina mora imati mogućnost da suspenduje rukovodioce na osnovu njihove sveukupne politike (a ne zbog nekog aktuelnog političkog pitanja). Konačno, treba uzeti u obzir postojanje sukoba interesa, koji su manje ili više unapred predvidljivi, te ih tretirati neposredno i eksplicitno u procedurama koje omogućavaju da im se ograniči domet.

Malo podučavanja, molim...

Neprijateljska atmosfera prema nezavisnim telima često dosta toga duguje izbornom kalendaru. Na primer, retorika protiv Evropske centralne banke delom je populističkog karaktera i ne ostavlja mnogo neposrednih posledica, jer je nezavisnost ove institucije ustanovljena multilateralnim međunarodnim ugovorima, te su male šanse da će Francuska ikad uspeti da ubedi svoje evropske partnere u to da se ECB stavi pod politički nadzor.[1]

[1] Ipak, treba biti oprezan kad je reč o ovom pitanju. Na primer, tokom evropske krize države su se rastosiljale problema uz pomoć Evropske centralne

Posredne posledice, naprotiv, mnogo su ozbiljnije. S jedne strane, pretnja koja lebdi nad postojećim nezavisnim telima izlaže ih riziku da jednog dana zaista budu podvrgnuta politici. S druge strane, referendum o evropskom ustavu ukazao je na sva ograničenja strategije žrtvenih jarčeva. Demagoški napadi na institucije koje su uspostavljene s jasnom namerom da se izbegnu neželjene posledice izbornog sistema mogu samo razgoreti podozrenje naših sugrađana prema javnoj stvari. Istinska politička hrabrost sastojala bi se u podučavanju javnog mnjenja s ciljem mirenja naše zemlje sa savremenom demokratijom, u kojoj nezavisne vlasti s pravom zauzimaju svoje mesto.

IV. REFORMISATI DRŽAVU

Nova koncepcija države

Poimanje države se promenilo. Ranije shvatana kao snabdevač radnih mesta putem javnih službi i proizvođač dobara i usluga putem javnih preduzeća, država u svom savremenom obliku utvrđuje pravila igre i interveniše da bi ublažila nedostatke tržišta, a ne da bi ih nadomestila. Od osrednjeg menadžera – ona sada postaje regulator.[1] Država preuzima na sebe svu odgovornost tamo gde tržište

banke, koja je, mimo svoje redovne uloge obezbeđivanja likvidnosti i uprkos svojoj volji, uterana na političku pozornicu (podrška vladi). Njeno ukrštanje koplja s grčkom vladom u junu i julu 2015. godine verovatno je bilo neizbežno, ali bi u slučaju izlaska Grčke iz evrozone moglo voditi preispitivanju njene nezavisnosti. U Američkom senatu, republikanci (kao i Berni Sanders na levici) doveli su u pitanje nezavisnost Federalnih rezervi SAD tokom izbora u januaru2016; demokrate su, srećom, sprečile ovu ideju stavljanja Federalnih rezervi pod nadzor.

[1] S druge strane, ona privremeno može upravljati nekim preduzećem ili bankom koja je pala pod stečaj ako ne uspe odmah da im nađe kupca. Njen je zadatak tada da preproda preduzeće ili banku čim se za to steknu odgovarajući uslovi, kao što su Sjedinjene Države učinile s kompanijom *General Motors* 2013. godine (koju su prethodno spasle od bankrotstva 2009, što je američku državu na kraju koštalo 11 milijardi dolara neto – od ukupno 50

zakaže, kako bi uspostavila istinsku jednakost šansi, zdravu konkurenciju i finansijski sistem koji ne zavisi od pomoći iz državnog budžeta, te kako bi primorala ekonomske učesnike na odgovorno ponašanje u pogledu životne sredine, omogućila solidarnost na nivou zdravstvene zaštite, zaštitila slabo obaveštene radnike (zaštita na radu, pravo na kvalitetno obrazovanje), itd. U načinu rada ona je reaktivna i uvek spremna.

Međutim, ova tranzicija zahteva vraćanje na temelje (čemu služi država?) i promenu mentaliteta. Javni službenici više ne treba da budu „u službi države" - što je nesrećni izraz koji sasvim gubi iz vida svrhu javne politike - već „u službi građana".[1] Ideju o intervencionističkoj državi – poteklu od kolaboracionističke vlade u Višiju, a ponovo preuzetu nakon rata[2] – mora zameniti ideja o državi arbitru.

Savremena država mora imati finansijskih sredstava da održava u životu sistem socijalne zaštite za koji su naši sugrađani toliko vezani. U ovom pogledu, Francuska bi se mogla nadahnuti iskustvom drugih zemalja koje, baš kao i ona, polažu na svoje sisteme socijalne zaštite, ali su shvatile da se održivost ovih sistema zasniva na strogom upravljanju javnim finansijama.[3] Naime, Francuska danas ima stopu javnih rashoda među najvišim u svetu: više od 57% bruto domaćeg

milijardi dolara paketa državne pomoći), ili kao što je Švedska 1992. nacionalizovala banke na ivici bankrota, da bi ih kasnije tokom iste decenije preprodala.

1 Kao što je primetio Gaspar Kenig (Gaspard Koenig) u knjizi *Le Révolutionnaire, l'Expert et le Geek*, Paris, Plon, 2015.

2 Kao što je primetio, na primer, Mark Bloh, a nedavno i Gaspar Kenig. Režim iz Višija okrenuo se revolucionarnom nasleđu uklanjanja korporacija/esnafa i otpočeo s regulacijom kulture, jačanjem javnih službi, podsticanjem nataliteta, te sa, uopšte uzev, upravljanjem privredom. O evoluciji uloge države u Francuskoj od liberalne revolucije iz 1789 – vidi takođe Pierre Rosanvallon, *Le Modèle Politique français*, Paris, Seuil, 2004.

3 Za ovu temu, vidi rad Philippe Aghion, Alexandra Roulet, *Repenser l'Etat. Pour une nouvelle social-democratie,* Paris, Seuil, 2011, ili izveštaj Saveta za ekonomsku analizu *Economie politique de la LOLF*, 2007, br. 65 (Edward Arkwright, Christian de Boissieu, Jean-Hervé Lorenzi i Julien Samson).

proizvoda![1] Ona je iznosila 35% 1960. godine, za vreme vrtoglavog ekonomskog rasta (1945–1973).

Rast javnih rashoda nije neizbežan: Švedska je od 1991. do 1997. oborila svoje javne rashode za 10% bruto domaćeg proizvoda. Zahvaljujući ugovorima u privatnom sektoru, smanjila je broj državnih službenika sa 400.000 na 250.000 devedesetih godina XX veka. Sačuvala je tek nekoliko stotina službenika u ministarstvima, zaduženih za razradu strategija, donošenje odluka o budžetu i organizaciju javne rasprave. Sprovođenje odluka prenela je na stotinak specijalizovanih agencija, nezavisnih u odlučivanju o pitanju zapošljavanja i plata. Ona je umela da racionalizuje svoj javni sektor; da pomenemo samo jedan primer koji će odjeknuti u ušima Francuza: slabo posećivane pošte u seoskim naseljima preobražene su u minimarkete i benzinske pumpe koje pokreću privredu, ali i omogućavaju nekima od trgovaca da prežive, kao i da doprinesu borbi za oživljavanje sela.

Nemačka, Holandija, skandinavske zemlje i Kanada jesu zemlje sa socijaldemokratskom tradicijom koje su sačuvale visok nivo javnog sektora i socijalnih izdvajanja. Uspeli su u nameri da smanje troškove bez remećenja njihove funkcionalnosti. One su uspele u reformi putem usvajanja sveobuhvatnog paketa. Jer, zna se da su pojedinačne reforme teško ostvarive: lobiji pogođeni njima mobilišu se, dok korisnici usluga ili nisu obavešteni o dobicima koji iz njih slede, ili ostaju apatični ponašajući se poput slepog putnika. Sveobuhvatna reforma nudi celovit pogled na kolač koji će se uvećati i pruža podršku onima koji će biti pogođeni. U Francuskoj se iz brojnih izveštaja uočava kakve bi reforme trebalo sprovesti.

---

1 Obavezna izdvajanja, koja podrazumevaju naročito poreze (na dohodak, na dobit, lokalne poreze, CSG...), socijalne doprinose i PDV, predstavljala su 2015. godine tek 45,2% BDP-a. Razliku između dve brojke obuhvataju, s jedne strane, izdvajanja koja nisu obavezna (prihodi od preduzeća i imovine u javnom vlasništvu, igre na sreću, novčane kazne i sankcije, pokloni i legati državi...) – a, s druge strane, budžetski deficit (između 4% i 5% poslednjih godina), što je za posledicu imalo rast javnog duga.

Javne službe

Pre svega, treba ograničiti broj javnih službenika, kako su to uradile ove zemlje, iz predostrožnosti, čemu ću se još vratiti, kao i zbog informacionih tehnologija koje umanjuju potrebu za javnim službenicima. Umesto da se broj javnih službenika smanji, on je od 2000. do 2013. porastao za 15%. Postojeća javna uprava izuzetno skupo košta francusku državu: prema nekim procenama, ona upošljava 44% više javnih službenika nego ista uprava u Nemačkoj (gde ima 1,2 miliona manje radnih mesta u javnom sektoru nego u Francuskoj, iako Francuska ima mnogo manje stanovnika).

Francuski ministar privrede Emanuel Makron izazvao je skandal kada je u septembru 2015. postavio pitanje o položaju javnih službenika. U trajno napetom stanju na tržištu rada, radno mesto u javnom sektoru u Francuskoj se i dalje doživljava kao Sveti gral (vrlo relativan Sveti gral, jer, recimo, nastavnici nisu posebno dobro plaćeni, a ponekad se suočavaju s poražavajućim uslovima rada, što još više potvrđuje moj stav). Političari, posebno oni na lokalnom nivou, primorani su da otvaraju nova radna mesta čak i onda kada postoji višak osoblja u administraciji; od toga im zavisi reizbor. Da se razumemo: država i lokalna samouprava imaju puno pravo da ojačaju javne službe, pod uslovom da povećaju poreze kako bi omogućile ta proširenja javnih službi. Reč je o društvenim odlukama o kojima se jedan ekonomista može izjasniti samo u svojstvu građanina. Ipak, dodaću tome dva detalja.

Pre svega, otvaranje radnih mesta u javnim službama, jednostavno rečeno, ne otvara nova radna mesta: povećanje poreza, koje je neophodno da bi se ova radna mesta finansirala, mora se platiti na ovaj ili onaj način. Ako se, na primer, socijalni doprinosi ili teritorijalni ekonomski doprinosi uvećaju, roba i usluge koje proizvodi privatni sektor poskupeće, dok će privatna preduzeća, zbog gubitka konkurentnosti, zapošljavati manje. Jedino moguće opravdanje za uvećanje broja radnih mesta u javnom sektoru jeste kvalitetna usluga javnih službi, pa se samo po tom osnovu može ceniti otvaranje svakog novog radnog mesta u javnom sektoru.

Druga nezgoda jeste to što bi bolje bilo da se ova zapošljavanja odvijaju u formi ugovora na određeno vreme. Jedinica lokalne samouprave koja zapošljava danas – blokira odluke budućih rukovodilaca iste lokalne samouprave u narednih četrdeset godina, jer diže poreze ne samo za narednu već i za narednih četrdeset godina. Osim toga, u osvit digitalne revolucije, koja će napraviti revoluciju u zanimanjima (određeni broj njih pregaziće vreme), zapošljavanje javnih službenika politički je rizično... Ali postoje rešenja, kako to u Francuskoj pokazuje slučaj Pošte. Suočeno s neizvesnom budućnošću (nesigurnošću delimično povezanom i s digitalnom revolucijom u stvarnosti), ovo javno preduzeće pokazalo se obazrivim i zapošljavalo je po ugovorima na određeno vreme. Čini se da poštanski javni servis zbog toga nije ispaštao, zapravo, daleko od toga.

Trošiti manje, smislenije

Pored angažovanja zaposlenih po fleksibilnom ugovoru u javnoj upravi, ima i drugih načina za uštede, povezanih sa udvostručavanjem administracije. Ovde mislim na beskrajnu složenost teritorijalne organizacije koja ima pregršt opština (francuske lokalne samouprave čine 40% svih lokalnih samouprava u Evropi, iako francusko stanovništvo čini tek 13% evropskog) – a pritom i višestruke nivoe vlasti (analize se takođe slažu u oceni da su departmani suvišan nivo vlasti) – kao i na brojne fondove socijalnog osiguranja i mnoštvo penzionih šema (čak 37!).

I samo parlamentarno predstavništvo je preglomazno. Primetimo da Američki senat, koji je vrlo aktivan, ima stotinu senatora, dok onaj francuski, u zemlji gotovo pet puta manjoj, ima 348 senatora (na 577 poslanika). Ukupno ima gotovo deset puta manje parlamentaraca po stanovniku u Sjedinjenim Državama nego u Francuskoj.[1]

[1] Dokaz da je reforma moguća pruža Italija, koja prolazi kroz reformu Senata na osnovu dve ideje vodilje, a to su: smanjenje broja senatora za dve trećine (od kojih poslednja trećina obavlja druge funkcije na nivou lokalnih i regionalnih samouprava), a posebno okončanje bikameralizma, koji je dugo blokirao Italiju (Senat ne glasa više o budžetu niti se izjašnjava o poverenju vladi).

Lično, više bih voleo da su francuski parlamentarci malobrojniji, a da su praćeni parlamentarnim osobljem stručnim za razmatranje osetljivih tehničkih pitanja. Mnogo više od uštede za javne izdatke, istinska reforma parlamentarnog predstavništva imala bi u Francuskoj istinsku vrednost, jer bi poslužila za primer, te tako doprinela obezbeđivanju legitimiteta naporima koji se očekuju i od ostatka javnog sektora.

Međutim, valjalo bi biti oprezan: trebalo bi da različita pripajanja i konsolidacije posluže štednji, a ne da budu uzrok zapošljavanja i novih zgrada s ciljem upravljanja instancama koje su ostale neizmenjene. Brojne anegdote govore o porastu troškova prilikom „stapanja" opština u veću aglomeraciju, ili pri spajanju univerziteta iz istog grada. Bilo bi dobro da se detaljni planovi o spajanju predstave nekoj nezavisnoj instanci koja bi imala moć da od aktera traži preispitivanje plana u slučaju da izostanu stvarne uštede, te tako obezbedi da se projekat *ex post* i sprovede.

Uopšte uzev, u traganju za potencijalnim uštedama – kao uzor bi mogla poslužiti metodologija primenjena u Kanadi. Za svaki program Kanađani postavljaju sebi opravdana pitanja: je li taj program u službi javnog interesa? Ako jeste, može li ga izvesti neka druga grana javnog sektora, ili privatni sektor? Je li njegov trošak podnošljiv i postoje li druga rešenja? Bez osvrtanja na svete krave i u dijalogu praćenom stalnim informisanjem. Stalno preispitivanje ovog tipa može dovesti do originalnih rešenja. Na primer, jedinice lokalne samouprave, radije nego da proširuju javne službe, ohrabrivale su i pomagale svoje službenike u otvaranju preduzeća kojima je povereno snabdevanje ovih službi.

Bilo bi dobro da se krene od merenja efikasnosti francuskog javnog sektora u poređenju s najboljim praksama u inostranstvu, te da se shvate izvori ovih razlika.[1] Da li naši đaci postižu dobre rezultate u poređenju s đacima iz drugih zemalja (25. i 26. mesto na svet-

[1] Na primer, poređenje broja nastavnika po učeniku s praksom iz inostranstva za date rezultate (Francuska troši više od Nemačke, plaćajući svoje nastavnike manje i postižući pritom slabije rezultate).

skoj listi kad su u pitanju matematika i prirodne nauke pokazuju da su naše Fildsove medalje i Nobelove nagrade iz fizike na neki način drveće od kojeg se ne vidi šuma)? Može li se porez prikupljati uz manji trošak? Da li naše bolnice stvarno nude najbolju zdravstvenu negu, s obzirom na budžet kojim raspolažu – ili, isto tako, kontrolišu li na najbolji način ulaganja u kvalitet pružene nege?

Ova načela omogućila bi da se unapredi efikasnost javnog servisa i da se izbegne uravnilovka, koja nije poželjna jer zakida i tamo gde je neophodno i tamo gde nije, jer pogađa ono što funkcioniše i ono što ne funkcioniše. Kada je federalna država u Kanadi dovela u red svoje javne finansije skresavši ih za 19% u periodu od 1993. do 1997, socijalni programi (zdravstvo, pravosuđe, socijalno stanovanje, imigracija) u celini su bili malo pogođeni, ali su subvencije preduzećima smanjene za 60%, a budžeti ministarstava industrije i saobraćaja prepolovljeni.

Velike državne reforme morale bi stvoriti prave odgovorne rukovodioce... javnih službi, te tim rukovodiocima dati veliku slobodu upravljanja, praćenu strogom evaluacijom sa *ex post* kontrolom i intervencijom (stavljanjem pod prinudnu upravu) u slučaju da se ne ispune postavljeni ciljevi. Jer, izrada budžeta na osnovu rezultata pre nego na osnovu rashoda – od suštinske je važnosti. Država je u službi javnog dobra, a promišljanje o tome šta se nastoji postići samo po sebi predstavlja faktor napretka. Francuska se uputila tom stazom 2001, uz organski zakon koji se odnosi na zakone o budžetu, a koji je plod rada jednog poslanika levice, Didjea Migoa (Didier Migaud), kao i senatora desnice Alana Lambera (Alain Lambert). Taj zakon, koji je – izuzetak – izglasan bez stranačkih podela, uspostavio je nove razborite mehanizme: višegodišnje planiranje rashoda, izvršenje budžeta pod budnim okom parlamenta, manje izuzetaka od načela budžetskog univerzalizma (načelo po kojem prihodi nisu namenjeni podmirivanju specifičnih rashoda, već ukupnom državnom budžetu[1]) i od sprovedene modernizacije, itd. Reč je o dosad

[1] O ovom se može raspravljati. Određivanje namene javnim prihodima može voditi rasipništvu javnih sredstava. Na primer, nameniti prihode od puta-

neviđenoj i važnoj reformi, ali i dalje stidljivoj u poređenju sa onim što je postignuto u drugim zemljama socijaldemokratske tradicije i u poređenju s praktičnom primenom, koja je daleko od zacrtanih ambicija.

Konačno, reč je i o reformisanju rada države. Ovde ću se ograničiti na nekoliko primera. Trebalo bi da se *javne nabavke* digitalizuju i da se pojednostave (na primer, upotrebom jedinstvenog formulara).[1] Njihovo sastavljanje trebalo bi da bude usavršeno, a etaloniranje (poređenje troškova) sistematizovano. Na polju zdravstva, dualitet *osnovnog i dopunskog zdravstvenog osiguranja* izuzetno skupo košta Francusku, kao jedinu zemlju koja koristi tako složen sistem. Osiguravajuća društva za dopunsko zdravstveno osiguranje udvostručuju troškove upravljanja sistemom[2] i ne raspolažu nikakvim manevarskim prostorom u pogledu sklapanja ugovora s lekarima i bolnicama radi raznovrsnije ponude, odnosno u pogledu preciznog definisanja ciljeva upravljanja i uvođenja podsticaja za njihovo ostvarivanje. Može se uštedeti bez suštinskih gubitaka, ili ako se ide u pravcu jedinstvenog socijalnog osiguranja (kao u Engleskoj), odnosno u pravcu privatnog ali regulisanog zdravstvenog osiguranja (kao u Nemačkoj, Švajcarskoj ili Holandiji). Što se tiče *francuskog sistema dualnog obrazovanja,* koji podrazumeva teoriju i praksu, takođe se

---

rine naplaćene za korišćenja auto-puteva samo izgradnji novih auto-puteva nema smisla ako su najfrekventniji auto-putevi već izgrađeni (a što je više auto-puteva izgrađeno, veći su prihodi od putarina, pa je i više novca na raspolaganju, dok su potrebe manje!). Protivargument je da namenjivanje prihoda rashodima vodi stvaranju interesnih grupa čiji bi interes bio da kontroliše pomenute rashode. Načelno bi trebalo usvajati nenamenske prihode, dok bi odstupanja morala biti opravdana obrazloženom primenom ovog protivargumenta.

[1] Digitalizacija (koja je obuhvatala samo 11% svih javnih nabavki 2015) već se odvija, ali trebalo bi da ide brže, da ograniči broj platformi, kojih je danas previše, te da nastoji da formulari koji traže podatke o preduzećima budu standardizovani u pogledu osnovnih podataka, kako bi se uštedelo vreme preduzećima.

[2] Troškovi upravljanja organizacijama socijalne zaštite kreću se do 7,2 milijarde evra godišnje, a troškovi pratećih organizacija 6,2 milijarde.

svi slažu u mišljenju da bi on mogao biti savršeniji. Mogao bi se, kao u Nemačkoj, više okrenuti onima koji su najosetljiviji i potrebama preduzeća, a naročito bi se mogao pojednostaviti i imati bolji sistem ocenjivanja, tako da zaista ispunjava svoju ulogu u okviru politike zapošljavanja.

„Ali sad nije pravi trenutak"

Više opštevažećih pouka može se izvući iz brojnih stranih iskustava:

1) Široke reforme su moguće;
2) One moraju biti dugoročne. U najvećem broju zemalja opozicija je podržala, manje-više javno, delovanje parlamentarne većine u prilog stvari za koju se smatralo da je od nacionalnog interesa, a to je održivost sistema socijalne zaštite. Opozicija je nastavila s tim reformama kada se vratila na vlast, pružajući lep primer dobrog funkcionisanja ovih demokratija. Mnoge od ovih državnih reformi sprovela je levica: Žan Kretjen (Jean Chrétien) u Kanadi, Gerhard Šreder u Nemačkoj, socijaldemokrate (posebno Goran Person) u Švedskoj, Mišel Bašele u Čileu, i tako dalje, da bi ih kasnije ispoštovale naredne desničarske vlade;
3) Kada su lepo objašnjene i na vreme sprovedene, one se često isplate na izborima. Žan Kretjen ostao je na vlasti trinaest godina, a Goran Person deset. Francuski političari bili su prestrašeni izbornim porazom Gerharda Šredera (2005), koji im je geografski bio bliži.
4) U Francuskoj se često može čuti da nije pravi trenutak za sprovođenje reforme u problematičnoj konjunkturi. A upravo je ogromna većina ovih reformi bila sprovedena u teškim okolnostima. Švedske reforme bile su izglasane u posebno problematičnom kontekstu. Po pucanju finansijskog mehura i spasavanju banaka na početku devedesetih godina – i uprkos devalvaciji – bruto domaći proizvod pao je za 5% od 1991. do 1994; nezaposlenost je porasla sa 1,5% na 8,2%, dok se

budžetski deficit 1994. popeo na 15%! Relativno nedavne finske reforme bile su preduzete u ekonomskom kontekstu koji je takođe bio težak, a u čijoj se osnovi nalazio slom Sovjetskog Saveza, važnog finskog trgovačkog partnera. Šrederova Nemačka prolazila je kroz poteškoće; teško je svarila ponovno ujedinjenje i suočila se s demografskim perspektivama koje su bile katastrofalne po njeno društveno računovodstvo. I Kanada je devedesetih godina stajala vrlo loše: ukupni javni dug (savezne države, provincija, opština, itd.) dosegao je 100% bruto domaćeg proizvoda, pa je obaveza otplate kredita postajala sve veći teret. Možemo navesti i druge primere: problematična konjunktura mora ohrabriti, a ne obeshrabriti reforme.

Poglavlje 7

Preduzeće, njegov sistem upravljanja i društvena odgovornost

Pošto smo se bavili upravljanjem javnom sferom, okrenućemo se upravljanju našim preduzećima. Svakako da nam je usmeravanje pažnje na ove dve sfere ograničeno. Ono zanemaruje mnogobrojne druge oblike organizovanja, poput udruženja i nevladinih organizacija, ili kolaborativne proizvodnje, koju srećemo kod slobodnog (open source) softvera.[1] Ono zanemaruje uključivanje društvenih partnera ne samo u okviru preduzeća već i u upravljanju nadležnim telima koja igraju važnu ulogu u, primera radi, upravljanju profesionalnim usavršavanjem ili medijacijom u radnopravnim sporovima. Ali već i sam pogled na preduzeće nudi obilje podataka: zašto ovaj oblik upravljanja, tako poseban, postoji u većini zemalja na svetu? Pod kojim uslovima drugi modeli organizovanja koji nisu kapitalistička preduzeća – zadružna preduzeća ili samoupravna preduzeća, na primer – mogu isplivati i napredovati?

U središtu upravljanja jednim preduzećem nalazi se njegov sistem upravljanja, drugim rečima – oni koji vrše kontrolu nad preduzećem i tako donose glavne odluke koje se tiču upravljanja ljudskim resursima i rizicima, istraživanja i razvoja strateškog odlučivanja, fuzije i akvizicije, određivanja cena i marketinga, upravljanja rizicima i pravnih poslova, itd. Kao dominantan oblik, kapitalističko

---

[1] Vidi šesnaesto poglavlje.

upravljanje prepušta donošenje odluka investitorima, tačnije – akcionarima (a u određenim slučajevima poveriocima, ako se dugovi više ne otplaćuju). Ovi investitori onda delegiraju moć odlučivanja na organe upravljanja, nad kojima u načelu mogu vršiti nadzor – te intervenisati ako njihovo upravljanje nije u skladu s interesom investitora – ali koji su bolje informisani od njih. Pozabavićemo se institucijama koje nastoje da reše problem s razdvajanjem vlasničkih prava i donošenjem odluka. Konačno, analiziraćemo pojmove društvene odgovornosti preduzeća i društveno odgovornog investiranja: šta oni znače? Jesu li oni nekompatibilni s tržišnom ekonomijom, ili su, naprotiv, prirodna pojava u tržišnoj ekonomiji?

I. MNOŠTVO MOGUĆIH NAČINA ORGANIZOVANJA... ALI RETKO BIRANIH

Već *a priori* iznenađuje to što je kapitalistički model upravljanja toliko rasprostranjen. Unutar jednog preduzeća srećemo mnoštvo strana s posebnim interesima, tj. učesnike na koje utiču odluke preduzeća: vlasnike kapitala, naravno, ali i zaposlene, podizvođače, klijente, lokalnu samoupravu i države u kojima ta preduzeća posluju, ljude koji žive u njihovom okruženju i koji mogu biti izloženi zagađenju čiji je uzročnik to preduzeće. Dakle, možemo zamisliti mnoštvo organizacija u kojima sve ove strane dele vlast na različite načine (dajući im manje ili više glasačkih prava u upravnom odboru), vodeći ka različitim oblicima zajedničkog upravljanja.

A, u stvari, postoje i drugi oblici upravljanja. U brojnim sektorima postoji *zadružno upravljanje,* gde korisnici i pružaoci usluga konsenzusom odlučuju o tome kako će se upravljati uslugama i kako će se one koristiti. Poljoprivredne zadruge nude različite usluge (pozajmicu materijala, skladištenje robe, njenu preradu, prodaju, itd.) svojim članovima. Čitalac će možda biti iznenađen kada sazna da u pravoj kapitalističkoj državi, poput SAD, postoje brojne potrošačke zadruge, firme za selidbe, investicione banke[1], osiguravajuće

[1] Jeste da su neke ušle na berzu, kao *Goldman Sachs*, investiciona banka osnovana 1869, prisutna na berzi od 1999. godine. Neki komentatori procenjuju

kuće... kao i da su čak, sve donedavno, *Visa* i *MasterCard* bili pod kontrolom izdavalaca bankarskih kartica (vaša banka na primer) i kupaca (finansijskih ustanova koje upravljaju aktivnostima kreditnih i debitnih kartica trgovaca, a koje, baš kao ni osiguravajuće kuće u Francuskoj, nisu delile dividende).

Osim toga, širom planete, mnogobrojne zadruge postoje u svetu slobodnih profesija: lekarske ordinacije, revizorske kancelarije, agencije za konsalting, poreski savetnici...Tu je i socijalno preduzetništvo u vidu akcionarskih društava, društava sa ograničenom odgovornošću ili društava kapitala, takođe zasnovanih na konsenzusu ili preglasavanju članova društava ili pridruženih članova. Profit je tu sredstvo (omogućava da se preživi ili da se investira), a ne cilj sam po sebi. Minimalni deo profita primaju članovi, dok se drugi minimalni deo izdvaja za reinvestiranje. Za razliku od neprofitnih organizacija, dividenda se može isplatiti članovima društva, ali uz izvesna ograničenja (na primer, samo trećina ostvarene dobiti). Osim toga, investitori ne vrše kontrolu (često dobijaju ograničen broj glasačkih prava).

Postoje i drugi oblici mogućeg upravljanja, poput *samoupravnih preduzeća*, opšteg mesta u Titovoj Jugoslaviji. Univerziteti u Francuskoj u ogromnoj su meri samoupravno organizovani. Ako im je Ministarstvo za visoko obrazovanje i nauku nametnulo određena ograničenja (a ta su ograničenja unekoliko ublažena Zakonom o autonomiji univerziteta), njihovi upravni odbori *de facto* su pod kontrolom predstavnika nastavnika, studenata i administrativnog osoblja, koji su svi izabrana lica. Mnogo manje zaposleni mogu uzimati učešća u odlučivanju jednog kapitalističkog preduzeća, kao u slučaju zajedničkog upravljanja u Nemačkoj. U Francuskoj, interprofesionalni nacionalni sporazum iz 2013. zahteva da zaposleni imaju pravo na neobavezujuće mišljenje u upravnim odborima velikih preduzeća.

Dobra organizacija ekonomskog života mora ponuditi široku lepezu načina upravljanja kako bi se struktura svakog preduzeća

da je ovaj ulazak na berzu donekle izgubio iz vida interese klijenata i da je vodio kratkoročnom upravljanju.

prilagodila izazovima koje joj postavlja njen kontekst. I pošto takva fleksibilnost postoji u stvarnosti, ništa ne sprečava neko preduzeće da usvoji način upravljanja po svom izboru, bilo da je reč o samoupravljanju (naročito u trenutku svog nastanka[1]), zadružnom modelu, kapitalističkom preduzeću ili nekom drugom rešenju. Pomenuti način organizovanja rezultat je konkurencije između različitih oblika upravljanja preduzećem (ako takva konkurencija nije lažna usled poreske diskriminacije u korist određenog oblika organizacije). Možemo se stoga začuditi što je ekonomska aktivnost u većini slučajeva organizovana oko preduzeća u kojima su kontrolna prava poverena samo jednoj od zainteresovanih strana – investitorima, i to onima koji se u većini slučajeva nalaze izvan preduzeća – i kojima uprava preduzeća mora polagati račune.

Određene mane sistema o kojima izveštava štampa čine ova opažanja tim pre iznenađujućim: veza koja postoji između plata direktora i performansi preduzeća, isplata dividendi neposredno pred proglašenje njegovog bankrota, računovodstvene manipulacije poput onih u *Enronu*[2], upravljanje preduzećem s ciljem ostvarivanja kratkoročnog profita na štetu njegove dugoročne rentabilnosti, zloupotreba poverljivih informacija... Iako ove devijacije, na svu sreću, i

---

[1] Preobraziti kapitalističko preduzeće u samoupravno preduzeće, naprotiv, mnogo je teže, jer zaposleni uglavnom nemaju novca da isplate investitore kao vlasnike preduzeća – osim u slučaju kada zaposleni preuzmu preduzeće, što se dešava svaki put kada akcije tog preduzeća u rukama investitora izgube svoju vrednost. Drugi slučaj je onaj *Leveraged Buyouts*, gde zaposleni ili menadžment toliko prezaduže preduzeće da bi mogli otkupiti udele u kapitalu.

[2] *Enron* je bio jedno od najvećih američkih preduzeća specijalizovanih za oblast prirodnog gasa i brokerske delatnosti. Pošto je špekulisao na tržištu električne struje, napravio je gubitke koji su računovodstvenim manipulacijama prikriveni preko ni manje ni više nego 3.000 ofšor kompanija. *Enron* je bankrotirao 2001, što je za sobom povuklo 20.000 otkaza, pri čemu je veliki broj zaposlenih izgubio deo penzione štednje investirane u *Enronove* akcije. Ovaj finansijski skandal, kao i onaj u *Worldcomu*, vodili su Sarbejns–Okslijevom zakonu (Sarbanas-Oxley) iz 2002, zakonu o reformi računovodstva kompanija koje se kotiraju na berzi s ciljem zaštite investitora. *Arthur Andersen*, jedna od najvećih svetskih revizorskih kuća, koja je dala pozitivno mišljenje na *Enronove* bilanse, takođe je nestala tom prilikom.

nisu odlika ponašanja direktora i menadžmenta u većini preduzeća, ipak ne možemo, baš kao u slučaju svake druge ekonomske ili političke ustanove, računati na uspostavljanje sistema upravljanja preduzećem koji bi počivao samo na veri u opštu dobronamernost svog menadžmenta. Loše funkcionisanje nije skupo samo za druge investitore, koji gledaju kako im se ušteđevina topi, već i za ostale zainteresovane strane, koje nisu imale čak ni mogućnost da se neposredno umešaju u upravljanje preduzećem: zaposleni gube posao, lokalnim samoupravama urušava se fond radnih mesta, javne vlasti i zavod za socijalno osiguranje bivaju dovedeni u situaciju da plaćaju uklanjanje posledica zagađenja iz napuštenih industrijskih postrojenja, odnosno novčane naknade nezaposlenima.

Ovo poglavlje pogađa samu suštinu naše ekonomske organizacije: zašto se ona organizuje na taj način? Je li to društveno poželjno? Postoji li manjak konkurencije između oblika upravljanja preduzećem? Ako je tako, je li na državi da se umeša, ili bi, naprotiv, samo preduzeće trebalo da usvoji društveno odgovorno ponašanje?

Imperativ finansiranja

Sva preduzeća – počev od onih koja se kotiraju na berzi (CAC 40) pa do malih i srednjih preduzeća – imaju potrebu za sredstvima kako bi finansirala svoj rast, ili prosto da bi pregurala neku unutrašnju krizu. U nedostatku obilne rezerve novca ili imovine koja nije predviđena za strateške svrhe i koja je lako unovčiva, preduzeće mora uzeti novac ili od akcionara, ili od poverilaca. Ovi finansijeri (ili investitori – upotrebljavaćemo oba termina, bez razlike) pomoći će samo ukoliko očekivani povraćaj njihove investicije odgovara onome što bi mogli dobiti drugačijim plasiranjem svog novca; otud nužnost da preduzeće usvoji sistem upravljanja i poslovanja koji će njegove zajmodavce učiniti spokojnim u pogledu povraćaja investicije.

Moć odlučivanja imaju finansijeri. Da bismo pojednostavili stvari, fokusirajmo se na dve zainteresovane strane u preduzeću: zaposlene i finansijere, rad i kapital. Ako su investitori ovlašćeni da donose odluke, interesi radnika nužno neće imati svoje predstavnike, niti će se uzeti u obzir. Preduzeće će biti sklonije donošenju odluka kojima se dovode u opasnost radna mesta zaposlenih i koje podrazumevaju velike troškove za zaposlene (pogotovo u zemlji s nefleksibilnim tržištem rada, poput Francuske). Svakako da je finansijerima bolje, gledano čak i isključivo iz ugla profita, da usvoje dugoročnu viziju preduzeća i da se korektno ophode prema zaposlenima. Preduzeće koje se loše ophodi prema zaposlenima samo da bi kratkoročno povećalo svoje prihode stiče lošu reputaciju, te će na duže staze imati poteškoća da privuče i motiviše buduće radnike. Time ono ne kažnjava samo svoje zaposlene već, kasnije, i svoje akcionare. Vratićemo se na ovu temu. Ali to ne znači da će finansijeri uvek mariti za interese zaposlenih, tako da se postavlja suštinsko pitanje zaštite zaposlenih.

Moć odlučivanja zaposlenih: I obratno, ako zaposleni imaju moć odlučivanja, trebalo bi zaštititi zaradu finansijera koji bi mogli strahovati od mogućnosti da ih samoupravni sistem liši zadovoljavajuće isplativosti njihove investicije; čak i ako je ova isplativost zagarantovana ugovorom (recimo da je reč o dugu koji precizira unapred određeni prihod za poverioce preduzeća), zaposleni mogu žrtvovati investiciju i koristiti tekući prihod s ciljem uvećanja svojih zarada, skraćenja radnog vremena i privilegovanog zapošljavanja rođaka i prijatelja, dovodeći tako u pitanje predstojeću otplatu dugova. Predviđajući ove rizike, finansijeri će biti rezervisani prema ideji o ulaganju svog kapitala. Oni će biti skloniji trošenju nego štednji, ili će investirati svoj kapital u nešto drugo (u nekretnine, državne obveznice, druga preduzeća u inostranstvu, itd.). Ova rezervisanost na kraju ide na štetu zaposlenih, koji više nisu u mogućnosti da finansiraju rast preduzeća, pa ni njegov opstanak.

A čak i da se finansijeri mogu uveriti u to da će neraspoređena dobit zaista otići u investicije, ne bi uvek bilo nužno da se ona reinvestira u preduzeće. Uzmimo za primer neki veoma poznat brend cigareta; on može ostvariti izrazito visok profit, ali ne mora biti naročito atraktivno reinvestirati u preduzeće (zbog zdravstvene regulative, investiranje se sve više obeshrabruje). Važno je – i to je poenta koja se primenjuje na sve modele upravljanja – da se kapital alocira u najbolje svrhe, koje možda više nemaju ništa s ranijim performansama preduzeća, te da se tako preorijentiše njegova upotreba u privredi.

Ideja da sistem upravljanja koji je dobrim delom prepušten finansijerima može ići u korist zaposlenih – suprotna je intuiciji. Ponekad se u prvi mah primećuju samo direktne posledice: naročito rast prinosa koji ide investitorima. Međutim, na duže staze, u igri je prvenstveno pristup preduzeća finansiranju, te stoga i njegov rast, te radna mesta. Iz toga proizlazi da se način upravljanja koji daje prednost zaposlenima – prepuštajući im moć donošenja odluka o potezima koje preduzeće treba da napravi, posebno ako mu je veoma potrebna finansijska podrška – može okrenuti protiv njih: oskudica kapitala koja iz toga sledi umanjiće njihovu produktivnost i voditi ka umanjenju njihovog prihoda, pa i gubitku posla.

Ova zapažanja odmah sugerišu ideju koju treba slediti da bi se razumelo iz kojih razloga preduzeće usvaja ili ne usvaja kapitalistički način upravljanja. Revizorsku kuću kao što je KPMG čini ljudski kapital, pa ona može dopustiti sebi da se organizuje po modelu zadruge. Preduzeća koja imaju veću potrebu za kapitalom biće sklonija tome da povere kontrolu svojim investitorima.

Kako je, međutim, još 1996. u svom čuvenom delu *The Ownership of Enterprise* primetio Henri Hansman (Henri Hansmann), neke zadruge imaju mnogo fizičkog kapitala. Na primer, *Visa* i *MasterCard*, pre nego što će 2008. odnosno 2006. godine ući na Njujoršku berzu, bili su zadruge s velikim ulaganjima u infrastrukturu, logistiku i marketing. Izuzetak? Ne baš. Henri Hansman izveo je ključno zapažanje u svojoj knjizi, što se primenjuje i u brojnim drugim domenima našeg društvenog života: kolektivno odlučivanje odlično funkcioniše kada postoji dovoljna usaglašenost među članovima zajednice, u konkretnom slučaju – zadruge. Sve dok banke koje su članice određene zadruge imaju iste ciljeve (ista potražnja za uslugama od strane zadruge, slični vremenski okviri, itd.), ta zadruga funkcioniše vrlo skladno, zbog čega odvajanje rezervi predviđenih za investiranje ne predstavlja problem. Dakle, zadruga se može prilagoditi snažnoj potrebi za investiranjem kapitala.

Naprotiv, kada se interesi počnu razmimoilaziti, većina preuzima kontrolu, eventualno nakon obrazovanja raznorodne koalicije, i njene odluke idu protiv interesa manjine. Poslednja, uostalom, pokazuje slabu inicijativu, jer zna da njeni predlozi imaju slabe šanse da budu prihvaćeni. Osim toga, članovi sumnjaju jedni u druge, te informacije prestaju da kruže. Konačno, nezainteresovani članovi i oni nezadovoljni politikom koja se vodi okreću se drugim horizontima. Stoga je usklađivanje interesa važan faktor za valjano funkcionisanje organizacije bilo koje vrste.

Razdvajanje vlasničkih prava i odlučivanja: ko je taj koji odlučuje na kraju?

U svim preduzećima, upravljačka struktura ima pristup informacijama i svakodnevno donosi odluke. Ove informacije ostavljaju im dosta manevarskog prostora, što eksterni nadzor nad preduzećem čini delikatnim. Da bismo ostali koncizni, pretpostavimo da investitori imaju formalnu moć odlučivanja. Razdvajanje finansijera od upravljačkog tima postavlja pitanje načina na koji se upravljački tim može angažovati s ciljem obezbeđivanja tržišnog nivoa prinosa za finansijere. (Razrada koja sledi u načelu se primenjuje na svaku situaciju u kojoj je odlučivanje razdvojeno od vlasničkih prava. Članovi zadruge ili udruženja, na primer, postavljaju sebi isto pitanje u pogledu usklađivanja ciljeva upravljačkog tima s ciljevima članova zadruge ili udruženja. Isto važi za Agenciju za upravljanje državnom imovinom – *Agence des participations de l'Etat* – koja ima ulogu da vrši nadzor nad javnim ustanovama i preduzećima što su delom ili u potpunosti u vlasništvu države).

Investitori su stalno zabrinuti za angažovanje menadžmenta preduzeća, kako bi im obezbedio isplativost investicije. Naime, radeći dan za danom sa svojim saradnicima na različitim predmetima, ljudi iz menadžmenta raspolažu s mnogo više informacija od članova nadzornog odbora i generalnih skupština akcionara.[1] Jer, dešava se da menadžment oseća odbojnost prema donošenju teških odluka, da ne poklanja dovoljno pažnje unutrašnjem upravljanju rizicima, da se uključuje u brojne, za preduzeće ne tako rentabilne eksterne aktivnosti, da previše ulaže, ne unapređuje najstručnije saradnike i daje prednost rodbini i prijateljima, ili čak da se angažuje u ilegalnim aktivnostima (odavanju poverljivih informacija, manipulaciji

---

[1] Naravno, članovi nadzornog odbora mogu tražiti pristup infomacijama, ali neselektivna i neobrađena infomacija i nije od neke koristi.

računovodstvenim podacima, krađi iz penzionih fondova preduzeća, prenošenju imovine u slučajevima sukoba interesa).

Teorija informacije i teorija igara pomažu boljem razumevanju pojmova moći i ovlašćenja, polazeći od dva koncepta:[1]

- Formalnog ovlašćenja za odlučivanja ili donošenja jedne kategorije odluka, koja se poverava titularu tog ovlašćenja putem ugovora;
- Realne vlasti, koju stiče učesnik bez formalnog ovlašćenja zahvaljujući informacijama važnim za donošenje odluka, kao i poverenju koje mu može ukazati nosilac formalne vlasti, a koje proizlazi iz racionalnog usaglašavanja interesa dveju strana.

Kao kod Maksa Vebera, ključ za razlikovanje ovih dvaju pojmova jeste asimetričnost informacije. Generalna skupština preduzeća može imati formalnu vlast a ne biti šef parade, ako je upravni odbor u posedu prave informacije. Isto tako, poslednji može poslužiti kao mesto za registrovanje odluka menadžmenta, koji filtrira informacije po svom nahođenju. Konkretno, to što su neke odluke, poput one o spajanju ili izboru budućeg generalnog direktora, u formalnoj nadležnosti upravnog odbora ili generalne skupštine akcionara – ne može sprečiti generalnog direktora u nameri da izvrši snažan uticaj na ovu odluku, tim pre što članovi upravnog odbora imaju poverenja u činjenicu da generalni direktor stoji u službi akcionara. Zaista, veza između stvarne nadležnosti i kongruencije interesa empirijski je proverena.

Ali kako da finansijeri budu sigurni u to da ponašanje menadžerskog tima ne odstupa previše od njihovih interesa? Odgovor je višeslojan: sistem upravljanja je niz institucija koje, svaka posmatrana za sebe, nisu dovoljne da se obezbedi usklađenost ciljeva, ali koje, pošto se ukombinuju, mogu to (mada ne uvek) postići.

Uloga finansijske strukture. U čuvenom i provokativnom članku objavljenom 1958, Franko Modiljani (Franco Modigliani) i Merton Miler (Miller) sugerisali su da finansijska struktura jednog preduzeća nema uticaja na njegovo upravljanje, pa stoga ni na njegovu vrednost. Ukratko, načini deljenja kolača određene veličine (budući pro-

[1] Vidi moj članak s Filipom Agionom – *Formal and Real Authority in Organizations*, Journal of Political Economy, 1997, vol. 105, n° 1, str. 1–29.

fiti preduzeća) između različitih finansijera (akcionara, poverilaca) ne utiču na veličinu tog kolača, pa tako ni na konačnu cenu koju su ovi investitori spremni da plate za sve svoje akcije, obveznice, bankarske kredite...

Ali Modiljanijeva i Milerova naučna pretpostavka nije zadovoljavajuća: veličina kolača nije fiksna, jer stvaranje vrednosti zapravo zavisi od finansijske strukture i sistema upravljanja. Često se dešava da kontrola nad prezaduženim preduzećem pređe na poverioce, koji će nastojati da budu obazrivi, štaviše da preprodaju imovinu ili raskomadaju preduzeće kako bi osigurali otplatu duga. Obratno, menadžment preduzeća koje raspolaže obilatim sopstvenim izvorima (slabo zaduženim) može uživati u spokojnom životu, jer nije pod pritiskom otplate dugova koji pristižu na naplatu (mogu se naći pod pritiskom da isplate dividende, ali to je mnogo slabija prinuda).

Da pojednostavimo – dok sve ide dobro, akcionari drže kontrolu nad preduzećem. Dakle, oni su odgovorni za upravljanje njime, pa su, po logici stvari, prvi koji će izgubiti novčani ulog u slučaju finansijskih problema. Poverioci, kao pasivniji učesnici upravljanja, raspolažu dvema zaštitnim merama. Prva je preuzimanje kontrole nad preduzećem kada ono ima potrebu za svežim novcem, a ne može doći do tog novca od akcionara, osim putem emitovanja nove serije akcija. Druga zaštitna mera sastoji se, za neke poverioce, u obezbeđivanju jemstva. Banka će tražiti sredstva obezbeđenja, tj. da preduzeće založi svoju imovinu (nepokretnosti, zalihe, opremu...) kao kolateral koji će preuzeti u slučaju da izostane uredna otplata duga. Takođe, obezbeđena obaveza jeste dug preduzeća osiguran u slučaju da preduzeće zakaže u ispunjavanju obaveze.

Podsticaji menadžmenta. Stvaranje vrednosti za akcionare takođe počiva na složenom poretku podsticajnih mehanizama, od kojih je svaki nesavršen, s ciljem da se uskladi interes menadžmenta s interesima samog preduzeća. Često se direktorima isplaćuju varijabilne novčane naknade, koje se obračunavaju po računovodstvenim rezultatima poslovanja (bonusi na kraju godine) i po rezultatima poslovanja na berzi (akcije i stok-opcije na „akcije").[1] Nije u igri

[1] Stok-opcija je kupovna (call) opcija koja se dodeljuje menadžerima ili zaposlenima u preduzeću. Opcije dozvoljavaju svojim vlasnicima da kupe odre-

samo nivo određenih varijabilnih novčanih primanja već i činjenica da se njima ne nagrađuje uvek valjano upravljanje, kao kada jedan direktor preduzeća dobro proda stok-opciju, nekoliko meseci pre nego što se ispostavi da je preduzeće na ivici stečaja. Kritike koje se odnose na lošu koncepciju brojnih varijabilnih novčanih nagrada jesu opravdane. Dobro strukturirane (a posebno kada se dodeljuju za dugoročni učinak i kada su indeksirane rastom vrednosti sektora ili berze), ove varijabilne novčane naknade mogu, međutim, sasvim suprotno, podstaći direktore da imaju dugoročnu perspektivu. Pozabavimo se malo time.

Tokom ekonomske krize 2008. godine, određenim finansijskim posrednicima i ustanovama zamerano je što su uvele tzv. kratkoročno ponašanje, preuzimajući velike rizike s ciljem unapređivanja svoje kratkoročne rentabilnosti. Uzroci ovakvog preuzimanja rizika posebno su se pripisivali mehanizmima nagrađivanja namenjenog menadžmentu preduzeća i famoznim bonusima (varijabilnim novčanim nagradama za rezultate iz prethodne godine) što su podsticali maksimizaciju kratkoročne rentabilnosti nauštrb budućnosti poslovanja. Izražavanje varijabilne novčane nagrade menadžmenta preko raspodele akcija pre nego u vidu bonusa za prošlogodišnje rezultate – već predstavlja napredak: ako neki direktor naduva profit svog preduzeća po cenu dugoročnih troškova koji su veći od kratkoročne dobiti, i ako berzansko tržište to uoči, berzanska vrednost preduzeća će pasti, iako je preduzeće neposredno nakon ovih odluka uvećalo profit. Zato direktor neće izvući korist iz rasta vrednosti svojih akcija. Ali, eto, tržište treba da bude svesno ove intertemporalne supstitucije, traganja za neposrednom rentabilnošću, što se ne dešava uvek.

Dobro je kada su dobici koje je menadžment postigao podvrgnuti „pravu na povlačenje odluke" (*clawbacks*): preduzeće mora imati mogućnost da zatraži nazad novčanu nagradu dodeljenu direktoru ako se ispostavi da su kratkoročni dobici bili prolazni entuzija-

đeni broj akcija preduzeća, ali samo unapred određenog datuma i po unapred utvrđenoj ceni, na primer, da kupe 100 akcija po ceni od 10 za četiri godine. Ako akcija vredi 15 za četiri godine, vrednost opcija iznosiće 500, ali ukoliko njihova vrednost bude manja od deset, opcije će biti bez vrednosti.

zam; drugim rečima, „zamrzavanje" novčanih nagrada za direktora na neko vreme unekoliko će obeshrabriti nastojanje da se postigne kratkoročna rentabilnost. Uostalom, u tom su duhu, nakon finansijske krize, bankarski regulatori Bazelskog komiteta zahtevali da se novčano nagrađivanje menadžmenta i posredničkih agenata u bankama koje su predmet supervizije usmerava ka dužem roku.

Ova načela su korisna, ali mogu se pokazati nedovoljnim. U dvanaestom poglavlju videćemo kako, na primeru finansijskog sektora, kombinacija više faktora proizvodi oblike novčanih naknada nepoželjnih po društvo: nepažnja određenih regulatornih tela i pristup finansijskih institucija novcu poreskih obveznika prilikom njihovog spasavanja od bankrota ohrabruje ih na preuzimanje rizika (one mogu nastaviti da se finansiraju čak i kad su ti procesi u poodmakloj fazi, kada stvari krenu loše), a ohrabruje i akcionare da uvode odgovarajuće podsticaje u korist svog menadžmenta[1]; a tu je i dosluh između odbora za dodelu novčanih nagrada, koji deluje pri upravnom odboru, i menadžera; ili pak nadmetanje za talente i kultura bonusa.

Pogled sa strane. Mnoštvo kontrasila može uzrokovati nedovoljno stvaranje vrednosti za akcionare: nezavisni članovi nadzornog odbora, većinski akcionari, kupci/predatori (*raider*), revizori, generalne skupštine, etički komiteti, mediji, regulatorna tela... Uopšteno posmatrano, ove protivtežne snage prikupljaju informacije o upravljanju i strategiji preduzeća, a neke od njih se na osnovu toga i mešaju u upravljanje preduzećem. Ovi složeni mehanizmi, njihove interakcije i determinante finansijskih struktura preduzeća predmet su mnogobrojnih rasprava: ko kontroliše kontrolore? Nastoje li oni da stvore vrednost za preduzeće ili samo za sebe?[2]

---

[1] Među klasičnim empirijskim radovima koji ukazuju na mogućnost takvog dosluha (ne nužno u finansijskom sektoru) – navedimo radove Marianne Bertrand, Sendhil Mullainathan, *Are CEOs Rewarded for Luck? The Ones withoutPrincipals are*, Quarterly Journal of Economics, 2001, vol. 116, str. 901–932, te Lucian Bebchuk i Jesse Fried, *Pay without Performance. The Unfulfilled Promise of Executive Compensation*, Cambridge, MA, Harvard University Press, 2004.

[2] Ove teme zaslužuju jedno, ili čak više poglavlja. Vidi, na primer, moju knjigu *The Theory of Corporate Finance*, Princeton, Princeton University Press, 2006.

Struktura bilansa i sistem upravljanja. Teorija predviđa, a ekonomska istraživanja potvrđuju sistemsku vezu između strukture bilansa i „ustupaka" koji se čine finansijerima. Preduzeće „s krhkom strukturom bilansa" – što znači preduzeće s malo likvidnih sredstava, malo materijalne imovine, velikom neizvesnošću u pogledu budućih prihoda i reputacijom koju tek treba da izgradi – logično bi trebalo da ponudi veće ustupke svojim finansijerima, na primer, da ponudi umereniji plan investicija, da prihvati kraće rokove dospeća duga (što poveriocima omogućava da se na vreme izvuku ukoliko nastanu problemi), stroži sistem upravljanja i srazmerno viši nivo sredstava obezbeđenja. Ovi ustupci jesu skupi, ali predstavljaju obaveznu prelaznu fazu za preduzeće koje namerava da finansira svoj rast.

Primera radi, dok se jedno veliko likvidno preduzeće, sa imovinom koja može biti založena i sa izgrađenom reputacijom, može na tržištu hartija od vrednosti zadužiti uz mali kreditni *spread*, mala i srednja preduzeća zavise od bankarskog sektora koji je garant za smanjenje asimetrije informacija između preduzeća i konačnog investitora. Takođe, biotehnološki ili softverski startapi (koji nisu likvidni – nemaju sredstva obezbeđenja ni siguran *cash-flow*) trebalo bi da se podvrgnu drakonskoj kontroli svojih finansija, svog sistema upravljanja i svojih investicionih odluka. Njihov menadžment biće pod velikim pritiskom tokom upravljanja i neprekidno u sedištu s mehanizmom za katapultiranje.[1]

Finansiranje preduzeća u Francuskoj

Izuzmu li se velika francuska preduzeća, koja su relativno uspešna, možemo se zabrinuti zbog toga što se ne pojavljuju nova preduzeća. Francuska preduzeća koja se najbolje kotiraju na Pariskoj berzi (indeks CAC 40) potekla su od onih preduzeća što su postojala još šezdesetih godina XX veka. *A contrario*, polovina od 500 najvećih američkih preduzeća nije pripadala indeksu S&P 500 (lista s pet stotina najvećih američkih preduzeća, najbolje kotiranih na američkim

[1] Vidi šesnaesto poglavlje.

berzama, koju utvrđuje *Standard & Poor's*) 2000. godine. Gde je naš *Google*, *Apple*, *Microsoft*, *Amazon*, *Facebook*, *Intel*, *Uber*, *Amgen* ili *Genetec*? U vezi s tim, Francuska pati od snažnog deficita preduzeća sa 20 do 500 zaposlenih (od kojih će se neka u budućnosti priključiti listi velikih preduzeća), što nas lišava rasta zaposlenosti.[1] Druga briga tiče se snažne dominacije porodičnih preduzeća. Da budemo jasni, porodična preduzeća, uključujući tu i ona velika, sastavni su deo uobičajenog krajolika jedne razvijene ekonomije. Ako i primenjuju drugačiji stil upravljanja (ograničeniji pristup finansiranju i rastu, niže plate, ali uz nešto bolju zaštitu radnih mesta u slučaju recesije...), ona nisu nužno i sinonim za loše upravljanje.[2] Naprotiv, postoje neki razlozi da se poveruje kako se mnoga preduzeća ne odlučuju na razvodnjavanje svog kapitala i rast zbog neprivlačnog francuskog poslovnog okruženja. Moralo bi se pak više promisliti o strukturalnim slabostima masovnog akcionarstva u našoj zemlji.

II. A DRUŠTVENA ODGOVORNOST PREDUZEĆA U SVEMU TOME?

Kako smo već videli u šestom poglavlju, naše vladajuće ekonomske institucije, koje su proistekle iz dugog i nezavršenog razvoja, počivaju na dva velika načela – *stvaranju vrednosti i preuzimanju odgovornosti*, što su pojmovi izuzetno bliski Adamu Smitu i Arturu Piguu. Preuzimanje odgovornosti postoji u onoj meri u kojoj se preduzeće mora podstaći da uzme u obzir kolika bi bila cena njegovih odluka za različite zainteresovane strane. Na primer, zeleno oporezivanje[3] – ili njemu analogna mera u oblasti tržišta rada (bonus-malus u osiguranju od nezaposlenosti, što bi moglo zameniti sudsku

---

[1] Upućujem na trinaesto poglavlje u vezi s raspravom o finansiranju malih i srednjih preduzeća.

[2] Vidi David Sraer, David Thesmar, *Performance and Behavior of Family Firms: Evidence From the French Stock Market*, Journal of the European Economic Association, 2007, vol. 5, str. 709–751.

[3] Vidi osmo poglavlje.

kontrolu otpuštanja[1]) – cilja na to da preduzeće učini odgovornim u oblasti životne sredine ili upravljanja ljudskim resursima. Uopšte uzev, logično je da postoji želja da se zaštite zainteresovane strane koje ne kontrolišu proces odlučivanja, kako oni koji ga inače kontrolišu (akcionari i menadžeri) ne bi vršili previše eksternalija nad istim zainteresovanim stranama pri donošenju važnih odluka za preduzeće. Suočeno s povoljnim ekonomskim signalima, preduzeće se može fokusirati na samo jedan prost zadatak – stvaranje vrednosti za finansijere koji su mu ukazali poverenje, stvaranje vrednosti koja garantuje investiciju, a tako i otvaranje radnih mesta.

Međutim, zaštita zainteresovanih strana često je nesavršena, budući da ugovori i zakonska regulativa ne mogu sve predvideti, odnosno da ostaju nepotpuni. Na to se nadovezuje problem s manjkavošću države, na koji smo ranije ukazali. U svim ovim slučajevima, elegantna društvena konstrukcija koju predstavlja zaštita zainteresovanih strana i maksimizacija kapitalističkog profita (gde prva odobrava drugu) počinje polako da tone...

Prema mišljenju Evropske komisije, društvena odgovornost preduzeća jeste „koncept po kojem preduzeća dobrovoljno usvajaju društvena, ekološka i ekonomska načela u svom radu i svojoj interakciji sa zainteresovanim stranama."[2] Pored sintagme „interakcija sa zainteresovanim stranama" (radnicima, klijentima, lokalnim samoupravama, nevladinim organizacijama, itd.), prilog „dobrovoljno" zauzima središnje mesto u ovoj definiciji: društveno odgovorno preduzeće emituje manje ugljen-dioksida ili zapošljava osobe s posebnim potrebama, ne zato što ga na to prisiljava nekakav zahtev koji je utvrdila država, ili zato što je podstaknuto subvencijama i porezima, već zbog toga što smatra da je valjano vladanje njegova društvena obaveza.

Društveno odgovorno ponašanje preduzeća stari je koncept. Na primer, pošto su konstatovali nizak nivo uključenosti javnih vlasti u rešavanje društvenih pitanja svog vremena, direktori preduzeća

---

1 Vidi deveto poglavlje.

2 U svojoj zelenoj knjizi iz 2001 – *Promoting an European Framework for Corporate Social Responsibility.*

hrišćanskih uverenja s kraja XIX veka razvili su socijalne politike (politiku socijalnog stanovanja, socijalne podrške porodici, itd.) u Francuskoj, Nemačkoj i Engleskoj. Društveno odgovorno ponašanje preduzeća danas ponovo beleži veliko interesovanje. Ipak, ovaj pojam obuhvata vrlo različita značenja, pa je građanima ponekad teško da se u njemu prepoznaju. Društvena odgovornost preduzeća može se shvatiti na tri načina, koja nužno nisu i jedina tri. To su: usvajanje dugoročne vizije preduzeća, usklađene sa održivim razvojem; savesno ponašanje, čemu teže zainteresovane strane u preduzeću (klijenti, investitori, zaposleni i dr.); filantropija kao unutrašnji poriv. Ispitajmo ove pojmove[1] jedan po jedan.

Održiva vizija preduzeća

Mnogobrojni investicioni fondovi diče se društveno odgovornim investiranjem, stavljajući naglasak na njegovu dugoročnu perspektivu. Kao i ekonomisti, i oni insistiraju na ideji o tome da je profit intertemporalni pojam, to jest pojam koji se sagledava u dugoročnoj perspektivi. Društveno odgovorni investicioni fondovi stavljaju održivost u središte svojih promišljanja, spontano i/ili jer su deo sfere političko-upravne vlasti (norveški birači žele da se njihov državni fond ponaša društveno odgovorno).

Kakve veze sve ovo ima s društveno odgovornim ponašanjem preduzeća? Nije li to prosto pitanje boljeg sistema upravljanja preduzećem? Odgovor na ova pitanja leži u čestoj uzajamnoj vezi kratkoročne vizije preduzeća i njegovog ponašanja štetnog po društvo. Uzmimo za primer banku koja se odlučila za rizičnu strategiju ulaganja putem kojeg će češće postizati veći profit, ali će se pritom izložiti opasnosti od nastanka katastrofe. Bankrotstvo banke usled preuzimanja takvog, preterano velikog rizika ne nanosi štetu samo akcionarima već i deponentima, a najčešće i garancijskim fondovima koji štite te depozite. Na kraju su javne finansije te koje trpe najviše, kako pokazuju brojni primeri u Španiji i Irskoj nakon kraha tržišta

[1] Diskusija koja sledi proizlazi iz mog članka s Rolanom Benabuom – *Individual and Corporate Social Responsibility*, Economica, 2010, n° 77, str. 1–19.

nekretnina. U slučaju banaka, rizik je utoliko veći što politička vlast ima naviku da im hrli u pomoć kad god se one nađu u neprilici, sve s ciljem da se izbegne širenje te epidemije i skupe posledice bankrota banke: ovaj sigurnosni jastuk vodi tome da preduzeće nastavlja s preuzimanjem rizika refinansirajući se kod poverilaca koji se slabo interesuju za otplatu duga uprkos bednom zdravlju preduzeća.

Možemo navesti i druge primere: preduzeće koje žrtvuje investiciono održavanje sistema ili uvodi proizvod s čijim je rizicima nedovoljno upoznato, ali koji mu može doneti veću novčanu zaradu, pri čemu preuzima rizik da se loše vesti povežu s njegovim imenom (naftne mrlje, skandal u vezi s nekim lekom, itd.). To ne samo što će uništiti preduzeće – već će za sobom ostaviti i žrtve, za šta će javne vlasti plaćati račune, dok će njihovo bankrotstvo na kraju dovesti do otpuštanja velikog broja radnika. Isto tako, preduzeće koje ne poštuje svoje radnike suočiće se u budućnosti s njihovom manjom posvećenošću planovima preduzeća i većim teškoćama pri pronalaženju radnika. Ova logika objašnjava zašto društvena odgovornost često polazi od održivog razvoja. Dodajmo tome da je s tim ciljem poželjno da se društveno odgovorni investicioni fondovi ponašaju kao aktivni investitori, nadgledajući rukovođenje i intervenišući na nivou nadzornih odbora ili generalnih skupština, s ciljem usmeravanja politike preduzeća na dugoročnijim perspektivama.

Odgovorni fondovi mogu „okrenuti leđa" i ne investirati u preduzeća koja, po njihovom mišljenju, ne odgovaraju kriterijumima društvene odgovornosti. Ovo je predmet brojnih promišljanja kojima se ovde ne mogu posvetiti.[1] Na primer, pretpostavimo da fond ne želi da investira u kompaniju koja je specijalizovana za energetiku i koja emituje velike količine gasova sa efektom staklene bašte. Da li bi fond trebalo da sasvim isključi ova preduzeća iz svog portfelja? Ili bi, naprotiv, trebalo da izabere ona preduzeća iz tog sektora koja ulažu najviše napora kako bi umanjila zagađenje (pristup *best-in-class*), vodeći se idejom da se u svakom slučaju ne možemo lišiti ove delat-

[1] Vidi knjige Augustin Landier i Vinay Nair, *Investing for Change. Profit for Responsible Investing*, Oxford, Oxford University Press, 2008.

nosti, bar ne u predstojećem periodu, te da bi ga stoga valjalo i dalje podsticati na ekološki savesno ponašanje?

Od „delegirane filantropije"...

Kao što sam već rekao u petom poglavlju, ekonomski akteri ne tragaju uvek i samo za ličnim materijalnim interesom. S jedne strane, oni iskreno saosećaju s drugima i spremni su da unekoliko žrtvuju svoj materijalni interes za tuđu dobrobit. S druge strane, ovaj fenomen pojačava želja ljudi da se pred drugima ili pred sobom dokažu kao „dobri"; jedan deo našeg altruizma nije čist altruizam – motivisan je željom da se dokažemo, da izgradimo sliku o sebi za društvo, ali i za nas same.

Ova sklonost ka društveno korisnom ponašanju može se iskazati kao namera zainteresovanih strana da i samo preduzeće pristane da postupa savesno. Investitor može poželeti da se njegova ušteđevina ne investira u preduzeće koje posluje u zemlji gde se ne poštuju ljudska prava ili se angažuju podizvođači koji koriste dečji rad, ili u preduzeće koje proizvodi oružje i duvan. Zbog toga će eventualno biti spreman da delimično žrtvuje isplativost investicije, znajući da u protivnom posla ne bi ni bilo; stoga je bolje ponašati se savesno i zarađivati više! Takođe, potrošač može biti raspoložen da plati kafu malo skuplje ako je ona potekla iz pravične trgovine. A neki radnik može odlučiti da zarađuje manje radeći za neku nevladinu organizaciju koja neguje ili obrazuje decu u Podsaharskoj Africi, te se zato osetiti moralno superiornim.

U tom smislu, možemo reći da se preko preduzeća kanališe potražnja za društveno korisnim ponašanjem. Ono prihvata društveno odgovorno ponašanje za račun zainteresovane strane (investitora, potrošača, zaposlenih, itd.). Primetimo da ni ovde ne postoji sukob s idejama Adama Smita. Ovo može delovati iznenađujuće, ali lanac kafe-restorana ne žrtvuje svoj profit tako što nudi i kafu poteklu iz pravične trgovine. On samo odgovara na zahtev svoje klijentele koja je spremna da plati više. On tako samo uvećava profit.

Delegirana filantropija jednostavan je pojam, ali se suočava s nekim izazovima u ostvarivanju svih svojih mogućnosti. Prvi od izazova jeste onaj koji se tiče ponašanja slepog putnika: svi smo spremni da uložimo mali napor kako bismo emitovali manje gasova sa efektom staklene bašte, međutim, sami smo rezervisani prema ulaganju krupnih ali nužnih napora s ciljem vraćanja naše planete na kolosek ograničenja globalnog zagrevanja na 1,5 do 2 stepena Celzijusa. Svi naši sugrađani kažu kako su raspoloženi da se žrtvuju radi pobede nad globalnim zagrevanjem, ali se odlučno suprotstavljaju oporezivanju zagađenja ugljen-dioksidom, koje i nije tako visoko. Oni se nadaju da će najveći deo tih napora uložiti drugi.

Drugi izazov tiče se informacija kojima raspolažu zainteresovane strane. Da bi izabrali preduzeće za investiciju, kupovinu ili rad, investitori, potrošači ili radnici imaju potrebu za informacijama o tome da li se ono zaista ponaša društveno korisno. To nas suočava s tri izazova.

Informacija. Pre svega, treba valjano sakupiti podatke kako bi zainteresovane strane bile dovoljno dobro informisane o stvarnom ponašanju preduzeća: da li preduzeće upošljava decu preko podizvođača? Drugim rečima, pribegava li ono angažovanju manje moralnih podizvođača? To je vrlo teško uspešno kontrolisati kad je reč o podizvođačima drugog[1] ili nekog višeg reda (jer se zna da deklarativno preuzete obaveze ne ulivaju uvek poverenje)? Da li ono radije primenjuje *greenwashing* – postupanje preduzeto u pravcu zaštite životne sredine koje je beznačajno ali medijski vrlo zastupljeno – nego što daje prednost drugim naporima koji bi imali mnogo veći uticaj na životnu sredinu? U stvari, agencije za ocenu društvene odgovornosti preduzeća i njihovog nefinansijskog dela poslovanja osnovane su u poslednjih deset godina da bi pružile mere zaštite zainteresovanim stranama.[2]

Vaganje ciljeva. Drugi izazov je uključivanje merila uspeha koja nisu finansijske prirode. Preduzeće ima nefinansijske performanse

---

[1] Dobavljač prvog reda je neposredni dobavljač, dok je dobavljač drugog reda podizvođač podizvođača prvog reda, itd.

[2] Zadatak agencija za nefinansijski i društveno odgovorni rejting veoma je težak. One se oslanjaju na podatke koji su oskudni i koji nisu međusobno usklađeni.

u odnosu na životnu sredinu, sopstvenu održivost, svoje radnike, poresku upravu, itd. Preduzeća se mogu pokazati kao dobra u nekim dimenzijama i loša u nekim drugim, tako da je jedan od izazova s kojima se suočavaju agencije za nefinansijski rejting pronalaženje metodologije koja bi ih sve objedinila u jedinstven sintetički pokazatelj. Konkretno, kako oceniti zatvaranje fabrike koja emituje mnogo ugljen-dioksida, ali obezbeđuje radna mesta lokalnoj zajednici? Može li jedna multinacionalna kompanija nadoknaditi štetu nanetu lokalnoj životnoj sredini finansirajući školu, bolnicu ili fabriku za preradu otpada toj zajednici? Ova debata posebno ima smisla danas, kada se mnogobrojne multinacionalne kompanije angažuju u odgovornim akcijama, vodeći istovremeno veoma razrađenu politiku fiskalne optimizacije.[1]

Jer, mnoštvo ciljeva stvara sukob među njima: kada se nekoj organizaciji postavi cilj, njega je lako kontrolisati; kada joj se postavi više potencijalno oprečnih ciljeva, menadžmentu te organizacije zapravo se poverava diskreciona vlast da odmerava važnost svakog od tih ciljeva. Da bi se izbegla ova situacija, agencija za društveni rejting trebalo bi da se odluči za način na koji bi se različiti ciljevi morali rangirati. Uz sve poteškoće koje to uključuje.

O onome što je društveno (ne)odgovorno. Konačno, društveno odgovorno ponašanje preduzeća, kao veoma decentralizovan proces, nasleđuje snagu i slabosti demokratskog procesa. U prethodnom poglavlju podvukao sam da je usvajanje neke dobre javne politike često uslovljeno valjanim razumevanjem osnovanih pitanja od strane birača, ili barem nepostojanjem predrasuda. Isto tako, potrošači, radnici i investitori pritiskaće preduzeće da usvoji savesno ponašanje

[1] Primer kompanije *Starbucks* dosta je komentarisan u štampi. Studija vođena na osnovu američkih podataka sugeriše da su preduzeća koja su najviše posvećena društveno odgovornom ponašanju takođe ona koja postižu najveću fiskalnu optimizaciju. Nema kauzalne veze, već postoji zanimljiva korelacija (Angela Davis, David Guenther, Linda Krull, Brian M. Williams, *Do Socially Responsible Firms Pay More Taxes?*, The Accounting Review, 2016, vol. 91, n° 1, str. 47–68).

samo ukoliko steknu jasnu sliku o posledicama takvog ponašanja.[1] Ova analiza ni u čemu ne umanjuje zasluge delegirane filantropije, ali ukazuje na to da moramo kolektivno promišljati o načinu na koji bismo je učinili efikasnijom.

...ka filantropiji preduzeća

Naporedo s tim, društveno savesno ponašanje može biti odraz želje samog preduzeća da uzme učešća u stvarima koje smatra pravednim (pomoć problematičnim kvartovima, doprinos zapošljavanju omladine, medicinskim istraživanima, umetnosti, itd.), a ne samo onima koje su prosto profitabilne. Očigledno je da je ponekad u praksi teško jasno razlikovati filantropiju preduzeća (gde se žrtvuje profit) od delegiranih filantropija (gde se ne žrtvuje profit), utoliko pre što društveno odgovorno delovanje šalje lepu sliku o preduzeću, a takođe može doneti novčanu korist.

Ovu formu filantropije osporavale su i desnica i levica. U čuvenom članku napisanom 1970. godine, Milton Friedman u suštini je istakao kako preduzeća ne treba da se bave dobrotvornim radom služeći se novcem akcionara, te kako direktori i članovi nadzornog odbora treba da koriste sopstveno bogatstvo u te svrhe. Na drugom kraju političke sfere, Robert Rajh (Robert Reich) sugeriše kako preduzeća ne treba da odmenjuju državu.

Očigledno je da vrednovanje ovih argumenata zavisi od jedne druge ocene – ocene kvaliteta javne uprave u domenu u kojem je primenjeno filantropsko delovanje. Ovde je reč o jednom empirijskom pitanju, pa se ne može očekivati isti odgovor za sve zemlje. Naše poznavanje ovog domena još uvek je ograničeno, pa je cilj ovih primedaba upravo ohrabrivanje dubokog promišljanja na ovu temu. Uglavnom je pragmatizam odneo prevagu, te sve zemlje ostavljaju slobodnog prostora (putem fiskalnih umanjenja za učinjene poklone) filantropiji.

---

[1] Upućujem na prvo poglavlje u vezi s diskusijom o nerazumevanju uticaja određenih politika.

Konačno, društveno odgovorno ponašanje preduzeća, društveno odgovorno investiranje ili pravedna trgovina ni u čemu nisu nekompatibilni s tržišnom ekonomijom; upravo suprotno, predstavljaju istovremeno decentralizovan i delimičan odgovor (zbog problema s ponašanjem slepog putnika) na pitanje koje se tiče postizanja opšteg dobra. Za njih bi bilo manje mesta u svetu u kojem bi država bila efikasna i dobronamerna, te tako zastupala volju građanina. U stvarnom svetu ima mesta za ovakve inicijative građana i preduzeća – i nadam se da sam donekle uspeo da ga rasvetlim.

VELIKI MAKROEKONOMSKI IZAZOVI

Poglavlje 8

Klimatski izazovi

I. ZNAČAJ KLIME

Podizanje nivoa mora koje pogađa ostrva i obalske gradove, klimatski poremećaji, ekstremne padavine i suše, neizvesne žetve... sve nas to navodi na pomisao o posledicama rasta temperature. Troškovi toga biće ekonomske, ali i geopolitičke prirode, jer to podstiče migracije i veliko nezadovoljstvo populacija koje su najviše pogođene. U odsustvu reakcije međunarodne zajednice, preti opasnost da klimatske promene dramatično i trajno ugroze blagostanje budućih pokolenja. Iako je tačne posledice naše pasivnosti i dalje teško kvantifikovati, jasno je da bi *status quo* bio katastrofalan. Dok se specijalisti slažu u mišljenju da je rast temperature od 1,5 do 2 stepena Celzijusa najviša granica koju bismo mogli racionalno prihvatiti, peti evaluacioni izveštaj Gieca (Međuvladine grupe za evoluciju klime), objavljen 2014, procenjuje da će prosečna temperatura porasti 2,5 do 7,8 stepeni Celzijusa pre kraja XXI veka. Naša emisija gasova sa efektom staklene bašte (GSB), poput ugljen-dioksida ili metana, nikada nije bila tako visoka. Ograničavanje rasta na 1,5 do 2 stepena Celzijusa predstavlja ogroman izazov, naročito u kontekstu snažnog svetskog demografskog rasta i opravdane želje brojnih zemalja da dosegnu zapadni životni standard.

Prikaz broj 1 delimično sumira ovaj izazov. On ukazuje na evoluciju BDP-a i emisiju na nivou celog sveta, prvo od 1960. do 2010, a zatim do 2050, prema prognozi napravljenoj na osnovu scenarija po kojem se savesno pridržavamo putanje koja vodi zagrevanju od

1,5 do 2 stepena Celzijusa. Kako pokazuje grafikon na levoj strani, unapređenje naših tehnika, naravno, vodi manjoj emisiji gasova sa efektom staklene bašte po jedinici BDP-a. Ali ovo unapređenje relativno je sporo – grafikon na desnoj strani, koji pokazuje kako sadržaj ugljen-dioksida po jedinici BDP-a mora dramatično opasti da bi se postigli ciljevi u zaštiti prirodne sredine, ukazuje na čitav put koji naše ponašanje i naša tehnologija moraju prevaliti u relativno kratkom periodu (od 35 godina). Dakle, da bismo uspeli, moramo radikalno promeniti način na koji trošimo energiju, način na koji se grejemo, na koji projektujemo i gradimo stanove, na koji se prevozimo, proizvodimo robu i pružamo usluge, način na koji upravljamo poljoprivredom i šumama... Ovim politikama „ublažavanja", usmerenim na smanjenje emisije gasova sa efektom staklene bašte, trebalo bi, osim toga, dodati i mere „prilagođavanja", tj. dejstva usmerena na borbu protiv uticaja globalnog zagrevanja, u šta spadaju, recimo, uspostavljanje mreže za alarmiranje u slučaju poplava, korigovanje visina mostova u izgradnji, zaštita vlažnih zona, kulturnih promena i migracija...

Prikaz 1 Relativna promena emisija ugljenika i proizvodnje

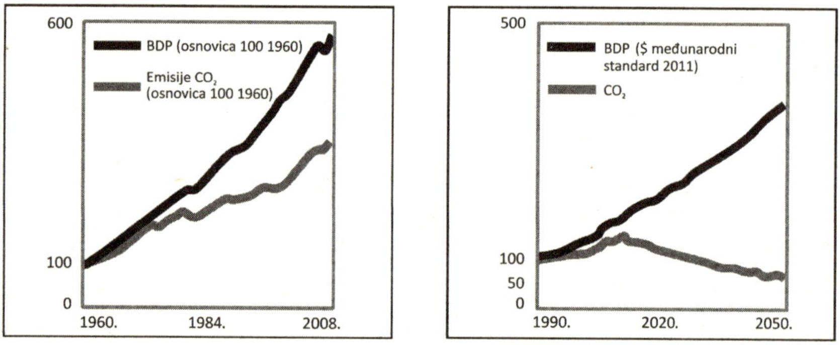

Izvor: Izveštaj komisije Paskal Kanfin
(Pascal Canfin) - Alen Granžan (Alain Grandjean), jun 2015.

Ovde očigledno nema ništa posebno novo, ali se treba podsetiti da je međunarodna zajednica pokrenula dijalog na ovu temu još na samitu u Rio de Žaneiru 1992. godine. Protokol iz Kjota predstavio je 1997. simboličnu i važnu etapu, ali usled konstrukcionih grešaka, na šta ćemo se vratiti, nije doveo do većih napora da se smanje gasovi sa efektom staklene bašte. Sledeći veliki skup, održan u Kopenhagenu 2009. godine[1], bio je obeležen nedostatkom ambicioznosti.

Prikazi 2 i 3 otkrivaju drugo lice ovog izazova. Procene ukupne emisije svih zemalja[2], vidljive u prikazu 2, govore sledeće: ako najveći deo emisija antropogenog faktora (koji se tiče čovekove aktivnosti) danas potiče iz razvijenih zemalja, onda će zemlje u usponu

Prikaz 2 Emisije po državama

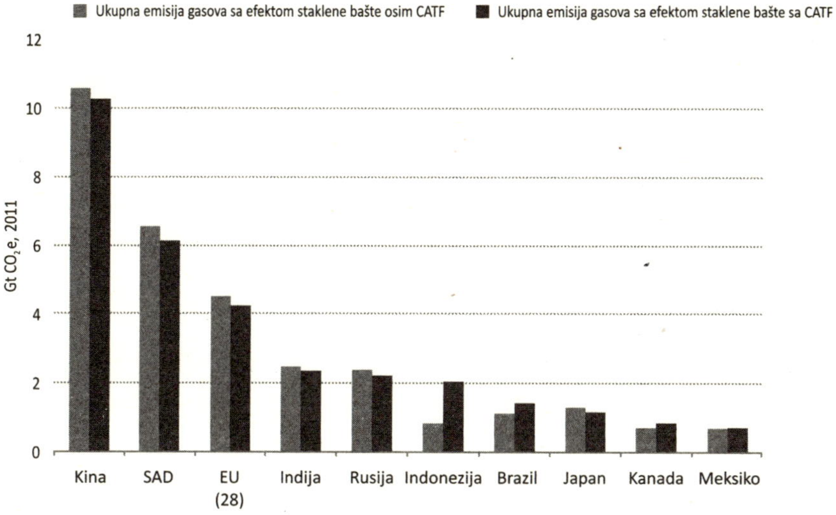

CATF odnosi se na emisije proistekle iz promena koje su pogodile zemljište i šume

Izvor: World Resources Institute

[1] COP (Conference of the Parties) održava se svake godine. Ona u Limi u decembru 2014. bila je dvadeseta po redu, a COP 15 i 21 odgovaraju skupovima u Kopenhagenu i Parizu.

[2] Prikazi 2 i 3 opisuju istovremeno ukupne emisije, kao i one (koje su najčešće pozitivne) do kojih dolazi zbog poljoprivredne politike i krčenja šuma ili pošumljavanja. Dve brojke, uopšte uzev, nude slične slike, sa izuzetkom dveju zemalja. Neenergetski udeo emisija logičan je u slučaju Brazila, a još logičniji u slučaju Indonezije, kao zemalja u kojima se intenzivno krče šume.

igrati ključnu ulogu u budućoj emisiji tih gasova. Na to ukazuje razvoj Kine, koja je danas daleko najveći emitent, iako joj predstoji još mnogo posla da bi čitavoj svojoj populaciji obezbedila zapadnjački životni standard. Indija i druge zemlje u usponu, kao i one nedovoljno razvijene, u tome će je, nadamo se, slediti, ali uz snažan uticaj na globalno zagrevanje.

Prikaz 3 Emisije koje se odnose na proizvodnju, po državi

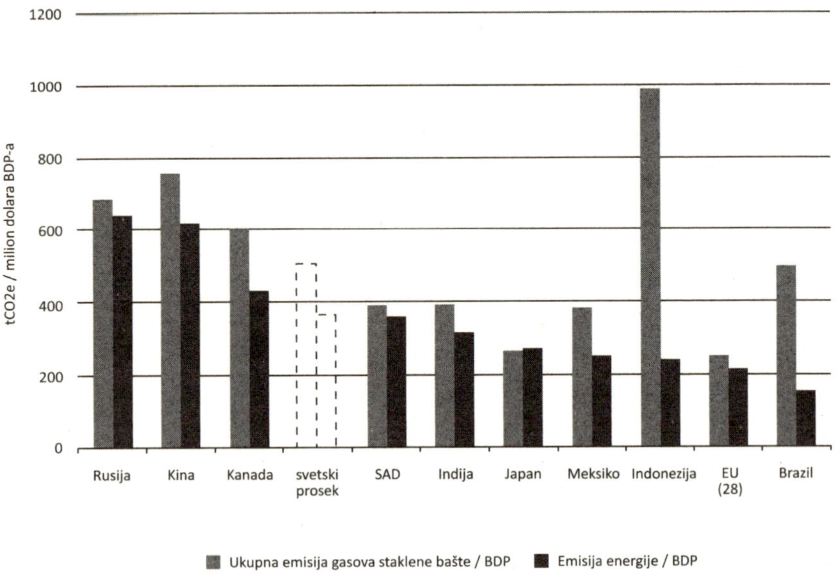

Izvor: World Resources Institute

Prikaz 3 predočava emisiju po jedinici BDP-a. On razotkriva velike nejednakosti u pogledu performansi u zaštiti životne sredine. Takođe sugeriše da mogućnosti uštede na gasovima sa efektom staklene bašte nisu jednako raspoređene u svetu. Ma koliko Evropa bila malo ekološki savesna, ona verovatno ima mnogo manji manevarski prostor od drugih zemalja.

I tako se prepuštamo iščekivanju da se stvari reše same od sebe. Ne samo što države ulažu sasvim male napore da bi svoju industriju, saobraćaj ili stanovanje lišile ugljenika – već i termoelektrane na ugalj, kao najveći zagađivači među korisnicima fosilnih goriva u proizvodnji električne struje, dobijaju zamaha u mnogim zemljama. Ponekad država čak i subvencioniše energiju koja se dobija iz fosilnih goriva (prirodnog gasa, uglja, nafte, itd.), odgovornih za 67% ukupne emisije gasova sa efektom staklene bašte (od čega 80% čini ugljen-dioksid). Prema jednom nedavnom izveštaju OECD-a[1], i dalje se svake godine svuda u svetu ulaže 141 do 177 milijardi evra kao podrška ovim izvorima energije, putem oslobađanja od poreza ili umanjenja PDV-a, što ide u korist različitim populacijama i profesijama (poljoprivrednicima, ribarima, auto-prevoznicima, aviokompanijama, siromašnim domaćinstvima, prekomorskom stanovništvu...), kao i putem poreskog kreditiranja velikih investitora (aerodromski terminali...). Naravno, teško je izračunati neto iznos subvencija, utoliko pre što postoje i drugi oblici oporezivanja. Osim toga, oporezivanje poput akciza na naftne derivate nije zadovoljavajuće u pogledu oporezivanja ugljenika, jer su osnovi za oslobađanje od plaćanja ovog poreza mnogobrojni. Ali, bez obzira na njihov tačan iznos, subvencije koje se po čitavom svetu koriste odgovaraju ideji po kojoj nacionalni egoizmi odnose prevagu nad ekološkim imperativima.

Kako smo stigli dotle? Kako objasniti skromnost postignutog napretka za ovih dvadeset godina međunarodnih pregovora? Možemo li pobediti globalno zagrevanje? To su ključna pitanja na koja će ovo poglavlje pokušati da ponudi odgovor.[2]

---

[1] Objavljenom 21. septembra 2015.

[2] Ovo poglavlje koristi se sadržajem članka koji je napisan u saradnji s Kristijanom Golijeom (Christian Gollier), a koji je objavljen 2015: *Economics of Energy & Environmental Policy*: *Negotiating Effective Institutions Against Climate Change*, vol. 4, n° 2, str. 5–27. U ovom članku obrađuju se brojne teme kojih se ovde nećemo dotaći, kao što je nesigurnost i nestalnost poreza na ugljenik ili tržišna cena prenosivih prava za emisiju, trajno opredeljenje za vođenje zelene politike ili formule za naknadu štete. On sadrži i iscrpnu studiju u kojoj se međusobno porede različiti ekonomski pristupi. Upućujem i na svoj izveštaj Savetu za ekonomsku analizu iz 2009, koji upozorava na manjak ambicioznosti u pregovorima što će uslediti u Kopenhagenu.

II. UZROCI STAGNACIJE

Možemo se pozivati na dijalog, možemo sanjati o drugačijem svetu u kojem bi ekonomski učesnici, domaćinstva, preduzeća, organi državne uprave, kao i same države – menjali svoje potrošačke navike i odlučivali da usvoje ekološki savesno ponašanje. Treba voditi dijalog, objasniti značaj, osvestiti stanovništvo u pogledu posledica kolektivnog ponašanja. Ali postoji opasnost da sve to ostane nedovoljno. Dijalog na tu temu stvarno je započet pre više od dvadeset pet godina, i toliko je zastupljen u medijima da svi znaju za njega. Stvarnost je i da smo svi mi spremni da preduzmemo male korake za zaštitu životne sredine – ali ne i da se lišimo automobila, da skuplje plaćamo struju, da smanjimo konzumiranje mesa ili broj putovanja avionom na udaljene destinacije – kao i da lokalne inicijative za održivi razvoj zaslužuju svaku pohvalu, ali da same po sebi apsolutno nisu dovoljne. Budimo pošteni, mi očekujemo da drugi to urade umesto nas i za nas – ili pre za naše unuke. Tako neodgovorna kakva jeste, naša zajednička politika lako je objašnjiva. Ona je plod dvaju faktora: *egoističnosti prema budućim pokolenjima* i *problema ponašanja u stilu slepog putnika*. Drugim rečima, koristi povezane sa ublažavanjem klimatskih promena ostaju suštinski *globalne* i *daleke*, dok su troškovi ovog ublažavanja *lokalni* i *direktni*.

Problem ponašanja u stilu slepog putnika....

Svaka zemlja postupa najpre u sopstvenom interesu, u ime svojih ekonomskih aktera, nadajući se da će izvući korist iz tuđih napora. U ekonomiji se klimatske promene predstavljaju kao pitanje opšte dobrobiti. Dugoročno gledano, većina zemalja trebalo bi da izvuče veliku korist iz masivnog smanjenja globalne emisije gasova sa efektom staklene bašte, jer će globalno zagrevanje imati ozbiljne ekonomske, društvene i geopolitičke posledice. Međutim, pojedinačni podsticaji za to smanjenje jesu zanemarljivi. Najveći deo koristi od mera ublažavanja sprovedenih u nekim zemljama zapravo odlazi drugim zemljama.

Tako, neka država snosi 100% troškova svoje zelene politike, recimo, troškove izolacije stanova ili zamene prljave energije, poput one iz uglja, čistijim, ali i skupljim energijama. S druge strane, šematski predstavljeno, ta zemlja imaće tek 1% koristi od ove politike ako čini samo 1% svetske populacije (i nalazi se u sredini u pogledu rizika od klimatskih promena). Drugim rečima, računica je prosta – gotovo svi benefiti ove zelene politike idu drugim državama! To je pomalo kao da birate hoćete li odmah potrošiti sto evra ili ćete uštedeti istu svotu, znajući da će vam 99 evra od te štednje biti skinuto i prebačeno na račun nekog neznanca. Osim toga, najveći deo benefita ove politike ne koristi pojedincima koji danas mogu da glasaju, već prvenstveno budućim naraštajima.

Prema tome, države ne internalizuju koristi od svojih politika čiji je cilj umanjenje emisija: ove politike ostaju nedovoljne, stope emisija ostaju na visokom nivou, dok klimatske promene ubrzavaju tempo. Problem ponašanja u stilu slepog putnika (*free rider*) vodi „tragediji zajedničkog resursa", na šta ukazuje mnoštvo studija slučaja na drugim poljima. Na primer, deljenje iste pašnjačke površine između više uzgajivača stoke obično vodi osiromašenim pašnjacima; naime, svaki od uzgajivača želeo bi da ostvari korist dovodeći po još jednu kravu na ispašu, a pritom se ne obazire na činjenicu da će postignuti dobitak naneti kolateralnu štetu drugom uzgajivaču, čijoj će stoci ostati manje trave da pase. Na isti način, lovci i ribolovci ne internalizuju društveni trošak za svoj ulov. Preterani izlov ribe i divljači, što je danas česta tema međunarodnih sporova, u prošlosti je doprineo istrebljenju brojnih vrsta, počev od ptice dodo, koja je simbol Mauricijusa, pa sve do pirinejskog medveda i bizona velikih ravnica Severne Amerike. Evolucioni biolog Džared Dajmond (Jared Diamond) pokazao je kako je krčenje šuma na Uskršnjim ostrvima pokrenulo urušavanje čitave jedne civilizacije.[1] Nailazimo i na druge primere tragedije zajedničkog resursa na planu zagađenja vode i vazduha, saobraćajnog kolapsa ili međunarodne bezbednosti.

---

[1] Jared Diamond, *Effondrement. Comment les societies décident de leur disparition ou de leur survie*, francuski prevod Agnes Botz, Jean-Luc Fidel, Paris, Gallimard, *NRF essays*, 2006, originalna verzija: *Collapse. How Societies Choose to Fail or Succeed*, New York, Penguin Books, 2005.

Politikološkinja Elinor Ostrom, dobitnica Nobelove nagrade za ekonomiju 2009, pokazala je kako su male i stabilne zajednice sposobne da pod određenim uslovima upravljaju svojim zajedničkim lokalnim resursima – a da pritom ne završe kao žrtve ove tragedije, zahvaljujući neformalnim mehanizmima podsticanja i kažnjavanja.[1] Ovi neformalni pristupi suzbijanju problema ponašanja u stilu slepog putnika očigledno nisu primenjivi na klimatske promene, jer su u tom slučaju zainteresovane strane sedam milijardi ljudi koji trenutno nastanjuju planetu, kao i njihovo buduće potomstvo. Pronalaženje rešenja za problem svetskih eksternalija složen je poduhvat, jer ne postoji nikakva nadnacionalna vlast koja bi bila u mogućnosti da pokrene i sprovede klasičan pristup podnošenju troškova, kako to predlaže ekonomska teorija, radi upravljanja zajedničkim resursom, a to je pristup koji se često primenjuje na nacionalnom nivou.

...pogoršan je „curenjem ugljenika"

Osim toga, postojanje onoga što se naziva „curenje ugljenika" može obeshrabriti bilo koju zemlju – ili bilo koji region – koja bi poželela da usvoji strategiju jednostranog ublažavanja. Tačnije, nametanje dodatnih troškova, putem oporezivanja emisija ugljenika, nacionalnim industrijama iz nezaštićenog sektora (onog podvrgnutog međunarodnoj konkurenciji) – koji je veliki emiter gasova sa efektom staklene bašte – predstavlja udarac za njihovu konkurentnost. Nametanje poreza na emisiju ugljenika koji bi bio dovoljno velik da može doprineti borbi protiv klimatskih promena u datoj državi – navelo bi preduzeća na premeštanje svoje proizvodnje u druge regione sveta, tamo gde bi mogla jeftino da zagađuju. U suprotnom, izgubila bi svoje mesto na tržištu (domaćem ili izvoznom), što bi išlo u korist preduzećima koja se nalaze u zemljama bez previše obzira prema zagađivanju životne sredine. Prema tome, jednostrana politi-

1 Elinor Ostrom, *La Gouvernance des biens communs. Pour une nouvelle approche des resources naturelles*, Commission Université Palais, 2010. Originalna verzija: *Governing the Commons. The Evolution of Institutions for Collective Action*, Cambridge, Cambridge University Press, 1990.

ka rezultuje premeštanjem proizvodnje u zemlje koje su manje odgovorne, što *de facto* vodi ka prostoj preraspodeli proizvodnje i bogatstva bez veće ekološke koristi.

Na isti način, kada „savesne" zemlje podignu domaće cene goriva ili mazuta kako bi smanjile potražnju za energijom iz fosilnih goriva, to utiče na obaranje svetske cene ovih energetskih izvora, što opet za posledicu ima rast potražnje za energijom iz fosilnih goriva i emisiju gasova sa efektom staklene bašte u drugim „nesavesnim" državama. Fenomen curenja ugljenika ima za posledicu smanjenje ukupne klimatske koristi od uloženih napora na ovom polju.

Drugi primer rizika koji sa sobom nosi curenje nudi Mehanizam čistog razvoja (eng. CDM), pokrenut u Kjotu. Mehanizam se sastoji u dodeljivanju kredita preduzećima iz zemalja u kojima se pretpostavlja da su emisije ugljenika sankcionisane (kao u primeru evropskih zemalja) onda kada ta preduzeća realizuju projekte čiji je cilj umanjenje emisija u zemljama poput Kine, koje nisu podvrgnute ovim prinudama. Napor preduzeća meri se prema ceni na postojećim tržištima ugljenika – što je *de facto* tržište prenosivih dozvola u Evropi (to, uostalom, objašnjava zašto je Mehanizam čistog razvoja bio prekinut nakon pada cena na ovom tržištu, što je tema kojoj ću se vratiti). Moja prva reakcija bila je pozitivna. Ovaj mehanizam precizira pomoć za razvoj u svetu tamo gde je ona potrebna, kao i evaluaciju projekata koja ostaje koherentna s drugim odabranim politikama: cenu ugljenika jednaku vrednosti koju preduzeće sa Zapada mora platiti za svoju emisiju (argument za usklađivanje oporezivanja ugljenika jeste da emisija tone ugljenika ima isti uticaj na životnu sredinu bez obzira na to ko je bio emiter i gde je bilo mesto emisije).

Ali moj heuristički obrazac prevario me je upravo onako kako je prevario i pregovarače Protokola iz Kjota. Kad se malo razmisli, ovaj ekološki osvešćeni mehanizam nije toliko osvešćen koliko nam se čini. Složen je na administrativnom planu (da bi se dobile dozvole za ispuštanje ugljen-dioksida, trebalo bi dokazati da je reč o „dodatnom" projektu, tj. da u nedostatku mehanizma za čisti razvoj ne bi došlo do uklanjanja zagađenja)[1], te Mehanizam čistog razvoja

---

1 Osim toga, ovaj mehanizam može podstaći zemlje u usponu, kojih se ovo tiče, da ne usvoje zakonodavstvo zaštite životne sredine i da odbiju potpi-

verovatno često ima tek vrlo skroman uticaj na životnu sredinu. Na primer, projekat pošumljavanja ili očuvanja šume negde u svetu – vodiće krčenju šume drugde, zbog igre ponude i tražnje na tržištu proizvoda nastalih krčenjem šume (proizvodnja drveta, soje, itd.). Ekološki osvešćena odluka usmerena na očuvanje šume podiže cenu drveta ili soje, te podstiče krčenje šume u drugim regionima sveta.

Problem curenja potvrda je da samo globalni sporazum može razrešiti pitanje klime: zemlje koje ne sankcionišu emisije ugljenika snažno zagađuju okolinu ne samo prilikom proizvodnje za sopstvenu potrošnju – već i pri proizvodnji za izvoz u zemlje koje su ekološki savesnije! Svesni toga, određeni analitičari procenili su da Protokol iz Kjota praktično nije doveo do smanjenja emisije, iako su neke zemlje naplaćivale emisiju ugljenika.[1]

...a putem podsticaja odlažu se reforme

Konačno, fenomen ponašanja u stilu slepog putnika još je izraženiji zbog ideje da će se u narednim pregovorima postići više ako se trenutno čini manje. Polazeći ujedno od teorija i iskustava iz prošlosti, zemlje postaju svesne sledećeg: što duže održavaju visok intenzitet u potrošnji ugljenika, to će im pregovaračka pozicija biti jača kada budu zahtevale ustupke, ako se sutra priključe globalnom sporazumu. Naime, kako je nivo emisije ugljenika u njihovim ekonomijama takav da su manje motivisane da potpišu ugovor, međunarodna zajednica moraće da im ponudi veće transfere (u novčanom obliku ili u vidu besplatnih prenosivih dozvola za emisije štetnih gasova) kako bi ih ubedila da se obavežu. Tako, pregovori o smanjenju emisija sumpor-dioksida iz osamdesetih godina XX veka između

sivanje obavezujućih međunarodnih sporazuma. Usvajanje zakonodavstva životne sredine, naime, obezvredilo bi projekte umanjenja emisija, te bi ih zbog toga isključilo iz pristupa kreditima Mehanizma čistog razvoja i oni ne bi zadovoljavali kriterijum dodatnosti.

[1] Vidi članak Christian Almer i Ralph Winkler, *Analysing the Effectiveness of International Environmental Policies. The Case of the Kyoto Protocol*, 2015, univerziteti u Batu i Bernu.

država Srednjeg zapada i ostalih država SAD bili su vrlo oštri, i ne bi se mogli zaključiti bez dodeljivanja velikodušnih alokacija u zamenu za saglasnost država Srednjeg zapada – velikih emitera zagađujućih materija uzročnika kiselih kiša – koje su upravo zato bile manje voljne da pristupe tom sporazumu. Tužna istina, ali istina s kojom se treba suočiti...

Ipak nekoliko skromnih poteza...

Ipak, ne treba misliti da nije postignut baš nikakav napredak.

Prenosive dozvole za emitovanje gasova sa efektom staklene bašte. Tržišta prenosivih dozvola za emisije već postoje u Evropi (od 2005), u SAD, Kini, Japanu, Južnoj Koreji i u mnogim drugim zemljama (ukupno više od 40 zemalja), regionima, ili čak u gradovima.[1] Razvoj tržišta prenosivih dozvola za emitovanje jedan je od mehanizama koji ekonomske učesnike čine odgovornijim kad je reč o emitovanju gasova sa efektom staklene bašte. Princip je sledeći: javna vlast utvrđuje najviši dozvoljeni nivo u pogledu količine zagađenja koja se može tolerisati. Tako se u slučaju globalnog zagrevanja utvrđuje broj tona ugljen-dioksida koji se može emitovati tako da se planeta ne zagreje više od 1,5 do 2 stepena Celzijusa (ta količina ponekad se naziva „budžet ugljen-dioksida"). Javna vlast stoga izdaje odgovarajuće dozvole, koje se još nazivaju prenosive dozvole za emitovanje (a ponekad i pogrdno „dozvole za zagađivanje"). Svaki ekonomski učesnik, neki proizvođač energije na primer, morao bi biti u mogućnosti da na kraju godine prikaže dozvole koje odgovaraju količini zagađenja koju je emitovao tokom godine. Ako je broj dozvola kojima raspolaže prevelik, višak će moći da preproda po tržišnoj ceni. Tako je cena ugljenika ista za sve. Mogućnost da kupe i prodaju ova prava objašnjava zašto je ovaj pristup u međunarodnim pregovorima često označen izrazom *cap and trade* („utvrdi najviši dozvoljeni nivo zagađenja, pa trguj").

---

[1] Zapravo, nisu sve emisije u režimu tržišta dozvola za emitovanje: na primer, manje od polovine evropskih emisija danas je podvrgnuto tržištu dozvola za emitovanje ugljen-dioksida.

Porez na ugljenik. Druge zemlje odlučile su se za porez na ugljenik, tj. za namete koje su javne vlasti uvele za emisiju svake tone ugljen-dioksida. Među njima, Švedska, koja još od 1991. sledi najambiciozniju politiku putem uvođenja poreza na ugljenik od 100 evra po toni ugljen-dioksida[1] za domaćinstva (što je, međutim, praćeno brojnim izuzecima za preduzeća, kako bi se izbegao gorepomenuti problem curenja). Što se tiče Francuske, ona je 2015. uvela porez na ugljenik za fosilna goriva[2] od 14,5 evra po toni ugljen-dioksida. Francuska je, u stvari, uz ovaj porez na ugljenik naporedo uvela obavezu pribavljanja dozvola za emitovanje, u slučaju da postoji emitovanje zagađujućih materija. Izvan Evrope nailazimo na nekoliko skromnih poreza na ugljenik, na primer, u Japanu i Meksiku.

Sa izuzetkom švedskog poreza, svi ovi pokušaji utvrđuju cenu ugljenika mnogo nižu od one koja bi nam omogućila da ostanemo ispod 1,5 do 2 stepena Celzijusa. Pandan određivanju broja prenosivih dozvola za emitovanje na osnovu budžeta ugljen-dioksida jeste opredeljenje za porez na ugljenik koje odgovara onome što nazivamo društvenom cenom ugljenika, tj. ceni koja odgovara uloženim naporima ekonomskih aktera da nas vrate na nivo zagrevanja koje ne prelazi 1,5 do 2 stepena Celzijusa. Porez na ugljenik praktično je uvek mnogo niži od cene koju štetno emitovanje košta društvo. Da se ograničimo na jedan pokazatelj: izveštaj *Kine* (Quinet)[3], čija je filozofija bila preuzeta u Rokarovom (Rocard) izveštaju o porezu na ugljenik, procenio je društvenu cenu ugljenika na 45 evra po toni ugljen-dioksida za 2010. godinu (100 evra u 2030, da bi se stiglo do raspona cena od 150 do 350 evra u 2050), što je cena koja bi, kad bi se primenila na svetskom nivou, omogućila praćenje putanje usklađene

---

[1] U ovom poglavlju pomenute cene bile bi cene po toni ugljen-dioksida. Čak i kada neformalno govorim o „ceni ugljenika", treba se setiti da tona ugljenika odgovara količini od 3,67 tona ugljen-dioksida. Dakle, cena ugljenika pomnoženo s cenom ugljen-dioksida.

[2] Prozvan „doprinos za klimu i energiju", koji se popeo na 22 evra po toni ugljen-dioksida u 2016. Kao i uvek, i ovde su bili predviđeni brojni izuzeci: drumski prevoznici, taksi vozila, poljoprivrednici, ribari, itd.

[3] Alain Quinet, *La Valeur tutélaire du carbone*, Paris, La Documentation française, *Rapports et documents*, 2009.

s preporukama Gieca.[1] No, danas se cene ugljenika na evropskom ili američkom tržištu kreću od pet do deset evra, dok su u mnogim zemljama ravne nuli...

Čemu jednostrani potezi? Mere u pravcu zaštite klime mogu delovati iznenađujuće ako smatramo da i ovde, kao i u slučaju svega drugog što se tiče geopolitike, nacionalni interes ima prednost: zašto bi se jedna zemlja žrtvovala za dobrobit čovečanstva? Postoje dva odgovora. Prvo, ako i postoji „žrtva", ona je beznačajna: ove mere su skromne i ne omogućavaju korekciju putanje emisija koje vode ka klimatskoj katastrofi.

Osim toga, nije zaista u pitanju žrtva, utoliko pre što zemlje kojih se to tiče mogu imati i druge koristi od uvođenja zelene politike. Na primer, zelene odluke mogu doprineti umanjenju emisija drugih zagađivača koji su više lokalnog karaktera, tj. koji pogađaju prvenstveno samu tu državu. Tako električna centrala na ugalj istovremeno emituje ugljen-dioksid, gasove sa efektom staklene bašte, sumpor-dioksid i azotne okside, od kojih su ova dva poslednja jedinjenja lokalni zagađivači odgovorni za kisele kiše, kao i za fine čestice. Unapređenje energetske efikasnosti ovih centrala donosi korist zemlji čak i u odsustvu svakog razmatranja klimatskog zagrevanja.

Iz istih razloga, zamena lignita, prljavog uglja, prirodnim gasom i naftom na Zapadu nakon Drugog svetskog rata doprinela je sanitarnom napretku i napretku u zaštiti životne sredine, čija je prvenstvena posledica bila eliminisanje londonskog smoga. Ali ni tada ova odluka nije imala nikakve veze s borbom protiv globalnog zagrevanja – koje u to vreme, uostalom, i nije bilo aktuelna tema – a bila je diktirana nacionalnim, štaviše lokalnim imperativima. Slično tome, neke zemlje mogle bi ohrabrivati svoje stanovnike da se manje hrane crvenim mesom, ne da bi se borile sa emisijom metana (koji je tako-

[1] U SAD, US Interagency Working Group (2013) predložila je tri različite procene u zavisnosti od tri moguće stope aktualizacije (2,5%, 3% i 5%). Uzimajući stopu stvarne aktualizacije od 3%, procenili su društvenu cenu ugljenika koja kreće od 32 dolara u 2010, da bi dosegla nivo od 52 dolara u 2030. i 71 dolar u 2050. Ove vrednosti očigledno imaju tendenciju da rastu, jer pasivnost međunarodne zajednice umanjuje naš manevarski prostor, što poskupljuje troškove emisije.

đe gas sa efektom staklene bašte), pa tako i s globalnim zagrevanjem, već da bi smanjile rasprostranjenost kardiovaskularnih bolesti. Ova „propratna korist" stvara podsticaj koji je nedovoljan, ali koji je ipak podsticaj za smanjenje štetnih emisija.

Konačno, delimična internalizacija emisija ugljen-dioksida od strane velikih zemalja, kakva je Kina (koja obuhvata gotovo 20% svetske populacije i koja je vrlo izložena globalnom zagrevanju), želja da se umiri javno mnjenje i da se izbegnu međunarodni pritisci – takođe su faktori koji mogu navesti na delovanje, čak i u odsustvu obavezujućeg međunarodnog sporazuma. Dakle, neke jednostrane mere mogu preduzeti zemlje koje strepe samo za sopstveni nacionalni interes. Potezi preduzeti da bi se smanjila količina ugljenika u proizvodnji ne znače nužno svest o uticaju emisije na ostatak sveta. Ove mere nazivaju se merama „nulte ambicioznosti"[1], gde nulta ambicioznost označava nivo angažovanosti za koji se neka zemlja odlučila s jedinim ciljem da ograniči lokalnu kolateralnu štetu i direktne posledice zagađujućih aktivnosti po nju samu. Drugim rečima, nivo angažovanosti za koji bi se neka zemlja odlučila u slučaju izostanka bilo kakvih međunarodnih pregovora – podrazumeva da takve mere ostaju umnogome nedovoljne da bi za rezultat imale stavljanje globalnog zagrevanja pod kontrolu.

...ali često suviše skupe ako se pogleda rezultat

Osim prenosivih dozvola za emisiju štetnih gasova i poreza na ugljenik, mnogi drugi pristupi koji se nazivaju administrativnim (*command and control*), a na koje ću se još vratiti, zapažaju se u brojnim zemljama. Ali ove mere ponekad su suviše skupe u pogledu svoje efikasnosti u zaustavljanju globalnog zagrevanja. Uvođenje načelnih ekoloških standarda koji ne sadrže brojke – ili biranje energetskih izvora od strane javnih vlasti – često rezultira neusklađenošću, što suštinski uvećava troškove smanjenja štetnih emisija. Ponekad države troše i do hiljadu evra po toni ušteđenog neispuštenog ugljeni-

[1] Da upotrebimo izraz Roberta Stevinsa (Roberta Stavins), ekonomiste s Harvarda.

ka (tako je, pre svega, s Nemačkom, zemljom bez mnogo sunca i sa solarnim instalacijama prve generacije), dok bi druge emisije mogle biti svedene uz trošak od deset evra po toni. Ovde je reč o politici koju velika većina analitičara ocenjuje kao ekološku, a koja to zapravo nije: za identični trošak mogli bismo umanjiti emisije od stotinu tona umesto onih od samo jedne tone! U nastavku ću se vratiti ovom pitanju ekonomske efikasnosti kao ekološkom imperativu.

III. PREGOVORI KOJI NISU NA VISINI ZADATKA

O Protokolu iz Kjota...

U Protokolu iz Kjota iz 1997, koji je stupio na snagu 2005. godine, zemlje potpisnice pristale su da smanje svoje emisije gasova sa efektom staklene bašte. Pomenute strane ugovornice, u aneksu B ovog sporazuma, obavezale su se da će smanjiti svoje emisije u 2012. za 5% u odnosu na nivo iz 1990. godine, te da će uvesti sistem prenosivih dozvola za emitovanje. Nesumnjivo nedovoljno ambiciozna ali realistična, primena sporazuma bila je ukaljana ozbiljnim konceptualnim nedostacima. Tokom njegovog potpisivanja, učesnici Protokola iz Kjota predstavljali su više od 65% svetskih emisija gasova staklene bašte. Ali 2012. Protokol je pokrivao manje od 15% svetskih emisija, budući da ga SAD nisu ratifikovale i da su se iz njega povukli Kanada, Rusija i Japan. Kanada je, na primer, zbog izvanredne prilike koju joj je pružio naftni pesak, brzo uvidela da bi bila obavezna da kupuje prenosive dozvole za emisije kako bi ispoštovala svoje obaveze prema Protokolu[1]: stoga joj je draže bilo da se povuče pre nego što bude morala platiti. Američki senat je pre ratifikacije nametnuo prethodni uslov da nema slepih putnika (ciljajući prvenstveno na Kinu). Ako imamo u vidu gorepomenutu analizu, zaista je nužno postići globalni sporazum, ali stav Senata takođe odražava nameru da se izbegne delovanje budući da je javno mnjenje delom skeptično

[1] Prema nekim procenama, isplata poreza na ugljenik, nužnog da bi se ispoštovale obaveze iz Kjota, Kanadu bi koštala oko 14 milijardi dolara.

prema globalnom zagrevanju, i isto tako ne baš željno promene svog životnog stila, koji (vidi prikaz 5 dole) podrazumeva da se neštedimice troši ugljenik.

Na to se nadovezuje neuspeh najvažnijeg konkretnog pokušaja da se uvede mehanizam za oporezivanje ugljenika u okviru Protokola iz Kjota. Taj pokušaj u Evropi je usledio sa uspostavljanjem tržišta prenosivih dozvola za štetne emisije, poznatog kao *EU Emission Trading Scheme* (EU ETS). Velika ekonomska kriza kojom je Evropa zahvaćena od 2008. i ubrzano širenje energije iz obnovljivih izvora (naročito u Nemačkoj) imali su za posledicu smanjenu potražnju za dozvolama za štetne emisije, što je vodilo prevelikoj ponudi ovih dozvola u odnosu na tražnju.[1] Budući da nije ponuđena nikakva zamena za ponuđene dozvole, cena tone ugljen-dioksida pala je sa svog istorijskog maksimuma od trideset evra na fluktuirajuću cenu od pet do deset evra, što je suviše nizak nivo da bi se postigao bitan efekat. Dakle, ova cena nema dovoljno uticaja na smanjenje štetnih emisija. Ona je toliko niska da je proizvođačima električne struje čak omogućila da prirodni gas zamene ugljem, koji emituje dvaput više ugljenika po kilovat-satu, a da ne govorimo o zagađenju u obliku finih čestica. Procenjuje se da bi cena od oko trideset evra po toni ugljen-dioksida doprinela tome da termoelektrane na gas budu konkurentnije od onih na ugalj. Kompanija *Engie* čak je bila dovedena dotle da zatvori tri termoelektrane na gas zbog konkurentnih termoelektrana na ugalj, koje danas zagađuju gotovo bez ikakvih sankcija.[2]

Neki su u padu cena ugljenika na tržištu prenosivih dozvola za štetne emisije videli neuspeh ovog tržišta. Ali tu je, u stvari, reč o

[1] U periodu od 2006. do 2007, cene su se već bile srozale zbog prevelikog broja podeljenih dozvola (pritisak industrijskog sektora doveo je do inflacije dozvola), kao i zbog konceptualne manjkavosti evropskog sistema iz prve faze (2005–2008): imaoci dozvola nisu mogli preneti dozvole za period nakon 2007, što je za posledicu imalo to da čak i sasvim neznatan višak dozvola svede cenu na nulu. Ovde nas zanima drugi pad cena, koji je usledio nakon krize, a čiji uzrok nije tehničke prirode.

[2] Dodatni problem predstavlja to što šema EU ETS pokriva tek deo štetnih emisija u Uniji. Brojni emiteri, na primer oni iz sektora saobraćaja ili građevine, *de facto* su se koristili cenom ugljenika koja je ravna nuli.

političkoj odluci koja izražava nameru da njihove države ne budu jedine na svetu koje se pridržavaju obaveza preuzetih u Kjotu. Umesto da uskladi broj izdatih dozvola s padom cene, kako bi adekvatno odgovorila ekonomskoj situaciji, Evropa je odlučila da dopusti pad cena i tako se priklonila još manje ambicioznim klimatskim politikama u svetu. Tragedija zajedničke svojine na delu...

Tako su poslednjih dvadeset godina Evropljani verovali da će njihovo (ograničeno) angažovanje na smanjivanju sopstvenih emisija gasova sa efektom staklene bašte podstaći druge zemlje da se ugledaju na njihovu inicijativu. Ne čudi što ta inicijativa nije navela druge zemlje na konkretne korake. Nažalost, Protokol iz Kjota doživeo je poraz. A osuđen je na poraz već samom svojom arhitekturom. Iz toga bi trebalo izvesti neke zaključke. Zbog ponašanja u stilu slepog putnika, pojačanog problemom curenja, nameće se rešenje koje mora biti sprovedeno na globalnom nivou.

...usled nedostatka trenutnih ambicija: angažman na dobrovoljnoj bazi

Put do Protokola iz Kjota bio je popločan dobrim namerama, ali nije sprečio zemlje da se ponašaju u maniru slepog putnika. Nije bilo drugačije ni sa obavezujućim obećanjima koja su data u Kopenhagenu, ali iz drugog razloga. Cilj konferencije u Kopenhagenu iz decembra 2009. bio je sastavljanje nove verzije Protokola iz Kjota, praćeno većim brojem zemalja potpisnica. Međutim, konferencija je zapravo okončana bitno drugačijim planom, tačnije procesom *pledge-and-review* (obećanja i praćenje tih obećanja). Od tada su Ujedinjene nacije samo registraciono odeljenje neformalnih obaveza – koje nisu praćene stvarnim prinudama – zemalja potpisnica: čuveni INDC (*Intended Nationally Determined Contributions*, predviđeni doprinosi utvrđeni na nacionalnom nivou). Novi mehanizam dobrovoljnog obavezivanja INDC bio je ratifikovan na COP 21 u Parizu decembra 2015. Međutim, strategija dobrovoljnog obavezivanja ima više velikih nedostataka i predstavlja neadekvatan odgovor na klimatske promene.

Greenwashing. Kao prvo, nemoguće je izmeriti ambiciju INDC zbog heterogenosti troškova smanjenja štetnih emisija zemalja potpisnica.[1] U stvarnosti, sistem u sebi nosi snažne podsticaje – „zeleno šminkanje" (*greenwashing*), što je postupak kojim se neko prikazuje kao mnogo zeleniji nego što u stvarnosti jeste[2], a što čini složenim ekonomsko merenje i evaluaciju doprinosa.

Potpuno očekivano, zemlje biraju sigurne luke koje su isplativije. Tako je bilo 2005. sa SAD (u osvit epohe gasa iz škriljaca, koji je nesumnjivo smanjio štetne emisije zamenjujući ugalj, koji emituje više gasova sa efektom staklene bašte), kao i 1990. godine s Nemačkom (u trenutku kada je nasledila izrazito zagađujuće termoelektrane Istočne Nemačke, i kada je proces smanjivanja štetnih emisija bio relativno jednostavan, i kada je to usput donosilo veliku korist na lokalnom nivou), i tako dalje. Polazeći od godina visokog zagađenja kao referentnih tačaka, države veštački naduvavaju ambicioznost postavljenih ciljeva. Izostanak uporedivosti pojačava se činjenicom da obaveze imaju različite horizonte i sistem merenja (vrh štetnih emisija, smanjenje štetnih emisija po glavi stanovnika ili u odnosu na BDP...). Osim toga, neka su obećanja proizvoljna: vraćanje na nuklearnu energiju u Japanu (koji je veliki potrošač uglja), planiranje „dovoljne" inostrane pomoći za brojne zemlje u usponu ili za one nedovoljno razvijene... Ukratko, opšte rasulo gde svako radi šta hoće.

Opet slepi putnici. Kao drugo, obaveze prema sporazumu *Nameravani nacionalno određeni doprinosi smanjenju emisija gasova sa*

[1] Ovo odsustvo informacija implicira da će sporazum koji će proizići iz ovog procesa dovesti do neefikasne alokacije dogovorenih mera, jer će određene ekonomske aktere navesti da preduzmu akcije skupog ublažavanja, dok će drugi akteri nastaviti da emituju gasove sa efektom staklene bašte čije će uklanjanje biti mnogo jeftinije. Još ću se vratiti na ovo.

[2] U drugim kontekstima, *greenwashing* podrazumeva čitav niz mera. Na primer, neko preduzeće isticaće zelenu boju i ekološke simbole na etiketama svojih proizvoda koji, u stvari, uopšte nisu ekološkog karaktera; ili će preporučivati ekološke mere koje ono samo ne sprovodi; ili će se praviti da je zeleno, finansirajući pritom izborne kampanje kandidata koji se snažno protive regulaciji zaštite životne sredine; ili će racionisati, a ponekad čak i lažirati svoju ekološku efikasnost, itd.

efektom staklene bašte (*Intended Nationally Determined Contributions*, INDC), pod pretpostavkom da su izvodljive, ostaju stvar dobre volje, tako da je ponašanje u maniru slepog putnika, koje je stvar nacionalnog egoizma, nemoguće izbeći. Kako je primetio Džo Stiglic, „nepoznat nam je domen u kojem je dobra volja uspela da reši problem suviše slabe ponude zajedničkog dobra".[1]

Na izvestan način, mehanizam dobrovoljnog obavezivanja podseća na sistem poreza na prihod u kojem svako domaćinstvo slobodno određuje svoj nivo poreske obaveze. Stoga mnogi analitičari strahuju da su aktuelne obaveze prema sporazumu *Nameravani nacionalno određeni doprinosi smanjenju emisija gasova sa efektom staklene bašte*, u stvari, obaveze „nulte ambicioznosti".

Nerealna obećanja. Kao treće, obećanja obavezuju samo one koji ih poštuju. Njima se očigledno ne može verovati u nedostatku formalnih obaveza. Iskustvo sa obećanjima na polju humanitarnog rada (tj. zdravlja) nikako ne ohrabruje. Ovo neobavezivanje pojačaće iskušenja zemalja potpisnica da se distanciraju od svojih obaveza, posebno ukoliko sumnjaju da i druge zemlje to čine.

Bilans konferencije COP 21

Održan decembra 2015. u Parizu, COP 21 obavezao se da će voditi zaključenju efikasnog, pravednog i kredibilnog sporazuma. Zadatak obavljen? Bilo je izuzetno teško voditi pregovore, jer vlade nisu bile spremne da se obavežu. Sporazum je istakao mnogo ambicioznih planova: cilj koji bi trebalo postići sada je „znatno iznad 2 stepena Celzijusa" (umesto nekadašnja dva stepena Celzijusa); nakon 2050. svet ne bi trebalo da proizvodi gasove sa efektom staklene bašte, dok bi fondovi namenjeni zemljama u razvoju posle 2020. trebalo da premaše sto milijardi dolara godišnje, koliko je bilo ugovoreno u Kopenhagenu 2009. godine.

Mada, uopšte uzevši, konstatovano stanje zapečaćeno dogovorima na konferenciji COP 21 jeste dobro: svi su priznali da je trenutni

[1] Joseph Stiglitz, *Overcoming the Copenhagen Failure with Flexible Commitments, Economics of Energy & Environmental Policy*, 2015, n° 4, str. 29–36.

nivo štetnih emisija veoma opasan i da je, prema tome, za zaštitu životne sredine potrebno odlučno delovanje i nove tehnologije, kao i da će obećanja data u Parizu biti krajnje nedovoljna. To se odnosi na ambiciju koja se tiče negativnog nivoa emisija nakon 2050. godine (apsorpcija ugljenika putem „ugljeničnih bunara"[1] premašuje njegove emisije). Takođe, odnosi se na nužnost pružanja pomoći siromašnim zemljama; nameru da se razviju sistemi za proveru zagađenosti (uz režim dveju brzina, gde bi zemlje u usponu – poput Kine, koja sama emituje više nego SAD i Evropa zajedno – bile posebno regulisane); te, konačno, ideju programa zajedničkog promišljanja o delovanju koje treba preduzeti i o transparentnosti ciljeva. Jeste da su ove konstatacije već bile delimično iznesene u okvirnoj konvenciji Ujedinjenih nacija iz 1992, ali je ipak dobro što su se sve zemlje složile s tim kako bi im se potvrdio značaj. Ali zato je, što se tiče konkretnih mera, malo toga postignuto.

Oporezivanje ugljenika – koje, radi uspešnije borbe s klimatskim zagrevanjem, preporučuje velika većina ekonomista i brojni donosioci odluka, a zbog čega su crvenu zastavicu podigle Venecuela i Saudijska Arabija (idući toliko daleko da traže nadoknadu ukoliko cene nafte padnu zbog borbe protiv globalnog zagrevanja) – pregovarači su sahranili uz opštu ravnodušnost. Što se tiče pitanja pravde, razvijene zemlje bile su zadovoljne globalnim paketom i nisu ulazile u detalje u pogledu doprinosa namenjenih zemljama u razvoju. Takav sporazum za ovu priliku verovatno jeste veoma neodređen, budući da se zna da se kolektivna obećanja ne ispunjavaju jer se niko ne oseća odgovornim (gde zapažamo još jednu stranu problema ponašanja u stilu slepog putnika). Bilo bi dobro kada bi ovi doprinosi bili precizirani i kada bi predstavljali dodatne transfere, a ne već postojeću pomoć preusmerenu na zelene projekte, zajmove ili raspodelu neizvesnih prihoda.

Osim toga, sporazum odlaže konkretno angažovanje zemalja na smanjenju svoje štetne emisije. Pregovori o transparentnosti takođe

[1] To jest aspiratora ugljenika: prirodna metoda (apsorpcija preko okeana, zemljišta, šuma koje rastu i fotosinteze), ili veštačke metode (fiksacija ugljenika).

su doživeli poraz. Teško je razumeti zašto zemlje s juga ne bi bile podvrgnute istom procesu praćenja, beleženja i provere kao i druge države: zemlje sa severa svakako imaju obavezu da budu velikodušne, ali nikako i da zatvaraju oči. Zapravo, bogatim zemljama ovo nejednako ophođenje pruža savršen izgovor da se ne pridržavaju svojih obećanja u budućnosti. Konačno, ideja da će se preći na ekološki savesniji kolosek putem preispitivanja Protokola svakih pet godina – koju su svi jednodušno pozdravili – zanemaruje ono što ekonomisti nazivaju efektom zupčanika: možemo li zaista biti sigurni da će zemlja koja se pridržava svojih obećanja uživati u budućnosti bolju pregovaračku poziciju od one koja „zabušava"? Od dobrih učenika uvek se traži više.

Ovaj sporazum nesporno je diplomatski uspeh – jednoglasno ga je prihvatilo 196 delegacija – ali konsenzus je postignut pravljenjem ustupaka u odnosu na različite zahteve (kako smo videli na primeru cene ugljenika) i po cenu manjka ambicioznosti (stvarnog, a ne samo proklamovanog). Možemo se poslužiti jednostavnim testom kako bismo procenili validnost ovog spuštanja kriterijuma: diplomate su se u svoje države vratile slaveći sporazum, ali ko se među njima jasno obratio svom javnom mnjenju i rekao kako bi sada trebalo hitro zasukati rukave jer je minulo doba jeftinog zagađivanja?

U međuvremenu, brojne zemlje, poput Južnoafričke Republike, Indije, Australije ili Kine, predvidele su uvećanje korišćenja ugljenika. Sjedinjene Države, koje su maltene slučajno smanjile svoje emisije gasova sa efektom staklene bašte zahvaljujući jeftinoj eksploataciji gasa iz škriljaca, nastavljaju sa izvozom svog uglja, koji im je postao višak. Ni Evropa se nije lišila eksploatacije nemačkog i poljskog uglja umesto prelaska na gas u fazi tranzicije na obnovljive izvore energije.

IV. UČINITI EKONOMSKE AKTERE ODGOVORNIM U POGLEDU GLOBALNOG ZAGREVANJA

Suština problema globalnog zagrevanja počiva u činjenici da ekonomski akteri ne internalizuju štetu koju uzrokuju drugim učesnicima kada emituju gasove sa efektom staklene bašte. Da bi se problem ponašanja u maniru slepog putnika rešio, ekonomisti već odavno predlažu da se ekonomski akteri prisile na internalizaciju negativnih eksternalija njihovih emisija ugljen-dioksida, što je načelo „zagađivač plaća".

Da bi se to postiglo, trebalo bi utvrditi cenu ugljenika na nivou koji je kompatibilan s ciljem 1,5 do 2 stepena Celzijusa, te obavezati sve emitere da plaćaju cenu koja je ovako utvrđena: budući da svi molekuli ugljen-dioksida proizvode istu dodatnu štetu bez obzira na identitet emitera, prirodu i mesto aktivnosti uzročnika ove štetne emisije, cena ma koje tone ugljen-dioksida trebalo bi da bude ista. Nametanje jedinstvene cene ugljenika svim ekonomskim učesnicima u čitavom svetu garantovalo bi da će se uvesti sve mere za ublažavanje emisije ugljenika čija je cena niža od cene ugljenika.

Politike koje nisu tako ekološke kako se čine...

Jedinstvena cena ugljenika garantuje da će se smanjenje štetnih emisija, neophodno za postizanje globalnih ciljeva u pogledu koncentracije ugljen-dioksida u atmosferi, postići uz minimalizaciju troškova ukupnih napora uloženih u ovo smanjenje.

Nasuprot ekonomskom pristupu, direktivne politike regulacije zasnivaju se na administrativnoj prinudi (što se na engleskom naziva *command and control*, komanduj i kontrološi, *prim. prev.*): prinudi koja bi se razlikovala u zavisnosti od izvora štetne emisije, jednoobraznom smanjenju zagađenja, subvencijama ili porezima koji ne bi bili uslovljeni stopom stvarnog zagađenja, normama koje se razlikuju prema godištu opreme, industrijskoj politici, nekim tehnološkim standardima i normama[1], itd. Ove intervencionističke politike

[1] Nisam nužno protiv normi. Ako se možemo poslužiti ekonomskim instrumentom kako bismo ohrabrili termičku izolaciju stanova zaračunavajući cenu ugljenika u cenu grejanja, ekonomska računica koja bi iz toga proizašla složena je za potrošače, koji, osim toga, nemaju uvek neophodne informacije, a mogu i suviše kratkoročno razmišljati (investicija u izolaciju vraća se tek kroz nekih desetak godina). Dobro smišljena norma svakako ima opravdanje. Moje je mišljenje, međutim, da se norme često utvrđuju bez jasne analize implicitne cene ugljenika koja ih opravdava, ciljeva ove politike i alternativnih politika koje omogućavaju da se ovi ciljevi postignu.

stvaraju velike nejednakosti u implicitnoj ceni ugljenika za različite tipove štetnih emisija i uvećavaju trošak ekološke politike koji društvo plaća.

Ovo se može lako objasniti: uzmimo dva preduzeća od kojih svako emituje dve tone ugljenika, te pretpostavimo kako oba žele da smanje svoje zagađenje za polovinu, dakle s četiri na dve tone. Pretpostavimo da prvo preduzeće snosi trošak uklanjanja zagađenja koji iznosi hiljadu evra po toni, dok drugo snosi trošak otklanjanja zagađenja koji iznosi deset evra po toni. „Pravična" politika sastojala bi se u tome da se od svakog učesnika zahteva da smanji svoje zagađenje za polovinu, raspoređujući na „pravedan" način napore i stvarajući ukupni trošak otklanjanja zagađenja u iznosu od hiljadu evra za prvo i deset evra za drugo preduzeće, ili hiljadu i deset evra ukupno. Ali jasno je da efikasnost zahteva da drugo preduzeće ukloni dve tone emisija po ukupnoj ceni od dvadeset evra, a da prvo preduzeće ne radi ništa, što u odnosu na plansku politiku predstavlja uštedu za društvo po računici 1.010 - 20 = 990 evra.

Ekonomski pristup, koji se oslanja na oporezivanje ugljenika, omogućava ovu uštedu: ako je cena tone ugljen-dioksida utvrđena na, recimo, pedeset evra, prvo preduzeće neće potrošiti hiljadu evra kako bi uklonilo tonu ugljenika i platiće ukupno sto evra. I obratno, ono drugo će u potpunosti ukloniti svoje zagađenje, što će za rezultat imati uštedu od 990 evra za društvo. I nužno neće biti sukoba između „pravde" i „efikasnosti": uštede ostvarene prelaskom s direktivnog sistema na oporezivanje ugljenika umnogome će omogućiti preduzeću koje je na gubitku (što je u našem primeru prvo preduzeće) da taj gubitak nadoknadi tako što će primiti paušalnu odštetu, tj. odštetu koja nije u vezi s njegovim budućim odlukama u pogledu zagađenja.

Opšta pomama za planskim pristupima dolazi od želje vlada da se predstave kao učesnice borbe protiv globalnog zagrevanja. Sporadično delovanje, koje je skupo i slabo vidljivo (jer se utopilo u obavezama kupovine ili troškovima za robu i usluge), predstavlja manji politički trošak od poreza na ugljenik, vrlo vidljivog za sve one koji

Osim toga, norme se često usaglašavaju u dogovoru sa industrijalcima, jer im ponekad služe da uklone moguću konkurenciju.

ga plaćaju. Subvencije su uvek popularnije od poreza, čak i ako na kraju neko mora platiti te subvencije ili primiti prihode od poreza. Tu leže neujednačenosti ekonomske politike u pogledu onog što je vidljivo i onog što je manje vidljivo...

A empirijski smo proverili da su planske politike znatno uvećale političke troškove zaštite životne sredine. S obzirom na iskustva iz prošlosti, sistem jedinstvene cene najčešće umanjuje troškove uklanjanja zagađenja za polovinu ili za više od polovine u odnosu na administrativne pristupe koji uvode diskriminaciju između sektora i aktera.[1]

Zapadne zemlje načinile su nekoliko pokušaja kako bi smanjile emisije gasova sa efektom staklene bašte, prvenstveno tako što su direktno subvencionisale zelene tehnologije. To pokazuju primeri povišenih tarifa za otkup struje potekle od energije sunca i vetra koje nude elektroenergetski sistemi (u Francuskoj *EDF* ili javna elektrodistributivna mreža, ako je s njom povezano proizvodno postrojenje); sistem bonus-malus u prilog vozilima s niskim štetnim emisijama; subvencije namenjene industriji bio-goriva, itd. Za svaki pokrenuti program može se proceniti implicitna cena ugljenika, tj. društveni trošak programa po toni uštеđenog ugljen-dioksida. U sektoru proizvodnje električne energije, procene OECD-a kreću se od nula evra (pa čak i manje od toga[2]) do osam stotina evra. U sektoru drumskog saobraćaja, implicitna cena ugljenika može dosegnuti hiljadu evra, posebno u slučaju bio-goriva. Velika heterogenost implicitnih cena

---

[1] Denny Ellerman, David Harrison, Paul Joskow, *Emissions Trading in the US. Experience, Lessons and Considerations for Greenhouse Gases*, Pew Center on Global Climate Change 2003; Thomas Tietenberg, *Emissions Trading. Principles and Practice*, Londres, Routledge, 2006, drugo izdanje; Robert Stavins, *Lessons from the American Experiment with Market-Based Environmental Policies, in* John Donahue, Joseph Nye (dir.), *Market-Based Governance. Supply Side, Demand Side, Upside, and Downside*, Washington, The Brookings Institution, 2002, str. 173–200.

[2] Može delovati iznenađujuće što neke investicije od kojih se očekivalo da donesu finansijsku korist onima koji ih preduzimaju – nisu realizovane. U nekim slučajevima, akter je mogao da ne raspolaže informacijama, dok je u nekim drugim mogao da ne raspolaže s dovoljno novca za realizaciju svoje investicije (nedostatak novca u domaćinstvima sa skromnijim primanjima, koji ih sprečava da izvedu radove na izolaciji, na primer).

ugljenika koje se koriste u javnim politikama još je jedan razlog za neefikasnost planskog pristupa. Isto tako, svaki globalni sporazum o klimi koji se ne bi primenjivao u svim regionima sveta bio bi sasvim neefikasan, jer bi cena ugljenika bila ravna nuli u zemljama koje nisu potpisnice sporazuma – a, s druge strane, vrlo visoka u zemljama potpisnicama.

Opravdanje davanju subvencija za obnovljive izvore energije (EnR) pruža „kriva učenja", tj. ideja po kojoj troškovi opadaju postepeno s proizvodnjom u preduzeću. U načelu, efekat učenja putem iskustva uvek je teško predvideti, a i često ga precenjuje proizvođački lobi koji je u potrazi za subvencijama. Ali taj efekat bio je bitan u slučaju EnR. Dubai (kao osunčana zemlja) upravo je potpisao ugovor o izgradnji parka sa solarnim ćelijama po vrlo razumnoj ceni (58,50 dolara po megavatu), što je donedavno bilo nezamislivo. Ova kriva učenja putem iskustva, mada efektna i korisna kao polazište za subvencije, morala bi snažno opasti nakon nekog vremena, jer je efekat učenja putem iskustva posebno izražen samo na početku primene neke tehnologije.[1]

Kako smo videli, uklanjanje razlika u tretmanu različitih aktera ključno je za ublažavanje efekta borbe s globalnim zagrevanjem na kupovnu moć, ali i da bi se ta borba učinila kredibilnom, jer svaki sporazum koji bi bio suviše skup – kasnije bi bio osuđen na propast pod pritiscima izbornog tela ili lobija. Ekološki imperativ može se ispoštovati samo ako je ispoštovan i onaj ekonomski. Oba zahtevaju globalni pristup i mehanizam cene. Mehanizam cene (porez ili tržište) nije neprijatelj ekološke politike; baš naprotiv – on je uslov koji je neophodno ispuniti da bi se jedna ekološka politika širokog obuhvata mogla realizovati.

Ekonomski pristup

Velika većina ekonomista preporučuje oporezivanje ugljenika na svetskom nivou. To što su podeljeni u pogledu tehničkog metoda

[1] Vidi belešku Claude Crampes i Thomas-Olivier Leautier, *Le côté lumineux des subventions aux renouvelables*, La Tribune, 2. novembar 2015.

kojima bi se to postiglo – tek je od sporednog značaja u poređenju s načelnim opredeljenjem za oporezivanje. Isto tako, brojni akteri građanskog društva (na primer, fondacija *Nicolas-Hulot*[1] i donosioci odluka na istim su talasnim dužinama.[2] Na primer, Kristin Lagard (Christine Lagarde), generalna direktorka MMF-a, i Džim Jong Kim (Jim Yong Kim), kao predsednik Svetske banke, 8. oktobra 2015. u Limi zajedno su izjavili:

> Prelazak u čistiju budućnost zahtevaće istovremeno vladinu akciju i snažne podsticaje za privatni sektor. U njegovom središtu mora se naći snažna javna politika koja bi utvrdila cenu emisije ugljenika. Utvrđivanje više cene goriva, struje i industrijske aktivnosti koja emituje ugljenik stvoriće podsticaje za korišćenje čistijih goriva, štednju energije i prelazak na zeleno investiranje. Politike poput poreza na ugljenik, tržišta prenosivih dozvola i drugih mehanizama oporezivanja, kao i ukidanje neefikasnih subvencija – mogu preduzećima i domaćinstvima doneti predvidljivost neophodnu za dugoročna ulaganja u pametnu borbu protiv globalnog zagrevanja.[3]

Da li bi naplaćivanje emisije ugljenika po istoj ceni u svim zemljama, u svim ekonomskim sektorima i svim akterima – bilo prosto, čak previše uprošćeno? Možda. Dosad nam je očito bilo draže da komplikujemo.

Dva ekonomska instrumenta omogućavaju koherentno oporezivanje ugljenika: oporezivanje ugljenika i mehanizam prenosivih dozvola za štetne emisije. Obe strategije dozvoljavaju svakoj državi supsidijarnost nacionalnih klimatskih politika. Naime, nacionalnim politikama može se ostaviti određena sloboda, iako se zna da bi ove politike mogle nastojati da izbegavaju mehanizme ublažavanja kako bi prošle jeftinije. Uzmimo za primer zemlje koje imaju ograničene sposobnosti da prikupljaju i preraspodeljuju porez. Zamislimo da su

---

1 Koji nudi vrlo poučan video-snimak *Kako i zašto odrediti cenu ugljeniku?*

2 Vrlo ohrabrujući znak u Francuskoj jeste Zakon o energetskoj tranziciji, koji je usvojen 22. jula 2015. Poslanici su podržali cilj da se od 2016. do 2030. četvorostruko podigne cena ugljenika, putem doprinosa za klimu i energiju.

3 Prema autorovom prevodu.

neke od tih zemalja naklonjene niskoj ceni ugljenika pri proizvodnji cementa kako bi pomogle izgradnju stanova za najsiromašnije. Moglo bi se desiti da neke od ovih zemalja ne ispoštuju pravilo jedinstvene cene ugljenika za taj sektor. Postoje dva argumenta u prilog supsidijarnosti. Kao prvo, ona vladama ostavlja manevarski prostor da ubeđuju javno mnjenje (ili da ubeđuju same sebe). Kao drugo, ostale zemlje zanima samo količina ugljen-dioksida koju je data zemlja emitovala, a ne i način na koji je data zemlja to postigla.

Da bi postigle svoje ciljeve, obe strategije zavise od međunarodnog sporazuma s dovoljnim pokrićem za globalne štetne emisije, i stoga imaju pristup *I will if you will*: *Ako ćeš ti, i ja ću*. Obe zahtevaju primenu, kontrolu i provere (uopšte, preduslov za svaku efikasnu meru ublažavanja upravo je sprovođenje kredibilnih i transparentnih mehanizama za merenje štetnih emisija). Ne slažu se svi ekonomisti u pogledu pitanja treba li se odlučiti za porez na ugljenik ili za tržište prenosivih dozvola za štetne emisije, ali, po mom mišljenju, koje delim s velikom većinom ekonomista, bilo koji od ova dva pristupa nesumnjivo je efikasniji od aktuelnog sistema dobrovoljnog obavezivanja.

Prva opcija: Porez na ugljenik na svetskom nivou

Prema prvoj strategiji, onoj koja se odnosi na oporezivanje ugljenika, sve bi se zemlje složile u pogledu minimalne cene emisija gasova sa efektom staklene bašte, na primer 50 evra po toni ugljenika, i svaka od zemalja prikupljala bi sumu koja odgovara štetnim emisijama na njenoj teritoriji. Dakle, za sve zemlje važila bi ista cena za emisije gasova sa efektom staklene bašte.[1] Na primer, zemlje bi se mogle usaglasiti u pogledu minimalnog univerzalnog poreza na ugljenik,

[1] Reč je, naravno, o istom apsolutnom nivou cene ugljenika. Dodavanje jedinstvene cene ugljenika na postojeću nacionalnu cenu ugljenika, s jedne strane, bilo bi neefikasno, dok bi, s druge strane, bilo nepravedno u odnosu na takvu jednu zemlju kao što je Švedska, koja je bila ekološki savesna čak i pre međunarodnog sporazuma i za koju bi dovoljno bilo da se zadrži doprinos što je već postojao u prošlosti.

ne ostavljajući prostora za supsidijarnost na planu primene (osim za nametanje još većeg poreza). Istančaniji mehanizam[1], u kojem bi se zemlje usaglasile u pogledu prosečne cene ugljenika, dozvoljavao bi postojanje supsidijarnosti. Cena ugljenika predstavljala bi proporciju dobijenu deljenjem prikupljenih prihoda sa obimom štetnih emisija u datoj zemlji. U ovom slučaju, nivo poreza na ugljenik bio bi opredeljen u okviru konkretnog fiskalnog sistema, ali u načelu – cena se može odrediti kroz lepezu različitih politika, poput poreza na ugljenik, prenosivih dozvola za štetne emisije ili svakog drugog mehanizma zasnovanog na ceni (sistem bonus-malus primenjen na automobile, na primer).

— *Provera preuzetih obaveza zemalja u pogledu poreza na ugljenik*

Pristup zasnovan na porezu na ugljenik i njegovim varijacijama nameće probleme u proveri poštovanja međunarodnog sporazuma iz više razloga, o kojima bih želeo detaljnije da govorim.

Prikupljanje. Budući da većina pozitivnih klimatskih posledica politike oporezivanja ugljenika donosi korist trećim zemljama, trenutno nijedna vlada nije motivisana da naplaćuje štetne emisije svojim građanima, preduzećima i administraciji, iako bi takvo oporezivanje išlo u korist javnim finansijama. A, posmatrano u celini, sa izuzetkom Švedske, one to i ne rade. Ma kakav međunarodni sporazum da se zaključi, to ne može biti drugačije. Tako, čak i kada mere za proveru štetnih emisija same po sebi ne bi bile trošak, vlasti bi ipak mogle u slučaju nekih zagađivača zatvoriti oči i zanemariti njihovo zagađivanje, ostvarujući tako uštedu za zemlju u pogledu ekonomskih i društvenih troškova zelenih akcija. Takvo oportunističko ponašanje država teško je izbeći. Da bismo jasnije predočili teškoće svojstvene praćenju i kontroli ispunjavanja obaveze, podsetimo na problem neefikasnosti povećanja naplate poreza u Grčkoj.[2] Da

---

[1] Predložili su ga Peter Cramton, Axel Ockenfels i Steve Stoft, *An International Carbon-Price Commitment Promotes Cooperation*, *Economics of Energy & Environmental Policy*, 2015, n° 4, str. 51–64.

[2] Poslednjih godina, uprkos prinudnom programu štednje i uključivanju Trojke, koja zastupa poverioce, Grčka je slabo napredovala u borbi s utajom poreza. To pokazuje koliko je teško trećim zemljama da nametnu prinudnu

rezimiramo: politika jedinstvene cene ugljenika suočava se s klasičnim problemom ponašanja u maniru slepog putnika, gde su troškovi lokalni, a korist globalna. Da bi ta politika funkcionisala kako treba, morala bi biti praćena sistemom vrlo stroge međunarodne kontrole.

Protivmere. Drugi oblik zaobilaženja sporazuma o međunarodnom porezu na ugljenik sastoji se u tome da se naplata poreza na ugljenik obesmisli kompenzacionim transferima. Na primer, pošto uvede porez na ugljenik – na energiju iz fosilnih goriva – neka zemlja može za isto toliko umanjiti druge poreze (ili povećati subvencije) na istu vrstu energije, poništavajući tako efekat poreza na ugljenik.[1] Naime, kad je reč o ovoj vrsti energije, već postoje drugi porezi i subvencije koji su bili uvedeni ne zbog globalnog zagrevanja, već iz drugih razloga, među kojima su, na primer, negativne lokalne eksternalije, poput emisije nanočestica (uzročnika kardiovaskularnih oboljenja, astme, itd.), te, u slučaju benzina, zagušenja u saobraćaju i uništavanja putne infrastrukture. Zemlje takođe izvlače korist iz relativne stabilnosti potražnje za ovim proizvodima, kako bi uvećale svoje fiskalne prihode.

Mere koje ne uključuju eksplicitnu cenu ugljenika. Pristup putem oporezivanja ugljenika zahteva utvrđivanje stope konverzije za vrednovanje različitih politika koje utiču na klimatske promene, ali čije cene nisu eksplicitno izražene, poput javnog ulaganja u naučno istraživanje i razvoj u oblasti ekologije, standarda za izgradnju stanova[2] ili puteva, nekih metoda u poljoprivredi ili programa pošumljavanja

naplatu poreza ako je nacionalna vlada slabo naklonjena njenoj primeni. A u kontekstu klimatskih promena – ne postoji Trojka koja bi kontrolisala šta se dešava u svakoj zemlji.

1 Podsetimo da se u Francuskoj (ali kao izuzetak) 2014. porez na ugljenik za energiju iz fosilnih goriva kompenzovao jednakim obaranjem lokalnog poreza na potrošnju proizvoda energetskog sektora, te je on ostao bez uticaja na cenu goriva i mazuta.

2 Građevinski standard koji zahteva dodatnu izolaciju kuće vodi smanjivanju štetnih emisija. Da bi se bolje izmerio postignuti efekat, trebalo bi proceniti postignutu uštedu štetnih emisija u kućama u kojima je primenjen dati standard, kao i procenjeni dodatni trošak koji je dati standard nametnuo u izgradnji ovih kuća. Izvesti ove proračune nije jednostavno.

ili obnove šuma. Može takođe biti neophodno da se utvrde posebne stope konverzije za svaku državu: građevinski standard imaće različit uticaj na emisije gasova sa efektom staklene bašte, u zavisnosti od klime u nekoj zemlji. Isto tako, pošumljenost pre može uticati na povećanje nego na smanjenje tih emisija u oblastima koje su na velikim nadmorskim visinama, gde se može desiti da sneg bude zakriven krošnjama drveća (visok albedo).[1]

Druga opcija: Prenosive dozvole za štetne emisije

Klasični alternativni način za podvrgavanje aktera istom tretmanu jeste uspostavljanje mehanizama prenosivih dozvola za štetne emisije. Globalna kontrola štetnih emisija ima definisan cilj, a on je izražen brojem dozvola dodeljenih besplatno ili posredstvom licitacije. Akteri koji zagađuju više nego što im je dozvoljeno moraju kupiti razliku na tržištu; oni koji su ekološki savesniji, koji se ponašaju bolje od kvote koja im je dodeljena, mogu prodati višak. Za sve njih, zagađivanje ima tržišnu cenu, i to bez obzira na to da li je početna količina raspodeljenih dozvola bila besplatna ili kupljena. Dodatna štetna emisija lišava ekološki savesno preduzeće mogućnosti da proda dozvolu i dodatno kažnjava preduzeće koje zagađuje u visini kupovne cene jedne dozvole.

U slučaju emisija gasova sa efektom staklene bašte, međunarodni sporazum odredio bi maksimalnu visinu budućih emisija ugljen-dioksida, te stoga i unapred odredio broj (maksimalnu visinu ili *cap*) dozvola za štetne emisije kojima se može trgovati na nivou čitavog sveta. Prenosivost dozvola za štetne emisije garantovala bi svim zemljama jedinstvenu cenu ugljenika, koja je posledica trgovine ovim dozvolama na berzi ugljenika. Cena prenosa dozvola za štetne emisije među državama ne bi bila određena sporazumom o ceni ugljenika, nego pre zakonom ponude i tražnje na ovom tržištu. Da bi se obezbedila kompenzacija, počelo bi se s dodeljivanjem dozvola

[1] Albedo je odnos solarne energije koja se reflektuje na nekoj površini i primljene solarne energije; on rashlađuje planetu odbijajući sunčevo zračenje, te tako umanjuje emisije gasova staklene bašte. Drveće izraslo na zemlji prekrivenoj snegom može ograničiti korisni efekat za planetu.

državama za emisiju ugljenika, s dvostrukim ciljem postizanja pravičnosti i podsticanja svih zemalja da učestvuju u tome.

A gde su domaćinstva u svemu tome? Ona su posredno pogođena uticajem ovih mera na cene robe i usluga. Što se tiče njihove energetske potrošnje, može se izabrati opcija poreza na ugljenik, pod uslovom da mu se nivo utvrdi tako da ostane usklađen s cenom koju na tržištu plaćaju proizvođači električne energije, cementa, kao i druga preduzeća koja su podvrgnuta sistemu prenosivih dozvola. Ili pak, može se poslušati predsednik Barak Obama, što podrazumeva da se rafinerije i proizvođači/uvoznici gasa unapred podvrgavaju sistemu prenosivih dozvola, pri čemu bi onda ova preduzeća potrošačima „signalizirala cenu ugljenika".

Najuspeliji primer borbe protiv zagađenosti u slučaju zagađenja koje potiče od sumpor-dioksida (SO_2) i azota (NO_x), odgovornih za kisele kiše, pruža zakon za koji su glasale obe političke opcije u SAD 1990. godine. Zakonom je bilo odlučeno da se, počev od 1995. godine, smanji štetna emisija od dvadeset miliona tona na oko deset miliona tona, te da se sukcesivno emituje tome prilagođena količina prenosivih dozvola u narednih trideset godina. Ambiciozan ekološki cilj mogao se postići zahvaljujući tržištu prenosivih dozvola[1] i strogom poštovanju obaveza koje su formulisane ovim zakonom.

Više pouka može se izvući iz ovog iskustva. Takvo jedno rešenje, poput jedinstvene cene ugljenika, može funkcionisati čak i kad ne uspevamo na savršeno jednak način da postupamo sa svim akterima. Kako sam već pomenuo, države Srednjeg zapada sa svojim termoelektranama na ugalj, kao veliki zagađivači, opirale su se zakonu iz 1990 – da bi im na kraju bile dodeljene besplatne dozvole – istovremeno ostajući podstaknute da zbog tržišne cene znatno smanje svoje zagađenje, što su zaista i učinile. Osim toga, vremenski okvir bio je odlučujući. Ekonomski akteri (preduzeća, domaćinstva, administracija, države, itd.) ne bi se odlučivali za opremu koja ne

[1] Čija je tržišna cena danas prilično niska iz više razloga. Pre svega, usled recesije koja je sve donedavno harala u SAD i usporila emisije. Zatim, otkriće gasa u uljanim škriljcima i pretnja (koja još uvek nije sprovedena) oporezivanja gasova sa efektom staklene bašte, što ne bi bilo beznačajno, odvratili su aktere od investicija i potrošnje uglja. Stoga ova niska cena takođe odgovara umanjenoj šteti po lokalno okruženje.

emituje gasove sa efektom staklene bašte da nisu mogli predvideti dovoljno visok rast cene ugljenika u budućnosti. Isto tako, preduzeća će ulagati neophodne napore s ciljem uvođenja čistih tehnologija nove generacije samo ukoliko u tome prepoznaju ekonomski interes. Ukratko, ovakva mera teži umanjenju neizvesnosti u pogledu visine cene ugljenika u budućnosti.

Da li bi trebalo da brinemo zbog razvoja i mogućih neželjenih efekata uzrokovanih naplatom ugljenika? Hoće li to voditi pojavi špekulacija i štetiti društvu? Pre svega, primetimo da neka špekulacija nema značaja sve dok se tržišni akteri igraju sopstvenim novcem predviđajući rast ili pad cene ugljenika. Ali zato, ako neka banka ili kompanija iz energetskog sektora koriste finansijsko tržište da bi zauzele vrlo rizične pozicije na ovim tržištima, umesto da ih koriste kako bi se zaštitile od rizika (tj. da bi se sačuvale od promene cene), onda već postoji problem, utoliko pre što bi eventualni gubici naneli štetu štedišama te banke ili poreskim obveznicima ako država krene da spasava takvu banku ili elektroprivredu. Tu smo u okvirima klasične državne regulacije tržišta. Javna vlast treba da nadzire pozicije koje na ovim tržištima zauzimaju preduzeća koja su predmet regulisanja, kao i da se uveri u to da su ove pozicije u službi zaštite od rizika, a ne u cilju preuzimanja rizika. Takođe, trebalo bi da ova preduzeća budu ograničena na trgovinu prenosivim dozvolama i njihovim derivatima na organizovanom tržištu koje ima svoju klirinšku kuću, kako bi ih njihovi regulatori mogli bolje nadzirati. Ova transparentna tržišta omogućavaju mnogo bolju vidljivost zauzetih pozicija nego OTC tržišta, koja su se pokazala pogubnim tokom finansijske krize 2008.[1]

Upravljanje neizvesnošću

Ma koje rešenje za borbu s globalnim zagrevanjem da odaberemo, jasno je da nećemo izbeći greške u kreiranju politike: još je mnogo toga neizvesno u klimatologiji, tehnologiji (u pogledu brzine razvoja

[1] Vidi jedanaesto poglavlje.

jeftine energije koja nije ugljeničnog porekla), ekonomiji (u pogledu troškova napuštanja ugljenika) i političkim naukama (u vezi s namerama zemalja da postignu pravi sporazum i da ga ispoštuju).

Pred neizvesnošću u vezi s budućim kretanjem cena, biće neophodno voditi više međusobno dopunjavajućih politika. Prva se sastoji u utvrđivanju broja dozvola ili cene ugljenika, pri čemu treba uzeti u obzir najnovije tendencije (pogoršavanje klimatskih prilika, koje je brže od očekivanog, svetska recesija, itd.). Svakako da ovo preispitivanje politika može obeshrabriti dugoročno angažovanje država u pravcu smanjenja efekta staklene bašte, ali rešenja postoje.[1] U Evropi će se konačno, počev od 2021. godine, uvesti mehanizam za stabilizaciju cena na tržištu prenosivih dozvola za štetne emisije. Osim toga, mogućnost da učesnici naknadno iskoriste dozvole omogućava manju fluktuaciju cena: ako je predviđen rast cene za narednu godinu, u interesu je učesnika da sačuvaju dozvole kao rezervu, što će uticati na rast cene sada, a što će je oboriti kasnije.[2]

Učiniti države odgovornim

Kada su zemlje, a ne ekonomski akteri, odgovorne za nacionalne emisije gasova sa efektom staklene bašte, relativno je lako primeniti mehanizam dozvola za štetne emisije. Emisije ugljen-dioksida nastale delovanjem ljudskog faktora na nivou nacije mogu se izračunati pomoću računovodstva ugljenika putem sabiranja proizvod-

---

[1] Vidi Jean-Jacques Laffont, Jean Tirole, *Pollution Permits and Compliance Strategies*, Journal of Public Economics, 1996, n°62, str. 85–125.

[2] Neki sistemi prenosivih dozvola za štetne emisije ostavljaju kratak rok za korišćenje datih dozvola, čime stvaraju vrlo snažnu nestabilnost cena: na kraju utvrđenog roka, recimo krajem godine, cena je ili jednaka nuli, ako ima previše dozvola, ili je vrlo visoka (što je jednako sankciji u slučaju da nema dovoljno dozvola), ukoliko je potražnja prevelika. Prema tome, celokupan razvoj događaja do kraja godine ima efekat od suštinskog značaja na tržišnu cenu. U načelu, međutim, mogućnost čuvanja dozvola za ubuduće (što nazivamo *banking*), koja postoji u mnogim zemljama, umanjuje nestabilnost cena.

nje i uvoza, od kojih oduzimamo izvoz i promenu zaliha. Izvorišta ugljenika poreklom od šuma i poljoprivrede odsad se mogu pratiti satelitom. Eksperimentalni programi NASA i Evropske svemirske agencije za merenje globalnih emisija ugljen-dioksida na nivou svake države, dugoročno posmatrano, jesu obećavajući.[1] Međunarodnoj zajednici jednostavnije je da nadzire emisije ugljen-dioksida u državi nego da prati tačno određene izvore ovog gasa. I, kao u slučaju aktuelnih mehanizama *cap and trade*, ekonomski akteri (a to su u ovom slučaju države) koji na kraju godine imaju deficit dozvola – morali bi pribaviti dodatne dozvole, dok bi države koje imaju višak mogle ustupati te dozvole ili ih čuvati za kasniju upotrebu.

V. NEJEDNAKOST I OPOREZIVANJE UGLJENIKA

Pitanje nejednakosti postavlja se na dva nivoa: u okviru jedne države i, što je mnogo smislenije u današnje vreme, na međunarodnom nivou.

Na nacionalnom nivou, ponekad se čuju prigovori kako će porez na ugljenik najviše pogoditi one najsiromašnije. Oporezivanje ugljenika povlači za sobom smanjivanje kupovne moći domaćinstava, uključujući i ona s najskromnijim primanjima, što se može doživeti kao prepreka njegovom uvođenju (iako takvo razmišljanje u prošlosti nije sprečilo uvođenje drugih ekoloških nameta). To je tačno, ali ne sme sprečiti ostvarivanje ekoloških ciljeva. Na polju intervencije javne vlasti, važno je odabrati adekvatno sredstvo za svaki cilj, te, ako je moguće, ne nastojati da se jednim sredstvom kakvo je oporezivanje ugljenika manipuliše radi postizanja mnoštva drugih ciljeva. Što se tiče nejednakosti, država bi trebalo što više da pribegava porezu na dohodak kako bi transparentno preraspodelila prihode, vodeći nezavisno od toga adekvatnu politiku zaštite životne sredine. Ta politika ne bi smela zapostaviti svoj osnovni cilj kako bi odgovorila

[1] NASA Orbiting Carbon Observatory-2, ili OCO-2, već je u orbiti oko Zemlje. Projekat CarbonSat Evropske svemirske agencije takođe obećava.

na opravdanu zabrinutost u pogledu nejednakosti. Takvi argumenti mogli bi zaista dovesti do politika koje svi smatramo nepoželjnim, poput tarifiranja struje po deset puta nižoj ceni (eto nam onda širom otvorenih prozora dok radijatori gore, kao i, u slučaju onih imućnijih, bazena na otvorenom koji se greju tokom cele godine, što znači zbogom izolaciji zgrada i drugom ekološki svesnom ponašanju), ili pak ohrabrivanja pušenja zbog odbacivanja visokog poreza na duvan pod izgovorom da oni najsiromašniji mnogo puše. Smešni primeri? Ali ma šta bilo razlog tome, to je upravo ono što danas radimo sa ugljenikom.

Isto načelo primenjuje se i na međunarodnom planu, gde bi bilo bolje organizovati paušalne transfere u korist siromašnih zemalja nego nastojati da se usvoje neefikasne politike bez mnogo kredibiliteta. Kako kaže papa Franja u svojoj enciklici *Laudato si'*:

> Najgore posledice će u narednim decenijama verovatno pogoditi zemlje u razvoju. Mnogi siromašni ljudi žive u sredinama koje su posebno izložene snažnom uticaju globalnog zagrevanja, i njihovi egzistencijalni uslovi umnogome zavise od prirodnih rezervi, a njihove delatnosti zavise od ekosistema, poput poljoprivrede, ribolova ili šumskog fonda. Oni nemaju drugih finansijskih aktivnosti niti resursa koji im omogućavaju da se prilagode uticaju klime, te da se suoče sa elementarnim nepogodama. Takođe, imaju slab pristup uslugama socijalne zaštite.

Siromašne zemlje i one u usponu s pravom su primetile kako su bogate zemlje finansirale svoju industrijalizaciju zagađujući planetu, te sad i one same žele da dosegnu sličan životni standard. Prikazi 4 i 5 ukazuju na svu složenost ovog izazova. Da pojednostavimo, možemo razmotriti načelo zajedničke, ali izdiferencirane odgovornosti:[1]

[1] Postoje brojne rasprave na temu odgovornosti određenih država. Neki trvde da se odgovornost razvijenih država preuveličava jer se ne uzimaju u obzir svi gasovi sa efektom staklene bašte. Žan-Pjer Bompar (Jean-Pierre Bompart) i Olivje Godar (Olivier Godard) – *Justice climatique: l'éceuil de la démagogie* (Klimatska pravda: greben demagogije, 2015) – cene da je 50 : 50 udeo odgovornosti Sever–Jug kad se neenergetski izvori emisija ugljendioksida (krčenje šuma i poljoprivreda), te ostali gasovi sa efektom staklene

odgovornost pada na razvijene zemlje, a u budućnosti će zemlje koje se brzo razvijaju predstavljati veliki udeo štetnih emisija, kako sugeriše prikaz 4. Ova očigledna činjenica, po mišljenju nekih, navodi na promovisanje pristupa „pravedno ali izdiferencirano": visoku cenu ugljenika za razvijene zemlje i nisku cenu za zemlje u usponu i one u razvoju.

Prikaz 4 Emisija ugljen-dioksida kumulativno od 1850: Udeo odgovornosti kroz istoriju

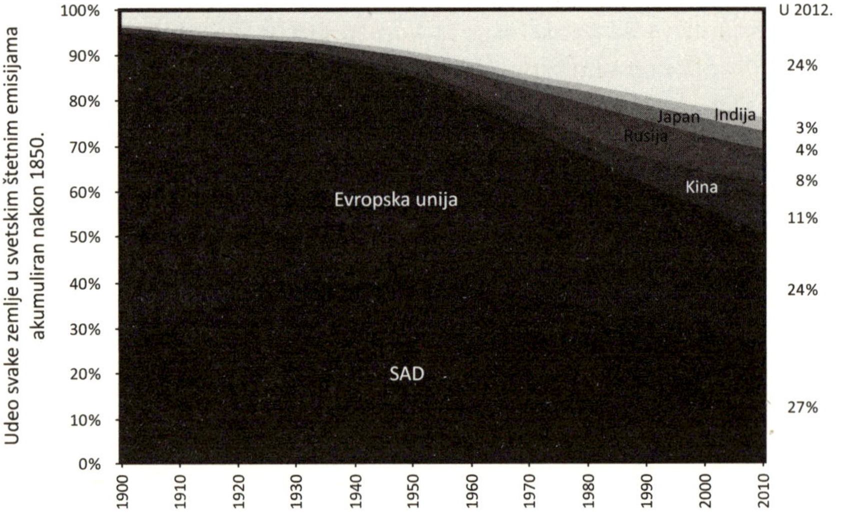

Izvor: Ekonomska katedra za klimu, polazeći od baze podataka CAIT, World Resources Institute

bašte (među kojima je i metan) uzmu u obzir (umesto procene od 75 : 25, po kojoj su emisije koje je Sever proizveo triput veće od onih s Juga, dobijenih uzimanjem u obzir samo emisija ugljen-dioksida iz energetskih izvora).

Ali čak i ako je ovo razmatranje smisleno, javiće se hitna potreba za okretanjem ka budućnosti i globalnim razmatranjem transfera namenjenih siromašnim zemljama.

Prikaz 5 Nacionalne štetne emisije po glavi stanovnika

Zemlja	**Tona CO_2 po stanovniku**
Uganda	0,11
Republika Kongo	0,53
Indija	1,70
Brazil	2,23
Svet	4,98
Francuska	5,19
Kina	6,71
Nemačka	8,92
Japan	9,29
Ruska Federacija	12,65
Sjedinjene Države	17,02
Katar	43,89

Izvor: Svetska banka

Osim što bi... visoka cena ugljenika u razvijenim zemljama mogla imati samo ograničen efekat zbog premeštanja industrijske proizvodnje u zemlje s niskom cenom ugljenika (da ne pominjemo rizik izostanka ratifikacije od strane parlamenta, što se desilo posle Kjota). Osim toga, ma kakve napore razvijene zemlje ulagale, cilj od 1,5 do 2 stepena Celzijusa nikada neće biti postignut ako siromašne zemlje i zemlje u usponu u budućnosti ne stave pod kontrolu svoje štetne emisije gasova sa efektom staklene bašte. Nemoguće je poštedeti zemlje u usponu. Kina će za dvadeset godina emitovati onoliko ugljen-dioksida koliko i SAD od industrijske revolucije do danas.

Šta nam je onda činiti? Odgovor je da zemlje u usponu treba svoje građane i preduzeća da podvrgnu tarifiranju ugljenika, koje je od suštinskog značaja (idealno bi bilo učiniti to po istoj ceni kao i u ostatku sveta), te da se pitanje jednakosti rešava finansijskim transferima od bogatih zemalja ka onim siromašnim. Uostalom, Protokol iz Kopenhagena već je doneo odluku o takvoj pomoći, što je načelo koje je ponovo potvrđeno na konferenciji COP 21 u Parizu.

U zaključku, stvarnost međunarodne nejednakosti navodi nas da postavimo sebi pitanje o podeli klimatskog tereta. Načelo zajedničke, ali nejednake odgovornosti odražava ideju da su bogate zemlje uglavnom one koje su istorijski najviše doprinele akumulaciji gasova sa efektom staklene bašte u atmosferi. Ova konstatacija, međutim, sigurno ne bi trebalo da nas navede na to da tragamo za rešenjem napuštajući načela o jedinstvenoj ceni ugljenika, kako je to učinjeno u slučaju Protokola iz Kjota 1997. godine: države potpisnice Protokola iz Kjota nazvane „Mimo aneksa 1" nisu imale nikakvu obavezu prema Protokolu, niti su morale prihvatiti ikakvo oporezivanje ugljenika. A upravo je to izbacilo iz šina ovaj proces kada se stiglo do ratifikacije Protokola u Senatu SAD. Ne ponavljajmo greške iz Kjota.

Konačno, možemo se zapitati je li pravedno da se zagađenja koja su, na primer, izazvana u Kini, ali prilikom proizvodnje robe namenjene za izvoz u SAD – knjiže kao kineska zagađenja, te da budu pokrivena sistemom dozvola kojem bi se podvrgle sve zemlje, pa i Kina. Odgovor je da kineska preduzeća koja ispuštaju gasove sa efektom staklene bašte tokom proizvodnje robe namenjene izvozu – ugrađuju cenu ugljenika u cene svojih proizvoda, te da su na kraju američki i evropski potrošači ti koji plaćaju zagađenje, a ne Kina. Međunarodna trgovina, prema tome, ne dovodi u pitanje načelo naplate tamo gde štetne emisije nastaju.

Zeleni fond i cilj od 100 milijardi godišnje

Pregovori koji su imali za cilj da regulišu pitanje kompenzacije ponuđene siromašnim zemljama za njihovo učešće u zajedničkom naporu – dosad su se pokazali neuspešnim. Poslednji pokušaj datira iz 2009, sa Samitom u Kopenhagenu, a sastojao se u obećanju godišnjeg transfera od sto milijardi dolara namenjenih najsiromašnijim zemljama.[1]

[1] Kako tvrdi *Green Climate Fund*, obaveze trideset i osam zemalja popele su se 20. novembra 2015. do 5,9 milijadi dolara rezerve plus 4,3 obećane milijarde, što još uvek nije potpisano.

U oktobru 2015, OECD je objavio da prihvaćene obaveze iznose šezdeset i dve milijarde, što je broj koji uveliko premašuje sva očekivanja. Ali kada se malo bolje prouči, saznajemo da su nevladine organizacije i siromašne zemlje izrazile ozbiljne rezerve. Neke od ovih obaveza čine zajmovi, a ne donacije. Osim toga, mnoga sredstva potiču od agencija za multilateralnu pomoć (Svetska banka, Azijska banka za razvoj, Evropska banka za obnovu i razvoj...) ili bilateralnu pomoć (Francuska agencija za razvoj ili njeni inostrani pandani); a kako budžet ovih agencija nije uvećan shodno tome, postavlja se pitanje da li je ovo zaista dodatna pomoć, dakle – je li zaista reč o novoj pomoći čiji su korisnici države juga, a ne o staroj pomoći na koju je samo prilepljena „zelena" etiketa.[1]

Kao i u slučaju drugih oblasti (humanitarna pomoć nakon elementarne nepogode ili medicinska pomoć u siromašnim zemljama), nacionalni parlamenti poznati su po svojoj nesklonosti tome da glasaju za velike kredite namenjene nečemu od čega će korist imati treće zemlje.[2] Čak je i jedan tako uspešan program kao što je program Svetske alijanse za vakcine i vakcinaciju (GAVI) – čiji je budžet znatno manji – uspeo da se pokrene samo zahvaljujući velikoj finansijskoj podršci Fondacije Bila i Melinde Gejts. Na međunarodnim kon-

[1] Mali deo ovih sredstava koji ide zemljama u usponu i onima u razvoju namenjen je programima prilagođavanja – ili 16% u 2013. i 2014. nasuprot 77% namenjenih ublažavanju, što ostaje osetljivo pitanje. Zemlje u usponu i one u razvoju traže više za prilagođavanje, dok su razvijene zemlje, pre svega, korisnici politika ublažavanja.

[2] Pitanje transparentnosti razlog je zašto su mnogi programi borbe protiv zagađivanja po celom svetu usvojili šemu *cap and trade,* rešavajući pitanje finansijskog transfera putem razmenjivih kvota (često sistem „prava stečenih u prethodnom razdoblju" – *grandfathering*), koje su politički manje osetljive. Veliki transferi namenjeni državama sa Srednjeg zapada koje predviđa *Clean Air Act Amendment* iz 1990. godine nikad zaista nisu ugledali svetlost dana. Naravno, transferi koji su učinjeni u okviru nacionalnih programa *cap and trade* po prirodi se razlikuju od međunarodnih plaćanja u okviru međunarodnog sistema *cap and trade.* Međutim, u okviru šeme EU ETS, milijarde evra mogle su se preusmeriti ka zemljama istočne Evrope i bivšeg Sovjetskog Saveza (što je, uostalom, i bilo u duhu programa *Vruć vazduh*) prilikom pregovora i tokom ubeđivanja u preuzimanje kvota u vezi s potpisivanjem Protokola iz Kjota.

ferencijama političari imaju običaj da obećavaju finansijsku pomoć, ali kad se konferencija završi, oni obećavaju manje ili poriču obećanja. Nažalost, verovatno je da ponašanje u maniru slepog putnika preovlađuje i pri finansiranju zelenog fonda, dovodeći u opasnost njegov razvoj.

Jasno je da je teško sporazumeti se o tome ko je korisnik, a ko je platilac pomoći na pregovorima u kojima učestvuje 195 zemalja. Svaka od zemalja želela bi da umeša u to svoje prste i odloži pregovore zahtevajući da plati malo manje ili da dobije malo više. Možda bi pre trebalo ustanoviti osnovna načela, zasnovana na nekoliko parametara (populacija, trenutno i predstojeće zagađenje, ugroženost od globalnog zagrevanja...) nego nastojati da se utvrdi doprinos svake zemlje posebno. To je teško izvesti, ali je realističnije od pregovora koji se rasplinjuju.[1]

VI. KREDIBILITET JEDNOG MEĐUNARODNOG SPORAZUMA

Efikasan međunarodni sporazum moraće da napravi koaliciju u čijem će okviru sve zemlje i svi regioni primenjivati jedinstvenu cenu ugljenika na svojim teritorijama. Prema načelu supsidijarnosti, svaka od zemalja (ili regija) bila bi slobodna da ustanovi sopstvenu politiku u pogledu ugljenika, recimo, tako što će utvrditi porez na ugljenik, mehanizam prenosivih dozvola za štetne emisije ili neki hibridni sistem. Problem ponašanja u maniru slepog putnika predstavlja izazov stabilnosti ove velike koalicije: može li se računati na poštovanje ovog sporazuma? Reč je o jednom vrlo složenom problemu, koji, međutim, nije nerešiv.

U tom smislu, analogija s javnim dugom države jeste poučna. Sankcije za zemlju koja je zakazala u otplati duga jesu ograničene (na svu sreću, topovska diplomatija više nije opcija!), što podgreva zabri-

[1] Neka od ovih načela izložena su u već navedenom članku koji sam sastavio s Kristijanom Golijeom (Christian Gollier), ali u kojem se ne ulazi u detalje o tome kakva bi bila dobra formula. Precizniji rad pripremljen je na Univerzitetu u Cirihu.

nutost u pogledu postojanja iskrenih namera zemalja da otplaćuju svoje dugove. Isto važi i za klimatske promene. Čak i da postignemo dobar sporazum, ograničena su sredstva kojima možemo osigurati njegovu primenu. Javna debata u vezi s međunarodnim pregovorima o klimi najčešće zanemaruje tu činjenicu. Iako je tako, polažemo nade u jedan obavezujući sporazum, istinski međunarodni sporazum, a ne u sporazum koji se zasniva na obećanjima. Koliko god da su mogućnosti međunarodnih sankcija ograničene u slučaju izostanka otplate državnog duga, većina zemalja ipak najčešće u celosti otplati svoj javni dug. Uopšte uzevši, vestfalska tradicija međunarodnih sporazuma daje solidnu šansu njihovom ispunjenju.

Naming and shaming (žigosanje) odlična je taktika kojom se moramo služiti, ali, kako smo videli u slučaju „obaveza" iz Kjota, ona je neefikasna. Zemlje stalno nailaze na mnoštvo dobrih izgovora da ne ispoštuju svoje obaveze: arbitraže u korist drugih mera, poput ulaganja u istraživanje i razvoj zelenih tehnologija, recesije, nedovoljni napori drugih potpisnika, promene vlade, zaštita radnih mesta, itd. Nema lakog i jasnog rešenja za svaki problem primene međunarodnog sporazuma, ali na raspolaganju su nam najmanje dva instrumenta.

Kao prvo, vlade insistiraju na slobodnoj trgovini. Svetska trgovinska organizacija (STO) može smatrati da je nepoštovanje određenog međunarodnog sporazuma o klimi isto što i damping u domenu zaštite životne sredine, te po tom osnovu može nametnuti sankcije. U istom duhu, mogli bismo se poslužiti oporezivanjem uvoza, što bi delovalo kao kazna, kako bismo sankcionisali zemlje koje ne učestvuju u sporazumu. Takva politika mogla bi podstaći zemlje koje oklevaju da se pridruže sporazumu, te favorizovati razvoj globalne i stabilne koalicije za klimu. Podrazumeva se da svaka zemlja ne može sama za sebe utvrđivati prirodu sankcija, jer bi se onda sve one izdašno koristile ovom mogućnošću kako bi uvele protekcionističke mere koje nemaju neke nužne veze s potrebama zaštite životne sredine.

Kao drugo, nepoštovanje jednog međunarodnog sporazuma o klimi trebalo bi da se smatra osnovom za utvrđivanje odgovornosti svih budućih vlada jedne zemlje, zbog čega bi se moglo poistovetiti s državnim dugom. U toj bi politici MMF bio jedna od zainteresovanih strana. Na primer, u slučaju mehanizma prenosivih dozvola za štetne emisije, deficit dozvola na kraju godine povećao bi javni dug. Vrednost duga računala bi se prema važećoj tržišnoj ceni ovih dozvola.

Naravno, svestan sam rizika kolateralne štete koja bi mogla proizaći iz odluke da se klimatska politika poveže s međunarodnim institucijama koje funkcionišu svakojako. Ali pravo pitanje glasi: Šta je alternativa? Pristalice neobavezujućih sporazuma nadaju se da bi dobra volja njihovih potpisnika bila dovoljna da se ograniče štetne emisije gasova sa efektom staklene bašte. Ako su u pravu, onda bi podsticajne mere putem saradnje s drugim međunarodnim institucijama bile dovoljne *a fortiori*, bez ikakve kolateralne štete po ove institucije.

VII. ZAKLJUČAK: VRATITI PREGOVORE NA PRAVI KOLOSEK

Uprkos gomilanju naučnih dokaza o ljudskom uticaju na globalno zagrevanje, konkretno zalaganje na međunarodnom planu u ovom pitanju – ostaje razočaravajuće. Protokol iz Kjota nije umeo da stvori međunarodnu koaliciju što se tiče cene ugljenika srazmerne njegovom društvenom trošku. On je i savršena ilustracija nestabilnosti svojstvene svakom međunarodnom sporazumu koji ne uzima za ozbiljno ponašanje u maniru slepog putnika. Svaki međunarodni sporazum morao bi zadovoljiti tri kriterijuma: ekonomsku efikasnost, podsticaje za poštovanje preuzetih obaveza i pravičnost. Efikasnost je moguća samo ako sve zemlje primenjuju istu cenu ugljenika. Podsticaji su nužni za sankcionisanje ponašanja u maniru slepog putnika. Pravičnost kao koncept čija se definicija razlikuje od jedne do druge zainteresovane strane – može biti zadovoljena putem mehanizma unapred utvrđenih transfera. S druge strane, strategija dobrovoljnog obavezivanja na smanjenje štetnih emisija pruža novi primer oportunističkog ponašanja ključnih zemalja, tj. strategije odlaganja konkretnih obaveza u pogledu smanjenja štetnih emisija.

Međutim, ovo poglavlje ne treba da umanji razloge za optimizam. Pre svega, ekološka svest javnog mnjenja porasla je poslednjih godina, iako je ekonomska kriza pomalo potisnula ekološka pitanja u drugi plan. Osim toga, više od četrdeset zemalja, i to velikih (SAD, Kina, Evropa...), uspostavilo je svoja tržišta prenosivih dozvola za štetne emisije, uz, naravno, suviše velikodušno utvrđen najviši dozvoljeni nivo, te stoga i vrlo niske cene ugljenika, ali su time pokazale spremnost da se služe racionalnom politikom u borbi protiv globalnog zagrevanja. Ove berze ugljenika moći će jednog dana da se spoje kako bi obrazovale koherentnije i efikasnije svetsko tržište, čak i ako pitanje „kursa" ostaje škakljivo.[1] Konačno, znatno opadanje cena solarne energije omogućiće da se predvide ekonomična rešenja za problem štetnih emisija u Africi i u drugim zemljama u razvoju i usponu. Ali će sve to biti *a priori* krajnje nedovoljno da bi se postigli naši ciljevi. Kako onda da delujemo u takvoj dinamici?

Jeste da je važno voditi dijalog na svetskom nivou, ali su procesi u okviru Ujedinjenih nacija pokazali da imaju dosta predvidiva ograničenja. Pregovori između 195 nacija neverovatno su složeni. Trebalo bi stvoriti jednu „koaliciju za klimu" koja bi od samog početka ujedinila trenutno velike zagađivače i one koji će to tek postati. Ne znam da li bi to trebalo da bude G-20 ili neki uži krug: godine 2012, pet velikih zagađivača – Evropa, SAD, Kina, Rusija i Indija – predstavljalo je 65% svetskih štetnih emisija (od čega 28% otpada na Kinu, a 15% na SAD). Članovi ove koalicije obavezali bi se da plaćaju za svaku tonu ispuštenog ugljenika. U prvo vreme ne bi se pokušalo povezati 195 zemalja uključenih u pregovore, ali bi postojali podsticaji za to. Članovi koalicije, naime, delovali bi pri Svetskoj trgovinskoj organizaciji i nametnuli zemljama koje odbijaju da pristupe koaliciji za klimu plaćanje poreza na granicama. Da bi se izbegao neprimereni protekcionizam, Svetska trgovinska organizacija bi u ovom sistemu imala ulogu po osnovu dampinga u domenu zaštite životne sredine koji sprovode zemlje neučesnice. Na pitanje šta treba da činimo – odgovor bi sasvim prosto glasio: „Da pronađemo put u pravom smeru."

---

[1] Trebalo bi znati da li je pravo na ispuštanje jedne tone u nekom sistemu jednako istom pravu u nekom drugom sistemu. Postoji opasnost da bi se ekološki najsavesnije zemlje, koje su izdale manje dozvola, smatrale oštećenim.

1) Prioritet sadašnjih pregovora trebalo bi da bude načelni sporazum o utvrđivanju univerzalne cene ugljenika koja bi bila kompatibilna s ciljem od 1,5 do 2 stepena Celzijusa. Predlog da se cene razlikuju od jedne do druge zemlje ne samo što otvara Pandorinu kutiju već ne zadovoljava ni ekološke kriterijume. Rast štetnih emisija poticaće iz zemalja u usponu i iz siromašnih zemalja, a preniska cena ugljenika u ovim zemljama neće nam omogućiti da postignemo cilj od 1,5 do 2 stepena Celzijusa, tim pre što će visoke cene ugljenika u razvijenim zemljama ohrabrivati premeštanje proizvodnje koja ispušta gasove sa efektom staklene bašte u zemlje s niskom cenom, poništavajući tako uložene napore bogatih zemalja.
2) Trebalo bi se složiti u pogledu nužnosti uspostavljanja nezavisne kontrolne infrastrukture s ciljem merenja i kontrolisanja nacionalnog zagađenja zemalja potpisnica, kao i u pogledu mehanizama za upravljanje njome.
3) Konačno, i dalje u duhu povratka temeljima, hajde da se direktno suočimo sa škakljivim pitanjem pravičnosti. Pitanje je značajno, jer se svi pregovori moraju, što god da se desi, suočiti s njim, i ne treba da bude zataškavano raspravom o već mnogobrojnim drugim temama, što ne olakšava zadatak. Trebalo bi uvesti pregovarački mehanizam koji bi se, oslobođen sporednih rasprava nakon što se prihvati jedinstvena cena ugljenika, usredsredio na ovo ključno pitanje. Danas je uzaludno nastojati da se od razvijenih zemalja dobiju ambiciozna obećanja o zelenim fondovima ako to ne vodi uspostavljaju mehanizma koji je kadar da ostvari naše ciljeve na polju klime. Ovaj zeleni fond može se javiti u obliku finansijskih transfera, kao i – pod pretpostavkom postojanja svetskog tržišta dozvola za štetne emisije – u obliku velikodušne raspodele dozvola u korist zemalja u razvoju.

Kako stvari sada stoje, ne postoji drugi izlaz.

Poglavlje 9

Pobediti nezaposlenost

Na Kanskom festivalu 2015. godine, Vensan Lendon (Vincent Lindon) odneo je nagradu za najbolju mušku ulogu. U filmu *Zakon tržišta* (u francuskom originalu: *La Loi du marché, prim. prev.*) – on glumi čoveka od pedesetak godina koji dobija otkaz u preduzeću koje inače dobro posluje. Odlazi na bezizgledne obuke za prekvalifikaciju i na savetovanje u birou za nezaposlene. Gušeći se u finansijskim teškoćama (otplata stambenog kredita, hendikepirani sin, itd.), prihvata posao čuvara u jednom supermarketu. Film opisuje njegovu nelagodu zbog manjka poverenja u zaposlene u supermarketu, koji se iz dana u dan nadziru i dobijaju otkaz iznenada zbog najmanjih sitnica, kao i njegovu borbu da sačuva ljudsko dostojanstvo. Ovaj film predočava opštu nelagodu francuskog društva: nedostatak posla, koji demoralizuje ili marginalizuje deo naših sugrađana, kao i ponekad vrlo konfliktne odnose između poslodavaca i zaposlenih.

Čini se da naslov filma upućuje na neku neizbežnost, tužnu priču koja je neposredna posledica tržišta. Kao da je normalno da u tržišnoj ekonomiji radnik koji je u pedesetoj godini izgubio posao – ne može pronaći neki novi. Kao da se samo po sebi podrazumeva da prekvalifikacije, čiju neverovatnu cenu posredno finansiraju sami radnici, ne vode nikakvom rešenju. Kao da se mora prihvatiti to da se jedan deo Francuza vuče od nemila do nedraga, od nezaposlenosti do posla na određeno vreme, preko subvencionisanih radnih mesta i nezaposlenosti. Kao da još uvek mladi muškarci i žene, u dobroj fizičkoj kondiciji i željni da rade, moraju biti proglašeni nesposobnim za rad i poslati u prevremenu penziju, penziju koja se finansira od uplata radno aktivnih osoba. *Zakon tržišta ili odluka društva?*

Pošto budu izloženi podaci o tržištu rada u Francuskoj, ovo poglavlje pokazuje da je nezaposlenost delom izbor našeg društva, te objašnjava zašto je taj izbor uopšte učinjen. U njemu se zatim obrazlažu argumenti koji sugerišu da se masovna nezaposlenost i dualnost tržišta rada mogu izbeći, te se predlažu putevi reforme. Usredsrediću se na pitanje ugovora o radu. Ma koliko reforma ugovora o radu bila važna na simboličnom planu, ona predstavlja samo jedan od stubova šire reforme naših institucija tržišta rada, jer postoje i druge slabe tačke – njih bi takođe trebalo reformisati da bismo se vratili punoj zaposlenosti, koja nam je nepoznata već duže od četrdeset godina. Neke od ovih slabosti razmatraću na kraju poglavlja. Na kraju ću objasniti zbog čega su reforme na ovom polju hitne: ne samo što je nezaposlenost godinama polako rasla – već je tome doprineo i savršeni sticaj okolnosti koji je našu zemlju gurnuo u mnogo ozbiljniju krizu nezaposlenosti.

I. ZAPAŽANJA

Malo je reći da Francuska ne briljira u pogledu uspešnosti na polju zapošljavanja i uslova rada. Kratak uporedni pregled međunarodnih iskustava jasno ukazuje na izražene specifičnosti francuskog tržišta rada, koje daju loše rezultate, sličnije onim u zemljama s juga Evrope, koje su u velikim teškoćama, nego onima u zemljama sa severa Evrope. U glavnim crtama, stanje stvari izgleda ovako:

1. Nezaposlenost je mnogo veća u Francuskoj nego u zemljama severne Evrope (Nemačka, Holandija, skandinavske zemlje, itd.) ili u anglosaksonskim zemljama;
2. Nezaposlenost pogađa prvenstveno one koji imaju od 15 do 24 godine i one između 55 i 64 godine;
3. Nezaposlenost pogađa niskokvalifikovane osobe i problematična gradska područja;
4. Dugotrajna nezaposlenost, koja je daleko najopasnija, prilično je velika i u stalnom je porastu od 2007;

5. Francuzi se osećaju istinski loše na poslu, što je rezultat nedostatka profesionalne mobilnosti, konfliktnih odnosa i osećaja nesigurnosti na radnom mestu;
6. Ovi poražavajući podaci primoravaju Francusku da mnogo troši na politiku zapošljavanja.

Visoka i dugotrajna nezaposlenost

Koliko je nezaposlenih u Francuskoj? Najčešće korišćeni statistički podaci pri poređenju s drugim zemljama jesu podaci Nacionalnog instituta za statističke i ekonomske studije (Insee), koji su u skladu s definicijom Međunarodne organizacije rada, a koji ne uzimaju u obzir skoro milion i po ljudi bez posla što žele da rade („nevidljiva nezaposlenost"), i to zbog svoje definicije, koja ih isključuje.[1] Prema Nacionalnom institutu, Francuska je u trećem tromesečju 2015. imala 2,9 miliona nezaposlenih, po definiciji Međunarodne organizacije rada, tj. imala je stopu nezaposlenosti od otprilike 10,6%, što je dvostruko više od, recimo, nemačkog nivoa i znatno više od nivoa anglosaksonskih zemalja ili zemalja severne Evrope.

Statistike Direkcije za podršku istraživanjima, studije i statistiku (Dares) prave razliku između pet tipova nezaposlenih u Francuskoj. Statistički podaci koji se najčešće javljaju u medijima tiču se onih koji su nezaposleni, ali imaju obavezu da preduzimaju korake s ciljem nalaženja posla", što je A-kategorija nezaposlenih. U tom smislu, u novembru 2015. bilo je 3.574.860 nezaposlenih u kontinentalnoj Francuskoj. Broj nezaposlenih iz A-kategorije takođe potcenjuje nivo nezaposlenosti, jer ne obuhvata druge kategorije nezaposlenih, a to su oni na prekvalifikaciji, praksi, bolovanju ili porodiljskom odsustvu, osobe na subvencionisanim radnim mestima, one na radu

[1] Prema Međunarodnoj organizaciji rada, pojedinac se računa kao nezaposleno lice ako ispunjava tri uslova: 1) nije radio tokom nedelje u kojoj je izvršeno praćenje; 2) biće u mogućnosti da počne da radi u roku od dve nedelje; 3) aktivno je tražio posao tokom prethodnog meseca (ili je našao posao na kom počinje da radi za manje od tri meseca).

s nepunim radnim vremenom...[1] Kada se u to uključe i ove kategorije, stižemo do broja od otprilike 6.142.000 nezaposlenih u novembru 2015.

Druga poteškoća pri merenju nezaposlenosti tiče se nezaposlenih osoba koje nisu uzete u obzir, ljudi koje je pogoršavanje situacije na tržištu rada obeshrabrilo, a koji obuhvataju sve starosne kategorije – od mladih koji produžavaju školovanje ili prihvataju posao u inostranstvu jer ne nalaze posao u Francuskoj pa do starijih osoba koje bi želele da nastave profesionalnu aktivnost, ali se ipak odlučuju da ostvare pravo na penziju. Suočeni sa svom složenošću praćenja nezaposlenosti, ekonomisti ponekad radije posmatraju stopu zaposlenosti.[2] Zaposlenost u Francuskoj takođe ukazuje na posebno otežanu situaciju koja pogađa dve starosne grupe.

Oni koji imaju između 15 do 24 godine muče se s pronalaženjem posla. Stopa njihove nezaposlenosti iznosi 24%. Stopa zaposlenosti (28,6%) vrlo je daleko od proseka OECD-a (koji je 39,6%) i od stope

---

[1] B-katergorija: nezaposleni koji su u obavezi da preduzimaju korake s ciljem nalaženja posla, ali obavljaju neku kratkotrajnu radnu aktivnost manjeg obima (tj. najmanje 78 sati mesečno) - 716.400 u novembru 2015. C-kategorija: nezaposleni koji su u obavezi da preduzimaju korake s ciljem nalaženja posla i koji su obavljali neku dugotrajnu radnu aktvnost smanjenog obima (tj. više od 78 sati mesečno) – 1.151.300 u novembru 2015. D-kategorija: nezaposleni koji nisu u obavezi da preduzimaju korake s ciljem nalaženja posla (zbog neke prakse, programa prekvalifikacije, bolesti, itd.) – 280.900 u novembru 2015. E-kategorija: nezaposleni koji su u obavezi da preduzimaju korake s ciljem nalaženja posla, koji rade (npr. korisnici ugovora o subvencionisanim radnim mestima) – 420.000 u novembru 2015.

[2] U proseku, Francuzi od 16 do 74 godine radili su mnogo manje od Amerikanaca i Engleza u 2008, 28% manje od Amerikanaca i 13% manje od Engleza, dok su 1968. radili jednako koliko i oni (vidi Richard Blundell, Antoine Bozio, Guy Laroque, *Labor Supply and the Extensive Margin*, American Economic Review, Papers & Proceedings, 2011, vol. 101, n° 3, str. 482–486). Produbljivanje razlika delom se pripisuje skraćivanju radnog vremena, a drugim delom stagnaciji stope zaposlenosti u Francuskoj, dok je ona u Americi i Engleskoj snažno napredovala. Svakako da Francuzi u zrelim godinama ili oni stariji rade više, ali takva situacija upravo nadomešćuje snažan pad zaposlenosti među mlađima, bez obzira na pol, i među muškarcima, bez obzira na godine.

u severnoj Evropi (46,8% za Nemačku, 62,3% za Holandiju).[1] Francusko tržište rada relativno je zatvoreno za pridošlice, a posebno za mlade u potrazi za prvim poslom. Naravno, u svakoj zemlji je stopa nezaposlenosti viša među mladima nego među ostatkom populacije. Preduzeća nerado zapošljavaju radnike koji se još uvek nisu dokazali, a posebno se nerado odlučuju da troše obučavajući mlade zaposlene putem rada, jer može se desiti da ovi napuste preduzeće čim se obuka završi. Međutim, mladi Francuzi imaju znatno višu stopu nezaposlenosti u poređenju s mladima u zemljama evropskog severa i anglosaksonskim zemljama.

Posledica je velika međugeneracijska nejednakost. Ne samo što je stopa nezaposlenosti među mladima mnogo viša nego među drugima - već oni imaju i stambenih problema.[2] Dinamične zone koje stvaraju radna mesta često su i one koje imaju nepovoljno tržište nekretnina. Naime, javne politike koje doprinose ograničavanju stambenog fonda uzrokuju nestašicu slobodnih stanova. Politika koja je donekle išla u korist vlasnika stanova uvećala je kirije proredivši ponudu smeštaja za izdavanje, što je vlasnicima stanova omogućilo da biraju podstanare i traže velika jemstva. Na kraju, zbog nestabilnosti radnih mesta, mladi često nemaju mogućnost kupovine nekretnina.

Oni između 55 i 64 godine odlaze, dobrovoljno ili ne, ranije u penziju, i to ranije nego pripadnici iste generacije u svim ostalim evropskim zemljama. Njihova stopa zaposlenosti (45,6%) takođe je vrlo daleko od proseka OECD-a, a posebno od stope zemalja severa Evrope (stopa zaposlenosti u ovoj starosnoj grupi prebacuje 70% u Švedskoj). Radno aktivni koji su stariji od pedeset godina takođe su glavne žrtve dugotrajne nezaposlenosti. Pedeset šest odsto nezaposlenih koji imaju više od pedeset godina spada u ovu kategoriju.

---

1 I to nije zato što su na obuci: 17% onih koji imaju 15 do 24 godine nemaju posao i ne pohađaju nikakav program doškolovanja. Devetsto hiljada njih diglo je ruke od svake potrage za poslom i nije nezaposleno.

2 Vidi Jean-Benoît Eyméoud, Etienne Wasmer, *Emploi des jeunes et logement. Un effet Tanguy?*, IEP Paris, rad objavljen na internetu, 2015.

Uopšte uzevši, u 2013. godini – 4% radno aktivnih bilo je na birou preko godinu dana, što je skoro dvostruko duže u poređenju sa zemljama severa Evrope. A opšte je prihvaćeno da je dugotrajna nezaposlenost mnogo opasnija od one kratkotrajne. Ona vodi gubitku profesionalne kvalifikacije, socijalnoj isključenosti, stigmatizaciji na tržištu rada... Činjenica da je dugotrajna nezaposlenost toliko zastupljena u našoj zemlji – tema je koja dodatno zabrinjava.

Pribegavanje „zakrpama"

Da bi suzbile nezaposlenost, vlade koje su se smenjivale u Francuskoj (i u drugim državama južne Evrope) ohrabrivale su ugovore na određeno vreme i finansirale subvencionisana radna mesta.

Subvencionisana radna mesta. U celini posmatrano, subvencionisana radna mesta predstavljaju loše iskorišćen novac iz budžeta, naročito u pogledu subvencionisanih radnih mesta u netržišnom sektoru.[1] Umesto što se poslodavci ohrabruju da koriste radnike koji ih ne koštaju mnogo, ovaj novac mogao bi se iskoristiti da se smanje troškovi zarada i da se preduzeća podstaknu na stvaranje stabilnih radnih mesta za kojima zaista imaju potrebu. Naravno, ovde malo preuveličavam: subvencije namenjene mladima bez kvalifikacija mogu se opravdati pozivanjem na „nedostatak tržišta": preduzeće ulaže ljudski kapital obučavajući novog radnika, od čega ono neće profitirati ako ga taj radnik napusti zbog veće plate na drugom mestu. Ali, u celini, statistika ukazuje na to da je verovatnoća pronalaženja ugovora na neodređeno vreme po isteku subvencionisanog ugovora o radu prilično mala, te da korisnici subvencionisanog ugovora o radu u netržišnom sektoru imaju manje šanse da dobiju posao

[1] Prema jednom izveštaju Revizorskog suda iz 2011, „u vezi sa uticajem subvecionisanih radnih mesta na zaposlenost, ekonometrijski modeli ukazali su na pozitivan efekat subvencionisanih radnih mesta u tržišnom sektoru, i ni na kakav efekat subvencionisanih radnih mesta u netržišnom sektoru". Netržišni sektor obuhvata subjekte koji pružaju usluge besplatno ili po veoma niskim cenama: javna uprava, opštinska administracija, udruženja, sindikati, itd.

u naredne dve godine od ostalih. Dakle, time nije potvrđena teza po kojoj subvencionisani ugovor o radu predstavlja odskočnu dasku za stalno radno mesto.

Nestabilna (prekarna) radna mesta. Velika većina novootvorenih radnih mesta, 85% u 2013. godini (90% dodamo li tome i prakse), danas se zaključuje na određeno vreme, a ovaj procenat neprestano raste (u 1999. iznosio je 75%). Takođe, zapazili smo snažan rast broja vrlo kratkotrajnih ugovora i ugovora koji se nazivaju permitentnim[1] (radnik se vodi kao nezaposlen u periodu između dva ugovora o radu kod istog poslodavca), a koji nisu povoljni po radnika i skupo koštaju fond za socijalno osiguranje.[2] Danas više od polovine poslova po ugovoru na određeno vreme, u stvari, predstavlja novo zapošljavanje kod istog poslodavca.

U stvari, posao po ugovoru o radu na određeno vreme ne odgovara ni poslodavcima ni zaposlenima. Zaposlenima ovaj ugovor ne nudi nikakvu zaštitu. Kako u teoriji (u praksi su pak vrdanja česta) produžavanje ugovora o radu na određeno vreme vodi njegovom preobražaju u ugovor o radu na neodređeno, koji po svojim uslovima nudi ozbiljnu zaštitu, poslodavca regulativa snažno podstiče na to da ga ne produžava[3], čak i ako se zaposleni dobro pokaže. U suštini, Francuska je evropska država u kojoj se privremeni ugovor najređe preobražava u stalni radni odnos.[4] Što znači da osoba koja je zaposlena na osnovu privremenog ugovora ima mnogo manje šanse nego

[1] Neprevodiva igra reči. Etimološki, reč *permittence* nastaje spajanjem reči *permanent* (stalno, neprekidno) i *intermittent* (uz prekide), kako bi opisala lica koja rade uz prekide iako, u stvari, rade neprekidno, *prim. prev.*

[2] Vidi Corinne Prost, Pierre Cahuc, *Améliorer l'assurance chômage pour limiter l'instabilité de l'emploi*, Savet za ekonomsku analizu, 2015, beleška 24.

[3] Uprkos snažnim fiskalnim podsticajima namenjenim izbegavanju ugovora o radu na određeno vreme (putem uvećanih doprinosa za nezaposlenost), kao i preobražaju ugovora o radu na određeno vreme u ugovor o radu na neodređeno vreme. Podsticaji podrazumevaju isplatu otpremnine po okončanju ugovora, koja iznosi 10% ukupne bruto plate isplaćivane tokom ugovora, i oslobađanje od poreskih obaveza u periodu od tri do četiri meseca u slučaju zapošljavanja osoba mlađih od 25 godina.

[4] Vidi OECD *Perspectives de l'emploi* 2014, str. 182.

igde drugde u Evropi da dočeka da joj se ugovor o radu na određeno vreme pretvori u stalni radni odnos. Činjenica da preduzeća veoma rado pribegavaju ugovorima o radu na određeno vreme, koje ni ta preduzeća ni njihovi radnici ne cene, predstavlja bitan pokazatelj troškova koji iz toga proističu, a koje aktuelno zakonodavstvo o ugovorima o radu na neodređeno vreme nameće francuskom društvu.

Budući da su vlade koje su se smenjivale znale za odbojnost preduzeća prema zaključivanju ugovora o radu na neodređeno vreme, one se nisu usuđivale da dirnu u ugovor o radu na određeno vreme, jer on služi kao sigurnosni ventil za suviše krut režim ugovora o radu na neodređeno vreme. On, naime, omogućava da se sačuva minimum radnih mesta i tako spreči snažan porast broja nezaposlenih. Polarizacija instituta radnog prava na previše fleksibilne ugovore na određeno vreme i previše krute ugovore na neodređeno vreme stvara dualitet na tržištu rada, odvajajući one koji su zaposleni bez vremenskog ograničenja – i koji su zaštićeni – od svih ostalih kojima treba sve više vremena da nađu pravi posao. Drugim rečima, to je loš potez za zaposlene u celini, a posebno za one najmlađe među njima.[1]

Uprkos takvom stanju stvari, politička rasprava usmerava se na otpuštanja koja se tiču samo ugovora o radu na neodređeno vreme, dakle na otpuštanja za koja se javne vlasti obavezuju da će ih potpuno eliminisati, a koja predstavljaju samo neznatan udeo u masi svih okončanih radnih odnosa (4,4%). Nasuprot tome, rasprava gotovo u potpunosti zanemaruje dva osnovna uzročnika kretanja na tržištu rada, tj. ostavke – koje su malobrojne (9% svih okončanja radnih odnosa) i koje su u padu – a posebno okončanje ugovora o radu na određeno vreme, što preovlađuje kao uzrok prestanka radnog odnosa (77%) i što je u stalnom porastu. Ostatak se odnosi na sporazumne raskide, otpuštanja iz ličnih ili ekonomskih razloga, otpuštanje viška zaposlenih, okončanje probnog rada i odlazak u penziju.

---

[1] U Francuskoj zaposleni koji pregovaraju s preduzećima i državom, i koji imaju moć da vrše pritisak na vlasti – nisu ugroženi nezaposlenošću (to su prvenstveno zaposleni u javnom sektoru i zaposleni po ugovoru o radu na neodređeno vreme u velikim preduzećima). Ne čudi što njihovi stavovi nužno ne odražavaju interese nezaposlenih osoba i osoba angažovanih na određeno vreme.

Skupa javna politika zapošljavanja s razočaravajućim rezultatima

Svaka država troši na svoju politiku zapošljavanja, u čemu nema ničeg čudnog. Reč je o obuci radnika, podršci onim najranjivijim među njima i zaštiti onih koji su imali tu nesreću da se nađu u sektoru koji je pretrpeo drastične promene na tehnološkom i ekonomskom planu. Ipak, Francuska je na svoju politiku zapošljavanja potrošila sume koje uveliko premašuju međunarodne standarde. Očito, taj novac iz budžeta nije otišao u obrazovanje, zdravstvo ili druge javne delatnosti, odnosno, u zavisnosti od tačke gledišta s koje se posmatra, on opterećuje naše javne finansije i uvećava breme otplate javnog duga. Nezaposlenost skupo košta ne samo zaposlene već i zajednicu u celini.

Može se raspravljati o tome šta obuhvata pojam javne politike zapošljavanja. Ona može obuhvatiti naknade za nezaposlene (31 milijarda u 2014. godini), podršku za ekonomske promene i fondove predviđene za profesionalnu obuku nezaposlenih osoba, troškove javne službe za zapošljavanje, subvencionisana radna mesta, ugovore za školovanje na radu i ugovore u problematičnim gradskim četvrtima, ali i ono što nazivamo opštim merama, a u šta spadaju: umanjenje doprinosa koje poslodavci uplaćuju na male plate, poreski krediti za podsticanje konkurentnosti i zapošljavanja, fondovi namenjeni ublažavanju posledica uvođenja tridesetpetosatne radne nedelje[1]... Ukupni budžet neprekidno raste počev od 1993. U 2012. godini Francuska je potrošila 1,41% bruto domaćeg proizvoda na tzv. pasivne politike (osiguranje za slučaj nezaposlenosti), a 0,87% na aktivne politike (obuka nezaposlenih, upravljanje nezaposlenošću, subvencionisana radna mesta...).[2] Ako se tome dodaju olakšice

[1] Teško je utvrditi da li umanjivanje socijalnih doprinosa ide na račun politike zapošljavanja, jer se očigedno uzima u obzir neto iznos (osnovni socijalni doprinosi minus olakšice). Osim toga, olakšice postižu veći efekat kada se odnose na niže plate koje su po visini bliske minimalcu (vidi Pierre Cahuc, Stéphane Carcillo, *Améliorer l'assurance chômage, Chaire sécurisation des parcours professionnels*, 2014).

[2] OECD, Public Expenditure and Participant Stocks on LMP.

Fijonove vlade, pakt odgovornosti i poreski krediti za podsticanje konkurentnosti i zapošljavanja, stiže se do broja od oko 3,5% do 4% bruto domaćeg proizvoda.[1]

Nelagodnost na poslu

Za zaposlene su nezaposlenost i nestabilni radni odnosi vidljivi vrh ledenog brega. Skrivena strana ima mnogo lica...

Nedovoljna mobilnost i loše uparivanje radnika s radnim mestima. Normalno je da zaposleni pređu u neko drugo preduzeće. Može se desiti da požele da se suoče s novim profesionalnim izazovima, ili da steknu nova saznanja otkrivajući nove horizonte. Podložni su napuštanju svojih saradnika ili hijerarhije u slučaju napetih odnosa. I obratno, u svetu koji se menja može se desiti da preduzeća požele da promene svoju delatnost kako bi se prilagodila novonastalim okolnostima, te da zapošljavaju radnike s kvalifikacijama koje se razlikuju od kvalifikacija što su ih dotad tražila. Shvatanje da je radno mesto sa ugovorom na neodređeno vreme privilegija (sasvim relativna) koju treba prigrabiti zbog pretnje da takvo radno mesto ponovo neće moći da se nađe – ne olakšava pokretljivost niti raspoređivanje zaposlenih na adekvatna radna mesta, što predstavlja trošak za zaposlene, ali i za preduzeće.

Suprotstavljeni odnosi. Odnosi između radnika i poslodavaca u našoj zemlji nisu harmonični. Tako se Francuska nalazi na 129. mestu među 139 rangiranih zemalja gde je kriterijum način na koji se doživljava kvalitet odnosa na radnom mestu.[2] Uzroci ovih nemilih

---

[1] Prema podacima Direkcije za podršku istraživanjima, studije i statistiku, izdaci za zapošljavanje i politike tržišta rada – bilo da imaju određenu namenu, bilo da su opšti – procenjeni su na 85,7 milijardi evra 2012, ili 4,1% bruto domaćeg proizvoda (Dares analyse 019, mart 2015).

[2] Vidi knjigu Thomas Philippon, *Le Capitalisme d'héritiers*, koja daje međunarodnu klasifikaciju kvaliteta odnosa na radnom mestu (Paris, Seuil / La République des idées, 2007). U knjizi Yann Algan, Pierre Cahuc i André Zylberberg, *La Fabrique de la défiance et comment en sortir* napravljena je istančana obrada izvora i mehanizama nepoverenja koji postoje u Francuskoj (Paris, Albin Michel, 2012, str. 120).

okolnosti – svojstvenih za Francusku, koja doprinosi širenju *burnout* sindroma kod radnika - mogu se samo pretpostaviti. Možda nedostatak mobilnosti, koju smo ranije pomenuli, igra u tome neku ulogu. Radnik čiji su odnosi s poslodavcem napeti, po prirodi stvari, promeniće radno mesto na dinamičnom tržištu rada, ali u Francuskoj on takvu mogućnost neće imati, pa će ostati tamo gde je, uprkos sukobu s preduzećem. Nije nemoguće ni da neki beskrupulozniji poslodavci namerno urušavaju uslove rada, kako bi nekog radnika podstakli da zatraži sporazumni raskid radnog odnosa, te napusti preduzeće, čime poslodavac izbegava proceduru pred mirovnim sudom.

Francuzi se loše kotiraju i u pogledu stresa na radnom mestu. Studije koje se sprovode na osnovu međunarodne baze podataka[1] ukazuju na postojanje potvrđene veze između zaštite radnog mesta i stresa na poslu. Ova veza nikako nije iznenađujuća. Naime, kao što smo videli, rigidnost radnih odnosa i njihova oskudica na više načina ugrožavaju odnose na radnom mestu: radnici koji su nezadovoljni svojim radnim mestom – ipak ga čuvaju, a manje skrupulozne gazde lako mogu početi da se poigravaju strahom od nezaposlenosti kako bi zastrašile radnike.

Snažno osećanje profesionalne nesigurnosti. Profesionalna nesigurnost očigledno postoji kod radnika na određeno vreme, koji su, po definiciji, deo prekarijata. Više iznenađuje to što se isto osećanje primećuje i kod radnika koji imaju ugovor na neodređeno, a koji su, štaviše, zaštićeni praktično najboljim zakonodavstvom na svetu.[2] Ova konstatacija ipak nije onako paradoksalna kako se čini, utoliko pre što zaposleni na neodređeno vreme zna da su mu, ako bude otpušten i ode na biro, šanse da ponovo pronađe isti takav posao ograničene. Otud tako pesimistično osećanje, koje pogađa francu-

[1] Nicolas Lepage-Saucier, Étienne Wasmer, *Does Employment Protection Raise Stress? A Cross-Country and Cross-Province Analysis*, 2011, pripremljeno za *Economic Policy Panel* 2012.

[2] O osećaju sigurnosti vidi takođe Andrew Clark, Fabien Postel-Vinay, *Job Security and Job Protection*, Oxford Economic Papers, 2005, vol. 61, str. 207–239, I Fabien Postel-Vinay, Anne Saint-Martin, *Comment les salariésperçoivent-ils la protection de l'emploi?*, Économie et statistique, 2005, n° 372, str. 41–59.

sko društvo u celini, parališući ga i ugrožavajući njegovu sposobnost da se prilagođava i menja.

Je li reforma stvarno nužna?

Argument koji se u Francuskoj često navodio protiv neophodnosti reformi institucija rada jeste da problem nezaposlenosti leži u nedostatku ugovorenih poslova, tj. u nedovoljnoj privrednoj aktivnosti, te da bi makroekonomski oporavak oborio nezaposlenost. Nema sumnje da Francuska, kao i sve evropske zemlje, trpi zbog neizvesnosti povezane sa sudbinom Evrope, kao i pod udarcima finansijske krize, te da bi povoljni izgledi i novi ugovoreni poslovi preduzeća imali vrlo povoljne efekte na zaposlenost. Ali ovaj makroekonomski argument nije ostvariv iz više razloga.

Onaj najočigledniji jeste da je nezaposlenost strukturna, da nije samo posledica konjunkture (privrednog ciklusa). Ona u Francuskoj već trideset godina ne pada ispod 7% uprkos, po javne finansije, vrlo skupoj politici zapošljavanja, pribegavanju preranom penzionisanju (koje je danas olakšano sporazumnim raskidima radnih odnosa) i ohrabrivanju zapošljavanja na određeno vreme. Nije slučajno to što je nezaposlenost i u drugim zemljama na jugu Evrope, čije institucije rada imaju slično poreklo kao i one francuske, mnogo veća nego u zemljama na severu Evrope ili u anglosaksonskim zemljama. Kao drugo, ako se može govoriti o adekvatnom nivou budžetskog deficita u periodu recesije[1], trenutno prolazimo kroz kejnzijanski oporavak, koji je posledica obaranja vrednosti evra, kamatnih stopa i cene nafte[2], pa bi nezaposlenost trebalo da nestane, a ne da raste. Kao treće, trebalo bi se zapitati zašto ima tako malo novih narudžbina, što nas (donekle) navodi na to da postavimo pitanje konkurentnosti preduzeća, koje uključuje i druge dimenzije, a ne samo cenu radnog sata (kao što je adekvatno uparivanje radnika s radnim mestom, što je tema na koju ćemo se vratiti). Konačno, oporavak finansiran budžet-

[1] Poslednjih godina u Francuskoj se budžetski deficit kreće između 4% i 5%.

[2] Knjiga je u Francuskoj objavjena 2016. godine, kada je cena nafte bila niska, *prim. prev.*

skim deficitom podrazumeva manje rizika kada su javne finansije zdrave nego kada su one već ugrožene (greška četrdesetogodišnje politike budžetskog deficita).

II. EKONOMSKA ANALIZA UGOVORA O RADU

Razmišljanja koja slede nadahnuta su radovima nastalim u saradnji sa Olivjeom Blanšarom (Olivier Blanchard), profesorom na MIT-u i vodećim ekonomistom MMF-a od 2007. do 2015. godine).[1] Ovo, nimalo sjajno stanje stvari ima više uzroka. Kratkoročno, nivo narudžbina i različite okolnosti igraju bitnu ulogu u promenama nivoa nezaposlenosti. Ali francuska nezaposlenost dugoročni je fenomen. Zastanimo onda na ovim strukturalnim uzrocima, počevši od aktuelne rasprave o zaštiti radnih mesta, što je dobro poznata tema, zbog koje su se institucije na jugu Evrope počele menjati (na primer u Italiji i Španiji). Da bi se valjano shvatile posledice naših politika u ovoj materiji, trebalo bi prvo da se zapitamo o podsticajima različitih aktera. Zatim ćemo moći bolje da analiziramo naše institucije i smislimo moguće reforme.

Zaštita zaposlenih, fleksibilnost i načelo „plaća onaj ko otpušta"

Ugovor o radu i procedura otpuštanja moraju pomiriti dva cilja. Radnik nije odgovoran za tehnološke promene ili za pad prodaje s kojim se suočava preduzeće u kojem radi, te bi ga stoga trebalo osigurati od rizika da njegovo radno mesto postane suvišno, ili prosto nerentabilno. Što se tiče preduzeća, ono zahteva da mu se pruži flek-

[1] Vidi, pre svega, *Licenciements et institutions du marché du travail*, izveštaj namenjen Savetu za ekonomsku analizu, *La Documentation française*, 2003, str. 7–50, kao i *The Optimal Design of Unemployment Insurance and Employment Protection. A First Pass*, Journal of the European Economic Association, 2008, vol. 6, n° 1, str. 45–77. Vidi takođe Pierre Cahuc, André Zylberberg, *Le Chômage. Fatalité ou nécessité?*, Paris, Flammarion, 2004.

sibilnost u upravljanju ljudskim resursima u slučaju pada prodaje. U nedostatku takve fleksibilnosti, ono će odbijati da otvori nova radna mesta jer će pretrpeti teške gubitke u slučaju njihove slabe produktivnosti. Dve suprotstavljene vizije? Ne baš. Ali da bi se obe zadovoljile, *treba zaštititi zaposlenog, a ne njegovo radno mesto.*

Poslodavac zna da li je neko radno mesto isplativo; dobra procena isplativosti, naravno, podrazumeva da poslodavac može prihvatiti privremeni gubitak novca zbog postojanja nekog radnog mesta ili neke proizvodne jedinice usled privremenog pada narudžbina, ali da dugoročno ostvaruje profit upravo zadržavajući to radno mesto. Dakle, poslodavac poseduje informacije neophodne za upravljanje radnim mestima. Ali moramo se takođe zapitati o uticaju koji njegova odluka da zadrži osobu na tom radnom mestu – ili da je otpusti – ima na zainteresovane strane. U datom slučaju postoje bar dve zainteresovane strane.

Prvu zainteresovanu stranu predstavlja zaposleni kojeg se neposredno tiče ostanak na tom radnom mestu ili otpuštanje. Ovaj radnik trpi finansijski trošak prouzrokovan gubitkom plate, kao i psihološku štetu (zbog gubitka društvenih veza u preduzeću koje mu je pružalo posao, ili zbog napetosti u porodici). Ove eksternalije koje je proizvelo otpuštanje, sa stanovišta zaposlenog, predmet su dveju vrsta nadoknada: preduzeće mu isplaćuje otpremninu zbog otpuštanja, dok mu osiguranje od nezaposlenosti obezbeđuje prihod, a eventualno i dodatnu obuku. Druga zainteresovana strana, na koju se u raspravi često zaboravlja, jeste fond socijalnog osiguranja, a posebno osiguranje za slučaj nezaposlenosti. Otpuštanje povlači za sobom isplatu naknade za nezaposlene, troškove obuke, troškove rada biroa za nezaposlene, kao i eventualne troškove povezane sa subvencionisanim radnim mestima...

Načelom snošenja odgovornosti, koje na drugim poljima predstavlja noseći stub našeg ekonomskog sistema, postiglo bi se da preduzeće „internalizuje" ukupni trošak društva kada otpušta zaposlenog – trošak radnika, kao i trošak socijalnog sistema. U protivnom, imaće tendenciju da previše otpušta (ovde namerno zanemarujem administrativna ograničenja pri otpuštanju, o kojima ću podrobnije govoriti u nastavku). Da bi internalizovalo trošak za socijalni sistem, preduzeću bi trebalo naplatiti penal za otpuštanje, čiji će iznos ići javnom sistemu, a ne zaposlenom.

Treba primetiti da tu ne bi bilo reči o dodatnom porezu koji bi opterećivao preduzeća, već o osiguranju bonus-malus. Zapravo, iznos ovog penala bio bi namenjen umanjivanju socijalnih doprinosa: kazna bi, dakle, bila fiskalno neutralna za sva preduzeća. Međutim, iako u pogledu zaštite životne sredine danas svi smatraju normalnim da zagađivač bude taj koji plaća[1], ideja da preduzeće koje otpušta treba da plaća penal za otpuštanje nije integrisana u naš ekonomski sistem. Pozabavimo se onda podrobnije ovim načelom, prema kojem plaća onaj koji otpušta, načelom koje je tako daleko od shvatanja što su nam ih usadile naše institucije.

Prvo pitanje u ovoj materiji odnosi se na obračun troškova otpuštanja za osiguranje za slučaj nezaposlenosti. Otpustiti informatičara od trideset godina u Parizu, koji će već sutra ponovo naći posao – ništa ne košta sistem, dok je otpuštanje pedesetogodišnjeg niskokvalifikovanog radnika u regionu male zaposlenosti već druga stvar. Kako onda izračunati trošak otpuštanja?

Dovitljiv način da se izračunaju penali za otpuštanja sastojao bi se u utvrđivanju toga koliko otpušteni radnik košta organizacije koje mu isplaćuju novčanu naknadu za slučaj nezaposlenosti i nude obuku nakon otpuštanja. Ovaj pristup vraća nas u Ruzveltovu Ameriku, koja je uspostavila sistem bonus-malus, što je i dalje na snazi – *experience rating.*[2] On ima dve prednosti: prva se sastoji u tome što se primenjuju veći penali za zaposlene koji će imati veće teškoće da ponovo nađu posao, dok se druga sastoji u podsticanju preduzeća da ulažu u obuke i da obogate ljudski kapital zaposlenih, ograničavajući tako period njihove nezaposlenosti u slučaju otpuštanja. Isto tako, on podstiče socijalne partnere u okviru iste grane da poboljšaju kvalitet obuka, budući da bi ih se ticala dužina trajanja nezaposlenosti (dok su danas, naprotiv, lišeni odgovornosti zbog postojanja opšte ispomoći).

---

1 Vidi osmo poglavlje.

2 Za opis američkih institucija, vidi Julia Fath, Clemens Fuest, *Experience Rating of Unemployment Insurance in the US. A Model for Europe?* CESifo DICE Report, 2005, vol. 2.

Kasnije ćemo videti da sistem bonus-malus ima i drugih prednosti, poput one da eliminiše dosluh između zaposlenih i poslodavaca preko grbače sistema socijalnog osiguranja, ili bolju međusektorsku raspodelu aktivnosti.

Diskusija

Načelo prema kojem plaća onaj ko otpušta u grubim crtama skicira poželjan način preuzimanja odgovornosti. Međutim, ono je previše uprošćeno, pa se neka prilagođavanja ovog osnovnog načela mogu pokazati kao nužna[1].

Progresivna prava. Ako su ugovori o radu na određeno vreme loši - zbog ograničenog trajanja - i ukoliko zaslužuju da budu ukinuti, preduzeća će ipak uvek imati potrebu za kratkotrajnim ugovaranjem obavljanja tačno određenih radnih zadataka ili sezonskih poslova. Sistem jedinstvenog ugovora s progresivnim pravima za radnike sasvim je kompatibilan s potrebom za ovim kratkotrajnim ugovorima.

Mehanizmi izbegavanja. Kao i u slučaju štete po životnu sredinu, rizik izvrdavanja pravne regulative postoji zbog pribegavanja podugovaranju u onim delatnostima koje su najnesigurnije, pa stoga i najizloženije riziku od otpuštanja, tj. od stvaranja posebnih preduzeća „školjki", bez istinskog kapitala, koja neće biti u stanju da izvrše

[1] Čitalac može preći na naredni odeljak i zanemariti ove detalje. Za više detalja, vidi Olivier Blanchard, Jean Tirole *The Joint Design of Unemployment Insurance and Employment Protection. A First Pass*, Journal of the European Economic Association, 2008, vol. 6, n° 1, str. 45–77. Za specifičnije aspekte finansiranja preduzeća i pojam ispunjavanja obaveza unutar grupe, ili za neformalnije komercijalne odnose, vidi ovaj članak, kao i moj članak *From Pigou to Extended Liability. On the Optimal Taxation of Externalities under Imperfect Capital Markets*, Review of Economic Studies, 2010, vol. 77, n° 2, str. 697–729. U okolnostima finansijskih pritisaka, može se desiti da preduzeća požele da se zajedničkim sistemom preuzimanja rizika reše dela troškova otpuštanja, utoliko što su preduzeća izložena udarima koji su delimično nezavisni jedni od drugih (naravno, makroekonomski udari ne mogu biti pokriveni zajedničkim sistemom za preuzimanje rizika, pa stabilizacija bilansa mora biti predmet intervencije javne vlasti).

isplate u trenutku otpuštanja. Ali, baš kao i u slučaju oporezivanja u oblasti zaštite životne sredine, i ovde se mogu smisliti rešenja s ciljem korigovanja ovih izvrdavanja, poput zahteva za bankarske garancije ili zahteva da se utvrdi pravna odgovornost (malus), na primer, majke-firme ili nalogodavca.

Efekat selekcije. Bonus-malus može motivisati preduzeća na oprez prilikom zapošljavanja nestabilnih radnika, koji predstavljaju ozbiljan rizik za preduzeće. Ovo se očigledno već dešava sa ugovorima o radu na neodređeno vreme – i, uopšte uzevši, dešavaće se u svakom sistemu u kojem preduzeće trpi gubitak zbog otpuštanja. Međutim, možemo porazmisliti o korišćenju subvencija za zapošljavanje osoba koje su na tržištu rada posebno ranjive, ili čak unekoliko umanjiti intenzitet osiguranja bonus-malus za te radnike.

III. NEKOHERENTNOST NAŠIH INSTITUCIJA

Dvostruko navođenje na zločin...

U Francuskoj, preduzeće koje otpušta plaća radniku otpremninu, ali ne plaća trošak ovog otpuštanja za osiguranje za slučaj nezaposlenosti, koji bi mogao biti i mnogo veći.[1] S druge strane, preduzeće koje zadržava radnike plaća socijalne doprinose. To znači da preduzeće koje zadržava radnike plaća za preduzeće koje ih otpušta. To je suludo. Time što troškove osiguranja za slučaj nezaposlenosti prebacuje na preduzeća koja ne otpuštaju – postojeći sistem na dva načina ohrabruje otpuštanja. Dakle, situacija je dvojako izvitoperena, što iziskuje da se ponovo uravnoteži.

[1] Otpremnina koja se isplaćuje prilikom otpuštanja predstavlja trošak otpuštanja za preduzeće, i ne može biti manja od petine mesečne plate po godini staža, čemu se dodaju još dve petnaestine mesečne plate za svaku godinu preko deset godina staža. Otpremnina predviđena kolektivnim ugovorom ili ugovorom o radu može biti povoljnija za radnike od ovog zakonskog minimuma.

...koje se tretira kao nemoguća misija i prosleđuje sudiji

Shvativši možda da prenošenjem gorepomenutog tereta podstiče na otpuštanja, zakonodavac je želeo da ove podsticaje kompenzuje pravno regulišući samo otpuštanje. Ponovno uspostavljanje ravnoteže dalo je sudiji (ili mirovnom sudu) vlast da ceni osnovanost otpuštanja. Međutim, sudija, bez obzira na svoju stručnost i integritet, ne raspolaže neophodnim informacijama koje bi mu omogućile da se stavi u poziciju direktora preduzeća kako bi valjano presudio o legitimnosti otpuštanja viška zaposlenih. Prema tome, ishod procedure otpuštanja viška zaposlenih postao je potpuno nasumičan i nepredvidiv naspram strateških izazova s kojima se preduzeće suočava. Naše institucije poverile su nemoguću misiju mirovnim sudovima i sudovima redovne nadležnosti.

Skriveni troškovi procedura otpuštanja

U slučaju parnice, procedure otpuštanja[1] vode velikim troškovima za preduzeće, koji uveliko premašuju iznose otpremnina namenjenih otpuštenim radnicima. Čak i ako postoji opšta tendencija da se ove procedure skrate, one su veoma duge. Rok zastare utuženja koji se odnosi na parnice što se vode zbog otpuštanja iznosi dve godine (od Zakona o osiguranju radnih mesta iz 2013).[2] Po isteku ovog roka za pokretanje postupka, treba računati na prosečno 13,6 meseci za suđenje u prvom stepenu[3] i još 35 meseci u slučaju apelacije (što se dešava u 67,7% slučajeva). Bez uračunavanja rizika – koji

1 Analiza zakonskih procedura ovde je krajnje pojednostavljena, štaviše – uprošćena. Upućujem na knjigu Jean-Emmanuel Ray, *Droit du travail. Droit vivant* (Editions Liaisons, 2013, dvadeset i drugo izdanje) za vrlo detaljnu analizu pravnih aspekata.

2 Uopšte uzev, rok za zastarelost pred mirovnim sudom za radnopravne sporove varira u zavisnosti od vrste zahteva: šest meseci za najkraće rokove (za podnošenje zahteva za otpremninu i druge prinadležnosti koje pripadaju radniku u slučaju prekida radnog odnosa) pa sve do... deset godina za najduži rok (u slučaju naknade štete uzrokovane fizičkom povredom na radu).

3 Brojka je iz 2013. Do izmirenja dolazi tek u šest odsto slučajeva.

lebdi u vazduhu – da se otpušteni radnik vrati na radno mesto i da mu se isplate propuštena primanja. Naime, poslodavac mora dokazati postojanje „stvarnog i ozbiljnog razloga”. Za razliku od brojnih drugih zemalja, otpuštanja koja nisu povezana s ličnošću radnika, već pre s gašenjem delatnosti, ili prosto namerom da se ostvare uštede, ne smatraju se legitimnim; otpuštanje viška zaposlenih mora se pravdati velikim finansijskim problemima preduzeća koja dovode u opasnost njegov opstanak, što konkretno znači da preduzeće koje je sasvim zdravo ne raspolaže validnim opravdanjem da okonča poslovanje za koje više ne stižu – niti će uskoro stići – narudžbine (izuzima se razmeštanje zaposlenih, što zahteva da preduzeće nađe mesta u nekoj drugoj svojoj delatnosti, za koju bi razmešteni radnici, uostalom, bili kvalifikovani).

Trošak za preduzeće delimično se sastoji u vremenu koje direktori gube baveći se njihovim slučajem (što ih odvraća od zadataka koji se tiču budućnosti preduzeća). Postupci su skupi i za radnike, a i nepravedni. Naime, ranjiva populacija – i/ili ona slabo upoznata sa složenošću francuskog sistema – može se obeshrabriti i proći manje povoljno, za razliku od *insajdera*.[1] Konačno, pravosudnim troškovima pridodaje se velika neizvesnost u pogledu konačne odluke i velikih razlika između organa različitog stepena nadležnosti.[2] Obaveza da se pronađe drugo mesto u sistematizaciji *urbi et orbi* u planu restrukturiranja, na primer, može se pokazati vrlo složenom, posebno za neku internacionalnu poslovnu grupaciju (kako dokazati sudu da smo sve pokušali?), i slabo efikasnom, kao u slučaju otpuštanja viška zaposlenih, kada poslodavac mora poštovati kriterijume (godine staža, godine života, porodična situacija, itd.) koji se ne tiču ni profesionalne sposobnosti datih radnika, ni promena na strani tražnje s kojima se suočava preduzeće.[3] A Regionalna direkcija za

---

[1] Na dualnom tržištu rada, kakvo postoji u Francuskoj, obično pravimo razliku između *autsajdera* (isključenih radnika bez stalnog radnog mesta) i *insajdera* (integrisanih radnika sa stalnim zaposlenjem).

[2] Vidi, na primer, Jean-Emmanuel Ray, *Une mue salutaire, pour que la France épouse son temps*, *Droit social*, decembar 2013, n° 9, str. 664–672.

[3] Naravno, primećujemo neke pomake u reformi iz 2013: preduzeće sada može dodeliti prednost profesionalnoj stručnosti u redosledu ekonomskog otpuštanja. Reforma iz 2013. takođe je dala mogućnost usklađivanja plate

preduzeća, konkurenciju, potrošnju, rad i zapošljavanje (Direccte) mora potvrditi podobnost novog plana za otpuštanje.

Ova neefikasnost bi u ogromnoj meri nestala uvođenjem sistema bonus-malus, što bi nateralo preduzeće da plaća penale za svako otpuštanje u zamenu za umanjivanje doprinosa za slučaj nezaposlenosti, kao i za olakšavanje administrativnih i sudskih procedura otpuštanja. Preduzeće bi, naime, moglo imati veću fleksibilnost u zamenu za preuzimanje ove odgovornosti. Načelo otpuštanja viška zaposlenih iz ekonomskih razloga bilo bi prihvaćeno kao što je prihvaćeno na severu Evrope i u mnogim drugim državama. Ova, drugačija organizacija zaštite radnika odražava ravnotežu između interesa radnika, za koje je posao način da opstanu i društveno se integrišu, i interesa njihovih poslodavaca, koji žele da budu u mogućnosti da prilagode svoj personal ekonomskim i tehnološkim zahtevima. U principu, radnici tu ne gube u pogledu zaštite svojih radnih mesta, jer će zaposleni po ugovoru o radu na određeno vreme tako imati stabilnije radno mesto, dok će oni sa zaključenim ugovorom o radu na neodređeno vreme, ukoliko ih zadesi nezaposlenost, imati veće šanse da nađu drugi posao. Primetimo i da će penali koje preduzeće plaća za svaku otpuštenu osobu podstaći isto preduzeće na to da ulaže u ljudski kapital svojih radnika kako bi ih učinilo lako upošljivim u slučaju otpuštanja. Oni bi obavezali preduzeće da obuči svoje radnike tako da oni što kraće ostanu nezaposleni kada otpuštanje postane neizbežno.

Konačno, daleko od toga da je ovde ideja da se sud sasvim izostavi iz ove priče. Ma o kojem sistemu da je reč, mora postojati mogućnost obraćanja sudu, na primer, u slučaju otpuštanja trudnice ili nezgodnog člana sindikata. Uopšte uzevši, sud mora imati mogućnost da interveniše ako otpuštanje usledi nakon poslodavčevog ponašanja štetnog po društveni sklad (mobing, zloupotreba vlasti, itd.). Otud bi sud uvek trebalo da kontroliše da li se iza ekonomskog motiva otpuštanja, na koji se poslodavac poziva, skriva neki lični razlog koji

i radnog vremena u slučaju da ne bude otpuštanja i većinskog sporazuma. Isto tako, olakšan je pristup društvenim planovima u slučaju da dođe do većinskog sporazuma praćenog administrativnim odobrenjem. Obraćanje sudu ipak ostaje stalna mogućnost tokom pregovora.

je društveno neprihvatljiv. Ako je nužno zadržati ovu branu, treba takođe razumeti da ovako uspostavljena „fleksigurnost" smanjuje refleks manje obzirnih poslodavca da se loše ponašaju prema nekom zaposlenom kako bi ga se otarasili.

Međusektorska preraspodela

Potpun izostanak odgovornosti ekonomskih učesnika u pogledu troškova osiguranja od nezaposlenosti ima i druge, manje vidljive, ali ipak bitne posledice. Prema mišljenju Pjera Kaika (Pierre Cahuc), uplate doprinosa za slučaj nezaposlenosti samo za zaposlene po ugovoru o radu na određeno vreme i one na privremenim i povremenim poslovima – manje su za jedanaest milijardi evra od isplaćenih naknada za nezaposlene (orijentacije radi, godišnji deficit osiguranja od nezaposlenosti iznosi četiri milijarde).

Dakle, odsustvo odgovornosti unosi disbalans među sektore u pogledu raspodele radnih mesta, utoliko pre što se neki češće suočavaju sa snažnim fluktuacijama u poslovanju. Međutim, ovi sektori, koji sistematski pribegavaju otpuštanjima, snose tek delimičan trošak koji je prebačen na druge sektore. Ovo prebacivanje tereta kažnjava sektore koji su donekle stabilni i koji ređe otpuštaju. *A contrario*, sistem ugovora o privremenim i povremenim poslovima, recimo, odgovoran je za vrlo visok deficit.

Sistem obezbeđenih stalnih primanja za povremene poslove u sektoru kulture i umetnosti odgovara poslodavcima u ovom sektoru, jer ga u velikoj meri subvencionišu zaposleni iz drugih sektora: u poslednjih petnaest godina deficit ovog režima doseže oko milijardu evra godišnje. U ime kulture, kompanije u sektoru audio-vizuelne produkcije pribegavaju režimu ovakvog zapošljavanja za stalna radna mesta koja subvencionišu radnici iz drugih sektora. Ovaj fenomen „permitencije", kako ističe Revizorski sud, široko je rasprostranjen. On omogućava zaposlenom da prima naknade koje su mnogo veće od onih koje bi primao u redovnom režimu radnih odnosa, a poslodavcu da isplaćuje drastično manje plate. Broj povremeno zaposlenih osoba snažno raste, ali ne čudi što osobe koje zaista obavljaju povremene poslove slobodnih umetnika u sektoru kulture i umetnosti nisu dočekale uvećane plate, čak naprotiv. Takav režim mogao je biti predviđen samo ako bi bio namenjen kategorijama zanimanja u kulturi koja se ne bi mogla razviti na trajnoj osnovi bez odgovarajućeg osiguranja od nezaposlenosti, uz maksimalno izbegavanje mogućnosti sticanja posebnih prednosti ili prevara, kao i činjenje poslodavaca odgovornim u pogledu troškova koje nameću društvu. Povrh toga, politika u domenu kulture trebalo bi da bude prvenstveno okrenuta kulturnom stvaralaštvu koje se želi podsticati – u obliku transparentnih subvencija, a ne u obliku onih koje se kriju iza neutemeljenog solidarnog ispomaganja.

Kao i svaki drugi sistem osiguranja, tako se i međuprofesionalna solidarnost pravda potrebom za osiguranjem profesije od sektorskih potresa. Ona je mnogo manje opravdana kada je smer transfera uvek isti, jer unosi neravnotežu u sektorsku raspodelu. Primetimo na kraju da bi ovaj problem iščezao sa uvođenjem sistema bonus-malus. Svako preduzeće plaćalo bi troškove koje pravi osiguranju od nezaposlenosti, što bi važilo za sve sektore, a raspodela aktivnosti među sektorima više se ne bi rukovodila unakrsnim subvencijama.

Dosluh socijalnih partnera preko grbače zajednice

U Francuskoj su odnosi između zaposlenih i poslodavaca prilično loši... osim kada se treba dogovoriti o tome kako izvući korist od osiguranja za slučaj nezaposlenosti. Ali, kao i uvek, ekonomski akteri reaguju na podsticaje s kojima se susreću. Zbog toga su pravi krivci za to naše institucije koje navode na manipulativne radnje u sporazumu između poslodavaca i zaposlenih unutar preduzeća.

Pre svega, poslodavac i zaposleni naučili su da redovno prikazuju ostavku kao otpuštanje. Ostavka ne daje radniku pravo na nadoknadu za nezaposlene, za razliku od otpuštanja. Preduzeću i radnicima u interesu je da naprave dogovor nauštrb osiguranja od nezaposlenosti kako bi prikazali ostavku kao otpuštanje. Ovo preimenovanje ništa ne košta preduzeće, koje ne plaća nikakav doprinos za naknadu za nezaposlene koju će primati radnik nakon što bude otpušten, dok se radnik obavezuje da će se odreći svojih prava i napustiti preduzeće „ostajući s njim u dobrim odnosima".

U istom smislu, „sporazumni raskid ugovora o radu" – kao procedura ustanovljena 2008. godine, koja omogućava poslodavcu i zaposlenom na neodređeno vreme da pronađu zajednički dogovor o uslovima raskida ugovora koji ih povezuje – samo ozakonjuje staru praksu dosluha između poslodavca i zaposlenih na štetu osiguranja od nezaposlenosti, olakšavajući prikrivanje radnikove ostavke otpuštanjem. Zato njegov uspeh (više od 358.000 sporazumnih raskida u 2015!) ne čudi. Pjer Kaik i Andre Zilberber (André Zylberberg) primetili su prilikom uvođenja ove mere 2009. godine i sledeće:

> Sporazumni raskid ugovora o radu koji je uveden omogućava zaposlenom i njegovom poslodavcu da se raziđu ostajući u dobrim odnosima. Đavo se krije u detaljima: dopuštajući zaposlenom da naredne tri godine prima naknadu za slučaj nezaposlenosti, vlada je zapravo stvorila mogućnost za odlazak u penziju sa 57 godina! Starije osobe moći će gotovo bez ikakvih novčanih izdataka da napuste svoje radno mesto, tako da Nacionalna služba za zapošljavanje finansira ovu prevremenu penziju, koja se ne naziva svojim pravim imenom.

Primetimo da ovog dosluha protiv sistema osiguranja za slučaj nezaposlenosti ne bi moglo biti kad bi preduzeće preuzelo odgovornost prema principu bonus-malus. Suprotno od onoga što se danas dešava, odlazak na biro ili u tzv. prevremenu penziju skupo bi ga koštao, dok bi se zajednica time bolje zaštitila od ovakve manipulacije sistema.

Drugi primer izvrdavanja zakona od strane socijalnih partnera, što omogućava aktuelni sistem, jeste slučaj kad se otpuštanje viška zaposlenih, ponekad čak i kolektivno otpuštanje, zbog potreba za uštedama povremeno prikazuje kao otpuštanje iz ličnih razloga.[1] U datom slučaju raskid je volja poslodavca – godine 2004.[2] Pjer Kaik i Frensis Kramarz konstatovali su:

---

[1] Vidi Franck Seuret, *Licenciements. La grande triche*, Alternatives économiques, decembar 2006, n° 253, rubrika Tendences.

[2] U njihovom izveštaju *De la précarité à la mobilité: vers une sécurité sociale professionnelle.*

Sva prikupljena svedočenja direktora preduzeća, članova sindikata i sektora ljudskih resursa upućuju na to da se iza otpuštanja iz ličnih razloga često kriju otpuštanja viška zaposlenih radi ušteda. Alibi ličnog razloga za otpuštanje omogućava poslodavcu da zaobiđe procedure koje prate otpuštanje viška zaposlenih, kao i kolektivno otpuštanje; zato je poslodavac podstaknut da se pozove na razloge lične prirode kako bi otpustio radnika, pa makar i po cenu sporazuma u kom se zaposleni odriče prava na tužbu u zamenu za otpremninu. Radnik zato prihvata ove, izuzetno pogodne uslove za odlazak.

Ovakvo ponašanje posebno je dobar pokazatelj toga koliko preduzeću nedostaje odgovornosti u pogledu troškova koje zbog njegovih postupaka snosi sistem osiguranja za slučaj nezaposlenosti. Godine 2013. mesečno je bilo 38.000 otpuštanja iz ličnih razloga, a 16.000 otpuštanja viška zaposlenih. Oko tri četvrtine otpuštanja iz ličnih razloga nije pratio sudski spor.

Nedovoljna internalizacija troškova otpuštanja koje trpi sistem osiguranja za slučaj nezaposlenosti, u sprezi s krutim institucijama tržišta rada, proizvela je razne izopačene i skupe posledice, ne donoseći stvarnu korist ni preduzećima ni zaposlenima.

Parazitiranje ostalih institucija

U kontekstu oskudnosti radnih mesta, očuvanje radnog mesta postalo je toliko velika briga da je, uz manje ili više uspeha, prodrlo u sve ekonomske pore. Kao primer (a uslediće i drugi) razmotrimo jednu nelogičnost u materiji francuskog stečajnog prava. U odnosu na svoje inostrane pandane, francusko pravo slabije štiti poverioce i ide u prilog direktorima/vlasnicima/akcionarima. To zakonodavstvo uglavnom je motivisano očuvanjem radnih mesta, što potvrđuje moj stav. Logika koja se krije u osnovi ovog zakonodavstva jeste da za spasavanje radnih mesta u preduzeću s teškoćama u poslovanju postoje veće šanse ako je kontrola prepuštena vlasnicima, a ne poveriocima.

Osim toga što je već samo po sebi čudno to što se prednost daje posrednom rešavanju problema, umesto da se pođe direktno od uzročnika, ovo objašnjenje takođe je slabo argumentovano. Pre svega, ne postoji teorijski argument – a još manje empirijski dokaz –

koji potvrđuje tezu da francuske institucije štite radna mesta.[1] Vlasnici zaista mogu biti delimično odgovorni za situaciju u kojoj se našlo preduzeće, kao i za izmenjene podsticaje usled te situacije. Oni koji nisu umeli da upravljaju mogućnostima preduzeća – nisu nužno najsposobniji da upravljaju sudbinom radnika kojih se bankrot neposredno tiče. Osim toga, vlasnici preduzeća mogu preuzeti rizike (dovodeći time u opasnost radna mesta) s ciljem prevlađivanja teškoća. Dakle, nema jasnog razloga iz kog bi aktuelni sistem sačuvao radna mesta.

Posebno zato što je time stvaranje radnih mesta i dalje zanemareno. Ako slaba zaštita poverilaca negativno utiče na finansiranje i rast preduzeća, što je vrlo verovatno, konkretan uticaj zakona na zapošljavanje verovatno će biti negativan.

IV. ŠTA MOŽE DONETI REFORMA I KAKO DA ONA USPE?

Prelazak sa zaštite radnih mesta na zaštitu radnika, preuzimanje odgovornosti od strane preduzeća u kombinaciji s fleksibilnošću i umanjivanjem uloge sudova, nije u duhu francuske planske tradicije. Povrh toga, treba se čuvati efekata prelaska na novi okvir. Šta su pozitivni rezultati koje može doneti reforma? Koji faktori doprinose njenom uspehu? Koliko god da je razložan, predlog da se preduzeća učine odgovornim zahteva neka prilagođavanja kako bi zaživeo u praksi. Analiza zahteva, na primer, da se promisli o održivosti reforme, tranziciji i društvenoj prihvatljivosti.

Kakav se efekat može očekivati od reforme tržišta rada?

Ideja prema kojoj bi unošenje fleksibilnosti u postupak otpuštanja olakšalo smanjenje nezaposlenosti protivi se zdravom razumu. Odista, na prvi pogled su direktne posledice takve reforme na zapo-

[1] Beleška broj sedam Saveta za ekonomsku analizu (Guillaume Plantin, David Thesmar, Jean Tirole, *Les enjeuxéconomiques du droit des faillites*, 2013) preporučuje prenos kontrole na poverioce preduzeća u teškoćama.

slenost dvojake: s jedne strane, reforma utiče na porast otpuštanja onih s ugovorom o radu na neodređeno vreme, dok, s druge strane, poslodavci koji su obodreni ovom fleksibilnošću zapošljavaju više po ugovoru o radu na neodređeno vreme.[1] Kakve se onda koristi mogu očekivati od ove reforme?

Prva korist povezana je s boljim zapošljavanjem. Kako smo primetili, aktuelni sistem ima mnogo mana, među kojima su: dugotrajna nezaposlenost, mnogo opasnija od nezaposlenosti kratkog veka; loša uparenost radnika s radnim mestom, kada radnici koji traže nove izazove, koji imaju hladne odnose s kolegama, koji su postali suvišni... – ostaju na istim radnim mestima; nedostatak prelaska na ugovor o radu na neodređeno vreme za sve one koji imaju ugovor o radu na određeno vreme, iako su u potpunosti zadovoljili svog poslodavca; najzad, dužina procedura i neizvesnost koja lebdi nad poslodavcem i zaposlenim u pogledu lutrije sa otpremninama. Adekvatnije zapošljavanje doprinosi ili boljoj konkurentnosti preduzeća (te stoga i većem broju radnih mesta), ili boljem osećaju radnika na radnom mestu, ili i jednom i drugom.

Druga korist je manji trošak za javne finansije i za osiguranje u slučaju nezaposlenosti. Danas, smenjivanje perioda pod ugovorom o radu na određeno vreme s periodima nezaposlenosti, sporazumni raskidi radnog odnosa i dugotrajna nezaposlenost manifestuju se u vidu rasta poreza ili u vidu rasta doprinosa za socijalno osiguranje, što ne doprinosi smanjenju nezaposlenosti.

---

[1] Efekat reforme zaštite radnih mesta složen je za merenje, jer se brojne druge varijable istovremeno menjaju, bilo zbog same reforme (na primer, italijansku reformu iz 2014. pratile su subvencije za zapošljavanje), bilo zbog makroekonomskog okruženja. Ekonomisti zato pokušavaju da izoluju efekat promene zaštite (i tako uoče kauzalnu vezu). Brojne ekonometrijske studije konstatuju pozitivni direktni uticaj unošenja fleksibilnosti u postupak otpuštanja, koji je ponekad velik, a ponekad i vrlo mali po zaposlenost (izgleda da se pozitivan uticaj fleksibilizacije više oseća kod mladih i žena). Jedna klasična studija: David Autor, John Donohue, Stewart Schwab, *The Costs of Wrongful Discharge Laws*, Review of Economics and Statistics, 2006, vol. 88, n° 2, str. 211–231. Za metodološki preged, vidi članak Tito Boeri, Pierre Cahuc, André Zylberberg, *The Costs of Flexibility-Enhancing Structural Reforms*, A Literature Review, OECD Working paper, oktobar 2015. Dugoročni efekti koji će biti opisani u nastavku verovatno su važniji.

Održivost reforme

Kao i sve druge velike reforme, i reforma ugovora o radu mora biti trajna. Da bi reforma bila uspešna, poslodavci u nju moraju verovati. Međutim, preduzeća se mogu s pravom zabrinuti kad je u pitanju sposobnost državnog angažovanja u istinskom reformisanju ugovora o radu. Da li bi preduzeća namamljena obećanjima o fleksigurnosti stvarno počela stvarati nova radna mesta, čiju bi zaštitu država odmah potom pojačala, ne pridržavajući se svojih obećanja? Drugim rečima, preduzeća ne bi smela strahovati da će se u bliskoj budućnosti zaposlenja zaključena po novom režimu, nakon promene parlamentarne većine, transformisati u ugovore o radu na neodređeno vreme prema starom modelu.

Kao i uvek, sposobnost države da se drži svojih obećanja doprinosi uspehu ove politike. Dakle, morao bi postojati minimalan politički konsenzus o nužnosti promene ugovora o radu. Radna mesta su stvar od nacionalnog interesa, te se nadamo da će biti moguće doći do sporazuma koji bi podržale obe političke opcije, kako bi se konačno našlo rešenje za problem nezaposlenosti i marginalizacije.

Nužnost postepenog prelaza

U okviru ovakve reforme, treba se postarati da postojeći zaposleni po ugovoru o radu na neodređeno vreme ne budu gubitnici. Može se zamisliti talas otpuštanja koji bi zahvatio zalihe tinjajućih otpuštanja, tj. zaposlenost koju bi preduzeća već danas ukinula samo da mogu. Ponovo se koristeći lekcijama naučenim na polju oporezivanja zaštite životne sredine[1], mogli bismo predvideti pri-

[1] Vidi osmo poglavlje. Gubitnici (najveći zagađivači) generalno su dobili kompenzaciju sticanjam besplatnih prenosivih dozvola, što apsolutno ne znači da su reforme bile uzaludne, već baš suprotno: s jedne strane, broj dozvola je ograničen (polovina godišnjeg zagađenja u slučaju sumpor-dioksida u Sjedinjenim Državama 1990. godine), dok su, s druge strane, veliki zagađivači podstaknuti da smanje svoje zagađenje jer mogu preprodati viškove svojih dozvola (ili mogu kupiti nove dozvole ako ne umanje dovoljno svoje zagađenje).

znavanje „nasleđenih prava" zaposlenima koji trenutno imaju ugovore o radu na neodređeno vreme, a koji bi tako ostali pod starim pravnim režimom otpuštanja, dok bi svi novi ugovori počivali na novom pravnom režimu. To je upravo ono što je izveo Mateo Renci u Italiji 2014.[1]

Naravno, čak i zaštićeni nasleđenim pravima, zaposleni sa ugovorima o radu na neodređeno vreme mogu i dalje pružati otpore ovoj reformi. Oni bi se mogli uplašiti unapređenja koja bi bila rezervisana za zaposlene po „novim" ugovorima, osim ako se i sami ne preobrate na ovaj novi režim; kao i poslodavci, i oni se mogu zabrinuti za sposobnost države da se obaveže na duži rok, utoliko pre što bi većina zaposlenih radnika u novom ugovornom režimu u budućnosti mogla doživeti potpuno ukidanje ugovora o radu na neodređeno vreme, što bi obuhvatilo i one koji su bili sačuvali ovaj status.

S obzirom na rečeno, uvećana mogućnost nalaženja novog posla u novom režimu i svetla perspektiva da će deca radnika koji su danas zaposleni naći posao u Francuskoj – trebalo bi da odagnaju ovu strepnju. Naposletku, zemlje evropskog severa koje su mudro dale prednost zaštiti zaposlenih nad zaštitom radnih mesta – sprovele su reforme koje su išle u pravcu još manje zaštite radnih mesta od one koju ja ovde predlažem (tamo fleksigurnost nije praćena sistemom bonus-malus). Kao što sam podsetio na početku ovog poglavlja, Francusku karakteriše niska stopa zaposlenosti, visoka stopa nezaposlenosti, neadekvatno zapošljavanje, ograničena profesionalna mobilnost, konfliktni odnosi i osećaj profesionalne nesigurno-

---

[1] Italijanske reforme su, osim toga, uvele poreske podsticaje za medijaciju (zbog čega je obraćanje sudu znatno opalo), kao i za potpisivanje novih ugovora. A reforma je takođe ukinula mogućnost ponovnog angažovanja istog zaposlenog lica. Razlika između Francuske i Italije jeste u tome što Italija nije potpisala Konvenciju 158 Međunarodne organizacije rada, koja zahteva valjani razlog za svako otpuštanje. Ovaj član daje radniku pravo da se sistematski obraća sudu. Otud pitanje kako definisati valjani razlog. Član 4 ove konvencije povezuje valjani razlog s „kompetentnošću ili ponašanjem radnika, ili je zasnovan na nužnosti funkcionisanja preduzeća, ustanove ili službe", te se može tumačiti na razne načine. Španija, koja je potpisala Konvenciju 158, reformisala je svoje tržište rada 2012, utvrđujući gornju granicu otpremnina i pojašnjavajući uslove za otpuštanje viška zaposlenih.

sti. Nadajmo se da će neostrašćena rasprava omogućiti da se smisle reforme koje bi mogle ublažiti ove parališuće okolnosti.

Drugo pitanje u pogledu tranzicije proizlazi iz trenutne situacije na tržištu rada, čije će unapređivanje sigurno potrajati. Što znači da bi malus za otpuštanja koja se tiču novih ugovora mogao biti visok, zbog čega će radnici u načelu još dugo ostajati nezaposleni. Verovatno bi bilo poželjnije postepeno uvoditi sistem bonus-malus sve dok nezaposlenost potpuno ne nestane.

Poduka i društvena prihvatljivost

Čak i ako je ovaj predlog manje drastičan od fleksigurnosti koja postoji u skandinavskim zemljama, jedan od njegovih potencijalnih aspekata, tj. fleksibilnost datu direktorima preduzeća, mnogi će doživeti kao glavni nedostatak. Činjenica da je Francuska izuzetak u pogledu javnog mnjenja, koje mahom ima negativan stav prema mehanizmu prenošenja odgovornosti na preduzeća, predstavlja prepreku za reformu. Naime, mnogim Francuzima je ideja prema kojoj bi preduzeće moglo platiti za otpuštanje i dalje tabu tema, jer to može delovati kao odobravanje ponašanja (otpuštanja) koje se smatra nemoralnim.

No, u pogledu ove odbojnosti mogu se napraviti dve opaske: pre svega, danas preduzeće koje otpušta plaća tek mali deo društvenog troška otpuštanja (otpremninu otpuštenom radniku), dok upravo oni koji ne otpuštaju snose najveći deo ovog troška. Posmatranje problema kao moralnog pitanja navodi nas na klizav teren samog morala... Potom, pre dvadeset ili trideset godina, oporezivanje u oblasti zaštite životne sredine takođe je bilo tabu tema, a danas se smatra normalnim. U Francuskoj (kao i u drugim zemljama), ekonomisti – koji su isticali da je oporezivanje zagađenja životne sredine (ili uspostavljanje tržišta prenosivih dozvola za štetne emisije) donelo ekološku korist i smanjilo trošak usklađivanja – u odgovoru su prepoznavali isti refren: „Plaćati za zagađivanje bilo bi nemoralno!" A da li bi bilo moralnije ne plaćati za zagađivanje? Konačno, za većinu ljudi ovo gledište više nije tabu tema, a oporezivanje zagađenja životne sredine postalo je praksa. Naravno, sličan razvoj događaja može se očekivati i kad je reč o otpuštanju.[1]

Loše funkcionisanje tržišta rada „bode oči" i stara je stvar (iako se pogoršava pod uticajem krize). Zadatak ekonomista jeste da se zapitaju zbog čega nema pomaka. No, naše institucije tržišta rada još uvek uživaju plebiscitarnu podršku većine Francuza. Ne čudi onda što se našim vladama ne žuri da se upuste u avanturu reforme institucija. Uostalom, vlade koje su se smenjivale jedna za drugom koristile su isti recept kako bi se obračunale s nezaposlenošću. Građanima je jasno da će njihovom preduzeću biti lakše da im ukine radno mesto pod ugovorom o radu na neodređeno vreme u okviru fleksigurnosti nego u sadašnjem sistemu. Međutim, zaposlenim, kao i nezaposlenim osobama i zaposlenima na nestalnim radnim mestima – mnogo je teže da uoče i razumeju ekonomski mehanizam zahvaljujući kojem bi sistem stvorio više radnih mesta i kvalitetnije zapošljavanje.

I nije reč samo o složenosti ekonomskih mehanizama. Lavina otpuštanja radi uštede, te njihov medijski i politički uticaj takođe su odgovorni za mlako javno mnjenje u pogledu fleksigurnosti. Otpušteni radnik, u okviru plana reorganizacije, prepoznatljivo je lice koje proživljava istinsku dramu, jer mu francusko tržište rada možda neće omogućiti ponovno zaposlenje na sličnom radnom mestu. S druge strane, to što preduzeća svakodnevno oklevaju da otvore – pogađa, naprotiv, anonimna lica: nijedan nezaposleni ili radnik po ugovoru na određeno vreme ne može se zamisliti na nekom od radnih mesta koja nikada nisu ni postojala. Novine su pune vesti o zatvaranju preduzeća i radnih mesta, dok sa otvaranjem radnih mesta to nije tako (osim ukoliko je to deo medijske kampanje koju je naredila politička klasa), a neotvorena radna mesta ostaju nevidljiva.

Fenomen žrtve s prepoznatljivim licem, koji su psiholozi u više navrata već analizirali[2], ukazuje na to da pojedinci pokazuju mnogo

---

[1] Vidi Roland Bénabou, Jean Tirole, *Laws and Norms*, NBER Working Papers 2011, i prvo poglavlje u vezi s raspravom o uzrocima poteškoća javnosti da razume ekonomske poruke.

[2] Vidi, na primer, George Loewenstein, Deborah Small, Jeff Strand, *Statistical, Identifiable, and Iconic Victims*, *in* Edward J. McCaffery, Joel Slemrod,

više empatije prema žrtvama koje su prepoznatljive (do to mere da su spremni da im pomognu) nego prema žrtvama koje su nepoznate („statističkim žrtvama"). Na primer, građani su spremni da uplate velike svote kako bi olakšali muku osobe čiju su sliku i priču otkrili na televiziji, ali su manje raspoloženi da doniraju anonimnim žrtvama koje bi možda imale i veću potrebu za ovim novcem. Na tržištu rada, prepoznatljive žrtve jesu radnici koji su se našli na udaru masovnih otpuštanja, dok su anonimne žrtve nezaposleni za koje radno mesto nikad nije ni otvoreno.

V. DRUGE VELIKE RASPRAVE KOJE SE VODE POVODOM ZAPOŠLJAVANJA

Brojni uzroci nezaposlenosti

To što je ugovor o radu prepoznatljiv, ne znači da je i jedini odgovoran za postojeću situaciju. U ostale kritike upućene našim institucijama spadaju i:

– Osrednjost i trošak profesionalnog usavršavanja kojim upravljaju socijalni partneri, obuka koja ne obuhvata odgovarajuće kategorije radnika, srazmerno malo obuka koje prate diplome ili sertifikati, a na koje, zajedno s praksama, godišnje odlazi čak trideset i dve milijarde evra, ili 1,6% bruto domaćeg proizvoda;

– Nedovoljno studijskih praksi[1] i nedovoljno programa koji obuhvataju teoriju i praksu (dualno obrazovanje);

– Studijski programi koji ne prate potražnju preduzeća za radnom snagom i nedovoljne kompetencije (visoka stopa nezaposlenosti uporedo s manjkom radne snage za određeni tip poslova);

– Odluka francuske države da vrši redistribuciju u korist niskih zarada putem minimalne zarade (francuski minimalac najviši je u Evropi) umesto putem poreskog sistema, tj. umanjenja poreza na

Behavioral Public Finance, New York, Russell Sage Foundation, 2006, str. 32–35.

[1] Prema Institutu Montenj, u 2013. u Francuskoj je 5,2% mladih od 15 do 24 godine bilo na praksi, za razliku od 16% iste starosne kategorije u Nemačkoj.

dohodak (subvencije za radno mesto kompenzovale bi umanjenje minimalne zarade, kao i manju minimalnu platu za one kojima je to prvo radno mesto);

– Upravljanje osiguranjem za slučaj nezaposlenosti i Nacionalnom službom za zapošljavanje (simptomatično je to što se poslodavci obraćaju internet portalu *Bon coin* da bi pronašli radnike, dok postoji javni servis sa širokom mrežom). Stopa novčane pomoći u periodu nezaposlenosti, merena odnosom iznosa nadoknade za nezaposlene i zarade koja je primana tokom radnog odnosa, u visini je evropskog proseka, ali je daleko izdašnija u slučaju velikih plata (triput veća nego u Nemačkoj, na primer). S druge strane, upravljanje nezaposlenošću (što se uopšteno naziva aktivnom politikom zapošljavanja) u velikoj meri se razlikuje od onog na koje nailazimo, recimo, u skandinavskim zemljama, gde su nezaposleni mnogo motivisaniji da ponovo počnu da rade;

– Manjak fleksibilnosti pri zaključivanju ugovora;

– Nestanak određenih profesija (na primer, taksi službe) onemogućava stvaranje radnih mesta za kojima postoji potražnja.

Nije ovde u pitanju izuzetak zbog francuskih kulturoloških specifičnosti u odnosu na zemlje sa severa Evrope i anglosaksonske zemlje. Isti uzroci proizvode iste posledice, druge zemlje na jugu Evrope (Španija, Italija, Portugalija, Grčka) sa institucijama sličnim francuskim – takođe imaju, kako smo videli, zastrašujuće statistike (čak i gore) u oblasti nezaposlenosti, posebno nezaposlenosti mladih.

Trebalo bi napisati više knjiga da bi se obradile sve ove teme. Ovde ću se ograničiti na nekoliko primedaba.

Skraćivanje radnog vremena kao pogrešno rešenje

Ekonomisti gotovo jednoglasno osuđuju sofizam koji kaže da uvek postoji isti broj radnih mesta[1]; to je koncept prema kojem je

---

[1] Pol Samjuelson (Paul Samuelson), jedan od najvećih ekonomista XX veka, pobunio se zbog ovog koncepta u svom čuvenom udžbeniku. Vidi takođe, na primer, kolumnu Pola Krugmana u listu *New York Times – Lumps of Labor* od 7. oktobra 2003.

ukupan broj radnih mesta u privredi stalan, pa bi, shodno tome, ona trebalo da budu pravedno raspoređena. Uvođenje tridesetpetosatne radne nedelje u Francuskoj, koje nije dobilo podršku nijednog uvaženog ekonomiste, a koje je imalo za cilj da stvori radna mesta putem preraspodele, sve nas je zateklo. A, opet, ideja da je radnih mesta nedovoljno postoji otkad je sveta i veka, te uvek nanovo isplivava na površinu, posebno u periodima recesije.

Paradoksalno, pretpostavka koja se krije iza ideje o ograničenom broju radnih mesta – i politika skraćivanja radnog vremena kako bi se omogućila preraspodela poslova – ista je kao i ona na kojoj počiva retorika partija ekstremne desnice kada tvrde da će imigranti „uzeti" posao domaćim državljanima zato što je broj tih radnih mesta ograničen. Neki se njome koriste kada zagovaraju raniji odlazak u penziju (ne kradu li stariji posao mladima?). A drugi, opet, to čine zbog protekcionističkih ciljeva (ne otimaju li nam strane firme radna mesta?). Najzad, neki su se zabrinuli i kada je doneta odluka o ukidanju vojnog roka.

Vrste poslova neprekidno se menjaju. Već najmanje dva veka plašimo se da će automatizacija – počevši od tkačkog razboja (pobuna ludita u Engleskoj na početku XIX veka), preko pokretnih traka sredinom XX veka, pa do robotizacije u novije vreme – dovesti do iščeznuća radnih mesta. Sve ove tehnološke promene zaista su dovele do iščeznuća nekih radnih mesta, ali ne i do nestanka posla (jer bismo onda svi bili nezaposleni). Isto tako, studije pokazuju da su migranti pre srećna okolnost za jednu zemlju, uključujući i njene zaposlene.[1] Ukratko, ne postoji tačno utvrđen broj radnih mesta.

Određena pomoć mora se uputiti radnicima koji su ugroženi zbog tehnoloških i ekonomskih promena. Jeste da su ove ekonomske

[1] Vidi, na primer, Frédéric Docquier, Çağlar Ozden, Giovanni Peri, *The Labour Market Effects of Immigration and Emigration in OECD Countries*, Economic Journal, 2014, vol. 124, n° 579, str. 1106–1145. Uticaj na plate zaposlenih u zemlji domaćinu nisu negativne, uključujući tu i plate najslabije plaćenih. Osim toga, oni putem poreza najčešće više doprinose državi nego što joj štete. Naravno, disfunkcionalne institucije tržišta rada, kao u Francuskoj, slabe ovaj argument jer nude manju fleksibilnost u stvaranju radnih mesta, pa stoga i u pogledu integracije ovih radnika.

promene neizbežne, ali one kratkoročno ipak podrazumevaju i veliku ljudsku žrtvu. Nova radna mesta ne mogu se nužno naći u istom sektoru u kom su ona stara nestala. Na primer, s jedne strane, Kina, nekada vrlo siromašna zemlja, stekla je ogromnu korist od otvaranja svog tržišta, što je izvanredno, dok su, s druge strane, Sjedinjene Države mnogo slabije prošle usled poteškoća s kojima su se susreli neki regioni, poput Srednjeg zapada.[1]

Da se razumemo: ekonomisti se nikad ne izjašnjavaju o tome da li bi trebalo da se radi 35, 18 ili 45 sati nedeljno. U pitanju je odluka koju donosi društvo... i ljudi kojih se ona tiče. U tom smislu, ne postoji nijedan razlog da se, ako im se ostavi sloboda da sami odrede trajanje svog radnog vremena (kao u slučaju frilensera), različiti ljudi odluče za isto. Neki bi dali prednost slobodnom vremenu nad većim prihodom, dok bi drugi postupili suprotno. Međutim, teza prema kojoj bi se skraćivanjem radnog vremena, pomeranjem starosne granice za odlazak u penziju, blokiranjem imigracije, usvajanjem protekcionističkih mera, ili pak ponovnim uvođenjem vojne obaveze, stvorila radna mesta za druge – nema ikakvog utemeljenja, ni teorijskog ni empirijskog.

Zakon o radu

Francuski Zakon o radu istovremeno je komplikovan i direktivan. Da je komplikovan, to će svako priznati. Ima 3.200 strana i nastavlja da se produžava iz godine u godinu. Čak ni najbolji profesori radnog prava ne vladaju njime. Zbog toga pravna izreka da se „niko ne može pozvati na to da nije poznavao pravo", koja je, uostalom, vrlo osnovana, u ovim okolnostima postaje gotovo smešna. Možemo li se zaista nadati da će vlasnik nekog malog ili srednjeg preduzeća, koji ne raspolaže zasebnom pravnom službom i koji je zatrpan drugim poslovima, moći da vlada ovim zakonom? Čak je i veliko preduze-

[1] Vidi članak David Autor, David Dorn, Gordon Hanson, Jae Song, *Trade Adjustment. Worker-Level Evidence*, Quarterly Journal of Economics, 2014, vol. 129, str. 1799–1860.

će sa solidnom pravnom službom sklono kršenju radnog prava bez stvarne namere.

Direktivni aspekt francuskog radnog prava čak je sporniji. Francuska ostaje jedna od zemalja na svetu u kojima država i sektorski sindikalni ogranci najviše intervenišu u ugovornim odnosima između zaposlenih i poslodavaca. Drugde se ostavlja više prostora za pregovore između poslodavaca i radnika (Velika Britanija), ili između sektorskih sindikalnih ogranaka i zaposlenih (skandinavske zemlje). Neke zemlje (Danska) gotovo da i nemaju zakon o radu, što znači da ostavljaju slobodu ugovaranja, pa otud i veću mogućnost prilagođavanja radnog odnosa specifičnom okruženju preduzeća ili sektora.

Naravno, i francuski zakonodavac predvideo je prostor za pregovore na nivou privrednih grana i preduzeća. Posebno zakon od 4. maja 2004. godine predviđa da kolektivni ugovor na nivou preduzeća može derogirati granski kolektivni ugovor ako to ovaj poslednji ne isključuje. Međutim, u praksi je veoma malo derogacija više norme (u hijerarhiji na čijem je vrhu Zakon o radu, potom granski kolektivni ugovor i na kraju kolektivni ugovor na nivou preduzeća). Granski kolektivni ugovori sistemski su dobijali snagu zakona, zbog čega je mogućnost derogacije prevaziđena. U tome nema ničeg iznenađujućeg: granski kolektivni ugovori omogućavaju preduzećima jednog sektora da se dogovore i naplate rast troškova preko krajnjih potrošača (posebno u sektorima koji nisu izloženi međunarodnoj konkurenciji); i stoga su loši za stranu potražnje, te su zato lošiji po radna mesta.[1] Zbog skoro sistemskog ozakonjenja granskih kolektivnih ugovora, više od 90% francuskih radnika pokriveno je kolektivnim ugovorima, dok je u Nemačkoj samo 1% kolektivnih ugovora steklo zakonsku snagu[2], što ostavlja veću slobodu kolektivnim ugovorima na nivou preduzeća (i menja prirode granskih kolektivnih

---

1 Vidi empirijske reference u ekspozeu Pjera Kaika na seminaru o politici zapošljavanja od 20. novembra 2015. u Bersiju (sinteza izlaganja i debata).

2 Već citirani Pjer Kaik. Decentralizacija je mnogo veća u Nemačkoj posle 2004: vidi Christian Dustmann, Bernd Fitzenberger, Uta Schonberg, Alexandra Spitz-Oener, *From Sick Man of Europe to Economic Superstar. Germany's Resurgent Economy*, Journal of Economic Perspectives, 2014, vol. 28, n° 1, str. 167–188.

ugovora, koji moraju steći podršku socijalnih partnera unutar preduzeća i pokriti više od polovine zaposlenih).

To ne znači da sektori ne treba da imaju nikakvu ulogu u pogledu sastavljanja ugovora o radu. Direktori i sindikalci nemaju uvek neophodnu stručnost za sastavljanje takvih ugovora, niti jasnu predstavu o njihovim posledicama, posebno u malim i srednjim preduzećima. Stoga sektorska udruženja treba da odigraju važnu ulogu pružaoca usluga, kako bi socijalnim partnerima pomogla da izaberu bolji okvir svojih odnosa ili da sklope granske kolektivne ugovore, koji bi bili jedna od opcija, a ne prisila za pregovore unutar preduzeća.

Konačno, primetimo da čak i kada kolektivni ugovor na nivou preduzeća može derogirati granski kolektivni ugovor, pa i Zakon o radu, poslednja dva i dalje igraju važnu ulogu.[1] Kako predviđa teorija igara, ovaj zakon i granski kolektivni ugovor definišu referentnu tačku u pregovorima, te stoga nijedna od strana ne može steći manje od onoga što bi inače dobila na višem nivou.

Profesionalna obuka

Konačno, primetimo da ekonomisti popreko gledaju na naše skupe mehanizme, poput profesionalne obuke i prakse na radu, koji su diskutabilni u pogledu svoje efikasnosti.[2] Oni predstavljaju izuzetno

[1] U praksi, Zakon o radu u nekim svojim dimenzijama ostaje obavezujući i ne ostavlja nikakav manevarski prostor u pregovorima. To je ono što izveštaj *Combrexelle* (2015) naziva „konvencionalnim javnim poretkom", koji socijalni partneri ne bi mogli derogirati (minimalna zarada, uvođenje dodatne satnice na redovnu tridesetpetosatnu radnu nedelju, primat ugovora o radu na neodređeno vreme). Osim toga, ovaj izveštaj preporučuje veću zastupljenost pregovora između socijalnih partnera u Francuskoj.

[2] Za analizu kontraredistributivnih aspekata koji poriču odgovornost francuskog sistema profesionalne obuke, kao i neefikasnosti administrativnog lavirinta, vidi, na primer, Pierre Cahuc, Marc Ferracci, André Zylberberg, *Formation professionnelle. Pour en finir avec les réformes inabouties*, Institut Montaigne 2011; Pierre Cahuc, Marc Ferracci, *L'Apprentissage. Donner la priorité aux moins qualifiés*, Paris, Presses de Sciences Po, 2015; i Pierre Cahuc, Marc Ferracci, Jean Tirole, Étienne Wasmer, *L'Apprentissage au service de l'emploi*, Conseil d'analyse économique, 2014, beleška 19.

složen sistem koji rezultira gubicima zbog složenosti mehanizama plaćanja i finansiranja, pa njihova isplativost povlači sa sobom mnoga pitanja. Često ne odgovaraju potrebama preduzeća, te stoga ni potrebama radnika; nisu namenjeni samo onim najranjivijim (više od četvrtine stručnih praksi čine studenti), onima u čijem je slučaju rentabilnost stručnog osposobljavanja na najvišem nivou. Evaluacija tih mehanizama i sistem sertifikata, čija je svrha da se radnicima obezbede zaista korisne obuke, daleko su ispod očekivanja.

VI. HITNOST

Naše institucije tržišta rada – i uopšte one koje su istorijski preovladale u južnoj Evropi – proizlaze iz međunarodnih standarda. Smatra se da štite radnike, a one ih zapravo samo čine ranjivijim izlažući ih riziku od isključivanja i marginalizacije. Da bi se razumeo ovaj neželjeni efekat, neophodno je pogledati iza onoga što vidimo na prvi pogled. To je prva i osnovna poruka ovog poglavlja.

Loše funkcionisanje naših institucija tržišta rada nekada nije bilo toliko osetno. Rast tokom trideset prosperitetnih godina nakon Drugog svetskog rata omogućio je stvaranje novih radnih mesta, koja su često bila u režimu ugovora o radu na neodređeno vreme, dok je zdravlje javnih finansija dozvoljavalo izvesna usklađivanja. Poslednjih četrdesetak godina, situacija se polako ali sigurno pogoršavala. Danas je Francuska suočena s tri izazova, a svaki od njih samo pojačava problem zaposlenosti.

1) *Javne finansije.* Uz javni dug od 100% bruto domaćeg proizvoda, stanje javnih finansija nastavlja da se urušava. Kako smo već konstatovali, javna politika u oblasti zapošljavanja vrlo je skupa. Kao i ostatak našeg socijalnog sistema, ona može biti dovedena u opasnost ako ne zauzdamo javne finansije. Smanjivanje nezaposlenosti, a samim tim i troška javne politike zapošljavanja, doprinelo bi zauzdavanju javnih finansija.

2) *Migranti.* Evropska migrantska kriza ponovo stvara strepnju u pogledu nedostatka posla. I ma kako velika ta strepnja bila, ona je tek uvod u ono što će se desiti ukoliko ne uspemo da stavimo pod kon-

trolu globalno zagrevanje.[1] Međutim, migranti predstavljaju šansu za svaku zemlju, ne samo u kulturološkom već i u ekonomskom smislu. Zato ih, da ponovimo, treba dostojanstveno primiti i ne isključivati ih s tržišta rada našom politikom zapošljavanja. To je još jedan razlog za reformu naših institucija.

3) *Digitalizacija.* Digitalna revolucija[2] imaće dve vrste posledica koje uvećavaju društvene troškove nefleksibilnosti. Kao prvo, ona će uvećati brzinu preobražaja radnih mesta, što će poslodavcima već nefleksibilne ugovore o radu na neodređeno vreme učiniti još manje atraktivnim nego što su to danas, i što će naglasiti nužnost potrebe da se poseduje stručno obrazovanje najvišeg nivoa u našoj zemlji. Zatim, i sam svet rada već sad se menja, uz rastući broj preduzetnika, radno aktivnih radnika koji su istovremeno angažovani kod više poslodavaca, negde kao zaposleni, a negde kao nezavisni saradnici. Analitičari pozivaju na uvođenje prava na radnu aktivnost umesto prava koje je ograničeno na one sa zaposlenjem. A naš Zakon o radu, uprkos svojoj obimnosti, gotovo da se isključivo odnosi na redovno zaposlene osobe, oslanjajući se na koncepciju rada koja potiče iz vremena fabričkih radnika. Prema tome, treba prevaliti dug put kako bismo se pripremili za promene koje ćemo tek doživeti.

Jesmo li zaista sve pokušali da se zaštitimo od plime nezaposlenosti? Čisto sumnjam. U ovom poglavlju pokušao sam da objasnim zašto je to tako, kao i da ukažem na pravce reformi. Moramo nešto preduzeti iz ovih stopa.

---

[1] Vidi osmo poglavlje.

[2] Vidi četrnaesto i petnaesto poglavlje.

Poglavlje 10

Evropa na raskršću puteva

I. EVROPSKE INTEGRACIJE: OD NADE KA SUMNJI

Na kontinentu izranjavanom bratoubilačkim ratovima, evropske integracije podstakle su ogromne nade. One garantuju slobodu kretanja ljudi, robe, usluga i kapitala, a cilj im je bio da spreče protekcionizam. Jemčeći solidarnost, trebalo je da budu protivteža nacionalnim egoizmima i pomognu siromašnim regionima da se razviju zahvaljujući strukturalnim fondovima. Kasnije su evropske integracije bile pogodno rešenje da se na manje eksplicitan način, delegiranjem trećoj strani – Evropskoj komisiji, sprovede volja određenih zemalja da se modernizuje privreda putem reformi, poput otvaranja tržišta za slobodnu konkurenciju, što je politička klasa smatrala nužnim, ali se nije usuđivala da zagovara to na nacionalnom nivou.

U kontekstu aktuelnog evroskepticizma, bilo bi korisno podsetiti da su evropske politike smanjile razlike u prihodima na nivou Evrope; čak i kad se uzmu u obzir protekle zlosrećne godine, evropske institucije u celini su doprinele rastu. „Pravne tekovine Evropske unije", kao skup ponekad osporavanih obaveza, naterale su nekad slabije ekonomije na ozbiljniju javnu upravu u korist svog stanovništva.

I evro je nosio nadu. Od samog početka bilo je jasno da ni najmanje nisu ispunjeni idealni uslovi za usvajanje jedinstvene valute. Nije bilo fiskalne unije koja bi ponudila stabilizaciju ekonomija preko automatskih transfera od država članica dobrog ekonomskog zdravlja ka onima manje zdravim (vratiću se detaljnije na ovo). Osim toga, mobilnost radnika vrlo je ograničena iz kulturoloških i jezičkih razloga. Ponuda rada slabo reaguje na regionalne potrese – u to vreme, mobilnost radnika između evropskih država bila je triput manja od mobilnosti radnika između američkih saveznih država.[1] Ova dva klasična mehanizma stabilizacije regionalnih potresa u okviru federalnih država nisu bila prisutna, kao što se izgubila i mogućnost devalvacije valute s ciljem jačanja konkurentnosti privrede s trgovinskim deficitom.

Međutim, evro je predstavljao neverovatan simbol evropskih integracija. On je trebalo da podstakne trgovinu. Jedinstvena valuta ne predstavlja samo običnu pogodnost za nekoga ko iz Tuluza putuje u Barselonu plaćajući svuda u evrima, ona eliminiše neizvesnost u pogledu kursnih razlika, umanjujući tako preduzećima troškove koji se povremeno javljaju zbog promena u kursu. A obim trgovine između evropskih zemalja jeste velik: više od 60% uvoza zemalja članica potiče iz drugih evropskih zemalja. A poznate su nam sve teškoće zadržavanja fluktuacije valuta u granicama koridora s ciljem ograničavanja nestabilnosti deviznog kursa, na šta je ukazalo spektakularno povlačenje funte sterlinga (1992) iz evropskog monetarnog sistema nakon napada Džordža Sorosa, direktora jednog hedž fonda. Zamisao je takođe bila da evro promoviše diversifikaciju štednje unutar Evropske unije, doprinoseći tako stabilizaciji nacionalnih ekonomija, kao i da olakša cirkulaciju kapitala ka zemljama evropskog juga, osnažujući njihov finansijski kredibilitet i omogućavajući im tako da finansiraju svoj razvoj.

Brojni zagovornici evra prepoznali su u njemu i etapu na putu širih evropskih integracija. Oni su verovali da će Evropska unija, a zatim i evro, biti prvi koraci ka istinskoj evropskoj federaciji, bilo putem postepene izgradnje konsenzusa o široj integraciji, bilo zato što je kasnije teško okrenuti točak unazad, pa „kad se već radi, neka se ide do kraja".[2] Do ove integracije dosad nije došlo, i – nažalost –

---

[1] Barry Eichengreen, *Is Europe an Optimal Currency Area?*, National Bureau of Economic Research, 1991, Working Paper, n° 3579.

[2] Vidi članak Luigi Guiso, Paola Sapienza, Luigi Zingales, *Monnet's Error*, Economic Policy, 2015.

može se sumnjati da će se u bliskoj budućnosti ona uopšte desiti. Jer, jedna takva integracija morala bi se osloniti na daleko veće gubljenje suverenosti nego što je ovo današnje, koje je ionako uspostavljeno na uzajamnom poverenju, nameri da se rizici podele i osećaju solidarnosti, što su sve stvari koje se ne mogu narediti, a koje su tek neznatno primetne u evropskom prostoru. Treba priznati da, uopšte uzev, danas vlada razočaranje u evropske integracije, a posebno u evro (negde su raspoloženja oprečna, kao u zemljama juga Evrope, čije stanovništvo većinski podržava ostanak u evrozoni).

Kako smo dospeli dotle? Imaju li evropske integracije budućnost? Kako bih pokušao da odgovorim na ova pitanja, prvo ću zastati na onome što je prethodilo krizi evra, a onda ću analizirati slučaj Grčke. Kako pitanje javnog duga postoji svuda, nalazeći se u korenu sukoba čiji smo svedoci već pet godina, postaviću načelno pitanje njegove održivosti: koliko se jedna država može zadužiti a da pritom ne bude ugrožena? Najzad, neću izbeći ključno pitanje: kakve su nam opcije? Moj tekst zasnivaće se na krizi u evrozoni, a ne na problematici centrifugalnih sila van evrozone (pitanje izlaska Ujedinjenog Kraljevstva iz Unije, na primer) ili širenju evrozone, niti na neekonomskim aspektima (poput nepoštovanja evropskih vrednosti od strane članica Unije).

Dvostruka kriza i nova kultura duga

U deceniji koja je pratila stvaranje evra, jug Evropske unije suočio se s dvostrukim problemom: problemom konkurentnosti (nakon ulaska u evrozonu, cene i plate rasle su tamo mnogo brže od produktivnosti) i prevelikog javnog i privatnog duga.

— Konkurentnost

Prikaz 1 predstavlja kretanje plata od 1998. u zemljama evrozone, sa zapanjujućim kontrastom između Nemačke i zemalja južne Evrope. Za potrebe ove analize[1], uvrstio sam Francusku među ove posled-

[1] Uslovi zaduživanja Francuske ostali su, s druge strane, bliži onima u zemljama sa severa Evrope.

nje, jer je po obeležjima na ovom polju mnogo bliža svojim južnim susedima nego Nemačkoj. Nemačka je sistemski primenjivala politike umerenih zarada (na relativno konsenzualan način, sindikati iz sektora koji su izloženi međunarodnoj konkurenciji podržavali su to), dok su plate u zemljama južne Evrope eksplodirale. U grupi koju čine zemlje južne Evrope (Španija, Francuska, Grčka, Italija i Portugalija) i Irska – plate su porasle 40%, dok je produktivnost porasla svega 7%.[1] Ova razlika plata u odnosu na produktivnost izazvala je razlike u cenama: niske cene za nemačke proizvode i visoke cene za one koji potiču s juga Evrope. Ne iznenađuje to što je trgovina u

Prikaz 1 Zarade i kretanje produktivnosti u Evropi (1998–2013)

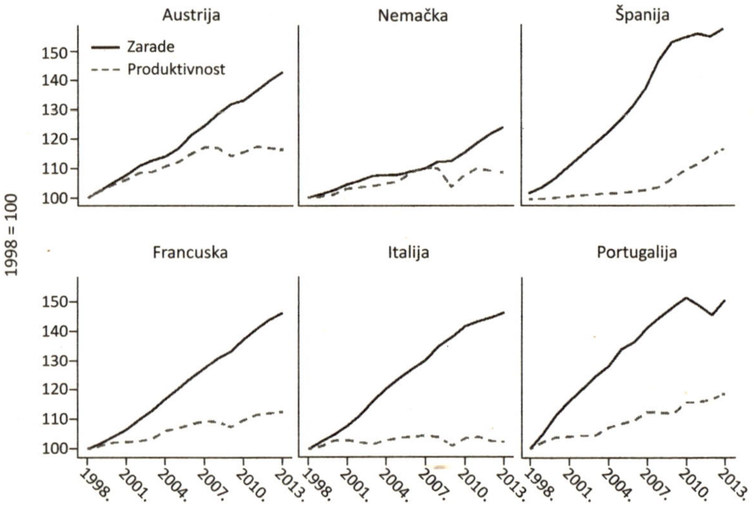

Izvor: Evropska komisija, baza podataka Ameco i Kristijan Timan (Christian Thimann). Napomena: Grčka se ne nalazi na grafikonu jer, iako je rast produktivnosti uveliko uporediv sa onim u Portugaliji, rast plata bio je još veći, premašujući 2008. za 180% vrednost plata iz 1998, čime je prevazišao skalu zemalja odabranih ovde; plate su se od početka krize smanjile 20%, tako da sada za 160% premašuju nivo iz 1998.

[1] Christian Thimann, *The Microeconomic Dimensions of the Eurozone Crisis and Why European Politics Cannot Solve Them*, Journal of Economic Perspectives, 2015, n° 3, str. 141–164.

okviru Evropske unije (koja predstavlja, kako sam već rekao, 60% trgovine evropskih zemalja) dospela u stanje snažne neuravnoteženosti, gde je Nemačka izvoznica, a zemlje južne Evrope uvoznice.

Šta se dešava kada jedna zemlja uvozi više nego što izvozi? Da bi finansirala ovu razliku, zemlja (a to, na kraju krajeva, znači njena domaćinstva) mora žrtvovati deo svoje imovine. To rešava tako što njenu imovinu preuzimaju strana privatna lica, investicioni fondovi ili strane države, zbog čega je 50% deonica francuskih preduzeća koja su uvršćena u berzanski indeks CAC 40, kao i deo pariskih nekretnina ili onih na Azurnoj obali – danas u rukama stranaca. Ili pak država, banke ili preduzeća pozajmljuju iz inostranstva. U svakom slučaju, zemlja živi na kredit, birajući da više troši danas, a manje sutra.

Stoga ove neuravnoteženosti na duže staze vode ka problemu osiromašenja zemalja s juga Evrope. Dok se svi slažu u mišljenju da je brži rast plata u poređenju s rastom produktivnosti na jugu jedan od bitnih uzročnika, brojni analitičari pripisuju deo odgovornosti takođe nemačkoj merkantilističkoj politici. Nemačka politika ima različite posledice po blagostanje građana drugih zemalja. S jedne strane, potrošači iz ovih zemalja uživaju u mogućnosti kupovine jeftinih nemačkih proizvoda. S druge strane, iz ugla radnika preduzeća koja su u konkurenciji s nemačkim preduzećima, uviđaju da se njihova preduzeća muče, da ne zapošljavaju - i čak otpuštaju – dok je njihova lična mogućnost pronalaženja drugog radnog mesta mala. Naravno, loše funkcionisanje njihovog tržišta rada posledica je političkog izbora ovih zemalja[1], ali je isto tako tačno i to da radnici iz sektora izloženih konkurenciji nemačkih proizvoda jesu posebno pogođeni – umerenim nivoom plata u Nemačkoj.

I tu jedinstvena valuta stvara problem. Kada bi svaka zemlja i dalje imala svoju valutu, Nemačka marka bila bi apresirana, dok bi franak, lira, pezeta ili drahma izgubile u vrednosti. Potrošači s juga Evrope videli bi kako im se kupovna moć ozbiljno sužava ovom devalvacijom, ali bi ih kao radnike u sektorima izloženim konkurenciji, zbog jačanja njihove konkurentnosti, to zaštitilo od masov-

[1] Vidi deveto poglavlje, koje se bavi slučajem Francuske.

ne nezaposlenosti. U nedostatku mogućnosti da devalviraju valutu, zemljama juga preostale su samo neprivlačne opcije.[1] Jedna se sastoji u pokušaju da se ponovo izvede devalvacija putem onoga što ekonomisti nazivaju „fiskalnom devalvacijom", a čija je jedna varijanta bio i predlog uvođenja socijalnog PDV-a u Francuskoj: on se sastoji u tome da se podigne PDV kako bi posebno poskupeli uvozni proizvodi, kako bi se tako prikupljen novac iskoristio za smanjenje socijalnih doprinosa koji opterećuju rad, što stvara svojevrsnu subvenciju za izvoz i, uopšte uzev, pad cene proizvoda. Ova fiskalna devalvacija sprovedena je u brojnim južnim zemljama, ali u vrlo ograničenom obimu. Kako bi se nadomestio gubitak konkurentnosti od deset do trideset odsto, trebalo bi znatno podići stopu PDV-a, što vodi stvaranju problema pravičnosti i izbegavanja poreza.

Druga zamena za devalvaciju – obaranje plata ili cena (što ekonomisti nazivaju „internom devalvacijom") – takođe je korišćena u zemljama poput Španije, Portugalije ili Grčke. Vrlo skupa zamena: ako se plate samo vrate na svoj nivo pre uvođenja evra[2], njihov snažni rast nakon uvođenja evra otvorio je apetite i obaveze (na primer one kreditne) domaćinstvima koja nisu mogla predvideti ovaj povratak na staro. Osim toga, to je zamena koju je teško sprovesti, utoliko pre što države neposredno kontrolišu samo plate u javnom sektoru, tako da nije sigurno da će istovremeno doći do obaranja plata i cena.

— Zaduženost

Jesmo li morali pretpostaviti ovakav razvoj događaja? Na primeru Portugalije, Olivje Blanšar (Olivier Blanchard) i Frančesko Đava-

[1] Ovde uzimam u obzir samo usklađivanja koje se tiču južne Evrope. Ako uzimamo u obzir samo trgovinu unutar Evropske unije, možemo, naravno, zamisliti i obrnuto: skok cena i plata u Nemačkoj u zamenu za pad cena i plata na jugu.

[2] Jeremy Bulow i Ken Rogoff primetili su da je grčki BDP upoređen s nemačkim BDP-om premašio odnos od 41% iz 1995. i 2009. Popeo se na 71%, da bi 2014. ponovo pao na 47%. (*The Modern Greek*, Vox EU, 10. jun 2015).

ci[1] (Francesko Giavazzi) pokazali su 2002. da se rast deficita tekućeg računa od devedesetih godina XX veka (prateći ekonomski bum) pa do 2000. i 2001 – objašnjava umanjenjem privatne štednje domaćinstava pre nego rastom investicija. Ukratko, portugalski ekonomski bum iz devedesetih godina koji je povezan s perspektivom pristupanja evrozoni – više je vodio nastanku mehura nego razvoju produktivne privrede.

Monetarna unija vodila je negativnim realnim kamatnim stopama u zemljama koje su zaostajale, a te stope pretvorile su se u mehur kada je zakazala regulacija bankarskog sektora. Ovaj rast plata i kupovne moći nakon 1999. bio je omogućen, kako smo videli, samo zaduživanjem i ustupanjem imovine zemalja s juga Evrope. Prodaja „porodičnog srebra", uostalom, ima svoje granice, tim pre što posle određene stope stranog vlasništva ovo srebro gubi svoju vrednost: ako francuska preduzeća u velikoj meri drže stranci, male su šanse da će im poreska politika ili pravna regulativa ići u prilog[2], te stoga strani investitori u budućnosti neće biti spremni da debelo plate za preostalu imovinu.

Zaduživanje takođe ima svoje granice. Nastupiće trenutak kada će strani investitori početi da sumnjaju u sposobnost država ili njihovih banaka da otplaćuju svoje zajmove, te će zahtevati više kamatne stope (nameću marže [*spreads*], tj. razliku u odnosu na kamatnu stopu koju plaćaju nerizični dužnici), pa čak i da odbijaju da uopšte pozajme.

---

1 Olivier Blanchard, Francesco Giavazzi, *Current Account Deficits In the Euro Area. The End of the Feldstein-Horioka Puzzle?*, Brookings Papers on Economic Activity, 2002, vol. 2, str. 147–209.

2 Endogeni karakter javne politike, koji je reakcija na posedovanje finansijske aktive, klasična je tema ekonomske teorije (što je, na primer, često navođen argument u korist penzija putem kapitalizacije, koja od stanovništva, a ne nužno samo od njegovog imućnijeg dela, pravi vlasnike preduzeća preko posedovanja udela u penzionim fondovima, čime se stvara javna podrška politici koja ide u prilog investiranju). U slučaju međunarodnih finansija i u pogledu koristi od preferencija investitora u domovini (nauštrb internacionalne diversifikacije domaće štednje); vidi, na primer, moj članak *Inefficient Foreign Borrowing. A Dual-and-Common-Agency Perspective*, American Economic Review, vol. 93, n° 5, str. 1678–1702.

Osim ako... Kako pokazuje prikaz broj 2, sve do 2009. godine – Grčka je mogla pozajmljivati po stopama sličnim onima u Nemačkoj, iako je zajednica inostranih kreditora bila veoma svesna teškoća javnih finansija te zemlje. Drugim rečima, investitori su pretpostavili da se evropska pravila neće ispoštovati i da će druge države članice evrozone pokrenuti plan za spasavanje Grčke, što bi i njih same zaštitilo od rizika krize grčkog duga. Uopšte uzev, investitori nisu sumnjali da će solidarnost izostati ako se neka od zemalja s evropskog juga suoči s teškoćama. Sve do jednom... Inicijalna kapisla za krizu bilo je saopštenje nove grčke vlade iz novembra 2009. u kom se kaže da su prethodne vlade lagale, tj. da je deficit u stvarnosti dvostruko veći od onoga što je objavljivano (a da je dug veći od 120% bruto domaćeg proizvoda).

Prikaz 2 Kamatne stope na desetogodišnje državne obveznice

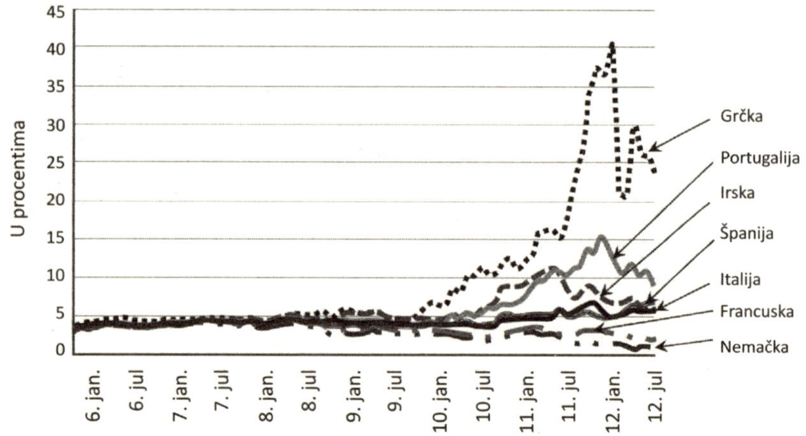

Izvor: Niccolò Battistini, Marco Pagano, Saverio Simonelli, *Systemic Risk and Home Bias in the Euro Area*, European Economy, april 2013, Economic Papers 494. Podaci potiču od Datastreama.

— Pasivnost, štaviše ohrabrivanje nastanka mehura na tržištu nekretnina i preuzimanja rizika

Ekonomisti Karmen Rajnart (Carmen Reinhart) i Kenet Rogof (Kenneth Rogoff) u svom klasiku *Ovog puta je drugačije. Osam vekova finansijske ludosti*[1] ukazuju na to da se greške ponavljaju i da brojne krize državnog duga potiču iz mehurova - često onih na tržištu nekretnina - koje su države zanemarivale, a često i ohrabrivale. Suštinski pad troškova zaduživanja u Španiji nakon 1999. stvorio je mehur na španskom tržištu nekretnina koji je finansirao evropski kapital, a koji se, nažalost, nije preusmerio ka manje profitabilnoj industriji zbog problema s konkurentnošću. Dakle, zajmovi nisu poslužili pripremi za budućnost, već su čak opteretili banke (a posebno regionalne štedionice, *Cajas*), koje je kasnije spasavala španska država. Iz španskog slučaja možemo naučiti mnogo toga.[2] Velike banke ostale su gotovo zdrave, izuzme li se *Bankia*, koja je morala primiti državnu injekciju kapitala od 2% bruto domaćeg proizvoda (posle čega je država postala njen većinski vlasnik). S druge strane, štedionice koje su odigrale glavnu ulogu u stvaranju mehura odobravajući neobuzdano stambene kredite - država je, pošto su zapale u velike teškoće, otkupila ili rekapitalizovala.[3]

Kako sam objasnio u šestom poglavlju, politika koja se vodila na regionalnom i federalnom nivou odlučila je da prenebregne upozorenje centralne banke i ohrabrila nastanak mehura na tržištu nekretnina, što je bilo politički povoljno i nije sprečavalo da *Cajas*

---

1 Pearson, 2010. Originalna verzija, *This Time is Different. Eight Centuries of Financial Folly*, Princeton, Princeton University Press 2009.

2 Na ovu temu vidi izveštaj MMF-a *Ocena finansijske stabilnosti*, MMF, jun 2012.

3 Dodatni problem: one su prikupljale kapital, preferencijalne akcije (vrsta duga čija isplata kupona može biti prekinuta sve dok ne dođe do isplate dividendi akcionarima, što vodi izvesnoj fleksibilnosti zajmodavaca u odnosu na običan dug), kao i subordinirane dugove kod novih finansijskih institucija što su se i same finansirale kod španskih investitora, koji su često i sami bili deponenti. Ovo je učinilo da učešće privatnog sektora u budućim planovima spasavanja bude problematično.

preuzmu rizike. Španska katastrofa verovatno bi se izbegla da je tada postojala Bankarska unija. Evropska centralna banka (ECB), koja je danas nadležna za nadzor evropskih banaka, primorala bi španske banke da uspore sa svojim ulaganjima u nekretnine. Slična logika primenjivala se na nemačke *Landesbanken*, koje imaju snažne političke i lokalne veze, i koje stvaraju velike finansijske teškoće svojim saveznim državama.

Slabljenje nadzora u Evropi zapravo je pogodilo i privatne i državne banke: pomenimo naročito probleme s kojima su se susreli *Fortis*, *KBC*, *ING*, *Commerzbank*, kao i neke britanske i irske banke. Ako je evropska kriza imala neku prednost, to je upravo ova: uprkos protivljenju brojnih političara (ne samo na jugu Evrope, jer i Nemačka je želela da zadrži nadzor nad *Landesbanken* kao deo političkog alata), bilo je neophodno ustanoviti bankarsku regulaciju na evropskom nivou. Nacionalna tela za nadzor banaka imala su ograničene budžete i timove za nadzor koji nisu bili sposobni da se nose s timovima velikih banaka. Ova tela takođe su mogla zatvoriti oči

Prikaz 3 Zaduženost u evrozoni

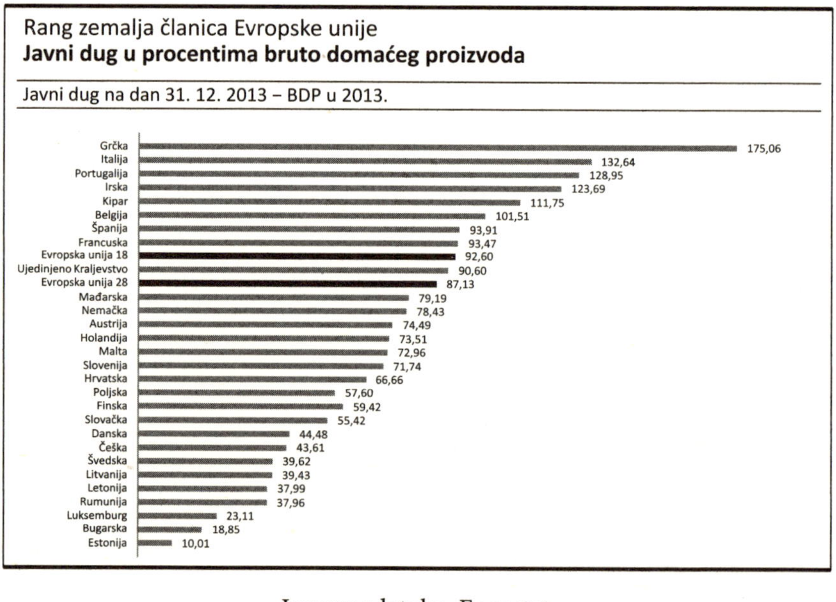

Izvor podataka: Eurostat

pred mehurom na tržištu nekretnine ili mehurom druge vrste. Sve je ovo išlo u prilog uspostavljanju jedinstvenog bankarskog tela na evropskom nivou, što se dogodilo u 2014.

Bilo da su popustili javni troškovi država ili da je popustio nadzor nad bankama, u oba slučaja javni dug dosegao je visoke nivoe u zemljama na jugu, kako se vidi u prikazu broj 3.

Nepouzdan odbrambeni bedem

Iako bi arhitektura evrozone mogla biti mnogo bolja, sastavljačima Mastrihtskog sporazuma ne može se zameriti da nisu anticipirali opasnosti. Oni su bili svesni da bi zemlje evrozone mogle trošiti previše ili ostaviti svoje banke bez dovoljno jake regulacije, zadržavajući pristup finansijskim tržištima ako ta tržišta predviđaju postojanje solidarnosti između evropskih zemalja. Zato je Mastrihtski sporazum ujedno uveo ograničenje za budžetski deficit (u njegovoj inicijalnoj formi, 3% BDP-a), ograničenje zaduženosti (60% BDP-a), kao i „klauzulu o nespasavanju". Ideja koja se vrlo brzo nametnula bila je da se ovi zahtevi usklade sa ekonomskim ciklusom, prema razumnoj ideji da je deficit dopušten u vreme recesije, ali da se budžetska ravnoteža nametne barem u normalnim vremenima.

Pakt za stabilnost i rast takođe je predvideo multilateralni nadzor, kako bi ministri ekonomije i finansija Unije mogli uputiti preporuku nekoj državi koja je izgubila kontrolu nad budžetom. Sledeća etapa procedure prevelikog deficita trebalo je da se pokrene čim neka zemlja prekorači kriterijum budžetskog deficita utvrđenog na 3% bruto domaćeg proizvoda, osim u izuzetnim okolnostima. U slučaju izostanka značajne reakcije date države, Savet je mogao načelno nametnuti kaznu, koja bi se kretala od 0,2% do 0,5% bruto domaćeg proizvoda date države (što je još jedna teško izvodljiva politika, jer nametanje kazne jednoj suverenoj državi koja se našla u finansijskim teškoćama nije nužno najcelishodnije rešenje). Ovaj pristup bio je preciziran budžetskim paktom iz marta 2012.[1]

[1] Budžetski pakt ojačao je mehanizam na više načina: utvrđivanje maksimalnog deficita od 0,50% (strukturni deficit, dakle onaj koji je prilagođen eko-

Mastrihtski pristup dosad se pokazao neuspešnim. Stroga pravila praćena vrlo slabom primenom predstavljaju eksplozivnu smesu.[1] Propratne teškoće u primeni vrlo su raznovrsne: neprilagođenost nacionalnim kontekstima, složenost merenja visine duga i sprovođenje nadzora.

Problem „jedinstvenog aršina"

Iako je razumljiva na političkom planu, s obzirom na bojazan od diskriminatornog pristupa, odluka o važenju istih pravila za sve zemlje ne čini stvari jednostavnijim. Nema magičnog broja u pogledu održivosti nacionalnog duga. Ne mora značiti da je ono što jedna država može podneti – podnošljivo i za neku drugu. Argentina se našla na velikim mukama s dugom od 60% bruto domaćeg proizvoda, dok je Japan premašio 240% a da (još uvek) nije ugrozio poverenje investitora. Kada se može reći da je javni dug održiv?

Održivost zavisi od brojnih faktora. Na primer, dug ima veće šanse da bude održiv u sledećim slučajevima: da je stopa rasta visoka (porezi će rasti, što će olakšati servisiranje duga); da je u pitanju domaći dug (zemlje ne vole da izneveravaju svoje građane, svoje banke ili svoju centralnu banku – koje se, usled popuštanja monetarne politike, *quantitative easing*, mogu naći s mnoštvom državnih obveznica, zbog čega japanski dug od 240% BDP-a, čijih 95% drže domaći poverioci, dosad nije izazvao veće strepnje[2]); da je kamatna stopa niska (te je servisiranje duga lakše); da su mogućnosti prikupljanja i povećanja poreza velike (zemlje sa slabom infrastrukturom prikupljanja poreza, poput Argentine ili Grčke, uz dato zaduženje

nomskom ciklusu), automatske sankcije koje se mogu poništiti samo odlukom većine, izvršenje odluka putem Evropskog suda.

[1] Pored indikacija koje će u nastavku biti predstavljene, Evropa nije bila pripremljena niti je raspolagala ikakvom „protivpožarnom zaštitom" , ali se situacija unekoliko izmenila.

[2] U novembru 2015, uprkos tom dugu od 240% BDP-a, kamatna stopa državnih obveznica koje dospevaju na naplatu za trideset godina bila je svega 1,36%!

izloženije su krizama, a isto tako, SAD raspolažu većim manevarskom prostorom za povećanje poreza od Francuske).

I drugi faktori su bitni. Moguća solidarnost drugih država olakšava zaduživanje, što se vidi iz grčkog slučaja do 2009, dok, obratno, percepcija finansijskih tržišta da federalna država u SAD neće priteći u pomoć jednoj od država ili opština – smanjuje njihovu mogućnost da se zadužuju. Sudska nadležnost države u kojoj je javni dug emitovan takođe igra ulogu: često su privatni poverioci bolje zaštićeni, te skloniji pozajmljivanju, ako je dug emitovan u Londonu ili Njujorku, a ne u zemlji koja se zadužuje.

Povrh toga, kako namera jedne zemlje da otplati svoj dug zavisi od troška koju bi morala platiti u slučaju krize otplate duga, taj trošak krize takođe je bitan faktor dužnikove kreditne sposobnosti. Troškovi krize duga su višestruki. Na primer, zemlja može imati poteškoće da nastavi da pozajmljuje usled gubitka reputacije[1] (finansijska tržišta više nemaju poverenja u nju) i zakonskog rizika po nove zajmodavce (jer oštećeni poverioci mogu zahtevati da naplate svoja potraživanja iz zajmova koje su dali novi zajmodavci). Drugi troškovi krize duga u slučaju datih zemalja podrazumevaju konfiskaciju imovine u inostranstvu (na primer aviona neke državne avio-kompanije), te uopšte poteškoće u trgovini.

Konačno, što je dug veći, to situacija postaje problematičnija, a i veća je verovatnoća da će se pojaviti ono što ekonomisti zovu samoostvarujuća panika. Ako se tržište uplaši nesolventnosti neke države, ono zahteva više kamatne stope. Ovaj rast kamatnih stopa otežava otplatu duga, što otplatu čini manje verovatnom, „opravdavajući" pretpostavke finansijskog tržišta.[2]

Svakako, čak i ako se svi slažu u pogledu pokazatelja koji određuju kada je dug održiv i kada je prezaduženost opasna za zemlju, teško je tačno utvrditi maksimalan nivo zaduženosti.

---

[1] Za zanimljivo poređenje uloge koju igra reputacija i uloge koju igraju sankcije, vidi članak Jeremy Bulow, Ken Rogoff, *Why Sovereigns Repay Debts to External Contributors and Why it Matters*, Vox EU, 10. jun 2015.

[2] Vidi članak Guillermo Calvo, *Servicing the Public Debt. The Role of Expectations*, American Economic Review, 1988, vol. 78, n° 4, str. 647–661.

— Problem izračunavanja javnog duga

Javni dug zemlje obuhvata samo ono što se sa sigurnošću duguje. Čitalac će se možda iznenaditi kad čuje da njegova penzija ne ulazi u državne obaveze. Ona ostaje „van bilansa", utoliko što država neće obavezno obaviti odgovarajuće isplate (drugim rečima, država nije obavezana iznosom penzije, pa u slučaju krize može modifikovati penzije, čak i ako će, naravno, dobro razmisliti pre nego što nešto takvo odluči). Ova obaveza države, koja ne ulazi u obračun njenog javnog duga, obuhvata više od 90% penzija u Francuskoj (naspram otprilike 60% penzija u Ujedinjenom Kraljevstvu i nešto manje u Holandiji). U načelu, jedna skorašnja studija[1] procenjuje da je dvadesetak zemalja OECD-a imalo nefinansijske obaveze u vezi s penzijama koje su bile jednake sumi od sedamdeset i osam milijardi dolara, pored njihovog zvaničnog duga od četrdeset i četiri milijarde. Reč je, dakle, o velikim sumama.

Vlade svih zemalja načelno ulažu dosta energije kako bi sakrile javni dug u vanbilansnim obavezama, a na kontrolorima je da otkriju ove bisere ingenioznosti: garancije koje su preuzete za različite dugove preduzeća i državnih ili paradržavnih fondova (poput socijalnog osiguranja ili zdravstvenog osiguranja), garancijske fondove za bankarske depozite ili nedovoljno kapitalizovane penzione fondove, kao i pozajmice učinjene rizičnim državama, a odobrene posredstvom evropskih institucija (poput Evropske centralne banke, evropskog stabilizacionog mehanizma za upravljanje finansijskim krizama u evrozoni – reosiguranje, itd.). Još jedan problem koji usložnjava računanje duga leži u tome što se dug bazira na pasivi i ne uzima u obzir prihode. Odatle pak potiču podsticaji za prodaju imovine, ponekad čak i za jeftinu prodaju izvora prihoda u zamenu za keš ili umanjenje duga.

Velika masa indirektnih vanbilansnih obaveza države potiču od rizika koje preuzima bankarski sektor, na šta odlično ukazuju poslednji američki, španski ili irski primeri. Reč je o riziku određene verovatnoće, koji zato ostaje „izvan bilansa". Osim toga, njegov

[1] Citi Global Perspectives & Solutions, *The Coming Pensions Crisis*, 2016.

formalni iznos često je mnogo manji od realnog iznosa. Ako država mora priteći u pomoć deponentima pod pretpostavkom da su fondovi osiguranja depozita nedovoljni, u praksi je sklona tome da spasava i druge obaveze banaka, poput depozita malih i srednjih preduzeća i velikih kompanija, ili obveznica koje emituju banke. U stvari, deo rasprave o bankarskoj reformi trenutno se odnosi na određivanje obima onoga što se može i onoga što se ne može spasavati.[1]

Državni dug, koji je zaključila država, i privatni dug, koji su zaključile banke, ponekad se moraju posmatrati kao celina. Privatni dug banaka deo je javnog duga: ako su banke ranjive, i države su ranjive, i obratno. Međutim, određujući nivo zaduženosti zemalja iz evrozone, godinama smo razmatrali samo javni dug, tj. dug država.

— *Kredibilnost uzajamnog nadzora*

Podsetimo da je Mastrihtski sporazum kao prvu liniju odbrane predvideo nadzor nad deficitima i javnim dugovima, a kao drugu liniju odbrane – zabranu planova za spasavanje država članica. Nijedan od ova dva uslova nije bio ispoštovan.

Što se tiče *nadzora*, evropski ministri finansija, okupljeni u Savetu ministara ekonomije i finansija, nisu uspeli da sankcionišu brojna kršenja Pakta za stabilnost i rast (68 kršenja još pre početka krize). Nijedna od ovih povreda nije dovela ni do najmanje intervencije. Od 2003, Francuska i Nemačka i same su odstupile od ovog pravila. Osim toga, Evropa je zatvarala oči pred nekim praksama zemalja koje su upravo pristupale evrozoni, ili se pokazala manje obazrivom nakon što bi zemlja pristupila zoni – Italija pruža odličan primer za to. Ona je učinila znatne napore kako bi smanjila zaduženje prilikom pristupanja evrozoni zahvaljujući velikom primarnom suficitu. Ali čim je ušla u evrozonu, prestala je ulagati tolike napore. Sniženje kamatnih stopa umanjilo je štetu... sve do eksplozije italijanskog *spreada* u leto 2011. i odlaska premijera (Silvija Berluskonija).

[1] Nedavno su u Evropi bili preduzeti pokušaji da se proširi onaj deo dugova koji ne može biti predmet spasavanja, a koji ne obuhvata samo akcije: veliki ulozi (oni koji, teoretski gledano, nisu osigurani) na Kipru, subordinirana dugovanja i hibridne hartije od vrednosti za banku *SNS Reaal*.

Ne iznenađuje to što se međusobni i uzajamni nadzor država članica pokazao posve relativnim: ministar finansija ustručava se da izaziva bes zemlje koja je kršila norme upućujući joj zahtev koji bi u svakom slučaju imao male šanse da promeni kolektivnu odluku. Politička agenda takođe igra bitnu ulogu. Često se pozivalo na cilj evropskih integracija - uostalom, sasvim legitiman - kako bi se opravdalo zatvaranje očiju pred sumnjivim računovodstvenim praksama ili nedovoljnom pripremljenošću zemlje za ulazak u evrozonu. Najzad, svaka zemlja očekuje protivusluge kada na nju dođe red.

Kada je reč o *nespasavanju*, Evropska unija morala se odlučiti za kršenje sopstvenih pravila kada je krenula u pomoć Grčkoj. Isto važi i za ECB, koja je otkupila javni dug zemalja u teškoćama prihvatajući kolateral niske vrednosti. Pravilo o nespasavanju zasad još uvek nije kredibilno u Evropi. Kada se evropske zemlje stave pred svršen čin usled predstojeće nesolventnosti jedne od država članica, može se desiti da pokažu (kako su to i radile u prošlosti) svoju solidarnost iz prostog straha od „posledica lančane reakcije", što podrazumeva posledice po ekonomiju (smanjenje trgovinske razmene, kredita i izloženosti filijala ili banaka u zemlji koja je u krizi, širenje na druge zemlje...), ili posledice neke druge prirode (saosećanje, dovođenje u opasnost evropskih integracija, strah da će zemlje u problemima predstavljati opterećenje, itd.).

Poređenje sa SAD

Poređenja radi, u Sjedinjenim Državama, kao još jednoj monetarnoj uniji[1], predsednik Obama odbio je da spasava Kaliforniju 2009, a nedavno je grad Detroit morao rešavati pitanje svojih dugova pred sudom: država članica i grad treba da se snalaze i obnove svoju budžetsku ravnotežu bez mogućnosti oslanjanja na plan spasavanja federalne države. Zapravo, spasavati države članice i gradove u SAD nije moguće još od 1840. Ili, još preciznije, retki primeri bankrotstva neke lokalne samouprave - na primer, spasavanje grada Njujorka iz

[1] Za razliku od Evropske unije, SAD su federacija. Na kraju poglavlja vratiću se na to.

1975 – okončani su tako što su stavljeni pod strogu kontrolu federalne vlade.

Tako nije bilo pre 1840. Više država članica mnogo se zadužilo tokom rata s Engleskom, te su se našle pred bankrotom. Od tada pa tokom skoro pedeset godina, smenjivali su se jedan za drugim planovi za spasavanje od strane federalne države. No, razvio se politički konsenzus protiv planova za spasavanje i za veću fiskalnu disciplinu. Danas se pogled upire u Portoriko, koji predstavlja ozbiljan problem, jer je blizu obustave otplate duga, a vrlo je siromašan (otud rizik od udara na budžet građana koji su uglavnom siromašni).

— Trošak koji plaća stanovništvo

Trošak za prezadužene zemlje počinje da se formira čak i pre nego što se one nađu u krizi svog državnog duga. Servisiranje duga ograničava resurse koji su se mogli iskoristiti na drugačiji način. A država ima sve više problema da sledi kontracikličnu politiku, tj. politiku koja bi joj omogućila da popusti budžetske stege u slučaju recesije ili bankarske krize, jer mora dati zalog svoje budžetske strogosti zabrinutim finansijskim tržištima kako bi joj ona refinansirala dug.

No, na kraju krajeva, cena zaduženosti direktno je povezana sa izgledom prestanka plaćanja obaveza. To važi za domaćinstva, preduzeća, države... Naime, izostanak otplate duga povlači za sobom gubitak samostalnosti, koji je izuzetno skup za sve učesnike pogođene time. Mogućnost uslovljavanja budućeg zaduživanja – ili mešanje u upravljanje finansijama zemlje u slučaju njenih problema sa otplatom – jeste zahtev poverilaca kako bi uopšte dalje pozajmljivali. U slučaju predstojeće krize u otplati javnog duga, najteže je stanovništvu objasniti sve zahtevane napore uz istovremeno uverenje o osnovanosti tih napora. Zato traženo žrtvovanje treba da bude pravično, pri čemu bi se poštedeli samo oni najsiromašniji. Kao i da smanjivanje vojnog budžeta, reforma tržišta rada i penzija te jačanje primene poreske politike budu praćeni investiranjem u izvozne sektore privrede, obrazovanje i ekonomiju znanja, kako bi se spremno dočekala budućnost.

Najzad, evropske institucije bile su suviše slabe da bi stvorile uslove za ponovno sticanje poverenja u zemlje koje su morale uložiti ove napore, te je obraćanje za pomoć MMF-u u ovom procesu bilo neizbežno. Možda bi ovde bilo korisno podsetiti čemu služi MMF, jer je shvatanje njegove uloge ponekad pogrešno. Da pojednostavimo, MMF pruža usluge državama koje su u finansijskim poteškoćama. One više nemaju pristup tržištima kapitala, ili im mogu pristupiti samo uz prohibitivne kamatne stope, koje potpiruju strah od upadanja u spiralu velikih iznosa otplate koji uvećavaju visinu duga, što, opet, podiže kamatne stope i uvećava iznose otplate. Međunarodni monetarni fond pruža likvidnost državi, ali mu to nije glavna uloga, tim pre što se njegove pozajmice moraju otplatiti, te stoga same po sebi ne predstavljaju istinsku pomoć zemlji.[1] Međunarodni monetarni fond postavlja kao uslov povratak na strože upravljanje, pomažući tako tim zemljama da ponovo steknu kredibilitet kako bi se mogle opet finansirati kod međunarodnih investitora. Možemo kritikovati ovaj ili onaj uslov koje MMF nameće, ali je razlog za njegovo postojanje pružanje pomoći datoj državi, koja mu se, uostalom, svojevoljno obraća za pomoć.

— *Vraćanje na moralni hazard*

Već sam pominjao moralni hazard u ovoj knjizi. Generalno gledano, moralni hazard upućuje na situaciju u kojoj ponašanje jedne strane ugrožava dobrobit druge strane (ili vrši neku eksternaliju na tu drugu stranu), pri čemu to ponašanje ne može biti nekim zajedničkim dogovorom unapred precizirano tako da to bude pouzdano. U specifičnom kontekstu uzimanja kredita u inostranstvu, moralni hazard upućuje na odluke koje donosi neka država, a koje umanjuju mogućnost otplate zajma stranim poveriocima. Odmah nam padaju na pamet akumulacija budžetskih deficita i rast duga. Odluka da se troši pre nego da se investira drugi je primer. Među investicionim odlukama, nemaju sve odluke isti efekat na održivost duga. Ulaganja u sektor razmenjivih dobara (ili pak onih nerazmenjivih) uvećava-

[1] Naime, privatni zajmodavci po definiciji su raspoloženi da nekoj zemlji odobre zajam po tržišnim kamatnim stopama ako su sigurni da će taj zajam biti otplaćen. Osim ako MMF ne preuzme rizik od neplaćanja po osnovu duga, specifičnost njegovih kredita u odnosu na tržišne zajmove leži drugde.

ju (ili pak umanjuju) sposobnost zemlje da otplaćuje dug. Jer, da bi otplaćivala dug, trebalo bi da prodaje robu u inostranstvu i da ne uvozi previše. Tipičan primer (u velikoj meri) nerazmenjivih dobara u koja su neke evropske zemlje investirale jesu nekretnine namenjene „potrošnji" domaćih državljana.

Federacije poput SAD ili Kanade zaključile su da je uspostavljanje pravila o nespasavanju, kojeg se pridržavaju vrlo strogo, najsigurniji način da se predupredi moralni hazard. Kao što smo videli, tako je bilo u SAD pošto je federalna vlada odbila da pruži svoju pomoć tokom četrdesetih godina XIX veka, što je u osam država članica dovelo do krize u otplati duga. U XX veku je i Kanada odbila da spasava svoje provincije, ali bez izazivanja njihovog bankrotstva. *A contrario*, Argentina je spasavala svoje zadužene provincije krajem osamdesetih godina XX veka. Deset godina kasnije, iste ove provincije ponovo su bile umnogome odgovorne za veliku zaduženost države, što je dovelo do čuvene krize iz 1998. i krize državnog duga iz 2001. godine. Slično se desilo i u Brazilu, te, što je sada vrlo zanimljivo, u Nemačkoj, čija je federalna vlada u kontinuitetu pomagala neke od svojih *Länder* počev od 1980. Bremen i Sar bili su spasavani, što nije sprečilo budžetski nemar koji će uslediti, baš naprotiv. *Länder* su, dakle, bile među glavnim nosiocima odgovornosti za preteranu zaduženost Nemačke.[1] Delimična popustljivost izvor je gubitka kredibiliteta Pakta za evropsku stabilnost, čiju su reformu uspele da izdejstvuju Nemačka i Francuska kako bi izbegle da budu sankcionisane za njegovo rešenje.

III. GRČKI SLUČAJ: MNOGO GORČINE NA SVE STRANE...

Jutro nakon referendumskog „ne" od 5. jula 2015. u Grčkoj, te pregovora koji su potom usledili, političari su donekle odahnuli. Grci su uspeli da ostanu u evrozoni. Pristali su na nametnute uslove (ili na strože uslovljavanje, u zavisnosti od tačke gledišta), ali nisu uspeli da

[1] Michael Bordo, Lars Jonung, Agnieszka Markiewicz, *A Fiscal Union for the Euro: Some Lessons from History*, CESifo Economic Studies, 2013, ift001.

dobiju reprogram duga. Turizam, kao glavni izvor prihoda, pružio je istinsku utehu za Grčku, jer su turisti odustali od Magreba i Bliskog istoka zbog problema s bezbednošću. Ostatak evrozone bio je zadovoljan jer nije došlo do implozije, i jer je konstatovao da su promenu stava Aleksisa Ciprasa nakon referenduma - pristao je na uslove još teže od onih koje je osudio raspisavši referendum – podržali glasači na prevremenim izborima u septembru 2015. Nakon pet godina krize, i dok su dva tabora pokušavala da dobiju u vremenu umirujući nacionalno mnjenje, evropski političari i dalje su usmereni prvenstveno na kratkoročnu i ograničenu viziju budućnosti evrozone.

Čak i ako se ograničimo na grčki problem, ne uzimajući u obzir globalnu situaciju u evrozoni, mišljenja se veoma razlikuju. Kako naglašava Toma Filipon (Thomas Philippon), ekonomista i profesor na Univerzitetu u Njujorku:

> Čini se da svi imaju mišljenje o merama koje bi trebalo preduzeti u vezi s grčkom ekonomijom i njenom gromadom od javnog duga. Ali ova mišljenja u suštini su arbitrarna i često počivaju na nepotpunom i nekoherentnom zaključivanju.[1]

Neki pripadnici tabora za Trojku[2] umanjili su značaj činjenica da je Grčka preduzela reforme, koje svakako jesu bile neodlučne i nepotpune; da je zemlja, prvi put posle toliko godina, zabeležila pozitivan ekonomski rast u 2014; da su radnici pretrpeli znatno umanjenje plata; da su preduzeti budžetski napori, kao i da je smanjen obim javnog sektora[3], onako hipertrofiranog kakav je bio. A posebno neće uvek da priznaju da je podizanje Grčke na noge kočila ne samo loša politika već i neverovatna recesija s kojom se zemlja suočila. Investicije u Grčkoj bile su naglo presečene zbog nesigurnosti usled zahteva upućenih toj zemlji i zabrinutosti koju je podstakla mogućnost buduće „eksproprijacije". Drugim rečima, investitori se

---

[1] Thomas Philippon, *L'état de l'union monétaire*, avgust 2015.

[2] Trojka se sastoji od MMF-a, ECB i Evropske komisije. Ona je obrazovana 2010, kako bi predložila planove za spasavanje Grčke, a kasnije Irske, Portugalije i Kipra.

[3] 25% BDP-a na početku 2014, prema izveštaju Evropske komisije.

plaše da bi njihove investicije mogle biti podvrgnute nekom oporezivanju ili eksproprijatorskim merama grčke države u njenoj brizi zbog otplate vrlo opterećujućeg javnog duga ili nastavka finansiranja budžetskog deficita. Kao posledica toga, nezaposlenost je ostala neverovatno visoka uprkos preispitivanju institucija tržišta rada, koje je bilo slabo naklonjeno stvaranju radnih mesta (izvesno je da nesigurnost koja je postojala u pogledu održivosti reforme tržišta rada nije dozvolila toj reformi da proizvede pun efekat). Neki, s izuzetkom MMF-a, nastavljaju da odbacuju ideju o delimičnom otpisu duga, dok se Grčka muči da ispuni čak i već veoma smanjene trenutne obaveze (zahvaljujući prethodnim reprogramima duga, njihovi rokovi dospeća na duže su odloženi, tako da će prava otplata duga početi tek 2022).

U taboru protivnika Trojke i dalje ne priznaju da je Grčka već primila veliku materijalnu pomoć.[1] Najčešće propuštaju da preporuče istinske reforme kada pozivaju na olakšanje dužničke obaveze. Pa ipak, brojne reforme koje su već obavljene zapravo postoje samo na papiru, tj. nikada nisu sprovedene u delo. S fiskalne strane gledano, privilegije koje su uživali oni najbogatiji i nepravičnost između zaposlenih s platama (koji nisu mogli izbegavati plaćanje poreza) i zaposlenih na drugačije načine koji nemaju klasičnu platu (a koji su plaćali vrlo malo) jesu bile osuđivane, ali neznatno. Malo je stvari preduzeto da bi se otvorilo tržište proizvoda (mimo nekoliko simboličnih mera, poput liberalizacije radnog vremena apoteka), zbog čega se na ovom polju još uvek mogu preduzeti mere koje bi doprinele ekonomskom rastu. Isto tako, državna uprava, čak i ako se na tom planu primećuje napredak, i dalje predstavlja smetnju privatnoj inicijativi. Međunarodna poređenja još uvek rangiraju Grčku vrlo nisko u pogledu efikasnosti sudova na polju sprovođenja ugovora ili uslova poslovanja. Suspenzija kolektivnih ugovora u nekim sektorima (poput javnog saobraćaja), promena propisa koji se tiču kolek-

[1] Vidi Jeremy Bulow, Ken Rogoff, *The Modern Greek Tragedy*, Vox EU, 10: jun 2015. Naravno, prvi plan za spasavanje delimično je išao u prilog francuskim i nemačkim bankama koje su posedovale veliki deo grčkog duga. Ali novac koji je otišao ovim bankama bio je samo zamena za plaćanja koje je trebalo da izvrši Grčka.

tivnog pregovaranja u pravcu favorizovanja kolektivnih ugovora na nivou preduzeća, a ne onih granskih, jeste bitna, ali pretnja od poništavanja ove odluke ne prestaje da lebdi u vazduhu (uopšte uzev, zemlji ne doprinosi navika političke partije na vlasti da sistematski dovodi u pitanje tekovine svoje prethodnice). Parlament je upravo usvojio penzionu reformu, pa ostaje da se ona sprovede u delo.

Tabor protivnika Trojke takođe odbija da prizna da je izvesno dovođenje u red javnih finansija (ili „štednja", kako vam drago) neizbežna. Kako tvrdi Olivje Blanšar, vodeći ekonomista MMF-a:

> Već i pre programa iz 2010, grčki dug dostigao je trista milijardi evra, ili 130% bruto domaćeg proizvoda. Deficit je bio trideset i šest milijardi evra, ili 15,5% bruto domaćeg proizvoda. Dug je neprekidno rastao po godišnjoj stopi od 12%, što je očigledno bilo neodrživo. Da je Grčka ostala prepuštena samoj sebi, bilo bi joj nemoguće da se dalje zadužuje. S potrebom finansiranja u bruto iznosu od 20% do 25% bruto domaćeg proizvoda, ona bi za isto toliko morala umanjiti svoj budžetski deficit. Ali u apsolutnoj krizi otplate duga (bankrotu), zbog primarnog deficita većeg od 10% bruto domaćeg proizvoda, ona bi preko noći morala smanjiti svoj budžetski deficit za 10% bruto domaćeg proizvoda. To bi dovelo do mnogo bolnijih usklađivanja, pa bi društvena cena bila mnogo viša od one plaćene putem primene programa koji je Grčkoj dao više od pet godina da se vrati na uravnoteženi nivo primarnog budžetskog deficita".[1]

Konačno, zahtevajući otpis duga i stvaranje programa ekvivalentnog *Brady* obveznicama[2], tabor protivnika Trojke nije uzeo u obzir činjenicu da zemlje evrozone, za razliku od komercijalnih banaka koje su bile poverioci zemalja Latinske Amerike, nemaju mogućnost da zadrže distancu nakon reprograma duga, te da je njihovo blagostanje povezano s blagostanjem Grčke, zbog čega reprogram grčkog

---

[1] *Grčka: bilans kritika i budućih perspektiva*, blog *imf-Direct*, 9 jul.

[2] Krajem osamdesetih godina XX veka, banke poverioci prezaduženih zemalja Latinske Amerike dobile su prenosive instrumente sa znatnim diskontom u odnosu na vrednost svog inicijalnog potraživanja. Likvidnost ovih hartija od vrednosti ipak im je omogućavala da krenu od zdrave osnove, te da isključe dug iz svojih bilansa prodajući ove instrumente.

duga ne bi nužno povukao za sobom i okončanje njihovog finansijskog upliva u toj zemlji. Po mom mišljenju, zaduženost Grčke je preterana – i blokira budućnost zemlje. Situacija je, dakle, još složenija od onoga što iznose predlagači prostog i jednostavnog otpisa duga.

Sukob iz kojeg niko ne izlazi kao pobednik

Postoje ozbiljni razlozi za brigu. Pre svega, ekonomski rezultati. Malo je verovatno da će investicije uskoro ponovo stići u Grčku. S obzirom na to što bilanse banaka opterećuju problematični krediti preduzećima i hipotekarni krediti, kao i ulaganje u državne obveznice, neophodna ja dokapitalizacija bankarskog sektora. Takva dokapitalizacija desila se u jesen 2015.

Ali ništa i ne upućuje na to da će se nametnuti pristup nužno isplatiti. Ako se uzme u razmatranje privatizacija koja se zahteva od Grka, nema sumnje da upravljanje javnom imovinom ne bi trebalo prepustiti vladajućoj nomenklaturi. Ali, gledano mimo principa, obaranje cene ne pomaže grčkoj vladi, niti pak, na posredan način, njenim poveriocima. Domaći kupci su malobrojni, dok oni strani zahtevaju niže cene, jer se logično plaše da im različite vladine politike, s ciljem da zadovolje lokalne interesne grupe ili da dođu do novca, ne eksproprirаju deo njihovih investicija. Tu manjak dugoročne vizije takođe povlači mnogo posledica.

Drugi razlog za brigu tiče se unutrašnjih evropskih odnosa. Odnosi između naroda u Evropskoj uniji, koju su rodonačelnici zamislili da bi sačuvali mir na kontinentu – sve su zatrovaniji. Mada je pežorativni akronim PIGS[1] (svinje, *prim. prev.*) nestao (usled poboljšanja situacije u Portugaliji, Irskoj, Italiji i Španiji), svedoci smo vaskrsnuća starih i jadnih stereotipa o narodima, posebno onih o Nemcima i Grcima. Antievropski nastrojeni populisti s levice, a još više oni s desnice, iz dana u dan pridobijaju birače.

Osim toga, sporazumi se sve češće postižu pretnjama. Poslednji takav dogodio se u julu 2015. godine, i bio je prava partija rvanja dvaju protivnika. S jedne strane, izlazak Grčke iz evrozone – Grek-

---

[1] Zapravo Piigs: Portugalija, Irska, Italija, Grčka i Španija (Spain).

zit – koji je za Evropu nosio pretnju od velikih geopolitičkih potresa na Balkanu, usled otkazivanja duga (što bi svakako u određenoj meri nastupilo, ali su vlade želele da odlože to zbog izbora) i svaljivanja odgovornosti za ono što bi se u tom slučaju dogodilo u Grčkoj. S druge strane, evropsko rešenje, ono koje je odnelo kratkoročnu „pobedu", bilo je vođeno željom da se populističkim pokretima po Evropi pošalje poruka da se nikada ništa ne dobija džabe, te da se uperi prstom na humanitarne i ekonomske posledice koje bi Grekzit proizveo po grčke građane. Grci su shvatili da bi trebalo da se suoče s neverovatno složenim pravnim problemima kako bi se vratili na (devalviranu) drahmu (što samo po sebi ne bi bilo smak sveta), te da bi morali uravnotežiti budžet, pretrpeti sankcije, podneti još jedan kratkoročni pad produktivnosti, suočiti se s porastom nejednakosti, pa možda čak i izgubiti deo pravnih tekovina[1] pod pritiskom snažnih populističkih partija.

Dva ekstremna scenarija: Grekzit i useljavanje Trojke u Atinu

Štampa se mnogo bavila mogućnošću izlaska Grčke iz evrozone, pa čak i iz Evropske unije (Grekzit). Sam grčki ministar finansija smislio je plan napuštanja evra uoči referenduma iz jula 2015, dok je njegov nemački parnjak govorio o privremenom Grekzitu.

Korist koju bi Grčkoj donelo napuštanje evra sastojala bi se u tome što bi ona tako obnovila svoju konkurentnost. Depresijacija valute (drahme) koja bi usledila učinila bi grčku robu i usluge jeftinim, a uvozna dobra i usluge vrlo skupim. Ovo bi dovelo do uzleta ekonomske aktivnosti i zaposlenosti. Međutim, kako sam već rekao, ovakvo napuštanje evra moglo bi se pokazati vrlo skupim za grčke građa-

[1] Pravne tekovine (acquis communautaire) odgovaraju skupu zakona koji se primenjuju, uopšte uzev, u zemljama Evropske unije. Uopšte se smatra da pravne tekovine omogućavaju vladama da se zaštite od moćnih domaćih lobija, te da zato idu u prilog zemljama koje su pristupile Uniji (za razliku od ostalih zemalja: vidi poređenja radi vrlo različite putanje Poljske i Ukrajine, čak i pre drame koja je nedavno potresla Ukrajinu).

ne, a podrazumevalo bi više od gubitka kupovne moći. Pre svega, ono bi sa sobom povuklo krizu otplate duga grčke države i banaka, koje bi se našle u teškoćama da svoje zajmove iskazane u evrima otplate devalviranom valutom - novom drahmom. Država bi, kao Argentina 2001, morala pristupiti pretvaranju obaveza (i imovine) - ali i svih ugovora generalno - u domaću valutu („pezosifikacija" u Argentini), što, međutim, nije ništa drugo do oblik krize otplate duga, čime se ne bi izbegle ni međunarodne sankcije ni dodatni gubitak reputacije države. Zemlja više ne bi mogla pozajmljivati u inostranstvu i morala bi momentalno uravnotežiti svoj budžet, što bi izazvalo surovo prilagođavanje. Grčka bi takođe izgubila pet milijardi evra koje godišnje prima od Evrope. Grčka, poput svih drugih evropskih zemalja, uplaćuje 1% svog BDP-a putem doprinosa, ali prima 4% iz strukturnih fondova. Evropa, koja je poslednjih godina postala njen glavni poverilac, po osnovu prestanka otplate duga stekla bi pravo da više ne daje Grčkoj novac iz strukturnih fondova. Konačno, Grčka bi se suočila s rastom socijalne nejednakosti, koja je već ekstremno velika. Grci koji su svoj novac položili u inostranstvu postali bi još bogatiji zbog slabljenja drahme, dok bi obični građani gledali kako im kupovna moć dodatno opada.

Mišljenja se razilaze u pogledu mogućnosti širenja ove epidemije na druge evropske zemlje. Evropske banke sada drže vrlo malo svoje imovine u Grčkoj, za razliku od stanja pre 2011. godine, u vreme prvog spasavanja Grčke, kada je kriza otplate duga izazvala velike gubitke po nemačke (i još više) francuske banke. O uticaju Grekzita na druge zemlje preovladala su dva mišljenja: jedni su smatrali da će se finansijska tržišta uspaničiti, jer napuštanje evra više ne bi bilo nezamislivo. Zanimljivije viđenje, koje polazi od istog argumenta, jeste da bi tržišta naučila da Evropa više ne služi za osiguranje duga svojih članica, što je nagovešteno kada je 2011. godine[1] svalila gubitke na privatne poverioce grčke države ili na vlasnike štednih uloga koji nisu bili osigurani na Kipru 2013. Obratno, drugi su tvrdili da

[1] Od privatnih poverilaca koji su držali dug grčke vlade traženo je da produže dospeće svojih potraživanja, da obore kamatne stope i smanje nominalnu vrednost duga za pedeset odsto.

bi napuštanje evra, tako skupo po Grčku, oslabilo populizam u drugim zemljama juga, koje jašu na talasu antievro osećanja. Oni takođe dodaju da bi čvrst stav u pregovorima s Grčkom koristio zemljama koje su uložile napor ili nisu uživale korist od transfera kakvi su učinjeni Grčkoj (Španija, Portugalija, Irska, istočna Evropa). Uostalom, treba primetiti da su ove zemlje bile nemačke saveznice na liniji nepopustljivosti u pregovorima.

Grekzit je rizična opcija, kao što je to i nastavak trenutnog trenda. Prihvatljiva je želja da se dobije u vremenu, ali da bi se izbegla opšta propast, političari će morati šire da sagledaju budućnost evrozone. Ma kakvo mišljenje imali o ovoj situaciji, morao bi postojati konsenzus barem o nekim stvarima.

a) Trojka ne može nastaviti da narednih trideset godina učestvuje u upravljanju zemljom. Iako je grčki dug od 180% BDP-a, koji karakteriše i visoko učešće stranih poverilaca, ogroman za zemlju tako ograničenih fiskalnih mogućnosti, on nakon reprograma iz 2010. i 2012. godine ipak ima duži prosečni rok dospeća (otprilike duplo duži od javnih dugova drugih država), te vrlo nisku kamatnu stopu. Rate će postati veće tek posle 2022, i to na duži niz godina. Može li se predvideti tako dugo prisustvo Trojke? Referendum i opšte nezadovoljstvo izraženo u Grčkoj ukazali su na očigledne ograničene domete ovog plana. Druge zemlje u problemima uglavnom su tražile pomoć MMF-a u vraćanju kredibiliteta i prevlađivanju problema kratkoročne likvidnosti. Demokratija zahteva da intervencija MMF-a bude privremena.

b) Investicije u Grčkoj, pa prema tome i radna mesta, imaju slabe šanse da se oporave dok se ne popravi dugoročna perspektiva.

c) Reforme više vrede od mera štednje, iako treba priznati da ih je u preciznom obliku teško definisati u sporazumu.

d) Ublažavanje duga verovatno je nužno, ali bi samo po sebi omogućilo tek da se dobije u vremenu uz veliki rizik otvaranja pitanja novog ublažavanja duga, koje bi potom usledilo.

e) Solidarnost i odgovornost idu ruku pod ruku. A Evropi je potrebno malo više od svakog od ova dva elementa.

f) Solidarnost je politička odluka. Evropska centralna banka igra ulogu doprinoseći likvidnosti na anticikličan način (tj. u recesiji ili u opasnosti od recesije), te sprečavajući širenje nelikvidnosti promptnim reakcijama, ali ne može biti obavezna da neprekidno pruža podršku zemljama s teškoćama pod izgovorom da je tu solidarnost teže dobiti od parlamenata nego od neizabranog organa. Njena (nužna) nezavisnost mogla bi se time kompromitovati.

IV. NA KOJE OPCIJE EVROPA MOŽE UBUDUĆE RAČUNATI

Rodonačelnici Evropske unije imali su dugoročnu viziju o upravljanju jednim potencijalno opasnim posleratnim periodom, i umeli su da mobilišu potrebnu političku podršku kako bi izgradili Evropu. Danas ponovo imamo potrebu za dugoročnom vizijom. Da bismo ovo uprostili do krajnjih granica, recimo da postoje dve strategije za upravljanje evrozonom. Tu je najpre postojeća strategija, koja počiva na unapređenju Mastrihtskog sporazuma i koja ne predviđa automatske mehanizme, poput zajedničkog budžeta, zajedničkog sistema osiguranja štednih uloga ili osiguranja od nezaposlenosti, što bi omogućilo stabilizaciju ekonomije u teškoćama. Ona u tom smislu podrazumeva ograničeno deljenje rizika.

Drugo, ambicioznije rešenje jeste federalizam, a podrazumeva veće deljenje rizika. Bankarska unija je embrion federalizma. Ako je prati evropsko osiguranje štednih uloga kao garancija za depozite štediša u evropskim bankama koje su i same predmet centralizovanog nadzora, to će biti važan korak ka podeli rizika sa ograničenim moralnim hazardom za države članice (koje više ne nadgledaju svoje nacionalne banke). Čak i ako su gledišta u ovom pitanju podeljena, možemo reći da će korektno sprovedena bankarska unija promeniti stvari. Očigledno je da evropski bankarski nadzor tek čini svoje prve korake, te da tek treba da dokaže svoju nezavisnost u odnosu na države članice i bankarski sektor. S druge strane, neke karakteristike bankarskog nadzora, a posebno njegova slaba politička i medijska pokrivenost, kojom je olakšano napuštanje suvereniteta putem stvaranja bankarske unije, možda će upravo biti smetnja drugim akcijama u pravcu federalne države. Stoga nije sigurno da će stanovništvo tako lako prihvatiti naredne etape ka evropskoj federaciji.

Pitam se jesu li Evropljani i njihove političke vođe sasvim svesni neophodnih uslova da bi zaživeo jedan ili drugi pristup. Ne može se istovremeno insistirati na suverenosti i zahtevati veća podela rizika. I u tome je suština problema.

Poboljšana mastrihtska formula

Mastrihtski pristup ograničava načelo suverenosti država članica samo u pogledu nadzora javnog duga i budžetskog deficita. Teoretski on isključuje spasavanje, dok u praksi, suočena s teškom situacijom u nekoj od svojih država članica, Evropa pokazuje solidarnost. Međutim, ova neplanirana ili *ex post* solidarnost ima nužno svoje limite (zapravo, sva debata usmerena na to da se utvrdi ko bi bio dobitnik, a ko gubitnik nemačkog fiskalnog stimulansa – ukazuje na ograničenja *ex post* solidarnosti). Kako sam ukazao u jednom svom nedavnom članku[1], najmanje rizične zemlje nemaju mnogo interesa u pružanju dodatne sigurnosti (na primer, u vidu zajmova za koje bi bile solidarno odgovorne) zemljama koje su najizloženije rizicima ukoliko ih ove druge ne mogu bez dodatnog zaduživanja obeštetiti za trošak ovog izlaganja. Ovo „slabo interesovanje" ne tiče se samo finansijskog interesa. Naime, čak i ako najmanje rizične zemlje pokažu empatiju, čak i ako strahuju od geopolitičkih posledica ili se vode drugim obzirima zbog kojih se plaše isplivavanja mana neke države članice – one uvek mogu *ex post* u operaciji spasavanja izraziti svoje interese, a sebi ipak prethodno *ex ante* ne vezati ruke.

Ahilova peta mastrihtske konstrukcije jeste kontrola deficita, koja je, kako smo videli, bez sumnje složena, ali i oslabljena manjkom političke volje da se interveniše na vreme, kada je cena budžetske strogosti niža. Izvesni napredak sigurno je bio postignut zahvaljujući sprovođenju paketa reformi, nazvanog *Two-Pack*, koji je

---

[1] Jean Tirole, *Country Solidarity in Sovereign Crises*, American Economic Review, 2015, vol. 105, n° 8, str. 2333–2363.

predviđao eksterno preispitivanje budžetskih politika. Ali njegova efikasnost tek treba da se testira, utoliko što u slučaju da ga jedna od zemalja ne ispoštuje – Evropa nema moć da nametne poštovanje ovog mehanizma.

Budući da politički proces ima male šanse da proizvede priželjkivane rezultate, čini se da mastrihtski pristup zahteva uvođenje visokoprofesionalnog i nezavisnog budžetskog saveta koji bi se mešao u deficit, ali ne i u načine njegovog smanjivanja (obaranje rashoda *vs.* povećanje poreskih prihoda), niti u strukturu rashoda i prihoda. Skorašnja inovacija je uvođenje (u državama članicama) nezavisnih budžetskih saveta (kakvi su već postojali u nekim zemljama, poput Nemačke i Švedske). Nezavisna evaluacija stručnjaka[1] korisna je kako bi se uperilo prstom u anomalije. Na primer, većina vlada u svrhe pripreme budžeta sistematski koristi optimističke projekcije stope rasta, kako bi naduvale očekivane fiskalne prihode i kako bi stvorile utisak da nisu u (prevelikom) deficitu. Ponekad nezavisni budžetski saveti imaju širi mandat, poput švedskog budžetskog saveta, čiji rad obuhvata i evaluaciju posledica vladinih politika, kao i njihovu izvodljivost.[2]

Za razliku od nacionalnih saveta koji su 2011. bili nametnuti državama članicama, ovaj budžetski savet trebalo bi da bude evropski (suština problema je, na kraju krajeva, u „agentskom" odnosu koji postoji između Evrope i država članica) i u mogućnosti da nametne neposrednu i korektivnu meru. Osim toga, budući da su se finansijske sankcije ispostavile kao nepoželjne kada se neka zemlja već našla u finansijskim teškoćama, morale bi se usvojiti i druge mere, koje bi, iz istog razloga, stavile akcenat na strepnje u pogledu legitimiteta i suvereniteta. Međutim, sadašnje suverenističke tendencije, bez ikakve sumnje, ne idu u prilog unapređenju mastrihtskog pristupa.

---

1 Čija imenovanja potvrđuje Evropska unija. Saveti podnose izveštaje Evropskoj uniji, kao i Evropskom sudu pravde. Pretpostavlja se da članovi ovih saveta raspolažu priznatim profesionalnim znanjem i iskustvom.

2 U Francuskoj, Visoki finansijski savet čine četiri sudije Revizorskog suda i četiri druga eksperta (za makroekonomska predviđanja, javne finansije, itd.), koji se ne mogu opozvati narednih pet godina. Njihovi zadaci jesu: 1) da potvrde predviđanja rasta; 2) da daju mišljenje o nacrtima finansijskih zakona i o putanji povratka na budžetsku ravnotežu; 3) da eventualno zahtevaju korektivne mere tokom godine.

Da rezimiramo, ma kako ono interesantno zvučalo, od uvođenja nezavisnih budžetskih saveta ne treba očekivati čuda. Možemo se žaliti zbog činjenice da su njihovi članovi po pravilu državljani datih zemalja, dok je suština njihove misije evropske prirode. A posebno zato što ne rešavaju pitanje šta da se radi kada neka država ne odgovori na upozorenja, što je daleko od čisto teorijske pretpostavke...

Federalistička opcija

— Veća podela rizika

Istorijski posmatrano, brojne zemlje, počev od SAD krajem XVIII veka, u slučaju finansijskih problema svojih država članica – reagovale su uvećavajući sposobnost federalne države da se zaduži, i uspostavljajući sistem redovnih transfera između država članica. Federalistički pristup neizbežno podrazumeva podelu rizika koji je mnogo veći nego što to pretpostavlja sadašnja Evropa. Integracija širih razmera učinila bi evropske zemlje solidarno odgovornim za dugove jednih i drugih putem emitovanja evropskih obveznica, što znači obveznica koje bi zajednički emitovale sve zemlje evrozone i za čiju bi otplatu zemlje snosile zajedničku odgovornost: ako bi neka država zapala u krizu otplate svog duga, druge zemlje preuzele bi njegovu otplatu. Zajednički budžet, osiguranje bankarskih depozita i osiguranje za slučaj nezaposlenosti postali bi „automatski stabilizatori", nudeći više zaštite zemljama koje bi se našle u privremenim teškoćama. Na primer, putem poreza na dohodak, posebno zbog njegovih progresivnih stopa, vršili bi se veliki transferi iz bogatih ka siromašnim regionima čiji su rashodi (osnovne penzije, zdravstvo) jednako visoki kao i u drugim regionima.

Diskutabilne su razmere ovakve podele rizika preko budžeta i zajedničkog osiguranja. Čini se da je u federacijama poput SAD ovaj vid stabilizacije ograničen i daleko manji od onog koji se odigrava preko finansijskih tržišta, tj. preko diversifikacije portfolija preduzeća i fizičkih lica mimo granica države.[1] Ali možda je ova podela

[1] S druge strane, Evropa ne bi bila federacija poput drugih, a segmentacija finansijskog tržišta u periodu krize ograničava podelu rizika posredstvom finansijskog tržišta.

rizika, ma šta joj bio izvor, doprinela tome da preporučivana politika nespasavanja postane kredibilnija. Podsetimo na to da američka federalna vlada nakon četrdesetih godina XIX veka ne spasava svoje države članice: postojanje stabilizatora smanjuje opravdanja za slabe performanse.

— Preduslovi za federaciju

Federalistička vizija zahteva dva uslova. Kao prvo, svaki ugovor o osiguranju obično se mora potpisati pod tzv. velom neznanja. Ni vi ne biste pristali da budete solidarni sa mnom u nekom planu stambenog osiguranja kad bi moja kuća već bila zahvaćena vatrom. Zato je podela visokih rizika verovatno neprihvatljiva za zemlje severa Evrope. Aktuelna asimetrija između severnih i južnih zemalja eventualno bi se mogla korigovati putem identifikacije i izolacije problema nasleđenih iz prošlosti, te putem njihovog adekvatnog rešavanja. Ovaj problem je stvaran i složen, ali može se rešiti. Na primer, s uspostavljanjem evropskog sistema osiguranja depozita, prethodni gubici banaka u problemima mogli bi se rešavati zahvaljujući stvaranju struktura za rešavanje kriznih situacija koje bi bile u polju nadležnosti svake od država članica.

Druga stvar, koja je od još veće suštinske važnosti, jeste to da bi države koje žive pod istim krovom morale imati zajedničke zakone kako bi ograničile moralni hazard. Zajedničke norme trebalo bi da se odnose na oblasti koje bi, u slučaju lošeg upravljanja, mogle biti povod da određena zemlja zatraži pomoć. Primetili smo da se regulacija banaka ne može sprovesti na nivou država jer bankarski sektor i politika mogu izvršiti prevelik uticaj na nadzor. Složenije je kad je u pitanju zajednički sistem osiguranja za slučaj nezaposlenosti. Stopa nezaposlenosti u zemljama evrozone samo je delimično određena ekonomskim ciklusom koji bi mogao opravdati postojanje osiguravajućeg mehanizma. Ona takođe zavisi od odluka donetih u vezi sa – između ostalog – zaštitom radnih mesta, aktivnim politikama tržišta rada, doprinosima za socijalno osiguranje, ustanovama za profesionalno usavršavanje, kolektivnim pregovaranjem i zaštitom pojedinih profesija. Jasno je da zemlje koje su se odlučile za institucije što proizvode stope nezaposlenosti od 5% ne bi želele da učestvuju u osiguranju sa onim zemljama koje proizvode stope nezaposlenosti od 20%. Možemo verovati da isto važi i za penzije, te za pravosudni sistem. Pa ipak, brojni su Evropljani, uključujući i one što se smatraju federalistima, koji se suprotstavljaju ideji o daljem napuštanju suverenosti njihovih zemalja.

Federalistički pristup neće biti podstaknut ni prostim stvaranjem političke Evrope. Trebalo bi prvo sačiniti sporazum o temelju u vidu jednog „sloja" zajedničkih zakona, kako se to činilo nekada, svakako na mnogo skromniji način, najpre u početnoj fazi evropskih integracija, a zatim u postepenom uspostavljanju onoga što zovemo pravnim tekovinama Evropske unije. Zemlje koje su sprovele bolne reforme na političkom planu mogle bi se uplašiti da će im se tekovine izgubiti. Uopšte gledano, svaka država članica plašiće se da bi posledica ozbiljne ugovorne nedovršenosti političke Evrope mogla biti njena još veća udaljenost od cilja kojem se teži u odnosu na današnji. Posledice federalizma svi moraju shvatiti pre nego što krenu tim putem.

— Granice solidarnosti

Federalizam je ponekad više od ugovora osiguranja između više regiona jedne iste federacije. Drugim rečima, transferi između tih regiona mogu biti strukturalni pre nego konjunkturni. U SAD, bogate države članice, poput Kalifornije i Njujorka, u velikoj meri i sistematski subvencionišu siromašne države, kakve su Alabama ili Lujzijana. Novi Meksiko, Misisipi i Zapadna Virdžinija primili su u poslednjih dvadeset godina u proseku više od deset odsto svog bruto domaćeg proizvoda[1], a da ne govorimo o Portoriku, koji u ovom trenutku prima 30% svog bruto domaćeg proizvoda od ostatka SAD. Nemačka vrši važne i predvidljive transfere između *Ländera,* koji svi primaju otprilike ista sredstva po glavi stanovnika. Isto važi i za severnu Italiju u odnosu na južnu, južnu u odnosu na severnu Englesku, Kataloniju u odnosu na ostatak Španije, ili današnju Flandriju u odnosu na Valoniju (dok su nekad finansijski tokovi išli od Valonije prema Flandriji).

---

[1] *The Economist.*

Na kraju krajeva, sve zavisi od volje bogatih regiona da finansiraju siromašne regione. Još uvek nam nije poznato čime je uslovljena ta volja. Jasno je da jedan jezik i zajednička nacionalna osećanja potpomažu nastanak takvih transfera, koji se obavljaju u jednom smeru: tako je s Nemačkom ili Italijom. Može se istaći i da su upravo snažni separatistički krugovi u Kataloniji ili Flandriji povezani s kulturološkom i jezičkom distancom. Uopšte uzev, klasična opaska jeste da je država blagostanja uglavnom razvijenija u homogenim zajednicama.[1] Ono što je tačno u pogledu lokalnih samouprava bez sumnje se pokazuje tačnim i na nacionalnom i internacionalnom nivou: bilo to dobro ili loše, stanovništvu je preraspodela prihvatljivija kada su mu njeni korisnici kulturološki, jezički, religijski ili rasno bliski.

— *A sada*

Teško je unapred reći kojim će putem Evropa krenuti da bi rešila ove probleme, možda putem ponovnog usavršavanja Mastrihtskog sporazuma, praćenog specifičnim, ali nužno ograničenim oblicima integracije, poput bankarske unije. Ali ako mi Evropljani želimo da živimo pod istim krovom, moramo prihvatiti ideju da možemo izgubiti malo više suvereniteta. A da bi se u ovoj suverenističkoj epohi to desilo, moramo ponovo oživeti evropski ideal i ostati ujedinjeni u pogledu tog ideala, što nije mala stvar.

[1] Alberto Alesina, Ed Glaeser, *Fighting Poverty in the US and Europe. A World of Difference*, Oxford, Oxford University Press, 2004.

POGLAVLJE 11

Čemu služe finansije?

Malo koja ekonomska tema budi toliko emocija kao finansijski sektor. Od krize iz 2008, broj njegovih protivnika znatno je porastao, dok su se njegovi zagovornici pritajili. Svi se slažu u mišljenju da je svet finansija danas vodeća ekonomska sila u svim razvijenim zemljama. Ali je li to dobro ili loše? Da bi se pristupilo ovom pitanju, trebalo bi da shvatimo svrhu finansijskog sektora, njegovu korisnost, njegove mane, njegovu regulativu... Uloga ekonomiste jeste da ublaži nedostatke tržišta. Iz tog razloga, pošto naglasimo nužnost finansijskog sektora za organizaciju društva, glavni deo ovog poglavlja posvećujem razumevanju toga zašto ovo pitanje može biti problem i kako mu država može pristupiti. Potom ću, u narednom poglavlju, predstaviti dijagnostiku finansijske krize i novog stanja u svetu nakon krize.

I. ČEMU SLUŽE FINANSIJE?

Krenimo od jedne očite stvari: finansijski sektor neophodan je ekonomiji. Da nije, bilo bi nam dovoljno da ga zabranimo, čime bismo poštedeli sebe krize i spasavanja finansijskog sistema. Nijedna zemlja, naravno, nije izabrala tu opciju. Pojednostavljeno prikazano, finansijski sektor ispunjava dve uloge na strani zajmoprimaoca (dužnika): finansiranje ili pomoć u finansiranju preduzeća (od početničkih do onih najvećih iz berzanskog indeksa CAC 40), domaćinstava i države; te im obezbeđuje rešenja da se zaštite od rizika koji bi ih mogli destabilizovati. U toj svojoj ulozi, finansijski sistem takođe opskrbljuje domaćinstva i instrumente štednje.

Finansijski sektor prvenstveno posreduje između slabo informisanih štediša (kao što smo vi i ja) i zajmoprimaca. Sve donedavno, u srcu bankarske profesije bilo je prikupljanje štednje domaćinstava i njeno preusmeravanje u zajmove namenjene drugim domaćinstvima koja investiraju u nekretnine ili u trajna potrošna dobra, kao i malim i srednjim preduzećima, kako bi im se omogućilo da finansiraju svoj rast, ili prosto da prevladaju trenutne teškoće u poslovanju. Ranije su se domaćinstva i mala i srednja preduzeća mogla zaduživati samo kod banaka, dok su velika preduzeća često imala mogućnost da se finansiraju iz sopstvenih sredstava i emisija obveznica na tržištima hartija od vrednosti. Usmeravajući novac iz domaćinstava ka najperspektivnijim preduzećima, tj. vršeći odabir preduzeća koja bi mogla biti korisnici zajmova, finansijski sektor učestvuje u usmeravanju i preusmeravanju raspoloživih sredstava ka preduzećima koja će na najbolji način koristiti ova sredstva. Zato je finansijski sektor ključni faktor ekonomskog rasta.

Na taj način banke sprovode aktivnosti transformacije ročnosti i stvaranja likvidnosti. One radije drugima daju zajam na duži rok, a same od drugih pozajmljuju na kraći rok. Tako nam naša banka omogućava trenutni pristup našim štednim ulozima, ali nam pozajmljuje na dvadeset godina kada želimo da kupimo kuću. Ovo banku čini potencijalno ranjivom, čemu ću se još vratiti: ako bi sve štediše zatražile isplatu svojih štednih uloga istovremeno, u trenutku dok banka još uvek nije naplatila sve odobrene kredite, ona bi morala nabaviti svež novac da bi ispunila svoja obećanja u pogledu likvidnosti štednih uloga, što znači da bi morala pronaći nove štediše, ili pak prodati potraživanja (stambene kredite i kredite preduzećima) koje poseduje.

Finansijski sektor takođe stvara proizvode osiguranja za preduzeća, domaćinstva i državnu upravu. Kao što nam neko osiguravajuće društvo omogućava da se osiguramo od saobraćajne nesreće, požara u stanu, profesionalne nesposobnosti ili smrti – banke, osiguravajuća društva i reosiguranja omogućavaju preduzećima da se zaštite od slučaja koji bi mogli dovesti u pitanje njihov rast, ili čak opstanak. Tako su prihodi kompanije *Airbus* prvenstveno ugovoreni u dolarima, a troškovi delom u evrima, iako pad dolara može ugroziti njegove aktivnosti. Kompanija *Airbus* može se osigurati od fluktuacije kursa dolar–evro posredstvom deviznih svopova.[1]

Banke su često pod udarom fluktuiranja kamatnih stopa. Kako sam već rekao, one uglavnom pozajmljuju od drugih na kratak rok, dok same drugima pozajmljuju na duži rok, pa ako kamatne stope u privredi rastu, troškovi banke trenutno rastu, dok joj prihodi ostaju delimično zamrznuti (u kreditima preduzećima i domaćinstvima najčešće su definisane nominalne kamatne stope, koje nisu indeksirane na promenu visine stopa na tržištu). Banka se može osigurati od ovog rizika koristeći instrument koji se zove „kamatni svop". Poslednji primer: preduzeće može postati ranjivo ukoliko se neki njegov važan klijent (ili dobavljač) suoči s finansijskim teškoćama. Ono ima mogućnost da se od ovog rizika osigura posredstvom CDS-a (*credit default swap*), koji bi mu u tom slučaju nadomestio prihode. Šire gledano, mnogi derivati – kao proizvodi čija vrednost zavisi od kretanja drugih varijabli, poput kurseva valuta, ili kamatnih stopa, ili stečaja nekog preduzeća – nude ekonomskim akterima mnogobrojne mogućnosti pokrivanja rizika od situacija koje bi ih mogle zadesiti. Zbog toga su korisni za društvo.

Danas su delatnosti banaka i drugih finansijskih posrednika mnogo brojnije i složenije nego u prošlosti. Naravno, bankrotstvo finansijskih posrednika društvo je oduvek skupo plaćalo, ali je finansijski sektor u celini posebno ugrožen nakon krize iz 2008. Šta se tada desilo?

---

[1] Svop (swap) – ugovor o razmeni finansijskih priliva između dve strane. Na primer, *Airbus* i njegov finansijski partner (npr. neka banka) mogu se sporazumeti da će u budućem trenutku *Airbus* razmeniti jedan dolar za *x* evra sa svojim finansijskim partnerom. Tako će *Airbus* biti manje pogođen padom dolara (kao i svaki ugovor o osiguranju, naravno, i ovaj ugovor biće nepovoljan za *Airbus* ako dolar raste, ali će mu u tom slučaju i prihodi porasti).

II. KAKO PRETVORITI KORISNE PROIZVODE U TOKSIČNE PROIZVODE?

Da bismo ilustrovali moguće štetne strane finansija, uzmimo dva primera koja su odigrala ključnu ulogu tokom krize iz 2008 – finansijske derivate i proizvode sekjuritizacije. Zašto su se ovi proizvodi, čiju smo korisnost upravo opisali, našli u samom središtu previranja tokom krize iz 2008? Zbog problema asimetričnosti informacija, kako je često bivalo u ranijim primerima iz ove knjige. Naime, ovi proizvodi mogu se koristiti da bi se rizici od gubitaka preneli na treća lica a da ona to pritom nisu tražila.

Štetna strana finansijskih derivata

Kako ćemo detaljnije videti u narednom poglavlju, finansijski derivati opustošili su finansijski sektor. Uzmimo ovde primer u kojem su kupci toksičnih finansijskih proizvoda bili iz javnog sektora. Francuska štampa izveštavala je o toksičnim zajmovima što ih je hiljadu i pet stotina lokalnih samouprava (opština, departmana, ali i bolnica) ugovorilo s finansijskim posrednicima kao što je *Dexia* (koja je specijalizovana za ove zajmove, a koju su kasnije morali spasavati Belgija i Francuska).[1] Prvi, vrlo učestao problem: ovi zajmovi su, kako to često biva[2], nosili vrlo nisku kamatnu stopu na početku zajma, koja je snažno rasla u toku aranžmana. Je li reč o toksičnim kreditima? Nije nužno, pod uslovom da lokalna samouprava štedi tokom početnog grejs perioda kako bi mogla bezbrižno otplaćivati

[1] Na primer, u 2012. departamani Ron i Sen Deni uzeli su 418, odnosno 345 miliona na ime toksičnih zajmova, dok je opština Aržentej uzela 118 miliona.

[2] Javno-privatna partnerstva koja mogu biti zanimljiva rešenja za finansiranje javne infrastrukture, jer kombinuju nameru javnih vlasti s efikasnošću privatnog sektora, kroz istoriju su često bila prihvatana iz loših razloga: privatni partner preuzimao je teret početnih rashoda, dok se javna vlast obavezivala da će mu nadoknaditi znatne sume, ali u dalekoj budućnosti (ili čak prepustiti svoja prava na buduće prihode od ove investicije). Sistemi javnog računovodstva pokušali su da kazne ovakve strategije vremenskog odlaganja.

visoke dospele obaveze u nastavku, što lokalna samouprava najčešće nije radila (u protivnom, štednja bi nadoknadila uštedu koja je napravljena na početku zajma zahvaljujući kamatnim stopama dobrodošlice – *teaser rates* – pa ova poslednja ne bi imala nikakvog efekta niti opravdanja). Korišćenje kamatnih stopa dobrodošlice upravo i služi lokalnoj samoupravi da sačuva faktičku budžetsku ravnotežu u periodu trošenja ili velikih zapošljavanja u javnom sektoru.

Ova praksa očigledno je korisna za političare koji su na funkciji, jer na narednim izborima mogu isticati male troškove otplate duga i uravnotežene finansije svoje opštine ili departmana. Da bi osvojile tržište, finansijske institucije ulaze u saveze s lokalnim samoupravama i idu u susret željama lokalnih političara, predlažući im aranžmane s različitim ritmom otplate u budućnosti. Političari, tako skloni tome da osude kamatne stope dobrodošlice u slučaju *subprime* kredita, nažalost, isto čine pri strukturiranju zajmova svojih lokalnih samouprava. U Francuskoj postoji kontrola koju vrši Regionalni revizorski sud, ali ova kontrola nastupa *ex post*, kada je često već kasno. Neki prefekti stavili su samouprave pod nadzor zbog ovih toksičnih zajmova, ali nisu uvek bili uvažavani. Bilo bi korisno dodati još instrumenata za kontrolu nad zaduživanjem, recimo, zahtev da svaki novi rashod ima svoj način finansiranja u narednim godinama (osim možda investicija na vrlo dugačak rok, koje imaju potrebu za dužim periodom). Nema jednostavne metode u budžetskom računovodstvu[1], i različite zemlje eksperimentisale su s različitim rešenjima. No, čini mi se da bi se francuski okvir poboljšao kada bi bio transparentniji.

Drugi problem – koji je možda pre anegdota, ali koji je i dalje indikativan – jeste to što je toksičnost ovih zajmova poticala i otud što su oni bili indeksirani različitim varijablama, poput kursa japanskog jena ili švajcarskog franka. Na primer, zajmovi pet stotina lokalnih samouprava i bolnica bili su indeksirani u švajcarskim francima.[2]

[1] MMF, pre svega, redovno objavljuje studije o funkcionisanju fiskalnih pravila. Na primer, *Expenditure Rules: Effective Tools for Sound Fiscal Policy?*, februar 2015, Working Paper.

[2] Što je valuta koja naizgled nije povezana s rizicima, ali je u stvarnosti vrlo rizična: Centralna banka Švajcarske drži franak potcenjenim, i to na nivou

Drugim rečima, iznos otplate zavisio je od kretanja kursa koji nije imao veze s finansijama ovih opština. Tako su lokalne samouprave morale otplatiti zajmove s kamatnim stopama koje su išle i do 40% ili 50%, dok su referentne stope ECB bile skoro ravne nuli!

„Lokalne samouprave žrtve finansijskih špekulacija", kako su toliko puta tvrdili naslovi u štampi? I da i ne. Bez ikakve sumnje, kod nekih finansijskih posrednika s *Dexiom* na čelu postojao je dokazani manjak obzira, budući da su im sve posledice ovih toksičnih zajmova bile poznate kada su ih ugovarali. Ovi profesionalci („ljudi od zanata") trebalo je da predlože rešenja koja bi bila u skladu sa interesima tih lokalnih zajednica (a ne u skladu sa interesima njihovih izabranih čelnika s kojima su pregovarali), što je obaveza koju nisu ispunili.

Ali odgovornost je zajednička. Ako se lako može prihvatiti to da su neki političari bez mnogo obrazovanja i iskustva i bili prevareni, u drugim slučajevima može se pretpostaviti saučesništvo finansijskih službi i lokalnih samouprava, posebno kod onih najvećih.[1] S jedne strane, mehanizam vrlo niskih kamatnih stopa dobrodošlice i kasnijih vrlo visokih iznosa otplate – lako je razumeti. S druge strane, uključujući i one političare koji nisu specijalisti za nove finansijske proizvode (što bi ih samo po sebi već moralo podstaći na oprez), ko je uopšte mogao pomisliti da bi indeksacija u jenima ili švajcarskim francima mogla pokriti veći rizik opština i departmana? Svesno ili ne, lokalne samouprave koristile su finansijske derivate kako bi poboljšale sliku svog budžeta u kratkom roku, ili da bi na veštački način stvorile rizik umesto da ga uklone, što je čisti rulet. Lokalne samouprave uvek su vrlo glasne kada izgube novac u finansijskim

od 1,20 švajcarskih franaka za jedan evro. Sve do januara 2015, kada je dopustila da švajcarski franak ojača za otprilike 20% u odnosu na evro.

[1] Boris Vallee, Cristophe Perignon, *The Political Economy of Financial Innovation. Evidence from Local Governments*, rad objavljen na internetu, 2016. Ovi autori ukazuju na to da su velike lokalne samouprave (koje u osnovi imaju svoje kvalifikovanije finansijske službe i pristup eksternoj ekspertizi) u većoj meri pribegavale strukturiranim zajmovima. Isto važi i za gradonačelnike s visokim stepenom obrazovanja (na primer, one koji su državni funkcioneri).

operacijama, ali strahujući da ne budu optužene za špekulacije, one nikad ne govore o tome kad ostvare dobitak u ovim operacijama, razmećući se svojom dobrom upravom. Ironija ove epizode jeste u tome što je Francuska ustanovila kompenzacioni fond za lokalne samouprave, čime je *ex post* uvažila manjak obzira nekih kreditora i saučesništvo odnosno nekompetentnost finansijskih službi ovih samouprava.

Slučaj s toksičnim zajmovima lokalnih samouprava istovremeno je paradigma – na svetskom nivou, on predstavlja tek mali deo gubitka nastalih zbog nepreporučljivih finansijskih aranžmana, a naročito je tipičan primer za upotrebu finansijskih derivata kao instrumenata za preuzimanje rizika umesto za obezbeđivanje od rizika. Jer, rizici koji potiču iz finansijskih mehanizama vrlo se često svaljuju na treća lica, lišena informacija i bilo kakve kontrole nad njihovim nastankom: na organe uprave opštine, štediše banke, poreske obveznike... A u ovim situacijama finansije brzo mogu prestati dobro da funkcionišu.

Finansijski derivati tako stvaraju asimetričnost informacija između prudencijalnih supervizora i banaka, osiguravajućih društava i penzionih fondova nad kojima vrše nadzor. Derivati koji se direktno prodaju[1] ponekad su namerno vrlo složeni. Njihova složenost omogućava im da prikriju rizike od supervizora. Naime, reč je o tome da bi trebalo razlikovati finansije koje koriste sofisticirani akteri – oni, dakle, koji odlično razumeju rizike inherentne nekoj finansijskoj transakciji, pa ne predstavljaju opasnost za male štediše i budžetska izdvajanja – i one druge, koje upravo moraju biti pažljivo regulisane. To što Voren Bafet[2] želi da se kladi na neki složen finansijski derivat

[1] Vanberzansko tržište je tržište na kojem se transakcije zaključuju između kupca i prodavca putem ugovora koji je, uopšte uzev, slabo standardizovan. S druge strane, organizovano berzansko tržište podrazumeva berzu gde brojni kupci i prodavci razmenjuju hartije od vrednosti koje su prilično standardizovane.

[2] Voren Bafet (Warren Buffett), koji je među najbogatijim ljudima na našoj planeti, ima reputaciju jednog od najupućenijih investitora. Njegov fond *Berkshire* premašio je berzanske indekse S&P 500 i Dow Jones tokom više od četrdeset godina, što je izuzetan uspeh.

ili rizičan poduhvat – samo po sebi nije razlog za brigu, jer koristi sopstveni novac ili novac sofisticiranih aktera. Prudencijalna regulacija banaka, osiguravajućih kuća, penzionih fondova i, uopšte uzev, finansijskih posrednika potrebna je radi zaštite aktera koji ne razumeju složenost i rizičnost finansijskih derivata, ili nisu u mogućnosti da kontrolišu bilanse i sve ono što ostaje „van bilansa" njihovih finansijskih posrednika. Potreba za ovom regulacijom takođe ima svoje razloge u zaštiti javnih finansija, utoliko pre što bankrotstvo neke od institucija često vodi ka planu za spasavanje sredstvima iz državnog budžeta.

Drugi primer: Sekjuritizacija

Kada nam banka odobri stambeni kredit na petnaest godina, može odlučiti da taj kredit zadrži u svojim bilansima. Onda će nastaviti da tokom petnaest godina, koliko traje taj kredit, prihoduje sve kamate, kao i otplatu glavnice po ovom zajmu. Ali ona može i izneti ovaj kredit iz svojih bilansa. Potom ovaj kredit (uključujući i pripadajuće prihode) prodaje drugim akterima, na primer drugoj banci ili nekom investicionom fondu, ili radije povezuje određeni broj tih kredita i preprodaje ih u obliku hartije od vrednosti (sekjuritizuje ih) čije dividende ili kuponi potiču od otplate naših stambenih kredita.

Između ove dve krajnosti, banka može odlučiti da sekjuritizuje samo jedan deo svog portfelja stambenih kredita, a da drugi deo sačuva (deo koji ostaje u bilansima banke u finansijskom žargonu naziva se *skin in the game*). Sačuvani deo služi tome da banku učini odgovornom, jer će biti pažljivija pri odobravanju stambenih kredita ako zna da neće moći da celokupni rizik otplate prebaci na nekog drugog. Jer, sekjuritizacija oslobađa od rizika: emitent gubi motivaciju za nadzor kvaliteta zajmova ako zna da neće snositi posledice.[1]

[1] U vezi s raspravom o podsticajnim efektima i opasnostima sekjuritizacije, vidi (među mnogim drugim izvorima, jer se o ovoj temi dosta diskutovalo u ekonomskoj literaturi) Mathias Dewatripont, Jean Tirole, *The Prudential Regulation of Banks*, Cambridge, MIT Press, 1994.

Dakle, opasnost je u tome što emitent odobrava previše rizičan zajam, a potom ga se oslobađa putem sekjuritizacije, jer njegovi kupci nemaju mogućnosti da prepoznaju manjak odgovornosti (s druge strane, manjak sredstava obezbeđenja na strani emitenta trebalo bi da im otvori oči). Zapravo, stopa loših kredita među stambenim kreditima koji su isti po gotovo svim obeležjima, osim što se razlikuju prema tome mogu li se lakše ili teže sekjuritizovati, u slučaju ovih drugih može iznositi i 20%![1] Moralni hazard na delu...

Stara praksa, sekjuritizacija se javlja svuda, a primer su zajmovi malim i srednjim preduzećima, zajmovi za kupovinu automobila, potrošački krediti preko kreditnih kartica, ugovori o osiguranju i reosiguranju, itd. Čemu ona služi? Pre svega, ona emitentima plasmana omogućava da se refinansiraju: pošto su popravili likvidnost, sada mogu finansirati i druge svoje ekonomske delatnosti. Sekjuritizacija takođe dopušta da se „mrtvi kapital" preobrazi u „živi kapital". Osim toga, u nekim slučajevima snažno uvećanog rizika povezanog s nekim posebnim zajmoprimcem – sekjuritizacija emitentu omogućava diverzifikaciju, tj. da manje bude izložen riziku ako otplata nekog pojedinačnog zajma izostane. Sekjuritizacija je stoga vrlo korisna praksa ako se primenjuje promišljeno. Jer, baš kao i u slučaju s finansijskim derivatima, i ova praksa izopačila se tokom prethodnih kriznih godina...

Naime, izdavaoci zajmova, koji su nekada veliki deo zajmova zadržavali u bilansima, počeli su skidati sa sebe[2] dobar deo rizika

---

[1] Benjamin Keys, Tanmoy Mukherjee, Amit Seru, Vikrant Vig, *Did Securitization Lead to Lax Screening? Evidence from Subprime Loans*, Quarterly Journal of Economics, vol. 125, n° 1, str. 307–362.

[2] Ovde neću zalaziti u svu složenost procesa sekjuritizacije. Emiteri prvo prepakuju svoje kreditne portfelje u SIV-ove (*structured investment vehicles*), koje potom prodaju kao manje ili više rizične pulove ovih kredita da bi ponudili proizvode što odgovaraju apetitima različitih investitora (brojni akteri, da bi bolje kontrolisali upravljanje rizicima ili iz normativnih razloga, potražioci su dobro rangiranih hartija od vrednosti). Na primer, prudencijalna pravila za komercijalne banke zahtevala su 8% sopstvenog kapitala u odnosu na rizikom ponderisanu imovinu. Za segmente AAA (što je najbolji kreditni rejting), procenjeni rizik iznosi samo 20%, tako da je dovoljno da

povezanih sa zajmovima. Stopa sekjuritizacije stambenih kredita porasla je sa 30% u 1995. na 80% u 2006. godini. A posebno u slučaju famoznih *subprime* zajmova (tj. onih s velikim rizikom neplaćanja od strane dužnika), pa je udeo koji je sekjuritizovan porastao sa 41% u 2001. na 81% u 2006. godini. A videli smo da se izdavalac ne može u potpunosti lišiti rizika: mora zadržati deo rizika, kako to, uostalom, rade i osiguravajuća društva kada deo svog rizika prebacuju na reosiguravače. Osim toga, sekjuritizacija je veoma porasla u trenutku kada su zajmovi postali prilično rizični, dok i teorija i praksa nalažu da banke zadrže upravo veći deo portfelja kada su im zajmovi rizičniji, dakle kada su izloženiji asimetričnosti informacija.

Osim toga, sekjuritizaciju mora pratiti „sertifikacija". Ovaj ritual životnog ciklusa posredništva na finansijskom tržištu, s kojim se susrećemo i kod mnogih drugih institucija (recimo, pri ulasku na berzu), javlja se u obliku pažljive analize koju sprovode kupci i agencije za kreditni rejting. Kako ćemo videti u narednom poglavlju, kupci su u datom slučaju kupovali ne opterećujući se kvalitetom (zbog zaobilaženja zahteva za kapital), dok su agencije za kreditni rejting izuzetno potcenile rizike, na šta ukazuje bankrotstvo brojnih izdavalaca hartija od vrednosti rangiranih ocenom AAA, za koje se očekivalo da budu najsigurnije na tržištu.[1]

Izazov: Ne baciti bebu zajedno s vodom iz korita

Nijedan finansijski instrument nije sam po sebi za osudu ako su strane koje ih koriste dobro uvidele rizike i ukoliko nije upotrebljen

se izdvoji 1,6 evrocenti sopstvenih sredstava na jedan evro ovakve aktive. Kreditne linije odobrene SIV-ima takođe nisu bile praćene većim zahtevima. Upućujem na svoju monografiju iz 2008, te na brojne članke posvećene ovoj temi.

[1] Agencije za utvrđivanje kreditnog rejtinga (*Standard & Poor's*, *Moody's*, *Fitch*) imaju ocene koje idu od AAA (najbolja ocena) do D (što ukazuje na „krizu u otplati duga"): AAA, AA+, AA, AA-, A+... Investicije s kreditnim rejtingom ispod BB+ smatraju se špekulativnim, iako je ovakva demarkaciona linija, naravno, diskutabilna.

da bi se rizik preneo na treću stranu (investitora, garantni fond, upravu za trezor...), koja ne bi bila svesna čemu se izlaže pri datoj finansijskoj transakciji. Kada se adekvatno koriste, ovi, u poslednje vreme tako dezavuisani finansijski instrumenti – doprinose dinamičnosti svetske ekonomije. Bilo bi konstruktivnije pokrenuti izrazito stručnu debatu o nedostacima tržišta i regulaciji nego zajedno odbaciti sve tekovine savremenih finansija. Ipak, ne može se poreći da ovi instrumenti usložnjavaju nadzor nad finansijskim sistemom – a da ono što se kvalifikuje kao „finansijska inovacija" često predstavlja samo način da se zaobiđu pravila i da se veliki rizik svali na aktere (male investitore, poreske obveznike) koji to nisu tražili – te da je potrebno stalno loviti brojne zloupotrebe. Nije reč o tome da bi trebalo preispitati načela na kojima počiva sekjuritizacija ili finansijski derivati, već o tome da je potrebno vratiti se temeljima ekonomije i sprečiti moguće štetne posledice ove prakse.

Špekulacija: Izmišljotina ili stvarnost?

U ekonomiji verovatno nema teže uvrede nego nazvati nekoga „špekulantom". Zapravo, špekulant je neko ko se kladi na finansijskom tržištu. Da odmah razjasnimo jednu stvar: svi smo mi na neki način špekulanti. Probajte sledeće: ako neko od vaših prijatelja počne da vam priča o pogubnim posledicama velike međunarodne špekulacije u kojoj se prodaje grčka imovina, a odbija se pozajmica Grčkoj, čime se grčka ekonomija lišava kiseonika (što se zaista i dešava), pitajte ga je li investirao u grčke obveznice, ili namerava li da svoju ušteđevinu ili životno osiguranje konvertuje u njih. Ili, ako kupujemo kuću računajući na to da će cene nekretnina u tom delu grada ostati iste (ili da će porasti kada je budemo prodavali), onda se kladimo na cenu neke imovine i špekulišemo. Istina je sledeće: ako raspolažemo i najmanjom ušteđevinom, onda svi mi – i pojedinci, i preduzeća, i finansijske institucije ili države – plasiramo svoj novac u najmanju ruku s ciljem da ga zaštitimo, štaviše da optimiziramo njegov prinos (praveći kompromis između rizika i prinosa prema svojoj sklonosti ka riziku).

Uloga berzanskih tržišta

Istupimo na momenat iz sveta duga da bismo osmotrili svet akcija. Kakav je interes preduzeća da emituje prenosive hartije od vrednosti što ne preciziraju nikakve prinose i samo obećavaju dividende koje nisu unapred precizirane, a koje će biti utvrđene tek na osnovu diskrecione odluke skupštine akcionara, a na predlog borda direktora? Ona imaju više mogućih koristi od toga. Kao prvo, činjenica da isplate vlasnika hartija od vrednosti akcionarima nisu unapred definisane, za razliku od kamata na dugove, ostavlja više manevarskog prostora preduzeću kada mu ponestane sredstava, zbog čega preduzeće nema u tolikoj meri utisak da mu stoji „nož pod grlom". Naravno, postoji i druga strana medalje, tj. manji pritisak na menadžment da postigne rezultate. Konačno, nivo zaduženosti (tačnije – poluge „leveridža") zavisi od prihoda preduzeća. Na primer, startapi često godinama stvaraju vrlo malo prihoda, te ih opterećivanje otplatom duga izlaže snažnom riziku od gušenja, dok je *a contrario* isplata redovnih kupona opravdanija u slučaju preduzeća s redovnim prihodima i slabom perspektivom u pogledu profitabilnih investicija (na primer, poznati brend cigareta).[1]

Paradoksalno, drugi benefit povezan je s činjenicom da su akcije za njihove držaoce daleko rizičnije od dugova.[2] To podstiče analitičare berzanskih tržišta na to da se bolje zagledaju u stvarnu vrednost tih akcija: hoće li strategija menadžerskog tima dovesti do stvaranja profita, odnosno dividendi i dodatne vrednosti? U tom smislu, berzanska vrednost nekog preduzeća izražava gledište tržišta u vezi s kvalitetom upravljanja tima menadžera. Svakako da se to mišljenje „razglašava": berzanske vrednosti mogu naduvati mehur (kako

[1] Čitalac može odbaciti ideju o tome da investitor naplaćuje kupone preduzeća koje proizvodi profit na štetu zdravlja svojih klijenata. Uostalom, neki investicioni fondovi koji su društveno odgovorni (vidi sedmo poglavlje) izbegavaju investiranje u ovaj tip preduzeća, pa država treba da preuzme svoju odgovornost. Ovde je poenta u sledećem: pošto je profit ostvaren, bolje je da on ide štedišama nego da se reinvestira u preduzeće.

[2] Naravno, dug dobrog kvaliteta, jer „trule" obveznice mogu biti jednako rizične kao i akcije.

ćemo videti kasnije), i u načelu su prilično nestalne. Može se takođe desiti da jedna ekipa menadžera pokuša da manipuliše ovom vrednošću kako bi je naduvala, najčešće kratkoročno, putem strateškog filtriranja informacija o preduzeću. Ali, uprkos svojim istinskim nedostacima, berzanska vrednost jednog preduzeća bolja je mera njegove dugoročne performantnosti nego godišnji računovodstveni podaci. Uostalom, novčana naknada menadžera koja se zasniva na bonusima vodi odveć kratkovidom ponašanju kada dođe do izbora između kratkoročnog i dugoročnog delovanja.

Konačno, investiranje (ili neinvestiranje) u potpunosti je podstaknuto privatnim interesom, ali je isto tako od interesa za štediše. Tako informisani finansijski akteri prodaju precenjene hartije od vrednosti, čime obaraju njihovu vrednost. Mi, kao male štediše bez ikakvih informacija, bez sumnji kupujemo ove hartije - recimo, putem životnog osiguranja u obračunskim jedinicima ili preko plana štednje zasnovane na kupovini akcija preduzeća – po ceni bližoj njihovoj pravoj vrednosti, pa ćemo stoga imati sreće da nas „ne preveslaju". Ova finansijska arbitraža jeste vrsta špekulacije i pokazuje se korisnom.

Štetne špekulacije

Ipak, postoje i loše špekulacije, motivisane pukom potragom za zaradom ili kriminalnim ponašanjem. Na primer, ona koja se vodi samo privilegovanim informacijama o nekom nastupajućem spajanju - akviziciji ili o promeni regulative. To je čuveni delikt zloupotrebe poverljivih informacija. Ako se sazna za predstojeći događaj posredstvom internih izvora, a pritom se ne iznese ništa u vezi s tim (u svakom slučaju, činjenica će biti izneta u javnost svega nekoliko dana kasnije), a onda se ta informacija iskoristi da bi se dodatna vrednost stavila u džep (ako je razvoj događaja pozitivan), ili se proda (ukoliko je reč o lošim vestima) – time se izražava samo želja za bogaćenjem, a na štetu malih štediša. Zloupotreba poverljivih informacija ne vodi stvaranju ekonomske vrednosti, već je čak i uništava, utoliko što obeshrabruje plasiranje štednih uloga malih štediša za finansiranje preduzeća.

Jedna od varijanata zloupotrebe poverljivih informacija jeste manipulacija cenama na berzi od strane brokera koji je od svog klijenta primio, na primer, veliki nalog za kupovinu. Pretpostavljajući da će ovaj nalog uzrokovati porast cene hartije od vrednosti, on može biti naveden da ih kupi za sopstveni račun pre izvršenja naloga (*frontrunning*), te da ih preproda nakon što klijentov nalog bude izvršen, čime je usput i gotovo istog trena stavio u džep uvećanu vrednost. Podrazumeva se da je ova praksa nelegalna (što ne sprečava njeno postojanje) i da je procesuiraju berzanski policajci, u Francuskoj Uprava finansijskog tržišta (*Autorité des marchés financiers* – AMF), a u SAD *Securities and Exchange Commission.* Ali varijante koje se koriste samo javnim informacijama jesu legalne: to je ono što je učinio Džordž Soros kada je 1992. godine prodao (unapred) bez pokrića funte sterlinga kako bi ubedio druge investitore u nastupajući krah ove valute, što se zaista i dogodilo.

Povrh raznoraznih podvala, od kojih, kako se smatra, tela koja nadziru finansijsko tržište štite štediše, postavlja se pitanje da li je zauzimanje finansijskih pozicija dovoljno kako bi se finansijsko tržište učinilo efikasnijim, čime ću se sada pozabaviti.

III. JESU LI TRŽIŠTA EFIKASNA?

Finansijske krize, i to ne samo ona iz 2008, uvek otvaraju pitanje moguće neracionalnosti finansijskih tržišta i njihovih učesnika. Brojna zapažanja, neka starijeg a neka novijeg datuma, prate to preispitivanje: brze fluktuacije cena akcija, sirovina i finansijskih proizvoda, iznenadni krah finansijskih tržišta koja su dotad bila vrlo aktivna, mehurovi na tržištu nekretnina i berzama, fluktuacije deviznih kurseva ili *spreads* na državne obveznice, ili bankrot velikih finansijskih institucija... Može li se, u odnosu na ova zapažanja, ekonomska analiza finansija utemeljiti na pretpostavci o racionalnosti aktera na finansijskom tržištu?

Pre nego što izložim svoj stav ekonomiste prema ovom pitanju, želeo bih da iznesem jednu opasku: predrasuda da ekonomisti imaju neograničeno poverenje u efikasnost finansijskog tržišta stara je trideset godina (bar trideset, jer su još pre trideset godina brojni ekonomisti imali ograničeno poverenje u efikasnost finansijskih tržišta). Sada se dopušta mogućnost da je pretpostavka o racionalnosti tek početna tačka analize finansijskih tržišta, ali da konceptualni okvir mora biti mnogo bogatiji kako bi se postiglo bolje razumevanje posmatranih fenomena. Granica je ukinuta u korist istančanijeg viđenja funkcionisanja finansijskih tržišta, koje počiva na finansijskim mehurovima, agencijskoj teoriji, finansijskim panikama, bihevioralnoj ekonomiji i nesavršenostima finansijskog tržišta. Reč je o pet tema koje su poslednjih decenija bile predmet brojnih istraživanja i koje zahtevaju nekoliko komentara.

Pretpostavka o efikasnosti finansijskih tržišta vraća nas na gledište prema kojem cene hartije od vrednosti izražavaju svoju „pravu vrednost", koja se naziva i njenom „fundamentalnom" vrednošću, tj. vrednošću njenih budućih prinosa (tehnički posmatrano, aktualizovanih kamatnom stopom). Poslužimo se jednim prostim primerom da bismo ilustrovali pojam fundamentalne vrednosti: pretpostavimo da nam neka hartija od vrednosti donosi jedan evro sledeće godine, pa još jedan evro godinu dana kasnije... *ad vitam aeternam*, te da je godišnja kamatna stopa u ekonomiji 10%. U tom slučaju, fundamentalna vrednost ove hartije iznosi deset evra: ako ste u posedu sume od deset evra i ako je plasirate sa 10% kamate, primićete jedan evro godišnje, *ad vitam aeternam.*[1] Dakle, posedovati ovu hartiju i posedovati deset evra podrazumeva jednake finansijske prilive.

Pretpostavka efikasnosti finansijskih tržišta nužno delimično sadrži istinu: loša vest u vezi s preduzećem (sudska presuda, otkriće tehničkog nedostatka, gubitak tržišta ili ključnog menadžera) vodi gubitku njegove vrednosti na berzi, osim ukoliko ova vest nije u potpunosti anticipirana i već inkorporirana u cenu hartije od vrednosti. Loše vesti u vezi sa zemljom koja ima problema sa otplatom svog javnog duga uzrokuju rast *spreada* kamatnih stopa i snižava cenu državnih obveznica koje su već emitovane. Cena naše kuće raste kada se objavi izgradnja linije metroa koja prolazi u komšiluku, a

---

[1] Ovaj tip hartije od vrednosti nazivamo konzolom. Ako je r kamatna stopa (koja ovde iznosi 0,10), fundamentalna vrednost konzole jednaka je $[1/(1+r)] + [1/(1+r)^2] + [1/(1+r)^3] + ... = 1/r = 10$.

pada kada je urbanističkim planom predviđen rast gustine stambenog fonda.

Ipak, može se desiti i da cena hartije od vrednosti ne bude jednaka njenoj pravoj vrednosti. Prvi razlog za ovu razliku jeste postojanje mehura. Mehur postoji kada vrednost jedne hartije od vrednosti premaši „fundamentalnu vrednost" imovine, tj. aktualizovanu vrednost dividendi, kamata ili zakupnina koje ona donosi u sadašnjem i budućem trenutku. Drugim rečima, imovina je precenjena u odnosu na svoju imanentnu vrednost – aktualizovanu vrednost dividendi, kupona, zakupnina ili prihoda koji potiču iz posedovanja ove imovine. U navedenom primeru, cena imovine koja je viša od deset evra ukazuje na postojanje mehura u slučaju te vrste imovine.

Nalazimo brojne primere mehurova. Uzmimo zlato za primer. Njegova vrednost nema ništa zajedničko s vrednošću njegove tehničke upotrebe u medicini, elektrotehnici ili stomatologiji (da budemo još precizniji: kada bi se zlato smatralo sirovinom poput svake druge, a zlatne poluge koje drže centralne banke i pojedinci koristile u industriji, njegova cena bila bi mnogo niža). Cinober franak iz 1849, vrlo retka poštanska marka, dosegao je vrednost koja se popela do visine od sto hiljada evra, iako on sam po sebi nije imao nikakvu vrednost, ni finansijsku ni estetsku (da ne pominjemo da zbog svoje vrednosti najčešće čami u bankarskom sefu). Čak i jedan Pikaso ili Šagal mogu biti doživljeni kao mehur: ako je estetska vrednost u ovom slučaju neporeciva i u tom smislu donosi svom vlasniku „prinos", ista ta estetska vrednost, primenom savremene tehnologije koja proizvodi reprodukcije neprepoznatljive golim okom, može se napraviti za nekoliko hiljada evra.[1] Samo njihova retkost omogućava da se oko cinober franka ili Pikasa formira mehur, te da oni doseg-

[1] Ova logika polazi od pojma „aure", tako dragog Valteru Benjaminu (vidi *L'Œuvre d'art à l'époque de sa reproductibilité technique* [1939], Lausanne, Payot, 2013). Aura upućuje na gotovo mističan odnos što ga imamo s umetničkim delom koje stvara umetnik i koje je jedinstveno. Ova magična strana iščezava s reprodukcijom (štampanjem, fotografisanjem, filmom u Benjaminovoj epohi) – autentičnost se nije mogla reprodukovati. Reprodukcija, s druge strane, može nas učiniti svesnim aure originala. S ekonomske tačke gledišta, dovoljno je primetiti da je odsustvo mogućnosti reprodukovanja ključno za postojanje mehura, ali i aure.

nu vrlo visoke cene. Još jedan primer mehura jeste novac. Ono što se trenutno dešava s virtuelnom valutom predstavlja školski primer toga. Ako jednog dana tržište odluči da bitkoin ostane bez ikakve vrednosti – ukoliko investitori izgube poverenje u njega – bitkoin će ostati bez ikakve vrednosti. Jer, za razliku od jedne akcije ili neke nekretnine, bitkoin nema svoju fundamentalnu vrednost.

Međutim, i ove poslednje mogu biti izložene mehurovima, tj. vrednosti većoj od njihove fundamentalne vrednosti. Pucanje internet mehura iz 2001. pruža ilustraciju toga sa, na svu sreću, ograničenim posledicama, budući da, za razliku od banaka 2008, vlasnici ovih akcija nisu bile institucije koje su i same bile izuzetno zadužene. Mehurovi na tržištu nekretnina vrlo su česti. Kako su pokazali Karmen Rajnhart i Kenet Rogof u knjizi *Ovog puta je drugačije. Osam vekova finansijske ludosti* (prema francuskom prevodu, *Cette fois, c'est different. Huit si7cles de folie financière)*[1], bankarske krize i krize državnog duga često su sledile iza mehurova na tržištu kredita, posebno onih stambenih.

Mogućnost nastanka mehura odavno je uočena u ekonomskoj literaturi. Olivje Blanšar (profesor na MIT-u, a zatim tokom osam godina glavni ekonomista MMF-a) i ja odvojeno smo objavili više radova na ovu temu početkom osamdesetih godina XX veka. Proučavali smo mogućnosti nastanka mehura na tržištu finansijske imovine u svetu čiji su ekonomski akteri bili racionalni, ukazujući na to da iracionalnost nije preduslov za njihovu pojavu. Jedan članak iz 1985. godine[2] sumirao je moja razmišljanja o makroekonomskim okolnostima u kojima se finansijski mehur može pojaviti, te analizirao njegove posledice po realnu ekonomiju. Ukratko, potrebno je da kamatne stope u ekonomiji ne prelaze stopu privrednog rasta[3], jer se može dokazati da mehurovi u proseku rastu u skladu s kamat-

---

1 *Op.cit.*, Paris, Pearson, 2010. Naziv originala: *This Time is Different. Eight Centuries of Financial Folly*, Princeton, Princeton University Press, 2009.

2 Jean Tirole, *Asset Bubbles and Overlapping Generations*, *Econometrica*, 1985, str. 1499–1528. Uslovi koji upoređuju kamatne stope i stope rasta imaju dugu naučnu tradiciju, i idu sve do radova Morisa Alea (Maurice Allais 1947) i Pola Samjuelsona (1958) koji se tiču novca.

3 Teško je proveriti da li je ovaj uslov ispunjen, jer se u to uključuju dugoročna predviđanja ovih dveju varijabli. Fransoa Žerolf (François Geerolf, u članku

nim stopama (držanje imovine mehura mora u proseku nositi isti prinos kao i druga imovina).[1] Kamatna stopa koja je viša od stope rasta implicirala bi eksponencijalni rast cena hartija od vrednosti u odnosu na veličinu realne ekonomije, te stoga i nemoć kupaca ovih finansijskih proizvoda da finansiraju svoju kupovinu.

Na mikroekonomskom nivou, dakle na nivou dobara koje se uzimaju na komad, mehurovi se mogu pojaviti samo u slučaju imovine s posebnim obeležjima. Imovina mora biti u ograničenoj količini, u protivnom bi tržište profitiralo od precenjenosti putem njenog umnožavanja *ad infinitum*, što bi im oborilo cenu. Tako, neka Pikasova slika može biti predmet mehura, ali njena kopija to ne može, a cena bi bila u visini troška izrade te kopije (što se tiče odgovora na pitanje koliko, to zavisi od konkurencije na tržištu kopija date vrednosti).

Zatim, imovina mora imati dugoročnu perspektivu. Obveznica s rokom dospeća od godinu dana ne može napraviti racionalan mehur. Jer, investitor nikada neće poželeti da kupi precenjenu hartiju od vrednosti samo da bi je čuvao: tako bi izgubio novac u odnosu na strategiju investiranja u drugu imovinu po tržišnim kamatnim stopama! Stoga on mora preprodati vruć krompir. Da bismo uprostili stvari, pretpostavimo da jedna obveznica podrazumeva konačnu otplatu od samo 100 evra 1. decembra (takve obveznice nazivaju se „beskuponske ili diskontne"), da se obveznicama može trgovati samo prvog u mesecu i da je tržišna kamatna stopa jednaka nuli. Prvog decembra isplata je obavljena – i obveznica više ne vredi ništa. Prvog novembra investitori su spremni da plate pravo da prime 100 evra 1. decembra, i ništa više od toga. Cena obveznice 1. novembra, dakle, iznosi 100 evra. Prvog oktobra investitori su spremni da plate

naslovljenom *Reassessing Dynamic Efficiency*, UCLA, 2014) ukazuje na to da je uslov, izgleda, ispunjen u slučaju najvećeg broja zemalja OECD-a.

[1] Primetimo izraz „u proseku". Rizik od pucanja mehura zahteva stopu isplativosti koja je viša od kamatne stope sve dok mehur ne pukne, da bi se kompenzovao rizik od pucanja. Zatim, pravilo prosečnog rasta po kamatnoj stopi tek je približno tačno. Averzija prema riziku aktera i činjenica da se pucanje mehura ispoljava u vidu pada kamatnih stopa implicira nekoliko korekcija u pogledu tog pravila.

100 evra za obveznicu, koju mogu preprodati za sto evra 1. novembra, ili pak čuvati do njenog dospeća i podići sto evra 1. decembra. I tako dalje: cena obveznice na svaki datum koji prethodi dospeću jednaka je fundamentalnoj vrednosti (koja je ovde sto evra).

Od tada su sprovedena brojna istraživanja posvećena uslovima pojave mehurova i njihovog uticaja.[1] Navešću tek jedan primer. U članku objavljenom 2012, Emanuel Fari (profesor na Harvardu) i ja pokazali smo da mehurovi ne uvećavaju samo vrednost konkretne imovine – već i globalnu likvidnost finansijskog sistema i kamatne stope. Osim toga, mehurovi uvećavaju sposobnost zaduživanja institucija koje drže ove precenjene hartije, čime dopinguju ekonomiju.[2] U trenutku njihovog pucanja, međutim, mehurovi proizvode obratni „efekat bogatstva", preko smanjenja vrednosti imovine, pa se sredstva institucija koje ih drže tope stvarajući ekonomsku recesiju ako je imovina koja je predmet mehura u posedu vrlo zaduženih institucija, kako je bilo 2008, nasuprot onome što se desilo pri pucanju internet mehura iz 2001. To je dobar razlog da se obrati pažnja na to da banke ne investiraju previše u mehurove, što se može izvesti na više načina. Bankarski supervizor može zahtevati više kapitala koji banka ima u svom posedu da bi se pokrio rizik od pucanja mehura formiranog oko precenjene imovine. I javne vlasti mogu ograničiti potražnju za imovinom koja je izložena mehuru (u slučaju nekretnina, javne vlasti mogu zahtevati minimalno lično učešće zajmoprimca u kreditu ili fiksirati najviši iznos rate kredita u odnosu na mesečni prihod zajmoprimca).

S empirijske tačke gledišta, mnogi radovi sugerišu postojanje mehura na finansijskom tržištu, a to se posebno odnosi na Roberta Šilera (Robert Shiller), dobitnika Nobelove nagrade za 2013, koji je u više navrata izrazio svoju rezervisanost (što nije uvek bilo uvažava-

---

[1] Na primer, pokazano je da hedž fondovi ponekad podstiču širenje mehura, te da se često iz njih povlače pred pucanje (Markus Brunnermeier, *Nagel Stefan, Hedge Funds and the Technology Bubble*, Journal of Finance, 2004, vol. 59, str. 2013–2040).

[2] Emmanuel Farhi, Jean Tirole, *Bubbly Liquidity*, Review of Economic Studies, 20102, vol. 79, n° 2, str. 678–706.

no) u pogledu postojećih mehurova.[1] Međutim, nije lako uočiti mehur. Metod koji se uobičajeno koristi (posebno u pionirskim radovima Roberta Šilera) inspiriše se razlikom između fundamentalne vrednosti i mehura. On upoređuje cenu hartije od vrednosti s visinom dividendi ili drugih benefita koje ova hartija nosi. Na primer, može se uporediti isplativost stavljanja neke nekretnine pod zakup s njenom kupovnom cenom, čak i ako, s jedne strane, vlasnici mogu povezati određenu vrednost sa slobodom odlučivanja i ukoliko su gotovo sigurni da se ne moraju seliti (i obratno, neke osobe radije izbegavaju suočavanje s pritiscima vlasnika). S druge strane, porezi takođe tu igraju izvesnu ulogu. Ako cena nekretnine premaši njenu aktualizovanu vrednost koja polazi od cene izdavanja, moguće je da postoji mehur.

Utemeljenost jednog drugog odnosa, onog između cene nekretnina i prihoda zajmoprimca, proizlazi iz pritiska prezaduženosti domaćinstava: njihova kreditna sposobnost uslovljena je urednošću otplate kredita, te stoga i prihodima zajmoprimca. A kreditna sposobnost određuje da li novi kupci, ili pak oni koji se sele s ciljem poboljšanja kvaliteta svog stanovanja, mogu platiti cenu koju im traži kupac. Ako banke anticipiraju rast cena nekretnina, zajmoprimac će moći da podigne veći kredit s datim prihodima, jer banka koja preuzima ovu nepokretnost u slučaju da zajmoprimac više ne bude kreditno sposoban – preuzima manji rizik.

Promena odnosa cene i zakupa ili prihoda može mnogo toga reći. Na primer, odnos cena i zakupa u Francuskoj se gotovo udvostručio od 1998. do 2006. (vidi prikaz 1), i danas je još uvek bliži nivou iz 2006. nego onom iz 1998. godine. Zapravo, nekretnine su u Francuskoj mnogo skuplje nego u Nemačkoj, dok je sve do 2003. bilo sasvim suprotno. Odnos cena i prihoda danas je za 25% do 30% veći u Francuskoj nego u Nemačkoj. Što znači da bi trebalo kontrolisati solventnost finansijskih posrednika, koji su na francuskom tržištu nekretnina izloženi velikom riziku.

---

[1] Vidi, na primer, njegovu knjigu *L'Exubérance irrationnelle*, Hendaye, Valor, 2000.

Prikaz 1 Odnos cena–zakupnina u Francuskoj

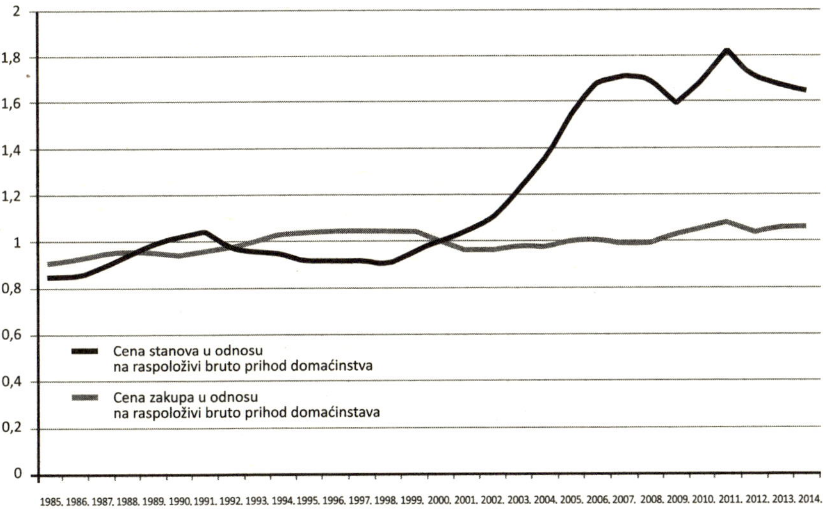

Izvor: Gijom Šapel (Guillaume Chapelle), na osnovu podataka Opšteg saveta za zaštitu životne sredine i održivi razvoj.

Za neku akciju na sličan način možemo posmatrati racio njene berzanske cene i profita (*price earnings ratio*), gde bi njegov visok nivo upućivao na mehur. Moguće su brojne komplikacije: treba krenuti od pretpostavke o kretanju dividendi (analogno promeni vrednosti koja se izvodi iz cene zakupa nekretnine), ali i o kamatnoj stopi koja služi za diskontovanje. Uostalom, Robert Šiler primetio je 1981. godine da berzanski kursevi previše fluktuiraju u odnosu na neizvesnost dividendi, tj. fundamentalnu vrednost, čime je sugerisao postojanje mehura koji varira u vremenu.

Agencijska teorija: Razlika između ličnih interesa i kolektivnog interesa

Drugi ugao analize sastoji se prosto u razlikovanju individualne racionalnosti i kolektivne racionalnosti. Akteri nekog ekonomskog sistema mogu se ponašati racionalno sa svoje tačke gledišta, a da rezultat bude štetan s tačke gledišta zajednice u celini. Ova klasična tema u ekonomiji regulacije stalno se ponavlja u ovoj knjizi.

Uzmimo neku rizičnu hartiju od vrednosti kojoj je banka veoma izložena. Ako se sve desi kako treba, ova hartija od vrednosti pokazaće se kao vrlo isplativa, pa će akcionari primiti dosta novca. Ako stvari krenu loše, hartija će izgubiti deo svoje vrednosti, akcionari neće primiti ništa, dok će poverioci, možda čak i zaposleni, ispaštati. Dakle, postoji negativna eksternalija kod zainteresovanih strana. Osim toga, moguće je da banka nastavi da se zadužuje, uprkos preuzimanju rizika, ukoliko zajmodavci veruju da će država poći da spasava banku u slučaju da se pojave teškoće. U ovom slučaju, razlika između individualnih i kolektivnih interesa potpuno je jasna; prema već poznatoj šemi, dobici idu u privatne džepove, a gubitke pokriva društvo.

Mogućnost oslanjanja na pomoć poreskih obveznika takođe objašnjava neke druge vrste ponašanja koje su samo naizgled iracionalne. Pre krize evra, brojni kupci grčkih državnih obveznica dobro su znali da Grčka nije onako sigurna kao Nemačka, ali su bili ubeđeni da će Nemačka – kao i druge države evrozone – pohitati u pomoć Grčkoj u slučaju da se javi problem, pa su, logično, prihvatili vrlo niske kamatne stope za ove obveznice, bliske onima koje su preovladale za emisije *bundsa* (nemačke dugoročne državne obveznice).

Isto tako, možda za čitaoca nije očito da je Ričard Fald, generalni direktor banke *Lehman Brothers*, postupio racionalno kada je u trenutku kada mu je banka bila pred kolapsom – kupovao dodatne *subprime* proizvode, čija je toksičnost bila odlično poznata. Niti pak da je za to morao nastaviti da se zadužuje na finansijskim tržištima. No, brojni bankari koji su nastavili da pozajmljuju banci *Lehman Brothers* kladili su se na federalnu intervenciju kojom bi se izbeglo bankrotstvo ove investicione banke.[1] Očuvanje pristupa finansijskom

[1] Definicije investicione banke (koja se naziva još i poslovnom bankom) mogu se razlikovati. U ovom poglavlju pravimo razliku između *retail banks* (nazivaju se i komercijalnim bankama) – koje primaju štedne uloge malih štediša i, u načelu, paralelno s tim odobravaju kredite malim i srednjim preduzećima – i investicionih banaka, koje nemaju sitne deponente (i koje su sve donedavno bile praktično neregulisane). Investicione banke, izme-

tržištu omogućilo je banci *Lehman Brothers* da uveća svoje rizike s nadom da će isplivati: ionako je sve već bilo izgubljeno... Isto kao što je fudbalskom timu koji petnaest minuta pred kraj meča u takmičenju za kup gubi 2 : 0 u interesu da sve rizikuje, pa makar izgubio na kraju i sa 4 : 0, *Lehman Brothers* imao je – kao i svaka institucija u teškoćama – motiv da uveća svoj rizik kako bi koliko-toliko uvećao mogućnost da se izvuče. A to nije bilo u interesu poverilaca i zaposlenih.

Drugi uzrok lošeg funkcionisanja koji je povezan s teorijom agencije proizlazi iz sistema novčanih naknada. Bilo da su rezultat dosluha između komiteta za bonuse, upravnog odbora i menadžera, bilo da su rezultat namere da se sačuvaju odnosno privuku najbolji talenti, bonusi snažno ohrabruju kratkoročno ponašanje uočeno pre finansijske krize iz 2008. (u narednom poglavlju vratiću se pitanju naknada i njihove regulacije).

Poslednji primer razmimoilaženja individualnog interesa i kolektivnog interesa: *trading* visoke frekventnosti racionalan je na nivou institucije koja ga praktikuje, ali njegova dodata vrednost za društvo - najmanje što možemo reći - nije očigledna. Danas finansijske institucije troše velike sume na informatičku infrastrukturu kako bi svoje naloge mogle izvršavati malo brže od konkurencije. Računari reaguju momentalno na novosti s finansijskog tržišta (npr. na cene), te izvršavaju naloge u roku od milisekunde pre nego što se njihovi konkurenti i nađu u situaciji da iskoriste istu mogućnost manipulacije tarifiranjem različitih hartija od vrednosti. Društvena korist koju nosi ta brzina izvršenja baš se i ne vidi. Danas mnogi dižu glas zahtevajući rokove odloženog plaćanja kako bi se nalozi za kupovinu i prodaju izvršavali s blagim kašnjenjem, kako bi stavili tačku na ovo stremljenje ka brzini, igru s negativnom sumom.[1]

đu ostalog, bave se uvođenjem na berzu, izdavanjem hartija od vrednosti, merdžerima-akvizicijama za račun velikih preduzeća (*corporate*), emisijom dugova za države, dizajniranjem finansijskih derivata i obavljanjem funkcije market-mejkera na berzi (služeći kao druga ugovorna strana, *market-making)* i druge ugovorne strane na OTC tržištima.

[1] Na početku igre imamo nultu sumu, jer dobici jednih kompenzuju gubitke drugih, ali postaje igra s negativnom sumom, kada se uzmu u obzir troškovi

Regulacija finansijskog sektora ima za cilj da smanji jaz između individualnog i kolektivnog interesa. Ona se, međutim, sudara s problemima informacija. Čitava poglavlja ekonomske literature posvećena su onome što se u žargonu naziva „problemima agencije", a što podrazumeva da ekonomski akteri koriste asimetričnost informacija u nastojanju da postignu svoje ciljeve. Ova asimetrija informacija komplikuje štedišama kontrolu nad upravom fondova, kao što komplikuje bankama kontrolu trejdera, a prudencijalnim supervizorima kontrolu finansijskih institucija ili agencija za kreditne rejtinge.

Hipertrofirani finansijski sektor

Francuz Toma Filipon proučavao je promenu radnih mesta u finansijskom sektoru.[1] On posebno ukazuje na to da je deregulacija finansijskog sektora izmenila opis radnih mesta u smislu da su ona postala kvalifikovanija. Ali uz obrazovanje i date kvalifikacije, ona je takođe favorizovala i povećanje zarada za 50% od 1990. do 2006. godine. Udeo finansijskog posredovanja u privredi ubrzano je rastao od 1980. do 2006.[2] A ovaj fenomen bio je posebno izražen u anglosaksonskim zemljama. Trebalo bi shvatiti poreklo ove hipertrofije, koju je pothranjivala „laka" zarada i koja je privlačila elitu u ovaj sektor. Kako ćemo videti u dvanaestom poglavlju, vlasti su zatvarale oči pred izlaganjem rizicima i (zakonitim) izbegavanjem zahtevane regulacije, kao u slučaju SPV-ova, koji su omogućili bankama da investiraju bez kapitala. Naravno, sigurnosna mreža koju su predstavljali poreski obveznici umnogome je ohrabrivala izlaganje riziku koji je donosio veliki profit kada je sve išlo kako treba. Dakle, biće da su problemi teorije agencije uzrok hipertrofije finansijskog sektora, koja se naročito razvila devedesetih godina XX veka i posle 2000. godine.

---

investiranja u softver, optička vlakna i kolokalizaciju.

1 Thomas Philippon, Ariell Reshef, *Wages and Human Capital in the US Finance Industry 1909–2006*, Quarterly Journal of Economics, 2012, vol. 127, n° 4, str. 1551–1609.

2 Thomas Philippon, *Has the US Finance Industry Become Less Efficient?*, American Economic Review, 2015, vol 105, str. 1408–1438.

Finansijska panika

Drugo potencijalno ograničenje finansijskih tržišta jeste mogućnost „izopačene" koordinacije investitora.[1] Već sam se dotakao ove teme kada sam pomenuo krizu državnih dugova u poglavlju o Evropi. Ona je bitna i kad je reč o bankarskim panikama (čitalac će se, bez sumnje, setiti humoristične ali vrlo tačne slike bankarske panike iz Diznijevog filma *Mary Poppins*).[2]

Jedno od suštinskih obeležja bankarskog posredovanja jeste transformacija ročnosti. Iako postoje brojni primeri dugoročne štednje klijenata u bankama i kratkoročnih bankarskih pozajmica preduzećima, bankarski sistem u celini preobražava kratkoročne depozite ugovorene sa štedišama (štedni ulozi) u dugoročne kredite preduzećima. Ako svi deponenti krenu da povlače svoj novac u isto vreme, banka će biti primorana da likvidira sva svoja potraživanja kako bi isplatila poverioce. Ako ova potraživanja nisu naročito likvidna, tj. ne mogu se brzo prodati po svojoj pravoj vrednosti[3], njihova će cena drastično pasti, te je moguće da se banka nađe bez dovoljno novca da isplati svoje štediše. Otud žurba svih da pre ostalih iznesu svoj novac iz banke. Ovaj fenomen nazivamo samoostvarujućim proročanstvom: banka bi mogla biti zdrava, a ipak bankrotira. Individualna racionalnost i kolektivna iracionalnost.

---

1 Što se tiče pitanja finansijske panike, utemeljujući naučni članak napisali su Douglas Diamond i Philip Dybvig, *Bank Runs, Deposit Insurance, and Liquidity*, Journal of Political Economy, 1983, vol 91, n° 3, str. 401–419, a o panici u vezi s državnim dugovima vidi članak Guillermo Calvo, *Servicing the Public Debt. The Role of Expectations*, American Economic Review, 1988, vol. 78, n° 4, str. 647–661.

2 Poslodavac dadilje Meri Popins radi u banci i jednog dana odluči da povede decu na svoje radno mesto. Direktor ekspoziture uzme novac njegovog sina savetujući ga da investira u banku. Sin zatraži svoj novac nazad, a štediše koje su se zatekle u banci, pošto čuju njegov zahtev, poveruju da kreće bankarska panika, te glasina počinje da se širi. Štediše onda zahtevaju svoj novac nazad, stvarajući tako pravu bankarsku paniku.

3 Tako je, na primer, sa zajmovima malim i srednjim preduzećima, koji obezbeđuju banci veliku količinu informacija kojima drugi finansijski posrednici nemaju pristup.

Redovi pred bankama s nestabilnom reputacijom gotovo da su iščezli, jer komercijalne banke danas imaju pristup, s jedne strane, osiguranju štednih uloga, a, s druge strane, likvidnosti centralne banke, što im ostavlja vremena da realizuju svoja potraživanja po pristojnim cenama. Sećamo se, uostalom, iščuđavanja celog sveta zbog redova štediša pred ulazom filijala britanske banke *Northern Rock* u septembru 2007. (prvi put nakon 1866. štediše su hrlile ka jednoj britanskoj banci). Uzrok toga bilo je loše smišljeno osiguranje štednih uloga u Ujedinjenom Kraljevstvu: 100% za prve dve hiljade funti, a 90% za naredne trideset i tri hiljade funti. No, svako je osiguranje štednih uloga koje je pokrivalo manje od 100% njihove vrednosti, i na najmanju glasinu, navodilo štediše da povlače svoj novac (poređenja radi, osiguranje štednih uloga od 100% u Evropi danas važi za uloge do 100.000 evra, a u Sjedinjenim Državama za one do 250.000 dolara).

Danas, bankarska panika ipak više ne pogađa male štediše, već velike deponente koji nisu osigurani: međubankarsko i novčano tržište (tržište kratkoročnih zajmova između finansijskih posrednika, administracije i velikih preduzeća, bankarski depoziti preduzeća i bogatih domaćinstava...). Zapravo, pored medijske slike malih štediša koje hrle ka banci, problem banke *Northern Rock* bio je takođe to što je dve trećine štednih uloga poticalo sa tržišta velikih, često kratkoročnih depozita, te stoga nije bilo pokriveno osiguranjem.

Dok osiguranje štednih uloga stabilizuje depozite malih štediša, dotle se zaustavljanje odliva velikih depozita postiže – na indirektniji način – pristupom sredstvima za obezbeđenje likvidnosti centralne banke. Obično se banka kojoj zafali sredstava može zadužiti na kratak rok i uz kolateral u svojoj centralnoj banci. S krizom iz 2008, brojni drugi mehanizmi dopunili su ovo obezbeđenje likvidnosti. Na primer, evropske banke mogle su se refinansirati na duži rok (tri godine) kod ECB zahvaljujući operacijama dugoročnog refinansiranja (LTRO, *Long Term Refinancing Operations*). Takođe, ECB otkupljivala je na sekundarnom tržištu državne obveznice koje su postale rizične (OMT, *Outright Monetary Transaction*). U svim ovim slučajevima, ideja je da centralna banka omogući bankama da dobiju u vremenu. Ako se javi problem koji se isključivo tiče likvidnosti, u smislu bankarske panike, banka će dobiti više vremena za prodaju svojih hartija od vrednosti po korektnoj ceni (ukoliko se panika nastavi). Ako je problem ozbiljniji i odnosi se na kvalitet bilansa banke, onda se moraju preduzeti drastičnije mere kako bi se unapredilo njeno poslovanje i da bi se umanjili rizici.

Loša koordinacija može nastupiti i na nivou državnih dugova, ali s nešto drugačijim mehanizmom delovanja. Pretpostavimo da je neka država u stanju da otplati neki kredit ako je on ugovoren po tržišnoj kamatnoj stopi (što znači ili bez ikakvog *spreada*, ili uz *spread* tek nešto viši od tržišne stope). Ipak, ako investitori poveruju da bi ova zemlja mogla zapasti u krizu otplate svojih dugova, mogli bi racionalno zatražiti višu kamatnu stopu kako bi kompenzovali rizik od nemogućnosti naplate potraživanja. Otud skuplje servisiranje duga, na šta se nadovezuju, jedno za drugim, budžetski deficit, rastuća zaduženost i veći rizik od nastupanja krize u otplati duga. Potom taj rizik stvara rizik od jačanja strepnji investitora, koji će zato biti odlučniji u traženju još viših kamatnih stopa, itd. Na taj način može se uspostaviti drugačiji odnos, podozrenje prema datoj državi, a ne poverenje u nju. Opet individualna racionalnost i kolektivna iracionalnost...

U slučaju države teže je obezbediti likvidnost nego u slučaju banke, a u praksi se uočava mnoštvo različitih pristupa. Počev od čuvene izjave guvernera Marija Dragija (Mario Draghi): „U okviru našeg mandata, ECB *jeste* spremna da preduzme *sve* što treba kako bi sačuvala evro [1]", od 26. jula 2012. ECB u Evropi igra ulogu obezbeđivača likvidnosti. Uopšte uzev, zemlja se može obratiti MMF-u, koji joj može obezbediti likvidnost i dovesti druge investitore u zamenu za uslove ponovnog uspostavljanja reda u državnim finansijama. Konačno, umesto da postupa *ex post*, dakle tek pošto se problemi već pojave, zemlja može anticipirati teškoće i osigurati linije kredita ili kod konzorcijuma međunarodnih banaka, ili kod MMF-a.

Bihevioralne finansije

Konačno, svedoci smo razvoja „bihevioralnih finansija", čiji je cilj da u analizu finansijskih tržišta uključe kognitivne pristrasnosti i ostale devijacije u odnosu na model racionalnog aktera (uopšte uzev,

[1] *Within our mandate, the ECB is ready to do whatever it takes to preserve the euro.*

doprinos psihologije ekonomskoj analizi raste poslednjih dvadesetak godina).[1] Ovde se više (nužno) ne postavlja pitanje suprotstavljenosti između individualne racionalnosti i kolektivne iracionalnosti, već pitanje individualne iracionalnosti. Teme su toliko brojne da ih je teško sve pobrojati: preterani optimizam (na primer, tendencija menadžera fondova da veruju kako su bolji od svojih kolega); ograničena pažnja ili, naprotiv, previše pažnje posvećene nekim rizicima[2]; pogrešna uverenja (nastala zbog lošeg razumevanja Bajesove teorije ili određenog broja drugih predstava); averzija prema gubljenju; relativnost moralnosti (usled postojanja manevarskog prostora o tome šta se smatra društveno prihvatljivim); itd.

Istraživanja na ovom polju obuhvataju i empirijske i teorijske sekvence. Sa empirijske strane, istraživači su dokumentovali mnogo malih anomalija u određivanju cene hartija od vrednosti, koje nisu uvek „odmerene": akteri nisu uvek svesni izvesnih korelacija ili uzročno-posledičnih veza, ili obratno – kategorizuju hartije od vrednosti u pregrubo definisane celine. Ovde uočavamo tananu granicu između racionalnosti (akteri su racionalni, ali biraju između istančanijeg modelovanja i troškova ovog modelovanja) i iracionalnosti (koja je povezana s nepravilnim razumevanjem finansijskog okruženja).

S teorijske strane, primera radi, pomenuću radove Rolana Benabua (profesora na Prinstonu) o poricanju stvarnosti, što je, po njegovom mišljenju, igralo određenu ulogu u kolektivnoj iluziji finansijskog sveta u odnosu na *subprime*.[3] Da bi se bolje razumeo zarazni karakter kolektivne zaslepljenosti, Rolan Benabu uključio je emocije (poput anksioznosti), što podstiče neizvesne perspektive pri velikim ulaganjima. Vođen svojim emocijama, akter može svesno zanemariti stvarnu neizvesnost s kojom je suočen, po cenu donošenja loših

[1] Vidi takođe peto poglavlje.

[2] Na primer, tržište može preterano reagovati na vanredne trendove (koje su istraživači zapazili, prema merama tipa *Google Trends*), te napraviti privremeno odstupanje u evaluaciji imovine.

[3] Roland Benabou, *Groupthink. Collective Delusions in Organizations and Markets*, Rewiev of Economics Studies, 2013, vol. 80, str. 429–46.

odluka. Činjenica da su ljudsko sećanje i pažnja ograničeni i nepouzdani čini mogućim revizione procese koji teku na osnovu uverenja: kodiranje i selektivno sećanje primljenih signala, racionalizacija *a posteriori*, itd. Ove pretpostavke polaze od brojnih empirijskih studija koje ukazuju na asimetričan tretman dobrih i loših vesti, štaviše apriornu averziju prema informacijama.[1]

Rolan Benabu zato je sistematski ispitivao način na koji priroda ekonomskih ili društvenih interakcija između agenata određuje oblike mišljenja koji izranjaju iz opšte ravnoteže. Ova analiza „grupnog mišljenja" (*groupthink*) rasvetljava mogućnost zaraznog poricanja stvarnosti od strane cele zajednice.[2] Rezultati doprinose objašnjenju čestih slučajeva autodestruktivnog ponašanja preduzeća, institucija ili političkih režima kao posledica kolektivne zaslepljenosti. Ta kolektivna zaslepljenost jednog dela finansijskog tržišta u samom je središtu knjige (i filma) *Opklada veka* (*The Big Short*), na šta ću se vratiti kasnije.

Nesavršenosti na finansijskim tržištima

Razlike u analizi. Konačno, jedan posebno aktivan istraživački pravac poslednjih trideset godina bavi se teškoćama u postizanju „dobre cene" na finansijskom tržištu na kojem informacija nije svima jednako dostupna. Ovo istraživanje vodi poreklo od radova koje je sedamdesetih godina XX veka objavljivao Džordž Akerlof (George Akerlof), dobitnik Nobelove nagrade u 2001, zajedno s Majklom Spensom (Michael Spence) i Džoom Stiglicom, nagrađenima upravo

---

1 Klasična primena ovih ideja odnosi se na polje zdravstva. Ljudska bića teže tome da odagnaju misli povezane s bolešću i smrću, bilo da je reč o njima ili o njihovim bližnjima. Ovaj stav ima donekle svoju funkciju: omogućava nam da vodimo spokojniji i bezbrižniji život, budući da smo najveći deo vremena lišeni krajnje anksioznih misli. Međutim, on takođe dovodi do loših posledica, poput izostanka medicinskih pregleda, nedovoljne higijene života, itd.

2 Rolan Benabu ukazuje na to da je poricanje stvarnosti imalo tendenciju da bude zarazno kada je stvaralo negativne eksternalije (greške drugih pogoršavaju situaciju).

za doprinos teoriji informacije. Ukratko, ne želimo – ili nam barem ne bi bilo u interesu da poželimo – da trgujemo s nekim ko je od nas bolje informisan, osim ukoliko dobici od te trgovine nisu veliki. Pretpostavimo, na primer, da sam vam predložio da kupite neku hartiju od vrednosti čija je prava vrednost samo meni poznata (i da nismo često u kontaktu, tako da se između nas nisu mogli uspostaviti odnosi poverenja). Hartija može doneti, uz jednaku verovatnoću, na primer 50 ili 100. Da li bi trebalo da budete spremni da je platite 75? Trebalo bi da razmišljate na sledeći način: ako je prava vrednost ove hartije od vrednosti 100, onda bi trebalo da je zadržim za sebe pre nego da vam je ustupim za 75. Dakle, ne bi trebalo da budete spremni da platite 75: ako sam spreman da je prodam za manje od 100, hartija je sigurno lošeg kvaliteta i vredi samo 50. U ovom primeru, cena se utvrđuje na 50 jer znate da vam ne bih prodavao hartiju da nije u pitanju škart. Ovakvo razmišljanje bez sumnje je pomalo komplikovano, ako na njega nismo navikli. Ali profesionalci, zahvaljujući logičkom zaključivanju ili svom lošem iskustvu, odlično poznaju ovaj fenomen.[1]

Suočeni sa asimetričnošću informacija među učesnicima, finansijska tržišta nisu onoliko dinamična koliko bi trebalo da budu. Ponekad se potpuno zamrznu: tada se kaže „da više nema cena na tržištu". Tačnije, više nema transakcija na tržištu, jer cene koje se formiraju putem transakcije nisu prihvatljive za prodavce. Tako su brojna tržišta nestala preko noći tokom krize iz 2008.[2] U načelu, radovi na „mikrostrukturi finansijskog tržišta" naglašavaju informacione frikcije koje ova tržišta sprečavaju da funkcionišu tako glatko kako to teorija slobodne trgovine predviđa.

---

[1] U okviru aukcijskih prodaja, to nazivamo „kletvom dobitnika": onaj ko dobija trebalo bi da računa na informaciju koju sa sobom nosi činjenica da je dobio licitaciju, a to je da ostali kupci nisu bili spremni da plate isto toliko za predmet prodaje.

[2] Država stoga ima mogućnost da „podstakne" ova tržišta, ali uz finansijski trošak: vidi Thomas Philippon, Vasiliki Skreta, *Optimal Interventions in Markets with Adverse Selection*, te moj članak *Overcoming Adverse Selection. How Public Intervention Can Restore Market Functioning*, American Economic Review, 2012, vol. 102, n° 1, odnosno str. 1–28. i 29–59.

Granice odlučivanja. Cene na tržištu mogu i da ne budu tačan odraz raspoloživih informacija o pravoj vrednosti ovih hartija od vrednosti, ako oni koji raspolažu tim informacijama nemaju finansijskih sredstava koja su neophodna za intervenciju većih razmera na tim tržištima. Akteri mogu biti svesni toga da su određene hartije od vrednosti precenjene ili potcenjene, a da ipak ne budu kadri da intervenišu na svojim tržištima (što bi stvorilo tendenciju ka korigovanju greške pri određivanju cene hartija od vrednosti), budući da im nedostaje sredstava da to urade. Danas malo bolje razumemo „granice odlučivanja" (koje su u načelu prouzrokovane već pomenutim problemom agencijske teorije), iako naše poznavanje ove materije zaslužuje da bude produbljeno.

Lepu ilustraciju ovog fenomena nalazimo u knjizi (i filmu) *Opklada veka*, gde grupa finansijskih aktera nazvanih „dileri" ili „arbitri" prodaje bez pokrića (*sell short* na engleskom) mehur na tržištu nekretnina. Oni su ubeđeni da su hartije od vrednosti koje zavise od otplate stambenih kredita precenjene, te da agencije za kreditni rejting nisu obavile svoj posao jer im nisu dodelile odgovarajući rejting. Kad prodajemo bez pokrića određenu hartiju od vrednosti, znači da nismo u posedu same hartije od vrednosti, već da se obavezujemo na to da drugoj strani isporučimo određenu količinu datih hartija na datum ugovorenog roka (za mesec dana, šest meseci...). Ako u međuvremenu vrednost hartija od vrednosti opadne, prodavac ima mogućnost da ih otkupi odjednom i ostvari kapitalnu dobit. Druga strana, koja se našla s hartijama od vrednosti što su izgubile svoju vrednost, gubi novac u odnosu na situaciju da nema ugovora. Ukoliko, naprotiv, vrednost ove hartije poraste, prodavac gubi novac. A ako prodavac nema dovoljno novca i bankrotira, druga strana ne prima dobit koju je trebalo da primi. U takvom jednom ugovoru, kao i u mnogim drugim ugovorima o zajmu, druga strana zahteva da prodavac ostavi kolateral, koji se ovde naziva *margin call* (eng.). Problem za arbitre jeste u tome što – čak i ako su u pravu, ako hartija jeste precenjena – oni i dalje ne znaju kada će ova precenjenost biti korigovana. Sve dok se to ne dogodi, druga strana može im uvek zahtevati veći kolateral kako bi se pokrila, pa se može desiti da se nađu bez novca pre nego što uspeju da dokažu kako su bili u pravu. To je ono što se dešava u filmu *Opklada veka*, gde su arbitri ubeđeni u svoju dijagnozu *subprime*, ali drže palčeve da ne izgube inicijalni ulog, jer korekcija cene nikako da nastupi.

Najzad, ograničenost arbitraže može imati i veće posledice. Određeni institucionalni investitori trpe posebne pritiske koji stvaraju predvidljive šokove likvidnosti.[1] A anticipacija ovih šokova navodi hedž fondove da terminski prodaju hartije od vrednosti koje će ove institucije ustupati, što dodatno destabilizuje tržište.[2]

IV. ALI ZAŠTO BISMO, ZAPRAVO, REGULISALI TRŽIŠTE?

Finansijska regulacija obuhvata dva dela: regulaciju berzanskih i uopšte uzev finansijskih tržišta, kao i nadzor nad solventnošću finansijskih institucija. Ova dva zadatka odgovaraju dvama različitim regulatornim telima – u Francuskoj su to Agencija za finansijska tržišta (AMF) i Organ za prudencijalnu superviziju i regulaciju[3](ACPR) kao dva nezavisna administrativna tela. Regulacija tržišta ima za cilj eliminaciju štetnog ponašanja na finansijskim tržištima. Reč je o zaštiti investitora – koji su na ovim tržištima u posedu hartija od vrednosti – od manipulacija i prevara.

Prudencijalna regulacija tiče se finansijskog posredovanja, a za prvenstveni cilj ima zaštitu potraživanja slabo informisanih klijenata (štediša, osiguranika, deponenata, itd.) od određenih finansijskih posrednika (banaka, osiguravajućih društava, penzionih fondova i dr.). Kada država odluči da pritekne u pomoć finansijskim posrednicima koji se nađu u teškoćama (a posebno velikim institucijama, kakve su *Crédit lyonnais* ili *AIG*), ona takođe štiti novac poreskih obveznika. Zato je najveća odgovornost Agencije za prudencijal-

---

1 Na primer, osiguravači koji se moraju otarasiti obezvređenih obveznica ili investicioni fondovi koji trpe zbog ogromnog povlačenja sredstava.

2 Markus Brunnermeier, Lasse Pedersen, *Predatory Trading*, Journal of Finance, 2005, vol. 60, str. 1825–1863.

3 Od 2014. godine u saradnji povodom bankarskih pitanja sa ECB, koja je s Bankarskom unijom sada odgovorna za bankarski nadzor u Evropi.

nu kontrolu u zastupanju interesa malih deponenata finansijskih ustanova.[1]

Druga funkcija prudencijalne regulacije jeste da predupredi domino-efekat, ili ono što nazivamo i „sistemski rizik". Drugim rečima, regulator se plaši da se bankrot neke institucije ne proširi i na druge institucije koje gube novac zbog svojih potraživanja prema ovoj prvoj, ili zato što po preniskim cenama preprodaju svoju imovinu na tržištu koje je prezasićeno imovinom ponuđenom na prodaju. Ova motivacija podudara se sa onom iz prethodnog pasusa utoliko što supervizori žele da izbegnu domino-efekat koji bi pogodio komercijalne banke, ali se često odnosi uopšte na očuvanje integriteta finansijskog sistema u celini. Ma kako bilo, ovo drugo opravdanje navodi se kada se spasava institucija bez malih pojedinačnih depozita ili ona koja je osigurana, recimo, neka poslovna banka. U 2008. godini, američka država tako je spasla holding kompaniju *AIG Financial* i investicionu banku *Bear Stearns,* iako one nisu imale male štediše, jer bi u protivnom mogao uslediti sistemski šok.

Da bi se shvatila filozofija regulacije bankarskog sektora, korisno je zaviriti u prvobitni međunarodni okvir, iako je on danas zastareo. Osamdesetih godina XX veka, međunarodna zajednica htela je da ograniči nedovoljnost regulatornog okvira zahvaljujući kojem je neka zemlja mogla olakšati međunarodni uzlet svojih banaka, zahtevajući od njih manje sopstvenih sredstava, ili – ekvivalentno tome – ostavljajući im mogućnost da se prezaduže na osnovu sopstvenih sredstava. U slučaju komercijalnih banaka, regulacija predviđena Bazelskim sporazumom 1 iz 1988. zahtevala je od finansijskog posrednika da bude u posedu dovoljne količine kapitala (sopstvenih sredstava), kako bi s velikom verovatnoćom mogao pokriti rizik od tržišnog gubitka, a isti minimalni nivo sopstvenih sredstava važi za sve zemlje.

Pravila o kapitalizaciji banaka moraju počivati na kompromisu. S jedne strane, banke moraju biti u dovoljnoj meri kapitalizovane

[1] Upućujem na knjigu koju sam pisao u saradnji s Matjasom Devatriponom – *The Prudential Regulation of Banks, op.cit.* – za potpuniju raspravu o „hipotezi zastupništva" i razlozima zašto stvari drugačije stoje na tržištu akcija.

kako štediše ili poreski obveznici ne bi ispaštali zbog njihovih eventualnih gubitaka. S druge strane, suviše stroga pravila o kapitalizaciji mogla bi ograničiti kreditnu aktivnost i sprečiti finansijske posrednike u obavljanju njihove misije, na primer sprečiti banke da finansiraju ulaganja preduzeća, posebno malih i srednjih preduzeća, te da obezbeđuju likvidnost preduzećima i tržištima.

Stroža regulacija zahteva i da se razvoj manje regulisanog ili sasvim neregulisanog finansijskog sektora (koji teoretski nema pravo ni na osiguranje depozita, niti može računati na mogućnost obezbeđenja likvidnosti kod centralne banke) takođe stavi pod nadzor. Ova migracija aktivnosti (koju trenutno zapažamo kao *shadow banking* u Kini) može napraviti probleme, kako se to pokazalo 2008 – videćemo u primeru pet velikih poslovnih banaka *(Lehman, Bear Stearns, Merrill Lynch, Goldman Sachs* i *Morgan Stanley)* koje su u celosti i u svemu bile nadzirane od strane šest osoba.

Prikaz 2 Uprošćeni bilans neke komercijalne banke

Aktiva	**Pasiva**
Krediti malim i srednjim preduzećima	Sopstvena sredstva (akcije, neraspoređena dobit)
Stambeni krediti domaćinstvima	Prudencijalna tela mogu poistovetiti hibridne dugove s kapitalom (subordinirani dugovi, konvertibilne obveznice, preferencijalne akcije...)
Druge hartije od vrednosti (ulaganja na novčanom tržištu...)	Neosigurani depoziti (posebno oni veći od 100.000 evra, depoziti malih i srednjih preduzeća i velikih kompanija, zaduživanje na novčanom tržištu)
Sigurna aktiva (trezorski zapisi, državne obveznice...)	Osigurani depoziti (posebno oni do 100.000 evra)

Prikaz broj 2 opisuje krajnje pojednostavljen bilans jedne komercijalne banke, tj. banke koja je usmerena prvenstveno na tradicionalnu aktivnost kreditiranja malih i srednjih preduzeća, odnosno fizičkih lica u pogledu svojih potraživanja, a na štedne uloge – u pogledu svojih obaveza.

Prvi međunarodni sporazum o prudencijalnim uslovima – Bazel 1 (1988) – usredsredio se na rizike od bankrotstva, zahtevajući od banke da ima zaleđinu u sopstvenim sredstvima (kapitalu) prema kreditnom riziku, tako da sigurni plasman (držanje trezorskih zapisa, na primer) nužno ne zahteva nikakav kapital, dok joj rizični plasman nameće zahtev za kapital u iznosu od osam evrocenti sopstvenih sredstava na svaki evro odobrenog kredita. U načelu, na svaki element aktive banke dodato je opterećenje između 0 i 1 : 0,2 za zajmove odobrene lokalnim samoupravama ili nekoj drugoj banci, 0,5 za hipotekarne kredite[1] i 1 za kredite preduzećima i za raznorazne hartije od vrednosti. Na primer, bilo je nužno imati četiri evrocenta sopstvenih sredstava za stambeni kredit od jednog evra.

Za proračun sopstvenih sredstava na vrhu bilansa, razlikuje se osnovni kapital, ili *prvi nivo kapitala,* ili *tier 1* (kapital plus neraspoređena dobit) – i dodatni kapital, ili *tier 2* (potraživanja od drugih banaka koja su relativno stabilna: subordinirani dugovi drugog reda, hibridne hartije od vrednosti...). *Tier 1* mora predstavljati najmanje polovinu kapitala (dakle, najmanje 4% vrednosti ponderisane aktive).

Međutim, regulatori su znali da neuzimanje u obzir tržišnih rizika i korelacije između različitih rizika, mehanički karakter zahteva za kapital (bez razmatranja rejtinga za zajmove preduzećima, na primer), kao i odsustvo merenja raspoložive likvidnosti – predstavljaju bitna ograničenja za valjano razumevanje rizika. Na primer, u formuli za izračunavanje kapitalnog zahteva imamo sabiranje: zahtevi u vezi s kapitalom prosto se dodaju na svaki zajam. Ne pokušavamo da utvrdimo korelaciju između rizika koji međusobno utiču jedni na druge (rizici kamatnih stopa, kurseva, druge strane, cene

[1] Ovo opterećenje zatim je spušteno na 0,35 i odražava pad u percepciji rizika povezanih s tržištem nekretnina...

nekretnina, itd.), pa, dakle, ni da spoznamo jesu li u pozitivnoj ili u negativnoj korelaciji, da li se kompenzuju ili se, naprotiv, pojačavaju i tako stvaraju još veći rizik. Ovo stvara podsticaje za banke da ulažu u međusobno korelisane pozicije, naročito ako su same već u teškoćama.[1]

Naredna generacija regulacije na međunarodnom nivou (Bazel 2), započeta devedesetih godina XX veka, sprovedena je pre 2007. godine, a namera je bila da bude preciznija u pogledu merenja rizika. Pre svega, ona je omogućila korišćenje rejtinga ovlašćenih kreditnih agencija kako bi se kapitalni zahtevi obračunavali prema kvalitetu aktive banke.[2] U istom duhu, Bazel 2 olakšao je korišćenje tržišnog vrednovanja u računovodstvu, tj. korišćenje vrednosti slične imovine na tržištima koja su prilično likvidna kako bi se procenila tekuća vrednost određene imovine banke (tradicionalni metod obračuna – po „istorijskim troškovima" – registruje ih prema njihovoj inicijalnoj vrednosti, te ove brojke kasnije ne revidira, osim u slučaju nekog ozbiljnog događaja, što je najčešće kriza u otplati duga od strane dužnika).

Konačno, Bazel 2 dozvolio je velikim bankama da koriste ovlašćene interne modele za procenu rizika, pa tako i u obračunu kapitalnog zahteva, omogućavajući javnim vlastima da intervenišu svojim zahtevima za rekapitalizaciju ili ograničavanje aktivnosti kada se aktivira alarm. Strukturirani dijalog između supervizora i banaka koje su pod njegovom kontrolom organizovan je u okvirima onoga što nazivamo „drugi stub" (prvi stub bili bi zahtevi u pogledu visine kapitala, a modifikovani na način koji smo upravo videli). Konačno, treći stub uvećao je transparentnost finansijske institucije u odnosu

[1] Ovu mogućnost „regulatorne arbitraže" proučavao je, na primer, Džoržd Penaki (Georges Pennacchi), kao i Đulijano Janota (Giuliano Iannotta) u neobjavljenom naučnom radu *Bank Regulation, Credit Ratings and Systematic Risk*, te Matijas Efing u neobjavljenom naučnom radu *Arbitraging the Basel Securitization Framework. Evidence from German ABS Investment* (ovaj poslednji sagledava i druge oblike arbitražne regulacije iz sporazuma Bazel 2).

[2] Penzioni fondovi koje sponzoriše država, *broker-dealers* i sami fondovi uzajamnosti već su bili obavezani ili podsticani da investiraju u aktivu koja je bila dovoljno dobro rejtingovana (ocenjena od strane rejting agencija).

na tržište, kako bi ga navelo da ograniči svoja potraživanja prema ranjivim bankama (naravno, ovaj nadzor od strane tržišta ne funkcioniše ako finansijsko tržište anticipira da će država priteći u pomoć banci u slučaju teškoća, tako da su potraživanja prema banci implicitno garantovana).

Prelazak sa sporazuma Bazel 1 na sporazum Bazel 2 ilustruje klasičnu dilemu izbora između mehaničkih pravila i veće slobode namenjene akterima. Bazel 1 pokrenuo je sistem mehaničkog zahteva u vezi sa sopstvenim kapitalom banke, praćenog zahtevima koji su često bili vrlo daleko od onoga za šta je ekonomska stvarnost nalazila opravdanja. Međutim, kako je Bazel 1 rigidan, manipulacije su ograničene. Bazel 2 ostavio je mnogo veću fleksibilnost bankama, što je omogućilo bolju procenu rizika kada je proces dosledno ispoštovan, ali, s druge strane, nužno zahteva stroži nadzor. Interni modeli, iako su validirani od strane supervizora, daju izvesnu slobodu i bankama koje bi se pokazale bezobzirnima i spremnim da iskoriste asimetriju informacija kako bi prevarile regulatore u pogledu stvarno preuzetih rizika. Isto tako, ekstenzivna upotreba rejtinga zahteva da agencije za kreditni rejting ne budu u dosluhu s industrijom koja ih angažovala u opštoj inflaciji rejtinga.

Ekonomska teorija sugeriše nekoliko zdravorazumskih pravila. Svaki rast fleksibilnosti u pogledu procene zauzvrat bi morao voditi zauzimanju veće distance između evaluatora (agencija za kreditni rejting, supervizora, itd.) i evaluiranih (banaka). Uvećana fleksibilnost snažno uvećava i izazove za sve one koji su predmet nadzora, te tako povećava opasnost od pritisaka i dosluha. Obratno, ako smo u strahu za integritet supervizije i evaluacije, treba da se vratimo manjim ulozima, štaviše mehaničkim pravilima.[1]

---

1 Po ovoj logici, treba umanjiti značaj koji se pridaje rejtinzima ako agencije za kreditni rejting ne pružaju dokaz integriteta u procesu izrade rejtinga koji je ozbiljniji nego pre krize iz 2008. Na primer, nakon sporazuma Bazel 2, trebalo je 7,5 puta više sopstvenih sredstava da se pređe sa aktive ocenjene sa AAA ili AA na aktivu koja je ocenjena sa BB+ plus na BB–. Ovakav izazov, koji se u pogledu rentabilnosti nameće bankama, zahteva veliko poverenje u proces izrade rejtinga, u čijem bi odsustvu trebalo umanjiti zahteve za sopstvena sredstva na osnovu upotrebe rejtinga.

Poglavlje 12

Finansijska kriza iz 2008.

It's awful. Why did nobody see it coming?

Elizabeta II, engleska kraljica[1]

Finansijska kriza iz 2008. imala je ogroman uticaj na stanovništvo. Ekonomski rast se survao, a nezaposlenost je porasla. Iako se američki rast danas vraća u normalu, s nezaposlenošću smanjenom na 5% i s vraćanjem poverenja u ekonomiju, gubitak u rastu na početku krize još uvek nije nadoknađen. Evropa – koja je zaista bila na udaru raznih teškoća pored finansijske krize – ostaje zaglibljena u složenoj ekonomskoj situaciji, posebno s masovnom nezaposlenošću u zemljama na jugu. Kriza je takođe platila veliki danak javnim finansijama, slabeći sposobnost država da intervenišu u budućim krizama.

Niko, uključujući i ekonomiste, nije ni pomišljao 9. avgusta 2007, kada su nastupile prve intervencije Federalnih rezervi, Američke centralne banke i Evropske centralne banke (ECB), da će čitave segmente bankarskog sistema spasavati države; da će pet velikih investicionih banaka nestati kao takve (*Lehman* i *Bear Stearns* jednostavno su nestali, *Merrill Lynch* otkupila je *Banka Amerike*, dok su *Goldman Sachs* i *Morgan Stanley* preživeli, ali uz uslov da postanu regulisane komercijalne banke kako bi mogle primiti pomoć); da će

[1] Tokom posete Londonskoj školi ekonomije (London School of Economics) 5. novembra 2008. „To je strašno. Zašto niko nije primetio šta se sprema?"

neverovatna imena, poput *City Groupa*, Kraljevske banke Škotske i Unije švajcarskih banaka, potonuti pošto su preuzele nerazumne rizike; da će jedno osiguravajuće društvo i dva garantna fonda stambenih kredita mobilisati oko trista pedeset milijardi dolara američke države, da bi ova poslednja upotrebila 50% svog BDP-a nešto više od godinu dana kasnije; da će američka i evropske vlade direktno pozajmljivati velike sume industriji; kao i da će centralne banke pribeći nekonvencionalnoj monetarnoj politici daleko premašujući svoj mandat, kako bi nas uvele u period kamatnih stopa koje su ekstremno niske, s ciljem davanja podrške državama i finansijskom sistemu.

U Evropi, Ujedinjeno Kraljevstvo, Belgija, Španija, Island i Irska imali su velikih problema s bankama.[1] U tom kontekstu, možemo primetiti dobre performanse kod nekih zemalja kao što je Francuska, iako su i neke njene banke imale koristi od pomoći američkih poreskih obveznika namenjene institucijama poput *AIG*, kojima su francuske banke bile izložene. Da li je to tako zbog sećanja na ranije greške (poput bankrota banke *Crédit lyonnais*)? Tako je upravo bilo u Skandinaviji i Japanu, koji su takođe bili pogođeni velikim bankarskim krizama devedesetih godina XX veka.

Zbog čega se dogodila finansijska kriza? Jesmo iz nje nešto naučili? Jesmo li zaštićeni od izbijanja nove krize? Kako bih na ova pitanja odgovorio, počeću dijagnostikovanjem, da bih se potom pozabavio stanjem nakon krize. Konačno, razmotriću odgovornost i ulogu ekonomista u prevenciji izbijanja kriza. Ovo poglavlje, koje je više tehničke prirode nego druga poglavlja, osim toga je i jedino koje nije sasvim nezavisno (te zato, iako nije nužno, savetujem da se prvo pročita prethodno poglavlje).

I. FINANSIJSKA KRIZA

Nailazimo na brojna objašnjenja ekonomske krize[2], a ovde ću se samo dotaći te teme. Jedno je sigurno: kriza iz 2008. školski je pri-

---

[1] S druge strane, bankarski problemi Italije, Portugalije, Grčke... pre su povezani s lošim stanjem njihovih privreda (vidi deseto poglavlje).

[2] Na primer, Gary Gorton, *Slapped by the Invisible Hand: The Panic of 2007*, Oxford, Oxford University Press, 2010; Paul Krugman, *The Return of*

mer teorije informacija i podsticaja o kojima se propoveda na ekonomskim fakultetima. Jer, činjenica da je u svakoj karici lančanog transfera rizika jedna od strana imala više informacija od druge (što se izražava pojmom asimetrije informacija) – poremetila je valjano funkcionisanje tržišta.

Međutim, nedostaci tržišta u pogledu asimetrije informacija bili su trajnog karaktera, iako su ih „finansijske inovacije" (uvođenje novih, često vrlo složenih finansijskih instrumenata) i nedostatak bliskosti aktera s novim instrumentima – nesumnjivo pojačali. Kriza se, dakle, ne može objasniti samo ovim faktorom. Kriza se može razumeti jedino ako se uzmu u obzir i druga dva faktora koja se priključuju nedostacima tržišta. Pre svega, neprilagođen regulatorni okvir i izvesna „opuštenost" u njihovoj primeni podstakli su – u Sjedinjenim Državama, ali i u Evropi – aktere na preuzimanje velikih rizika, na kraju krajeva, iza leđa njihovih zajednica, a posebno iza leđa poreskih obveznika. Osim toga, nedostaci tržišta i regulacije nikad ne bi ostvarili takav uticaj da kontekst nije bio toliko naklonjen preuzimanju rizika.

Depression Economics and the Crisis of 2008, W.W. Norton Company Limited, 2009; Robert Shiller, *The Subrime Solution. How Today's Global Financial Crisis Happened and What to Do about It*, Princeton, Princeton University Press, 2008, tematski brojevi časopisa *Journal of Economic Perspectives* posvećeni iznenadnom smanjenju raspoloživosti kredita (jesen 2009), makroekonomiji nakon krize (jesen 2010), finansijskim „dovijanjima" (zima 2010), finansijskoj regulativi nakon krize (zima 2011) ili planovima spasavanja u vezi s krizom (proleće 2015). Zatim više knjiga koje su objavili ekonomisti s Njujorškog univerziteta: Viral Acharya, Matthew Richardson (dir.), *Restoring Fianancial Stability. How to Repair a Failed System, An Independent View from New York University Stern School of Business*, New York, John Wiley & Sons, 2009; Viral V. Acharya, Thomas Cooley, Matthew Richardson, Ingo Walter (dir.), *Regulating Wall Street. The Dodd-Frank Act and the New Architecture of Global Finance. An Independent View from Ney York University Stern School of Business*, New York, John Wiley & Sons, 2010. Ili moja monografija iz 2008 – *Leçons d'une crise*, Toulouse School of Economics, TSE Notes, #1 (engleski prevod u knjizi *Balancing the Banks*, napisanoj u saradnji s Matjasom Devatriponom (Mathias Dewatripont) i Žan-Šarlom Rošeom (Jean-Charles Rochet), Princeton University Press, 2011).

Prekomerna likvidnost i imovinski mehur

Uzrok kriza često leži u laksizmu berićetnih godina. U SAD, odakle je kriza potekla, tokom prve decenije XXI veka slilo se mnogo novca namenjenog ulaganjima. S jedne strane, neuobičajeno niska kamatna stopa (1% u nekim periodima za kratkoročne kamatne stope) koju su održavale Federalne rezerve (Američka centralna banka) tokom više godina početkom XXI veka – obezbedila je veoma „jeftinu" likvidnost. U kombinaciji sa željom investitora da ostvare profit veći od niskih kamatnih stopa na tržištu, ta monetarna politika proizvela je mehur na tržištu nekretnina.[1]

S druge strane, SAD imaju razvijena finansijska tržišta. U njima se emituje mnogo hartija od vrednosti kojima se trguje, što ih čini privlačnim u očima investitora koji traže prilike za ulaganje. Višak štednje koji dolazi iz arapskih i azijskih državnih fondova i akumulirane devizne rezerve zemalja izvoznica, poput Kine, stoga su bili delimično investirani u SAD, budući da se nisu mogli plasirati na domaćim finansijskim tržištima. Taj međunarodni višak štednje (*savings glut*) takođe je omogućio finansijskim posrednicima da ulažu u nekretnine. Zauzvrat, porast potražnje za hartijama od vrednosti – kao i regulatorni okvir (koji je korigovan tek nakon krize) krajnje naklonjen procesu sekjuritizacije – podstakao je izraženiju sekjuritizaciju potraživanja. Prema tome, ti makroekonomski uslovi predstavljali su olakšavajući faktor i podstakli su ekonomske aktere da se brže-bolje okoriste tim tržišnim i regulatornim propustima.

Umnogome je porastao broj rizičnih stambenih kredita koje su uzimala američka domaćinstva[2], a koji su se odlikovali malim učeš-

---

[1] Srećom, tako nije bilo u Evropi, gde Evropska centralna banka nije vodila takvu laksističku politiku. Naravno, monetarni laksizam tek je jedan pospešujući faktor, na šta ukazuje iskustvo Engleske i Australije, dveju zemalja gde se mehur na tržištu nekretnina razvio uprkos mnogo realnijim kamatnim stopama.

[2] Francusku je taj fenomen u velikoj meri zaobišao. Francuske banke imale su običaj da pozajmljuju novac kreditno sposobnim licima, što je podržano sudskom praksom (Vrhovni kasacioni sud smatra da kreditna ustanova nije ispunila svoju dužnost da posluje s pažnjom dobrog privrednika i da upo-

ćem i malom kreditnom sposobnošću[1], vrlo niskom kamatnom stopom u prve dve godine, praćenom fluktuirajućom kamatnom stopom u vrlo širokom rasponu, kao i neproveravanjem podataka koje pruža dužnik.[2] Stagnacija cena nekretnina i rast kamatnih stopa uzroci su krize u otplati ovih kredita s fluktuirajućom stopom koja s vremenom raste. Mnogobrojna domaćinstva prosto više ne mogu otplaćivati dug, dok druga, zaštićena Zakonom o ličnom bankrotu SAD, prestaju sa otplatom svojih dugovanja kada vrednost njihove kuće postane niža od vrednosti preostalog dela duga. Dakle, postojala je opasnost da će nepovoljan razvoj makroekonomske situacije dovesti do plenidbi, izbacivanja vlasnika iz stanova i velikih gubitaka za zajmodavce prilikom tržišne prodaje ovih nepokretnosti. Gubici koje su pretrpeli zajmodavci utoliko su veći što su i drugi zajmodavci činili isto, uzrokujući tako pad cena nekretnina.[3]

Kako je američka država reagovala na ovakav razvoj događaja? Usvajajući politiku koju srećemo i u drugim bankarskim krizama (na primer, u Španiji u istom trenutku), američka vlada, prvo demokratska, a potom republikanska, imala je za cilj da podstakne domaćinstva na kupovinu nekretnina. Početkom ovog veka, ona je dopustila da se imovinski mehur naduva, kao i da, što je ozbiljnije, njene banke budu izložene tome. Bolje bi bilo da je umanjila poreske olakšice pri kupovini nekretnina (znatno umanjenje kamata na stambene kredite), da je dodelila garancije posredstvom poludržavnih agen-

zori ako je zajmoprimcu dala kredit koji nije srazmeran njegovoj sadašnjoj ili budućoj sposobnosti otplate). Što se tiče kredita s promenljivim kamatnim stopama, koji su već dugo popularni u Sjedinjenim Državama, oni su u Francuskoj uvek bili u manjini (24% od svih kredita 2007). Manji broj njih (ispod 10%) čine krediti s drastičnim promenljivim stopama, koji nemaju fisknu gornju granicu kamatnih stopa ili gde je iznos anuiteta ograničen.

1 Ta loša selekcija zajmoprimaca prozvana je slikovito „Ninja": *No income, no job or assets.*

2 Na primer, zajmodavac se mogao zadovoljiti izjavom o prihodima zajmoprimca, a ne stvarnim prihodima.

3 Te prodaje po veoma niskim cenama dodatno povećavaju trošak banaka mimo transakcionih troškova, koji podrazumevaju administrativne troškove, nenastanjenost nekretnine i njeno propadanje, poreze, nenaplaćene polise osiguranja i provizije agencija za promet nekretnina.

cija *Freddy Mac* i *Fannie Mae*, te da je regulisala uslove kreditiranja nametanjem strogih pravila o pozajmicama; drugim rečima – da je ustanovila maksimalan odnos visine zajma / vrednosti nekretnine i visine godišnje otplate / godišnjeg prihoda zajmoprimca. Ali politički cilj je prevagnuo.

Svakako da su rizični krediti omogućavali manje imućnima da se skuće. Međutim, očigledna neinformisanost mnogobrojnih domaćinstava što se tiče rizika kojima se izlažu u slučaju porasta kamatne stope – ili stagnacije cena nekretnina – onemogućila ih je da zaključe drugačiji ugovor o kreditiranju s kojim bi mogli izaći na kraj. Davaoci stambenih kredita, kao i uvek, igrali su na kartu želje za sticanjem nekretnina kako bi im prodali rizične kredite. Verovatno je trebalo da američka vlada bar donekle doprinese uspostavljanju simetričnosti informacija između davalaca i korisnika kredita, ali mali broj država uvodi mere kojima se utvrđuju uslovi za dodeljivanje stambenih kredita s ciljem odvraćanja od njihove zloupotrebe.

Pored asimetričnosti informacija između zajmodavaca i zajmoprimaca – na koju država može odgovoriti adekvatno informišući zajmoprimce, čija će slobodna volja tako biti ispoštovana – kao obrazloženje za zaštitu domaćinstava koja stiču nepokretnost preko kredita može poslužiti „paternalistički" pristup, uprkos opasnostima koje to sa sobom nosi. Ideja od koje on polazi jeste da potrošači podležu podsticajima, te da su skloni tome da troše više nego kada biraju „hladne glave". Taj paternalizam prožima izvestan broj državnih intervencija (videti peto poglavlje). U toj, drugoj regulatornoj perspektivi prvenstveno bi trebalo da zabrani kreditiranje koje je u prvom periodu otplate izuzetno povoljno (na primer, vrlo niske promotivne kamatne stope u prve dve godine otplate kredita) tako što bi se utvrdio maksimalan odnos visine kredita / vrednosti nekretnine i visine godišnje otplate / godišnjeg prihoda.

Prekomerna sekjuritizacija

Podsetimo ovde da dobra sekjuritizacija zahteva dva uslova. Prvi je da banka koja odobrava kredite zadržava dovoljan deo kredita kako bi podstakla sebe na to da valjano bira zajmoprimca, dok je drugi uslov da agencije za kreditni rejting, koje ocenjuju kvalitet portfolija kredita plasiranih na tržištu, takođe budu savesnije. U prethodnom poglavlju zapazili smo da su banke zadržavale suviše nizak procenat rizika kako bi bile dovoljno motivisane da razborito dodeljuju kredite.

Agencije za kreditni rejting ključni su akteri u procesu sekjuritizacije u SAD.[1] Setimo se da potrebe za kapitalom banaka zavise od rizičnosti njihove aktive. Od 2004, kada je u SAD stupio na snagu Bazel 2, ovaj rizik može se meriti pomoću ocenjivanja aktive koje obavljaju agencije za kreditni rejting. Ako banka kupuje proizvod procesa sekjuritizacije, njoj će trebati mnogo manje sopstvenih sredstava ukoliko je ocena AAA nego u slučaju da je ocena BB. Dakle, regulatoru je važno da se može pouzdati u agencije koje su istinski pomoćnici u uspostavljanju regulatornog okvira.

Glavni problem u to doba bilo je to što su agencije dodeljivale bonitet AAA za proizvode procesa sekjuritizacije koji su mnogo rizičniji od obveznica s bonitetom AAA što su ih izdavale korporacije ili lokalne samouprave. Nedostatak iskustva ili sukob interesa? Teško je znati, ali motivi agencija nisu sasvim pratili ciljeve regulatora. Agencije za kreditni rejting naplaćivale su proviziju za svoju uslugu proporcionalno vrednosti emitovanih hartija, čime su bile podsticane na deljenje previsokih ocena (zamislite da se plata profesora povećava s visinom ocena koje dele studentima...). Na samom kraju, želja da se dopadnu investicionim bankama, koje čine veliki deo njihovog poslovnog prometa, verovatno je u tome odigrala pogubnu ulogu.

Prekomerna transformacija

Da pojednostavimo, banka uzima kratkoročne zajmove kako bi davala dugoročne zajmove. To može stvoriti bankarsku paniku, kad svi poverioci banke, strahujući da će se ona pretvoriti u praznu ljušturu, istovremeno traže da povuku novac iz nje. U godinama

---

[1] Broj agencija za kreditni rejting vrlo je ograničen. Postoje samo tri velike agencije, od kojih dve – *Mudis* i *Standard & Poor's* – drže oko 80% tržišta. Budući da se često zahteva dvostruko određivanje kreditnog rejtinga, ove agencije imaju gotovo monopolski položaj.

koje su prethodile krizi, mnogobrojni finansijski posrednici, a ne samo poslovne banke, preuzeli su velike rizike uzimajući zajmove na veoma kratak rok na veleprodajnim tržištima (međubankarsko i novčano tržište). Takva strategija donosi veliki profit sve dok su kratkoročne kamatne stope vrlo niske, ali izlaže banku rastu kamatnih stopa (ako nije obezbedila zaštitu od rizika): ukoliko je kamatna stopa 1% a popne se na 4%, trošak finansiranja ustanove koja ima skoro isključivo kratkoročne izvore finansiranja (kako je to bilo sa SVP-ovima stvorenim radi sekjuritizacije stambenih kredita) – otprilike se učetvorostručuje.

Banke koje nemaju depozite naročito su izložene toj panici (od uvođenja osiguranja depozita – depoziti fizičkih lica veoma su bezbedni). Kao što smo videli, pet velikih investicionih banaka je bankrotiralo, ili je našlo tačku oslonca u poslovnim bankama, eventualno uz pomoć američke države. Ali poslovne banke, koje su same po sebi stabilnije, i same su uvećale svoje aktivnosti transformisanja.

Ovo opšte preuzimanje rizika putem velike transformacije dovodi monetarne vlasti u delikatan položaj: one ili ne čine ništa da kamatne stope ostanu niske (i tada se jedan deo finansijskog sistema urušava); ili pak popuštaju i veštački održavaju kamatne stope niskim, čime indirektno spasavaju institucije koje su preuzele rizike. Tako podržavaju rizično ponašanje finansijskih ustanova, praveći troškove na koje ću se vratiti u daljem tekstu. Monetarne institucije tako bivaju uhvaćene u zamku preterano rasprostranjenog transformisanja. To je bilo naročito vidljivo posle izbijanja krize. Danas centralne banke imaju problem da obore kamatne stope znatno ispod nule (jer bi u protivnom akterima bilo draže da zadrže gotovinu, koja, kada se obračunaju troškovi transakcije, omogućava da kamatna stopa ostane ravna nuli), što se razlikuje od problema ostalih banaka, koje se više žale zbog niskih kamatnih stopa, dok je njihovim klijentima draža gotovina od investicija.

Izvrdavanje regulatornih zahteva za kapital

Regulisane finansijske ustanove (poslovne banke, osiguravajuća društva, penzioni fondovi, brokeri, itd.) podvrgavaju se zahtevu za minimalni sopstveni kapital. U slučaju banaka, Bazelski sporazumi definišu izvestan broj opštih načela na međunarodnom nivou. Ideja je da se uvede bafer, „kapital" ili sopstvena sredstva banke, koja omogućavaju da se s većom verovatnoćom ublaže rizici s kojima se banka suočava, te da se na taj način zaštite štediše ili njihov osiguravač, agencija za osiguranje depozita (i, na kraju krajeva, poreski obveznik). U interesu banke je, naprotiv, da u odnosu na regulatorne zahteve umanji, pa čak i minimizira u nekim ekstremnim slučajevima, sopstvena sredstva do određenog nivoa. Naime, manje sopstvenih sredstava banke znači višu stopu prinosa za akcionare koji ulažu ta sredstva.

Supervizori nadležni za finansijsku regulaciju imaju složen zadatak u pogledu neprekidne evolucije bilansa i finansijskih tehnika, s jedne strane, kao i ograničenih raspoloživih sredstava za sprovođenje kontinuiranog nadzora te privlačenje najvećih talenata za koje su u konkurenciji s regulisanim ustanovama, analitičarima i agencijama za kreditni rejting, s druge strane. Zadatak supervizora nije olakšan ni njihovom međusobnom konkurencijom. Ranije su u SAD banke ponekad mogle birati svog supervizora definišući svoju glavnu aktivnost na odgovarajući način, kako bi im bio dodeljen najblaži supervizor (na primer, birale bi sektor nekretnina koji je u nadležnosti ne tako zahtevnog supervizora). Uostalom, strah od ublažavanja zahteva za kapital koji je tada uočen na nacionalnom nivou – najjači je razlog za utvrđivanje Bazelskih sporazuma o usklađivanju pravila prudencijalne supervizije na međunarodnom nivou.

Brojne finansijske ustanove koristile su se nesavršenostima analize rizika u prudencijalnim pravilima da bi potcenile svoje potrebe za sopstvenim kapitalom, te na taj način uvećale prinos na sopstvena sredstva. Tako su one odobravale SPV-ove koji su u aktivi imali portfolija sekjuritizovanih zajmova iz kreditne linije za koje nije bio visok kapitalni zahtev u pogledu sopstvenih sredstava[1] , pa čak i onda kad su preuzimale rizik manje-više jednak onom koji bi preu-

[1] Drugim rečima, one su zadržavale rizik povezan s proizvodima poteklim iz njihovog bilansa, ali taj rizik bio je manje pokriven zahtevima za kapital. One su takođe pribegle uslugama osiguravača finansijskih garancija (tzv. *monoline* osiguravačima), čiji su rejtinzi takođe bili precenjeni, i založili su svoju reputaciju bez garancija u kapitalu (tako je banka *Bear Stearns* prekoračila svoje pravne obaveze da bi spasla SVP-ove koje je sama emitovala).

zele da su te zajmove ostavile u svom bilansu. Na kraju, supervizori nisu mogli, ili nisu znali, da zauzdaju pogubno ponašanje. Najupečatljiviji primer jeste *AIG*, najveći svetski osiguravač, koji je, budući da je *de facto* postao investiciona banka, akcionarima delio ogromne dividende samo dve nedelje pre nego što će američka država krenuti da ga spasava.

Previše nejasne granice regulisane sfere i ponekad nezdrav spoj državnog i privatnog

Da pojednostavimo, prudencijalna supervizija banaka podrazumeva razmenu između dve strane. Naime, poslovna banka pod supervizijom se mora suočiti sa zahtevima u kapitalu i drugim ograničenjima; u zamenu za to, ona ima pristup likvidnosti kod centralne banke i osiguranju depozita, što su dva faktora za smanjenje rizika – osiguranje depozita odvratiće male deponente od povlačenja uloga kada se finansijske poteškoće obznane u javnosti, dok će banka, zahvaljujući likvidnosti centralne banke, moći mirno da bira između prodaje aktive po cenama koje neće biti previše niske i uvećanja sopstvenog kapitala putem nove emisije kapitala. Neregulisane banke (*shadow banking*: investicione banke, *hedge funds*, *private equity*, itd.) nemaju tu privilegiju. Bar ne u teoriji...

Kriza iz 2008. godine pokazala je da popustljiva regulacija u pogledu uzajamne povezanosti regulisanih i neregulisanih sektora može dovesti vlasti u situaciju da spasavaju i one subjekte koji su van regulisane sfere, bilo injekcijama kapitala, otkupom imovine ili jednostavno održavanjem niskih kamatnih stopa. Ovo vodi problemu informacija, kao i izostanku obaveza kod druge strane, utoliko što neregulisani sektor ima pristup novcu poreskog obveznika i likvidnosti centralne banke – a da se pritom taj sektor ne mora podvrgnuti disciplini prudencijalnog nadzora.

Ovu sivu zonu dobro ilustruje rasprava pokrenuta povodom odbijanja američkih vlasti da spasu banku *Lehman Brothers* 2008. godine. Poređenja radi, novac američkih poreskih obveznika bio je korišćen za spasavanje druge poslovne banke – *Bear Stearns*.[1] Nekoliko dana nakon bankrota banke *Lehman Brothers*, američka vlada takođe je spasla važan neregulisani subjekat –*AIG*. Usledio je čitav niz državnih pomoći za poslovne i investicione banke. Teško je proceniti trošak tih paketa pomoći u trenutku kada se oni dodeljuju. U Sjedinjenim Državama se *ex post* taj trošak pokazao kao mali – banke su na kraju vratile veoma velik deo. Ali očito je da je sve moglo ispasti mnogo gore, te da su mogli biti zabeleženi veći gubici.

Vratimo se na *AIG*. *A priori* nema ničeg čudnog u spasavanju velike osiguravajuće kuće. Međutim, osiguravačka aktivnost kompanije *AIG* imala je perspektivu, i kapitalizovana je nezavisno od holding kompanije čiji je bila deo – upravo kako bi bila zaštićena od kraha ove poslednje, koja je takođe obavljala špekulativne aktivnosti. Dakle, holding kompanija mogla je otići pod stečaj bez posledica po osiguravačku delatnost. Iako deluje neobično što je *AIG* holding mogao izbeći svaki nadzor a da se pritom okoristi pristupom novcu poreskih obveznika u slučaju lošeg upravljanja, tesna veza ovog preduzeća s regulisanim bankama - ostvarena, na primer, na OTC tržištima - stvarala je sistemski rizik koji je „opravdao" njegovo spasavanje.

Nejasne granice između regulisanog i neregulisanog sektora prate i one između javnog i privatnog sektora. U septembru 2008, dve poludržavne američke agencije za stambene kredite (*Fannie Mae* i *Freddy Mac*), koje su osiguravale ili garantovale 40% do 50% (oko 80% u 2007) svih stambenih kredita u SAD[2], bile su spasene. Opet nekretnine... Ove dve kompanije bile su na neki način izuzetak od opšteg pravila. Budući da su to bile privatne kompanije, javni sektor nije mogao izvući korist od njihovog profita.[3] Ali su, uprkos tome, raspolagale jemstvom američke države (u vidu kreditnih linija pri

[1] To spasavanje neregulisanog aktera nije bio prvi takav slučaj. Još 1998. godine Fed je pravio plan za spasavanje i višestruko oborio kamatne stope kako bi bio izbegnut bankrot hedž fonda *Long Term Capital Management*.

[2] Ove „Governement Sponsored Enterprises" (GSE) kupuju stambene kredite od njihovih emitera. Njihovih 5.300 milijardi dolara aktive sastojalo se od portfolija sa 1.600 milijardi i sekjuritizacije (sa učešćem u sekjuritizovanom portfoliju) od 3.700 milijardi.

[3] Ali one su ipak u vidu dividendi refundirale državnu pomoć (skoro 200 milijardi) koju su primile 2008.

Trezoru), te su računale da će javno mnjenje podstaći američku državu da ih spase ako se nađu u poteškoćama, što se zaista i dogodilo. Kako to obično biva, zarada je otišla u privatne džepove, a gubici su se finansirali iz državnih fondova. Najzad, kompanije nisu bile strogo regulisane.[1] Poređenja radi, Evropska komisija je u Evropi, na svu sreću, iskoristila Zakon o državnoj pomoći kako bi sprečila evropske vlade[2] da prošire implicitne državne garancije, te kako bi ograničila to prožimanje državne i privatne sfere. Francuska je izvukla pouku iz američkog iskustva iz 2007, te napustila izradu zakona koji je predviđao obavezu banaka da obezbede opšte pravo pristupa kreditnom finansiranju.

II. NOVO OKRUŽENJE POSLE KRIZE

Možemo navesti barem dve tekovine krize: niske kamatne stope i potragu za novom regulativom.

Istorijski niske kamatne stope

Za prvu od dve tekovine mislilo se da će biti privremena. Vrlo brzo nakon izbijanja krize, centralne banke Amerike, Evrope i Britanije snizile su kamatne stope na nivo blizak nuli, drugim rečima – na negativni nivo, ako se uzme u obzir inflacija (dakle, posmatrano pre realno nego nominalno). Japan ima kamatnu stopu ispod 1% od sredine devedesetih godina XX veka, a danas je ona jednaka nuli. Godine 2016. čuli smo predviđanje da će te stope ostati bliske nuli još zadugo u Japanu i Evropi, dok ih SAD počinju vrlo oprezno podizati.

---

[1] Njih su pre regulisale posebne agencije nego bankarski supervizori. Njihov regulator – *Department of Housing and Urban Development* (HUD) – zapravo nije imao potrebnu stručnost za prudencijalnu superviziju; štaviše – bio je motivisan da podrži tržište nepokretnosti.

[2] Na primer, u slučaju banke *Crédit fonsier.*

Ove niske stope imaju jasan razlog za postojanje: one omogućavaju finansijskim institucijama da se refinansiraju po niskim cenama. To je, zapravo, kejnzijanska logika obezbeđivanja likvidnosti u slučaju da se finansijski sektor nađe u teškoćama.[1] U krajnjoj nuždi, država je jedini akter koji može obezbediti likvidnost privredi. Naime, ona je u stanju da uradi dve stvari koje tržišta nikad neće moći da urade. Prvo, u stanju je da založi buduće prihode domaćinstava i preduzeća (postojećih i budućih), ili pre da založi poreze koje će javne vlasti ubrati od tih prihoda, obezbeđujući likvidnost bankama[2], ili emitujući nacionalni dug. Ta njena suverena ovlašćenja za naplaćivanje poreza opravdavaju ulogu države u makroekonomskoj regulaciji: država može pružiti pomoć bankama i preduzećima u određenom trenutku u zamenu za povećanje poreza koje će potom uslediti. Drugo, centralna banka može izazvati inflaciju i tako promeniti realnu vrednost ugovora zaključenih na nominalnu vrednost: dužničkih ugovora i, u meri u kojoj nisu indeksirani, ugovora o radu. (Danas centralne banke imaju poteškoća da stvore očekivanja u vezi s najmanjom inflacijom, tako da ovaj drugi pristup baš i nema nekog učinka.)

Ovo obezbeđivanje likvidnosti samo po sebi nema cilj da spasava banke koje su se nepromišljeno našle u problemu i s potrebom za

---

[1] Modelovanje uz pomoć teorije o racionisanju kredita, ideje da država ima sposobnost kakvu nemaju tržišta – da obezbedi likvidnost u teškim trenucima - razvijeno je u mojim radovima s Bengtom Holmstromom (Bengt Holmström, *Private and Public Supply of Liquidity*, Journal of Political Economy, 1998, vol.106, n°1, str. 1–40 i *Inside and Outside Liquidity*, Cambridge, MIT Press, 2011), te Emanuelom Farijem (Emmanuel Farhi, *Collective Moral Hazard, Maturity Mismatch, and Systemic Bailouts*, American Economic Review, 2012, vol. 102, n° 1, str. 60–93). Ovaj poslednji članak takođe pokazuje da popuštanje monetarne politike mora biti korišćeno za spasavanje banaka čak i ako, osim toga, država može spasti banke i transferima konkretnim bankama.

[2] Tehnički posmatrano, centralna banka ne zadužuje se u pravom smislu te reči kada obezbeđuje likvidnost, na primer, prihvatajući kolaterale slabog kvaliteta prilikom odobravanja zajmova nekoj banci. Međutim, ako centralna banka stvara gubitke dajući te zajmove, sve što ona može uraditi jeste da štampa novac, ili pak da posredno uzima novac od poreskih obveznika.

refinansiranjem, koju one ne bi bile u stanju da zadovolje u teškim trenucima. Cilj tog obezbeđivanja prvenstveno je da se održe u životu finansijski posrednici ključni za funkcionisanje ekonomije. Mala i srednja preduzeća ponajmanje imaju pristup finansijskim tržištima (emitovanju obveznica i komercijalnih zapisa da bi se finansirala i refinansirala), jer ona još uvek nemaju izgrađenu reputaciju na finansijskom tržištu. Osim toga, raspolažu s vrlo malo materijalne i nematerijalne imovine koju bi založile, i nemaju diversifikovane aktivnosti. One zavise od banaka koje ih nadziru, i uveravaju se u dobar kvalitet kolaterala koji je malo ili srednje preduzeće spremno da ponudi kao jemstvo. U slučaju da banka ima poteškoća, to u prvom redu pogađa mala i srednja preduzeća, što smo konstatovali u svim slučajevima iznenadnog smanjenja raspoloživosti kredita (*credit crunch*).

Niske kamatne stope, ma koliko bile neophodne u slučaju krize, imaju svoju cenu.

- Pre svega, one dovode do masivnog finansijskog transfera od štediša ka zajmoprimcima. U suštini, to je i jeste željeni cilj kada se teži spasavanju posustalog bankarskog sistema. Međutim, one idu dalje od željenog cilja. Snižavanje kamatnih stopa podiže cenu imovine poput nekretnina ili akcija (budući prinos na tu aktivu diskontuje se u odnosu na ponuđeni prinos na tržištu obveznica), te stoga za sobom povlači preraspodelu bogatstva: držaoci te aktive više profitiraju kada ih prodaju.[1] Dakle, niske kamatne stope imaju ogromne posledice na preraspodelu, od kojih su neke željene, a neke neželjene.
- Niske kamatne stope pogodan su teren za nastanak finansijskog mehura. Kako smo videli u prethodnom poglavlju, finansijski mehurovi obično nastaju u okruženju gde su kamatne stope niske.
- Niske kamatne stope podstiču na preuzimanje rizika od strane finansijskih institucija koje su obećale zagarantovani prinos svojim klijentima. To je veliki problem, na primer u

[1] Predsednik jednog londonskog hedž fonda – Maršal Vejs (Marshall Wace) – napisao je članak za *Financial Times*, objavljen 23. septembra 2015, s vrlo rečitim naslovom: *Central Banks Have Made the Rich Richer.*

Nemačkoj, gde su osiguravajuće kuće obećale vlasnicima polise životnog osiguranja minimalni prinos, koji može iznositi i do 4%. Prinos nemačkih državnih obveznica na deset godina, koji iznosi od 0,5% do 1%, čini ovu garanciju teško ostvarivom osim ako se ne uloži u visokoprinosne (*high yield*), pa čak i visokorizične (*junk bonds*) obveznice, tj. hartije koje nude vrlo visoke prinose, ali koje prati visoki rizik nenaplativosti.

Svakako da u teoriji garanti životnog osiguranja moraju imati usklađenu aktivu i pasivu u pogledu rizika od promene kamatne stope. Tako da, ako kamatne stope padaju, ovaj pad podiže cenu aktive „namenjene" isplati koja je obećana klijentima. Međutim, u praksi osiguranici imaju mogućnost da produže prethodni ugovor. Oni to, logično, i rade kada kamate padaju, a alternativni vidovi štednje postaju manje privlačni, što za posledicu ima neravnotežu u rokovima dospeća aktive i pasive.

- Verovatno bi bilo bolje kontrolisati podsticaje za preuzimanje rizika direktno prudencijalnom supervizijom umesto napuštanjem niskih kamatnih stopa ako su one korisne za ekonomiju, ali ipak treba biti svestan i rizika koji ove kamatne stope nose sa sobom.
- Niske kratkoročne kamatne stope mogle bi biti uvod u sledeću krizu, jer ohrabruju banke da još više pozajmljuju na kratak rok. Međutim, danas je ovaj argument manje osnovan iz dva razloga: s jedne strane, *quantitative easing* opterećuje dugoročne kamatne stope, koje su trenutno niske, jednako kao i one kratkoročne; s druge strane, regulatori banaka trenutno uspostavljaju instrumente čija je namena da ograniče kratkoročno zaduživanje banaka.
- Na ta četiri potencijalna troška niskih kamatnih stopa dodaje se i peti: kada se stigne do nominalnih kamatnih stopa, koje su jednake nuli, nije ih više moguće spustiti, jer je tada ekonomskim agentima draže da zadrže novčanice koje zadržavaju svoju nominalnu vrednost (odnosno nude nominalnu stopu jednaku nuli)[1], što se zove fenomen *zero lower bound* (ZLB).

[1] Svakako da pri zadržavanju gotovine postoje transakcioni troškovi, te je stoga moguće imati blago negativne nominalne stope, čemu danas pribega-

Ako se ispostavi da su negativne kamatne stope neophodne, centralna banka više nije u stanju da ponovo pokrene ekonomiju spuštajući kamatne stope, što brzo može dovesti do recesije i nezaposlenosti. U tom slučaju, da bi se ponovo pokrenula ekonomija, centralna banka treba da koristi mnoštvo složenih instrumenata kojima se još uvek ne vlada u potpunosti[1], a koje neću pominjati ovde.

Trajno niske kamatne stope?

Do krize, konsenzus u makroekonomiji bio je zasnovan na pojmu „velike umerenosti" (*great moderation*). Činilo se da je monetarna politika, ponekad praćena budžetskom politikom (u okviru onoga što se zove *policy mix*), izuzetno dobro funkcionisala tokom dvadeset godina koje su prethodile krizi. Ona je imala za cilj stabilnost cena (na osnovu ciljane inflacije od 2%, na primer), uz usklađivanja sa ekonomskom situacijom i stopom nezaposlenosti. Ovaj konsenzus o primatu monetarne politike danas je delimično poljuljan, jer se ta monetarna politika više ne može primenjivati u slučaju ZLB.

A šta ako niske kamatne stope nisu prouzrokovane konjunkturnim faktorima u vezi s finansijskom i evropskom krizom? Šta ako smo osuđeni da trajno živimo sa ekonomijom niskih kamatnih stopa u kojoj bi monetarna politika bila nemoćna da tržišta ponovo učini dinamičnim i spreči recesiju i nezaposlenost, što je fenomen koji se ponekad naziva „dugoročnom stagnacijom"?[2] Danas su ekonomi-

va izvestan broj centralnih banaka; ali one ne mogu biti zaista negativne.

1 Pravljenje inflacionih predviđanja, *forward guidance* – najava niskih kamatnih stopa ne samo trenutno već i u budućnosti; kvantitativno popuštanje (*quantitative easing*) – prihvatanje rizične aktive (na primer, rizičnih obveznica ili komercijalnih zapisa preduzeća, hartija od vrednosti obezbeđenih hipotekom, ili pak obveznica država u finansijskim teškoćama) za kolateral od strane centralne banke; fiskalni stimulans (ovo poslednje nije, naravno, resor centralne banke).

2 Pojam dugoročne stagnacije starijeg je datuma, ali je ponovo oživeo 2013. s Larijem Samersom (Larry Summers), profesorom na Harvardu i bivšim

sti u pogledu toga podeljeni. Ono što je nesumnjivo jeste tendencija opadanja kamatnih stopa za sigurnu aktivu (nerizične državne hartije od vrednosti) još od perioda 1980–1990. Te realne kamatne stope (tj. kada se oduzme inflacija) iznosile su 5% osamdesetih godina, 2% devedesetih godina, kao i 1% do bankrota banke *Lehman Brothers* 2008. godine, te oko minus 1% otada naovamo. Šta su uzroci tog pada?

Prvi strukturalni razlog niskim kamatnim stopama treba tražiti u ponudi sigurne aktive i njenoj tražnji: ako je ponuda mala, a tražnja velika, cena aktive nužno je visoka; u slučaju finansijske imovine, visoka cena znači slab prinos (zdravorazumski posmatrano, imalac aktive skupo je plaća ako njenom kupovinom stiče samo pravo na mali prinos u budućnosti). Pored pomenutih niskih kamatnih stopa, ova neravnoteža između ponude i tražnje što se tiče sigurne aktive manifestuje se i drugim simptomima. Pre krize iz 2008, neravnoteža se manifestovala kao besomučna sekjuritizacija. Sekjuritizacija je imala za cilj da stvori utrživu aktivu na finansijskim tržištima i sigurnim tržištima (iako je na kraju ta sekjuritizacija, iz gorepomenutih razloga, stvorila rizičnu aktivu, njen zvanični cilj bio je drugačiji). Drugi simptom je pojava mehura.

Potražnja za sigurnom aktivom se povećala. Zemlje u usponu (npr. Kina) i zemlje bogate sirovinama (naftom u vreme dok je cena nafta još uvek bila visoka), budući da nemaju razvijena finansijska tržišta, gledale su da investiraju novac u razvijenim zemljama. To je *savings glut,* koji sam već pominjao. Osim toga, od krize naovamo, pooštravanje prudencijalne regulacije dovelo je do kažnjavanja preuzimanja rizika, što je imalo za posledicu to da bankama, osiguravajućim kućama, penzionim fondovima... poraste apetit za sigurnom aktivom, skromnom u pogledu zahteva za kapital. I fizička lica nalaze utočište u najsigurnijoj aktivi; to lepo ilustruje činjenica da Francuzi investiraju skoro 85% svog životnog osiguranja u fondove čija je valuta evro (što znači da oni suštinski investiraju u državne

državnim sekretarom za finansije u administraciji Bila Klintona. Da bi se stekao uvid u raspravu na ovu temu, treba konsultovati knjigu koju su priredili Coen Teulings i Richard Baldwin, *Secular Stagnation. Facts, Causes and Cures,* CEPR Press/VoxEU.org Book.

hartije od vrednosti i korporativne obveznice, koje su u većini slučajeva dobrog rejtinga i garantovane u nominalnoj vrednosti, te isključuju mogućnost gubitka kapitala), a ne u obračunske jedinice (koje su rizičnije jer obuhvataju akcije, i to one negarantovane).

Što se tiče *ponude* sigurne aktive, izgleda da se ona smanjila: portfolio nekretnina i javni dug država članica Organizacije za ekonomsku saradnju i razvoj (OECD), nekada smatrani potpuno sigurnima, postali su rizični. To je dovelo do velikog globalnog pada likvidnosti. Prema mišljenju Rikarda Kabalera (Ricardo Caballero) i Emanuela Farija (Emmanuel Farhi), biće da je ponuda sigurne aktive pala sa 37% svetskog BDP-a u 2007. na 18% u 2011.[1]

Drugi razlog za niske kamatne stope ima veze sa štednjom. Porast nejednakosti odražava se i u rastu štednje, jer imućna domaćinstva štede mnogo više nego ona siromašna. Povećana štednja umanjuje prinose štediša logikom igre ponude i tražnje.[2]

Dakle, moguće je da niske kamatne stope potraju, a u tom slučaju ponovo ćemo morati ozbiljno da razmotrimo svoje stretegije makroekonomske politike.

Novo regulatorno okruženje

Ne postoji nulta stopa rizika. Ako moramo odlučno odgovoriti na neuspeh regulacije i umanjiti učestalost i obim kriza, takođe treba da budemo svesni toga da nećemo moći u potpunosti da izbegnemo svaki rizik od krize. Isto kao što onaj koji nikad nije zakasnio na početak filma u bioskopu, na sastanak ili voz verovatno preduzima mnogo mera predostrožnosti, tako bi i ekonomija koja postupa

[1] Ricardo Caballero, Emmanuel Farhi, *The Safety Trap*, rad objavljen na internetu.

[2] Navedeni su i drugi razlozi. Na primer, usporavanje u oblasti tehnoloških inovacija, zbog čega se možda smanjuje investiciona tražnja. To je razlog u koji lično ne verujem, ali teško je prosuditi. Navedena je i hipoteza o tehnološkom napretku u sektoru investicionih dobara, koja za posledicu ima smanjenje investiranja. Najzad, da bi se objasnile niske kamatne stope, navodi se i demografski pad.

s ciljem predupređivanja krize verovatno bila ekonomija koja funkcioniše znatno ispod svojih mogućnosti. Jer, kako bi se krize u potpunosti izbegle, trebalo bi zauzdati preuzimanje rizika i inovacije, te imati kratkoročne planove umesto investiranja u dugoročne planove, koji su rizičniji jer su neizvesniji. Stoga nije stvar u potpunom eliminisanju krize, već u prepoznavanju podsticaja koji ohrabruju ekonomske aktere na usvajanje ponašanja štetnog za ostatak ekonomije. To posebno zahteva da se ograniče „eksternalije" finansijskog sistema kojima su izložene štediše ili poreski obveznici.

Pre bi se moglo reći da su prudencijalna regulacija i supervizija veštine nego da su nauke, jer teško je raspolagati korisnim podacima za tačno merenje efekata koje predviđa teorija. Međutim, određen broj opštih principa ostaje na raspolaganju, iako se raspravlja o osnovanosti svakog od njih. U monografiji iz 2008[1] savetovao sam da se regulisane institucije zaštite od širenja zaraze koja polazi iz neregulisanog sektora, da se poveća racio solventnosti i stavi jači akcenat na likvidnost, da se regulacija učini manje cikličnom, da se nadziru strukture koje odlučuju o novčanim naknadama direktora banaka, da se zadrži sekjuritizacija uz nadzor njenih tehnika, da se nadziru agencije za kreditni rejting i da se razmišlja o „regulativnoj infrastrukturi", a u slučaju Evrope – da se na evropskom nivou postavi supervizor koji bi radio pri Evropskoj centralnoj banci (što je danas stvarnost, te za tu temu upućujem na poglavlje o Evropi). Brojni drugi ekonomisti davali su u isto vreme slične predloge. Gde smo danas?

I jare i pare...

Supervizori, centralne banke i države bili su primorani da intervenišu putem strategije spasavanja, kupovine toksičnih proizvoda ili vođenja popustljive monetarne politike, sve s ciljem da spreče bankrot finansijskih institucija koje nisu bile regulisane. Ovaj fenomen, kako smo videli, lepo ilustruju velike američke poslovne banke, a

[1] Jean Tirole, *Les leçons d'une crise*, *op. cit.*

naročito *Bear Stearns* i *AIG*. Jedino banci *Lehman Brothers* nije pružena ruka spasa, što je izazvalo dobro poznatu paniku.

Strah od pojave sistemskog rizika zauzeo je suviše važno mesto u kreiranju javnih politika. Uzrok delimično leži u netransparentnosti međusobne izloženosti. Regulatori imaju vrlo malo informacija o pravoj prirodi međusobne izloženosti i kvalitetu obaveza u operacijama realizovanim na OTC tržištima. U načelu, jednom supervizoru skoro je nemoguće da razume i da izokrene matricu međusobne izloženosti u svetskom finansijskom sistemu, tim pre što izvestan broj aktera u toj matrici ili nije podvrgnut regulaciji, ili se nalazi u domenu regulacije drugih supervizora.

Stoga treba čuvati, koliko god je to moguće, štetne proizvode mimo javnog prostora. U ovom slučaju javni prostor odgovara regulisanoj sferi, teoretski jedinoj koja može biti predmet spasavanja od strane države. Sprovedene su reforme koje idu u tom pravcu.

Prva je *standardizacija proizvoda i njihova razmena na organizovanim tržištima*. Ako je izmišljanje proizvoda prilagođenih naročitim potrebama klijenata važna aktivnost finansijskog sektora, to ipak supervizorima stvara velike poteškoće pri oceni odgovarajućih obaveza. Naravno da nije stvar u sputavanju inovativnosti u finansijskom sektoru, ili smišljanja instrumenata prilagođenih specifičnim potrebama klijenata, ali treba ohrabriti (razboritom odlukom o kapitalnim zahtevima) okretanje regulisanih posrednika ka standardizovanim proizvodima utrživim na berzama, dok bi neregulisani posrednici ostali, naravno, slobodni da se više bave OTC tržištima. Kao što smo videli u prethodnom poglavlju, preduzeća i banke imaju najveće potrebe za ugovorima o osiguranju od običnih rizika – deviznog kursa, kamatnih stopa i izostanka otplate duga, kojima su snažno izloženi.[1]

Ovim standardizovanim proizvodima može se trgovati na platformama namenjenim trgovini finansijskim derivatima, koje kontrolišu međusobnu izloženost: supervizorima treba jasna slika o

---

[1] Međutim, neki od tih ugovora (kao oni o deviznom kursu) još uvek se razmenjuju na OTC tržištu.

izloženosti regulisanih institucija riziku od neuspeha neke druge institucije. Pribegavanje dobro kapitalizovanim klirinškim kućama koje zahtevaju garantni depozit od svojih članova – te centralizovanje ponude i tražnje – pruža zanimljive perspektive.[1] Nova regulativa, uspostavljena posle krize Bazelskim sporazumom 3 – išla je u tom pravcu, penalizujući ugovore sa OTC tržišta pooštrenim zahtevima za kapital. Bilo bi poželjno da se nastavi tim putem. Uporedo s tim, treba nastojati da se klirinške kuće podvrgnu strogim prudencijalnim pravilima, inače će regulator samo umanjiti rizik od bankrota banaka da bi povećao isti rizik na strani klirinških kuća. Drastičnija verzija ideje o izolovanju bankarskog sektora za rad sa stanovništvom jeste ideja o strukturnoj podeli bankarskog sektora na onaj koji radi sa stanovništvom i na investiciono bankarstvo, koju je u raznim oblicima u Sjedinjenim Državama predlagao bivši Fedov direktor Pol Voker (Paul Volcker), a Evropskoj uniji komesar Likanen (Liikanen), a koja je u svom najdrastičnijem obliku definisana u Velikoj Britaniji, pošto ju je utemeljio ekonomista Džon Vikers (John Vickers).[2]

Kontraciklični karakter zahteva za kapital

Postoje dobri teorijski razlozi koji idu u prilog kontracikličnom raciju solventnosti, tj. pooštravanju zahteva za kapital tokom velikih ekonomskih uspona i njihovom ublažavanju u slučajevima krize bankarskog sistema. S jedne strane, periodi obeleženi oskudicom sopstvenog kapitala idu uporedo sa smanjenjem raspoloživih kredita (*credit crunch*), što se odražava u ozbiljnim ekonomskim teškoćama za preduzeća koja zavise od bankarskog sistema, a naročito za

---

[1] Bankrot velikog hedž fonda *Amaranth,* koji je najviše trgovao terminiskim ugovorima o prirodnom gasu na centralizovanim platformama, 2006, u osnovi nije doveo sistem u opasnost, te hedž fond nije morao biti spasavan.

[2] Za ocenu tog pristupa, vidi, na primer, moj članak *The Contours of Banking and the Future of its Regulation, in* George Akerlof, Olivier Blanchard, David Romer, Joe Stiglitz (dir.), *What Have We Learned*?, Cambridge, MIT Press, 2014, str. 143–153.

mala i srednja preduzeća suočena s obavezom otplate duga po visokim kamatnim stopama ili sa odbijenim zahtevima za kreditiranje. S druge strane, javna politika obavezna je da pomaže finansijskom sistemu u periodima oskudne likvidnosti, tim pre što je mala verovatnoća za nastanak krize likvidnosti (zbog čega je privatnom sektoru veoma teško da tezauriše novčana sredstva). Popuštanje pravila solventnosti u tim periodima jeste način da se to izvede pomoću, recimo, monetarne politike.[1]

U skladu s teorijom, Bazel 3 zaista je predvideo kontraciklični zaštitni sloj kapitala (*countercyclical capital buffer*), u skladu s makroekonomskim okruženjem u kome banka posluje.

Regulacija likvidnosti i solventnosti

Pre krize nije postojao jednoobrazni pristup regulaciji likvidnosti, bilo da je reč o Bazelskim sporazumima ili o regulaciji na nivou Evrope. Zahtevi za likvidnost bili su prilično skromni. Iako teorija jasno preporučuje da racio likvidnosti prati racio solventnosti, praksa je mnogo složenija. Naime, opšte je poznato koliko je teško uspostaviti dobru meru likvidnosti finansijskog posrednika. Likvidnost banke zavisi, što se tiče aktive bilansa, od mogućnosti da se preprodaju hartije od vrednosti (blagajnički zapisi, sertifikati o depozitu / komercijalni papiri, proizvodi sekjuritizacije, akcije, obveznice, itd.) kada se za tim ukaže potreba, a da pritom ne dođe do njihovog preteranog obezvređivanja. Što se tiče pasive (*funding liquidity*), ona zavisi od mogućnosti brzog prikupljanja sredstava po dobrim uslovima (štednja po viđenju, sertifikati o depozitu, itd.). Likvidnost banke takođe zavisi od njenog poslovnog ugleda, što utiče na mogućnost njenog lišavanja sopstvene aktive i prikupljanja novih sredstava.

---

[1] Ova dva argumenta, jedan za drugim, razrađeni su u *Holmström-Tiroleu (1997. i 1998). Moja knjiga s Matjasom Devatriponom (The Prudential regulation of Banks, op. cit.) sugeriše umanjivanje procikličnosti regulacije putem uvođenja premija osiguranja koje su i same prociklične.*

Bilo kako bilo, dva nova racija – *liquidity coverage ratio*, s periodom od mesec dana (pošto su banke bile u obavezi da drže vrlo likvidnu aktivu, poput trezorskih zapisa, u istoj ili većoj količini od svog neto gotovinskog gubitka u periodu od trideset dana, koji bi se desio u slučaju nestanka mogućnosti refinansiranja na tržištu, odliva štednih uloga, prvenstveno onih neosiguranih, kao i zbog niza drugih faktora), i *net stable funding ratio*, s periodom od godinu dana – upravo podrobnije razrađuje Bazelski komitet.

Obračun zahteva za kapital uvek će biti evolutivni proces. Odgovarajući nivo sopstvenog kapitala zavisi od rizika koji su javne vlasti spremne da tolerišu, od nestalnosti ekonomskog okruženja, od kvaliteta supervizije (jesu li pravila propisno sprovedena?), sastava aktive i pasive banke, opasnosti od preusmeravanja aktivnosti ka neregulisanom sektoru (*shadow banking*), itd. Podaci za procenu toga da li je nivo sopstvenog kapitala odgovarajući retko su dostupni, te je ekonometričaru teško da precizno proceni potreban nivo kapitala banke. Na tom polju uvek će biti izvesnog tapkanja u mraku. Jedno je sigurno: traženi sopstveni kapital pre krize bio je vidno oskudniji.

Bazel 3 od tada je pooštrio zahteve u tom pogledu: zahtevi za *tier 1*[1]porasli su sa 4% na 7%, čemu se može dodati kontraciklični zaštitni sloj od 0% do 2,5% od *tier* 1, dok su objedinjeni zahtevi (*tier 1* + *tier 2*) ukupno porasli sa 8% na 13%. Tome se dodaje novi zahtev, koji uvodi racio zaduženosti, zasnovan na krajnje ograničenom poverenju u supervizorove sposobnosti da meri rizik. Prema trenutnim zamislima, koje još nisu dobile svoju potvrdu, banke će morati da raspolažu sopstvenim sredstvima *tier 1* u veličini od bar 3% svog neponderisanog bilansa, uz moguće dodatno opterećenje za velike banke koje se smatraju značajnim za sistem.

Hoće li to biti dovoljno?[2] Teško je reći, ali pooštravanje zahteva za kapital predstavlja bitan napredak.

---

[1] Videti prethodno poglavlje.

[2] Neki ekonomisti zahtevaju mnogo viši nivo, naročito Anat Admati i Martin Hellwig, *The Bankers' New Clothes*, Princeton, Princeton University Press, 2013.

Makroprudencijalni pristup

Aktuelne reforme takođe teže tome da budu makroprudencijalnog karaktera; drugim rečima, one se vode idejom da solidnost banke zavisi ne samo od njenih sopstvenih sredstava i njene likvidnosti – već i od stabilnosti drugih banaka. Brojni su razlozi za to.

Banke mogu zavisiti jedne od drugih usled svoje međusobne izloženosti, što budi strah od prelivanja krize u slučaju bankrota jedne od njih. One takođe zavise jedne od drugih i na indirektniji način, jer ako ih teškoće zadese u istom trenutku, nastojaće da se istovremeno i zajedno oslobode svoje imovine, zbog čega će sekundarna tržišta biti zatrpana nalozima za prodaju, što će dalje dovesti do pada cena (fenomen interventne prodaje po bagatelnim cenama, ili *fire sales*), te umanjenja raspoložive likvidnosti svake od njih.

Bankrot banke ne poznaje iste posledice u periodima krize i u onima ekonomske stabilnosti. Pre svega, taj bankrot ima veće šanse da uzdrma čitav sistem ako su druge banke pretrpele makroekonomski šok, te raspolažu manjim kapitalom. Potom, eventualno spasavanje od strane države skuplje je ako je ona ranije već bila primorana da pritekne u pomoć drugim bankama. Čini se da iz toga proizlazi da bi zahtevi za kapital trebalo da budu veći kada je zbog strategije banke rizik od bankrota doveden u tesnu vezu s makroekonomskim potresima. Najzad, već smo zapazili da je jedina stvar koju će centralna banka moći da uradi u slučaju intenzivnih aktivnosti na polju transformacije imovine brojnih finansijskih posrednika – snižavanje kamatnih stopa.

Sistem nagrađivanja

Sistem nagrađivanja u bankarskom sektoru predmet je dveju različitih rasprava. Jedna se tiče njihovih iznosa, jer razmere naknada u finansijskom sektoru, naročito anglosaksonskom, predstavljaju problem. Ti visoki iznosi sami po sebi ne opravdavaju *ad hoc* pristup u svetu finansija: bez obzira na sklonost određenim načinima preraspodele, država ima ulogu da preraspodeli prihod putem oporezivanja, a ne tako što će proceniti ko ima veće zasluge: bankar, TV voditelj, uspešni preduzetnik ili fudbaler. Druga rasprava tiče se činjenice da visoke naknade ne nagrađuju uvek dobre rezultate, te da mogu biti povezane s lošim podsticajima. Znatni bonusi koje primaju menadžeri[1] što su doveli do bankrota, stok-opcije realizovane pre srozavanja cena, kao i zlatni padobrani[2] – koji su nagrada za loše, a ne izuzetne rezultate – nisu zapanjujući samo sa etičkog stanovišta već prosto i iz perspektive efikasnosti. Rečju, te naknade nisu naročito podsticajne.

„Kultura bonusa" tiče se ujedno loših strana finansijskog sektora, ali i pitanja nejednakosti. Sistemi naknade za menadžere, naime, previše su okrenuti kratkoročnim ciljevima i izvanrednim rezultatima, čime se ohrabruje preuzimanje rizika. To pogotovo važi za rizik od ekstremnog gubitka (*tail risk*). Ako je neka rizična strategija profitabilna uz verovatnoću od 95% ili 99%, a verovatnoća da uslede katastrofalne posledice iznosi 5% ili 1%, menadžeri su u principu sigurni da će dobiti izdašnu nadoknadu prepuštajući velik – ali malo verovatan – gubitak akcionarima, poveriocima i državi.

Zašto akcionari pristaju da budu saučesnici u tom planu? Prvi razlog je to što su i oni na dobitku ukoliko se rizik ne ostvari, mada će „grcati" ako do njega zaista dođe. Drugi odgovor jeste to da u bankama postoji tendencija davanja prednosti kratkoročnom novčanom nagrađivanju, kako bi se privukli talenti. Ova izopačena praksa bila je u tom sektoru posebno uočljiva tokom godina koje su prethodile krizi iz 2008. Teorija nas uči da mahnita trka za talentima navodi na to da se prednost daje kratkoročnim ciljevima preko bonusa, što ne vodi samo do viših prosečnih naknada već i do rasprostranjenosti naknada među menadžerima i trejderima (drugim rečima, porast ličnih primanja prouzrokovan postojanjem konkurencije koja hoće da privuče i zadrži talente ne odražava se u uvećanju fiksnih plata, već u varijabilnim naknadama).[3]

---

[1] Iako ovde uzimam za primer menadžere, ipak ne treba zaboraviti da se ova načela isplate naknada ne primenjuju samo na timove menadžera. Bonusi koji se dodeljuju na nižim stupnjevima hijerarhijske lestvice u svetu finansija takođe su često vrlo izdašni.

[2] Zlatni padobran je odšteta koju preduzeće isplaćuje menadžeru nakon što je on dobio otkaz.

[3] Videti moj članak s Rolanom Benabuom *Bonus Culture*, navedeni članak.

Preostaje pitanje zašto poverioci pristaju da pozajmljuju pod tim okolnostima. Prvi razlog je to što oni nisu uvek obavešteni o preuzetim rizicima. A ponajviše to što je bankarski sektor mogao preuzeti rizike, koje je delimično preuzeo, baš zbog eksplicitne ili implicitne zaštite države koja je omogućila bankama (i to ne samo komercijalnim bankama) da nastave da se refinansiraju kod zajmodavaca i u poznijoj fazi preuzimanja rizika. To je možda svojstveno samo finansijskom sektoru: televizijski voditelj, preduzetnik ili fudbaler ne pribegavaju *a priori* javnom novcu u slučaju poteškoća.

Stoga se čini legitimnim to što država nadzire regulisani privatni sektor, ili – šire posmatrano – sektor koji može biti predmet spasavanja putem javnih sredstava, te nastoji da uspostavi sisteme različitih novčanih naknada koji su usmereniji na dugoročno upravljanje, praćeno sticanjem prava *(vesting)* i dužim periodima odlaganja isplate naknade[1], kao i da zahteva, na osnovu drugog stuba Bazela 2, uvećanje kapitala ako šeme novčanih naknada naginju kratkoročnoj perspektivi i preteranom preuzimanju rizika. Naravno, definisanje perioda odlaganja te isplate u trajanju od nekoliko godina može se pokazati nezadovoljavajućim: neki rizici se materijalizuju znatno kasnije, jer se rizik preuzima na dug period (što se slučaj s rizikom od dugovečnosti u osiguranju). A na vrlo dug period (na primer deset godina) – svakako postaje vrlo teško razlučiti kolika je odgovornost nekog menadžera, a kolika je odgovornost njegovih naslednika.[2] Treba naći kompromisno rešenje.

Najzad, sasvim je moguće da se komiteti za novčane naknade pri upravnim odborima banaka mogu poneti previše predusretljivo prema menadžerima. Međutim, ne vidi se zašto bi to bilo specifično samo za finansijski sektor. Problemi upravljanja preduzećem postoje u svim sektorima, pa zaista nema smisla smišljati posebnu regulaciju za finansijski sektor samo na osnovu ovog jednog argumenta.

---

[1] Svakako da su dobro poznata ograničenja ovog argumenta. Planovi novčanih naknada na duži rok (naročito planovi opcija na akcije s vrlo različitim izvršenjem) temeljno se preispituju ako su podsticaji nestali usled bujice loših vesti, ili pak ukoliko su se izmenili.

[2] Videti moj članak s Bengtom Holmtromom (Bengt Holmström), *Market Liquidity and Performance Monitoring*, Journal of Political Economy, 1993, vol. 101, n° 4, str. 678–709.

A protivnici regulacije novčanih naknada iznose dva argumenta. Prvi se tiče važnosti koju za banku, kao i za svako drugo preduzeće, ima moć privlačenja najvećih talenata da zauzmu rukovodeće položaje. Pretpostavimo, u duhu tog argumenta, da neka banka može uvećati svoju vrednost za 0,1% ako privuče generalnog direktora koji je malo talentovaniji od ostalih. Ako je berzanska vrednost te banke sto milijardi dolara, taj malecni procenat od 0,1% ipak predstavlja sumu od sto miliona. Stoga će banka biti spremna da plati kako bi angažovala najtalentovanijeg menadžera.[1] Prema jednoj od varijanata ovog argumenta, mi „nemamo izbora": konkurencija finansijskih posrednika koji nisu regulisani, poput hedž fondova i *private equity* preduzeća, a koji nude izvanredne novčane naknade onima koje smatraju najboljim menadžerima – lišila bi komercijalne banke najboljih talenata.

Drugi argument iznosi ideju da se ekscesi finansijskog sektora neće srediti preko noći regulacijom naknade namenjene menadžerima banaka. Hibris i finansijska korist mogu igrati jednako važnu ulogu u pojavi disfunkcionalnog ponašanja – setimo se upadljive pretencioznosti glumaca upletenih u afere s Kervijelom i bankom *Crédit lyonnais*, ili pak afere s Ričardom Faldom (Richard Fuld), koji je želeo da njegova banka *Lehman Brothers* preuzme vođstvo i pretekne *Goldman Sachs*. U tom slučaju, regulacija naknada ima neznatnog uticaja, pa samo klasična prudencijalna supervizija može biti u stanju da ograniči preuzimanje rizika.

Da zaključimo, čini se da pitanje visine naknada prelazi okvire finansijskog sektora, te upućuje na opšte pitanje stepena napretka kojem javne vlasti streme, bilo da je reč o bankarskom ili o nekom sasvim drugom sektoru. Deluje da je pitanje strukture novčanih naknada i podsticaja koje ona stvara specifičnost bankarskog sektora, utoliko što bankrot banke može prouzrokovati korišćenje novca

[1] Xavier Gabaix, Augustin Landier (*Why Has CEO Pay Increased so Much?*, Quarterly Journal of Economics, 2008, n° 123, str. 49–100) tako povezuju dodelu novčanih naknada s veličinom preduzeća (što se smatra pokazateljem veličine menadžerskog talenta), te ukazuju na snažnu vezu između rasta preduzeća i visine novčanih naknada generalnih direktora u periodu od 1980. do 2003. godine (ova studija ne odnosi se samo na bankarski sektor).

iz budžeta. Nadzor naknada koje ohrabruju na preuzimanje rizika i koje su usmerene ka kratkoročnim ciljevima – mora stoga biti deo okvira supervizije.

Bazel 3 izneo je smernice koje idu u tom pravcu (precizna regulacija zavisi od njene primene u različitim zemljama, recimo, od strane Evropske unije), a koje podrazumevaju smanjivanje iznosa varijabilnih naknada da bi se umanjilo podsticanje na preuzimanje rizika (na primer, da jedan deo varijabilne novčane naknade ne prelazi visinu fiksnog dela novčane naknade), kao i uvođenje rokova (tri do pet godina) za sticanje novčane naknade, i to kako bi se penalizovale strategije profitabilne u kratkom, a skupe u dugom roku. Kao i u slučaju pooštravanja zahteva za kapital, i ove reforme teško je pravilno odmeriti, ali mi se barem čini da idu u dobrom pravcu.

Agencije za kreditni rejting

Kriza je takođe dovela u pitanje i agencije za kreditni rejting. One imaju ključnu ulogu u modernim finansijama jer informacijama snabdevaju investitore, fizička i pravna lica, kao i regulatore o riziku koji potiče od finansijskih instrumenata. Ipak, one to nisu učinile u slučaju *subprimea*. Bitan argument koji ističe nužnost barem nekog minimuma regulacije agencija za kreditni rejting jeste to da su one s vremenom postale „pomoćnici regulatora", te da zahvaljujući tom statusu ostvaruju velike prihode. Zahtevi za kapital upućeni regulisanim ustanovama (bankama, osiguravajućim kućama, brokerima, penzionim fondovima, itd.) bivaju znatno umanjeni kada su im potraživanja povoljno ocenjena. Taj privilegovani status agencija za kreditni rejting mora dobiti kontratežu u nadzoru nad njihovom metodologijom i sukobima interesa. Inače nema potrebe za regulisanjem aktivnosti agencija za kreditni rejting koje nisu povezane s prudencijalnom regulacijom (osim ako ne vode sukobu interesa).

Bazel 3 i nova prudencijalna pravila za osiguravajuće kuće (Solventnost 2) zadržavaju načelo upotrebe bonitetnog rejtinga za procenu rizika povezanog sa aktivom banke, dok su Sjedinjene Države danas vrlo rezervisane prema tome.

Infrastruktura supervizije

Kriza dovodi u pitanje ne samo pravila već i funkcionisanje institucija koje ova pravila primenjuju. Otud ispitivanje mogućnosti da regulatori preduzmu drastične korektivne mere pre nego što stignu do toga da zatvore banku, kao i mogućnosti povezivanja različitih organa supervizije u okviru neke zemlje, te najzad povezivanja takvih organa iz različitih zemalja. Kada je reč o povezivanju organa iz različitih zemalja, ističemo da je problem multinacionalnih kompanija posebno izražen. Načini garantovanja depozita i prenosivosti imovine i zakoni o stečaju razlikuju se od jedne do druge zemlje. Supervizija (nadziranje i sprovođenje zahteva za kapital) i upravljanje krizama (spasavanje ili prihvatanje bankrota neke institucije, otkup toksične aktive, itd.) predstavljaju školske primere „poigravanja eksternalijama" koje vodi različitim oblicima ponašanja u stilu „svako za sebe". Pošto želim da budem koncizan, tim važnim pitanjem neću se baviti.

Da li je finansijski sistem sada siguran?

Kako sam rekao, stanje naših trenutnih saznanja, a naročito ograničeni karakter podataka koji bi nam mogli pomoći da preciznije odredimo zahteve za kapital i zahteve za likvidnost, nameću nam skromnost u pogledu donošenja zaključaka. Ali ako se reforme sprovode i ukoliko se poštuju, onda finansijski sistem nije više tako rizičan kao ranije: čini mi se da reforme koje su sprovedene na osnovu Bazela 3 sveukupno idu u dobrom pravcu.

Ipak, još uvek postoje zone visokog rizika. Završiću pominjući posebnu zonu: *shadow banking*. Naime, kako regulacija postepeno postaje sve stroža, tako bankarske aktivnosti imaju tendenciju da migriraju ka „paralelnim bankama" koje su slabo regulisane ili nisu nikako regulisane. Toj se praksi ne može ništa prigovoriti sve dok se ta migracija ne odvija na štetu osetljivih aktera (malih deponenata, te malih i srednjih preduzeća) i javnih finansija. A, kao što smo videli 2008. godine, neregulisani sektor u praksi može se poslužiti javnim novcem i postati predmet spasavanja. Uzrok toga jeste međusobna izloženost i opasnost od prodaje aktive po niskim cenama, ali možemo zamisliti i druge faktore za uključivanje javnih finansija: fizička lica koja stavljaju svoj novac u *shadow banking*, mala i srednja preduzeća koja uzimaju pozajmice i postaju zavisna od finansiranja putem *shadow bankinga* (oba ova fenomena danas su zastupljena, recimo, u Kini).

III. ČIJA JE GREŠKA? EKONOMISTI I PREDUPREĐIVANJE KRIZE

Na kraju krajeva, finansijska kriza iz 2008. godine bila je i odraz krize države, nedovoljno posvećene obavljanju svog posla regulatora. Kao i u slučaju evrokrize pomenute u desetom poglavlju, njen uzrok počiva u neuspešnosti institucija za regulaciju: institucija za prudencijalnu superviziju u slučaju finansijske krize, te institucija za superviziju država u slučaju evrokrize. U oba slučaja preovlađivala je politika popustljivosti, dok „je sve išlo kako treba". Preuzimanje rizika od strane finansijskih ustanova i država tolerisalo se sve dok opasnost nije postala previše očita. Nasuprot onome što se često misli, te krize nisu tehnički krize tržišta – ekonomski akteri reaguju na podsticaje kojima su izloženi, a oni manje skrupulozni koriste propuste u regulaciji da bi prevarili investitore i iskoristili zaštitu države – već pre simptomi slabosti nacionalnih i nadnacionalnih institucija.

Ekonomistima[1] se često zameralo što nisu predvideli krizu. Čak im se prebacivalo i da su odgovorni za krizu, mada je to drugačija vrsta osude. U stvarnosti, većina razloga za finansijsku krizu povezana je s problemom informisanosti, koji je bio proučavan i pre nego što

[1] Naravno, ne poklanja se previše poverenja onima koji su predvideli krizu ne opisujući pritom njene mehanizme, utoliko što su oni, da parafraziramo Pola Samjuelsona, umeli da predvide devet od pet poslednjih kriza (Pol Samjuelson, podsmevajući se nesposobnosti ekonomista da predviđaju, izjavio je: *Wall Street indexes predicted nine out of the last five recessions).* Među poznatim ekonomistima koji su argumentovano upozorili na opasnost od situacije, možemo pomenuti Ragurama Radžana (Raghuram Rajan, Univerzitet u Čikagu, danas guvernera Centralne banke Indije) i Nurijela Rubinija (Nouriel Roubini, Univerzitet u Njujorku). Robert Šiler (Robert Shiller, Jejl) izrazio je zabrinutost u pogledu mehura na tržištu nekretnina.

je kriza izbila: uticaj preterane sekjuritizacije na podsticaje emitenata, povećanje kratkoročne zaduženosti i nelikvidnost finansijskih institucija, loša procena bankarskog rizika, moralni hazard agencija za kreditni rejting, netransparentnost OTC tržišta, presušivanje likvidnosti tržišta i neujednačenost tržišnih cena, ponašanje gomile („Panurgijeve ovce") ili prociklični uticaj regulacije.

Međutim, iako je istraživanje pružilo smernice za razumevanje brojnih činilaca koji su vodili krizi, ono je imalo manje uspeha u njenom sprečavanju. Treba priznati da su ekonomisti imali neznatnog uticaja u periodu koji je prethodio krizi. Četiri činioca doprinela su tome.

Pre svega, ta nova saznanja širila su se krajnje sporadično. Greška se pripisuje istraživačima, koji često nisu činili ono što je bilo neophodno, ali isto tako i donosiocima političkih odluka, koji su često zanemarivali pouke ekonomije dok je sve išlo kako treba. Istraživači ne mogu očekivati da donosioci odluka čitaju uskostručne naučne članke (iako se prenošenje znanja često odvija preko ekonomista koji rade pri regulatornim telima). Stoga je potrebno raščlaniti suštinu stvari, učiniti je razumljivom i pokazati kako se njome treba služiti. Sve su to vežbe koje su vrhunskim ekonomistima prilično mrske, jer im je draže da se posvete stvaranju, a ne širenju znanja, računajući na to da se njihov akademski ugled gradi među kolegama, a ne među donosiocima političkih odluka.

Kao drugo, gotovo svi istraživači nesvesni su dometa preuzetih rizika, na primer, dometa rizika o iznosu vanbilansnih obaveza ili o veličini i korelaciji OTC ugovora. Regulatorima je to donekle bilo poznato. No, mimo tog kružoka, nepoznavanje situacije bilo je skoro potpuno. Jesu li ekonomisti na univerzitetima morali biti bolje obavešteni? Nemam pravi odgovor na to pitanje: kao prvo, bilo bi korisno da su donosioci političkih odluka slušali ekonomiste; kao drugo, nužno postoji specijalizacija u istraživanju i nastavi, s jedne strane, i u primenjenoj ekonomiji, s druge strane, iako se one moraju međusobno nadopunjavati.

Kao treće, nekoliko ekonomista izloženih sukobu interesa ponekad je preuveličavalo prednosti OTC tržišta, ili druge aranžmane koji doprinose netransparentnosti poslovanja, ili su pak potcenjivali važnost finansijske regulacije, što su argumenti koji su brzo preuzeti u korist nekih ekonomskih interesa. Film Čarlsa Fergusona *Insi-*

de Job, koji je izašao 2010, odlično ukazuje na opasnost od dosluha između naučnika i poslovnog sveta. Taj film, iako je uperen protiv ovog sistema, veoma je potkovan, pa ga možemo zdušno preporučiti studentima ekonomije.

Ako se moramo boriti protiv takvog ponašanja, istina je da se ono ne razlikuje mnogo od problema koji nastaju u drugim naukama kada se lični ili državni interesi upletu u svet istraživanja. Problem prosto bode oči: oni koji poseduju informacije, a samim tim i sposobnost ostvarivanja najvećeg uticaja na javno odlučivanje, često su već angažovani u tom poslovnom svetu, te se, dakle, nalaze u sukobu interesa.

Nema čarobnog štapića, ali možemo smisliti korisne mere da bi se ovaj problem ublažio. Što se tiče širenja naučnih saznanja, obrazovanje ekonomista praktičara koji ne slede univerzitetsku karijeru – kao i istraživački radovi i konferencije koje se organizuju u saradnji sa akterima iz određenih sektora, regulatorima, centralnim bankama ili finansijskim institucijama – mogu biti samo od koristi. Što se tiče sukoba interesa, većina istraživačkih ustanova, univerziteta i javnih tela već koristi etički kodeks koji, između ostalog, predviđa obavezu istraživača da prijave potencijalni sukob interesa, što jeste korisno, ali nije univerzalni lek. Na kraju, neophodna je i lična etika istraživača.

Konačno, i upravo je to ključna stvar u raspravi, moramo shvatiti da će ekonomistima uvek biti lakše da uoče činioce koji vode krizi nego da predvide njeno izbijanje i datum kada će se to desiti, kao što je i lekaru lakše da prepozna činioce koji izazivaju bolest ili infarkt nego da proceni kada će oni nastupiti.[1] Baš kao i epidemije i zemljotrese, finansijske krize teško je predvideti, ali se može uočiti njihovo plodno tlo. Budući da su finansijski podaci krajnje nepotpuni i da se svet stalno menja, uvek će biti velike neizvesnosti u pogledu značaja datih efekata, a da ne pominjemo i strah od bankarske panike[2], koji je sam po sebi nepredvidljiv jer počiva na, kako to Kejnz kaže, „osećaju investitora".

[1] Za diskusiju o predviđanjima u nauci uopšte, upućujem na četvrto poglavlje.

[2] Videti prethodno poglavlje.

IZAZOVI INDUSTRIJSKE ORGANIZACIJE

Poglavlje 13

Politika zaštite konkurencije i industrijska politika

Mimo sterilnog dualizma slobodnog tržišta i planske ekonomije, čini se da nam pametna regulacija tržišta od strane države danas omogućava da se u najboljoj meri umanji njegova neefikasnost, uz ograničenje negativnog uticaja intervencionizma na inovaciju i kreativnost. Složenost interakcija između ekonomskih aktera, asimetričnost informacija te neizvesnost i raznolikost proučavanih konteksta – zahtevaju ulaganje velikih napora u promišljanju o optimalnim mehanizmima za zaštitu slobodne konkurencije i regulaciju. Nova teorijska saznanja potvrđena empirijskim proverama navela su ekonomiste da preporuče brojne reforme na polju regulacije tržišta i upravljanja organizacijama.

Čak i u tržišnoj ekonomiji, država i njeni organi u srcu su ekonomskog života na barem šest načina. Putem javnih nabavki država postaje *kupac,* te stoga organizuje nadmetanje među ponuđačima, bilo da je reč o zidanju javnih zgrada, koncesijama u saobraćaju (auto-putevi, železnice, gradski prevoz, itd.), snabdevanju bolnica i drugih ustanova, itd. Kao *zakonodavac i izvršna vlast,* ona deli dozvole za otvaranje supermarketa ili za upotrebu turističkih vozila sa šoferom, deli dozvole za letove i frekvencije telekomunikacionim operaterima, radio i TV stanicama, znači – posredno utiče na cene koje će potrošači plaćati pri kupovini, prevozu, pozivima ili gledanju omiljenih emisija. Kao *tržišni arbitar,* ona nadzire konkurenciju koja je garancija za inovacije i pristupačnost proizvoda za potrošače.

Ona uspostavlja pravila igre pravom konkurencije i putem organa za zaštitu konkurencije dejstvuje protiv zloupotreba dominantnog položaja na tržištu, te zabranjuje dogovore i fuzije koji bi vodili rastu cena.[1] Kao *regulator telekomunikacija, poštanskih usluga i železnica*, ona se stara da se monopolsko ili vrlo koncentrisano tržište ne odrazi kao izrabljivanje korisnika od strane monopolske kompanije. Kao *supervizor finansijskog sektora*, ona se stara da banke ili osiguravajuća društva ne preuzimaju prevelik rizik s ciljem uvećanja svog profita na štetu štediša, vlasnika polisa osiguranja ili (najčešće) državne kase u slučaju potrebe za spasavanjem neke finansijske ustanove. Kao *potpisnica međunarodnih ugovora* (naročito onih koji se tiču organizovanja svetske trgovine), država određuje stepen izloženosti sektora stranoj konkurenciji.

Država može zakazati u odgovarajućem ispunjavanju te funkcije (kako je pokazala finansijska kriza), ili iz nemara, ili (češće) jer je izložena snažnom uticaju organizovanih grupa za pritisak: umesto da zaštiti korisnike i poreske obveznike – koji oličavaju mnogo više zainteresovanih, ali često inertnih lica, jer su slabo informisani i mobilisani – ona radije stiče naklonost tih lobija, ili barem izbegava suviše oštre sukobe s njima.

Domen u kome su lobiji naročito uticajni tiče se ograničenja, pa i zabrane konkurencije. Prirodno je da postojeća preduzeća – akcionari sa zaposlenima – žele da podmetnu nogu pridošlicama, ili da dobiju finansijsku nadoknadu od države u slučaju gubitka svog zaštićenog lovišta. Nije prirodno da država popušta pred njihovim zahtevima. A, opet, političari se ne raduju uvek otvorenoj konkurenciji, bilo zato što žele da daju ustupak lobijima koji traže zaštitu od konkurencije, bilo zbog toga što konkurenciju osećaju kao kočnicu svom

[1] Francuska se tek nedavno okrenula otvorenom tržištu i njegovom nadzoru. Uredba iz 1986. označila je kraj direktnog državnog upravljanja ekonomijom i državne kontrole cena, i njome je uspostavljena Komisija za zaštitu konkurencije. Nemci su na to prešli znatno ranije, uz podršku obeju glavnih političkih opcija. U SAD, Šermanov zakon, temelj antimonopolskog prava, potiče iz 1890. Naravno, postojali su i stariji slučajevi, poput antimonopolskih odluka u Engleskoj s početka XVII veka.

delovanju i političkoj moći. Žrtve odsustva konkurencije (potrošači čija je kupovna moć manja) vrlo su slabo organizovane i nisu upućene u uticaj odluka javne vlasti, koje oni niti prate niti razumeju. Naročito u Francuskoj, gde su, začudo, potrošači i potrošačka udruženja jednako podozrivi prema konkurenciji. Eto kako pucati sebi u noge...

Ta slabost prema lobijima nije isključivo francuska odlika. Ona se u različitoj meri javlja u svim zemljama sveta. Postavši svesni toga, evropski zakonodavci su u pravne tekovine Evropske unije, tj. u njen pravni okvir, visoko na lestvicu postavili i panevropska pravila o zaštiti konkurencije i druga pravila koja se tiču organizovanja ekonomskih aktivnosti. To su pravila koja su brojnim zemljama omogućila da osavremene svoju ekonomiju tako što će malo bolje štititi političku klasu od moći lobija. Upečatljiv primer je ekonomski razvoj Poljske (u Evropskoj uniji) i Ukrajine (van Evropske unije), kao zemalja koje su bile skoro na istom nivou prilikom ulaska Poljske u Evropsku uniju, a koje su kasnije imale drastično različit BDP čak i pre izbijanja tragičnih događaja u Ukrajini. U Poljskoj su zakoni o zaštiti konkurencije omogućili da se izbegne nastanak monopola u trenutku liberalizacije, dok se u Ukrajini dogodilo upravo suprotno prilikom privatizacije, a usled političke korupcije. Estonija je verovatno još bolji primer, budući da je otišla još dalje u liberalizaciji svog tržišta.

I. ČEMU KONKURENCIJA?

Odvajkada su ekonomisti hvalili prednosti konkurencije na tržištima gde se ona može uspostaviti. Međutim, konkurencija je retko savršena, jer tržište ima mane, a tržišna moć – sposobnost preduzeća da ustanovi cene koje nadilaze troškove, ili da ponudi usluge lošeg kvaliteta – mora biti sputana. Njene pristalice, kao i njeni protivnici – ponekad zaboravljaju da konkurencija nije sama sebi cilj. Ona je samo instrument u službi društva, pa ako vodi ka neefikasnosti, mora se ukloniti ili korigovati. Zašto je konkurencija u službi društva? U suštini, iz tri razloga.

Pristupačnost

Najočitija korist od konkurencije ogleda se u snižavanju cena za potrošače. Monopoli ili karteli mogu podizati cene i pritom, čak u određenoj meri, izgubiti neki procenat svojih klijenata. Preduzeće koje zauzima dominantan položaj – bilo da je ono privatno i da nastoji da ostvari profit, bilo da je javno i da nastoji samo da pronađe prihode za pokrivanje troškova skupog upravljanja – neće odustati od visokih cena ili usluga lošeg kvaliteta. Iz toga proizlazi smanjena potrošnja i kupovna moć građana. Ulaskom konkurenata građani prestaju da budu zarobljenici tog sistema, jer konkurencija vrši pritisak na cene.

To je uočeno na primeru taksi službe u Francuskoj: visoke cene, loš kvalitet usluge, nedostatak raspoloživih vozila... Ljudi u Francuskoj retko se voze taksijem, osim ako su veoma imućni, dok oni u Barseloni ili Dablinu to čine mnogo češće, jer je ulazak konkurencije omogućio obaranje cena i rast ponude. Slično se može zapaziti i u vezi s drumskim prevozom putnika, čija je delimična liberalizacija predmet Makronovog zakona (nosi ime po tadašnjem ministru privrede, industrije i IT sektora, koji je pripremio ovaj zakon).

Mobilna telefonija ili internet u afričkim zemljama takođe lepo ilustruju prednosti konkurencije. Telefonske usluge nekad su predstavljale kravu muzaru za elitu, i bile su rezervisane za one imućne. Fiksna telefonija u afričkim zemljama svakako je trpela zbog geografskog hendikepa povezanog s nepokrivenošću izolovanih regiona, ali i zbog monopolskih renti: ona je uvek bila u rukama monopola koji nameću astronomske cene. Ne samo što Afrikanci nisu telefonirali – već čak nisu ni imali telefon. Situacija se u potpunosti promenila zahvaljujući konkurenciji među mobilnim operaterima. Danas milioni veoma siromašnih ljudi imaju pristup zdravstvenim ili finansijskim uslugama (i besplatnim uslugama, poput onlajn obrazovanja, jer humanitarne organizacije nadopunjuju rad privatnih preduzeća), a sve zahvaljujući konkurenciji među operaterima, koja dovodi do jeftinih telekomunikacionih usluga.

U većini razvijenih zemalja mnogo je više građana imalo pristup telefonu, ali su se njime malo služili. Pre pojave konkurencije, pozivi ka udaljenim mestima i inostranstvu bili su retki zbog izuzetno nepristupačnih cena; pojava konkurencije vodila je znatnom padu tih cena i mnogo široj upotrebi telefona.

Jedan „zabavan" primer – osim za domaćinstva, a pogotovo ona materijalno najugroženija – štetnosti nepostojanja konkurencije nalazimo u Rafarenovim (Raffarin) i Galanovim (Galland) zakonima iz 1996. godine. Rafarenov zakon ojačavao je Roajeov (Royer) zakon iz 1973. godine, smanjujući na 300 m^2 minimalnu površinu potrebnu da se dobije administrativna dozvola za otvaranje supermarketa. Taj zakon, od kojeg se očekivalo da zauzda moć supermarketa, odmah je prouzrokovao rast cena akcija velikih lanaca supermarketa, jer je postalo jasno da će ubuduće među njima konkurencija biti manja, te da će postojeći tržni centri uživati u ekonomskoj renti. Zaista, taj zakon blokirao je otvaranje hipermarketa deset godina.[1] Iste godine, Galanov zakon zabranio je da se snižavanje dobavljačkih cena[2] odrazi na pad prodajne cene kod potrošača, čime je praktično doveo do porasta prodajnih cena na malo u distribuciji. Što se mene tiče, živim u centru grada i želim da u komšiluku imam prodavnice koje centar grada čine življim mestom, pa makar i po cenu da kupujem skuplje; ali nauk koji sam izvukao iz ove epizode jeste to da je zakonodavac dao prednost potrošačima kao što sam ja, na štetu kupovne moći brojnih mojih sugrađana (ne uzimajući u obzir to da je možda bilo moguće na druge načine sačuvati male prodavnice u centru grada).

Poslednji primer: zaštita od međunarodne konkurencije. Početkom devedesetih godina XX veka, francuska automobilska industrija bila je u velikom zaostatku za svojim konkurentima, naročito

[1] Tačnije, sve do Zakona o modernizaciji privrede iz 2008.

[2] Tehnički, ta snižavanja cena postizana su na osnovu trgovačke saradnje (les marges arrières). U jednoj studiji Ministarstva privrede (*Komercijalne veze između dobavljača i distributera*, Uprava za trezor i ekonomsku politiku, novembar 2006) data je procena da bi reforma Galanovog zakona mogla sniziti indeks potrošačkih cena za 1,4 poena kako bi BDP mogao porasti za 0,3 poena i kako bi to bilo propraćeno otvaranjem 80.000 radnih mesta u predstojećem periodu od četiri do pet godina.

onim japanskim. Troškovi su bili visoki, a kvalitet slab. Ali pritisak konkurencije bio je ograničen. Ulazak konkurencije iz evropskog uvoza drastično je promenio organizaciju i produktivnost. *Renault* i *Peugeot-Citroën* znatno su uvećali svoju efikasnost u odnosu na najbolju međunarodnu praksu.[1] Još jedan primer o uticaju međunarodne trgovine na efikasnost i inovacije nudi pristupanje Kine Svetskoj trgovinskoj organizaciji 2001. Ekonomisti su ukazali na vrlo snažan rast inovacija i produktivnosti u tekstilnim preduzećima za koja je pojava konkurencije predstavljala pretnju.[2] Pritom, efekti konkurencije nisu zanemarljivi za potrošače. Četvrtina uvezenih potrošačkih dobara u Francuskoj dolazi iz zemalja s niskim platama. Mesečna ušteda po francuskom domaćinstvu iznosi od 100 do 300 evra.[3] Naravno, veliki deo te uštede potiče iz razlike u platama – nije samo posledica izloženosti konkurenciji francuskih monopola ili oligopola.

Inovacije i efikasnost

Konkurencija se ne odražava samo u nižim cenama. Ona navodi preduzeća na efikasniju proizvodnju i inovacije. Promoviše raznolikost pristupa i iskustava, te tako doprinosi nastanku efikasnijih tehnoloških rešenja i performativnijih ekonomskih modela, što danas vidimo da se dešava sa internetom. Povećanje produktivnosti može

---

[1] Prema institutu *McKinsey*, produktivnost rada (vrednost proizvodnje po satu rada) u francuskom automobilskom sektoru rasla je ritmom od skoro 8% godišnje od 1992. do 1999. godine (15% od 1996. do 1999), zahvaljujući boljoj politici nabavke, reorganizaciji uprave, pojednostavljivanju proizvodnje... Naravno, danas se *Peugeot* nalazi u ozbiljnoj krizi, jer nije efikasan koliko njegovi konkurenti. Dodata vrednost po radniku u automobilskoj industriji ostaje (poslednji dostupni podaci potiču iz 2012) skoro 50% manja u poređenju s Nemačkom i Velikom Britanijom, a manja je i u odnosu na prosek Evropske unije.

[2] Videti, na primer, Nicholas Bloom, Mirko Draca, John Van Reenen, *Trade Induced Technical Change? The Impact of Chinese Imports on Innovation, IT and Productivity*, rad objavljen na internetu.

[3] *(Not) made in France*, Lettre du Cepii, jun 2013.

se raščlaniti na dobit postojećih preduzeća, koja napreduju podstaknuta konkurencijom, i na dobit putem obnove industrijskog tkiva, jer neefikasna preduzeća nestaju i bivaju zamenjena mladim produktivnijim firmama. Barem četvrtina rasta produktivnosti, a ponekad i mnogo više, mogla bi se pripisati toj obnovi tkiva, kako u SAD, tako i u Francuskoj.[1]

Nepostojanje konkurencije omogućava preduzećima i njihovim menadžerima i zaposlenima, koji žive na zaštićenom tržištu, da uživaju u spokoju. Monopoli ne samo što imaju tendenciju da generišu velike troškove u proizvodnji – već i, u celini gledano, unose malo inovacija, jer novine „gutaju" njihove postojeće aktivnosti (ono što bi zaradili na novim proizvodima učinilo bi da delimično izgube u prodaji onih postojećih, koji bi se slabije prodavali). Tako da zaista nemaju potrebu za unošenjem novina, jer ne postoji mogućnost da se nađu u opasnosti da im se prigovori kako su manje dinamični od svojih konkurenata.

Ovi fenomeni dobro su poznati. Inovacije proizvoda i usluga namenjenih potrošačima ne kriju se uvek u izvanrednim tehničkim ostvarenjima. Uzećemo ponovo za primer taksi, *Uber*, *Chauffeur privé*, *SnapCar*, *Lyft* i druge kompanije koje koriste mobilne aplikacije što omogućavaju kontakt između šofera i putnika. Oni su uveli jednostavne ideje koje su korisnici široko prihvatili. Geolokalizacija omogućava da se prati putanja i vreme šoferovog dolaska, kao i putanja do odredišta. Mogućnost praćenja štiti potrošača. Plaćanje putem već registrovane debitne kartice i elektronski račun koji se direktno šalje korisniku pojednostavljuju proceduru plaćanja i eventualnog refundiranja troškova prevoza. Još jedna „inovacija" jeste razmenjivanje iskustava kao izvora informacija koji omogućava šoferima i korisnicima da izgrade reputaciju o sebi kao o učtivima i

[1] Vidi za SAD, Lucia Foster, John Haltiwanger, C. J. Krizan, *Aggregate Productivity Growth. Lessons from Microeconomic Evidence, New Developments in Productivity Analysis*, National Bureau of Economic Research, 2001, str. 303–372. I za Francusku, Bruno Crépon, Richard Duhautois, *Ralentissement de la productivité et réallocations d'emplois: deux régimes de croissance*, Économie et statistique, 2003, n° 367, str. 69–82.

tačnima. A što se tiče besplatne flašice vode i mogućnosti punjenja mobilnog telefona... pa tu zaista nema ništa revolucionarno, a, opet, taksisti se toga nikad nisu setili, ili su pak odlučili da ne ulažu napor da te sitnice sprovedu u delo.

Integritet

Još jedna korist od slobodne konkurencije tiče se prideva „slobodna". Akteri ne mogu ostvariti finansijsku korist od donosilaca političkih odluka. Samim tim, neće trošiti velike sume i praviti trošak društvu da bi je ostvarili. Ekstremni slučaj nastojanja da se postigne ta finansijska korist jeste pribegavanje korupciji. Jedna od pošasti kontrole uvoza u nekim zemljama u razvoju jeste deljenje uvozničkih dozvola od strane zaposlenih u javnom sektoru – često bliskih vlastima – koji se tako bogate na račun društva. Kada već postoji želja da se ograniči uvoz, bolje bi bilo da se uvede porez ili da se na zvaničnoj licitaciji organizuje dodela uvoznih kvota „najboljem ponuđivaču" – prihod od toga slivao bi se u državnu kasu.

Mimo tih ekstremnih slučajeva, odsustvo slobodne konkurencije može navesti donosioce političkih odluka zadužene za preraspodelu da prednost daju lokalnim snabdevačima zato što su im prijatelji, ili pak zbog toga što imaju u vidu predstojeće izbore. Mi instinktivno verujemo da je dobro kada kupujemo kod lokalnih snabdevača, što ponekad i jeste tako. Ali samo pod uslovom da to ne radimo jer smo pristrasni prema tim snabdevačima, jer je oštećeni snabdevač koji nije iz tog kraja zapravo lokalni proizvođač u nekoj drugoj zajednici, regiji, državi... Taj teritorijalni egoizam s pravom se osuđuje putem pravila o javnim nabavkama na nacionalnom nivou, kao i od strane Svetske trgovinske organizacije na međunarodnom nivou. Štaviše, favoritizam uopšte nije „igra nulte sume", gde bi se na kraju posledice uravnotežile jer bi lokalna preduzeća svuda zamenila preduzeća koja nisu lokalnog karaktera. Konkurencija oslobađa građanina njegove uže sredine i omogućava mu pristup onom najboljem što mu svet može ponuditi. Političari koji privileguju lokalne snabdevače čine to na štetu korisnika i poreskih obveznika, koji će platiti skuplje ili će dobiti usluge lošijeg kvaliteta.

Najzad, u demokratiji se akcije čiji je cilj da utiču na javne odluke uvećavaju srazmerno moći države; te akcije mogu biti diskretne (lobiranje u Parizu ili Briselu), ili pak vrlo vidljive (blokada puteva ili obustava javnih usluga u Francuskoj). Sve to, naravno, košta društvo.

Industrijska organizacija

Industrijska organizacija proučava sprovođenje i kontrolu tržišne moći. U te svrhe, utvrđuje modele koji uočavaju pravilnost u svakoj situaciji. Predviđanja u vezi s tim modelima mogu se potom ekonometrijski proveriti ili, u krajnjem slučaju, testirati u eksperimentalnim uslovima, pa i na terenu. Naposletku, osnovanost hipoteza na kojima počivaju ovi modeli, tačnost predviđanja promena na osnovu hipoteza, kao i kvalitet empirijske provere – određuju koliko će poverenja ekonomisti uživati u pogledu preporuka što ih upućuju donosiocima političkih odluka koji nameravaju da sprovedu intervencije, ili preduzećima koja razrađuju svoje strategije.

Industrijska ekonomija plod je duge tradicije. Ona je nastala u Francuskoj, zahvaljujući radu ekonomista po imenu Antoan Ogisten Kurno (Antoine Augustin Cournot, 1838) i Žil Dipi (Jules Dupuit, 1844), koji su se pozabavili konkretnim problemima, nastojeći da naprave analitički okvir kako bi ih bolje razumeli. Tako je Žil Dipi, inženjer u javnom preduzeću za izgradnju puteva i mostova, izmislio metodu računanja koja pokazuje koliko je neka društvena zajednica, kao korisnik puteva, mostova i železnica, spremna ukupno da plati za te usluge. Taj koncept, u ekonomskom žargonu nazvan „potrošački višak", od suštinske je važnosti; jer, upoređen s troškovima pružanja te usluge, omogućava da se sazna je li njeno postojanje opravdano. Pri toj analizi, koja nije normativna već prvenstveno eksplikativna, Žil Dipi postavio je pitanje u vezi s formiranjem cena. Zapažajući postojanje triju putničkih klasa u železničkom saobraćaju, on se zapitao zašto bi usluga u trećoj klasi bila toliko loša (vagoni treće klase nisu imali čak ni krov!), kad bi se mogla ponuditi kvalitetnija usluga uz ulaganje simbolične sume. Njegov odgovor bio je očigledan: putnici druge klase prešli bi u vagone treće klase, zbog čega bi trebalo ili poboljšati uslugu druge klase, ili spustiti njenu cenu, što bi dovelo do toga da putnici prve klase pređu u drugu klasu... Ova gruba ali pionirska analiza dovela je mnogo kasnije do nastanka istančanije teorije segmentacije širokog polja primene koje obuhvata sve – od prevoza do softvera.

Industrijska organizacija potom se okrenula javnoj politici sa stupanjem na snagu Šermanovog zakona (1890) u SAD, koji je imao za cilj ograničavanje antikonkurentske prakse s pojavom prava konkurencije i pravne regulacije. Taj intervencionistički pristup potom je bio potkrepljen deskriptivnim studijama Harvardske škole (nazvanima *Structure-Conduct-Performance*) koje učvršćuju i detaljnije razrađuju javni intervencionizam u organizovanju tržišta. Kontrarevolucija odigrala se šezdesetih i sedamdesetih godina XX veka. Čikaška škola s pravom je kritikovala odsustvo teorijskih temelja na kojima počivaju čitave oblasti prava konkurencije, dovodeći u pitanje čitavu njegovu strukturu. Međutim, ona nije razvila drugu doktrinu u toj materiji, možda i zato što je zazirala od regulacije uopšte. Krajem sedamdesetih i početkom osamdesetih godina XX veka, doktrina u oblasti prava konkurencije i pravne regulacije morala je biti revidirana. Suma intelektualnih rezultata koji su tom prilikom postignuti omogućila je da se državni intervencionizam kreira na drugačiji način, ali ovog puta na solidnijim temeljima.

Je li konkurencija uvek dobra?

Bez dvoumljenja, odgovor na ovo pitanje glasi: ne. Konkurencija može, na primer, dovesti do udvostručavanja troškova. Zamislite da postoje tri ili četiri distributivne mreže za prenos struje visokog ili niskog napona, više paralelnih železničkih pruga na relaciji Pariz–Tuluz, ili više železničkih stanica Pariz–Istok! U praksi, postoje veliki „fiksni troškovi", tj. troškovi za infrastrukturu, poput pruga ili železničkih stanica, koji uopšte ne zavise (ili tek vrlo malo zavise) od obima saobraćaja. Može takođe postojati „efekat mreže": čak i ako bi neki konkurent *Francuskih železnica* mogao napraviti još jednu brzu prugu Pariz–Lion, on ne bi bio u stanju da obezbedi vezu sa Sent Etjenom preko Liona, ili vezu za nastavak putovanja do Marselja, čime konkurentske ponude na relaciji Pariz – Sent Etjen ili Pariz–Marselj ostaju utopije.

Ovi fiksni troškovi i efekat mreže čine teškim, pa čak i nepoželjnim uspostavljanje prave konkurencije. Infrastruktura je „usko grlo". Dakle, rešenje se sastoji u priznavanju postojanja monopola (*Francuska elektrodistribucija - ERDF, Distribucija struje visokog napona - RTE, Francuske železnice - SNCF*...), te regulisanju tog monopola kako bi se ograničile njegove cene i nametnula obaveza otvaranja pristupa konkurentskim kompanijama. Ipak, treba pripaziti da se postojanje prirodnog monopola u nekoj tački vrednosnog lanca ne koristi za uspostavljanje monopola nad čitavim sektorom. Kada je to moguće, poželjno je jasno razdvojiti pružanje same usluge od infrastrukture kojom se usluga služi kako bi se omogućilo postojanje pravične konkurencije, što je pravilo s kojim je Francuska oduvek imala teškoće kad je u pitanju železnički transport. Setimo se da je reforma iz 1997. godine, koja je stvorila nezavisnu infrastrukturu (*Železnička mreža Francuske - RFF*), ostavila monopolskoj kompaniji – *Francuskim železnicama* (*SNCF*) – upravljanje železničkim stanicama, dispečerskom službom i signalizacijom, kao i monopol nad održavanjem (koji je predstavljao veliki trošak za *Francuske železnice*). Međutim, nije postojao nijedan ekonomski razlog da se te funkcije koje se tiču infrastrukture ne povere *Železničkoj mreži Francuske*. Jer, pored visoke cene održavanja, ovo brkanje poslova i nadležnosti predstavljalo bi problem da je bilo sprovedeno otvaranje tržišta, kako je odlučeno evropskom direktivom iz 1991. godine, na koju je reforma iz 1997. trebalo da odgovori. Nedavno su ove stvari ispravljene, ali je *Železnička mreža Francuske* u potpunosti ponovo prešla u ruke *Francuskih železnica*.

Takođe, mogu se navesti primeri uvođenja konkurencije iz ideoloških razloga. Čuveni primer bio je uvođenje konkurencije u gradskom autobuskom saobraćaju u Engleskoj 1986. Žalosni prizori autobusa koji se trkaju da bi pokupili putnike, i koji se parkiraju na stajalištima kako bi sačekali putnike i tako blokirali pristup konkurentskim autobusima (kao u Manili danas), kao i izostanak efekta mreže – ubrzo su stavili tačku na ovu ideju. Slični primeri dali su se zapaziti u zemljama u razvoju i zemljama u usponu. U Santjago de Čileu, autobuse koje su vozili šoferi bez fiksne plate, tj. oni plaćeni samo po učinku, čak su prozvali *yellow monsters*.

Ali odsustvo konkurencije *na* tržištu ne podrazumeva nužno odsustvo svake konkurencije. Konkurencija *za* tržište tada zamenjuje običnu konkurenciju: to pokazuje slučaj prenošenja javnih nadležnosti u domenu vodosnabdevanja i amelioracije zemljišta, ili slučaj dovođenja u konkurenciju upravljanja voznim parkom autobusa, ili regionalnih *TER* vozova, ili neke od linija brzih vozova *TGV*.

Najzad, konkurencija, kada je njeno postojanje moguće, mora biti u službi korisnika. Ona ne sme trpeti zbog „niskih udaraca" preduzeća koja nastoje da uklone svoje suparnike putem privlačnih ponuda, ulaganja i inovacije, ili već na neki drugi način. Nadzor ponašanja na tržištu predstavlja ključni alat u pravu konkurencije.

Konkurencija i radna mesta

Naši sugrađani često povezuju „konkurenciju" s „gašenjem radnih mesta". Jasno je da to poistovećivanje konkurencije s rastom nezaposlenosti ne važi uvek: više konkurencije *a priori* podrazumeva niže cene i/ili bolji kvalitet, te stoga i više klijenata i veće potencijalno tržište, uz veći broj novootvorenih radnih mesta. Dakle, logično, konkurencija pospešuje zaposlenost. Kao primer možemo navesti slučaj zaštićenih profesija: porast broja taksi dozvola doprineo bi većem broju raspoloživih vozila i nižim cenama taksi vožnje (kao što je pojava *Ubera* omogućila pristup taksi prevozu klijentima koji imaju niža primanja od redovne klijentele), što bi povećalo tražnju i stvorilo nova radna mesta.

Opravdana zabrinutost naših sugrađana druge je vrste. Jer, ulazak konkurencije praćen je restrukturiranjem i usklađivanjima koja bi mogla biti skupa za zaposlene u pogođenim sektorima. Konkurencija onda podstiče reakcije slične onima koje su u prošlosti pratile tehnološki napredak. U jednoj čuvenoj epizodi, luditi, engleski tekstilni radnici s početka XIX veka, reagovali su na uvođenje tkačkih razboja koji zahtevaju manje radne snage – tako što su uništavali te razboje. Iako istorija nije uvek pozornica na kojoj se odigravaju tako drastična zbivanja, u njoj se često dešavaju iste stvari, pa svaka nova tehnološka revolucija izaziva zabrinutost kod zaposlenih u pogođenim sektorima.

Liberalizacija infrastrukturnih (mrežnih) delatnosti može dovesti do smanjenja broja zaposlenih u monopolskim kompanijama, koje sebi više ne mogu dopustiti suvišan broj zaposlenih i ponuđenih usluga. Ako se ta radna mesta ne nadomeste otvaranjem istog broja radnih mesta u novim firmama iste branše, ljudi će se naći u problemu. Premda restrukturiranje u perspektivi poboljšava ne samo blagostanje korisnika već i šanse za opstanak poslovanja, te stoga i za samo zapošljavanje, u kratkoročnoj perspektivi problem tih ljudi svakako ostaje, a na njega treba odgovoriti na različite načine: nezapošljavanjem novih osoba na mesta onih zaposlenih koji su ih prethodno napustili, a s ciljem izbegavanja kasnijih otpuštanja, zatim prekvalifikacijom, itd. Kao i inače, naročito je važno zaštititi zaposlenog, a ne radno mesto.[1]

Takođe, može se sprovesti postepeni ulazak konkurencije kako bi se monopolskim preduzećima omogućilo da se polako pripreme za to, naravno, pod uslovom da nije reč o traženju opravdanja za beskrajno odlaganje ulaska konkurencije: evropska direktiva iz 1991. godine o železnicama predviđala je ulazak konkurencije na tržište usluga železničkih operatera. Nemci, Šveđani i Englezi omogućili su ulazak konkurencije u železnički saobraćaj, što je dovelo do povećanja teretnog i putničkog transporta, dok Francuska tu mogućnost predviđa tek za 2019. godinu. Iako je, uprkos naporima izvesnih aktera, njena železnička industrija manje prosperitetna.

II. A GDE JE INDUSTRIJSKA GRANSKA POLITIKA U SVEMU TOME?

Industrijska politika najčešće upućuje na ciljane državne subvencije koje privileguju određene sektore, određene tehnologije, pa i određena preduzeća. Zato se u debati pojam industrijske politike koristi na različite načine – privilegovanje malih preduzeća i ciljanje posebnih sektora.

Dobra industrijska politika mora se na samom početku suočiti s pitanjem: „Koji problem nastojimo da rešimo?" Preispitujući „industrijsku politiku", moramo prvenstveno razmišljati o prirodi

[1] Vidi deveto poglavlje.

„nesavršenosti tržišta"; jer bez toga ne možemo razumeti zašto država uopšte interveniše. Ali prosta analiza nesavršenosti tržišta nije dovoljna.

Uzmimo slučaj životne sredine.[1] Nedostatak tržišta ispoljava se u tome što ekonomski učesnici ne internalizuju negativne posledice koje njihovo zagađivanje ima po ostale. Međutim, ekonomski pristup umanjenja emisije ugljen-dioksida sastoji se u njihovom oporezivanju, a ne u donošenju odluke na koji bi način trebalo umanjiti zagađenje (razvoj električnih automobila i obnovljivih izvora energije, izdvajanje i skladištenje ugljenika, štednja energije i mnogi drugi načini koji teže istom cilju). I ako se složimo u mišljenju da je razvijanje električnih automobila odlična ideja, ostaje pitanje kakav tehnološki pristup treba usvojiti. Isto važi i za neophodne obnovljive izvore energije, ali koje tačno? Da li bi trebalo dati prednost vetrenjačama ili solarnoj energiji, te tako staviti sva jaja u istu korpu? Ili bi trebalo primeniti od svega pomalo? Kojim alternativnim izvorima energije dati prednost? Još uvek nam je u sećanju greška napravljena u vezi s bio-gorivima.

Sve su to pitanja koja vode ka narednom: zar ne bi bilo razumnije stvoriti uslove pogodne za pojavu i razvoj svih tih oblika energija, umesto da se unapred donosi odluka o energiji koja bi bila najbolja? „Neka cveta stotinu cvetova i neka se takmiči stotinu škola mišljenja!"[2] Oporezivanje ugljenika jeste politika koja se ne takmiči s drugim paralelnim rešenjima za problem globalnog zagrevanja. Činjenice govore da se industrijske politike koje su neutralne u pogledu konkurencije – čine pogodnijim za ekonomski rast od drugih industrijskih politika.[3] Mogućnosti primene racionalnijeg pristupa u kreiranju industrijske politike prevazilaze nedostatke tržišta. On podrazumeva da se uzmu u obzir:

---

[1] Time smo se bavili u osmom poglavlju.

[2] Ovde, naravno, izvlačim iz konteksta čuvenu rečenicu koju je Mao izgovorio februara 1957. u svom govoru *Sto cvetova*, pozivajući na kritiku Komunističke partije.

[3] Za studiju o Kini, videti Philippe Aghion, Mathias Dewatripont, Luosha Du, Ann Harrison, Patrick Legros, *Industrial Policy and Competition*, American Economic Journal.

- Teškoća u finansiranju malih i srednjih preduzeća;
- Manjak istraživanja i razvoja u privatnom sektoru, naročito istraživanja u pravcu novih otkrića, zbog otežane mogućnosti zadržavanja profita za onog ko se izložio trošku radi istraživanja i razvoja, kada i druga preduzeća delimično profitiraju od znanja stečenih na taj način, ne izlažući se pritom troškovima. Sličan argument je snižavanje troškova za konkurenciju zahvaljujući tome što je neko preduzeće steklo znanje putem rada (do znanja stečenog putem proizvodnje u okviru nekog preduzeća dođu druga preduzeća, a da pritom preduzeće iz kog je znanje poteklo – to znanje nije prisvojilo);
- Nedostatak koordinacije između komplementarnih aktera, koordinacije koja bi trebalo da vodi stvaranju geografskog okruženja (tipa klastera), ili između grana privrede (da se poslužimo terminom „stare ekonomije" i pomenemo fabriku koja koristi izvestan tip uglja ili čelika, te odgovarajuću proizvodnju uglja ili čelika).

Dve prve poteškoće mogu opravdati ono što se naziva horizontalnim merama, poput subvencija za istraživanje i razvoj, ili onih namenjenih malim i srednjim preduzećima, koje ne favorizuju jedno preduzeće, jednu tehnologiju ili jedno područje. Počećemo od industrijskih politika koje, baš naprotiv, ciljaju korisnike pomoći.[1]

Selektivne industrijske politike

Pitanje državnog delovanja u organizaciji naših privrednih grana redovno se vraća na političku pozornicu. Jedni su izuzetno osetljivi na pozive u pomoć privrednika željnih da se dokopaju budžetskog novca, dok drugi mnogo iskrenije veruju da treba da deluju u pravcu opšteg interesa kako bi razvili ili spasli privrednu granu koju, s pravom ili ne, smatraju izvorom bogatstva i radnih mesta. Nezagre-

[1] Ovde isključujem sektore u kojima je nužno država kupac (obrazovanje, zdravstvo, naoružanje, infrastruktura...), i gde ona ne može a da ne interveniše.

janost ekonomista za industrijsku politiku (uz neke čuvene izuzetke, među kojima se ističu Dani Rodrik s Harvarda i Džo Stiglic s Kolumbije) začuđuje i zahteva objašnjenja.

— *Pristup naslepo...*

Picking winners. Razlog za podozrivost leži u tome što političke vođe i njihovi glasači ne raspolažu informacijama u pogledu tehnologija, sektora i preduzeća kao generatora ekonomskog bogatstva u budućnosti. Donosioci političkih odluka, koliko god bili stručni i dosledni, ne mogu proreći koje će inovacije biti prelomne (*a fortiori*, odluke će biti pogubnije ako su političari tesno povezani s lobijima). Uz izvesno prenaglašavanje, možemo reći da komisije zadužene za kreiranje tih politika prave spiskove (nalik onim Preverovim) poželjnih akcija, najčešće bez ozbiljnog bavljenja brojkama, ili iznose razoružavajuće argumente, podvlačeći kako bi bilo dobro da njihova država bude prisutna u domenu dotičnih tehnologija.

Država nema naročitih kompetencija da bi uočila sektore i aktivnosti budućnosti. Anglosaksonci kažu da države nisu predodređene da „biraju pobednike" (*picking winners*). U najboljem slučaju, biraju nasumično, dok u onom najgorem – štimaju odluke kako bi dale prednost izvesnim grupama za pritisak.

U prilog ovoj konstataciji, možemo se pozvati na gigantske projekte tipa *Concord*, *Bull* (francusko IT preduzeće koje je trebalo da postane konkurencija za IBM, a koje nikad nije uspelo da izgradi svoje mesto među velikim IT preduzećima, te je održavano u životu po cenu velikih javnih troškova), ili pak *Thomson* (koji je pokušavao da bude konkurencija *Appleu* u prvoj polovini osamdesetih godina XX veka). Manje poznat, ali isto tako poučan, jeste primer Agencije za industrijsku inovaciju ustanovljene 2005. godine radi finansiranja različitih projekata koji nisu uvek bili produktivni, kao što je *Quero*, koji je dobio 99 miliona evra pomoći od francuske vlade da bi konzorcijum okupljen oko firme *Thomson* razvio alatke za automatsko pretraživanje, indeksiranje i transkripciju multimedijalnih sadržaja (je li *Quero* zaista mislio da će prevazići *Google* i druge internet gigante imajući u vidu kašnjenje za njima?). Baviti se „industrijskom politikom" bilo je lakše posle rata, kada je trebalo obnoviti Francusku i nadoknaditi zaostatak. U to doba, infrastrukture čijom se tehnologijom već dobro vladalo – i kada su društvene potrebe bile odlično shvaćene (transport, struja, crna metalurgija) – očito su morale biti izgrađene ili obnovljene. Međutim, privredne grane koje su ključne za današnjicu (IT sektor, biotehnologije ili nanotehnologije) ne podležu istim kriterijumima.

Klasteri. Na manje centralizovanom nivou možemo navesti mnoštvo klastera koji su se formirali u Francuskoj i u drugim državama s hvale vrednom namerom da promovišu skup istraživanja i proizvodnje iz određene oblasti (biotehnologija/medicina, softver, nanotehnolgije, itd.) u vrlo ograničenom geografskom pojasu. Postoje ekonomski argumenti u korist stvaranja klastera: a) klaster može stvoriti kritičnu masu, te tako i bolje uparivanje na tržištu rada, što nije zanemarljiva prednost u sektorima s brzim rastom i izraženijom mobilnošću među preduzećima; b) zajedničko korišćenje iste infrastrukture; c) efekat tehnološkog prelivanja (*spillovers*) uzrokovan blizinom koja odlikuje neformalnu interakciju.[1] Međutim, ove intervencije javnih vlasti okončavaju se bez ostvarivanja svojih ciljeva. Njih često ima previše[2]; zbog ustupaka logici razmišljanja „od svega pomalo", verovatno bi pre odgovorili zahtevima lokalnih samouprava nego što bi postigli jasnu strategiju.[3]

Treba priznati očitu stvar: klasteri koji dominiraju na polju visokih tehnologija češće se obrazuju samoinicijativno. Upečatljiv primer jeste četvrt Kendal skver pri MIT institutu, koja je sad već

[1] Za ovu temu, upućujem na čuvenu studiju Anna Lee Saxenian, *Regional Advantage. Culture and Competition in Silicon Valley and Route 128*, koja sugeriše da je kultura neformalne komunikacije, prisutna u Silicijumskoj dolini, bila bitna prednost u odnosu na stari bostonski hajtek centar, koji se nalazi u okolini puta 128 (Cambridge, Harvard University Press, 1994).

[2] Videti studiju Gilles Duranton, Philippe Martin, Thierry Mayer, Florian Mayneris – koja beleži da „zapravo postoji vrlo malo primera gde je politika podrške klasterima bila uspešna" (*Les pôles de compétitivité: que peut-on en attendre?*, Cepremap, 2008). Godine 2007. postojao je 71 centar kompetentnosti.

[3] Na primer, od 105 projekata centara kompetentnosti koji su predati 2005. u Francuskoj – prihvaćeno ih je 67.

hram biotehnologije. MIT nema svoj medicinski fakultet, ali je u svom okrilju imao nekoliko uglednih biologa, kao što su Filip A. Šarp (Phillip A. Sharp), Dejvid Baltimor (David Baltimore) i Salvador Lurija (Salvador Luria). Filip Šarp, koji je 1993. dobio Nobelovu nagradu za svoj rad na RNK, osnivač je kompanije *Biogen* iz 1982. Kvalitet istraživanja koja su se odvijala u MIT-u privukao je mozgove iz celog sveta. Studenti, često uz pomoć svojih profesora, osnovali su startape koji su danas u vrhu ne samo naučnog istraživanja već i ekonomske delatnosti na tom polju: *Amgen*, *Biogen*, *Genzim* (koji danas pripada kompaniji *Sanofi*), itd. Velike farmaceutske kompanije (*AstraZeneca*, *Novartis*, *Pfizer*, *Sanofi*...) tu su takođe osnovale svoje istraživačke centre nadajući se, kao i startapi, da će imati koristi od velikih univerzitetskih istraživačkih centara koji tu imaju sedište (*Broad*, *Koch*, *Whitehead*), kao i od pozitivnih eksternalija što ih to okruženje stvara.

Ako se zagledamo u budućnost, čini se da je jasno kako su velike tehnološke inovacije neophodne ukoliko želimo da zadržimo globalno zagrevanje na zadovoljavajućem nivou. Takođe, jasno je da niko zaista ne zna koje tehnologije podstiču takav razvoj. Što se mene tiče, teško da mogu poverovati da će u ovim uslovima vlade umeti da izaberu dobitnu tehnologiju. Isto važi i za nanotehnologiju, biotehnologiju, te u načelu za sve tehnologije budućnosti. Najzad, završiću drugačijom kritikom industrijske politike. Bilo da je reč o privatnom ili državnom sektoru, tehnološke avanture uvek su rizične. Stoga je normalno da odluke javnih vlasti omanu. Rizik jednak nuli ne postoji i nije poželjan (jer se u tom slučaju ništa više ne bi preduzimalo). Međutim, važno je priznati svoje greške i prestati s pružanjem podrške projektima za koje se ispostavilo da ne obećavaju mnogo, jer bi se taj novac mogao bolje iskoristiti za neke druge stvari.

Ali vlade često pokleknu pred iskušenjem da rešavaju probleme izdašnim finansiranjem, bilo da bi pokazale da su, uprkos svemu, one ipak bile u pravu, bilo da bi zadovoljile grupe za pritisak čijem su nastanku doprinele zahvaljujući darivanju javnim novcem. Zaista je veoma teško prestati s javnim inicijativama. To posebno važi za slučaj kada se početni projekat pokaže opravdanim. To je, uostalom, jedna od klasičnih kritika upućenih mehanizmu subvencija. Tako, s ekonomske tačke gledišta, može biti razložno deliti subvencije za tehnologije u povoju da bi se „pokrenuo točak" i da bi se izvukla korist iz procesa učenja. Ali problem je to što se korisnici tih subvencija na kraju organizuju kako bi sprečili da taj izdašni izvor presuši, čak i u trenutku kada to više nije opravdano. U tom smislu, privatno finansiranje predstavlja prednost: ono prestaje kada se ulaganje pokaže neisplativim, ili kad više ne bude neophodno, i preusmerava se na upotrebu koja više obećava.

— ... ili vizionarski pristup?

Primeri neuspešnih industrijskih politika koje sam naveo anegdotske su prirode, što predstavlja problem. Oni nisu propraćeni strogom statističkom analizom, jer, nažalost, postoji malo *ex post* evaluacija tih politika. I, uostalom, retki zagovornici industrijske politike iznose *success stories* koje su takođe anegdotskog tipa. Tako, oni navode primer uspeha kompanije *Airbus*, koja je plod evropske industrijske politike. Iako su možda razlozi koji su stajali iza osnivanja kompanije *Airbus* bili drugačije prirode, jer su se ticali konkurencije na tržištu na kom bi u protivnom monopol u potpunosti zadržao *Boeing*: da se *Airbus* nije pojavio na tržištu, *Boeing* bi verovatno bio u stanju da nametne vrlo visoke cene avio-kompanijama, te posredno i putnicima. Zapazimo ovde da su evropski napori doprineli ukupnoj svetskoj dobrobiti: od toga su koristi imale ne samo zemlje koje su se izložile troškovima već i ostatak sveta. Pre dvadeset godina, Damijen Neven (Damien Neven) i Pol Sibrajt (Paul Seabright) pokazali su da je takmičenje u subvencionisanju avio-industrije u Sjedinjenim Državama i Evropi u korist kompanija *Boeing* odnosno *Airbus* zapravo koristilo čitavom svetu.[1] Nije nebitno to što je *Airbus* očuvao postojanje konkurencije, omogućavajući avio-kompanijama da kupe avione boljeg kvaliteta po nižim cenama, a potrošačima da od toga imaju koristi.

Zagovornici industrijske politike takođe će rado pomenuti agenciju *Darpa* pri Ministarstvu odbrane SAD, nadležnu za projekte

---

[1] Damien Neven, Paul Seabright, *European Industrial Policy. the Airbus Case*, Economic Policy, 22, septembra 1995.

naprednih istraživanja u domenu odbrane, koja je bila začetnik razvoja mreže arpanet, preteče interneta, i prvog sistema hiperteksta. Oni pominju i razvoj Koreje i Tajvana.[1] Najzad, pomenuće još jedan primer iz SAD koji se tiče visokog obrazovanja i istraživanja. Iako je veliki broj američkih univerziteta u privatnom vlasništvu (MIT, Kaltek, Harvard, Stanford, Jejl, Prinston, Čikago, itd.), država je ta koja igra ključnu ulogu u promociji američkog istraživačkog rada u svetu putem (kompetitivne) dodele finansijskih sredstava. Vratiću se na taj primer. Trenutno ću se zadovoljiti samo time da podvučem da su u Evropi, kao i u SAD, uspele intervencije javnih vlasti retko bile motivisane ciljevima industrijske politike. Mnogo češće bile su motivisane ciljevima iz svoje isključive nadležnosti (poput vojne nezavisnosti).

Koja industrijska politika?

Ako je već tako, kakav bi onda stav trebalo zauzeti? Dani Rodrik, koji je pozvan u *Toulouse School of Economics* zajedno sa Džoom Stiglicom juna 2014, izneo je sledeće zdravorazumsko zapažanje: dopadala nam se industrijska politika ili ne, vlade će nastaviti da se bave njome, tako da ta tema neće nestati preko noći. Kakvo god mišljenje zagovarali, trebalo bi da budemo filozofičniji kako bismo te inicijative učinili što plodonosnijim, uz svest da će naše znanje na tom polju dalje napredovati u budućnosti. Iskustvo me navodi da verujem kako bi bilo korisno usvojiti sedam smernica:[2]

1) Utvrditi uzroke „lošeg funkcionisanja" tržišta da bi se na pravi način na njih reagovalo;
2) Pribegavati nezavisnoj i stručnoj ekspertizi u biranju projekata i korisnika javnih fondova;
3) Obraćati pažnju i na ponudu, a ne samo na tražnju;

---

[1] Japan su posle rata uglavnom izgradile privatne kompanije, pri čemu je država svakako vodila plansku politiku (čuveni MITI), ali bez mnogo intervenisanja.

[2] Neke od ovih preporuka imaju mnogo šire polje primene, ne tiču se samo industrijske politike već i politike zapošljavanja, obrazovne politike, itd.

4) Usvojiti neutralnu industrijsku politiku u pogledu konkurencije, odnosno politiku koja ne ubija konkurenciju među preduzećima;

5) Obaviti *ex post* procenu i obznaniti njene rezultate; uvrstiti u program klauzulu o vremenskom ograničenju (*sunset clause*) koja predviđa njegovo okončanje u slučaju negativne evaluacije;

6) Dovesti privatni sektor u tesnu vezu s preuzimanjem rizika;

7) Razumeti razvoj u našim privredama.

Prva preporuka koja se tiče potrebe za uočavanjem slabosti tržišta već je bila pomenuta, i ne zahteva dodatne komentare. Treba znati radi čega država interveniše: ujedno da bi se opravdala njena intervencija i da bi se razmislilo kako nadomestiti slabosti tržišta.

Druga preporuka tiče se nužnosti pribegavanju *ex ante* evaluaciji. Država mora donositi odluke putem vrlo profesionalne agencije zaštićene od političkih pritisaka. Zapravo, prethodno navedeni primeri uspele industrijske politike u SAD (*Darpa*, univerzitetsko istraživanje) pribegavali su evaluaciji od strane kolega iz struke. Svakako da nije uvek lako pronaći evaluatore koji su ujedno kompetentni, slobodni i nezavisni, jer su oni najkompetentniji često vrlo zauzeti, a moguće je i da već imaju saradnju s konkretnom privrednom granom. Ipak, ta procedura je najpouzdanija.

Na polju univerzitetskog istraživanja angažuju se najbolji naučnici kako bi doneli odluku o redu prioriteta projekata i sačinili rang-listu koja ne može biti dovedena u pitanje iz političkih pobuda; to je princip kolegijalne recenzije, ili *peer review*. Na primer, *National Science Foundation* i *National Institute of Health* funkcionišu kao nezavisne ustanove koje poštuju mišljenje stručnjaka. Isto važi za Evropski savet za istraživanja, osnovan 2007, koji je izgradio odličnu reputaciju u pogledu svoje kompetentnosti i nepristrasnosti. Opet, 2011. godine, na polju istraživanja, obrazovanja i inovacije – prilikom uzimanja velikog kredita radi sprovođenja inicijative za izvrsnost – organizovali su panele stručnjaka koji žive u inostranstvu kako bi se izbegao sukob interesa; to je novina na francuskim prostorima... Naravno, važno je prepoznati najbolje stručnjake, a potom se postarati da eventualni sukobi interesa (na primer, proučavanje projektne prijave od strane bliskih saradnika) budu isključeni ili ublaženi. Konkurencija među istraživačima, timovima i univerzitetima ima vrlo povoljan uticaj na inovacije.[1]

U istom svetlu, Rodrik beleži da su razvoju akva-kulture lososa u Čileu doprineli gotovo sasvim nezavisni stručnjaci. Danas neka francuska odgovorna lica u javnom sektoru razumeju da ne mogu sami anticipirati razvoj događaja, te da moraju konsultovati ekspertize stručnjaka, recimo, angažujući specijaliste za visokorizični kapital ili tragajući za privatnim koinvestitorima.

Treća preporuka, koja sugeriše da se posmatra strana ponude, potiče od konstatacije da su razmatranja prečesto usredsređena na tražnju države ili lokalnih samouprava, i identifikuje, na primer, zaštitu životne sredine i biotehnologiju kao polja istraživanja koja imaju budućnost (ponekad sasvim opravdano). Međutim, trošiti novac na oblasti koje smatramo prioritetnim ne služi ničemu ako ponuda ne prati tu procenu, tj. ako istraživači iz te oblasti nisu stekli međunarodnu reputaciju. Ta problematika ponude jednako važi za naučno istraživanje kao i za druga finansiranja (na primer osnivanje klastera). Veoma je rizično da javne vlasti podižu zgrade i finansiraju istraživanja koja nemaju blistavu budućnost, nadajući se da će sve samo doći na svoje.

To je ono što ja nazivam mentalitetom *Field of Dreams*, po uzoru na film *Polje snova*. U tom filmu farmer iz Ajove, koga glumi Kevin Kostner, zamišlja da će ga izgradnja bejzbol terena na kukuruznom polju u nedođiji dovesti do ostvarenja proročanstva *You build it, he will come.* Na kraju filma, naravno, stižu i otac glavnog junaka, i slavni bejzbol igrači iz prošlosti, i gledaoci, ali ključni akteri za neki ekonomski i naučni razvoj ne hrle uvek kad se neki novi projekat ili klaster pojave. Zato, prepoznavanje ključnih naučnika koji bi mogli

[1] Philippe Aghion, Mathias Dewatripont, Caroline Hoxby, Andreu Mas-Colell, André Sapir, *Universities, Economic Policy*, jun 2010. Ovaj članak naglašava dopunjujuću vezu koja postoji između autonomije univerziteta i konkurencije (podrazumeva se da konkurencija može igrati bitnu ulogu samo ako su univerziteti slobodni da biraju svoje strategije). On takođe pokazuje uticaj finansiranja tipa NSF (*National Science Foundation*) i NIH (*National Institutes of Health*) na patente.

privući svoje kolege i najbolje studente čini se odlučujućim faktorom za uspeh nekog projekta čiji je cilj prevazilaženje tehnoloških granica.

Četvrta preporuka – neutralnost konkurencije – već je pomenuta. Ona je poželjna ne samo u ekonomskom pogledu već i zato što predstavlja zaštitu od donosilaca političkih odluka, koji bi možda dali prednost ovom ili onom preduzeću, ovom ili onom korisniku javne pomoći.

Ex post evaluacija, peta preporuka, delikatna je za sprovođenje jer pravljenje bilansa *post mortem* ne budi entuzijazam kod mnogo ljudi; uprkos tome, ona je vrlo korisna da bi se izvukle pouke o greškama iz prošlosti i da bi se označili krivci za „megalomanske projekte", to jest skupe projekte koji nisu ispunili očekivanja. Naravno, nužnost pribegavanju *ex post* evaluacijama postoji u odnosu na sve javne politike, a ne samo u odnosu na one „industrijske".[1]

Šesta preporuka odnosi se na strukturiranje kofinansiranja privatnog sektora tako da i on preuzme rizik. Kada privatni sektor nije spreman da preuzme rizik, to verovatno znači da je projekat problematičan. Dakle, zdrav razum predlaže da se postojanje ozbiljne zainteresovanosti privatnog sektora za angažovanje iskoristi kao pokazatelj značaja predložene politike.

Najzad, poslednja preporuka treba da anticipira razvoj privrede. U Francuskoj postoji izvesna nostalgija za industrijom. Naravno da ne treba izostaviti dobre industrijske projekte; na kraju krajeva, Nemačka je iskoristila dinamičnost svog industrijskog sektora. Ali okretanje prošlosti moglo bi nas uvesti u neizvesnu sutrašnjicu. U tom svetlu, sugerisati da uočeni pad proizvodnje u industrijskoj industriji, koja je u roku od nekoliko godina opala sa 18% na 12% učešća u francuskom BDP-u, opravdava nacionalnu strategiju obnove – značilo bi, kako mi se čini, da nije prepoznat pravi problem:

[1] U knjizi *État moderne, État efficace. Évaluer les dépenses publiques pour sauvegarder le modèle français* (Paris, Odile Jacob, 2012) – Marc Ferracci i Étienne Wasmer predlažu da se teret dokazivanja prebaci na drugu stranu, tj. prema njima; odnosno, trebalo bi da zagovornici određene politike, nakon *x* godina, dokažu da je ona bila uspešna i da se mora nastaviti. U nedostatku dokaza, usvojena politika mora se obustaviti.

smislenije mi deluje da se postavi pitanje o tom padu umesto da se obnova postavlja za cilj. Vratimo se na državu koja je uzor pobornicima „industrijske politike" – Južnu Koreju – i zapazimo da je ona[1] primenila izvestan broj tih načela, među kojima su: dovođenje preduzeća u konkurentski položaj, korišćenje *peer reviews*, ograničeno trajanje programa, prepoznavanje preduzeća koja su imala uspeha u izvozu, preuzimanje rizika od strane privatnog sektora...

„Obnova industrije" pre je slogan nego jasna strategija. Bar što se tiče ekonomski razvijenih zemalja, ekonomiju XXI veka obeležiće znanje i usluge, te bi usredsređivanje na obnovu industrije dovelo u opasnost ne samo trošenje javnih sredstava već i usmeravanje države ka aktivnostima koje postižu male dodatne vrednosti, što bi dovelo do siromašenja stanovništva (međutim, strategije tržišnih niša s visokom postignutom dodatom vrednošću u nemačkom stilu, koje podstiču sama preduzeća, imaju više smisla). To sve ne znači da industrijsku proizvodnju treba napustiti. Najsigurniji način da se pojave dobri industrijski projekti s velikom dodatnom vrednošću jeste da se preduzećima obezbedi okruženje pogodno za njihovo finansiranje i razvoj, te da se doprinese tome da se ona nađu u sredini koja je sveukupno inovativna.

Mala i srednja preduzeća i industrijsko tkivo Francuske i Evrope

Slabosti francuskog industrijskog tkiva dobro su poznate: oskudnost malih i srednjih preduzeća većeg obima, kao i (što je povezano s tim) neobnavljanje članstva u klubu velikih preduzeća. Još pre pet-

1 Za odličnu analizu ove zemlje, videti Bruce Geenwald, Joe Stiglitz, *Creating a Learning Society*, New York, Columbia University Press, 2014. Međutim, ne slažem se s argumentom da bi bez industrijske politike Koreja nužno ostala na proizvodnji pirinča, što je bila njena komparativna prednost 1945. Pre svega, komparativna prednost je dinamički pojam. Od trenutka kada je država počela da ulaže u obrazovanje i infrastrukturu i da olakšava pristup kreditiranju, nije bilo razloga da se privreda ne okrene ka industriji. Najzad, podsticanje zemlje na to da se specijalizuje za proizvodnju pirinča bilo bi savršen primer industrijske politike!

naestak godina, jedan izveštaj[1] Saveta za ekonomsku analizu zabeležio je da je u panelu sačinjenom od hiljadu najvećih preduzeća na svetu bilo 296 američkih preduzeća, od kojih su 64 stvorena *ex nihilo* posle 1980, a da je među 175 evropskih preduzeća bilo samo devet takvih. Prosečan vek preduzeća s liste CAC 40[2] iznosi 101 godinu, a prosečan vek kompanija s liste Fortune 500[3] – 15 godina. Dakle, zapaža se velika inertnost i malo osnivanja novih preduzeća na našem kontinentu. Evropa ima samo dva „šampiona" rođena u drugoj polovini XX veka (*Vodafone* i *SAP*).

Drugi problem je razvoj malih i srednjih preduzeća, što se naročito zapaža u Francuskoj, gde je malim i srednjim preduzećima teško da se razviju: samo 1% preduzeća u Francuskoj ima više od 50 zaposlenih, nasuprot 3% u Nemačkoj. Postoji 12.500 preduzeća srednje veličine u Nemačkoj, nasuprot 4.800 njih u Francuskoj.

— *Kakvu podršku pružiti malim i srednjim preduzećima?*

Treba li favorizovati mala i srednja preduzeća? Opravdanje nalazimo u tome što ona imaju najslabiji pristup kreditiranju. Velika preduzeća raspolažu većim mogućnostima samofinansiranja, izgrađenom reputacijom i imovinom koju mogu založiti kao kolateral kada podižu kredite; uz to, ona imaju i pristup tržištu obveznica, što uglavnom nije uobičajeno za mala i srednja preduzeća, koja su u Francuskoj veoma zavisna od bankarskog finansiranja. To objašnjava zašto Rimski ugovor ne uzima u obzir horizontalne mere (poput, recimo, poreskih olakšica za istraživanja ili garancija za bankarske kredite namenjene malim i srednjim preduzećima), kao pomoć države (inače zabranjenu), i dozvoljava subvencionisanje malih i srednjih preduzeća ili istraživanja (režim izuzimanja još je fleksi-

---

1 Élie Cohen, Jean-Hervé Lorenzi, *Des politiques industrielles aux politiques de compétitivité en Europe*, in *Politiques industrielles pour l'Europe*, Paris, La Documentation française, 2000.

2 Četrdeset francuskih kompanija s najvećom tržišnom kapitalizacijom.

3 Petsto najboljih američkih preduzeća, rangiranih prema visini prometa. Podaci pribavljeni iz tačke 26 Saveta za ekonomsku analizu.

bilniji ako je u pitanju već izvedeno istraživanje, ili ako ga je izvelo malo preduzeće).

Predmet diskusije je da li mala i srednja preduzeća imaju potrebu za dodatnim izvorima finansiranja s obzirom na postojeće mere. Naime, danas mala i srednja preduzeća raspolažu brojnim merama javne podrške i poreskim pogodnostima pri podizanju kredita, kao i kad su u pitanju drugi vidovi finansiranja: investicioni fond za region (*fonds d'investissement de proximité*, FIP), zajednički fond za investiranje u inovacije (*fonds communs de placement dans l'innovation*, FCPI), Štedionica za depozite i konsignacije (*Caisse des dépôts et consignations*, CDC), garancije koje daje *Sofaris* (filijala Banke za razvoj malih i srednjih preduzeća), sada *Oseo*, regionalni fondovi Državne investicione banke (*Banque publique d'investissement*)... da ne govorimo o drugim pomoćima za finansiranje koje su dostupne svim preduzećima, poput poreskih olakšica za istraživanja.

Međutim, složenost sistema i brojne tržišne niše pretvaraju preduzeća u lovce na zgoditke. Tako je sistem mera pomoći predviđenih za inovacije u Francuskoj zaprepašćujuće složen.[1] Preduzeća troše mnogo resursa u traganju za odgovorom na pitanje kom organu uprave treba da se obrate kako bi dobila novac za postojeće projekte. Takva situacija društveno je nepoželjna, jer pre uništava nego što stvara novu vrednost, a osim toga – ni mala ni srednja preduzeća u toj igri nemaju mnogo šanse jer ne raspolažu uvek s dovoljno resursa koji bi im omogućili da izvuku korist od državne administracije.

Dozvoliću sebi ovde jednu digresiju: istovremeno gomilanje programa za finansiranje i institucija koje njima upravljaju odaje naročitu slabost industrijske politike francuskog tipa: kao i u drugim oblastima (univerzitetski sistem, zakoni o radu i poreski propisi, itd.), država pokreće mnogo inicijativa, ali skoro nikad nijednu ne ukida. S druge strane, prednost tržišta upravo je u tome što ne nastavlja da traći novac na pristupe koji u prošlosti nisu postigli očekivane rezultate.

---

[1] Za ovu temu čitalac može konsultovati tabelu 1, koja sumira nacionalne mere za podršku inovacijama u radnom dokumentu *Quelles politiques d'innovation a-t-on déployé en France? Une cartographie*, France Stratégie, 10. novembar 2015.

U načelu, čini se da bi mala i srednja preduzeća imala koristi od sprovođenja reformi što bi uklonile prepreke koje im javne vlasti stavljaju na put, na primer:

- Efekti praga veličine.[1] Efekti praga veličine prepoznati su u brojnim ekspertskim izveštajima kao kočnice za rast preduzeća. Francuska preduzeća koja su prešla prag od 10, 20 ili 50 zaposlenih imaju dodatna ograničenja koja ih koštaju, poput dodatnih računovodstvenih obaveza, rasta stopa doprinosa, pokrivanja putnih troškova, osnivanja različitih odbora u slučaju da imaju više od 50 zaposlenih, socijalnog plana u slučaju otpuštanja viška zaposlenih, itd. Preći sa 49 na 50 zaposlenih povlači sa sobom 34 dodatne obaveze za preduzeće. Preduzeće koje je sigurno u svoj budući rast preći će taj prag jer, u stvari, nema izbora. Ali zato će preduzeće koje nije sigurno u svoj budući rast dvaput razmisliti pre nego što pređe taj prag (i radije će pribeći prekovremenom radu, eksternalizaciji ili osnivanju drugih preduzeća). Efekti praga koče preduzeća koja bi mogla dobiti ubrzanje, postavljajući im „zamku malih i srednjih preduzeća";
- Izuzetna složenost Zakona o radu, poreskog sistema i postupka javnih nabavki, koji, baš kao u slučaju politika podrške inovacijama, naročito štete malim i srednjim preduzećima, koja nemaju sredstava da angažuju stručne timove;
- Stečajni postupak.[2] Francuska ima specifičan pravni okvir na tom polju. Ona daje veliku moć akcionarima i menadžerima u okolnostima u kojima bi oni mogli podbaciti. Za razliku od

---

1 Procena efekata praga je složena. Videti, na primer, članak Nila Ceci-Renaud, Paul-Antoine Chevalier, *L'impact des seuils de 10, 20 et 50 salariés sur la taille des entreprises françaises*, Économie et statistique, 2010, vol. 437, str. 29–45. Francuska država nije jedina odgovorna za efekte praga. Evropski parlament opredelio se da dozvoli umanjenje kapitalnih zahteva za banke kada pozajmljuju malim i srednjim preduzećima.

2 Videti, na primer, moju belešku s Gijomom Plantenom (Guillaume Plantin) i Davidom Tesmarom (David Thesmar), *Les enjeux économiques dudroit des faillites*, Conseil d'analyse économique, 2013, tačka 7, za predloge o reformi. Uredba iz marta 2014. o stečajnom pravu išla je u istom pravcu omoguća-

onoga što se dešava drugde u svetu, poverioci nisu valjano zaštićeni u slučaju da se pojave problemi s preduzećem, pa se ne treba čuditi što mala i srednja preduzeća imaju poteškoća s podizanjem kredita u tim uslovima;

- Kašnjenje isplate od strane javnih ustanova ili velikih preduzeća;
- Uređivanje sistema plata koje nameće država i granski kolektivni ugovori;[1]
- Poreski sistem koji podstiče prenošenje preduzeća unutar porodice, ili nerezidentima[2], itd.

vajući poveriocima da pretvore svoja potraživanja u kapital i predlože plan oporavka koji bi konkurisao planu oporavka što ga predlaže menadžment.

[1] Izveštaj Saveta za ekonomsku analizu *Faire prospérer les PME* (oktobar 2015) beleži da je procenat pokrivenosti radnika kolektivnim granskim ugovorima mnogo veća u Francuskoj nego u ostatku sveta (93% za 2008. prema 56% kao proseku zemalja OCDE-a). Vidi deveto poglavlje.

[2] Vidi Yves Jacquin Depeyre, *La Réconciliation fiscale*, Paris, Odile Jacob, 2016.

Poglavlje 14

Kada digitalizacija modifikuje vrednosni lanac

Sve češće kupujemo i obavljamo bankarske transakcije preko interneta, čitamo vesti na veb-sajtovima, koristimo *Uber*, delimo prevoz s drugima preko *BlaBlaCara* i rezervišemo smeštaj putem sajta *Airbnb*. Digitalizacija društva u središtu je ekonomskih i društvenih promena XXI veka. Ona će imati uticaja na sve ljudske aktivnosti, kao što već jeste izmenila trgovanje, finansijski sektor, medije, transport i hotelijerstvo.

Svi akteri moraju se tome prilagoditi, uključujući i javni sektor. Pred tim zalaskom tradicionalne štampe i medija, američki državni radio (*National Public Radio*, radio-stanica bez reklama) od jula 2014. preobrazio se u *Spotify*[1]: traži od vas da date sud o različitim emisijama, meri vreme koje ste posvetili svakoj od njih, analizira potkaste koje ste preuzeli sa sajta i na kraju vam nudi programe po meri, u skladu s vašim interesovanjima. To je tek početak. U budućnosti će digitalizacija promeniti sektore osiguranja, zdravstva, energije, obrazovanja... Profesionalne medicinske, pravne ili poreske usluge drastično će se izmeniti korišćenjem inteligentnih algoritama

---

[1] *Spotify* nudi mogućnost pretplate (pored osnovne verzije, koja je besplatna i podrazumeva reklame i ograničene usluge) za muzički striming, kao i za linkove koji omogućavaju kupovinu pesama i albuma. Korisnik može pretraživati po naslovima pesama ili dopustiti da *Spotify* bira prema prepoznatom muzičkom ukusu slušalaca.

zasnovanih na *machine learningu*[1], što će se desiti i sa izvesnim brojem usluga koje će obavljati roboti.

Odnosi u ekonomskoj razmeni samo su jedna dimenzija te promene. Digitalizacija pogađa međuljudske odnose, nevladin sektor i politiku. Preduzeća su preokupirana evolutivnim promenama u industriji, novom organizacijom rada i informatičkom bezbednošću. Digitalizacija ima uticaja na pravo industrijske svojine, pravo konkurencije, radno pravo, poreski sistem i uopšte na državnu regulaciju. Pored izvanrednog tehnološkog napretka kome vodi, kao sinonim za uštedu vremena i porast kupovne moći, digitalna ekonomija nosi sa sobom pretnje koje treba razumeti. Cilj ovog i narednog poglavlja jeste da se analizira nekoliko velikih izazova kako bi se bolje shvatila duboka transformacija našeg proizvodnog sektora, tržišta rada i regulatornog sistema – ukratko, našeg društva uopšte – i kako bismo se pripremili za nju.

Ovo poglavlje usredsrediće se na strategije preduzeća na digitalnim tržištima i izazove u regulaciji tih tržišta. U središtu analize nalaze se dvostrane platforme, dakle entiteti koji omogućavaju različitim stranama (ponudi i tražnji) tržišta da se sretnu i sarađuju. Njihova ekonomska važnost od suštinskog je značaja i nastavlja da raste. Danas su tri od pet najvećih svetskih preduzeća dvostrane platforme: *Apple*, *Google* i *Microsoft*. Tako je i sa sedam od deset najvećih startapa (po vrednosti). Analiziram njihov ekonomski model i bavim se načinom na koji on utiče na naše blagostanje.

I. PLATFORME, ČUVARI DIGITALNE EKONOMIJE

Vaša kartica *Visa*, vaš porodični *PlayStation*, pretraživač *Google Chrome*, aplikacija za četovanje *WhatsApp* i agencija za nekretnine iz vašeg komšiluka verovatno imaju mnogo više zajedničkog nego

[1] *Machine learning* podrazumeva da se algoritmom obuhvate statistički podaci, što robotu (ili kompjuteru) omogućava da postepeno uči da prepoznaje neko lice, da hoda ili savlađuje neke druge složenije procese.

što mislite. Oni upućuju na model „dvostranog tržišta"[1], tj. tržišta gde posrednik (i njegov vlasnik, na primer, *Visa*, *Sony*, *Google*, *Facebook*, agencija za nekretnine, itd.) omogućava prodavcima i kupcima da se međusobno povežu. Te „platforme" okupljaju razne grupe korisnika koji žele da sarađuju jedni s drugima. Recimo, okupljaju korisnike video-igrica i programere koji ih prave u slučaju industrije video-igrica; kao i korisnike operativnih sistema (*Windows*, *Android*, *Linux*, *OS X* na računarima *Apple*, *iOS* na ajfonu) i programere koji razvijaju aplikacije za operativne sisteme. Takođe, okupljaju korisnike i oglašivače u slučaju pretraživača ili medija; kao i vlasnike platnih kartica i trgovce u slučaju transakcija platnim karticama.

Prikaz 1 Dvostrane platforme

Igrači	Platforme za video-igre	Inženjeri razvoja video-igrica
Korisnici	Operativni sistem	Programeri
Vlasnici kartica	Pretraživači, mediji	Oglašivači
Klijenti	Debitne ili kreditne kartice	Trgovci
	Platforme za razmenu (*Uber*, *Airbnb*, *OpenTable*)	Snabdevači

Ove platforme rešavaju dvostruki problem uspostavljanja kontakta između korisnika i obezbeđenja tehnološkog interfejsa koji omogućava interakciju među tim korisnicima. To zavređuje nekoliko objašnjenja.

[1] Ili višestranog; na primer, *Microsoft Windows* mora privući korisnike (vas i mene), proizvođače kompjutera i kreatore aplikacija.

Ekonomija pažnje

Vrlo dugo se ekonomska nauka ponašala kao da ekonomski napredak podrazumeva izmišljanje novih proizvoda, njihovu jeftiniju proizvodnju i bolju prodaju. Za uspešniju trgovinu bilo je dovoljno smanjiti transakcione troškove, a naročito troškove transporta i carine, koji sputavaju međunarodnu saradnju (empirijski radovi koji testiraju „gravitacionu teoriju međunarodne trgovine" zaista pokazuju da se nivo trgovine postepeno podiže kako se troškovi transporta smanjuju).

Pre pedeset godina, čitalac je imao pristup ograničenom broju informacija. Kupovao je novine da se informiše. Da bi čitao knjigu ili slušao neku ploču, morao se zadovoljiti katalogom gradske biblioteke; malo imućnije domaćinstvo moglo je oformiti malu biblioteku, ali je ona nužno ostajala skromna. U pogledu kupovine, potrošači su manje-više bili okrenuti radnjama iz susedstva. Osoba željna prijateljstva ili nalaženja srodne duše zavisila je od lokalnog kruga poznanika u svom selu ili opštini. S digitalnom tehnologijom, troškovi transporta nekog digitalnog proizvoda na drugi kraj sveta približili su se nuli. Katalozi su danas beskrajni. Mi imamo previše, a ne premalo ponude. Naš problem je kako najbolje iskoristiti vreme i pažnju koje smo odlučili da odvojimo za te aktivnosti. Ta ekonomija pažnje temeljno menja ponašanje ljudi i interakcije u industriji sadržaja.[1] Stoga je neophodno da taj fenomen zajedno rasvetle ekonomisti, psiholozi i sociolozi, kako bi se on sagledao u celini.

Najveći transakcioni troškovi danas se tiču iščitavanja ponude i izbora partnera, kao i troškova skretanja pažnje, tj. signalizacije (koji imaju za cilj da ubede potencijalne partnere da međusobno razmene poverenje), a ne troškova transporta. Čitave milenijume su naši preci imali poteškoća da pronađu partnere za trgovinu, dok je naš problem sada kako među milionima potencijalnih partnera za trgo-

[1] Snabdevači sadržajima prave softver, audio i video dokumente, aplikacije za geolokalizaciju… i pružaju sve druge usluge od kojih koristi mogu imati internet korisnici. Pristup potrošača sadržajima zavisi od posredničkih platformi, od vašeg provajdera pristupa internetu i drugim posredničkim platformama, poput televizijskih kanala (Canal +, itd.).

vinu izabrati onog koji najviše odgovara našim očekivanjima. Skoro neograničen broj izvora informacija, te ograničeno vreme kojim raspolažemo za njihovo obrađivanje i razumevanje – obezbeđuju posrednicima i platformama koji nam pomažu da pronađemo partnere ključno mesto u ekonomskoj igri. Što se više smanjuju ostali troškovi (transport, carina, prijem na listing berze i dr.), to troškovi skretanja pažnje, iščitavanja i izbora postaju veći, baš kao i naša potreba za sofisticiranim platformama.

Te platforme pružaju dragocene informacije o kvalitetu i o uparivanju, obaveštavajući nas o reputaciji prodavaca (ocenjivanje hotela i restorana na *Bookingu*, preprodavaca na sajtu *eBay* i šofera na sajtu *Uber*), i preporučujući nam proizvode koji su po našem ukusu (preporuke koje daju *Amazon*, *National Public Radio* i mnogi drugi sajtovi). One nas povezuju s partnerima koji su u načelu pouzdaniji, ili prosto bliži našim zahtevima. One nam stoga omogućavaju da jeftino krstarimo kroz lavirint ponude.

Kolaborativna privreda spada u tu kategoriju. Njena logika je da izvuče što veću korist iz neiskorišćenih resursa: stanova (*Airbnb*), automobila fizičkih lica (*Drivy*), privatnih aviona (*Wingly*), raspoloživih mesta za prevoz putnika (*BlaBlaCar*) ili dostavu paketa (*Amazon on my Way, You2You...*), itd. Ali uočavanje mogućnosti zarade od razmene (na primer, između turiste koji traži raspoloživi stan izvesnih karakteristika i fizičkog lica čija je namera da zaradi ne boraveći u svom stanu) – zahteva posredovanje. Ipak, to navođenje korisnika interneta, preplavljenog morem informacija, zahteva prethodno zadobijanje njegovog poverenja: poverenja u nepristrasnost i kvalitet preporuka, poverenja da će njegovi lični podaci biti izbrisani kada on to bude hteo i, najzad, poverenja da ti podaci neće biti preneti trećim licima. Vratiću se na te tačke u sledećem poglavlju.

Lakoća u pronalaženju ponuđača dovodi ne samo do razmene koja bi inače bila nezamisliva – već i do obaranju cena, jer ponuđače stavlja u konkurentski položaj. Međutim, ne uvek... Glen i Sara Elison (MIT) pokazali su da su cene polovnih knjiga za kojima vlada mala potražnja često upravo više na internetu.[1] Oni koji traže „pro-

[1] Glenn i Sara Ellison, *Match Quality, Search, and the Internet Market for Used Books*, rad objavljen na internetu.

izvode iz određene tržišne niše" na internetu – spremni su da ih plate mnogo više, dok oni koji na te knjige naiđu slučajno kod knjižara, ili na buvljoj pijaci, imaju tendenciju da ih plate manje. Taj rast cena, ipak, nije nužno znak neefikasnosti kao posledice elektronske trgovine; u nedostatku pretraživača i platformi, kupac verovatno nikad ne bi mogao ni pronaći knjigu.

Tehnološke platforme

Platne kartice, *PayPal* ili bitkoin ne uspostavljaju kontakt između prodavca i kupca, za razliku od kompanija *Google*, *eBay* ili *Booking*. Na ovim platformama u kontaktu smo s trgovcem, pa kada odemo u njegovu prodavnicu (pravu ili virtuelnu), prosto tražimo način da izvršimo brzu i bezbednu transakciju a da pritom ne idemo do bankomata ili ne puštamo virmanski nalog.

Isto tako, kreatori video-igrica raspolažu različitim kanalima, mimo *PlayStationa* ili *Xboxa*, preko kojih nas upoznaju sa svojim proizvodima: reklame, recenzije u novinama, police u radnjama i ključne reči na pretraživaču *Google*. Međutim, operativni sistem i konzola koje su proizveli *Sony* ili *Microsoft* omogućavaju nam da igramo igrice koje su oni izmislili. *Windows* nam isto tako omogućava da koristimo aplikacije, komercijalne ili ne, kompatibilne sa softverom koji se nalazi na našem kompjuteru. Kad su u pitanju *Skype* ili *Facebook*, oni nam pre omogućavaju da ostanemo u kontaktu nego da uspostavimo kontakt. Dakle, vidimo da je još jedna od funkcija platformi da fizički omoguće što dinamičniju komunikaciju među korisnicima.

II. DVOSTRANA TRŽIŠTA

Ekonomija dvostranih tržišta dovela je do definisanja teorije koja rasvetljava ponašanje preduzeća na ovim, naizgled, različitim tržištima. Tom teorijom redovno se služe agencije za konsalting u upravljanju preduzećima, ali i tela za zaštitu konkurencije.

Ekonomski model

Izazov za platforme jeste pronaći funkcionalan ekonomski model koji obezbeđuje učešće svih korisničkih grupa. Naime, svako dvostrano tržište suočava se s problemom „koke i jajeta". Proizvođač konzola za video-igrice mora privući ujedno igrače i kreatore tih igrica. Prvi žele da imaju širok izbor video-igrica, dok oni drugi žele da pristupe što široj publici. Cilj proizvođača konzola jeste da navuku i jedne i druge. Ista problematika tiče se i medija (novina, TV kanala, internet portala, itd.), koji nastoje da pridobiju pažnju široke publike i podstaknu reklamno oglašavanje, što doprinosi njihovoj ekonomskoj ravnoteži. U slučaju kompanija za pružanje usluga bezgotovinskog plaćanja (*American Express*, *PayPal* ili *Visa*), one treba da privuku veliki broj korisnika, a uporedo s tim i da se postaraju da taj način plaćanja bude prihvaćen među trgovcima. Sve te aktivnosti zahtevaju da se osvoje dve kategorije klijenata, kao i da se izvuče korist iz zadovoljenja njihovih obostranih interesa.

Nakon ispipavanja terena, novi ekonomski model uzeo je maha. Da bismo ga predstavili, koristićemo se rečnikom kojim se služe ekonomisti pre nego što ga ilustrujemo nekim primerima koji su nam poznati. Svaki ekonomski model zavisi od elastičnosti tražnje, kao i od eksternalija na različitim stranama tržišta. Za svaku stranu tržišta, elastičnost tražnje je broj koji pokazuje koliko korisnika (u procentima) trgovac gubi kada podigne cene za 1%. To je osnovni pojam u donošenju odluka pri definisanju cena. Tako, velika elastičnost tražnje primorava na umerene cene, dok slaba elastičnost ohrabruje njihov rast. Koliko god to bio teorijski pojam, on predstavlja svakodnevicu preduzeća i objašnjava zašto postojanje konkurencije u načelu obara cenu: podižući cene, preduzeće gubi više klijenata jer će se oni pre okrenuti konkurenciji nego što će prestati da koriste te proizvode. Ta premisa stoji, kao i činjenica da postoje eksternalije na različitim stranama tržišta koje podrzumevaju da korisnici imaju koristi od prisustva drugih korisnika na suprotnoj strani tržišta.

Dakle, pitanje koje sebi treba postaviti i ono što treba znati jeste ko je najzainteresovaniji za ponuđenu uslugu, i ko je spreman da plati najviše ne prestajući da koristi taj proizvod. U izvesnim slučajevima, jedna od strana može čak i da ne plati ništa, pa čak i da bude subvencionisana, dok druga plaća za obe. Mnoge novine, radio-stanice i internet portali ne naplaćuju publici informacije i zabavu koje im pružaju. Oni opstaju isključivo zahvaljujući reklamama. Softver za kreiranje PDF formata iz drugih formata dokumenata, koji nam omogućava da čitamo PDF dokumente na računaru, jeste besplatan, ali onaj ko želi da pravi dokumente u tom formatu – mora to platiti. Zašto? Jer je onome ko piše i šalje svoj tekst preko interneta načelno više stalo da mu tekst bude čitan nego što je potencijalnom čitaocu stalo da to pročita; i obrnuto, čitaoci knjiga rado će izdvojiti novac za bestseler.

Uopšte, internet platforme često se razvijaju zahvaljujući vrlo niskim cenama s jedne strane tržišta, koje im omogućavaju da privuku korisnike s te strane i koje indirektno donose prihod na drugoj strani. Struktura cena između dve strane tržišta u potpunosti je uslovljena ostvarenom koristi od *eksternalija* među njima. Osnovni princip je jednostavan: trošak koji povlači jedan korisnik nije prosti fizički trošak usluge koja mu je pružena. Mora se uzeti u obzir dobit koju prisustvo tog korisnika na platformi stvara na drugoj strani tržišta. Na primer, kada neki kupac plaća karticom, to donosi banci vlasnika kartice profit od „trgovačke provizije", odnosno procenat, koji iznosi između 0,5% i 3% od cene definisane transakcijom (direktno u slučaju kartice *American Express*, indirektno preko „klirinške provizije"[1] za banku koja je član sistema *Visa* ili *MasterCard*). To objašnjava zašto su kartice često besplatne, ili čak imaju „negativnu cenu" (zbog dodeljivanja poena ili popusta korisniku kartice).

Isto tako, korisnici *Googlea* mogu se besplatno služiti brojnim izuzetno korisnim uslugama (pretraživač, mejl, mape gradova, itd.). Prisustvo korisnika – kao i informacije o njihovom interesovanjima dobijene prilikom internet pretraživanja, slanjem imejlova i drugim aktivnostima na *Google* platformi – privlači oglašivače, koji mogu pravoj ciljnoj grupi predstaviti svoju ponudu na platformi. Oglaši-

[1] Klirinška provizija, koja se određuju na centralizovan način u okviru *Visa* i *MasterCard* sistema, jeste plaćanje koje vrši banka trgovca našoj banci prilikom transakcije. Više stope klirinške provizije utiču na trgovačku proviziju preko banke trgovca. I obratno, niže stope podstiču banke izdavaoce platne kartice da nam ponude dobre uslove kako bi nas privukle.

vači plaćaju vrlo visoke sume za tu privilegiju. Besplatna televizija i novine - naročito besplatna štampa, kao *Metro* ili *20 minuta* - imaju sličan ekonomski model.[1] Dakle, često je struktura cena vrlo povoljna na jednoj strani tržišta, a vrlo nepovoljna na drugoj. Da li je tu reč o predatorskim cenama, tj. onim nenormalno niskim, i bezobraznim, tj. nenormalno visokim cenama? Ne mora značiti. Uostalom, takve strukture cena primenjuju preduzeća koja uopšte nemaju dominantan tržišni položaj.

U tom smislu, sektor platnih kartica naročito je interesantan. Njihov ekonomski model sastoji se u snabdevanju potrošača jeftinim debitnim ili kreditnim karticama (vlasnici kartica mogu čak zaraditi njihovim korišćenjem, zahvaljujući popustima ili skupljanju poena), kao i u naplaćivanju provizije trgovcu za svaku obavljenu transakciju. Iako su stope visoke - 0,5% ili 2% za kartice *Visa* i *MasterCard*[2], oko 3% za *PayPal* - trgovcima je u interesu da prihvate kartice, jer im u suprotnom preti opasnost da izgube klijente. To posebno važi za kartice kompanije *American Exspress*, koja ima izuzetnu reputaciju i moćnu poslovnu klijentelu, te stoga može nametnuti posebno visoku proviziju. Taj model često preuzimaju i platforme van sektora

Prikaz 2 Nejednaka ali efikasna raspodela

Strana s niskom cenom	**Strana s visokom cenom**
Potrošači (pretraživač, portal, novine)	Oglašivači
Vlasnici kartica	Trgovci

[1] Ne znamo da li se taj ekonomski model može beskonačno širiti. Iako je reklama efikasnija ako se ciljna grupa (tj. mi sami) često susreće sa oglasom, ipak se na kraju prinos smanjuje ukoliko se stalno prikazuje ista reklama; osim toga, to može izazvati zasićenost i oguglalost na reklame uopšte. Najzad, postoji sve više softvera koji omogućavaju da se izbegnu reklame (kao TiVo za televiziju).

[2] Ove brojke su okvirne. One u stvarnosti variraju kroz vreme i zavise od tipa transakcije ili drugih faktora.

platnih kartica. Tako, *OpenTable* – preduzeće za onlajn rezervacije u luksuznim restoranima, koje beleži 12 miliona rezervacija mesečno – ne naplaćuje ništa potrošačima, već traži od restorana dolar po gostu.

Kada je jaje starije od koke...

Dvostrane platforme suočavaju se s još jednom poteškoćom: kada jedna od korisničkih strana mora investirati i pre nego što se druga pojavi na tržištu. Tada je sve pitanje anticipacije. Prilikom izbacivanja na tržište nove konzole za video-igrice, na primer, nezavisni kreatori igrica bacaju se na posao mnogo pre nego što se uvere u njen uspeh; oni se, dakle, izlažu riziku da razviju video-igrice za platformu koja možda neće privući dovoljno klijenata kojima bi se isplatilo ulaganje. Da bi ih uverio u dobit, proizvođač konzola uglavnom najavi da će uzimati pet do sedam evra za svaku prodatu igricu. Ta rojalti plaćanja onda omogućavaju platformi da izbaci na tržište konzole po niskoj ceni s ciljem osvajanja šire publike, zbog čega video-platforme često prodaju konzole ispod cene (do 100 evra gubitka po konzoli).[1] Time umireni, kreatori igrica razvijaju programe pre nego što se konzola pojavi na tržištu. Platforma za video-igrice može takođe sama razvijati igrice pre izbacivanja konzole na tržište, kako je *Microsoft* uradio sa igricom *Halo* kada je 2001. izbacio konzolu *Xbox*.

Slučaj s video-igricama ekstreman je zbog vremenske distance u pristupanju platformi koja deli dve strane na tržištu. Ali ta problema-

---

[1] Proizvođači štampača takođe prodaju štampače ispod cene ili bez velikog profita, te stoga proizvode sopstvene tonere u koje ugrađuju svoje marže. U oba slučaja suočavamo se s problemom obavezivanja. Bojimo se da ćemo skupo platiti svoje tonere. Ta se situacija ipak razlikuje od one s video-igricama. U slučaju štampača, postoji samo jedna strana tržišta; isti potrošači kupuju i štampač i toner. Proizvođači štampača imaju dva načina da umire potrošača: da prodaju štampač po vrlo niskoj ceni kako bi ga privukli, ili da usvoje otvorenu arhitekturu, tako da potrošači mogu kupiti štampač od bilo kog drugog proizvođača, čime se obara cena tonera. Proizvođač štampača može ih onda prodavati po višoj ceni i tako ugrađivati svoju maržu više u štampače nego u tonere.

tika često se sreće. Strategija sa igricom *Halo* kompanije *Microsoft*, koja se sastoji u tome da ona sama napravi aplikacije dok još nema mnogo klijenata, često se koristi. Na primer, prilikom izbacivanja na tržište ajfona 2007. godine, *Apple* još uvek nije imao *AppStore* i razvijao je sopstvene aplikacije. *Netflix* i dalje pravi svoje filmove i nudi ih uz ponudu filmova kupljenih od drugih producentskih kuća. Možemo se osvrnuti na nedavno objavljenu knjigu Dejvida Evansa (David Evans) i Ričarda Šmalenzija (Richard Schmalensee)[1], gde je lepo opisana važnost tajminga u izboru strategija na dvostranim tržištima.

Kompatibilnost između platformi

Treće pitanje tiče se eventualne kooperacije između učesnika ovih dvostranih tržišta. U većini slučajeva, potrošači imaju mogućnost da koriste više platformi. Da li one moraju raditi kao partneri, obezbeđujući mogućnost obavljanja istih operacija u oba sistema? U domenu telekomunikacija, ta je kooperacija uređena. Nezamislivo je da pretplatnik SFR mobilne mreže ne može pozvati svog prijatelja čiji je operater *Orange*. U sektoru nekretnina, sve se više agencija umrežava da bi pružile veće mogućnosti svojim klijentima.

Ali ima i platformi koje odlučuju da ne budu kompatibilne. Zbog toga, na primer, nije moguće platiti karticom *American Express* trgovcu koji prima samo kartice *Visa* i *MasterCard*. Aplikacija koja je rađena za *Windows* ne može se koristiti u operativnom sistemu *Linux*. Nekompatibilnost može navesti klijente da prošire krug korisnika s druge strane tržišta tako što će biti prisutni na nekoliko platformi, što se zove *multihoming* i predstavlja prisustvo jednog korisnika na nekoliko nekompatibilnih platformi. To se, na primer,

---

1 David Evans, Richard Schmalensee, *Matchmakers. The New Economics of Platform Businesses*, Cambridge, Harvard Business School Press, 2016. Vidi takođe njihovu knjigu *Catalyst Code* (Harvard Business School Press, 2007), kao i onu pisanu u saradnji sa A. Hagiuom, *Invisible Platforms. How Software Platforms Drive Innovations and Transform Industries* (Cambridge, MIT Press, 2006). Preporučujem i knjigu Marshall Van Alstyne, Geoff Parker i Saugeet Paul Choudary, *Platform Revolution*, New York, Norton, 2016.

dešava kada potrošači imaju nekoliko platnih kartica ili kada trgovci primaju više platnih kartica. Kreatori video-igrica mogu proizvesti verzije koje su prilagođene za nekoliko različitih konzola. Zainteresovani za kupovinu ili prodaju stana mogu se istovremeno obratiti većem broju agencija ukoliko one nisu već umrežene.

Imamo još jedan primer koji se tiče aplikacija za mobilne telefone na tržištu obeleženom prilično stabilnim duopolom *Apple–Android*.[1] Kako se može pretpostaviti, *multihoming* je rasprostranjeniji kod onih najpopularnijih aplikacija. Naime, ne samo što se svaka aplikacija mora prilagođavati svakom od sistema već su i troškovi njenog marketinga udvostručeni, jer je za aplikaciju važno da bude na „top-listi" ekosistema ako želi da je korisnici uoče. Četiri najpopularnije aplikacije (*Facebook*, *Pandora*, *Twitter* i *Instagram*) iste su za oba sistema. U načelu, 65% aplikacija koje podržavaju *multihoming* jesu među najpopularnijim.[2]

Ovakav tip ponašanja utiče na izbor ekonomskog modela. Postojanje konkurencije između operatera igra ulogu u određivanju načina na koji se definišu njihove cene. U SAD, na primer, kompanija *American Express* morala je oboriti proviziju (vrlo visoku) koju su plaćali trgovci kao odgovor na to što su njihovi klijenti počeli da poseduju i drugu karticu (karticu broj dva) kada su se pojavile *Visa* i *MasterCard* kartice (devedesetih godina), koje nemaju troškove održavanja. U pitanju je sledeći rezon: klijenti kartice *American Express* zaključili su da je bolje posedovati i drugu platnu karticu, utoliko pre što ona ne košta ništa, a i zato što bi je mogli koristiti u slučaju da se kartica *American Express* razmagnetiše ili da trgovci odbiju da je prime. Trgovci su onda ovako razmišljali: „Pošto moji klijenti koji poseduju karticu *American Express* imaju sada u novčaniku *Visa* ili *MasterCard* karticu – za mene povoljnije – mogu sebi dozvoliti da odbijam plaćanje karticom *American Express* a da pritom ne izgu-

---

1 *Apple* ima manje klijenata, ali njihovi klijenti troše više novca nego klijenti koji imaju *Android*, te su oni privlačniji za kreatore aplikacija.

2 Videti Tim Bresnahan, Joe Orsini, Pai-Ling Yin, *Demand Heterogeneity, Inframarginal Multihoming and Platform Market Stability. Mobile Apps*, rad objavljen na internetu.

bim klijente, ili ih ne odvratim od kupovine." U tom trenutku, *American Express* našao se u obavezi da snizi svoju trgovačku proviziju kako bi zadržao trgovce na svojoj platformi.

Otvaranje

Ponekad neka platforma može odlučiti da ona sama bude jedna od dve strane na tržištu, te da se prikloni klasičnom modelu preduzeća, koji za cilj ima samo da privuče krajnjeg potrošača. Jedan takav dobro poznati slučaj jeste slučaj s kompanijom *Apple,* koja je, pošto je osamdesetih godina XX veka dominirala na tržištu mikrokompjutera, odlučila da drastično ograniči aplikacije i hardver koji funkcionišu s njenim operativnim sistemom. *Apple* je sam pravio računare i skupo naplaćivao pristup alatu za razvoj aplikacija (*software development kit*), što ga je preobrazilo u jedan gotovo zatvoren sistem. Nasuprot tome, *Microsoft* sa svojim operativnim sistemom DOS (kasnije nazvanim *Windows),* koji je postao dominantan devedesetih godina, vrlo je rano doneo odluku da bude otvoren[1], ne proizvodeći računare i deleći skoro besplatno alate za razvoj softvera. Tada je *Apple* izvukao pouku iz epizode o konkurenciji među ekosistemima i otvorio se (danas ima milion i po aplikacija koje se mogu preuzeti putem aplikacije *AppStore*[2]), ali ipak zadržava kontrolu nad svojim operativnim sistemom (iOS), ali i nad proizvodnjom računara i hardvera (ajfon). Iako je i *Google* ranije bio optuživan, poput *Microsofta,* da ograničava pristup tuđim proizvodima, ipak je otvoreniji od kompanije *Apple* zahvaljujući operativnom sistemu *Android,* otvorenom softveru.

Pored pitanja o mogućim preprekama pri ulasku, na koje ćemo se vratiti, odluka o stepenu otvorenosti sistema može se analizirati na sledeći način. Zatvorenost sistema koji je primenjivao *Apple* omogu-

---

[1] Iako mu se upućuje prigovor da ne omogućava dovoljan pristup svom kodu i da favorizuje svoj pretraživač, *Microsoft* je u načelu uvek bio vrlo otvoren sistem.

[2] Korisnici ajfona i ajpeda potrošili su 20 milijardi dolara na aplikacije 2015. godine.

ćavao je kompaniji da bolje kontroliše ponudu hardvera, ali je ograničavao izbor potrošača isključivo na proizvode tog brenda, što je *Apple* kao brend učinilo manje privlačnim. Kako smo videli, neka nova platforma baš i nema nekog izbora čak ni sa otvorenom arhitekturom; ona bi se našla primorana da sama proizvodi i hardver i aplikacije, ili da potpiše sporazum kao onaj koji je početkom osamdesetih godina potpisao Bil Gejts s kompanijom IBM (kako bi njihovi kompjuteri radili sa operativnim sistemom DOS). Platforme tek s vremenom u potpunosti stiču korist od otvorenosti svog sistema.

III. DRUGAČIJI EKONOMSKI MODEL: KADA PLATFORME REGULIŠU

Klasična organizacija i dvostrana organizacija

Da bismo razumeli zašto se platforme razlikuju od klasičnih tržišta, uzećemo primer takozvanog vertikalnog ekonomskog modela farmaceutske industrije. Inovacije u industriji lekova sve su više plod rada malih preduzetničkih struktura iz oblasti biotehnologije. Međutim, ta preduzeća nemaju komparativne prednosti u pogledu razvoja, kliničkih studija i odobrenja od strane tela koja izdaju potvrde o usaglašenosti sa standardima (na primer *Food and Drug Administration* u SAD i Nacionalna agencija za bezbednost lekova i zdravstvenih proizvoda u Francuskoj), i najzad u pogledu komercijalizacije. Stoga biotehnološka preduzeća prodaju svoje patente, dodeljuju ekskluzivne licence, ili se i sama prodaju velikim farmaceutskim preduzećima (*Aventis*, *Novartis*, *Pfizer*, *GlaxoSmithKline*...).

U svakom slučaju, samo će jedna farmaceutska kompanija na kraju komercijalizovati lek. Zašto? Prosto zato što bi se pojavila konkurencija među farmaceutskim kompanijama usled posedovanja više licenci, a to bi dovelo do pada cene leka, pri čemu bi patent izgubio u vrednosti, umanjujući tako prihod od licenci. Stoga biotehnološke kompanije nastoje da ostvare monopol „nizvodno", što znači da će im to omogućiti da izvuku maksimalnu korist iz komercijalizacije.

Poređenje platformi (prikaz 1) s vertikalnim modelom (prikaz 3) govori nam mnogo toga. U vertikalnom modelu, biotehnološki

Prikaz 3 Vertikalni model

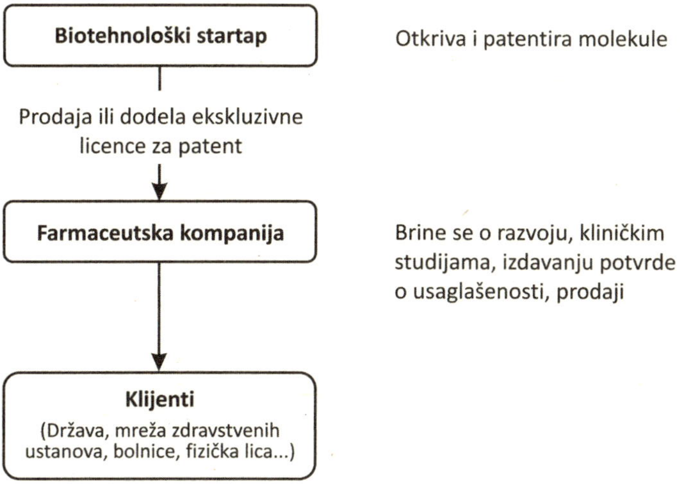

startap nema kontakta s krajnjim potrošačem, već samo s prodavcem, farmaceutskom kompanijom. Posledica toga je da startap nema direktnog interesa da farmaceutska kompanija jeftino prodaje lek, što bi doprinelo većoj potrošnji tog leka. Ovo zapažanje ima bitne posledice, kako ćemo to ubrzo videti. Znači li to da bi farmaceutska kompanija koja sarađuje i sa startapima i s potrošačima igrala ulogu platforme? To nije tako, opet zato što startap i potrošač ne ostvaruju neposredan kontakt.

Još jedan primer razlike između vertikalne organizacije i organizacije tipa platforma jeste poređenje između pijace (koja je prava platforma jer prodavci uspostavljaju direktan odnos s mušterijama, ali im je potrebna pijaca kao mesto susreta) i supermarketa, gde snabdevači nemaju direktan odnos s potrošačem jer prodaju proizvode supermarketu, koji ih potom preprodaje potrošačima. Na pijaci prodavce ne zanimaju samo uslovi koji su im obezbeđeni u vidu tezge ili dela prometa koji moraju ustupiti pijaci. Oni se nadaju da će tržnica umeti da privuče kupce, za razliku od snabdevača supermarketa, koji ima ugovor o snabdevanju s tačno definisanom količinom i cenom, i koji, dakle, ne brine o broju kupaca u supermarketu. Taj primer pokazuje da platforme nisu fenomen svojstven digitalnoj epohi, iako su digitalne tehnologije doprinele znatnom porastu njihovog broja.

U početku, 1994. godine – *Amazon* nije bio dvostrana platforma: kupovao je knjige od izdavača i preprodavao ih na internetu.

Dvostrana platforma posluje jednako s prodavcem i kupcem. To znači da će biti zainteresovana za interes krajnjeg potrošača. Ne iz filantropije, već zato što će krajnji potrošač, ako je zadovoljan, biti spreman da plati više platformi, ili da je češće posećuje. To zapažanje prožima brojne specifičnosti ekonomskog modela dvostranih platformi.

Konkurencija među prodavcima. Prva posledica je to da, za razliku od vlasnika farmaceutskog patenta, platforma načelno nije protivna postojanju konkurencije među prodavcima. Tako su brojni operativni sistemi kao što je *Windows* izgradili uspeh otvarajući svoje platforme za eksterne aplikacije, koje često nisu samo u međusobnoj konkurenciji već i u konkurenciji sa aplikacijama koje obezbeđuje platforma.[1] Ta konkurencija obara cene i poboljšava kvalitet, čineći platformu privlačnijom za potrošača. To je kao da nekoliko prodavaca dobija licencu od platforme. Imajući u vidu odnos koji ima s kupcem, ona više štiti interese kupca, a manje interese prodavca. U Francuskoj je minitel, preteča računara, razvio zatvoreni model za svoje aplikacije i vrlo brzo izgubio bitku.

Regulacija cena. Isto tako, platforme ponekad utiču na prodavce u pogledu definisanja cene. Tako, servis za prodaju muzike i drugih onlajn sadržaja kompanije *Apple* (*iTunes Store*) ne dozvoljava da cena preuzete muzike bude viša od 0,99 evra po pesmi i 9,99 evra po albumu. Drugi primer imamo kada kompanije za pružanje usluga korišćenja platnih kartica zabranjuju da trgovci fakturišu dodatke u slučaju plaćanja karticom.

Kontrola kvaliteta. Kako bi zaštitili svoje klijente, platforme takođe nastoje da zabrane pristup nepoželjnim strankama. Noćni klubovi i agencije za upoznavanje vrše selekciju na ulazu, odnosno pri

[1] To otvaranje ka spoljašnjem svetu odvija se preko objavljivanja interfejsa – *Apllication Programming Interfaces* (API). Naravno, ne odvija se sve baš tako glatko, pa su platforme i eksterne usluge izmišljene za te platforme ponekad u sukobu s telima za zaštitu konkurencije zbog pitanja „vezane prodaje", tj. zbog pretpostavljenog favorizovanja svojiih aplikacija. Vidi niže.

registraciji. Berze postavljaju zahteve solventnosti (tačnije – traže sredstva obezbeđenja) kako bankrot jednog člana ne bi imao neželjene posledice na ostale članove berze. One takođe zabranjuju izvesne vrste neetičkog ponašanja (kao *front running*, praksa koja je bliska zloupotrebi poverljivih informacija, gde broker kupuje ili prodaje za sopstveni račun pre nego što izvrši krupni nalog za kupovinu ili prodaju za klijentov račun). *Apple* kontroliše kvalitet aplikacija na *AppStoreu*, a *Facebook* angažuje veliki broj zaposlenih da kontrolišu sadržaje i uvredljivo ponašanje. Brojne platforme zadržavaju novac koji je kupac uplatio i prebacuju ga prodavcu tek pošto je kupac primio proizvod i njime bio zadovoljan.

Pružanje informacija. Najzad, platforme štite korisnike pružajući im informacije o pouzdanosti prodavca putem sistema ocenjivanja. One ponekad igraju skoro pa ulogu suda, jer nude usluge arbitraže u slučaju konflikta, kao što rade sajtovi za licitaciju polovnih vozila.

Kolaborativna privreda, o kojoj se danas toliko priča, usvojila je sve te strategije. *Uber* proverava prošlost vozača i nameće zahteve u pogledu kvaliteta usluge. Takođe, daje korisnicima mogućnost da ocenjuju vozače i suspenduje pristup platformi onima s lošom reputacijom. Platforme kolaborativne privrede ponekad nude i mogućnost medijacije, te garantuju refundaciju u slučaju da klijent nije zadovoljan.

IV. IZAZOVI DVOSTRANIH TRŽIŠTA U POGLEDU PRAVA KONKURENCIJE

Preispitati logiku politike zaštite konkurencije

Šta treba misliti o komercijalnoj praksi dvostranih platformi? U svim zemljama, tela za zaštitu konkurencije suočena su s tim specifičnim tržištima. U tom kontekstu, tradicionalni pristup pravu konkurencije više ne važi. Setimo se da se često dešava da platforma praktikuje vrlo niske cene na jednoj strani tržišta i vrlo visoke na drugoj strani. Niska cena ili odsustvo plaćanja na jednoj strani, naravno, izazivaju sumnju kod službenika za zaštitu konkurencije, jer to može predstavljati predatorski čin koji škodi slabijim konkurentima, drugim rečima – strategiju koja ima za cilj da ih izgura s tržišta slabeći ih finansijski, ili im prosto ukazujući na svoju ratničku nastrojenost. I obrnuto, vrlo visoka cena na drugoj strani tržišta može sugerisati veliku moć monopola. A takve cene nameću čak i mala preduzeća koja ulaze na tržište, na primer, neki novi internet portal ili besplatne novine koje žive od reklama.

Regulator koji nema na umu specifičnosti dvostranih tržišta mogao bi onda biti naveden na to da pogrešno označi predatorsko ponašanje na jeftinoj strani tržišta, ili čak previsoke cene na skupljoj strani tržišta[1], dok takve cenovne strukture usvajaju čak i male platforme koje ulaze na tržište. Regulatori bi se stoga morali suzdržati od automatskog primenjivanja klasičnih principa prava konkurencije tamo gde se ona prosto ne primenjuju. Izrada novih smernica o pravu konkurencije koje bi bile prilagođene specifičnostima dvostranih tržišta zahteva da se razmotre obe strane tržišta zajedno, a ne da se analizira svaka strana nezavisno jedna od druge, kako to i dalje ponekad čine tela za zaštitu konkurencije.

Zbogom pravu konkurencije u tim sektorima?

Iako primena pravila o zaštiti konkurencije na dvostranim tržištima zahteva promišljanje, iz toga ipak ne treba zaključiti da bi ove sektore trebalo ostaviti u nekoj vrsti pravne *no man land's* u koju se pravo konkurencije ne upušta.

— Naplatiti klijentima konkurenata...

Pozabavimo se praksom koja se posredno dotiče svih nas, poput zahteva koje neke platforme postavljaju trgovcima – da klijentima koji od trgovaca kupuju na toj platformi ne naplaćuju skuplje nego drugim klijentima. Naime, često se može desiti da kupac ne koristi platformu. Na primer, *American Express* nudi uslugu transakcije korisnicima svojih platnih kartica, ali potrošač može platiti trgovcu drugim sredstvima plaćanja, poput gotovine, čeka ili druge platne

[1] Ta mogućnost je otvorena u evropskom pravu konkurencije (ali ne i u američkom pravu), iako se u praksi retko koristi.

kartice. Jedna noć u hotelu ili avionska karta mogu se rezervisati preko neke platforme za onlajn rezervacije, kao što je *Booking*, ili direktno u hotelu, odnosno u avio-kompaniji (videti prikaz 4).

Takve platforme u načelu fakturišu troškove trgovcu – što ćemo nazvati opštim terminom „trgovačka provizija" – a pored toga zahtevaju da troškovi koje trgovac fakturiše krajnjem potrošaču budu isti o kakvoj god transakciji da je reč (kaže se onda da je cena jedinstvena ili jednoobrazna, ili pak da postoji cenovna doslednost): trgovcu nije dozvoljeno da skuplje naplaćuje operacije obavljene preko platforme nego drugačije realizovane operacije. Prilikom plaćanja karticom *American Express*, cena mora biti ista kao kada se plaća gotovinom (ili niža od nje); cena sobe u hotelima *Ibis*, *Novotel* ili *Mercure* (hoteli kompanije *Accor*) mora biti ista kao i kada se usluga rezerviše direktno preko recepcije nekog od hotela *Accor*, ili preko sajtova *Booking* ili *Expedia*.[1] *Amazon* često primenjuje takvu politiku kad su u pitanju njegovi snabdevači (izdavačke kuće i muzičke izdavačke kuće, itd.), iako u Velikoj Britaniji i Nemačkoj više ne može zahtevati jedinstvenu cenu.

U slučaju platnih kartica, reakcija tela za zaštitu konkurencije u izvesnom broju zemalja bila je da se trgovcima ponovo dodeli sloboda pri definisanju cena, dakle da im se dozvoli da traže doplatu

Prikaz 4 Jedinstvena cena

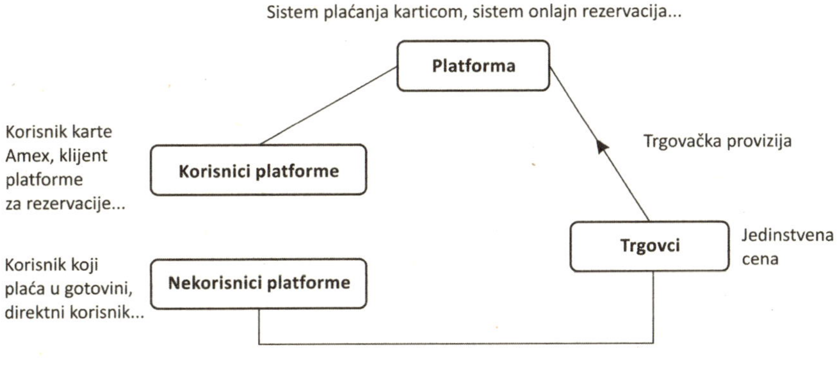

[1] Nova regulativa, poput Makronovog zakona u Francuskoj, zabranila je taj tip zahteva u izvesnim zemljama. Makronov zakon naglašava da vlasnici hotela raspolažu potpunom slobodom pri definisanju cena.

za plaćanje karticom. Tela za zaštitu konkurencije zaboravila su na to da jedinstvena cena ima i svojih prednosti: njome se izbegavaju dodatni troškovi fakturisani u poslednjem trenutku klijentima koji su iz određenog razloga u obavezi da budu njihovi klijenti.[1] Svi smo bili na sajtovima gde nam je odgovarala cena avionske karte, pa smo dali niz informacija, da bismo pri poslednjem koraku otkrili da će nam biti naplaćena doplata od deset evra zbog plaćanja karticom... Naše iskustvo na internetu ima svoje pandane i u trgovačkim radnjama, kako smo zapazili u svim zemljama koje su oslobodile trgovce od obaveze jedinstvene cene (Velika Britanija, Holandija, SAD, Australija...), s doplatama koje su ponekad mnogo više od trgovačke provizije. U slučaju rezervisanja koje se obavlja posredstvom onlajn agencije za rezervacije tipa *Booking* i druge OTA (*online travel agencies*), prednost jedinstvene cene takođe je u tome što se tako izbegava situacija u kojoj potrošač, pošto otkrije proizvod na sajtu agencije za rezervacije, ode direktno na sajt hotela ili trgovca kako bi platio jeftinije, ne omogućavajući nikakvu zaradu subjektu zahvaljujući kome je prethodno otkrio hotel.

Međutim, potrebno je postići zlatnu sredinu. Jedinstvena cena nije nužno dobra za potrošača. Jednostavno zato što se visoka trgovačka provizija prenosi na treća lica, tj. na potrošače koji ne koriste platformu. Tako, 15% do 20% trgovačke provizije koju *Booking* uzima hotelima za rezervaciju izvršenu preko njihovog sajta – delimično plaćaju i oni klijenti koji nisu koristili *Booking*; ako, na primer, 20% rezervacija u hotelu ide preko *Bookinga*, njegovi klijenti plaćaju samo jedan mali deo (20%) onoga što se naplaćuje hotelu, dok 80% plaćaju klijenti koji nemaju nikakve veze s posrednikom za rezervisanje. Neka vrsta privatnog poreskog sistema...[2] Ne čudi nas onda

[1] Vidi, na primer, članak Hélène Bourguignon, Renato Gomes, Jean Tirole, *Shrouded Transaction Costs*, rad objavljen na internetu, i literaturu koja se odnosi na „hold-ups" i karakteristike koje se kriju od potrošača. Ovaj članak takođe ukazuje na to da su nove regulative, koje ograničavaju iznose doplate za plaćanje karticom u SAD, Velikoj Britaniji i Australiji, previše blage.

[2] *Booking* je 2015. godine preuzeo određene obaveze pred francuskim telima za zaštitu konkurencije. Hoteli će biti nezavisniji u donošenju odluka;

što je moguće uspostaviti previsoke trgovačke provizije.[1] Nedostatak tržišta u tom slučaju nije asimetrična struktura cena (tipična za dvostrana tržišta), već negativna eksternalija koja se nameće onima što ne koriste platformu.

Možemo nizati primere. Platforme moraju stvarati vrednost, a ne parazitirati. A servisi koji dovode u kontakt dve strane tržišta nastoje da ostvare zaradu, bilo u vidu provizije koja se u tom procesu naplaćuje, bilo nametanjem reklama i usluga lošijeg kvaliteta namenjenih potrošačima. Svi smo to iskusili: tražimo jedan restorančić na internetu i ne uspevamo da pronađemo njegov sajt – barem ne na prvoj stranici pretraživača – jer se brojne platforme ubacuju između nas i restorana. Pitanje koje će se u budućnosti pojaviti jeste da li treba regulisati provizije – i, ako treba, kako. Jasno je da *Uber* stvara dodatu vrednost, ali da li ona vredi onih 20%, koliko se uzima od vozača? Hoće li konkurencija među platformama biti dovoljna da obori njihove marže?

Ekonomska analiza na tom polju tek je u povoju. Ali ona omogućava da se odrede principi regulacije tog tipa sektora. U slučaju platnih kartica, ona tako otkriva da bi trgovačka provizija trebalo da pođe od načela internalizacije eksternalija opisanih u nekoliko poglavlja ove knjige.[2] Ona bi trebalo da bude jednaka koristi koju trgovac ima od plaćanja karticom u odnosu na neki drugi način plaćanja.[3] Potrošač, koji odlučuje o načinu plaćanja, ne vrši u takvom

posebno je bitno to što će moći da definišu cene koje su niže od onih što se nude na *Bookingu*, i to ne samo na drugim platformama već i u njihovim sopstvenim kanalima prodaje (telefonom ili mejlom), ili u okviru programa popusta namenjenih redovnoj klijenteli. *Booking* bi *a priori* trebalo da se obaveže na isto i u ostatku Evrope.

[1] Videti Jean-Charles Rochet i Jean Tirole, *Cooperation among Competitors. Some Economics of Payment Card Associations*, The Rand Journal of Economics, 2002, vol. 33, n° 4, str. 549–570; i Ben Edelman, Julian Wright, *Price Coherence and Adverse Intermediation*, Quarterly Journal of Economics, 2015, vol. 130, n° 3, str. 1283–1328.

[2] Npr. u onom o zaštiti životne sredine.

[3] Taj princip zove se „test izbegnutog troška" ili „test turiste" (da li trgovac više voli da mu klijent plati karticom pre nego gotovinom, znajući da raspolaže s oba moguća sredstva plaćanja i da mu više nikada neće ponovo

slučaju nikakvu eksternaliju na trgovca. To načelo sada je usvojila Evropska komisija kako bi se regulisali otvoreni sistemi *Visa* i *MasterCard*.

Na tom polju, kao i na drugim, ni politika *laissez-faire* ni neki ishitreni regulatorni pristup ne mogu biti opravdani. Prikladna je samo dublja ekonomska analiza.

— *Kada se prodavci pobune...*

Ne zapovedaju uvek platforme. Ponekad one naiđu na nekog ko je jači od njih, na šta nam ukazuje iskustvo komparatora cena avionskih karata.[1] Ekonomski model tih komparatora počiva na pristupu bazama podataka avio-kompanija o cenama i slobodnim mestima na njihovim letovima (kako ne bi nudili cene za već rezervisana mesta). Kako je sektor avio-transporta u SAD vrlo koncentrisan, velike avio-kompanije preduzele su mere da se sajtovima (posebno onim najmanjim) za poređenje cena zabrani pristup njihovim bazama podataka. Zašto odbiti referenciranje tim sajtovima?

Zvanično, avio-kompanije žele da zadrže kontrolu nad ličnim podacima klijenata kako bi svoje reklame i ponudu mogle prilagoditi karakteristikama ciljnih grupa (bilo neposredno ili posredno, preko sajtova koji imaju sporazume s avio-kompanijom). Takođe, one neće da plate iznos trgovačke provizije koju sajt naplaćuje avio-kompaniji (iako nije uvek tako). Motiv koji avio-kompanije neće da priznaju jeste taj da one ne žele da potrošači imaju mogućnost lakog poređenja cena. U drugim sektorima zaista je primećeno da je mogućnost lakog poređenja cena stvorila pritisak na njihovo obaranje. Ako neka avio-kompanija ima mnogo letova ka određenoj destinaciji, verovatno je veća šansa da će putnik otići na njen sajt upravo ako ona nije

biti mušterija – takav klijent je turista. Teoriju koja odgovara smernicama Evropske komisije razvio sam u članku sa Žan-Šarlom Rošeom, *Must Take Cards. Merchant Discounts and Avoided Costs*, Journal of the European Economic Association, 2011, vol. 9, n° 3, str. 462–495.

[1] U ovu kategoriju uključujemo i sajtove za metapretragu, koji, za razliku od agencija za rezervisanje, ne vrše usluge rezervisanja.

referencirana na sajtu za poređenje cena. Sve u svemu, nepristajanje na referenciranje nije u duhu slobodne konkurencije!

— *Osporivost*

Onaj ko posmatra tržište informacionih tehnologija brzo će uočiti da su ta tržišta izuzetno koncentrisana. Često jedno preduzeće (*Google*, *Microsoft*, *Facebook*, itd.) dominira tržištem. U tome nema ničeg čudnog, jer dva faktora dovode do koncentracije korisnika na jednoj, ili na dve platforme; ali to ipak izaziva zabrinutost u pogledu zaštite konkurencije.

Prvi razlog: koncentracija dolazi od „mrežnih eksternalija". Moramo biti u istoj mreži kao i osobe s kojima želimo da uspostavimo kontakt. To je model *Facebooka*. Ako su naši prijatelji na *Facebooku*, i mi moramo imati profil na njemu, uprkos tome što nam je možda draža neka druga društvena mreža. Hoćemo da budemo na Instagramu kako bismo podelili svoje fotografije sa onima koji su na toj mreži. Isti fenomen javio se već na počecima telefonije: konkurencija među telefonskim mrežama okončana je monopolom, jer su, na kraju krajeva, korisnici želeli da pozivaju jedni druge. Kada je konkurencija ponovo uvedena osamdesetih i devedesetih godina, trebalo je motriti da mreže prihvate kompatibilnost, tj. da omoguće međusobni pristup, bez čega, s obzirom na odsustvo regulacije, isključivi monopolisti ne bi bili pod pritiskom usaglašavanja s novim (te stoga malim i neiskusnim) pridošlicama.

Mrežne eksternalije mogu biti neposrednog dejstva, kao u slučaju *Facebooka*, ili onog posrednog, kao kada nam je draža platforma za koju su napravljene brojne aplikacije ili igrice: što je više korisnika na platformi, to su aplikacije brojnije. Dakle, korisnik ima koristi od prisustva drugih korisnika na njegovoj platformi, iako on s njima nikada nije u neposrednom kontaktu. Isto kao što stanovnik grada ima koristi od prisustva drugih stanovnika koje nikad neće upoznati, ali zbog kojih će ponuda u gradu biti veća, a biće i više kafića i bioskopa na raspolaganju.

Drugi faktor tiče se onog što zovemo „prinosi na obim". Neke usluge zahtevaju znatna tehnološka ulaganja. Izmisliti uspešan pretraživač podrazumeva isti trošak bez obzira na to je li reč o 2.000

ili 2.000 milijardi upita za pretraživanje, kao u slučaju *Googlea*. Ali očito da prihodi od oglašavanja i vrednost podataka prikupljenih od korisnika nikako nisu isti.[1] Drugi tip prinosa na obim favorizuje preduzeće poput *Googlea*; iako se konkurentski pretraživači mogu nadmetati s *Googleom* kad je reč o najučestalijim upitima za pretragu, može se desiti da oni ne raspolažu s dovoljno podataka da bi mogli adekvatno odgovoriti na one ređe upite. Dakle, sile koje su u igri vode ka „prirodnom monopolu".

Zbog mrežnih efekata i prinosa na obim, u internet ekonomiji često se dešava da pobednik nosi sve; to je princip *winner takes all*. Na tržištu pretraživača dominirao je *Netscape*, potom *Internet Explorer* (*Microsoft*), a sada dominira *Chrome* (*Google*). Naravno, postoje izuzeci: prinos na obim i efekti mreže nisu uvek toliko moćni, pa tržište nužno ne pokriva samo jedno ili dva preduzeća. Tako imamo brojne muzičke onlajn platforme (istina, one se međusobno razlikuju po, na primer, stepenu interaktivnosti): *Apple*, *Deezer*, *Spotify*, *Pandora*, *Canalplay*, *Netflix*...

Koncentracija digitalnih tržišta postavlja pitanje konkurencije. Postoji opasnost da se dominantni položaj nekog preduzeća odrazi u vrlo visokim cenama i kasnijem odsustvu inovacija. Stoga, potrebno je da nova preduzeća mogu ući na tržište ako su efikasnija i inovativnija od postojećih monopolskih kompanija. U ekonomskom žargonu kaže se da tržište mora biti „osporivo". U nedostatku jake konkurencije između većeg broja preduzeća u određenom trenutku, moraćemo se zadovoljiti dinamičkom konkurencijom, kreativnom destrukcijom, kako kaže Šumpeter, gde će se dominantno preduzeće zameniti preduzećem koje će napraviti sledeći tehnološki ili komercijalni iskorak.

To pitanje osporivosti redovno isplivava: s kompanijom IBM 1969. godine (antimonopolski postupak u SAD koji je IBM primorao da razdvoji svoje softverske i hardverske usluge, u čemu je IBM bio vrlo dominantan), s kompanijom *Microsoft* i njenim operativnim sistemom *Windows* (suđenja 1995. u SAD i 2004. u Evropi s ciljem da se razdvoji operativni sistem od usluga koje je nudio pretraživač

[1] Vidi sledeće poglavlje.

Internet Explorer i program *Media Player*), ili danas s *Googleom*. Te antimonopolske tužbe često se odnose na „vezane kupovine" koje nameće dominantna kompanija, to jest na praksu koja se sastoji u objedinjavanju - po istoj ceni - dodatnih usluga (programi u primeru kompanije IBM) i osnovne usluge (IBM hardver), ili pak, što je pravilo, u tome da se dodatna usluga naplaćuje po vrlo niskoj ceni, tako da korisnici osnovne usluge svakako kupe obe.

Zašto bi vezana kupovina predstavljala problem? Pitanje je složenije nego što se čini. Pretpostavimo da su programi kompanije IBM slabijeg kvaliteta od programa njenih konkurenata. Njoj bi *a priori* bilo u interesu da pusti svoje klijente da koriste programe njenih konkurenata, radeći tako na privlačnosti svog hardvera, koji bi zato mogla naplaćivati po višoj ceni. Ako odemo još dalje u razmišljanju, praksa vezane kupovine navodi nas na zaključak da je softver kompanije IBM kvalitetniji od softvera konkurencije - inače IBM ne bi imao interesa da poveže te dve kupovine - te da stoga nema razloga za brigu; naprotiv, sprečavanje kompanije IBM da plasira svoj softver na tržište moglo bi samo ugroziti navike korisnika...

U antimonopolskim procesima dominantna kompanija poziva se na druge razloge za vezanu kupovinu, ponekad legitimne, a to su: utvrđivanje odgovornosti (u slučaju da nešto nije u redu s proizvodom, korisnik ne zna koga da okrivi, tj. da li internet pretraga loše funkcioniše zbog pretraživača ili zbog operativnog sistema – nejasno je čija je tu odgovornost); zaštita intelektualne svojine (ako kompatibilnost s proizvodima konkurentskih preduzeća zahteva da im se oda tajna proizvodnje); segmentacija tržišta (IBM koristio je taj argument tvrdeći da im prodaja perforiranih kartica, potencijalno konkurentna dodatna usluga, omogućava da razlikuju povremene od stalnih korisnika, te da tako naplaćuju više ovim drugima); odsustvo duplog naplaćivanja troškova distribucije (jer postoji samo jedan prodavac, što je argument koji je verovatno manje ubedljiv u eri digitalizacije, kada se mnogi proizvodi preuzimaju na internetu).

Ekonomski pojam osporivosti pomaže da se shvati zašto praksa vezane kupovine može predstavljati problem. Nužno je da tržišta budu osporiva. Oni koji tek ulaze na digitalno tržište interneta često počinju s nekim specifičnim proizvodom, u skladu sa strategijom tržišne niše, pre nego sa širokom lepezom proizvoda; oni tek kasnije, nakon što uspeju da se probiju s tim proizvodom, upotpunjuju svoju lepezu. Tako je *Google* počeo s razvojem svog pretraživača pre nego što je postao preduzeće kakvo danas poznajemo. No, da bi se mogle probiti na tržište, pridošlice moraju biti u stanju da prodaju svoj prvi proizvod (ako je on zaista bolji od postojećih proizvoda); zbog čega postojeće preduzeće može poželeti da se suprotstavi tom delimičnom ulasku, ne samo zato što tako povećava svoj profit u kratkom roku već i zbog toga što to može sprečiti pridošlicu da se kasnije razvije u delu tržišta u kojem postojeće preduzeće zauzima monopolsku poziciju.[1] Praksa vezane kupovine tada ide na štetu otvorene konkurencije.

Ova analiza lepo ukazuje na nemogućnost davanja univerzalnog odgovora (*one size fits all*). Ne postoji već gotov odgovor na pitanje da li tela za zaštitu konkurencije moraju zabraniti dominantnom preduzeću da svojim klijentima nameće vezanu kupovinu i sve ono što izbliza ili izdaleka liči na to (popust na količinu). Takva komercijalna praksa može biti opravdana, a može služiti i da se učvrsti dominantan položaj. Jedini legitimni način da se uverimo u to da konkurencija u digitalnom sektoru ispunjava očekivanja jeste to da se pristupi svakom od tih pitanja posebno i u skladu s metodologijom ekonomske analize.

---

[1] Za potpuniju raspravu o pitanju prava konkurencije i vezane kupovine, vidi moj članak *The Analysis of Tying* Cases. *A Primer*, Competition Policy International, 2005, vol. 1, n° 1, str. 1–25.

Poglavlje 15

Digitalna ekonomija: društveni izazovi

Digitalna revolucija otvara mnoge mogućnosti. Želeli mi nju ili ne, ona će se dogoditi uprkos svemu. Svi će sektori njome biti uzdrmani. Zato moramo anticipirati brojne izazove pred koje nas digitalna revolucija stavlja, kako bismo mogli da joj se prilagodimo, a ne samo da je trpimo: poverenje u veb-platforme, poverljivost podataka, opstanak naših zdravstvenih sistema zasnovanih na solidarnosti, strah od nestanka nekih zanimanja i nezaposlenosti, ili sve složeniji poreski sistem koji je sve teže primenjiv. Ta složena pitanja isplepletena su s bitnim ekonomskim problemima, kojima pod hitno treba dati neki okvir za razmišljanje.

Pre svega, podsetiću na nužnost postojanja poverenja korisnika interneta u taj digitalni ekosistem. To poverenje ima dve ravni. Kako sam pokazao u prethodnom poglavlju, danas raspolažemo s previše ponuda, informacija, osoba s kojima poslujemo; platforme su tu da bi nas usmeravale i nadomestile našu nepotpunu pažnju. Tu se postavlja pitanje pouzdanosti njihovih preporuka. Naša druga briga jeste upotreba ličnih podataka, budući da su ti lični podaci danas sjajan ekonomski i politički adut za one koji ih poseduju. Njihova upotreba neće se uvek kretati u smeru u kom bismo želeli. To me dovodi do složenog pitanja prava svojine nad podacima. Potom ću objasniti zašto informacija može ubiti naš sistem osiguranja zasnovan na solidarnosti. Takođe, skiciraću okvir kojim bi se ta opasnost mogla regulisati.

Digitalna revolucija takođe izaziva mnogo straha u pogledu radnih mesta i njihove organizacije: koji poslovi nestaju i koji će nestati? Hoće li biti posla kada inteligentni programi i roboti budu zamenili kvalifikovane i nekvalifikovane radnike? Hoće li poslovi koji opstanu biti „uberizovani"? Sledi li kraj zapošljavanja na neodređeno vreme i univerzalizacija samozapošljavanja? Niko se ne usuđuje da daje istančana predviđanja na ovu temu; zbog toga ću se zadovoljiti iznošenjem nekoliko elemenata za razmišljanje.

I. POVERENJE

Danas smo priključeni na internet preko računara, smartfona ili tableta, a sutra ćemo biti i preko drugih stvari. Automatizacija kućnih uređaja, prijemnika (konektovani ručni sat, inteligentna odeća, *Google* naočare...) i drugi predmeti povezani s internetom – doprineće tome da stalno budemo konektovani, želeli to ili ne. Takav razvoj događaja budi nadu i strah. Danas se brinemo zbog kolačića[1] koji ostaju u našem računaru, a sutra će državni i privatni sajtovi moći da naprave naš profil i umnogome upotpune naše dosijee[2] zahvaljujući, na primer, brzom napretku programa za prepoznavanje lica. Zebnja zbog fenomena *big brother's watching us*, koji je u svom romanu opisao Džordž Orvel, vrlo se lako ponovo javlja. Društveno prihvatljiva digitalizacija počiva na uverenju korisnika da se podaci koje pružamo neće okrenuti protiv nas, da će veb-platforme na koje se kačimo poštovati uslove ugovora koji nas povezuje s njima, te da će njihove preporuke biti pouzdane. Ukratko, ono počiva na poverenju.

---

[1] Kolačići su mali fajlovi koji se skladište u našem računaru. Zahvaljujući njima, sajtovi prikupljaju lične informacije, koje se kasnije mogu koristiti, na primer, da bi se pravile komercijalne ponude za našu ciljnu grupu, ili kod pretraživača, da nam lakše pomognu da pronađemo ono što tražimo, odnosno da se vratimo na sajt koji smo ranije posetili.

[2] Nije da to ne podseća na rečenicu Aleksandra Solženjicina: „Naša sloboda zasniva se na onome što drugi ne znaju o nama."

Poverenje u preporuke

Na mnogim poljima zavisni smo od mišljenja mnogo bolje informisanih stručnjaka: lekara u pogledu zdravlja, bankara u pogledu investiranja i kredita, arhitekte ili preduzimača kad je reč o zidanju kuće, notara što se tiče raznih odluka o raspolaganju imovinom, prodavca u vezi sa izborom proizvoda složenih tehničkih karakteristika... To poverenje može se izgraditi reputacijom, kao u slučaju restorana. Uzdamo se u ocene mušterija, savete prijatelja ili gastronomske vodiče. Ako je reč o restoranu iz našeg kvarta, mi prosto odlučimo da se ne vratimo ako nismo zadovoljni. Međutim, reputacija može biti osnova za poverenje samo u slučaju donošenja odluke gde se kvalitet preporuke može oceniti *a posteriori*.[1] Ako nije tako, mora se nametnuti regulacija kako bi se poboljšalo funkcionisanje datog tržišta.

Poverenje se ne tiče samo stručnosti već i odsustva sukoba interesa, koji bi, na primer, mogao rezultirati različitim provizijama, u zavisnosti od proizvoda, prijateljskih ili finansijskih veza sa izvesnim snabdevačima. Naime, ti sukobi interesa mogli bi navesti stručnjaka da nam preporuči ono što nije sasvim u skladu s našim interesom. Isto kao što se uvek pitamo da li nam prodavac u velikom tržnom centru preporučuje foto-aparat ili mašinu za veš jer ima višu proviziju za te modele, imamo puno pravo da se zapitamo da li nam određeni sajt za onlajn prodaju preporučuje proizvode na osnovu našeg ukusa i odnosa cene i kvaliteta, ili pak zato što ostvaruje veću materijalnu dobit kad je reč o tom proizvodu.

Od lekara se danas sve češće traži da prijave sukobe interesa u koje su upleteni, što se dešava, na primer, u SAD ili Francuskoj. Pokloni ili provizije koje daju farmaceutske laboratorije mogu ih navesti na to da preporučuju određeni lek koji je možda manje efikasan, ili pak skuplji a jednako učinkovit, ili manje klinički efikasan. U buduć-

[1] A ista radnja ponovljena; ono što znamo o osobi kojoj smo poverili svoju ušteđevinu, ili pak o hirurgu, nije nam od neke koristi ako smo zbog njih izgubili ušteđevinu ili narušili zdravlje. Osim toga, teško je oceniti efikasnost nekih dobara – npr. vitamina – čak i posle njihovog konzumiranja.

nosti će se isti problem javiti kad je reč o medicinskim aplikacijama na internetu, koje će nam savetovati ovaj ili onaj lek: neće li one biti pristrasne? A problem očito nije svojstven samo medicinskim uslugama. Sve više profesija (uključujući tu i one naučnoistraživačke) podleže zakonskoj ili samonametnutoj obavezi da se obznane potencijalni sukobi interesa.

Poverenje u poverljivost ličnih podataka

Imamo poverenja u svog lekara, čija je dužnost čuvanje profesionalne tajne, što se uglavnom poštuje. Ali da li isto važi i za poverljive informacije koje otkrivamo na sajtovima i društvenim mrežama? Pitanje poverljivosti jednako je važno za našu digitalnu komunikaciju kao i za medicinske podatke, ali su nam pružene garancije na tom polju mnogo manje.

Da bi odgovorili na našu zabrinutost u pogledu korišćenja podataka koje pružamo kada posećujemo sajtove, kupujemo i komuniciramo na internetu, sajtovi uvode politiku poverljivosti (što ne čitamo uvek), informišu nas da će ostaviti kolačiće u našem računaru, te uglavnom nastoje da budu transparentni. Ali je isto tako tačno da je ugovor koji nas vezuje za internet preduzeća nepotpun ugovor, kako kaže ekonomska terminologija. Naime, nismo u stanju da uvidimo sav rizik kome se izlažemo.

Pre svega, mi se ne obaziremo na ulaganja platforme u informatičku bezbednost. Mnogi skoriji primeri, o kojima se naširoko pisalo u štampi, jasno ukazuju na to da tu nije reč o čisto teorijskom pitanju: od zloupotrebe informacija o kreditnim karticama (od 40 miliona klijenata kompanije *Target* u 2013. godini i 56 miliona klijenata kompanije *Home Depot* u 2014. godini), preko krađe podataka koji su u posedu državne javne uprave (u SAD bili su ugroženi *Office of Personnel Menagement* u 2015. godini i *National Security Agency* u 2013), pa do vrlo medijatizovane krađe podataka o mejlovima, imenima, adresama, kreditnim karticama i seksualnim fantazijama 37 miliona klijenata sajta za upoznavanje *Ashley Madison*.[1] Budući da

[1] S čuvenim sloganom *Life is short. Have an Affair.*

je njihova reputacija u igri, veb-kompanije ulažu velike sume u bezbednost, ali bi uložile i više da su sasvim internalizovale troškove klijenata prouzrokovane bezbednosnim rupama.

Mogućnosti hakovanja sve su veće kad su u pitanju stvari i automobili povezani sa internetom, kućni uređaji, medicinski aparati i drugi predmeti iz svakodnevnog života kojima se delimično ili potpuno upravlja na daljinu. Iako je tehnološki razvoj vrlo poželjan, moramo ostati na oprezu da se ne ponovi iskustvo s mikroračunarima za koje je informatička bezbednost, nepredviđena u početnoj verziji, naknadno ugrađena kao odgovor na hakovanje.

Osim toga, klauzule o zabrani preprodaje podataka klijenata trećim licima mogu biti neodređene. Ako, na primer, neko preduzeće besplatno prenosi te podatke svojim filijalama koje nam pružaju usluge na osnovu tih podataka, da li preduzeće time krši ugovor? Pitanje razmene podataka između preduzeća izuzetno je osetljivo. U načelu, preduzeće koje prikuplja podatke mora bar delimično biti odgovorno za zloupotrebu podataka od strane onih kojima ih je posredno ili neposredno prenelo (to je delimično kao kad podizvođač nekog preduzeća zagađuje životnu sredinu ili eksploatiše ljude: preduzeće koje je glavni nalogodavac može krivično odgovarati na osnovu mehanizma proširene odgovornosti).

A šta se dešava u slučaju bankrota? Kada jedno veb-preduzeće ili preduzeće iz nekog drugog sektora bankrotira, poverioci mogu naplatiti svoja potraživanja preuzimajući ili preprodajući imovinu preduzeća; ta garancija olakšava preduzeću pristup kreditima. Budući da su u nematerijalnoj ekonomiji podaci o imovini od najveće vrednosti, prirodno je da se poverioci okreću ka ličnim podacima koje je preduzeće prikupilo. Osim ako... Da li je pristup tim podacima dozvoljen ako klijenti tog preduzeća računaju na poštovanje politike privatnosti? Opet, to nije samo čisto teorijska mogućnost: američki lanac za prodaju električnih uređaja *RadioShack* obećao je da neće prosleđivati podatke o svojim klijentima, ali su oni prodati 2015. godine, kada je *RadioShack* bankrotirao.[1]

Dodatna poteškoća jeste to što mi – korisnici – nemamo uvek vremena ni stručnosti da se bavimo posledicama politike privatnosti

---

[1] Intervencija agencije *Federal Trade Commission* i lokalnog pravosuđa ipak je ograničila prenos tih podataka.

koje mogu biti veoma složene, a ponekad i sasvim posredne (velika većina mladih koji na internet postavljaju fotografije i druge informacije nije ni slutila da bi se te informacije mogle koristiti prilikom njihovog zapošljavanja ili podizanja kredita).

Tu se možemo zapitati da li je „svesni pristanak" koji dajemo sajtovima uvek sasvim „svestan". Zaštita potrošača regulacijom ovde je takođe bitna, baš kao i u klasičnoj trgovini: kada parkiramo automobil na javnom parkingu, tiket koji uzimamo na ulazu upozorava nas (legitimno) na to da ulazak na parking podrazumeva prihvatanje izvesnih pravila; mi taj tiket nikad ne čitamo jer bi to bilo gubljenje vremena... a i na ulasku u parking bi se napravilo zakrčenje. Ali onda pravo treba da nas zaštititi od monopolskih klauzula, tj. od klauzula koje predviđaju neproporcionalno velika prava za prodavca. Isto važi za internet. Ne možemo tražiti od korisnika da se zadubljuje nad zamršenim dokumentima svaki put kada poseti neki sajt.

II. VLASNIŠTVO NAD PODACIMA

U budućnosti će dodata vrednost poticati prvenstveno iz obrade podataka. Hoćemo li moći da kontrolišemo pristup sopstvenim podacima, kao i poštovanje njihove poverljivosti, ili ćemo pak biti zarobljenici nekog preduzeća, profesije ili države koji ljubomorno čuvaju kontrolu pristupa tim podacima?

Danas u Francuskoj i mnogim drugim zemljama vlada velika zabrinutost zbog prodora *Gafama* (*Google*, *Amazon*, *Facebook*, *Apple*, *Microsoft*...) i mnogih drugih preduzeća (IBM i njegov analitički računar *Watson*...) u brojne sektore, među kojima je, na primer, zdravstvo. Ta reakcija delimično potiče i od ljubomore koju gajimo zbog dominacije jedne države – SAD – koja je umela da stvori uslove naprednog istraživanja u okviru preduzeća i univerziteta u domenima poput informacionih tehnologija i biotehnologije. Dominacija ove i nekih drugih država nije slučajna. Osnovaniji razlog za brigu leži u barijerama ulaska koje stvara vlasništvo nad podacima.[1]

[1] Naravno, ima i drugih stvari koje treba uzeti u obzir u pogledu razlike SAD–Evropa, na primer, udaljenost koja Evropu još uvek deli od jedinstvenog tržišta.

Koji god da je sektor u pitanju, veb-preduzeća mogu koristiti brojne podatke koje poseduju o svojim klijentima da bi im uputila prikladniju ponudu za njihovu ciljnu grupu. U tome nema ničeg *a priori* lošeg (međutim, nećemo zaboraviti pitanje upotrebe tih podataka u svrhe koje se kose sa solidarnošću, o čemu će biti reči u nastavku): bolje je primati reklame koje nas se tiču nego reklame koje nas ni najmanje ne zanimaju. S tim što, ako konkurentska preduzeća nisu u stanju da upute slične predloge jer ne raspolažu informacijama, preduzeće koje njima raspolaže ima dominantan položaj i može ostvariti velike marže na štetu potrošača.

To nas vodi do sledećeg pitanja od fundamentalnog značaja: da li preduzeće koje raspolaže podacima klijenata zaslužuje dobit za posedovanje tih informacija? Zdravorazumski odgovor, kojim se bavimo u šesnaestom i sedamnaestom poglavlju, kaže: ako je sakupljanje tih podataka plod inovacije ili velikih ulaganja, onda bi trebalo dopustiti da se preduzeće okoristi njima zadržavajući ih za sebe. No, ako su se podaci prikupili lako, a uz to su iziskivali neznatan trošak za preduzeće – oni bi trebalo da pripadaju osobi od koje potiču.

Da bismo ilustrovali ovaj ugao gledanja, uzmimo jednostavan primer ličnih podataka koje platformi ostavlja klijent ili neka druga ugovorna strana (potrošač, prodavac) koji s njim komuniciraju preko te platforme: ocenjuju nas kada na sajtu prodajemo polovne predmete; isto tako klijenti ocenjuju šofere na *Uberu* ili restorane koje nudi *TripAdvisor* (a u slučaju *Ubera* ocenjuju se i klijenti). Tu nema ništa inovativno, jer je višestrana evaluacija prirodna i vrlo česta na internetu. Ti podaci trebalo bi *a priori* da pripadaju korisniku: želimo da imamo mogućnost da koristimo neku drugu platformu – da to ne bude *eBay* – u slučaju da *eBay* podiže cene ili nudi uslugu osrednjeg kvaliteta, ali ne želimo da krenemo od nule, jer bismo tako izgubili reputaciju koju smo s velikim trudom izgradili na platformi *eBay*. Može se desiti da *Uberov* šofer želi da preuzme svoje ocene kada pređe da radi za *Lyft*, itd. Ali stvarnost je drugačija: od društvenih mreža do sajtova za onlajn prodaju, veb-akteri prisvajaju naše lične podatke (uz naš pristanak). Čak i zdravstveni podaci prikupljeni zahvaljujući ugrađenim medicinskim uređajima i ručnim satovima konektovanim na internet – najčešće se prenose na veb-sajt snabdevača koji prisvaja svojinu nad njima.

Kad bi postojala jasna granica između podataka koje je pružio klijent i obrade tih podataka, politika koju bi trebalo primeniti bila bi jednostavna: podaci bi trebalo da pripadaju klijentu i da budu prenosivi, tj. da se mogu isporučiti trećim licima ako klijent to poželi.[1] Tako od 2014. godine američki pacijenti imaju pristup svojim medicinskim podacima, koji se pohranjuju bezbedno i prema određenim standardima. Zahvaljujući *Blue Buttonu*, pacijent može pristupiti svom medicinskom kartonu i podeliti ga s pružaocem medicinskih usluga po svom izboru. Međutim, obrada tih podataka predstavlja investiciju preduzeća, pa bi samim tim trebalo *a priori* da bude njegova intelektualna svojina. Stoga se čini normalnim da se uspostavi razlika između podataka koji pripadaju korisnicima platforme i obrade tih podataka, koja je u vlasništvu platformi. U praksi, međutim, granica koja razdvaja podatke i obradu podataka može biti tanka.

Kao prvo, kvalitet podataka može zavisiti od napora koje u to ulaže preduzeće: jedan od većih izazova sajtova poput *Bookinga* ili *TripAdvisora* jeste da jemče pouzdanost podataka pred opasnošću da se manipuliše njima (izmišljene ocene u prilog nekom hotelu ili negativne ocene na štetu konkurentskog hotela), isto kao što *Google* mora paziti da njegov algoritam *PageRank*, koji utvrđuje redosled izlistavanja sajtova prema njihovoj popularnosti na pretraživaču – ne bude prevaren manipulisanjem na vebu čiji je cilj da se određenom sajtu veštački naduva „popularnost". Da nije bilo pokušaja manipulacije pri ocenjivanju na *Bookingu*, ova onlajn agencija za rezervisanje bila bi lišena argumenata u prilog svom zahtevu na pravo svojine nad ocenama hotela. Ali upravo zato što *Booking* stvarno izuzetno mnogo ulaže u poboljšanje pouzdanosti preporuka, on saučestvuje u procesu stvaranja ekonomske vrednosti individualne reputacije hotela, te može tražiti i neko pravo svojine nad njima.

Kao drugo, prikupljanje i obrada podataka mogu biti međusobno povezani. Vrsta prikupljenih podataka može zavisiti od pristupa obradi tih podataka. U tom slučaju, teže je uspostaviti jasnu razliku

[1] Slobodan pristup tim podacima u korist konkurentskih platformi jeste alternativa, ali povlači sa sobom pitanje privatnosti.

između podataka koji su svojina korisnika i obrade podataka kao intelektualne svojine preduzeća.

Često čujemo kako bi platforme trebalo da plate za podatke koje im pružamo. Međutim, u praksi neke od njih to zaista i čine, ne u vidu novčanog transfera, već tako što ne naplaćuju svoje usluge. Mi *de facto* pružamo svoje podatke u zamenu za besplatne usluge (internet pretraživači, društvene mreže, programi za četovanje, onlajn video-snimci), ili to činimo prilikom komercijalnih transakcija (kao u slučaju sajtova *Uber* i *Airbnb*). Veb-preduzeća često se mogu poslužiti argumentom da su potrošili novac kako bi došli do tih podataka.

Pomenimo poslednju dimenziju ovog problema. Kad preduzeće prenosi podatke korisniku (ili eventualno nekom drugom preduzeću, kao u slučaju *Blue Buttona*), mora se koristiti standardnim interfejsom. Ko bira koju vrstu podataka treba prikupiti i kako ih treba organizovati? Može li standardizacija ugušiti inovaciju? Kao što vidimo, podaci su danas u središtu stvaranja vrednosti, pa se potreba da se definišu pravila njihove upotrebe čini neodložnom. Odgovor će nužno biti složen, a moraće se zasnivati na istančanoj ekonomskoj analizi ovog pitanja.

III. ZDRAVLJE I SOLIDARNOST

Zdravstveni sektor lepo ilustruje način na koji će digitalizacija preokrenuti život preduzeća i delovanje države u budućnosti.

Naši zdravstveni podaci nastajali su prilikom svakog našeg kontakta s medicinskim osobljem: u ambulanti, bolnici ili laboratoriji. U budućnosti, i sami ćemo moći redovno da ih prikupljamo pomoću prijemnika koji će neprekidno biti povezani s našim pametnim telefonima ili konektovanim ručnim satovima (kako to danas već pokazuju primeri holtera, merača pritiska ili elektronskih flastera na ruci za insulin-zavisni dijabetes). U kombinaciji sa znanjem koje imamo o svom genetskom nasleđu, ovi zdravstveni podaci predstavljaju sjajan instrument za dijagnostikovanje i lečenje.

Big Data, prikupljanje i analiza velike količine podataka, ujedno je prilika i izazov za zdravstvo. Sjajna prilika, utoliko pre što nam daje mnogo precizniju dijagnozu uz nižu cenu, jer umanjuje broj intervencija medicinskog osoblja kao nužno skupog posrednika, budući da pacijentu posvećuju svoje vreme, a potreban mu je i visok nivo obrazovanja. Preglede i dijagnostiku uskoro će obavljati kompjuter, oslobađajući lekara i farmaceuta rutinskih zadataka. Kao i na drugim poljima, i ovde se postavlja pitanje hoće li mašina moći da zameni čoveka. Podrazumeva se da je, u poređenju s čovekom, računar u stanju da obradi mnogo više podataka o pacijentu i uporedi ih sa iskustvima mnogo većeg broja pacijenata sa sličnim simptomima i genetskim nasleđem. Osim toga, njegov hendikep neposedovanja čovekove intuicije biće, malo-pomalo, prevaziđen zahvaljujući *machine learningu*, procesu učenja u kom mašina preispituje svoj pristup nakon poređenja s prethodnim iskustvima. Imitirajući čoveka, ali takođe pokušavajući da otkrije nove strategije, veštačka inteligencija omogućila je računarima da već dvadeset godina dominiraju u šahu, kao i da 2016. godine pobede šampiona sveta u igri *Go*. Informatičari i istraživači s polja biotehnologije i neuronauka imaće ključni značaj u vrednosnom lancu medicinskog sektora, i prisvojiti dobar deo njegove dodate vrednosti.[1] U bavljenju medicinskom fantastikom samo je jedno sigurno: u budućnosti lekarsko zanimanje ni u čemu neće ličiti na ono što je danas. Digitalno zdravlje poboljšaće prevenciju, koja je još uvek sirota rođaka kurativne medicine. To će takođe moći da nam pruži rešenje za pitanje jednakog pristupa zdravstvenoj nezi, koji je danas doveden u opasnost usled rasta cena i nestabilnosti naših javnih finansija.

Sve u svemu, sjajna mogućnost za naše društvo. Ali ogroman izazov za solidarnost, odnosno podelu rizika koja karakteriše naš zdravstveni sistem.[2]

---

[1] Kakva će biti uloga lekara u tom novom okruženju? Nisam stručan da to predviđam. U ekstremnom scenariju medicinske fantastike, lekar budućnosti biće samo nadzornik – koji daje zdravorazumski sud kada se desi da je informatički sistem uhakovan – i pružaće ljudski kontakt pacijentu. Ali kakva god da je budućnost ovog zanimanja, ono će se barem minimalno oslanjati na provizornu ali iscrpnu dijagnozu koju će softver davati na osnovu analiza.

[2] Neke od tih tema obrađene su, na primer, u tekstu Éric Sebban, *Santé connectée. Demain tous médecins?*, Paris, Hermann, 2015.

Glavni principi ekonomije osiguranja

Razlika između onog što u ekonomskoj terminologiji zovemo *moralni hazard* i *negativna selekcija* ovde je ključna. Moralni hazard je sklonost svih nas da manje vodimo računa kada smo osigurani i kada ne snosimo sve posledice onoga što radimo. Moralni hazard načelno se odnosi na ponašanje koje je štetno za druge, a ne za nas, i kojem pribegavamo kada odgovornost više nije na nama: kao kada ostavimo upaljeno svetlo ili kada previše zalivamo, a pritom sami ne snosimo sav trošak. To je kao kada banka preuzima rizik jer zna da će uvek moći da se refinansira kod poverilaca koji računaju na otplate svojih kredita, zahvaljujući učešću budžetskog novca u spasavanju banke za slučaj poteškoća. To je kao kada preduzeće i zaposleni naprave dogovor da prikažu ostavku kao otkaz, što za sobom povlači isplatu novčane naknade u slučaju nezaposlenosti koju snosi treće lice – socijalno osiguranje.[1] Mogao bih nizati primere unedogled. Negativna selekcija pak upućuje na ono što „nije naša krivica": grom koji nam udari u kuću, suša što nam uništi žetvu, dugotrajno oboljenje ili nasledna bolest, udes za koji nismo odgovorni...

U teoriji je sve jednostavno: treba u potpunosti zajednički preuzeti rizik onda kad taj rizik nije izazvao akter koji je njime ugrožen. Ali zato odgovornim treba u potpunosti učiniti aktere čiji postupci uvećavaju rizik, kako bi bili podstaknuti da se ponašaju u skladu sa interesom čitavog društva, a ne samo u skladu s ličnim interesom. Gradonačelnik i opština koji izdaju urbanističke dozvole, iako su upoznati s planom za smanjenje rizika od poplava koji je izdao prefekt, takođe mogu biti pozvani na odgovornost. Ne treba pokrivati rizik pojedinaca koji koriste niske cene i namerno zidaju na plavnom terenu, računajući na pomoć države „u slučaju da...". Međutim, rizik od gubitka sigurno može biti osiguran ako je šteta prouzrokovana

---

1 Danas je to legalno zahvaljujući tome što je 2008. godine uveden sporazumni prekid za zaposlene koji imaju ugovor na neodređeno. Sada poslodavac plaća novčanu naknadu za sporazumni raskid (koja mora biti bar u visini zakonske otpremnine za otpuštanje). Sporazumni raskid ne tretira se kao podnošenje ostavke, te zaposleni stoga prima novčanu naknadu za slučaj nezaposlenosti.

nekim nepredvidivim događajem. Isto tako, u oblasti zdravstva treba omogućiti osiguranje koje pokriva sve troškove u slučaju neke teške patologije - ali prebaciti na pacijenta odgovornost u pogledu lekova i tretmana s neznatnim terapijskim dejstvom, prevoza bolesnika taksijem do banjskog lečilišta, koji nije bio neophodan – ili u slučaju prečestih poseta lekaru.

U praksi su stvari malo složenije, utoliko što nije uvek lako razlučiti šta je moralni hazard, a šta negativna selekcija, što otežava definisanje potrebe za ličnom odgovornošću: je li žetva loša zato što poljoprivrednik nije učinio ono što je trebalo ili zbog toga što teren i klima nisu pogodni? Jesmo li se parkirali na zabranjenom mestu zato što smo bili nehajni ili zbog toga što smo hitno vodili blisku osobu lekaru? Idemo li po drugo mišljenje, namećući tako dodatni trošak socijalnom osiguranju, jer osnovano smatramo da prvi lekar nije bio sasvim revnostan ili dovoljno stručan, ili samo zato što želimo da se uverimo po svaku cenu, odnosno zbog toga što postajemo hipohondri?[1]

Ova neizvesnost u pogledu odgovornosti objašnjava zašto osiguranik i osiguravač često dele rizik. Često se uvode obavezne sume koje plaća klijent. U oblasti zdravstva, od nastanka zdravstvenog osiguranja u Francuskoj postoji obavezna participacija pacijenata, koja je bila vrlo visoka: 30% za lekarski pregled, 20% za troškove bolničkog lečenja, itd. Kako je to učešće danas potpuno pokriveno dopunskim zdravstvenim osiguranjem, brojne doplate uvedene su kao pokušaj da se pacijenti ponovo učine odgovornim: oni sada moraju unapred platiti određenu participaciju.[2]

---

1 Sama hipohondrija na granici je negativne selekcije (pravi anksiozni poremećaj) i moralnog hazarda (odsustvo kontrole nad svojim ponašanjem). Jasno se vidi da je u pitanju patologija kada neko neprestano traži medicinske savete po internetu, a pritom ga ne možemo okriviti za moralni hazard jer time ne pravi nikakav trošak socijalnom osiguranju.

2 Od jednog evra za lekarski pregled, biološku analizu ili radiološki pregled, i od 18 evra za postupke gde povrat novca premašuje 120 evra; 50 centi po kutiji lekova i za pribegavanje paramedicinskoj nezi, te dva evra za prevoz bolesnika, ali uz trošak koji nije viši od 50 evra; i 18 evra po danu bolničkog lečenja.

Ovako je danas...

Ponekad tržište osiguranja ima vrlo malo (ili nema uopšte) potrebe za regulacijom. Osiguranje kuće i stana omogućava podelu rizika (ako moja kuća izgori, vaše premije osiguranja pokriće deo njene obnove, i obrnuto) – a da pritom nismo suočeni s velikim problemima selekcije rizika koja bi se zasnivala na lošoj sreći pojedinaca. Drugim rečima, imam pristup polisi osiguranja koja utvrđuje razumnu premiju osiguranja moje kuće, jer *a priori* postoji slična verovatnoća da će u njoj izbiti požar baš kao i u vašoj.

To nije slučaj sa zdravljem, gde postoje velike nejednakosti među ljudima, tako da bi u nedostatku regulacije – solidarnost igrala tek neznatnu ulogu. Iskušenje osiguravača da biraju „dobre" klijente (s malim rizikom) prilično je veliko: u Francuskoj se polovina zdravstvenih troškova[1] izdvaja za negu svega 5% osiguranika. Na primer, osoba koja je sklona dugotrajnim oboljenjima ne bi mogla naći osiguravača spremnog da joj ponudi zdravstveno osiguranje po razumnim cenama. Selekcija rizika – mogućnost osiguravača da ciljaju niskorizične grupe i da im nude povoljnije uslove, koji ne važe i za visokorizične grupe – dovela bi do vrlo velike nejednakosti među pojedincima, zasnovane na faktorima koje oni ne kontrolišu (sreća/nesreća da su dobrog/lošeg zdravlja). Informacija ubija osiguranje.[2]

Zato većina zdravstvenih sistema na svetu, bilo državnih ili privatnih, zabranjuje selekciju rizika, barem u odnosu na osnovno zdravstveno osiguranje. U Francuskoj je zdravstveno osiguranje univerzalno, pa stoga ne postoji problem sa selekcijom rizika za osnovno zdravstveno osiguranje. U Nemačkoj, Švajcarskoj i Holandiji osnovno osiguranje nude međusobno konkurentna privatna preduzeća, kojima je selekcija rizika zabranjena: njima nije dozvoljeno da biraju na osnovu upitnika i u obavezi su da prihvate svakog

[1] Tačnije, onih pokrivenih socijalnim osiguranjem.

[2] Ekonomisti taj fenomen nazivaju Hiršlajferov efekat, prema članku Jack Hirshleifer, *The Private and Social Value of Information and the Reward to Inventive Activity*, American Economic Review, 1971, n° 61, str. 561–574.

ko potpiše ugovor; cene moraju biti iste za sve (promenljivi su jedino izbor franšize i ponekad tarife prema godinama života). Svakako, postoje posredni načini za selekciju niskorizičnih grupa (onih za koje je verovatno da će imati malo potrebe za zdravstvenom negom), tako što se osiguranje ređe reklamira visokorizičnoj populaciji. Ali regulator bi trebalo da reaguje na slučajeve zloupotrebe (u Švajcarskoj je takođe predviđena kompenzacija rizika među osiguravačima, što dodatno umanjuje podsticaje na selekciju niskorizičnih grupa).[1]

Ne važi isto za dopunsko osiguranje. Uključujući i Francusku – kao jedinu zemlju koja primenjuje hibridni sistem, tj. osnovno zdravstveno osiguranje iz republičkog fonda i dopunsko osiguranje u privatnom sektoru, tako da osiguranici imaju dva osiguravača, što udvostručava administrativne troškove i komplikuje kontrolu medicinskih troškova (ostale zemlje odlučile su se za koherentan sistem, bilo državni, kao u Engleskoj, ili privatni, kao u Nemačkoj, Švajcarskoj ili Holandiji) – dopunsko osiguranje često može birati rizike.

Francusko zdravstveno osiguranje ne poštuje uvek osnovna načela našeg sistema, poznata pod imenom pakt iz 1945, čija je suština izražena u krilatici: „Od svakog prema njegovim mogućnostima, za svakog prema njegovim potrebama." Država čak ohrabruje tu selekciju rizika subvencionišući kolektivne ugovore.[2] Kako su zaposleni u proseku boljeg zdravlja od ostatka populacije, ta diskriminacija državne pomoći među individualnim i kolektivnim ugovorima takođe ide naročito nauštrb nezaposlenih i starijih osoba, koje su primorane da plaćaju veću premiju kako bi ostvarile dopunsko osiguranje.[3]

---

[1] Analiza švajcarskog sistema izvedena je u radu Brigitte Dormont, Pierre-Yves Geoffard, Karine Lamiraud, *The Influence of Supplementary Health Insurance on Switching Behavior. Evidence from Swiss Data*, Health Economics, 2009, vol. 18, str. 1339–1356.

[2] Putem umanjenja poreza na zaradu i oslobađanja od socijalnih doprinosa na teret poslodavca. Umanjenje je ukinuto u 2014. godini, ali je dopunsko grupno osiguranje prošireno na sve zaposlene u privatnom sektoru.

[3] Videti belešku *Refonder l'assurance-maladie*, koju su napisali Brigitte Dormont i Pierre-Yves Geoffard, Conseil d'analyse économique, beleška 12.

A sutra...

Prevelika dostupnost informacija ugrožava solidarnost, tj. podelu rizika. Jedan od pozitivnih aspekata te novonastale situacije jeste mogućnost kontrole moralnog hazarda. Jeftin nadzor našeg ponašanja, broja kilometara koje pređemo za volanom ili napora da očuvamo zdravlje omogućiće osiguravačima da umanje premije i franšize u polisima osiguranja onih koji se ponašaju odgovorno. On takođe omogućava davanja preporuka za zdraviji stil života.

Međutim, ma koliko da nas digitalizacija ekonomije i napredak genetike ushićuju, oni stvaraju nove opasnosti za solidarnost.

Počnimo od genetike. Naše genetsko nasleđe tipičan je primer odlika koje ne podležu moralnom hazardu: svojim ponašanjem možemo uticati na verovatnoću nastanka udesa (vozeći oprezno) ili krađe automobila (parkirajući kola u garaži ili zaključavajući vrata), dok genetsko nasleđe nikako ne biramo sami. U budućnosti, osobe za koje se na osnovu genetskih testova utvrdi da su dobrog zdravlja moći će u nedostatku propisa da se obrate osiguravajućim kućama u Francuskoj ili u inostranstvu, te da, uz prikazane testove, po vrlo povoljnim uslovima dobiju zdravstveno osiguranje za ostatak života. Reći ćete mi da u tome nema ništa loše... samo što nema ništa džabe. Troškovi osiguranja za osobe čiji genetski testovi, naprotiv, predviđaju dugotrajna oboljenja, ili prosto krhko zdravlje, očitovaće se u mnogo skupljim premijama osiguranja: to je *kraj* solidarnosti i podele rizika. Informacija ubija osiguranje, ali je pak neophodna za eliminisanje moralnog hazarda.

Zabraniti diskriminaciju među klijentima putem različitih premija osiguranja, a po osnovu genetike i opštih zdravstvenih podataka – ipak neće biti dovoljno da se ponovo uspostavi solidarnost. Tu na scenu stupa digitalizacija ekonomije. Naše navike u potrošnji, naše surfovanje po internetu, naši mejlovi, komunikacija na društvenim mrežama... otkrivaju veb-preduzećima mnogo više o našoj zdravstvenoj higijeni i eventualno o našim oboljenjima. *Twitter*, *Facebook* ili *Google*, bez ikakvog pristupa našim medicinskim podacima, mogu pretpostaviti – naravno, samo aproksimativno – jesmo li već od nečeg bolovali, je li naše ponašanje rizično, konzumiramo li droge, pušimo li... Veb-preduzeća moći će da naprave preciznu selekciju niskorizičnih grupa nudeći individualne ili kolektivne ugovore zasnovane na informacijama prikupljenim na internetu. Ne zavaravajmo se: u budućnosti se konkurenti osiguravajuće kuće *Axa* više neće zvati *Allianz*, *Generali* ili *Nippon Life*, već *Google*, *Facebook* ili *Amazon*.

Nameće nam se razmišljanje o budućnosti solidarnosti. Bolje je predvideti razvoj događaja nego biti njihova žrtva. To je izazov za države, ali i za ekonomiste.

IV. NOVA ZANIMANJA U XXI VEKU

O novim zanimanjima?

Među našim sugrađanima vlada velika zabrinutost zbog razvoja događaja na polju zapošljavanja, a ona podrazumeva dve stvari: sve više samozapošljavanja i nezaposlenost. Teško je praviti predviđanja o evoluciji organizacija i rada, ali ekonomista može izneti neke elemente za razmišljanje. Počnimo od nove organizacije rada.

Samozapošljavanje je stara stvar: poljoprivrednici, trgovci, pripadnici slobodnih profesija... sami su svoji poslodavci i najčešće vlasnici sredstava za proizvodnju. Zaposleni na privremenim i povremenim poslovima, novinari honorarci, slobodni umetnici, frilens konsultanti... uvek su radili za više različitih poslodavaca. Dodatna aktivnost kao izvor prihoda rasprostranjena je stvar: privatni časovi koje drže srednjoškolski profesori, poslići što ih obavljaju studenti, itd.

Ne postoji oblast u ekonomiji koja daje vrednosni sud o organizaciji rada. Naprotiv, važno je da možemo sami izabrati posao koji nam odgovara. Nekima je draža relativna sigurnost stalnog radnog mesta i udobnost koju pruža pripadnost organizaciji koja funkcioniše samostalno. Oni se isto tako možda boje izolovanosti koja prati neke samostalne poslove; uostalom, taj strah objašnjava zašto se pripadnici takvih samostalnih profesija grupišu u prostore u kojima dele kancelarije (tzv. *coworking*), ili u fizičke zajednice korisnika (fablabovi i drugi *makerspaces* za informatičare i preduzetnike iz oblasti visokih tehnologija). Oni to čine ne samo da bi razmenjivali ideje već i kako bi sačuvali ljudski kontakt. Za druge, prednost je u velikoj slobodi koja prati preduzetništvo. Svako prema svom ukusu.

Samostalni rad se razvija, kao i rasparčavanje rada na mikroposlove. *UberPop*, koji je danas zabranjen u Francuskoj, omogućavao je zaposlenoj ili penzionisanoj osobi da radi nekoliko sati dnevno kako bi dopunila kućni budžet. *On my Way* kompanije *Amazon* nudi ljudima posao isporuke paketa na adrese koje su im usput, koje se nalaze tamo kuda svakako već prolaze; zamisao je da fizička lica zamene kompanije za dostavu na kraće razdaljine. Na sajtu *Mechanical Turk*, koji je takođe osnovao *Amazon*, možemo izabrati i obaviti mikrozadatke za mikronaknade. Nekima je to postao pravi, a drugima povremeni posao. Tih *turkera* danas u svetu ima 500.000. Na *TaskRabbitu*, veb-verziji kućnog majstora, možemo angažovati nekoga za tačno određeni zadatak, recimo, da nam pokosi travu, napravi veb-sajt, popravi nešto u kući ili raspakuje kutije prilikom selidbe.

Taj koncept nije novina, ali zahvaljujući digitalizaciji omogućava lakšu podelu rada na osnovne zadatke. Kao što zapaža Robert Rajh (Robert Reich), državni sekretar za rad u Klintonovoj administraciji i kritičar ovakvih promena, koje je prozvao: „ekonomijom podele ostataka":[1]

> Nove informatičke tehnologije čine mogućim da se praktično svaki posao podeli na malecne zadatke, koji mogu biti razdeljeni radnicima u odgovarajućem trenutku i za naknadu utvrđenu prema potražnji za određenim poslom u određenom trenutku.

Pobornici ovih promena uzvraćaju da one poboljšavaju efikasnost tržišta omogućavajući tražnji da se susretne s ponudom, a to je razmena u kojoj svi dobijamo. Pre svega, imućna domaćinstva, ona koja mogu priuštiti sebi brojne usluge koje nisu postojale ili su ranije bile izuzetno skupe; ali i srednja klasa, kako pokazuje iskustvo *UberPopa*. Taksi prevoz je u Francuskoj bio vrlo skup, pa su te usluge bile rezervisane za uski krug klijentele. S jedne strane, koristila ih je klasa vrlo imućnih ljudi, a, s druge, oni koji u celini ili delimič-

---

[1] Blog Roberta Rajha, *The Share-the-Scraps Economy*, 2. februar 2015.

no prebacuju taj trošak trećim licima: rukovodeći kadar u preduzećima ili zaposleni u državnom sektoru (kojima poslodavac pokriva troškove[1]), radnici koji samostalno obavljaju delatnost (pokrivaju se novcem iz državnog budžeta putem umanjenja poreza na prihode ili poreza na dobit), bolesna lica (kojima socijalno osiguranje plaća odlazak u bolnicu u okviru programa prevoza putnika uz obavezno sedenje)... Osobe koje gotovo nikada – ili retko kad – koriste taj način prevoza (ljudi skromnijih primanja, mladi u noćnom izlasku) počele su to praktikovati tek s pojavom *Ubera*.

– Šta misliti o Uberu?

Već na sam pomen *Ubera* rasplamsava se debata. Kakav stav ekonomista može imati u pogledu ovog fenomena? Ograničiću se na nekoliko zapažanja.

1) Pre svega, bilo da su ljudi za *Uber* ili protiv njega (vratiću se na argumente i jednih i drugih), moramo zapaziti da je on povezan s tehnološkim napretkom. A taj postignuti napredak na ovom polju i nije posebno značajan, što samo pokazuje u kojoj meri odsustvo konkurencije može biti štetno za inovaciju. Kakve je inovacije usvojio *Uber*? Automatsko plaćanje prethodno registrovanom karticom, što omogućava da se brzo izađe iz taksija; ocenjivanje vozača i klijenata, izostavljanje poziva dispečeru i čekanja na odgovor; geolokalizaciju, koja omogućava da se prati putanja taksija pre vožnje i tokom nje, te da se stekne pouzdana procena vremena čekanja; najzad, neočekivano, drugačije tarifiranje u špicu, što je odraz malobrojnosti vozila. Skoro trivijalne „inovacije", a, opet, nijedno taksi udruženje nije se toga setilo, niti je poželelo to da primeni.

[1] Možemo se zapitati zašto poslodavac ne umanji platu zaposlenog u visini dodatnih troškova napravljenih korišćenjem taksi prevoza. Odgovor je jednostavan: plaćanje taksija, kao i skupih avionskih karata (onih fleksibilnih ili u biznis klasi, itd.) – jeste prikriveni oblik naknade koja, za razliku od plate, ne podleže socijalnim doprinosima i porezu na zarade. Ono takođe omogućava da niže deluje trošak predviđen za ponuđene uslove rada zaposlenog u državnoj upravi, koja nastoji da ne prikazuje visoka primanja.

Najkontroverznija od tih inovacija jeste drugačije tarifiranje u špicu; a ako se i mogu zamisliti moguće zloupotrebe toga (zamislimo da pre razarajućeg uragana vozači počnu naplaćivati 5.000 evra klijentima koji napuštaju region...), takvo je tarifiranje, opšte uzev, dobra stvar. Činjenica je da je svetski šampion tarifiranja u špicu i van špica *Elektroprivreda Francuske*, sa svojim tarifiranjem plavo-belo-crveno (danas Tempo), čiju je teoriju 1949. godine postavio jedan mladi inženjer i budući predsednik preduzeća – Marsel Boate (Marcel Boiteux). Ta ideja danas se primenjuje na avionske i vozne karte, hotelske sobe i skijališta. Ona omogućava da se van špica popune sobe ili slobodna sedišta zahvaljujući niskim cenama – a da se pritom ne ugrozi finansijska ravnoteža preduzeća. Da se vratimo na prevoz s vozačem u slučaju smanjene raspoloživosti vozila; umesto da korisnici budu ostavljeni da čekaju vozilo u beskraj, oni koji se mogu vratiti peške, metroom ili u pratnji prijatelja – upućuju se na to rešenje, dok oni bez druge mogućnosti imaju vozilo na raspolaganju.

2) Svaki tehnološki napredak izložen je udaru postojećih preduzeća, koja na njega gledaju s podozrenjem. Odbrana stečenih interesa nije dobar vodič u javnoj politici. U konkretnom slučaju kojim se bavimo, *status quo* nikako nije zadovoljavajuće rešenje. Taksi prevoz je skup i odlikuje se malom raspoloživošću vozila. I mnogo je radnih mesta žrtvovano, što ide na štetu prvenstveno siromašnije populacije. Zanimljivo je zapaziti da je *Uber* u Francuskoj omogućio velikom broju mladih imigrantskog porekla da dobiju posao u zemlji čije im institucije tržišta rada nisu naklonjene.

3) Dva argumenta bila su izložena u prilog taksiju. Prvi je jednakost u pogledu konkurencije, što je ključni argument. Treba uzeti u obzir da li – uz isti obim poslovanja – klasični taksi i *Uber* taksi plaćaju praktično istu sumu u vidu doprinosa za socijalno osiguranje i poreza na zarade. Prva stvar koju je u Francuskoj trebalo uraditi prilikom sukoba iz juna 2015. godine bilo je to je da se prouče brojke (kolike su prosečne uplate taksija i *Ubera* po osnovu socijalnih doprinosa i poreza na zaradu), te da se vidi kako nema ugrožavanja konkurencije.

To je čisto faktografska debata, koja je mogla u potpunosti biti lišena strasti.

4) Drugi argument je posledica krupnog previda političkih vlasti iz prošlosti: onih koje su fizičkim licima besplatno delile licence za taksi velike vrednosti zbog njihovog ograničenog broja, da bi potom zatvarale oči pred preprodajom tih prava (koja su samo administrativne dozvole, te se teorijski ne mogu prenositi na treća lica). Dakle, država ima veliki deo odgovornosti u aktuelnoj situaciji. Pošto je bilo tako, neki nezavisni taksi prevoznici otkupili su svoju licencu za veliki novac, tako da sada mogu samo gledati kako deo njihove buduće penzije isparava zbog uvođenja konkurencije. To dalje vodi otvaranju pitanja njihove odštete (da nije bilo preprodaje, taj se problem ne bi pojavio, jer bi se činilo normalnim da se oduzme neko pravo koje je besplatno stečeno i koje se pritom već uveliko isplatilo). U Dablinu je broj taksija udvostručen – i kao delimična kompenzacija podeljene su nove licence onima koji su ih već imali. To se pokazalo kao dobra politika... sve do pojave tehnološkog napretka s platformama *Uber* i *Lyft*.

Izazovi inovacije

Radna mesta zahtevaju postojanje preduzeća. Zabrinjavajući podatak za Francusku jeste podatak o malobrojnosti novoosnovanih preduzeća koja su internacionalno orijentisana. Sva preduzeća iz indeksa CAC 40 – uostalom, vrlo uspešna na međunarodnom nivou – potiču od starih preduzeća. To ni u kom slučaju nije tako u SAD, gde je samo jedan mali procenat od sto kompanija s najvećom berzanskom kapitalizacijom postojao i pre pedeset godina. Da bismo otvorili radna mesta, biće nam potrebni preduzetničko okruženje i kultura. Takođe, trebaće nam univerziteti svetskog ranga kako ne bismo propustili taj preokret u ekonomskoj istoriji, gde će znanje, analiza podataka i kreativnost biti u središtu vrednosnog lanca. Zapravo, univerzitetski kampus je na neki način oličenje svih preobražaja preduzeća (horizontalnija saradnja, vrednovanje kreativnosti, multiaktivnost, potreba za izražavanjem putem rada, itd.). Način rada preduzeća u Silicijumskoj dolini ili na Kembridžu (Masačusets) inspirisan je radom na američkim univerzitetima, a to je okruženje koje je ostavilo najviše traga na mladim stvaraocima.

Kraj stalnog zaposlenja?

Da li se, kako to mnogi proriču, krećemo ka opštem samozapošljavanju i nestanku stalnih radnih mesta? Ne znam. Kladio bih se na postepeni prelazak na više samozapošljavanja, a ni u kom slučaju na nestanak stalnih radnih mesta.

Procenat samozapošljavanja raste jer nove tehnologije omogućavaju onima koji samostalno obavljaju delatnost da lakše stupe u kontakt s klijentima. Još je važnija činjenica što one izgrađuju i *individualne* reputacije, čineći ih dostupnim po niskim cenama. Do juče smo se uzdali u reputaciju taksi kompanije i njenu zainteresovanost za nadziranje ponašanja svojih vozača, kao što smo *a priori* bili naklonjeni mašini za pranje veša zbog njenog proizvođača, a ne zbog reputacije zaposlenog u preduzeću koji je sastavio baš tu mašinu koju smo kupili. Danas se reputacija svakog *Uberovog* šofera u trenutku naručivanja prikazuje klijentu, koji potom može odustati od vožnje. Kolektivna reputacija preduzeća s globalnom kontrolom ponašanja zaposlenih ustupa mesto individualnoj reputaciji.[1] Ta individualna reputacija – kao i mogućnost praćenja kretanja, preuzimanja narudžbine i usluga – predstavlja odgovor na pitanje poverenja, pomenuto na početku poglavlja.

Ali tehnologija može ponekad imati obrnut efekat, te olakšati kreiranje radnih mesta. Džordž Bejker (George Baker) i Tomas Habard (Thomas Hubbard)[2] daju sledeći primer. Mnogi vozači kamiona u SAD rade za sebe, što ima nekoliko mana: vozač je vlasnik

---

[1] Za teoretizaciju kolektivnih i individualnih reputacija, vidi moj članak *A Theory of Collective Reputations, with Applications to the Persistence of Corruption and to Firm Quality*, Review of Economic Studies, n° 63, str. 1–22.

[2] George Baker, Thomas Hubbard, *Contractibility and Asset Ownershistr. On-Board Computers and Governance in US Trucking*, Quarterly Journal of Economics, 2004, vol. 119, n° 4, str. 1443–1479, i *Make Versus Buy in Truc-*

svog kamiona, a to predstavlja veliko ulaganje. Njegova ušteđevina tako biva uložena u isti sektor kao i njegova radna snaga, što vozača kamiona izlaže velikom riziku. Naime, u slučaju privremene ili dugotrajne recesije, prihod od rada i preprodajna vrednost vozila padaju zajedno. Zdravorazumski pristup prema kome ušteđevina ne treba da bude uložena u sektor u kome osoba radi – nije ispoštovan. Najzad, samostalni prevoznik mora sam voditi računa o popravkama, te eventualno sam snositi posledice privremene neupotrebljivosti svog vozila.

Zašto vozači kamiona nemaju stalno radno mesto u nekom preduzeću koje bi na sebe preuzelo kupovinu i održavanje voznog parka? Odgovor je da oni ponekad zaista jesu zaposleni, međutim, treba znati da stalna radna mesta imaju ograničenje moralnog hazarda. Naime, poslodavac trpi kada vozač loše održava kamion, dok će samostalni prevoznik biti jasno motivisan da o njemu vodi računa. Ovde digitalizacija može olakšati zapošljavanje: danas preduzeće za drumski prevoz može lakše posedovati kamione i nadzirati način vožnje svojih šofera zahvaljujući ugrađivanju kompjutera u vozila.

U načelu, nekoliko faktora objašnjava instituciju stalnih radnih mesta. Može se desiti da ulaganja budu previsoka da bi bila izvodljiva za radnika ili grupu radnika. Ili pak da ulaganja budu pristupačnija, ali i da je osobi draže da se ne izlaže riziku i propratnom stresu, što pokazuje slučaj lekara ili zubara koji se radije odlučuju na stalno radno mesto u nekoj ordinaciji nego što sami pokreću svoju praksu.

Obavljanje više sitnih zadataka za nekoliko poslodavaca može biti nepoželjno iz više razloga. Čuvanje tajne proizvodnje ili drugi poverljivi aspekti u vezi s poslom mogu motivisati poslodavca da zahteva od osobe koju zapošljava da radi isključivo za njega. Ili, kad se rad obavlja timski i kada tačna produktivnost svakog radnika ne može biti predmet objektivnog individualnog merenja (za razliku od rada zanatlije) – radnik nema uvek slobodu da organizuje svoj rad kako on misli da je najbolje. U tom slučaju, imati više poslodavaca

king. Asset Ownership, Job Design, and Information, American Economic Review, 2003, n° 93, str. 551–572.

značilo bi da postoji mogućnost velikih sukoba u podeli i ritmu radnih zadataka.

Ukratko, stalna radna mesta neće nestati, ali postoje jaki razlozi da se veruje u smanjivanje njihovog broja u bliskoj budućnosti.

Radno pravo neprilagođeno novim okolnostima

Naše radno pravo osmišljeno je tako što su se imali na umu radnici u fabrici.[1] Samim tim, Zakon o radu jedva da se i bavi ugovorima na određeno vreme, a da ne pominjemo rad na daljinu, samostalne preduzetnike, one koji samostalno obavljaju delatnost ili frilensere. Student ili penzioner angažovani na pola radnog vremena, novinar honorarac, šofer... nisu poslužili kao model. Ako ugovori na neodređeno vreme u Francuskoj i dalje predstavljaju 58% svih ugovora o radu van javnog sektora, njihov se broj stalno smanjuje. U mnogim zemljama – na primer onim anglosaksonskim – broj stalnih radnih mesta opada u korist rada za više poslodavaca, nomadskog stila rada na više mesta... Tu treba preći s kulture neposredne kontrole na kulturu rezultata. To već jeste tako s brojnim zaposlenima, naročito s rukovodećim kadrovima, čije je neposredno prisustvo od sporedne važnosti, a uz to ga je i teško kontrolisati.

Pred takvim promenama, zakonodavac po običaju pokušava da uvrsti nove oblike zapošljavanja u već postojeću kategoriju, te da postavi pitanje na sledeći način: je li šofer *Ubera* stalno zaposlena osoba ili nije?

Neki misle da jeste, iznoseći kao argument činjenicu da on nema slobodu da pregovara o ceni, ili da su mu nametnuti uslovi u pogledu obučenosti, vrste vozila ili čistoće. Za neke šofere, sveukupni prihodi dolaze od rada za *Uber* (drugi obavljaju samostalni prevoz putnika ili druge komercijalne usluge, na primer, u restoranima). S druge strane, ni lekar koji je pripadnik slobodne profesije nema izbora pri definisanju cene (koja je tarifirana), pa mora poštovati pravila koja je ustanovilo veće lekarske komore pod pretnjom brisanja iz komo-

[1] Osim za sedmu glavu Zakona o radu, koja se (pre svega) bavi samostalnim obavljanjem delatnosti.

re. Isto tako, samostalni proizvođač vina poštuje pravila nametnuta etiketom AOC (oznaka kontrolisanog porekla, *prim. prev.*) za vina kontrolisanog geografskog porekla, itd. To znači da mnogi koji samostalno obavljaju delatnost takođe imaju ograničenu slobodu delovanja usled potrebe zaštite kolektivne reputacije (profesije, brenda, etikete, itd.).

Drugi analitičari, nasuprot tome, brane stav da nije reč o stalnom radnom mestu, navodeći kao argument činjenicu da šoferi slobodno odlučuju o obimu i mestu rada, o svom kalendaru, putanjama... Štaviše, oni trpe ekonomski rizik. Dakle, nalazimo se nužno u zoni nejasnih granica – šoferi imaju odlike bliske osobama koje samostalno obavljaju delatnost, ali i onima koji su stalno zaposleni.

Po mom mišljenju, ova debata ne vodi nikud. Svaka klasifikacija ispašće proizvoljna, i verovatno će se analizirati ili s podozrenjem, ili s blagonaklonošću prema tim novim oblicima rada. Ova debata čak gubi iz vida cilj te klasifikacije. Ne možemo dati odgovor na to pitanje a da se ne osvrnemo na temelje radnog prava. Mi smo toliko navikli na Zakon o radu da smo zaboravili prvobitni razlog za njegovo postojanje: blagostanje radnika. Važno je, kako se čini, obezbediti konkurentsku neutralnost među različitim organizacionim formama: karte ne smeju biti nameštene u korist stalnih radnih mesta ili samostalnih preduzetnika. Jedno je sigurno: nužno je preispitati naše radno pravo i radno okruženje (obrazovanje, penzioni sistem, osiguranje za slučaj nezaposlenosti...) u svetu izloženom brzim tehnološkim promenama.

Nejednakost

Digitalno društvo takođe nas izlaže potencijalnom produbljivanju nejednakosti.

Pre svega, nejednakosti među ljudima. Deo prihoda koji ostvaruje 1% najplaćenijih u Sjedinjenim Državama porastao je sa 9% u 1978. godini na 22% u 2012. godini.[1] Kao što detaljno pokazuju Erik Brindžolfson (Erik Brynjolfsson) i Endru Makafi (Andrew McAfee),

[1] Anthony Atkinson, Thomas Piketty, Emmanuel Saez, *High Income Database.*

veliki dobitnici u digitalnoj eri jesu „zvezde i superzvezde".[1] Brojni ekonomisti koji su se bavili problematikom rada analizirali su, posebno u SAD, kretanje plata u poslednjih četrdeset godina. Onima koji su stekli diplome drugog i trećeg stepena akademskih studija (*graduate schools*) plate su drastično skočile; onima koji su završili *college* (četiri godine studija nakon srednje škole) plate su primetno skočile, ali mnogo manje nego onim prvima. Svima ostalima plate stagniraju, a ponekad su čak i manje.

Postoji opasnost da ta polarizacija bude još izraženija u budućnosti. Visokokvalifikovani, inovativni poslovi nastaviće da uzimaju najveći deo kolača u modernoj ekonomiji. Produbiće se problem preraspodele, protkan problemom izbora, s ciljem obezbeđivanja određenog nivoa prihoda pojedincima – između, s jedne strane, dodele pomoći putem regulisanih naknada za rad utvrđenih na višem nivou u odnosu na onaj koji bi se slobodno odredio na tržištu rada, zbog čega one postaju uzročnice nezaposlenosti, te, s druge strane, davanja fiksnog iznosa pomoći. Krećemo li se ka društvu u kojem će ne baš zanemarljiv procenat ljudi biti neaktivan, jer će primati naknadu finansiranu profitom iz IT sektora (po analogiji s naknadom koja dolazi od naftnog profita, a čiji deo na godišnjem nivou prima svaki stanovnik Aljaske)?[2] Ili pak ka društvu u kojem će taj procenat stanovništva zauzimati niskoproduktivna radna mesta u javnom sektoru (kao danas u Saudijskoj Arabiji)?

Zatim, tu je i nejednakost među državama. Skicirajmo najgori mogući scenario da bismo dočarali opasnost. U budućnosti, države koje budu umele da privuku najbolje aktere digitalne ekonomije ugradiće se u vrednosni lanac svih sektora i steći će ogromno bogatstvo, dok će druge dobiti samo mrvice. Kako sam rekao, ta nejednakost možda će biti posledica razlika u javnoj politici koja se tiče visokog obrazovanja i istraživanja, i inovacija uopšte. Ali ona će takođe biti posledica fiskalne konkurencije. Mobilnost talenata – za koje je svet danas globalno selo, što do juče nije bilo tako – doprineće tome da se mnogo onih koji stvaraju bogatstvo opredeljuje za države koje

---

[1] Erik Brynjolfsson, Andrew McAfee, *The Second Machine Age*, Norton 2014.

[2] 1.884 dolara po stanovniku u 2014. godini.

im nude najbolje uslove, uključujući tu i oporezivanje. Tu se nadovezujemo na pitanje o nejednakosti u individualnim prihodima. Države koje ne budu igrale igru konkurencije neće čak ni biti u stanju da preraspodele novac bogatih u korist siromašnih, jer će svi biti siromašni. Srećom, ovo je previše uprošćeno viđenje stvari. Ono je namerno iskarikirano, ali lepo ilustruje problematiku s kojom ćemo se suočiti.

V. DIGITALNA EKONOMIJA I RADNA MESTA

Najugroženiji poslovi

Ne prođe nijedan dan a da neki novinski članak ne izrazi zabrinutost u pogledu perspektive velike nezaposlenosti koju stvara digitalizacija ekonomije. Jedan od toliko drugih primera jeste pometnja koja je zavladala 2014. godine zbog izjave generalnog direktora tajvanske fabrike elektronskih uređaja *Foxconn* (koja je najvećim delom locirana u Šendženu, a manjim u ostatku Narodne Republike Kine, i gde ima 1,2 miliona zaposlenih). Tada je rečeno da će ovo preduzeće uskoro uključiti robote u sklapanje uređaja, naročito pri proizvodnji novih ajfona. A, naravno, digitalizacija društva podrazumeva mnogo više od robotizacije. Brojni poslovi posvećeni rutinskim zadacima (za koje se može napraviti programski kôd), poput klasifikovanja informacija, naprosto su ukinuti: bankarske transakcije su digitalizovane, čekovi se obrađuju optičkim čitačima, kol-centri koriste automatizovan pristup da bi skratili trajanje razgovora između klijenta i zaposlenog... Knjižari i prodavci kompakt-diskova nestali su u mnogim gradovima.

Takav razvoj događaja je zabrinjavajući. Zemlje u usponu i nerazvijene zemlje u načelu su računale na niske plate da bi privukle preduzeća i otvorile radna mesta, te tako izašle iz siromaštva. Roboti, veštačka inteligencija... omogućiće da kompjuterski programi rade skoro kao ljudi, te će u budućnosti zameniti kol-centre, a i druge digitalne inovacije, koje zamenjuju rad kapitalom, ugrožavaju njihov rast. A šta reći o razvijenim zemljama? Ako kineska radna snaga postane preskupa, kakva će biti budućnost njihovih radnih mesta?

Dejvid Otor (David Autor), profesor ekonomije u MIT-u, proučavao je podelu koja je posledica tih inovacija i koja traje već trideset godina u SAD, a sada i u Evropi, te u drugim zemljama.[1] Informatičku tehnologiju prati tendencija da od nje u načelu imaju koristi visokokvalifikovani radnici čije su kompetencije komplementarne s informatičkom tehnologijom. Očito da ona ukida mnogo poslova na kojima ljudi mogu biti zamenjeni računarima i robotima, te stvara jaz u podeli poslova, odvajajući one veoma dobro plaćene i kvalifikovane od poslova koji se svode na pružanje osnovnih usluga. Među poslovima koji su postali češći na dnu platne lestvice nalaze se: pružanje nege, čišćenje, rad u restoranima, posao domara, obezbeđenje, socijalna zaštita... A na vrhu su: trgovci, inženjeri, menadžeri i stručnjaci. Poslovi koji su srednje plaćeni (administrativno osoblje, kvalifikovani radnici, zanatlije, majstori, itd.) suočavaju se s gubljenjem značaja. Još jedna upečatljiva, već pomenuta činjenica jeste to što se u SAD poslednjih trideset godina drastično produbio jaz između onih koji imaju univerzitetsku diplomu i onih što su ostali na srednjoškolskom obrazovanju.

Kompjuter lako zamenjuje čoveka na određenim zadacima. Deduktivni pristup problemu sastoji se u primenjivanju zakonitosti na događaje: polazeći od opšteg, logički, čak tautološki, izvodi se ono pojedinačno. Automat za izdavanje voznih karata proverava broj kreditne kartice, šifru i stanje na bankarskom računu pre nego što izbaci kartu, te daje instrukciju za zaduživanje bankovnog računa za isti iznos: dovoljno je programirati te operacije da bi se zamenio blagajnički službenik.

Induktivni pristup, koji polazi od činjenica da bi došao do zakonitosti, jeste složeniji. Moramo raspolagati s dovoljno podataka da bi kompjuter prepoznao petlju. Ali u poslednje vreme postignut je veliki napredak. Na primer, algoritmi omogućavaju da se predvidi odluka Vrhovnog suda Sjedinjenih Država koja se tiče patenata, onako kako to čine vrlo stručni pravnici iz te oblasti.

Najteža pitanja za računar javljaju se kad iskrsnu nepredviđeni problemi. Takav problem ne potpada ni pod jednu programsku

---

[1] David Author, *Why Are There Still So Many Jobs? The History and Future of Workplace Automation*, Journal of Economic Perspectives, 2015, vol. 29, n° 3, str. 3–30.

Prikaz 1 Nestanak radnih mesta

Sve veće poteškoće u programiranju →

	Logika zasnovana na pravilima	Prepoznavanje struktura	Ljudski domen
Kategorija	Deduktivni informatički pristup	Induktivni informatički pristup	Situacije za koje se ne može napraviti programski kôd; nedostatak podataka
Primeri	Osnovni obračun poreza Izdavanje karte za ukrcavanje u avion	Prepoznavanje glasa Predviđanje rizika nenaplativosti stambenog kredita	Sastavljanje uverljivog pravnog mišljenja Prenošenje nameštaja u stan na trećem spratu

Izvor: Frank Levy, Richard Murnane, Dancing with Robots, NEXT report 2013, Third Way.

rutinu, niti se uklapa u masu postojećih situacija koje bi se mogle analizirati kako bi se ustanovila empirijska zakonitost na induktivan način. Frenk Levi (Frank Levy, MIT) i Ričard Murnejn (Richard Murnane, Harvard), čiji sam dijagram preneo u prikazu 1, iznose sledeći primer. Pretpostavimo da automobil bez šofera registruje loptu kako proleće ispred njega. Ta lopta ne predstavlja nikakvu opasnost po automobil, koji, dakle, nema nikakvog razloga da naglo prikoči. Ljudsko biće nesumnjivo će pretpostaviti da posle lopte verovatno sledi dete koje izleće na put, pa će stoga imati drugačiju reakciju. Kola bez vozača nemaju dovoljno iskustva za prikladnu reakciju. Jasno je da to ne znači da se problem ne može rešiti; mašina se može obučiti da uspostavi korelaciju između ta dva događaja. Ali taj primer ilustruje poteškoće s kojima se računari već susreću.

Dakle, poteškoće nisu iste za računare i ljude. Računari su mnogo brži i pouzdaniji za logičke i predvidljive zadatke. Sada, zahvaljujući *machine learningu*, oni mogu kontrolisati i nepredvidljive situacije pod uslovom da postoji dovoljno podataka koji omogućavaju da se prepozna struktura problema. Međutim, kako je kompjuter manje fleksibilan od ljudskog mozga, on još uvek ne zna da reši probleme na koje bi dete od pet godina imalo odgovor. Levi i Murnejn zaključuju iz toga da su osobe koje se najbolje prilagođavaju novom svetu – one koje vladaju apstraktnim znanjem, omogućavajući sebi da se prilagode okruženju. S druge strane, oni koji vladaju samo osnovnim znanjima koja ih osposobljavaju za rutinske zadatke – u ozbiljnoj su opasnosti da budu zamenjeni kompjuterima. A to nije bez posledica po naš obrazovni sistem. Stoga postoji opasnost od još većeg produbljivanja nejednakosti, zavisno od porodičnog okruženja i kvaliteta obrazovanja.

Ka nestanku radnih mesta?

Promene u zapošljavanju brže su od drugih, prethodno opisanih promena, ali s njima ipak dele neka zajednička obeležja. Već sam pomenuo tu dobro poznatu epizodu s početka XIX veka, kada su se engleski luditi (tekstilni radnici) pobunili zbog uvođenja novih razboja za tkanje, kojima su mogli rukovati čak i manje kvalifikovani radnici – uništavanje sredstava za proizvodnju dovelo je do teške vojne represije. Drugi primer je promena koja se odigrala za manje od pola veka u poljoprivredi SAD, a koja je vodila padu broja radnih mesta u poljoprivredi sa 41% na 2%; uprkos tom ogromnom gubitku mogućnosti zapošljavanja u poljoprivredi, nezaposlenost u SAD danas je tek 5%, što potvrđuje tezu po kojoj se uništavanje radnih mesta nadoknađuje stvaranjem novih.

Pre svega, treba znati da tehnološki napredak u globalu ne škodi zapošljavanju. On uništava radna mesta i stvara druga (u domenu digitalnih tehnologija, najvidljivija su ona radna mesta koja se tiču informatičke tehnologije i rada s veb-sajtovima). Nakon više od dva veka raznih tehnoloških revolucija, nezaposlenost je i dalje vrlo mala.[1] Zabrinjavajuće glasine o nestanku radnih mesta nikad se nisu ostvarile. Kako to zapažaju Erik Brindžolfson i Endru Makafi:

> Godine 1930, s razvojem elektrifikacije i motora s unutrašnjim sagorevanjem, Džon Mejnard Kejnz predviđao je da će te inovacije dovesti do povećanja materijalnog prosperiteta, ali i do „opšte tehnološke nezaposlenosti".[2] U osvit kompjuterske ere, 1964, grupa naučnika i društvenih teoretičara poslala je otvoreno pismo američkom predsedniku Lindonu Džonsonu, upozoravajući ga na to da će kibernetika „dovesti do nastanka proizvodnih sistema skoro neograničenih mogućnosti, koji će zahtevati sve manje ljudske radne snage".[3]

Da se vratimo na pitanje o nejednakosti – dobar način da se ono razmotri nije upitati se hoće li radna mesta opstati. Pitanje je hoće li biti dovoljno mesta s platama koja će društvo smatrati pristojnim. Teško je to predvideti. S jedne strane, nejednakost u platama mogla bi dati odričan odgovor na to pitanje. S druge strane, većina ljudi želi da bude korisna društvu, a posao, bio on plaćen ili ne (kao rad u nevladinom sektoru), upravo je način da se postigne taj cilj. Štaviše, kako beleže Erik Brindžolfson i Endru Makafi, mi težimo ostvarivanju društvenih veza. A posao je jedan od načina da se uspostave veze u društvu. Možda ćemo biti spremni na manju novčanu naknadu u zamenu za mogućnost uspostavljanja tih veza.

Oni koji su ostali bez radnog mesta u vrlo kratkom roku osete velike posledice zbog tog gubitka. Ubrzavanje tog uništavajućeg stvaralačkog procesa nameće tri pitanja: kako zaštititi radnike, bili oni stalno zaposleni ili ne? Kako da se obrazovanjem pripremimo za

---

[1] Osim u zemljama južne Evrope, koje, kako sam objasnio u desetom poglavlju, imaju izvesne specifičnosti u pogledu tržišta rada.

[2] *Economic Possibilities for our Grandchildren* (1931), gde je u pogledu te evolucije imao u vidu samo dva pokolenja.

[3] *Will HumansGo the Way of Horses?*, Foreign Affairs, jul–avgust 2015.

život u novom svetu? Kako će se naša preduzeća prilagoditi tome? Jasno je da guranje glave u pesak ne može biti adekvatna strategija.

VI. OPOREZIVANJE

Konačno, digitalizacija sveta rada suočava nas s novim izazovima, ili pak zaoštrava one stare izazove poreske politike, istovremeno unutar svake države i na međunarodnom nivou. Ovde ću se ograničiti na to da podsetim na njih.

Nacionalni aspekti

Na nacionalnom nivou postavlja se staro pitanje razlike između komercijalnog poslovanja i kolaborativne privrede. Granica između ova dva pojma vrlo je tanka. A, opet, pristup je radikalno drugačiji. Ako se obratim nekoj firmi da mi okreči sobu, moja uplata podleže sistemu PDV-a, a zaposleni i poslodavac izlažu se različitim opterećenjima u skladu sa svojim statusom (socijalni doprinosi, CSG[1], porez na zaradu, porez na dobit, itd.). Ako pitam nekog prijatelja da mi uradi taj posao i zauzvrat mu ponudim sanduk vina, neće uslediti nikakva naplata poreza niti doprinosa, ne samo zato što će poreskom inspektoru biti teže da registruje tu transakciju – već i zato što je reč o nekomercijalnoj razmeni koja ne podleže oporezivanju. Dobro, ali gde prestaje nekomercijalni, a gde počinje komercijalni sektor? Pripada li trgovanje s porodicom i prijateljima (ili razmena u okviru klubova ili udruženja koja podržavaju male poljoprivredne proizvođače, koji po svim drugim kriterijumima spadaju u odnos proizvođač–potrošač) nekomercijalnom sektoru? I zašto ovakva klasifikacija za sobom povlači tako drastične razlike u poreskom

[1] CSG (contribution sociale généralisée; doslovni prevod: opšti socijalni doprinos) predstavlja oblik fiskalnog javnog prihoda kojim se obezbeđuju sredstva za finansiranje socijalne zaštite. Zasnovan je na različitim kategorijama prihoda. Prema svom obimu zahvatanja, drugi je po veličini, iza PDV-a *(prim. prev.)*.

tretmanu? Ta pitanja naročito su aktuelna u Francuskoj, gde se rad oporezuje po visokim stopama.

Ovo su pitanja od suštinskog značaja za novu kolaborativnu privredu: je li posredi deljenje ili klasični poslovni odnos? Kao i u slučaju Zakona o radu, ne bismo smeli proizvoljno svrstavati aktivnosti nove ekonomije u već postojeće kategorije, već kreirati nov poreski sistem.

Međunarodni aspekti

Međunarodno oporezivanje takođe postavlja mnogobrojne izazove. Ti izazovi nisu novi; oni su plod već postojeće, a sada sve češće prakse kao što je pribegavanje transfernim cenama između filijala jedne multinacionalne kompanije kako bi se njen profit registrovao u državi s niskim poreskim stopama. Usluge i proizvode poreklom iz filijala i pogona lociranih u državi s niskim poreskim stopama – kompanija naplaćuje kao suvo zlato svojim filijalama koje se nalaze u zemljama s visokim poreskim stopama, i to s ciljem da ovoj drugoj umanji oporezivu dobit. Takva poreska dovijanja, koja za cilj imaju izbegavanje poreza na dobit, uvek su postojala, i neizbežna su u odsustvu međunarodnih sporazuma o usklađivanju pravila oporezivanja. Na kompanije poput *Starbucksa* redovno se upire prstom zbog njihove vrlo izražene fiskalne optimizacije u Evropi.

Ali nematerijalni aspekt interneta i njegovih sadržaja čini to dovijanje još lakšim. Više se jasno ne zna gde se tačno odvijaju poslovne aktivnosti. Još je lakše nego ranije smestiti profitabilne poslove u države s niskim poreskim stopama, a one koje nisu profitabilni u države s visokim poreskim stopama, te ostvariti profit zahvaljujući adekvatnim transfernim cenama. Intelektualna svojina nad knjigom ili kompakt-diskom može se ustanoviti u bilo kojoj zemlji, bez obzira na mesto gde se koristi. Prava oglašavanja mogu biti naplaćena u Irskoj, iako se ciljna grupa kojoj je reklama namenjena nalazi u Francuskoj. Velike američke kompanije koriste složene mahinacije zasnovane na tzv. tehnici dvostrukog irskog sistema oporezivanja, dodeljujući prava intelektualne svojine filijali irske kompanije lociranoj na Bermudskim ostrvima – u Irskoj profit ostvaren u ofšor zoni ne podleže oporezivanju, pa stoga ni dobit filijala lociranih na Bermudskim ostrvima – koja koristi kao posrednika holandsku kompaniju radi postizanja oslobađanja od poreza u okviru Evrope. Da li Sjedinjene Države imaju koristi od toga? Pa i nemaju: profit američkih kompanija oporezuje se tek po povratku u državu. Novac se ostavlja na Bermudskim ostrvima, sve dok ne bude prebačen u SAD prilikom fiskalne amnestije koja će ponuditi znatno sniženu stopu poreza za povratak kapitala iz inostranstva. Tako da se procenjuje da 500 najvećih američkih kompanija ima 2.000 milijardi dolara nagomilanih u inostranstvu.

Internet ne poznaje granice, i sreća je što je tako. Ali je bitno da države međusobno sarađuju u pogledu oporezivanja[1] kako bi se izbegla fiskalna optimizacija, koja nekim državama omogućava da privuku preduzeća – ali ne zahvaljujući dinamičnosti svog poslovnog okruženja, već zato što su predvidele niže poreske stope (pitanje pravog nivoa poreza na dobit posebno je pitanje, kojim se ovde neću baviti.)

Primer sporazuma u oblasti te vrste skoro je zaključen u vezi sa PDV-om za onlajn kupovinu u Evropskoj uniji. Taj sporazum dozvoljava kupčevoj zemlji da naplati PDV za onlajn kupovinu omogućavajući tako ukidanje poreske konkurencije u pogledu stope PDV-a: do 1. januara 2015. PDV naplaćivan je od dobavljača, što je podsticalo preduzeća da se lociraju u državama s nižim stopama PDV-a, čime su nagrađivani potrošači u zemljama s visokim stopama PDV-a. Taj novi režim je zadovoljavajući regulatorni odgovor u pogledu poslovanja kompanija poput *Amazona*, koje fizičkom licu isporučuju račun za obavljenu kupovinu. Ali on ne rešava pitanje dvostranih platformi[2], poput *Googlea*, koje tehnički ništa ne prodaju francuskom potrošaču, ali naplaćuju oglašavanje prodavaca, koji potom prodaju francuskom potrošaču. U toku su rasprave koje treba da reše

---

[1] Kako su nekada već radile da bi ukinule dvostruko oporezivanje.

[2] Vidi prethodno poglavlje.

taj problem, jer je poreska osnovica mnogo nejasnija nego kad je u pitanju prodaja knjiga ili muzičkih numera.

Digitalizacija predstavlja sjajnu priliku za naše društvo, ali uvodi nove opasnosti i zaoštrava one stare. Poverenje, zaštita podataka, solidarnost, širenje tehnološkog napretka, radna mesta, oporezivanje... Toliko je izazova pred ekonomijom opšteg dobra.

Poglavlje 16

Inovacija i intelektualna svojina

I. IMPERATIV INOVACIJE

Klasična teorija rasta polazi od postulata da je on rezultat akumulacije kapitala (preko akumulacije sredstava za proizvodnju, snabdevanja energijom, itd.), kao i radne snage (zahvaljujući demografiji, poboljšanju zdravlja i obrazovanja). Međutim, još je 1956. godine čuveni članak Roberta Soloua (Robert Solow) ukazao na to da akumulacija tih dvaju faktora proizvodnje nudi tek delimično objašnjenje, zapostavljajući važno mesto koje tehnološki napredak ima u objašnjavanju privrednog rasta država. Danas su još uvek, više nego 1956. godine, tehnološke inovacije u srcu mehanizama rasta. Ekonomija XXI veka je, kaže se, ekonomija znanja; bez sumnje, ekonomija tehnoloških promena velikih razmera.

Svakako, stari ekonomski pristup još uvek važi za tzv. ekonomije u zaostatku.[1] Japan je tako imao tri sjajne decenije nakon Drugog svetskog rata. Isto se dešava s Kinom od 1980. godine. I Francuska je imala svojih slavnih trideset godina. Ali naiđe trenutak kada podražavanje strane prakse i tehnike – kao i akumulacija kapitala – biva suočeno sa opadajućim prinosima i prestaje da bude dovoljno; tada država mora usvojiti novu orijentaciju i pomeriti „tehnološku granicu".

---

[1] Koristim ovde terminologiju koju dugujemo Filipu Agionu (Philippe Aghion) i Piteru Houitu (Peter Howitt).

Inovacije za kojima postoji potreba u ekonomijama na tehnološkoj granici zahtevaju drugačiju kulturu i institucije od onih koje postoje u ekonomijama u zaostatku. Univerziteti moraju ne samo ponuditi kvalitetno obrazovanje već i sprovoditi vrhunska istraživanja, te podsticati studente na preduzetništvo. Finansiranje privrede više se ne može ograničavati na velika preduzeća i na tradicionalna mala i srednja preduzeća, već se delom mora okrenuti otvaranju inovativnih preduzeća. A da bi se odigrala „kreativna destrukcija" draga Šumpeteru (nove inovacije čine prethodne inovacije zastarelim), nezavisna tela za zaštitu konkurencije moraju ukinuti prepreke slobodnom pristupu tržištu. Ulog je veliki. Sve češće dodata vrednost počiva u inovaciji. Dakle, bogatstvo nacija sve više zavisi od njihove sposobnosti da omoguće stvaranje vrednosti na tom nivou vrednosnog lanca.

Ta konstatacija navodi me da se, pre svega, pozabavim vrlo kontroverznom temom intelektualne svojine: šta se pod tim podrazumeva? Šta su prednosti i opasnosti intelektualne svojine? Šta su glavni izazovi s kojima se danas suočavaju javne vlasti na tom polju? U nastavku ću se baviti naročitim izazovom od suštinske važnosti: gomilanjem patenata, što, opet, stvara mnoštvo čuvara (*gatekeepers*) svake od novih tehnologija. Videćemo da ekonomska analiza sugeriše konkretna rešenja za taj problem u vidu veće rasprostranjenosti tehnologija, što istovremeno ne umanjuje podstrek za inovaciju.

Pored krize evrozone od pre nekoliko godina, razlog za brigu zapadne Evrope jeste stopa inovativnosti, koja je danas niža od one u SAD[1], a koja će sutra možda biti niža i od one u azijskim zemljama što intenzivno ulažu u ekonomiju znanja. Inovacije zahtevaju odgovarajuću kulturu i institucije. Dakle, ispitaću karakteristike okruženja koje prati inovacije.

Najzad, zadržaću se na kolaborativnom modelu, kao alternativi intelektualne svojine, ili možda pre pojmu koji počiva na drugačijem konceptu intelektualne svojine, a to je slobodni softver. Reč je o ori-

---

[1] Edmund Phelps (dobitnik Nobelove nagrade za 2006), *What's Wrong with the West's Economies*, New York Review of Books, 13. avgust 2015.

ginalnom organizacionom modelu. Pokušaćemo da objasnimo njegova posebna obeležja i proučimo strategije različitih ekonomskih aktera u odnosu na njega.

II. INTELEKTUALNA SVOJINA

Institucije

Završavate studije biotehnologije i okrećete se primenjenom istraživanju s ciljem da otkrijete novu vakcinu, da koristite mikroorganizme u proizvodnji bio-goriva ili da stvorite nove poljoprivredne sorte koje su otpornije i koje zahtevaju manje vode. Zatrebaće vam finansiranje, do koga ćete doći samo ako vaš projekat obećava profit koji će investitorima omogućiti da povrate uložena sredstva. To nas vodi do suštine stvari. Znanje koje ćete stvoriti jeste ono što zovemo „javno dobro". Jednom pošto je stvoreno, njega svako može koristiti bez isključivanja drugih i skoro bez ikakvog troška. Kada sazna hemijsku formulu nekog molekula i njenu upotrebu, svako preduzeće može je koristiti, kao što može i komercijalizovati dati proizvod (vakcine, bio-gorivo, seme...), ostavljajući neznatne profitne marže onome ko je uložio sredstva u istraživanje i razvoj. Tu se ponovo susrećemo s problemom ponašanja u stilu slepog putnika (*free riding*), s čime smo se već susreli u poglavlju posvećenom životnoj sredini: kada bi svako otkriće odmah pripalo javnom domenu i kada bi ga svi odmah mogli besplatno koristiti, svako bi čekao da onaj drugi uloži u istraživanje i razvoj, pretvarajući kreativnost u opšte iščekivanje. Intelektualna svojina jeste nužno zlo koje za cilj ima da stimuliše istraživanje i razvoj, ili profesionalno stvaralaštvo, omogućavajući prihod onome ko je poseduje. Stoga se ona pojavila vrlo rano; prvi patenti datiraju iz antičke Grčke, a potom se razvila u XV veku u Firenci i Veneciji.

Intelektualna svojina poprima razne oblike, pa može biti:

- Patent, koji svom vlasniku garantuje ekskluzivno pravo, monopol nad upotrebom novostečenog znanja. Patent traje određeni period (uglavnom 20 godina od trenutka deponovanja), nakon čega postaje deo javnog domena. Prema zakonu, on se može odnositi samo na otkriće koje nije očigledno poznato i nije deo postojeće sume tehničkih znanja, i koje mora biti korisno. Patent je ekskluzivno pravo koje omogućava svom vlasniku da komercijalizuje licence, ako on sam ne želi da bude njegov ekskluzivni korisnik;

- Autorsko pravo (*copyright*), koje štiti oblik izražavanja (knjiga, film...), takođe u određenom periodu (u SAD, na primer, za života autora i još sedamdeset godina nakon njegove smrti);
- Tajna proizvodnje, koja, kako joj ime sugeriše, štiti isključivo pronalazača od krađe intelektualne svojine; ona se u načelu tiče samo inovacije procesa (novi proizvod uglavnom je javna informacija i ne može se držati u tajnosti).
- U vezi s tim, zapazimo da bi ukidanje patenata navelo pronalazače da se sistematski opredeljuju za tajnu proizvodnje, pa makar i po cenu vertikalnog integrisanja s proizvodnim pogonima, ukoliko oni sami nisu proizvođači.
- Ali, za razliku od patenta, tajna proizvodnje otežava dodeljivanje licenci, budući da će kupac takve licence opravdano želeti da se upozna s prirodom znanja koje mora platiti. I pošto jednom otkrije to znanje, kupac će moći da ga koristi ne plaćajući naknadu. U praksi, licence se odnose na patentirane pronalaske;
- Zaštitni znak nudi preduzeću znak koji omogućava da se njegov proizvod prepozna među sličnim proizvodima konkurenata.

Šta je zajedničko svim ovim, međusobno različitim institucijama? Sve one, štiteći intelektualnu svojinu, daju pronalazaču izvesnu tržišnu moć, tj. mogućnost da finansijski iskoristi svoj pronalazak, bilo prodajući licence za patent, bilo ostvarujući profitnu maržu iznad troškova proizvodnje konačnog proizvoda, ako sam proizvodi i komercijalizuje konačni proizvod. Tako će pronalazač zahtevati naknade za ustupljene licence, dok korisnici pronalaska ne bi ništa platili kada bi on pripao javnom domenu. Odmah uočavamo cenu intelektualne svojine: kako bi podstakle inovaciju koja omogućava pronalazaču da ostvari profit od svog izuma, javne vlasti podižu cenu upotrebe te inovacije, čime, dakle, onemogućavaju njeno širenje – ona prosto ima manje korisnika. To je osnovni kompromis na kom se temelje naše institucije.

Zbog toga je alternativa za intelektualnu svojinu tražena vekovima. U XVII i XVIII veku, Engleska i Francuska smislile su konkurse s nagradom koju je kruna dodeljivala na kraju. Pošto bi primio materijalnu nagradu, pronalazač više nije raspolagao intelektualnom svojinom, pa je novostečeno znanje prelazilo u javni domen. Tako je Francuska u XVII veku organizovala nagradni konkurs za hidrauličnu turbinu. Godine 1714, nakon niza sličnih nagradnih konkursa (i nikad nedodeljenih nagrada) u Španiji i Holandiji krajem XVI veka, britanski parlament obećao je vrednu nagradu onome ko nađe način za dovoljno precizno određivanje geografske dužine na moru. Najveći deo nagrade, procenjen na osnovu dobijene preciznosti u merenju geografske dužine, nakon brojnih kontroverzi, na kraju je bio dodeljen Džonu Harisonu (John Harrison). On se bio bacio na posao odmah 1714, a u potpunosti je bio isplaćen tek pedeset devet godina kasnije!

Dodeljivanje nagrade složen je postupak, jer treba unapred jasno naglasiti šta se tačno želi. No, odlika kreativnog rada često je upravo to što ne znamo do čega će on dovesti. Da se može unapred opisati inovativni naučni članak ili simfonija, kreativnog rada ne bi ni bilo. Ali se u izvesnim slučajevima može prikazati željeni rezultat a da se pritom ne zna kako bi se do njega došlo. (Otud se postavlja pitanje visine nagrade: je li nagrada nedovoljna kompenzacija za napor uložen u istraživanju, zbog čega postoji opasnost da ona ne privuče talente? Ili je kompenzacija prevelika u odnosu na uloženi napor, za koji su u budžetu izdvojena nesrazmerna sredstva?). U novije vreme, mehanizam dodeljivanja nagrada doživeo je snažnu obnovu[1] na polju vakcina i specifičnih lekova koji su potrebni ponajviše zemljama

[1] Što je podstaknuto radovima Majkla Kremera (Michael Kremer), profesora ekonomije na Harvardu: vidi *Making Markets for Vaccines. Ideas to Action*, Center for Global Development , 2005. Bitan učesnik je Gavi (Global Alliance for Vaccines and Immunization), akter koji objedinjuje državni i privatni sektor (konzorcijum je formiralo nekoliko zemalja i Fondacija *Bil i Melinda Gejts*).

u razvoju, pošto one zbog siromaštva nisu privlačne za istraživanja u privatnom sektoru. Tako da se daje specifikacija tražene vakcine, uz ograničenja u pogledu pojave neželjenih efekata.

Zaštita intelektualne svojine poslednjih godina izrodila je brojne rasprave u društvu.[1] Budući da ne mogu biti sveobuhvatan, ograničiću se na neke upečatljive pojedinosti usredsređujući se na slučaj s patentima, mada se neke kontroverze tiču i drugih oblika intelektualne svojine. Na primer, posebno čudi retroaktivno proširivanje zaštite autorskog prava. Naime, ako je, što je i logično, intelektualna svojina samo nužno zlo koje za cilj ima podsticanje istraživanja i razvoja ili umetničko stvaralaštvo, ona treba da ostane verna tom cilju. A kako je reč o već sprovedenim istraživanjima, dodatna zaštita intelektualne svojine nema nikakav podstrekavajući efekat – prekasno je za to! Dodatna zaštita sprečava širenje inovacije, a pritom ne podstiče stvaralaštvo. Uprkos tome, američko zakonodavstvo je u dva navrata produžilo period zaštitite autorskih prava, prvi put 1976, produžavajući ga na pedeset godina nakon autorove smrti, a potom 1988, kada je taj period produžen na sedamdeset godina. Taj poslednji *Copyright Term Extension Act* ponekad se naziva *Mickey Mouse Protection Act,* upućujući na kompaniju *Disney*, koja je, našavši se u opasnosti da izgubi autorska prava na vrlo isplative filmove i propratne proizvode, sprovela besomučno lobiranje, kako bi produžila trajanje autorskog prava.

Broj patenata znatno se uvećao poslednjih trideset godina usled određenih faktora, među kojima su: loš sistem podsticaja patentnog biroa, naročito u SAD, gde je, pre reforme *America Invent Act* iz 2011. godine, Patentni biro (*Patent and Trademark Office*) bio indirektno ohrabrivan da priznaje što više patenata, umesto da ih odbija; proširenje domena patenata na nove oblasti (softver, biotehnologija

[1] Dva vrlo kritička pogleda na te institucije, koja dolaze do potpuno oprečnih zaključaka jesu 1) Adam Jaffe and Josh Lerner, *Innovation and its Discontents. How our Broken Patent System is Endangering Innovation and Progress, and What to Do about It*, Princeton, Princeton University Press, 2004, i 2), Michelle Boldrin and David Levine, *Against Intellectual Monopoly*, Cambridge, Cambridge University Press, 2008.

i prirodne nauke, komercijalne metode)... Taj porast broja patenata ne bi bio tako ozbiljan da su nevažni patenti bili bez posledica, poput ručnog sata za pse koji se sedam puta brže okreće nego obični sat, odražavajući tako drugačiji životni vek pseće vrste... Internet vrvi od sajtova koji izlistavaju smešne patente. Međutim, ekonomske posledice porasta broja patenata mogu biti velike. Neki patenti imaju potencijal da ostvare ekonomsku vrednost – a da pritom ne predstavljaju bitan napredak za društvo. Tako je, na primer, patent *One Click* kompanije *Amazon* – koji je proglasio svojom ideju da veb-trgovac može zadržati klijentove informacije (adresu pošiljke i fakturisanja, broj kreditne kartice...) kako ovaj ne bi morao ponovo unositi te podatke prilikom svake sledeće kupovine – bio obična imitacija dobro poznate prakse primenjivane u mnogobrojnim klasičnim radnjama, odnosno tradicionalnim trgovačkim preduzećima s dobrom reputacijom.[1] A čak i da ta praksa nije ranije postojala, toliko je očigledna da ne zaslužuje da bude zaštićena patentom. Tako da od tri kriterijuma patentabilnosti – taj patent zadovoljava samo jedan jedini, a to je korisnost. Srećom, patent je ubrzo sudski poništen, ali možemo zamisliti koliku bi zaradu ostvario *Amazon* da nije bilo tako, postajući čuvar sveukupnog elektronskog trgovanja!

Druga opasnost – koja zaslužuje da se na njoj zadržimo – jeste umnožavanje čuvara određene tehnologije i istovremeno gomilanje dugovanja kojima su izloženi korisnici.

III. UPRAVLJANJE AKUMULACIJOM ROJALTIJA

Za sektor biotehnologija i IT sektor karakteristično je mnoštvo manje ili više važnih patenata u posedu raznih vlasnika, koji se pretvaraju u čuvare (*gatekeepers*) tehnologije. To šipražje patenata (*patent thicket*) vodi ka gomilanju rojaltija (ili, ekonomskom terminologijom rečeno, „višestrukoj marži").

[1] U načelu, priznati su mnogi patenti za postupke koji već postoje mimo interneta, ponekad već vekovima; na primer, za tzv. holandsku onlajn aukciju, gde aukcionar počinje s visokom cenom, a onda je obara sve dok neki ponuđač ne pristane na nju.

Da bismo shvatili problem nagomilavanja rojaltija – koji je 1838. godine sjajno opisao Francuz Antoan Ogisten Kurno (Antoine Augustin Cournot), a nedavno i ekonomista iz Berklija Karl Šapiro (Carl Shapiro)[1] – bilo bi korisno pribeći analogiji (predstavljenoj u prikazima 1 i 2), te se vratiti u srednjovekovnu Evropu, gde je rečna plovidba bila opterećena plaćanjem niza naknada za plovidbu. U prikazu 1, sve četiri osobe koje naplaćuju naknade za plovidbu ubiraju novac. Da bi brod mogao ploviti rekom, potrebne su mu dozvole od sva četiri nosioca prava naplate, pa kažemo da su prava za plovidbu koja se stiču plaćanjem naknade – komplementarna. Naime, ako samo jedno od četiri prava nedostaje, onda korisnik ne može ploviti od izvora do ušća reke. Na primer, na Rajni su se u XIV veku morale platiti šezdeset četiri naknade za plovidbu.[2] Svaki naplaćivač naknade određivao je visinu naknade za plovidbu s ciljem uvećanja sopstvenih prihoda, ne obazirući se na posledice po korisnike niti na prihode drugih naplaćivača (skuplja plovarina umanjuje saobraćaj na reci i šteti drugim naplaćivačima). To je „tragedija zajedničkog resursa" na delu[3], ista ona koja vodi ka izlovu ribe i osiromašenim pašnjacima, ili ka prekomernoj emisiji gasova sa efektom staklene bašte! Evropa je morala sačekati Bečki kongres 1815. godine i zakone koji su potom usledili da bi najzad eliminisala praksu naplate naknade za plovidbu.[4]

Industrije visoke tehnologije danas nastoje da ukinu tu višestruko obračunavanje marže. Tela za zaštitu konkurencije širom sveta nedavno su usvojila nove smernice kako bi podstakla zajedničku komercijalizaciju prava upotrebe licenci od strane pulova za paten-

---

[1] Carl Shapiro, *Navigating the Patent Thicket. Cross Licenses, Patent Pools, and Standard Setting, in* Adam Jaffe, Joshua Lerner, Scott Stern (dir.), *Innovation Policy and the Economy*, vol. 1, Cambridge, MA, MIT Press, 2000, str. 119–150.

[2] Bilo je trinaest naknada za plovidbu samo između Majnca i Kelna. Situacija je bila slična na Elbi i francuskim rekama (Rona, Sena, Garona, Loara): vidi Robert Spaulding, *Revolutionary France and the Transformation of the Rhine*, Central European History, 2011, vol. 44, n° 2, str. 203–226.

[3] To je termin koji je koristio biolog Garet Hardin (Garrett Hardin) u istoimenom članku, objavljenom u časopisu *Science* 1968. godine.

[4] Zapravo, naprosto su ukinute sve naknade za plovidbu duž celog toka Rajne.

Prikaz 1 Komplementi

te. Pul patenata je sporazum između različitih preduzeća s ciljem zajedničke komercijalizacije licenci za grupu patenata koji pripadaju članovima pula i tiču se određene tehnologije. Ovaj sistem omogućava korisnicima date tehnologije da steknu globalnu licencu tamo gde bi inače trebalo tražiti licence za korišćenje pet, deset ili petnaest patenata... uz rizik da svaki vlasnik patenta blokira svojim preteranim zahtevima pristup datoj tehnologiji. Formiranje pula je primer onoga što ekonomisti nazivaju „koopeticija", složenica od reči „kooperacija" i „kompeticija". Ovde preduzeća koja su potencijalni konkurenti na tržištu sarađuju da bi zajedno komercijalizovala svoje patente. Poput sporazuma između naplaćivača naknade za plovidbu (prikaz 1), pul umanjuje ukupne troškove licenciranja patenata kada su patenti komplementarni, to jest kada je korisniku potreban skup licenci da bi mogao stvoriti vrednost od te tehnologije. Nosioci patenta naprave dogovor kako bi svako ponudio umereniju naknadu s ciljem postizanja održive tražnje. Taj sporazum ide u korist nosiocima patenta isto kao i potrošačima, a sve to zahvaljujući umanjenju naknada.

Ali, avaj, pulovi patenata i uopšte zajednička komercijalizacija mogu dati preduzećima i mogućnost da podignu cene. Razmotrimo slučaj dvaju patenata koji su jedan drugom zamena; drugim rečima, licenca za drugi patent ne donosi ništa više korisniku u smislu funkcionalnosti nego što mu već donosi licenca za prvi patent. Da se ponovo poslužimo rečnom analogijom, treba zamisliti dva naplaćivača naknade za plovidbu na dva rečna rukavca (prikaz 2) i korisnika koji može ploviti bilo severnim ili južnim rukavcem, i koji nema nikakve koristi od plovidbe duž obaju rukavaca. Na šematskom prikazu, ova dva naplaćivača samo nastoje da se dogovore kako bi izbegli direktnu konkurenciju, te tako podignu iznos naknade za dalju plovidbu niz reku. U slučaju patenata koji su međusobno zamenjivi, nosioci mogu podići cenu svojih licenci tako što će osnovati pul, ponašajući se tada kao kartel ili monopol nastao fuzijom dvaju subjekata. Dakle, postoje dobri pulovi (oni koji spuštaju cenu tehnologije) i loši pulovi (oni koji podižu cenu tehnologije).

Prikaz 2 Supstituti

Koopeticija i pulovi patenata

Još jedan osvrt na prošlost može biti koristan. I dalje nije poznato da je pre 1945. godine većina važnih sektora – aeronautika, železnica, automobilska industrija, televizija, radio, hemijska industrija, itd.

– bila organizovana oko pulova patenata. Ali strah da se iza zajedničke komercijalizacije ne krije kartelizacija izazvao je 1945. godine neprijateljsku reakciju Vrhovnog suda Sjedinjenih Država i nestanak pulova, sve do već konstatovane obnove interesovanja za njih krajem devedesetih godina. Tela za zaštitu konkurencije tako su obeshrabrila pulove patenata, koji su, istina, ponekad bili korišćeni za uklanjanje konkurencije među nosiocima funkcionalno sličnih patenata. U narednih pedeset godina, pulovi za patente manje-više su iščezli.[1] To je bilo utoliko žalosnije što se tehnološki napredak usložnjavao.

Zar tela za zaštitu konkurencije ne bi mogla prosto zabraniti loše pulove (one koji podižu cene), te dozvoliti postojanje dobrih (onih koji obaraju cene)? Nažalost, ne poseduju pouzdane podatke koji bi im omogućili da naprave selekciju: ona često raspolažu s tek nešto malo istorijskih podataka na kojima mogu zasnovati procenu potražnje za licencama. Pritom, zamenjivost ili komplementarnost patenata evoluiraju i variraju u zavisnosti od načina na koji se koristi tehnologija.[2]

Obična regulativa koja ne zahteva da telo za zaštitu konkurencije poseduje bilo kakvu informaciju – može ipak obaviti tu selekciju. Razmotrimo najpre da pul patenata odobrava individualne licence, odnosno da postoji mogućnost da nosioci patenata nastave s prodajom licence za svoj patent nezavisno od pula (videti prikaz 3, koji navodi primer nosilaca dvaju različitih patenata). Kako je pokazano u članku čiji je koautor Džoš Lerner (Josh Lerner, *Harvard Business School*), individualne licence stvaraju uslove konkurencije, dok bi pul patenata, naprotiv, podigao cene. Dakle, one neutrališu loše pulove, omogućavajući da dobri pulovi obaraju cene.

---

[1] Iskreno govoreći, nije mi bio poznat termin „pul patenata" kada sam počeo da se bavim industrijskom ekonomijom pišući svoju doktorsku disertaciju.

[2] Još jedan problem jeste to što se komplementarni patenti mogu nuditi po niskim cenama (korisnici će se služiti celim kompletom po tim cenama, te porast cene licence umanjuje potražnju za tehnologijom uopšte), a zamenjiti po visokim cenama (pošto rast cene licence za neki patent može izazvati preusmeravanje tražnje ka licencama drugih patenata).

Prikaz 3 Individualne licence

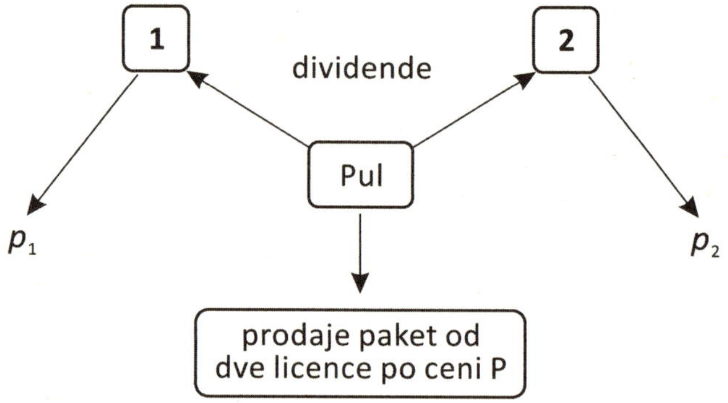

Prikaz 4 Individualne licence plus odvojena prodaja licenci

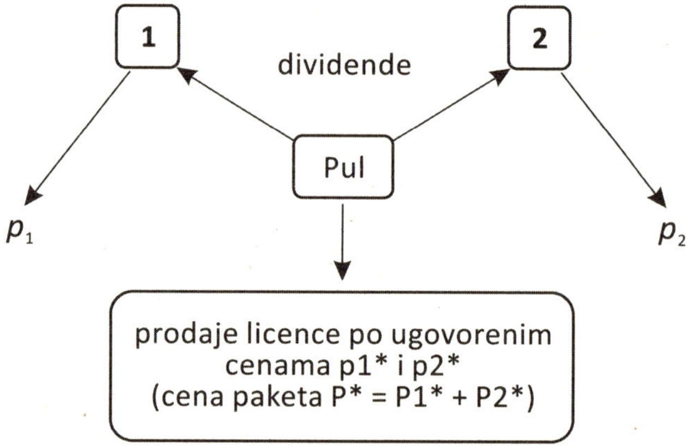

Ovo rezonovanje lako se ilustruje u prostom slučaju dvaju potpuno zamenjivih patenata. Konkurentska cena za licence onda je otprilike jednaka nuli (trošak za vlasnika intelektualne svojine da dozvoli korisniku pristup svojoj tehnologiji): svako preduzeće mora biti spremno da spusti cenu kako bi prevagnulo na tržištu sve dok se ostvaruje profit. Pul ima potencijal da uništi tu konkurenciju i podigne cenu do monopolske cene, koja se definiše kao cena koja maksimizira objedinjeni profit dvaju vlasnika intelektualne svojine, odnosno kao cena kartela.[1]

Ali uvedimo sada mogućnost individualnih licenci i pretpostavimo da pul pokušava da ustanovi cenu *P* (koja je, na primer, jednaka monopolskoj ceni), kao i da podeli dividendu na jednake delove.[2] Umesto da dobije polovinu profita pula na ime dividende, svaki nosilac patenta može definisati cenu svoje individualne licence malo ispod cene pula *P*, te tako osvojiti čitavo tržište i uzeti (otprilike) ceo profit samo za sebe.[3]

Čitalac može prigovoriti kako je naivno pretpostaviti da će se vlasnici patenata ponašati kao konkurenti, te da će sniziti svoje cene ispod cene pula ako je pul već definisao visoku cenu. Ako snižavanje cene na kratak rok povećava profit preduzeća koje je to sniženje izvelo, ono može izazvati burnu reakciju drugog preduzeća, koje će potom i samo sniziti svoje cene. Može se ispostaviti da rat cenama koji bi bio posledica toga ne bi vredeo truda. Otud zabrinutost ekonomista i tela za zaštitu konkurencije zbog onog što se zove prećutni sporazum[4] ili, u pravu konkurencije, usklađivanje efekata. U ovakvim prilikama, može se desiti da preduzeća ne žele da budu konkurencija svom pulu strahujući da ne započnu rat cenama.

---

1 Polazeći, da bismo pojednostavili, od nultog troška komercijalizacije licenci. Monopolska cena je cena koja maksimizira proizvod *PT(P)* cene licence *P* i potražnje *T(P)* za upotrebom te tehnologije, opadajuća funkcija od P.

2 Nejednaka raspodela dovela bi do toga da vlasnik patenta koji raspolaže manjim udelom ima još više podsticaja da spusti svoju cenu. To rezonovanje tim pre ima smisla.

3 Konkurentska ravnoteža u slučaju individualnih licenci opet nas vraća na nivo konkurencije pre pula u slučaju da je on loš i da ima više od dva patenta i/ili kada su patenti savršeni supstituti. Ali s više od dva patenta, problemi koordinacije mogu proizvesti više ravnoteža. Aleksandra Buten (Alexandra Boutin, *Screening for Good Patent Poolsthrough Price Caps on Individual Licenses*, American Economic Journal, u pripremi) pokazuje da se zahtevom za razdvajanje (opisanim u nastavku) opredeljuje za ravnotežu koja ponovo uspostavlja konkurenciju.

4 „Prećutno" jer preduzeća nemaju potrebe da potpisuju kartelski sporazum (koji bi, uostalom, bio nelegalan skoro svuda u svetu), pa čak ni da se sretnu da bi radi rasprave o usvajanju „miroljubivog" ponašanja.

Da bismo predupredili opasnost prećutnog sporazuma, treba dodati drugi zahtev, onaj koji ne podrazumeva specifičnu informaciju, a koji je nazvan razdvajanje (*unbundling*). Ako je pul primoran da razdvoji svoju ponudu, korisnici mogu kupiti svaku individualnu licencu od pula, a cena koju je pul definisao za skup licenci jeste suma cena individualnih licenci (videti prikaz 4). Individualne licence, uz razdvajanje, sprečavaju pul da podigne cene.[1] Zapravo, ti zahtevi na kraju svode ulogu pula na obično utvrđivanje maksimalnih cena za svaku licencu.[2] Tako formiranje pula neće imati štetne posledice za društvo (neće izazvati rast cena), a osim toga, ako su patenti komplementarni, omogućiće korisnicima da steknu licence po nižoj ceni nego u slučaju da pula nema, a nosiocima patenta da izvuku iz njih veći profit, što dodatno podstiče inovacije. Zanimljivo je zapaziti da je svako od tih pravila – koja su proistekla iz ekonomske teorije, i ne zahtevaju da tela za zaštitu konkurencije poseduju bilo kakvu važnu informaciju – ugrađeno u evropske smernice (2004. za individualne licence i 2014. godine za razdvajanja).

— *Standardizacija tehnologija*

Želeo bih da zaključim ovu raspravu o posledicama širenja patenata pričom o standardizaciji (*standard-setting*). Naročito u informacionim tehnologijama, različiti korisnici tehnologija moraju se usklađivati kako bi mogli međusobno da komuniciraju. Neću moći da vas pozovem sa svog

---

1 Vidi moj članak s Patrikom Rejom (Patrick Rey) *Cooperation vs. Collusion: How Essentiality Shapes Co-opetition*, Toulouse School of Economics, rad objavljen na internetu.

2 U praksi, prepreka za formiranje pulova tiče se podele dividendi (profita), pošto članovi imaju sasvim oprečne stavove u tom pogledu. Podeliti dividende proporcionalno broju posedovanih patenata, nezavisno od vrednosti njihovog doprinosa tehnologiji, može podstaći nosioce posebno važnih patenata da ne uđu i ne budu deo pula. Sporazumi međusobnog ublažavanja („prihvatam da snizim svoje rojaltije za toliko ako vi prihvatate da definišete maksimalne moguće cene na tom i tom nivou..."), poput onog ovde opisanog – implicitno određuju postojanje podele.

4-G telefona ako vaš telefon nije usvojio isti 4-G standard ili neke ranije standarde iz iste serije. Kreatori aplikacija za moj smartfon takođe su u obavezi da se usklade s postojećim standardima. Interoperabilnost zahteva usklađivanje pristupa. Kako se sprovodi to usklađivanje? Ponekad je jedna kompanija toliko dominantna da uspeva da nametne svoju tehnologiju kao standard ostatku sektora. Međutim, najčešće standard biva nametnut od strane neke profesionalne organizacije, poput instituta za standardizaciju[1] (*standard setting organization*), koji proučava različite mogućnosti kombinovanja, a zatim postavlja standard sačinjen od skupa funkcionalnih karakteristika koje korisnici (proizvođači računara i pametnih telefona, oni koji upravljaju infrastrukturama ili telekomunikacijskim kompanijama, kablovskim mrežama ili satelitskim komunikacijama, kreatori aplikacija...) moraju uzeti u obzir pri pravljenju svojih tehnoloških rešenja.

Kada se postavi standard, rešavanju određenog tehnološkog problema često se može pristupati na različite načine. Svaki od načina može biti podjednako izvodljiv, ali organ za standardizaciju najčešće će izabrati samo jedan. Problem je to što proces standardizacije tada može stvoriti monopolske rente. Drugim rečima, patent koji je nevažan utoliko što postoje alternativne tehnologije za postizanje relativno jednake funkcionalnosti – može postati nezaobilazan usled izbora tehnološkog standarda. Tada se kaže da takvi patenti postaju osnovni patenti za standard (*standard essential patents*): oni su osnovni samo zato što su baš oni izabrani, ali je mogao biti načinjen

---

1 Na primer, Afnor u Francuskoj, ETSI, ISO, W3C ili IEEE. Ti organi za standardizaciju vrlo su brojni, razlikuju se u mnogim aspektima (sertifikovane tehnologije, politički značaj korisnika i vlasnika patenata...), delom su jedni drugima konkurenti koji istovremeno nastoje da sačuvaju svoju kredibilnost. Vidi moj članak s Bendžaminom Čijaoom (Benjamin Chiao) i Džošom Lernerom (Josh *Lerner*) (*The Rules of Standard Setting Organizations: An Empirical Analysis*, Rand Journal of Economics, 2007, vol. 38, n° 4, str. 905–930) za empirijsku analizu selekcije organa za standardizaciju i fenomena *forum shopping*, tj. angažovanja organa koji je razuman i pomirljiv. Kao što predviđa teorija, nosioci vlasništva intelektualne svojine koji se uzdaju u to da će ono biti standardizovana – okreću se organima koji daju više ovlašćenja i koji su manje zahtevni (u pogledu rojaltija i deljenja informacija).

Prikaz 5 Stvaranje monopola

i drugačiji izbor. Od tog trenutka, vlasnik takvog patenta u poziciji je da zahteva visoke rojaltije, iako bi drugi patenti mogli doneti jednaku vrednost da je tehnologija standardizovana na drugačiji način.

Da se vratimo analogiji s vodotokom (videti prikaz 5): može biti da su javne vlasti omogućile saobraćaj na severnom rukavcu sagradivši prevodnicu na njemu, ili pak da se na tom rukavcu odvija neki bitan sajam koji ga može učiniti privlačnijom alternativom. U slučaju kada prevodnica ili sajam postoje na severnom rukavcu, naplaćivač naknade za plovidbu koji se nalazi na tom istom rukavcu može definisati monopolsku cenu, dok pre toga izbor severnog puta nije pružao nikakve prednosti u poređenju s putem preko južnog rukavca.

Kako bi se izbegla mogućnost da vlasnici patenata izvlače korist iz standardizacije koja ih je slučajno učinila osnovnim, samo zbog činjenice da su uključeni u standard, organi za standardizaciju često traže od ovih vlasnika da se obavežu *ex ante* da će davati licence za svoje patente po pravičnim, razumnim i nediskriminišućim principima (često skraćeno *frand* na engleskom, od reči *fair, reasonable and non-discriminatory*). Teškoća s ovim pristupom jeste u tome što su *frand* obaveze nejasne: kako definisati nivo pravičnosti i razumnosti? Samim tim, složeni sudski postupci koji preispituju značenje tih obaveza vode se po čitavom svetu, uključujući *Apple, Google, Microsoft, Samsung* i mnoge druge kompanije. Preduzeća se žale zato što njihovi konkurenti preskupo naplaćuju naknadu za pristup patentu, ne poštujući tako implicitne obaveze obuhvaćene *frand* obećanjima datim prilikom procesa standardizacije. Ulozi i sume koji se traže prilikom suđenja jesu ogromni, te je sudu vrlo teško da proceni da li je visina naknade „razumna". On prosto ne raspolaže potrebnim informacijama za to.

Drugo pravilo proisteklo iz teorijskih radova o tretiranju intelektualne svojine, koje ne zahteva posedovanje informacija, sastoji se u obavezi vlasnika patenata da neće prekoračiti maksimalnu (po izboru) utvrđenu cenu za svoje licence, definisanu pre nego što je proces standardizacije završen. Organ za standardizaciju, koji je potpuno upoznat sa situacijom, tada može postaviti standard.

Niko ne bi sagradio kuću na zemljištu čiju cenu ne zna unapred. Isto važi i za tehnologiju. Mi smo stoga predložili da se vlasnici intelektualne svojine obavežu u pogledu svojih uslova za dodelu licenci pre nego što standard uopšte bude konačno izabran, i pokušali smo da objasnimo zašto je malo verovatno da se takvo obavezivanje pojavi u prisustvu slobodne konkurencije među organima za standardizaciju.[1]

III. INSTITUCIJE ZA INOVACIJE

Za inovacije su potrebni pronalazači i finansiranje. Pozabavimo se s oba ova činioca.

[1] Cilj zahteva za obavezivanje u pogledu cena licenci jeste da se izbegne da licence za korišćenje patenata koji će se izabrati za osnovni patent budu vrlo visoke; ovo se, po pravilu, ne može dopasti vlasnicima intelektualne svojine. A organu za standardizaciju su ti vlasnici potrebni da bi utvrdili postojeće patente i postavili standard; pritom, vlasnici često mogu birati između nekoliko organa za standardizaciju i mogu se okrenuti ka onom koji je spremniji na kompromis, ukoliko neki drugi organ za standardizaciju postavlja zahteve. Videti moje članke s Džošom Lernerom (Josh Lerner, *Standard-Essential Patents,* Journal of Political Economy, 2015, vol. 123, n° 3, i *A Better Route to Tech Standards*, Science, 2014, vol. 343, str. 972–973).

Istraživanje i razvoj u preduzeću vs. nezavisno istraživanje i razvoj

Inovacije sve češće dolaze od malih preduzetničkih struktura, poput startapa, a ređe od velikih preduzeća. Razlozi su brojni. Istraživači u velikim privatnim kompanijama ponekad se suočavaju sa otporom nadređenih, koji neće da ugroze postojeće proizvode uvođenjem novih, a koji se istovremeno ne mogu obavezati istraživačima da neće zapostaviti njihov istraživački projekat ako se ispostavi da je takva opasnost od istiskivanja starog proizvoda usled pojave novog izvesna. Takođe, istraživači ponekad takođe imaju teškoće da ubede nadređene u utemeljenost svojih zamisli kada su one tek u početnom stadijumu. Napokon, oni uglavnom nemaju snažan finansijski podsticaj kakav može imati neki preduzetnik.[1] Čak i kada preduzeća *ex post* nagrađuju zaposlene koji su uveli bitnu inovaciju, te nagrade potpuno su neproporcionalne značaju doprinosa. Na primer, Šudži Nakamura (Shuji Nakamura), koji je dobio Nobelovu nagradu za fiziku 2014. godine za izum plave LED svetlosti (od koje imamo koristi u svakodnevnom životu, jer je ona bila karika koja je nedostajala da bi se proizvela bela LED svetlost), isprva je dobio od svog poslodavca – kompanije *Nichia*, kojoj je prihodovao na stotine miliona dolara – 180 dolara kao nagradu za svoj doprinos.[2]

Naravno, kompanije nastoje da imitiraju prednosti preduzetničkog pristupa putem eksternih izvora finansiranja. Prema mišljenju Sema Kortuma (Sam Kortum) i Džoša Lernera (Josh Lerner)[3], ti fondovi još se nisu ovenčali uspehom iz istih razloga iz kojih nisu uspeli ni istraživanje i razvoj u okviru preduzeća. Pošto se menadžment nekih kompanija samo stara o tome da predupredi svako eventualno

---

[1] Frederik Neumeyer, *The Employed Inventor in the United States. R&D policies, Law and Practice*, Cambridge, MA, MIT Press, 1971.

[2] Kasnije je, nakon suđenja, dobio oko devet miliona dolara.

[3] Koji porede aktivnost patentiranja prema izvoru njegovog finansiranja: *venture capital* ili preduzeće. Vidi Sam Kortum and Josh Lerner, *Assessing the Impact of Venture Capital to Innovation*, Rand Journal of Economics, 2000, vol. 31, n° 4, str. 674–692.

istiskivanje starih proizvoda usled pojave novih, istraživači i spoljni partneri strahuju da njihov projekat neće biti izveden do kraja. Najzad, platna ograničenja u okviru preduzeća slabe moć tih fondova da privuku talente.

Preduzeće preduzetničkog tipa ima konkurentsku prednost nad internim istraživanjima neke velike kompanije uvek kada je intelektualni doprinos bitniji od kapitala, tj. kada god su početna ulaganja skromna. Konkurencija među potencijalnim klijentima takođe štiti nezavisne inovacije od proizvoljnosti u zahtevima nekog jedinstvenog korisnika inovacije, te stoga podstiče preduzetništvo. Te preduzetničke strukture mogu biti različitog porekla. Za visoku tehnologiju – na primer biotehnologiju – naučni kvalitet od ključne je važnosti, te je stoga izvor inovacije univerzitetsko okruženje. Ali inovacija ne zahteva uvek vrhunsku nauku. Kao što primećuje Edmund Felps (Edmund Phelps)[1], sposobnost inovacije nije rezervisana samo za obrazovanu elitu. Uzmimo samo nekoliko pronalazača koji su obeležili XIX vek: Tomas Edison (koji je izumeo struju) bio je skromnog porekla, Džordž Stivenson (železnice) bio je nepismen, Džon Dir (poljoprivreda) bio je kovač, dok je Isak Merit Singer (mašine za šivenje) bio mehaničar. U Francuskoj u isto vreme, *La Farge*, *Michelin*, *Shneider* i mnoga druga preduzeća koja su bila preteče vodećih kompanija s Pariske berze – osnivali su preduzetnici koji nisu bili na vrhu tehnološke inovacije toga doba.[2]

U današnje vreme imamo *Uber*, *Facebook*, *Netflix* i *Airbnb*, koji su zasnovani na inteligentnom pristupu uočavanja tržišnih niša i nepostojećih usluga, što nije zahtevalo upotrebu najnovijih naučnih dostignuća. Preduzetničke strukture mogu isplivati iz univerzitetskog kampusa, ali to nije nužno tako. Ono što je stvarno važno jeste to da postoji kultura preduzetništva. Uostalom, brojna inovativna preduzeća iz oblasti poluprovodnika proistekla su iz preduzetničkih poduhvata zahvaljujući fenomenu *spawning* (pomoć pri procesu osnivanja), vrlo rasprostranjenom kad je u pitanju taj tip preduzeća.

---

1 *What's Wrong with the West's Economies*, New York Review of Books, 13. avgust 2015.

2 Videti Gaspard Koenig, *Le Révolutionnaire, l'Expert et le Geek*, *op. cit*, str. 89.

Finansiranje

Pronalazači u okrilju preduzeća ne moraju se raspitivati o finansiranju sa strane, već moraju samo ubediti nadređene u utemeljenost svojih ideja. Novoosnovana preduzetnička struktura (startap) u početku se oslanja na nekoliko ličnih izvora (ušteđevina preduzetnika i poneki prilog porodice i prijatelja). Vrlo brzo će toj strukturi, ako obećava, zatrebati dodatno finansiranje: pre svega, od strane *business angels*, bogatih privatnih investitora koji su često i sami uspeli u svetu preduzetništva, te imaju iskustva u prepoznavanju perspektivnih projekata; a potom i od strane fondova visokorizičnog (preduzetničkog) kapitala, struktura u kojima investitor tog kapitala (*lead partner* ili *venture capitalist*) ulaže novac iz sopstvenih izvora u koje su uključeni drugi, pasivni investitori (*general partners*) – penzioni fondovi, fondovi za investiranje u prenosive hartije od vrednosti osiguravajuće kuće, preduzeća ili paradržavni sektor, koji zahteva malo niže prinose od investitora s preduzetničkim kapitalom.

Zapravo, nije da investitor preduzetničkog kapitala samo ulaže novac u novoosnovani startap. Njegov prvi menadžerski doprinos sastoji se u umanjivanju negativne selekcije – on bira projekte. Potom, pošto je izdvojio projekte koji najviše obećavaju, on smišlja kako će se upravljati njima i pomno ih prati. On tako igra važnu savetodavnu ulogu (na primer, preduzetniku koji poznaje najnovija naučna dostignuća možda nedostaje ekspertiza u upravljanju i plasiranju proizvoda). Pritom, mladoj firmi novac se uplaćuje samo postepeno, i to pod uslovom da se postavljeni ciljevi poštuju (finansiranje u etapama, ili *stage financing*). Najzad, investitor preduzetničkog kapitala zadržava pravo kontrole, barem izvesno vreme. Na primer, on može smeniti preduzetnika ili neke njegove saradnike ako izostanu postavljeni ciljevi. *A contrario*, tim menadžera (preduzetnici) uživaće veću samostalnost ako ciljevi budu ispunjeni.

Evo nekoliko dodatnih pojašnjenja u ovom kratkom pregledu situacije. Često se može desiti da ovakva preduzeća ne ostvaruju nikakav profit dugi niz godina; nije uputno da se zadužuju, jer bi se brzo suočila sa otplatama koje ne bi mogla isplatiti. Stoga investitori kupuju preferencijalne akcije (*preferred stocks*), koje su zapravo oblik duga gde se isplata kupona može odložiti dok se dividende ne počnu isplaćivati akcionarima; zatim konvertibilni dug (*convertible debt*), koji se može pretvoriti u akcije na zahtev vlasnika duga ili samog preduzeća, što zavisi od slučaja do slučaja. Ili, konačno, investitori ponekad uzimaju i obične akcije.

Potom, jedan od važnih elemenata inicijalnog ugovora jeste definisanje povlačenja finansijera. Ako projekat uspe, on može izaći na berzu, što, s jedne strane, omogućava preduzeću da se finansijski razvija stičući pristup drugim izvorima kapitala, dok, s druge strane, omogućava investitorima da se makar delimično povuku. Taj izlazak finansijera oslobađa svež novac za nove inicijalne investitore, novac koji se može investirati u druge startape. Izlazak na berzu ne dešava se na dan koji je unapred određen i suptilno se poigrava tajmingom (na berzu se izlazi kada na tržištu ima mnogo raspoloživih fondova za investiranje).

Visokorizični (preduzetnički) kapital poznaje i neka ograničenja. On zahteva profesionalce koji raspolažu velikim ličnim sredstvima. Ta lična sredstva, dakle činjenica da ulažu sopstveni novac u neki startap, jeste ono što njihovom poslovanju pruža kredibilitet i motiviše pasivne investitore, koji ipak obezbeđuju veći deo ulaganja, da ih slede u finansiranju tog istog startapa. Kao takvi, raspoloživi fondovi fluktuiraju u skladu sa ekonomskom situacijom. Prilikom internet mehura, izlazak na berzu skupo je koštao, a fondovi preduzetničkog kapitala raspolagali su s mnogo sopstvenih sredstava. I obratno, nova regulativa koja ograničava rizike kojima se penzioni fondovi smeju izložiti – odvratiće ih od investiranja u kompanije koje ulaze na berzu. U načelu, mana tog finansiranja jeste to što je prilično prociklično.

Preduzetnički kapital takođe u brojnim zemljama ima javnu dimenziju. Imajući u vidu gorenavedene mane, javno finansiranje može biti korisna dopuna, ali samo pod određenim uslovima, jer, gledano iz ugla analize industrijske politike[1], u procesu treba da učestvuju eksperti[2] i on mora teći uz ograničen uticaj politike; na

[1] Vidi trinaesto poglavlje.

[2] Državi je još uvek nemoguće da uvek ima pristup najboljim stručnjacima, jer ne može ponuditi naknade u visini onih iz privatnog sektora.

primer, *US Small Business Investment Research Fund* prati glas da finansira projekte koji ne obećavaju mnogo upravo zbog uplitanja političara. Zato bi bilo idealno da javno investiranje dopunjava preduzetnički kapital, pre nego da mu bude rival i da primenjuje kontracikličnu politiku. Ipak, sve je to lakše reći nego učiniti.

IV. KOOPERATIVNI RAD I SLOBODNI SOFTVER

Proizvodni proces i inovacije u slobodnom softveru (*open source software*) deluju sasvim drugačije od onog što bi ekonomisti mogli očekivati. Klasična praksa je da privatno preduzeće plaća svoje zaposlene, dodeljuje im zadatke i prisvaja tako nastalo intelektualno vlasništvo. U slučaju slobodnog softvera (*open source*), naprotiv, saradnici ne dobijaju naknadu. Njihov doprinos je na dobrovoljnoj bazi, pa su programeri slobodni da rade na svojim potprojektima koji su im zanimljiviji i koji su najbliži njihovim kompetencijama, mada način organizovanja slobodnog softvera uopšte nije anarhičnog karaktera (*leadership* na nekom projektu raščlanjuje rad na tačno definisane module i prima doprinose „zvaničnoj" verziji – s jedne strane, kako bi rešenja zaista bila koherentna i funkcionalna, a, s druge strane, kako se projekat ne bi rasplinuo). Najzad, intelektualno vlasništvo je ograničeno: na primer, kako je to definisano licencom za slobodni softver, ko god koristi ovaj softver – mora pod istim uslovima učiniti raspoloživim sva poboljšanja napravljena na njemu.

Slobodni softveri već sad igraju važnu ulogu u brojnim segmentima. Široka publika najbolje poznaje *Linux*[1] (kompjuterski operativni sistem koji je konkurencija operativnom sistemu *Windows* kompanije *Microsoft* i *MacOS* kompanije *Apple*), kao i *Android* (operativni sistem za mobilne telefone čiji je glavni konkurent *iOS* ugrađen u

[1] Tehnički posmatrano, *Linux* je samo jezgro (kernel) operativnog sistema (OS). *Android* kao kompletan OS, dakle, bazira se na kernelu *Linux*. Kompletni operativni sistemi upućuju na *GNU/Linux*. Oni se zatim zgodno „pakuju" u ono što nazivamo *Linux* distribucija. (Najširoj javnosti verovatno je najpoznatiji *Ubuntu*; *Red Hat Enterprise Linux* najpoznatiji je među preduzećima).

ajfon). Ali slobodni softver takođe je vrlo zastupljen u serverskim programima (od sredine devedesetih godina, tržištem softvera za servere dominirao je *open source* projekat *Apache*), u skript jezicima (*Python*, PERL, PHP...), na veb-pretraživačima (*Firefox*, *Chromium*, koji je „slobodni" deo *Chromea*), u bazama podataka (*MySQL*), elektronskoj pošti (*Thunderbird*), automatizaciji kancelarijskog poslovanja (*LibreOffice*), klaudu (*OpenStack*) ili u sistemu *Big Data* (*Hadoop*).

Kakvi su podsticaji i uloge različitih aktera u *open source* procesu?

Motivacija programera. Rad na nekom projektu slobodnog softvera oduzima programeru dragoceno vreme. Programer koji radi samostalno odustaje od novčane naknade koju je inače mogao dobiti radeći za neko komercijalno preduzeće ili univerzitet. Za programera koji radi u nekoj komercijalnoj kompaniji, na univerzitetu ili u istraživačkom centru – oportunitetni trošak koji stvara rad na slobodnom softveru potiče od nemogućnosti da se posveti svojim radnim zadacima. Na primer, univerzitetskom istraživanju može opasti kvalitet, ili se studentov rad na doktoratu može usporiti.

Početkom XXI veka[1], Džoš Lerner i ja bili smo oduševljeni rastućim uspehom *open source* softvera, te sumnjičavi prema iznesenim argumentima koji objašnjavaju razloge za taj uspeh, kao i prema analizi budućih strategija komercijalnog softvera suočenog s tim fenomenom. U to doba preovlađivala su dva objašnjenja motivacije programera za učešće u razvoju slobodnog softvera. Prvi je bio zasnovan na ideji da su saradnici na slobodnom softveru možda sami po sebi velikodušniji i manje željni zarade od kolega iz komercijalnog sveta. Društveno koristan rad zaista igra nezanemarljivu ulogu u brojnim domenima ekonomskog života. Prednost te hipoteze jeste to što je koherentna. Ali ona je postavljala pitanje jesu li u praksi programeri koji razvijaju komercijalni softver stvarno nemarniji prema opštom dobru nego programeri koji razvijaju slobodni softver – pitanje o kojem imamo vrlo malo informacija (ne možemo se pouzdati u rezul-

---

[1] Sledeća rasprava inspiriše se našim člancima *Some Simple Economics of Open Source*, Journal of Industrial Economics, 2002, vol. 50, n° 2, str. 197–234, i *The Scope of Open Source Licensing*, Journal of Law, Economics and Organization, 2005, n° 21, str. 20–56.

tate anketa zasnovanih na motivaciji, jer je dobro poznato da takve ankete navode na samozadovoljne odgovore).

Drugi pokušaj objašnjenja bio je još više stran ekonomskoj logici. On je tvrdio da saradnici na projektu slobodnog softvera očekuju da njihov doprinos inicira uzorni obrazac ponašanja zasnovan na opštoj uzajamnosti, gde bi angažovanje velikog broja saradnika omogućilo razvoj slobodnog proizvoda koji kasnije može koristiti i sam saradnik, čineći tako racionalnom ličnu odluku da doprinese projektu. Ovo objašnjenje, zasnovano na ličnom interesu, suprotstavlja se teoriji javnog dobra i empirijskim zapažanjima o ponašanju u stilu slepog putnika koje je primećeno u drugim kontekstima. Na primer, države, preduzeća ili domaćinstva načelno ne ograničavaju svoju emisiju gasova sa efektom staklene bašte, nadajući se da će njihovo lično ponašanje podstaći niz reakcija koje će omogućiti da se reši problem globalnog zagrevanja (Evropa je upravo tako pokušavala da bude primer i da nakon Protokola iz Kjota pokrene lanac uzornog ponašanja, ali bez i najmanjeg uspeha, iako sama emituje 10% svih gasova sa efektom staklene bašte).

Mi smo zastupali tezu kako je moguće da postoji nekoliko drugih razloga koji objašnjavaju motivaciju za *open source* saradnju. Kao prvo, *open source* programeri zaposleni u nekom preduzeću ili na univerzitetu – pre su u prilici da poboljšaju nego da umanje svoje radne performanse dajući svoj doprinos slobodnom softveru. To posebno važi za sistem-administratore, koji traže specifična rešenja za preduzeće u kojima rade. Studije su kasnije pokazale da brojne *open source* saradnike pokreće potreba da reše sopstvene probleme na polju programiranja za svoju organizaciju. Kao drugo, programer može osetiti lično zadovoljstvo odlučujući se za neki *open source,* koji je *cool* i kao takav zabavniji od rutinskih zadataka koje mu nameće poslodavac. Kao treće, davanje doprinosa za *open source* nudi mu priliku da pokaže svoj talenat.

U vezi sa ovom trećom tačkom treba dodati da ekonomska teorija signaliziranja, naime, sugeriše da su programeri skloniji učestvovanju u *open source* projektu kada je njihov doprinos vidljiviji publici koju nastoje da impresioniraju. Tu publiku mogu sačinjavati, kao i u akademskom svetu, njihove kolege: programeri, isto kao i članovi bilo koje druge profesije, žele da steknu priznanje u svojoj zajednici. Ali zanimljivo je zapaziti da oni nisu jedina ciljna grupa, bar ne u slučaju programera slobodnog softvera. Ciljna grupa takođe su potencijalni poslodavci (preduzeća komercijalnog softvera zapošljavaju programere slobodnog softvera koji su se istakli svojim doprinosom), te zajednica koja poseduje preduzetnički kapital, a koja će u izvesnim slučajevima – naročito lideri *open source* projekta – finansirati komercijalne aplikacije napravljene korišćenjem slobodnog softvera.

Treba zapaziti da je slobodni softver podesan za takvo signaliziranje. Raščlanjivanje problema omogućava da se uoče poteškoće u rešavanju zadataka, kvalitet ponuđenog rešenja i osoba odgovorna za rešavanje postavljenog problema. Tako prikupljene informacije korisne su tim pre što *open source* programer preuzima potpunu odgovornost za uspeh svog potprojekta, uz malu potrebu za komunikacijom s nadređenim. Projekti takođe razlikuju stepene priznanja (na primer, programere različitih nivoa, projektne menadžere, članove saveta odgovarajuće fondacije), ističući diferencijaciju kako bi podstakli signaliziranje. Posredna potvrda hipoteze o signaliziranju jeste to što su preduzeća za komercijalni softver, svesna te želje za isticanjem, pokušala da imitiraju slobodni softver priznajući individualne zasluge svojih programera za određene celine softvera.

Strategije komercijalnih preduzeća. To nas navodi da se pozabavimo pitanjem strategije preduzeća komercijalnog softvera u odnosu na slobodni softver. Isprva neprijateljski nastrojena, ona su se prilagodila tom fenomenu i u njemu čak pronašla svoju šansu.

- Može se desiti da ona zažele da njihovi zaposleni rade na *open source* projektima kako bi, kao što smo videli, uočili talente u tom segmentu industrije i eventualno ih pozvali da im se pridruže u nekom poslovnom poduhvatu.
- Može se desiti da ona zažele da podele sa određenim korisnicima – uz ugovor o poverljivosti – svoj izvorni kôd[1] kako bi im neko sa strane uklanjao bagove.

[1] Izvorni kôd napisan je u programskom jeziku. On se potom transformiše u binarnu reprezentaciju sekvenci instrukcija koje se izvršavaju na mikroprocesoru. Uglavnom je binarni kôd vidljiv, ali ne i sam programski kôd.

- Osim toga, programeri se mogu upoznati s komercijalnim izvornim kodom koji je otvoren preko univerzitetskih licenci (kako to odavno čini *Microsoft*): on se može koristiti u školama i univerzitetima u nastavne svrhe, stvarajući tako „alumni efekat" (*alumni effect*) i po uzoru na korisnost slobodnog softvera, poput *Linuxa*, s kojim se studenti vrlo rano upoznaju.
- I naročito, komercijalno preduzeće može odlučiti da zaradi novac ne na samom kodu, već na dodatnim komplementarnim uslugama, razvijajući i koristeći ekspertizu za robu i usluge zasnovane na *open source* softveru. Tako *Google* stavlja besplatno na raspolaganje *Android* kao *open source* softver, nalazeći svoju korist u podacima koje prikuplja o korisnicima Androida (dopunjujući tako prikupljanje informacija preko svojih pretraživača, *Google Maps*, *YouTube*, itd.). IBM je bazirao svoju poslovnu strategiju na *open source* programima, računajući zaradu od konsaltinga. Komercijalna preduzeća, kao *Red Hat* za *Linux* ili *Scientific Workplace* za LaTeX[1], nude personalizovane verzije i/ili one lakše za upotrebu od *open source* programa.

Vratimo se sada na ideju da u *open source* projektu saradnici nisu plaćeni. Iako je upravo to karakteristično za nove projekte (započete iz lične motivacije, *scratch your own itch*), važne projekte za privredu danas često u velikoj meri finansiraju kompanije koje zapošljavaju ključne saradnike. *Linux* posebno lepo ilustruje tu tačku gledišta. *Android*, kako smo videli, uglavnom je u rukama kompanije *Google*, dok je *MySQL* u rukama kompanije *Oracle*, itd. Priča o *Javi* možda ilustruje jednu drugu strategiju koju su smislili *San* i naročito *Oracle*: povezati velike aktere (IBM, SAP, *Apple*, uskoro *Google* za *Android*, itd.) u savez okupljen oko jedinstvene implementacije (u ovom slučaju *OpenJDK*) da bi se zajedno izborili s fragmentacijom ekosistema *Java*, što predstavlja pretnju za opstanak njihove osnovne delatnosti.

Međutim, brojni izazovi iskrsavaju kada komercijalno preduzeće nastoji da bude u središtu razvoja *open source* projekta. Može se desi-

[1] Od tada slobodni softveri kao *LyX* pokušavaju da imitiraju lakoću korišćenja *Scientific Workplacea*.

ti da privredni subjekat ne internalizuje u dovoljnoj meri ciljeve *open source* zajednice. Pogotovo se može desiti da on ne bude u stanju da se kredibilno obaveže da će zadržati izvorni kod u javnom domenu, tj. da će na adekvatan način istaći veće doprinose. Postepeno, iz verzije u verziju, *Android* postaje sve zavisniji od usluga kompanije *Google*, tako da proizvođač koji želi da pravi mobilni telefon *Android*, ali bez dozvole *Googlea* (npr. bez pristupa radnji sa aplikacijama *Google Play*), neće dobiti baš funkcionalan proizvod. Ne mora značiti da će se taj strah obistiniti (jer moguće je da *Google* želi da izgradi reputaciju neutralnosti), ali on stvarno postoji.

Ove poteškoće objašnjavaju zašto je *HewlettPackard* (*HP*) objavio svoj kôd na *Collab.Netu* kao preduzeću koje su osnovali *open source* programeri, a koje organizuje *open source* projekte za preduzeća koja žele da učine svima dostupnim deo svog softvera. Zapravo, *Collab. Net* nudi neku vrstu sertifikata da se kompanija zaista obavezuje na *open source* karakter projekta.

Izbor režima intelektualne svojine. Ovo poslednje zapažanje vraća me na motivaciju *open source* programera. Njihova motivacija takođe zavisi od licence koja važi za *open source* projekat. Naime, ako postoji želja da projekat ostane *open source*, on se mora zaštititi. Neke licence, kao što je BSD (*Berkley Software Distribution*), permisivne su u smislu što korisnik zadržava mogućnost da programski kôd koristi kako želi. One omogućavaju programerima da razvijaju vlasnički softver koji se može komercijalizovati, ali koji stvara opasnost od „račvanja", gde se projekat raslojava u različite, možda čak i ne baš kompatibilne varijante. Ovde je zanimljivo zapaziti strategiju kompanije *Google* za *Android*. Da bi učinio privlačnim ovaj slobodni softver, dozvoljavajući korisnicima da ga menjaju po svojoj volji kao da je vlasnički softver, *Google* se odlučuje za izrazito permisivnu licencu.[1] Ali nekompatibilnost koja je svojevoljna odluka proizvođača smartfona i telekomunikacijskih operatera – bila bi katastrofalna. Prilikom izbacivanja *Androida* na tržište[2], *Google* je napravio dogovor s proizvođačima, operaterima i kreatorima softvera, koji su

[1] Apache 2.0.

[2] Kraj 2007; sam ajfon izbačen je početkom 2007.

se obavezali da će zadržati jedinstveno jezgro kako *Android* bude evoluirao.

Nasuprot tome, licenca kao što je GPL (*General Public License*)[1] ograničavajuća je u pogledu interakcije s komercijalnim softverom. Ona obavezuje da se svaka izmenjena verzija podeli sa zajednicom, osim ako ta verzija nije striktno rezervisana za ličnu upotrebu. Licenca GPL posebna je zbog ličnosti svog kreatora Ričarda Stolmena (Richard Stallman), kao i zato što ju je *Linux* vrlo rano primenio. No, danas se „zarazne" licence (tipa GPL) ne mogu više smatrati sasvim „karakterističnim" za *open* source projekte. Permisivne licence (BDS, MIT, *Apache*...) vrlo su rasprostranjene.

Kako se pravi izbor u pogledu *open source* licence? Projekat mora biti atraktivan kako bi privukao programere. Oni će biti podozriviji ako je komercijalno preduzeće inicijator projekta, ili ukoliko je ono u velikoj meri uključeno u izvorni kôd slobodnog softvera. Učesnici su mirni u pogledu fragmentacije i *free ridinga* ukoliko je u pitanju GPL licenca. Podsetimo se takođe da programeri pridaju važnost vidljivosti svog doprinosa. A njihov doprinos je vidljiviji ako projekat privlači brojne druge programere, te ukoliko softver više koriste drugi programeri nego konačni korisnici koji ne čitaju izvorni kôd. Izbor licence nije ni najmanje iracionalan i odgovara predviđanjima ekonomske teorije. Analiza 40.000 *open source* projekata iz baze podataka *SourceForge* pokazuje da su restriktivne licence znatno učestalije kada je pretpostavljena draž za programere slobodnog softvera bila manja, odnosno: a) za aplikacije – igre i kancelarijske programe – namenjene široj publici; b) za projekte koji se sprovode u komercijalnom okruženju ili koji rade na vlasničkim operativnim sistemima; c) za projekte čiji prirodni jezik nije engleski.

Postoje i mnoge druge uzbudljive teme koje se tiču slobodnog softvera, a koje ovde ne mogu obrađivati zbog nedostatka prostora: kakvu bi javnu politiku trebalo usvojiti u pogledu tog fenomena? Kolika je važnost patenata i osiguranja od rizika nastanka prav-

[1] Licenca LGPL (*Lesser General Public License*) jeste verzija koja je izmenjena kako bi bila manje ograničavajuća u pogledu svoje upotrebe u kontekstu kohabitacije s vlasničkim programima.

nog spora za plagiranje patenta u slučaju slobodnog softvera? Može li se *open source* model preslikati i u nekim drugim industrijama? Ovaj kratki prikaz *open source* modela želeo bih da zaključim uz dva zapažanja. Pre svega, u ovom domenu, kao i u drugim, važno je da alternativni organizacioni oblici mogu nastati u uslovima jednakog tretmana različitih organizacionih oblika, i to kako bi se najprikladniji oblik za svaku situaciju mogao primeniti: ne može se nametnuti jedinstveni organizacioni model. Potom, kako sam pokušao pokazati, u ekonomskom smislu nema ničeg misterioznog u ovom fenomenu, iako bi on u prvi mah mogao delovati zbunjujuće jednom ekonomisti. Ekonomija je svuda.

V. I MNOGE DRUGE RASPRAVE...

Mnoge druge uzbudljive teme koje se tiču intelektualne svojine predmet su rasprava u ovom trenutku, ali se njima zbog konciznosti ovde neću baviti.

Na primer, patentni trolovi, subjekti koji se ne bave istraživanjem i razvojem, već kupuju patentna portfolija da bi naplaćivali naknade za korišćenje, a predstavljali su 61% postupaka koji se odnose na patente u SAD 2011. godine. Da li oni stvaraju efikasno sekundarno tržište patenata (mali inovatori nemaju pravne kapacitete i značajne prinose da bi primorali korisnike na plaćanje)? Ili pak predstavljaju opšti ucenjivački mehanizam za izvlačenje sredstava, omogućen popustljivošću patentnih biroa koji olako priznaju patente?

Osim toga, kako treba koncipirati regulativu koja se tiče konkurencije u svetu u kojem je intelektualno vlasništvo u središtu vrednosnog lanca? Treba li ograničiti nametanje uslova, praksu koja se sastoji u tome da se preduzeće koje je „nizvodno" u lancu vrednosti spreči da komercijalizuje proizvode dok ne plati prava, što je vrlo efikasno oružje protiv velikih preduzeća, poput *Applea* ili *Microsofta* (tako je, pod pretnjom nametanja uslova, RIM – danas *BlackBerry* – morao platiti 612,5 miliona dolara patentnom trolu)? Moraju li se nametati obavezne licence koje idu nauštrb vlasnika intelektualne svojine? To su tek neka među mnoštvom pitanja o intelektualnoj svojini koja se danas postavljaju širom sveta.

Poglavlje 17
Sektorska regulacija

Značaj teme

Godine 1982, dok sam još bio mladi istraživač u ustanovi *Ecole des Ponts*, imao sam veliku sreću da započnem dugu saradnju na temu sektorske regulacije sa Žan-Žakom Lafonom, koji je osnovao *Toulouse School of Economics*. Tako smo otpočeli rad posvećen regulaciji infrastrukturnih (mrežnih) delatnosti i javnih nabavki. U celom svetu tada se rađalo izvesno nezadovoljstvo u pogledu slabog kvaliteta i cena javnih usluga koje pružaju državna preduzeća s monopolskom pozicijom. U SAD, predsednik Karter upravo je bio sproveo deregulaciju avio-prevoza, a i drugi sektori tada su bili na tapetu: telekomunikacije, struja, gas, železnice, pošta... Jasno je da privatizovanje velikih monopolskih javnih preduzeća u Evropi nikako ne bi rešilo sve probleme, na šta je jasno ukazala očita neefikasnost *privatnih* ali regulisanih preduzeća, tj. američkih *public utilities,* koji postoje od početka XX veka. Trebalo je promeniti podsticajne mere za velika monopolska preduzeća, te istovremeno uvesti konkurenciju.

Deregulacija i uvođenje konkurencije ipak se nisu podrazumevali, osim možda kod ideologa politike *laissez-faire*. Bilo je dobrih razloga za odsustvo konkurencije u tim sektorima. Naročito zato što bi uvođenje potencijalnih konkurenata dovelo do dupliranja „uskih grla", u terminologiji prava konkurencije zvanih i „infrastrukturna ili javna komunalna preduzeća", ili „prirodni monopoli", što bi bilo vrlo skupo. Ta osnovna infrastruktura podrazumeva elektrodistribuciju, dostavu pošte lakše od 50 g, gasovode, pruge i železničke stanice, kao i lokalnu petlju (telefonsku liniju koja ide od domaćinstva ili kancelarije do prvog nivoa lokalne centrale; nekad je ona koristila bakarne parice, a danas koristi optički kabl ili bežičnu lokalnu petlju). Uzmimo jedan već pomenuti primer: teško možemo zamisliti novog železničkog operatera kako gradi novu brzu prugu Pariz–Lion i nove železničke stanice u Parizu i Lionu! Tu osnovnu infrastrukturu nekad je kontrolisalo „državno preduzeće s monopolskim položajem" (u Francuskoj – *Elektroprivreda Francuske*, *Frans telekom*, *Železnice Francuske*, *Pošta*...).

Izazovi s kojima smo se mi i drugi istraživači suočavali baveći se tom temom zaista su mnogobrojni.[1] Trebalo je postaviti koherentan konceptualni okvir da bi se definisali podsticajni ugovori između države i regulisanih preduzeća, smisliti uvođenje konkurencije u infrastrukturne (mrežne) delatnosti uz uspostavljanje načela određivanja pristupnih cena za osnovnu infrastrukturu, koja je dotad bila u posedu državnih monopolskih preduzeća; i uopšte organizovati regulaciju tih sektora, ključnih za ekonomiju, odnosno definisati novu viziju države „regulatora".

I. ČETVOROSTRUKA REFORMA I NJENA RACIONALNOST

Reforme u telekomunikacijskom, energetskom, železničkom sektoru ili pošti – koje se sprovode od kraja XX veka – predstavljaju, dakle, reakciju na neefikasnost upravljanja koja je prethodno uočena u tim sektorima. Naime, preduzeća koja izvlače koristi od *de jure* i *de facto* monopolskog položaja po osnovu postojanja oblasti s vrlo visokim prinosima na obim – u mogućnosti su da nameću visoke cene ili usluge nezadovoljavajućeg kvaliteta potrošačima bez izbora.

[1] Moji radovi sa Žan-Žakom Lafonom o podsticajnim metodama regulacije (ali ne i oni o ulasku konkurencije, koji su među poslednjima) sintetizovani su u delu *A Theory of Incentives in Regulation and Procurement*, Cambridge, MA, MIT Press, 1993 (francuski prevod: *Théorie des incitations et réglementation*, Paris, Economica, 2012).

Sve do osamdesetih godina, svuda u svetu su ti sektori bili monopoli sa slabim podsticajima (u Evropi javna preduzeća, u SAD privatna preduzeća koja su na korisnike prebacivala skoro sav rizik, te stoga i njihovu visoku cenu) – i praktikovali su „unakrsne subvencije" među uslugama, često pre motivisane političkim nazorima nego ekonomskom logikom (prosto rečeno, kaže se da postoji unakrsna subvencija kada nisku cenu usluge finansira visoka cena neke druge usluge).

Situacije prirodnog monopola objašnjavaju zašto u većini zemalja javna vlast već dugo reguliše infrastrukturne delatnosti s monopolskim položajem. Međutim, modaliteti te regulacije se ne podrazumevaju. Velika asimetričnost informacija u pogledu troškova, tehnoloških odluka i potražnje sprečava regulatora da garantuje najbolju uslugu po najnižoj mogućoj ceni za građane. Drugim rečima, regulisano preduzeće može strateški koristiti informacije kojima raspolaže: ono ih otkriva kada mu to koristi i čuva ih za sebe kada bi mu njihova transparentnost ugrozila monopolsku zaradu.

Ekonomskim jezikom rečeno, regulatori se suočavaju s dva tipa asimetričnosti informacija, nazvanim „negativna selekcija" i „moralni hazard". Kao prvo, preduzeće (kao nalogoprimac)[1] bolje poznaje svoje okruženje: tehnologiju, troškove snabdevanja, potražnju za svojim proizvodima i uslugama. Kao drugo, njegovo poslovanje utiče na troškove i tražnju: upravljanje ljudskim resursima, strateški izbor kapaciteta proizvodnje, istraživanje i razvoj, imidž brenda, kontrola kvaliteta, upravljanje rizicima, itd. Ne čudi što vlasti koje zanemaruju tu asimetričnost informacija ne uspevaju efikasno da regulišu ovaj domen, te da svedu trošak za korisnika i poreskog obveznika na pravi nivo. Dva primera nezavisna od pojma tržišne moći o kojima sam raspravljao u osmom i devetom poglavlju – primeri administrativnog pristupa regulaciji (*command and control*) na polju zaštite životne sredine i sudske zaštite od otpuštanja – pokazala su se kontraproduktivnim, jer su nametali privredi previsoke troškove za

[1] Nalagoprimac je agent koji u zamenu za novčanu naknadu obavlja neki zadatak za nalogodavca, koji dodeljuje zadatak i plaća nalogoprimca. Par nalogodavac–nalogoprimac takođe se naziva, upućujući na englesku terminologiju, prinicipal–agent.

postizanje određenog cilja, što se *in fine* okrenulo protiv pretpostavljenih korisnika te regulacije (prirodne sredine, zaposlenih lica). Isti princip vlada u ekonomiji sektorske regulacije.

Naravno, vlasti moraju pokušati, a u praksi to i pokušavaju, da umanje asimetričnost informacija. To se može postići prikupljanjem podataka, ali i upoređivanjem uspeha kompanije u poređenju sa sličnim kompanijama prisutnim na drugim tržištima. To se takođe može izvesti stavljanjem monopolskih prava na licitacijsku prodaju, tokom koje preduzeća moraju pružiti informacije o troškovima svog sektora. Ali iskustvo pokazuje da te prakse, mada korisne, ne omogućavaju da se ukloni informacioni hendikep regulatora. Druga poteškoća što se tiče sprovođenja reforme očito počiva u političkoj ekonomiji. Akcionari, menadžeri i zaposleni u ovim preduzećima oprezni su u pogledu modaliteta reforme; često njihov snažni aktivizam sprečava ili sputava reformu. Nasuprot tome, izvesni lobiji korisnika usluga i proizvoda konkretne grane delatnosti mogu podstaći liberalizaciju tržišta, ne radi društvenog blagostanja, već da bi ostvarili lični interes.

Četvorostruka reforma

Delimično inspirisana ekonomskom teorijom, četvorostruka reforma odigrala se u poslednjih trideset godina, a za nju je karakteristično sledeće:

- *Povećanje podsticaja za efikasnost* prirodnih monopola uvođenjem mehanizama deljenja dobiti od veće efikasnosti sa operaterom (a u Evropi privatizacijom). Na primer, pribegavanje ograničenim cenama koje nameću regulisanim preduzećima gornje granice za „prosečnu cenu" njihovih usluga, uz mogućnost da zadrže svoj profit kada je to ograničenje ispoštovano, postalo je široko rasprostranjeno. Ta granica uglavnom je indeksirana prema inflaciji, ceni inputa (na primer, u skladu s cenom gasa za gasne elektrane), kao i, ređe, prema komparativnim indikatorima (drugim rečima, uz poređenje sa uspehom preduzeća u sličnoj situaciji, *benchmarking*). Ona se dinamički prilagođava u skladu sa očekivanim tehničkim napretkom;

- *Usklađivanje tarifa* (između fizičkih lica i preduzeća, između pretplata, između lokalnih komunikacija i onih na daljinu, itd.). Ovaj rebalans bio je poželjan, jer je pokrivanje fiksnih troškova mreža preskupom naplatom usluge s velikom elastičnošću tražnje dovelo do nedovoljne potrošnje, koja je vrlo neefikasna i koja je kočila uvođenje inovativnih usluga;
- *Ulazak konkurencije* u izvesnim segmentima poslovanja bez odlika prirodnog monopola, uz, s jedne strane, dodeljivanje licenci pridošlicama, i, s druge strane, regulaciju uslova njihovog pristupa uskom grlu državnog monopolskog preduzeća. Pošto znamo koliko je tržište bitan usmerivač, nikad nije naodmet potencirati značaj konkurencije za dinamičnost preduzeća, bilo ono državno ili privatno;
- I najzad, *transfer regulacije ka nezavisnim telima*. Kako sam objasnio u šestom poglavlju, predstava o ulozi države je evoluirala. Država-proizvođač postala je država-regulator. Pod pritiskom zainteresovanih strana – i uz suočavanje s mekim budžetskim ograničenjima (deficit preduzeća koji je pretio da naduva opšti budžet ili javni dug premošćava se podizanjem cena koje plaćaju korisnici) – preduzeća koja kontroliše javna vlast uglavnom ne pružaju kvalitetne usluge s niskim troškovima. Ranije je država bila i sudija i suđeni, a sad je često usredsređena na svoju ulogu sudije, naročito kao vlast koja sprovodi sektorsku regulaciju i kao vlast nadležna za zaštitu konkurencije, u oba slučaja u obliku nezavisnih tela.

Jednu zanimljivu ilustraciju uloge podsticaja i dobro odmerenog tarifiranja nalazimo u reformi povezanoj sa *Stagers Actom* iz 1980. godine u SAD. Sedamdesetih godina XX veka, američka železnica (uglavnom teretni prevoz, za razliku od Francuske) bila je na samrti. Brojne kompanije, iako ih je štitio monopolski položaj, imale su velike finansijske teškoće. Udeo železničkog teretnog prevoza pao je na 35% (naspram 75% dvadesetih godina XX veka). Infrastruktura (pruga) bila je trošna, pa se i brzina vozova prilično smanjila. Reforma je pružila mnogo više slobode pri definisanju cena i potpisivanju ugovora s preduzećima korisnicima usluga teretnog prevoza (ostajući pritom pod nadzorom regulatora kako bi se predupredile „bezobrazno" visoke cene). Troškovi i cene su opali (produktivnost – definisana kao broj tonskih kilometara po zaposlenom – otad je uvećana četiri i po puta), kvalitet je porastao, dok je teretni prevoz železnicom povratio svoj tržišni udeo, iako je bio na putu nestanka.

Konkurencija na tržištu i za tržište

Postoje dva načina uvođenja konkurencije: za tržište (*ex ante*) i na tržištu (*ex post*).

Konkurencija za tržište je konkurencija za pravo da se opslužuje određeno tržište pod monopolom. Na primer, lokalna samouprava odlučuje se za jednog jedinog operatera koji će opsluživati tržište u određenom periodu, a koji je izabran na licitaciji tipa „ko da više", gde cena onog ko je dao najviše odražava finansijske prilike (predviđena cena za korisnika, nivo subvencija koje se traže od lokalne samouprave), kao i druge promenljive kojima se meri kvalitet usluge, što sve zavisi od specifikacije. Ta konkurencija za tržište spada u mehanizme javnih poziva (opšti termin koji objedinjuje javne nabavke, poveravanje javnih poslova i ugovore o javno-privatnom partnerstvu), na kojima se ovde, nastojeći da ostanemo koncizni, nećemo zadržavati, iako su od suštinskog značaja za ekonomiju.[1] I obrnuto, javne vlasti mogu odlučiti da prepuste operatere igri konkurencije na određenom tržištu. Za to je potrebno da različiti operateri imaju pristup osnovnoj infrastrukturi, te otud anglosaksonski termin *open access*.

[1] Setimo se, na primer, tendera za snabdevanje i pružanje usluga lokalnim samoupravama, bolnicama, javnom prevozu, vodovodu i kanalizaciji, projektima za izgradnju školskih ustanova, auto-puteva i mostova, ili pak tendera za snabdevanje opremom za sport i kulturu. Čitalac će moći da pogleda, na primer, moju belešku sačinjenu sa Stefanom Sosjeom (Stéphane Saussier), *Renforcer l'efficacité de la commande publique* (Conseil d'analyse économique, beleška 22), i knjigu Stéphane Saussier, *Économie des partenariats public-privé*, Bruxelles, De Boeck, 2015.

Vlasti uglavnom imaju mogućnost izbora između dva vida konkurencije. Na primer, kad bi telo za regulaciju železničkog saobraćaja (Araf, nezavisni državni organ koji reguliše železnice u Francuskoj) želelo da uvede konkurenciju na TGV usluge Pariz–Lion, ono bi moglo birati da napravi licitaciju za davanje koncesije železničkim operaterima (SNCF, *Deutsche Bahn*, *Transdev*...), ili pak da prepusti da operateri budu konkurencija jedni drugima na toj trasi, te da međusobno podele termine saobraćanja. U tom istom železničkom sektoru, neke poslovne aktivnosti, poput teretnog prevoza, sada su na tržištu podvrgnute klasičnom obliku konkurencije, dok drugi ostaju pod monopolom, kao u primeru regionalnog putničkog prevoza, čiji je oblik konkurencije predviđen Evropskom uredbom o obavezama javnih službi (OSP), što je više nalik konkurenciji „za" tržište po geografskim zonama.

II. PODSTICAJNE MERE REGULACIJE

Učiniti preduzeće odgovornim

Ekonomisti se mahom slažu u mišljenju da treba pribeći snažnim podsticajnim merama (uz dodeljivanje odgovornosti preduzećima), tako da su igrali značajnu ulogu u reformama uvodeći nove regulativne ugovore u infrastrukturne delatnosti. Naime, zdrav razum sugeriše sledeće: kako bi postojali pravi podsticaji za smanjivanje troškova (da se držimo tog primera), strana koja kontroliše nivo troškova mora snositi neku odgovornost za njih, barem delimično. To vodi, naročito u slučaju koncesija, pribegavanju ugovorima sa snažnim podsticajnim merama u kojima se koncesionar ne smatra odgovornim za razvoj događaja nad kojim nema nikakvu kontrolu, ali zato snosi u potpunosti – ili dobrim delom – rizike za troškove kojima može upravljati.

U okviru nekomercijalnih javnih projekata (izgradnja mosta na kojem se ne plaća mostarina, na primer), često se priča o „ugovoru s fiksnom cenom" (*fixed price contract*), gde vlast koja je davalac koncesije plaća unapred definisanu sumu, a preduzeće snosi sveukupne troškove (zbog čega nema potrebe za njihovom kontrolom od strane regulatora). U domenu komercijalnih usluga, ugovori sa snažnim podsticajima uzimaju oblik ograničenih cena (*price caps*) koje nisu indeksirane prema stvarnom trošku proizvodnje. Drugim rečima, i kako bismo donekle pojednostavili priču, regulator dozvoljava maksimalnu prosečnu cenu, te preduzeće može utvrđivati svoje cene sve dok poštuje to ograničenje. Tada ono snosi sveukupni trošak.

Ti ugovori sa snažnim podsticajima moraju se razlikovati od ugovora sa slabim podsticajima, gde se proizvođač unapred osigurava da će njegovi troškovi, ili veliki deo njegovih troškova, biti pokriveni uvećanjem subvencija ili podizanjem cena koje plaća korisnik; ovde su u pitanju ugovori o refundiranju troškova (*cost-plus contracts*) za nekomercijalne usluge, te ugovori o regulaciji, po kojima se cene koje plaćaju korisnici usluga indeksiraju prema nivou ostvarenih troškova (*cost of service regulation*). To je tip ugovora koji je preovlađivao, na primer, u SAD na polju regulacije privatnih preduzeća za pružanje javnih usluga (*public utilities*) sve do osamdesetih godina XX veka.

Uopšte, ideja vodilja za uvođenje ugovora sa snažnim podsticajnim merama jeste, kao što sam rekao, da se preduzeće učini odgovornim za svoje poslovanje kako bi se ono podstaklo da bolje opslužuje zajednicu. Uzmimo kao primer prenos električne energije. Operater elektrodistributivne mreže – u Francuskoj je to *Mreža za transport struje*, filijala *Elektroprivrede Francuske* – igra važnu ulogu sa svojim investicijama, održavanjem i distribucijom (odlučivanje o proizvodnim jedinicama čija je namena da služi konačnoj tražnji). Ovako netransparentna uloga neposredno utiče na preduzeća i domaćinstva potrošače struje. Elektrana blizu mesta potrošnje koja proizvodi struju s troškom od 100 evra po megavatu može, recimo, biti zadržana, a neka druga udaljena elektrana čija proizvodnja košta samo 25 evra po megavatu – iako je raspoloživa – može biti ugašena zbog nedostatka kapaciteta transporta za prenos električne energije od mesta proizvodnje do mesta potrošnje, ili pak zbog nesigurnosti u pogledu stabilnosti mreže visokog napona. Uopšte, „trošak za redistribuciju", koji u ovom primeru iznosi 75 evra, dobro je odmeren u složenim elektroenergetskim sistemima (*Elektrodistribucija Francuske*, pionir ekonomskog proračuna u elektroenergetskom sektoru, radi to već veoma dugo). Ovaj trošak rezultira ekonomskim gubitkom „nizvodno u lancu vrednosti" i u startu stvara višu cenu za potrošača struje. Stoga je smisleno da operater elektrodistributivne mreže izvede investicije uz razuman trošak, koji rasterećuje zagušenje što dovodi do ukupno manje izdašne proizvodnje. Devedesetih godina XX veka, engleski operater elektrodistribucije (koji je nezavisan od proizvođača struje) bio je prvi put podvrgnut podsticajnoj šemi po kojoj se on nagrađuje ako smanji zagušenje (koje uglavnom nastaje na severu Engleske, gde je proizvodnja jeftina, pri prenosu ka jugu, na kojem se ona dobrim delom troši), čime se smanjuje i trošak redistribucija od jeftinih ka skupim elektranama. Taj podsticaj naveo je operatera mreže da uvede inovaciju, te da, uz niže troškove, smanji zagušenje u korist zajednice.

Ograničenja u pogledu nametanja odgovornosti

Napetost između odsustva profita i podsticaja. Uvođenje podsticajnijih ugovora ipak se ne mora odvijati na ovako naivan način. Napetost između odsustva profita i podsticaja jeste prva opšta briga: što su podsticaji veći, to je veći potencijalni profit, osim ako davalac koncesije nema vrlo preciznu informaciju o troškovnoj funkciji (što je malo verovatno), ili ukoliko ne uspe da stvori istinsku konkurenciju među vrlo sličnim proizvođačima.

Može li regulator proceniti visinu troškova preduzeća? Ne, jer, kako smo zapazili, preduzeće poseduje mnogo pouzdanije informacije o svojim troškovima i potencijalu njihovog poboljšanja. Šta onda raditi u toj situaciji asimetričnosti informacija? Istini za volju, ne postoji univerzalno rešenje za regulaciju – treba pustiti preduzeće da koristi svoje informacije. Drugim rečima, regulator mora eksplicitno uzeti u obzir postojanje asimetričnosti informacija i regulisanom preduzeću ponuditi „paletu" ugovora gde se nude različite mogućnosti za podelu troškova: na primer, ugovor s refundiranjem troškova i ugovor s fiksnom cenom. Ugovor s refundiranjem troškova definiše prilično mali iznos refundiranih troškova i ne pokriva ukupni operaterov trošak. Ugovor s fiksnom cenom dodeljuje visoku naknadu, ali je u pitanju bruto iznos: operater će tada morati da snosi sveukupne troškove, generišući neto profit jednak bruto naknadi umanjenoj za ostvarene troškove. Ako je ova „paleta" dobro smišljena, preduzeće koje unapred zna da će imati nizak trošak biraće vrlo podsticajnu šemu (da bude učinjeno odgovornim za svoj trošak), dok će se opredeliti za veće refundiranje svojih troškova ukoliko predviđa da će oni biti visoki. Naravno, ono će uložiti više napora da snizi troškove u prvom slučaju. Preduzeće će zadržati „informacionu rentu", ali ta „paleta" sa opcijama, ako je dobro smišljena i koherentna, omogućiće da se postigne najbolji kompromis između ograničavanja profita preduzeća i podsticaja.

Taj kompromis između rente i podsticaja često se zanemaruje. Vrlo često se preporučuje uvođenje ugovora sa ograničenom cenom uz tvrdnju, s punim pravom, da će on podstaći na veću efikasnost, ali se svesno zanemaruje njegova posledica, tj. mogućnost većeg profita. Nakon perioda entuzijazma u pogledu sniženja troškova, svedoci smo kontrastruje koja se izražava preko snažnog političkog pritiska u korist prekida „regulatornog ugovora" i prisvajanja postignutih renti... na osnovu izbora ugovora od strane javnih vlasti. Ali, da se izrazimo narodski, ne možemo imati i jare i pare. Poboljšanje efikasnosti na osnovu moćnih podsticajnih ugovora biće opipljivo samo ako preduzeće stekne poverenje u sposobnost države da ispoštuje svoje obaveze. Sredinom devedesetih godina XX veka, engleski regulator za struju Stiv Litlčajld (Steve Littlechild), ekonomista i jedan od rodonačelnika pristupa zasnovanog na ograničenim cenama, morao je ustuknuti pred političkim pritiscima i vratiti ugovore s regionalnim elektroenergetskim kompanijama. Brojna javno-privatna partnerstva u svetu suočila su se s tim tipom problema, te nas navela na pogrešan zaključak o neefikasnosti preuzimanja odgovornosti, dok se istinski razlog krije u nekoherentnom upravljanju, naročito u pogledu odsustva intertemporalne koherentnosti u podsticajima od strane javnih vlasti.

Neophodnost kontrole kvaliteta i bezbednosti. Snažni podsticaji, između ostalog, podrazumevaju da je preduzeću skuplje da pruža visokokvalitetne usluge jer ono snosi veći deo troškova. Zato preduzeće ima veliku motivaciju da snizi kvalitet usluge (ili da bira svoje pacijente ako se uzme primer bolnice kojoj je dat podsticaj da umanji smrtnost ili podigne stopu izlečenja). Jednostavnost ovog argumenta zbunjuje, ali ga regulatori često zaboravljaju. Privatizacija javnog monopola *British Telecoma* (BT), sprovedena 1984. godine, bila je praćena porastom podsticaja s kojima se preduzeće suočavalo; *so far, so good*, rekli bi Britanci. Međutim, regulator nije predvideo da će u interesu BT biti da sreže kvalitet usluge, te je vrlo brzo morao u taj podsticajni sistem uvesti merenje kvaliteta. Još jedan primer – opet iz Engleske, ali iz drugog sektora – jeste problem s bezbednošću koji je nastao zbog nedovoljnog investiranja u održavanje pruga nakon uvođenja snažnih podsticaja namenjenih operateru železničke infrastrukture. Mogu se zamisliti dva odgovora na taj problem kvaliteta. Prvi, koji je idealan pod uslovom da se kvalitet može meriti, jeste da se neposredno kontroliše kvalitet usluge. Drugi se nameće onda kada je stvarno teško kontrolisati kvalitet: slabi podsticaji umanjuju korist koju bi preduzeće imalo od snižavanja kvaliteta usluge.

Podleganje uticaju. Najzad, posledica veze između moći podsticaja i renti prepuštenih preduzeću jeste to što stavljanje tela za regulaciju pod nečiji uticaj postaje od većeg značaja za preduzeće, tim pre što su podsticaji snažni i vode nastanku velikih dobitaka uz uspešno lobiranje. No, što god da je uzrok stavljanja pod uticaj (lično ili političko prijateljstvo, buduće zaposlenje u grani, sukob interesa u vezi s finansijskim učešćem, novčani transfer, itd.), verovatnoća podleganja uticaju raste sa značajem koji za ekonomskog subjekta ima vršenje uticaja na regulatora. Ako se ne može garantovati nezavisnost regulatornog tela, rizik od njegovog podleganja nečijem uticaju upućuje na ugovore sa slabijim podsticajima (sa štetnim posledicama u pogledu efikasnosti).

Oportunističko ponašanje regulatora i regulisanog preduzeća

Jedna od poteškoća u vezi sa upravljanjem infrastrukturom dolazi otud što su ugovori često nepotpuni utoliko što ne definišu jasno ono šta je predmet odlučivanja, a u nekim okolnostima čak ni način na koji se mora organizovati donošenja odluka i kompenzacija. Oni su često nepotpuni upravo zato što su dugoročni (tehnološke promene ili tražnju često je mnogo lakše predvideti u kratkom roku), te je nesigurnost velika. Nepotpunost ugovora – ili uopšte svaki motiv koji omogućava jednom od dva aktera da se *ex post* ponaša oportunistički (uključujući, na primer, poteškoće države da ispoštuje svoje obaveze) – dovodi u opasnost podsticaj namenjen akterima da ulože u međusobne odnose. Tada se govori o „opasnosti uzajamne eksproprijacije", bilo investicije nalogoprimca, bilo nalogodavca od strane nalogomprimca.

Oblici eksproprijacije investicije nalogoprimca tokom važenja ugovora vrlo su raznovrsni: najprostija konfiskacija (koja nije praćena odgovarajućom naknadom); niske cene za korisnike (u slučaju tržišnog proizvoda) ili izostanak plaćanja nalogodavca (u slučaju netržišnog proizvoda); novi tehnički zahtevi ili ograničenja u pogledu zaštite životne sredine čiji troškovi nisu pokriveni; nedovoljnost u pružanju dopunskih usluga od strane nalogodavca (na primer, priključak na auto-put, veza s nekom nezavisnom lukom); zabrana smanjenja viška zaposlenih; neplansko i nekompenzovano uvođenje konkurencije; itd. Ta opasnost od eksproprijacije naročito predstavlja problem kada je kapacitet države da ispuni obaveze slab.

I obrnuto, nalogoprimac može pooštriti svoje zahteve prema nalogodavcu koji ima snažan interes da se projekat završi, ili da dobro funkcioniše javna usluga za koju se smatra da je od suštinske važnosti za zajednicu. On se može pozivati na neizbežna usklađivanja početnog plana, tražeći bitno podizanje cena ili budžetskih subvencija; ili pak može zapretiti svojim stečajem, pri čemu štetu od gubitka prenosi na društvo, dok bi profit stavio u svoj džep da je situacija bila povoljnija.

Prvi odgovor na ovaj rizik od oportunističkog ponašanja nalazi se, naravno, u potpunijim ugovorima. No, postoje granice širine ugovora, koje su nametnute troškovima sastavljanja ugovora (vreme koje tome posvećuju direktori, pravnici, itd.), te rokovima za zaključenje sporazuma. Da bi se organizovali neizbežni novi pregovori, dobro je odmah na početku ustanoviti jasnu proceduru revizije ugovora i pribegavanja arbitraži. Drugi faktor koji omogućava da se umanji rizik od oportunističkog ponašanja jeste postojanje reputacije koju akteri (preduzeće, državni organi) nastoje da sačuvaju.

Ex post konkurencija takođe može umanjiti rizik od oportunizma. Na primer, davalac koncesije može lakše odoleti koncesionarevom nerazložnom zahtevu za ponovne pregovore o ceni ako davalac koncesije može (i ima pravo na to) uz niske troškove zameniti koncesionara konkurentskim preduzećem. I tu se upliće vlasništvo nad imovinom. Regija koja bira železničkog operatera za svoje regionalne vozove moći će lakše da promeni koncesionara ako je sama vlasnik voznog parka, naročito ukoliko vozovi nisu standardizovani i ako za njih ne postoji živo tržište.[1] Dakle, logično je da vlasništvo nad voznim parkom pripadne regiji, čak i ako to donosi probleme u pogledu izbora (regija verovatno nema toliko stručnosti kao koncesionar) i održavanja (treba napraviti detaljnu specifikaciju kako bi se izbegla mogućnost da koncesionar štedi na održavanju pred kraj isteka koncesije). Najzad, može se predvideti upotreba sredstava obezbeđenja[2] da bi se predupredilo takvo ponašanje. Može se desiti da sredstva obezbeđenja uspešno zamene previše spor pravni sistem kako bi se izbeglo nepoštovanje eksplicitnih klauzula ugovora. Ali su ona manje korisna kada je reč o sprovođenju „duha" ugovora, jer mogu poslužiti kao sredstvo „ucene" druge ugovorne strane.

III. TARIFE REGULISANIH PREDUZEĆA

Granični trošak ili prosečni trošak?

Na jednom od svojih prvih časova, student ekonomije saznaje da ekonomska efikasnost zahteva da cena nekog dobra ili neke usluge bude jednaka graničnom trošku proizvodnje tog dobra ili usluge. Granični trošak je trošak proizvodnje dodatne jedinice proizvoda, te stoga ničim ne odražava postojanje fiksnih troškova (oprema, prostor, menadžment, istraživanje i razvoj, itd.), koji po definiciji ne zavise od nivoa proizvodnje. Ti fiksni troškovi ne mogu se pripisati određenoj potrošnji i moraju biti raspoređeni između različitih proizvoda i različitih potrošača, koji zajedno predstavljaju osnov za

1 Alternativa je u stvaranju tržišta *leasinga* voznog parka, kao što u Engleskoj postoji ROSCOS (*rolling stock operating companies*).

2 Sredstva obezbeđenja imaju za cilj da osiguraju isplate poveriocu i omoguće zaštitu od dužnikove nesolventnosti. One mogu biti ili lične (kaucija), ili stvarne (zalog ili kolateral).

nastanak tih fiksnih troškova, ili pak pokriveni finansiranjem sa strane (na primer subvencijama države). Rezonovanje koje stoji iza ovog principa tarifiranja prema graničnom trošku prilično je jednostavno: ako je potrebno 10 evra da se nešto proizvede, potrošač će internalizovati društveni trošak proizvodnje samo ukoliko je cena proizvoda 10 evra. Ako je cena šest evra, koristiću proizvod, a inače sam spreman da platim samo osam evra, što je ispod njegove cene. I obrnuto, cena od 14 evra odvratiće me od kupovine čak i ako sam bio spreman da platim 12 evra, što je više od cene proizvodnje. Cena koja je jednaka graničnom trošku omogućava da se transakcija realizuje uz profit, te odvraća od transakcija u kojima se on ne postiže.

Ali zamislite da preduzeće s visokim fiksnim troškovima tarifira po svom graničnom trošku. Ono neće ostvariti nikakav profit od prodaje, te će napraviti gubitak jednak fiksnim troškovima. Ono će morati da pokrije ovaj fiksni trošak, bilo putem državne subvencije, bilo odustajanjem od tarifiranja po marginalnom trošku. Prvo rešenje – okretanje poreskom obvezniku – koristi se u mnogim zemljama (na primer u Francuskoj i Nemačkoj) u slučaju železnica. Naplaćivanje od korisnika, međutim, jeste rešenje koje se primenjuje u Francuskoj i za telekomunikacijske kompanije i elektroprivredu. Tada se kaže da je preduzeće „prinuđeno da uspostavi budžetsku ravnotežu". Kada je okretanje poreskom obvezniku isključeno, preduzeće je obavezno da ostvari profit kako bi pokrilo fiksne troškove.

Ko treba da pokrije fiksne troškove? Korisnik ili poreski obveznik?

Da li korisnici treba da plate trošak za uslugu koju koriste? Ili, naprotiv, taj trošak treba da podele i bar delimično plate treća lica, koja tako doprinose postojanju te usluge iako je ne koriste? To pitanje može se postaviti na više nivoa – na nivou celokupnog preduzeća ili na nivou usluge koju to preduzeće pruža.

Na primer, uzmimo slučaj francuskog železničkog prevoza. S jedne strane, korisnici železnica ne plaćaju kompletan trošak usluga koje koriste. Svake godine železnice imaju veliki gubitak. Tako je francuska železnička kompanija *SNCF*, kojoj je zakonodavac „prepustio" dug, akumulirala dug od oko 40 milijardi evra. S druge strane, korisnici vozova na nekoj trasi ne plaćaju nužno trošak koji se tu stvara: fiksni trošak neke regionalne linije mogu pokriti korisnici drugih, rentabilnijih linija, ili pak poreski obveznici.

Ovakva podela troška možda ima tu prednost što održava cene izvesnih usluga na razumnom nivou, tačnije na nivou koji je blizak graničnom trošku, tj. trošku jednog putnika ili jedne dodatne jedinice. Ali takva podela troška ima manu, jer onemogućava transparentnost šansi za opstanak tih usluga. U pogledu pojedinačnih usluga – na primer, slabo korišćenih železničkih trasa – ne postavlja se samo pitanje cene već i pitanje postoji li uopšte namera da se ta linija (ili usluga) zadrži i očuva. Još od knjige Adama Smita *Bogatstvo naroda* (1776), ekonomisti se bave problemom definisanja cena kada društveni interes pružanja neke usluge nije očigledan: ako se usluga nudi po graničnom trošku, da li potrošački višak[1] opravdava fiksni trošak koji je neophodan za održavanje saobraćaja na nekoj trasi?

Problem je u tome što je u pogledu tražnje uglavnom poznata jedino tražnja po tarifiranoj ceni (granični trošak u ovom slučaju). Ako uslugu barem delimično finansiraju poreski obveznici, ili pak unakrsne subvencije na osnovu profita koji se ostvaruje u drugim segmentima, raspoložive informacije ne omogućavaju da se ustanovi treba li nastaviti s pružanjem postojeće usluge, odnosno da li zbir potrošačkih viškova i profita preduzeća premašuje fiksne troškove. Tarifiranje koje ispituje spremnost da se plati u zoni visokih cena

---

[1] Potrošački višak je neto benefit od potrošnje nekog proizvoda. Kao što je pokazao francuski inženjer-ekonomista Žil Dipi (Jules Dupuit) 1844. godine, on se može izračunati na osnovu funkcije potražnje. Da bismo razumeli kako se on računa, uzećemo sledeći primer: pretpostavimo da se neko dobro prodaje po ceni od 10 (po jedinici proizvoda) i da ima deset potrošača spremnih da plate više od deset (za samo jedan komad tog istog dobra): onaj ko najviše želi da ga kupi – kupovaće sve dok njegova cena ne pređe 20; onaj iza njega spreman je da ga kupi sve dok mu cena ne pređe 19, itd., sve do poslednjeg, koji je spreman da plati 11. Potrošački višak je njihov ukupni višak: (20 – 10) + (19 – 10) + (18 – 10) +...(11 – 10) = 55. Dakle, usluga je ekonomski opravdana sve dok fiksni trošak ne prelazi 55.

stoga je neophodno.[1] Međutim, društvena korisnost usluge neosporna je ako njena cena pokriva ukupan trošak (to je ono što se zove tarifiranje po prosečnom trošku), jer je potrošački višak nužno pozitivan (potrošači ništa ne gube time što usluga postoji, jer su oni slobodni da je ne koriste), te preduzeće ne nameće troškove poreskom obvezniku ili korisnicima drugih usluga.

Od teorije do prakse: Ograničene cene

Orange, Elektroprivreda Francuske, Pošta, Železnice Francuske… ne pružaju jednu, već mnoštvo usluga. Polazeći od pretpostavke da korisnik, a ne poreski obveznik, treba u njima da učestvuje, pitanje je za koje bi usluge preduzeće trebalo da podigne cenu znatno iznad graničnog troška proizvodnje, odnosno da podigne marže. Za taj problem ekonomski pristup je Remzi–Boateovo pravilo. To pravilo je 1956. godine u *EDF* uveo Marsel Boate (jedan od najslavnijih inženjera-ekonomista, kasnije i direktor *EDF-a*; takođe, bio je rodonačelnik francuskog nuklearnog programa), i ono ima dosta podudarnosti s predlozima o fiskalnoj politici koje je 1927. godine izneo Frank Remzi (Franck Ramsey), Kejnzov učenik, matematičar, filozof i ekonomista, koji je preminuo u 26. godini.

Čemu nas uči ova teorija? Jednostavno, zdravom razumu. Zarada iznad marginalnih troškova umanjuje potražnju za različitom robom i uslugama koje nudi preduzeće. Bolje ih je onda primeniti tamo gde će to biti najbezbolnije, tj. tamo gde potražnja ne opada previše zbog cene. Zato je ideja da se fiksni troškovi pokriju maržama na usluge za koje je potražnja najmanje elastična, a ekonomski gubitak najmanji. Stručno rečeno, relativna marža (marža veća od graničnog troška, izražena u odnosu na prodajnu cenu proizvoda) mora biti obrnuto srazmerna elastičnosti tražnje, gde je elastičnost tražnje jednaka procentu izgubljene tražnje usled porasta cene od 1%.

Sve to deluje dosta teorijski: stopa marže povezana s tarifiranjem Remzi–Boate jeste opadajuća funkcija cenovne elastičnosti tražnje.

[1] Za tu temu, vidi moj članak s Glen Vejl (Glen Weyl), *Market Power Screens Willingness-to-Pay*, Quarterly Journal of Economics, 2012, vol. 127, n° 4, str. 1971–2003.

Ali Remzijeva i Boateova teorija zapravo je vrlo intuitivna teorija definisanja cena, budući da se struktura relativnih cena koja iz nje proizlazi ne razlikuje mnogo od cene privatnog preduzeća. U privatnom sektoru, organizacione jedinice koje vrše prodaju proizvoda preduzeća uvek postavljaju sebi pitanje o tome šta tržište može prihvatiti. Implicitno, njihov osnovni koncept zasniva se na elastičnosti tražnje. Najveća razlika u tarifiranju privatnog preduzeća i regulisanog monopolskog javnog preduzeća, prema Remzijevim i Boateovim pravilima, tiče se razlika u cenama: cene su više u odsustvu regulacije, jer je cilj regulacije upravo da ograniči tržišnu moć.

A šta je s praksom? Da li se ona podudara s predlozima koje daje ekonomska nauka? Sve donedavno nije bilo tako. Pre će biti da je preovlađivao obrnuti princip: niske cene tamo gde bi profitne marže bile bezbolne, odnosno u segmentima s malom elastičnošću tražnje, a visoke cene u segmentima gde boli... Razlog za to bio je delimično političke prirode: trebalo je koristiti propisane tarife da bi se preraspodela izvršila na bezbolan način, ako se zna da je potražnja što se tiče robe i usluga za, recimo, pretplatu na struju ili telefon prilično neelastična, a da predstavlja veliki deo potrošnje manje imućnih domaćinstava. Javna vlast pokušavala je da usmeri preraspodelu ka najugroženijima, ne tako što bi im dala novčanu pomoć, već stvarajući veliku ekonomsku neuravnoteženost. Naime, budući da je malo naplaćivala usluge s neelastičnom tražnjom, mogla je podići cenu usluga sa elastičnom tražnjom kako bi pokrila njene fiksne troškove. A da ne pričamo o činjenici da se preraspodela nije uvek kretala u dobrom pravcu. Od niskih pretplatnih tarifa u ruralnim zonama imali su koristi i bogati Njujorčani s vikendicama u Nju Džersiju ili u unutrašnjosti države Njujork, kao i osiromašeni farmer iz Oklahome.

Tako su cene pretplate na telefonsku mrežu ostale niske uprkos vrlo slaboj elastičnosti tražnje: a u slučaju rasta cene pretplate – skoro svi pretplatnici zadržali bi svoju pretplatu (siromašni bi mogli biti neposredno subvencionisani, kao u primeru socijalnih tarifa struje, koje najugroženijima olakšavaju plaćanje računa), prestali bi da subvencionišu pretplatu imućnih domaćinstava, a preduzeće ne bi moralo tako skupo naplaćivati usluge s visokom elastičnošću tražnje (pozive na daljinu i međunarodne pozive), koje su pretplatnici ionako slabo koristili, što je ekonomsko traćenje: ljudi su imali telefon i vrlo skup priključak s bakarnom paricom, ali to nisu mnogo koristili. Isto tako, regulisana preduzeća fakturisala su visoke cene preduzećima, a niske domaćinstvima kako bi preraspodelila bogatstvo preduzeća ka domaćinstvima, dok su preduzeća imala prednost zbog mogućnosti da pribegnu jeftinijim alternativnim uslugama i zaobiđu to ograničenje. Slika je bila ista u većini zemalja i u različitim infrastrukturnim delatnostima.

Uprkos svom inovativnom karakteru, članak kojim je Marsel Boate postavio temelje ovoj teoriji ostao je mrtvo slovo na papiru četrdesetak godina. Naravno, politička ekonomija igrala je, kako smo videli, svoju ulogu u definisanju cena. Ali uvođenje tarifiranja zasnovano na onome što je zagovarao Marsel Boate bilo je kočeno i regulatorovim manjkom informacija o elastičnosti tražnje. Kritičari ekonomskog tarifiranja i pobornici *statusa quo* s pravom su isticali tu asimetriju informacija.

Da bi nam sve bilo jasnije, vratimo se na početak: regulacija ima za cilj da se tržišna moć kojom raspolaže prirodni monopol ne odrazi kroz previsok nivo cena. Ali su regulatori obično išli dalje od regulacije *nivoa* cena. Kako smo videli, oni su takođe kontrolisali relativne cene, odnosno *strukturu* cena. No, kako su u oba slučaja suočeni s velikim hendikepom u pogledu informacija kojima raspolažu, nužnost intervencije regulatora na strukturu cena mnogo je manje očigledna nego kada je reč o njihovom opštem nivou: ako je jasno da je u interesu monopolskog preduzeća da utvrđuje visoke cene, *a priori* je manje jasno zašto je ono pristrasno u svom izboru da cilja na jednu, a ne na neku drugu kategoriju korisnika.

Dakle, regulisane cene moraju biti odgovor na komercijalnu logiku i moraju biti slične strukture, ali globalno niže od cena neregulisanog monopolskog preduzeća. Osim toga, Žan-Žak Lafon i ja pokazali smo da se, pod izvesnim uslovima, problem regulacije može raščlaniti ovako: 1) opredeljivanje između ograničavanja profita preduzeća i podsticaja na smanjivanje njegovih troškova mora se rukovoditi pravilom o podeli troškova i profita, odnosno podelom rizika koji treba da učine odgovornim preduzeća; 2) struktura cena trebalo bi da prati načelo tarifiranja Remzi–Boate. Rezultat te „dihotomije" ima važne posledice u praksi. Ona čini mogućom, pre svega, potpunu upotrebu svih informacija kojima preduzeće raspolaže. Politika ograničenih cena, u kojoj je preduzeće primorano samo da tarifira u rasponu od niže srednje cene do maksimalne ograničene cene koje je definisala javna vlast, ne samo što stvara moćne podsticaje osvešćujući preduzeće u pogledu troškova – već mu i ostavlja slobodu da izabere strukturu cena prema načelima tarifiranja privatnih preduzeća, a na osnovu detaljnih informacija kojima ono raspolaže u pogledu troškova proizvodnje, kao i u vezi s tražnjom i njenom elastičnošću.

Da sumiramo, uvođenje ograničenih cena krajem XX veka bilo je ujedno teorijski i praktični odgovor na neefikasne tarifne strukture. U isto vreme, ono je omogućilo uspostavljanje snažnijih podsticaja, kako smo prethodno primetili. Šeme ograničenih cena podstiču regulisana preduzeća da primene efikasniju strukturu cena od one koja je postojala pre reformi, kada su cene bile administrirane, bez mnogo veze s ekonomskim principima definisanja cena. Fleksibilnost koja je bila ostavljena preduzeću pri određivanju njegove „strukture cena" – omogućava mu da uvidi sve raspoložive informacije o tome šta svaki od segmenata tržišta može podneti.

IV. REGULACIJA PRISTUPA MREŽI

Prepreke za uvođenje konkurencije

Podsticaji motivišu preduzeće da poboljša svoje performanse, konkurencija takođe. Ipak, konkurencija se ne razvija tako lako zbog same prirode infrastrukturnih delatnosti, u kojima, po pravilu, neki segmenti predstavljaju uska grla, ili pak osnovnu infrastrukturu. Tačnije, infrastrukturne delatnosti počivaju na infrastrukturi koja operatere dovodi u monopolski položaj: njihov veliki trošak čini njihovo udvostručavanje nepoželjnim i sprečava postojanje prave konkurencije, barem u tom segmentu aktivnosti. Međutim, konkurencija može postojati i na planu onoga što zovemo dodatnim segmentima. Elektrodistributivna mreža niskog i visokog napona (operater mreže u elektroenergetskom snabdevanju) mora biti jedinstvena, ali više proizvođača električne energije mogu biti jedan drugom međusobna konkurencija u opsluživanju industrijskih potrošača i domaćinstava, pod uslovom da imaju pravičan pristup mreži.

Uvođenje konkurencije u infrastrukturnim delatnostima nameće delikatna pitanja. Tako, u neregulisanom tržištu, dominantno preduzeće na posredničkom tržištu, što je uglavnom operater mrežne infrastrukture, u načelu će želeti da ograniči konkurenciju nizvodno u lancu vrednosti kako bi izbeglo eroziju svog profita – bilo tako što će u snabdevanju privilegovati sopstvenu filijalu, bilo tako što će unapred zaključiti ekskluzivni ugovor s jednim od preduzeća „nizvodnim u lancu vrednosti" (ili tako što će mu dodeliti povlašćene uslove pristupa). Dakle, treba ustanoviti načela kako bi se moglo odgovoriti na pitanje je li takvo isključivanje opravdano ili nije. Na primer, normalno je da preduzeće barem privremeno ubira plodove svoje inovacije ili investicije koja je od velikog društvenog značaja. Međutim, ako je monopolski položaj slučajan, ili ukoliko je posledica privilegije koju mu je dodelila država (upravljanje aerodromom ili lukom, na primer), onda ne postoji razlog da preduzeće ostvaruje monopolsku rentu, pri čemu su isključeni ostali konkurenti koji su „nizvodno u lancu vrednosti". Ta načela posebno su inspirisala razvoj prava konkurencije na polju lučke i aerodromske infrastrukture, ali i onlajn sistema za rezervacije (osamdesetih godina), ili operativnih sistema za računare. Dakle, trebalo je razraditi paradigmu koja bi vodila uvođenju konkurencije u preduzeća mrežne infrastrukturne delatnosti .

Pristupne cene

Regulacija pristupa, tj. cena koje definiše monopolsko preduzeće za pristup svojoj infrastrukturi – neophodna je iz dva razloga povezana s činjenicom da je preduzeće u posedu osnovne infrastrukture. Pre svega, preduzeće koje drži monopol nad pristupom želeće da ustanovi vrlo visoke pristupne cene, ili čak da potpuno isključi izvesne konkurente, kako bi povećalo svoj profit na određenom maloprodajnom tržištu. Zbog toga je regulator taj koji utvrđuje cene pristupa (i uopšte uslove pristupa u pogledu kvaliteta, kapaciteta, prioriteta, itd.) toj „osnovnoj infrastrukturi". Ta regulacija mora naročito voditi računa o usklađivanju uvođenja konkurencije sa očuvanjem podsticaja namenjenih postojećem javnom monopolu da očuva ili razvija svoju mrežu.

Tako se, na primer, sektor telekomunikacija brzo suočio s novim problemima pri definisanju cena interkonekcije. Prilikom uvođenja konkurencije u Engleskoj 1984. godine, nije bilo doktrine za utvrđivanje naknade koju je *Mercury* (provajder komunikacija na daljinu) morao platiti postojećem monopolskom preduzeću *British Telecom*, koje je posedovalo lokalnu mrežu (što je osnovna infrastruktura za telekomunikacije) i koje je takođe pružalo usluge komunikacije na daljinu. Isto pitanje postavilo se kasnije povodom cena pristupa lokalnoj mreži za konkurentske kompanije *France telecom / Orange*, i uopšte u svim zemljama gde je uvođena konkurencija. S kolegama iz Tuluza Žan-Žakom Lafonom i Patrikom Rejom (Patrick Rey), dakle, proučavao sam način na koji bi se pomirilo uvođenje konkurencije u komplementarne segmente (na primer, međugradske i međunarodne pozive, internet, itd.) infrastrukture (s lokalnom mrežom), uz dovoljne podsticaje postojećem državnom monopolskom preduzeću da ulaže u tu infrastrukturu. Pristup lokalnoj mreži *France Telecoma* jednosmerni je pristup (*one-way access*). Potom smo proučavali novi problem koji potiče od postojanja višestrukih lokalnih mreža (naročito povezan s razvojem mobilne telefonije) i dvosmernog pristupa (*two-way access*), ukazujući na principe za obračunavanje troškova interkonekcije.

Načelno, osmišljavanje tarifnih signala, poput troškova pristupa, ima više ciljeva, koji se mogu ilustrovati na primeru železničke infrastrukture:

Promovisati alokativnu efikasnost. Reč je o rukovođenju raspodelom termina za saobraćanje, koji su retki na prometnim trasama, naročito oko velikih metropola, s ciljem optimalne upotrebe i raspodele među različitim aktivnostima, poput međugradskog prevoza putnika, prigradske železnice, železničkog transporta robe, ali i potrebe za održanjem ovih termina za saobraćanje; kao i među različitim železničkim operaterima koji koriste ove trase. U jednoj dinamičnijoj perspektivi, alokativna efikasnost takođe se sastoji u usmeravanju ulaganja.

Obezbediti dovoljan nivo prihoda za preduzeće koje pruža pristup. Preduzeće koje je u posedu uskog grla mora se podsticati na to da nastavi ulagati u infrastrukturnu mrežu, kao i da obezbedi njeno održavanje.

Drugo po redu prilagođavanje radova Marsela Boatea bilo je neophodno kako bi se omogućila njihova primena u praksi. Zamisao je bila da se oni šire primene i u slučaju da su neka dobra poluproizvodi u lancu vrednosti (članak Marsela Boatea ticao se cene finalnih dobara i usluga namenjenih finalnim korisnicima). Tarifna debata stoga se pretvorila u debatu o utvrđivanju tarifa koje bi trebalo da primeni postojeći operater s monopolskim položajem radi omogućavanja pristupa svojoj infrastrukturi. Žan-Žak Lafon i ja ukazali smo na sličnost između problema tarifiranja pristupa i problema monopola nad više proizvoda. Pristup mora doprineti, kao i druge usluge, pokrivanju izdataka za fiksne troškove infrastrukture, prema pravilu Remzi–Boate. Ta sličnost s problemima tarifiranja preduzeća koje pravi više proizvoda navodi, radi podsticajne regulacije, pribegavanju globalno ograničenoj ceni korpe proizvoda u koju ulazi roba široke potrošnje, ali i pristupne usluge na veliko. U svim slučajevima, formula Remzi–Boate odražava ono što tržište može podneti (u pogledu cene), uzimajući u obzir troškove koje snosi operater. Kakve su posledice po tarifiranje pristupa mreži od strane vlasnika infrastrukture? To zavisi od strukture sektora.

Da bi se stvorili uslovi pravične konkurencije „nizvodno u lancu vrednosti", treba primeniti tarifu linearnog pristupa (cenu srazmernu upotrebi); naime, tarifiranje prema kojem preduzeće za pristup mreži plaća fiksnu naknadu (recimo godišnju), a onda eventualno i za svaku posebnu upotrebu – sprečava pridošlice manje velike od postojećeg monopolskog preduzeća da mu budu konkurencija sve dok njihova veličina ne dostigne kritični nivo koji opravdava naplatu fiksne naknade. Dakle, odluka o tarifiranju pristupa i odluka o industrijskoj strukturi sektora međusobno su povezane. U slučaju strukture koja je konkurentska „nizvodno u lancu vrednosti" – pristupna tarifa treba da bude linearna, a njena jedinstvena cena prelazi granični trošak aktivnosti koje su prethodile proizvodnji, kako bi mogla pokriti fiksne troškove infrastrukture. Međutim, u situaciji kada „nizvodno u lancu vrednosti" vlada monopol, treba primeniti tarifiranje u dva dela sa unapred plaćenim paušalnim iznosom koji preduzeće plaća operateru mreže (pokrivajući tako fiksne troškove), i s plaćanjem cene koja odražava granični trošak za operatera infrastrukture. Uz primenu Remzi–Boateove formule, pristupna cena u ovom slučaju mogla bi čak biti i niža od troškova, jer delimično treba da kompenzuje distorziju koju pravi monopol.

Tako je najgori scenario monopolska situacija i linearno tarifiranje. U tom slučaju, utvrđena cena biće relativno visoka i negativno će uticati na upotrebu mreže! Treba primeniti tarifiranje u dva dela (fiksna naknada plus tarifiranje po upotrebi), ili konkurentsku strukturu. Ali ne može istovremeno postojati monopolska situacija i mogućnost da se sektor reguliše kao da je izložen konkurenciji.

To se opet može ilustrovati primerom železničkog sektora, čije su izvesne aktivnosti već izložene klasičnom obliku konkurencije, konkurenciji na tržištu, kako pokazuje primer s transportom robe. Druge aktivnosti ostaju u situaciji monopolskog položaja, poput regionalnog prevoza putnika za koji je oblik konkurencije, regulisan evropskom uredbom OSP, pre konkurencija „za" tržište prema geografskim zonama. Zato, u pogledu transporta robe, prednost treba dati linearnom tarifiranju, naročito kako bi se podstakao ulazak i dobro funkcionisanje prave konkurencije. U slučaju regionalnih vozova, što je ustupljeno samo jednom preduzeću, treba, naprotiv, dati prednost tarifiranju u dva dela s nižom cenom za upotrebu infrastrukture. Treba dobro razmisliti o različitim rešenjima tarifiranja. Želimo li da postoje segmenti s monopolskim položajem i segmenti izloženi konkurenciji? Želimo li konkurenciju *na* tržištu ili *za* tržište kad su u pitanju brze pruge? Kad se na ta pitanja dobiju odgovori, valja primeniti različite goreskicirane tarifne šeme.

Pristup elektrodistributivnoj mreži

O pitanju pristupa datog preduzećima među kojima vlada konkurencija „nizvodno u lancu vrednosti" mnogo se pisalo, jer se problematike razlikuju od sektora do sektora. Prilikom restrukturiranja *elektroenergetskog sektora,* započetog devedesetih godina XX veka, elektrodistributivna mreža privukla je pažnju javnih vlasti i univerzitetskih istraživanja. Šematski, elektroenergetski sektor organizovan je u tri nivoa, a to su: proizvodnja u klasičnim elektranama ili putem obnovljivih izvora energije, mreža visokog napona za transport na velike razdaljine i mreža niskog napona lokalne distribucije električne energije. Kako je mreža visokog napona fizičko mesto tržišta na veliko, svi se slažu s tim da pristup mreži mora biti otvoren i nediskriminišući. Zemlje koje su prihvatile liberalizaciju usvojile su različite modele garantovanja tog pristupa: većina evropskih zemalja i SAD odredili su operatere distributivne mreže nezavisne od integrisanih javnih monopolskih preduzeća. (Francuska i Nemačka sačuvale su svoju vertikalno integrisanu strukturu, ali očito uz obavezu o neutralnom stavu prema konkurenciji između interne i eksterne proizvodnje električne energije).

Ali pod kojim ekonomskim uslovima prodavati pristup distributivnoj mreži? Bio je to novi problem: pošto su elektroenergetske kompanije dotad bile vertikalno integrisane i bez stvarne konkurencije, pitanje se nikad nije postavilo. Prvo rešenje koje pada na pamet, takozvano pitanje fizičkih prava na distribuciju – jeste razmatranje bilateralne razmene fizičkog prometa električne energije, te definisanje i razmena fizičkih prava distribucije: prodaja struje jednog proizvođača koji se nalazi u mestu A potrošaču (preduzeću ili distributeru) koji se nalazi u mestu B zahteva da ugovorne strane prethodno steknu prava na distribuciju od mesta A do mesta B. Na primer, u slučaju razmene između dve zajednice, francuski proizvođač koji želi da izvozi u Veliku Britaniju mora prvo sebi obezbediti mogućnost korišćenja interkonekcije na relaciji Francuska – Velika Britanija. Uopšte, skup dodeljenih distributivnih prava mora poštovati kapacitete prenosnih linija i fizičke zakone mreža (pogotovo Kirhofove zakone). Vratimo se na jedan gorepomenuti primer. Pretpostavimo da je cena struje u mestu B 100 evra po megavatu, dok se proizvođači u mestu A mogu snabdeti strujom po ceni od 25 evra po megavatu. Protok struje između A i B mora biti zagušen, inače bi cene bile jednake između te dve lokacije. Cena fizičkog prava za distribuciju od mesta B do mesta A, koja se formira na tržištu fizičkih prava, mora stoga iznositi 75 evra po megavatu.

Još jedno rešenje, takozvana finansijska prava, polazi od sistema licitacije koji danas postoji na većini elektroenergetskih tržišta. U toj organizaciji tržišta, razmena nije više bilateralna, već naprotiv – svaki akter (proizvođač, potrošač) ukazuje na svoju spremnost da plati u odnosu na krivu koja označava kretanje ponude ili tražnje u svakom čvorištu mreže. Na primer, proizvođač struje pokazuje koliko će biti spreman da ponudi različitim čvorištima mreže na koje su njegovi generatori prikopčani u odnosu na cenu koja preovlađuje u razmatranom čvorištu: „Spreman sam da snabdem sa *x* mesto B po ceni od 25 evra po megavatu, sa *y* (veće od *X*) po ceni od 30 evra po megavatu, itd."

Operater distributivne mreže, koji vodi računa o ograničenjima mreže, onda realizuje alokaciju koja generiše najviše sveukupnog viška. Na primer, ako su zahtevi koji se tiču različitih čvorišta mreže unapred postavljeni, sistem minimizira troškove proizvodnje (*least-cost dispatch*) uz ograničenje pouzdanosti mreže. Što znači: ako ne postoji ograničenje u pogledu pouzdanosti elektrodistributivne mreže, on bira snabdevače koji su ponudili najnižu cenu prilikom licitacije. U slučaju ograničenja na distributivnoj mreži, on je naveden na to da bira skupe proizvodne jedinice i da ostavi po strani one manje potrošačke jedinice kako bi ispoštovao fizičke zakone mreže. A to je integrisano javno preduzeće *Elektroprivreda Francuske*, inače pionir ekonomskog obračuna u tom sektoru, radilo već veoma dugo u okviru francuskog unutrašnjeg tržišta.

Dvostruka je novost u odnosu na ono što se primenjivalo ranije. S jedne strane, pozivi proizvođačima struje upućuju se i mimo nacionalnih granica, dok se troškovi proizvodnje utvrđuju na licitacijama, a ne hijerarhijskim putem. S druge strane, finansijska prava omogućavaju proizvođačima i potrošačima da se osiguraju od rizika; na primer, ako se neki proizvođač aluminijuma, kao veliki potrošač struje, u regiji koja uvozi struju brine da bi zagušenje mreže moglo podići cene, on može kupiti finansijska prenosna prava u količini koja odgovara njegovoj tražnji. Ono što će ono izgubiti kupujući skuplje u slučaju da dođe do zagušenja – opet će povratiti u obliku profita putem svojih finansijskih prava, i obrnuto, u slučaju da ne dođe do zagušenja.

Da se vratimo našem primeru, iako opštepoznata cena proizvodnje u mestu B iznosi 25 evra po megavatu, potrošač iz mesta A suočava se s „rizikom od zagušenja": ako je potražnja u mestu A slaba, možda neće biti zagušenja na trasi između B i A, a onda će kupovna cena u mestu A iznositi 25 evra po megavatu. Ako je, naprotiv, potražnja u mestu A veća, ili je kapacitet mreže visokog napona smanjen usled neke vremenske nepogode, zagušenje na liniji podići će cenu u mestu A na 175 evra po megavatu. Finansijsko pravo odgovara cenovnoj razlici (0 ili 150, od slučaja do slučaja, odnosno 75 u proseku, ako su jednake šanse da do zagušenja dođe i da ono izostane) između mesta A i B. Taj iznos, koji dobija u prvom redu mreža, može biti predmet finansijskog prava (na isplatu dividende za zagušenje od strane mreže) kojim se potrošač u mestu A može pokriti od cenovnog rizika. U tom slučaju, potrošač kupuje finansijsko pravo, a ne fizičko pravo distribucije. Finansijsko pravo štiti ga od varijacije u ceni prouzrokovane, recimo, zagušenjem na liniji. Dakle, finansijska prava samo su instrument osiguranja od rizika.

U jednom kapitalnom članku, Vilijam Hogan (William Hogan), profesor s Harvarda, pokazao je da su, u slučaju savršene konkurencije, finansijska transportna prava koja svom imaocu plaćaju cenovnu razliku na mestima izlaza i ulaza struje u mrežu – jednaka fizičkim pravima.

S Polom Džoskouom (Paul Joskow) iz Masačusetskog tehnološkog instituta (danas je on predsednik fondacije *Sloan*) proučavali smo slučaj nesavršenih tržišta (znajući da se u čvorištu mreže često nalazi jedan ili više snabdevača ili kupaca), te pokazali, na primer, da proizvođač s lokalnom monopolskom pozicijom (u jednom čvorištu mreže) – ili kupac s lokalnom monopolskom pozicijom – može uvećati svoju tržišnu moć mudro koristeći prava na prenos, bilo fizički ili finansijski. Takođe, izložili smo principe kojima se tela za zaštitu konkurencije moraju rukovoditi na tom polju.

V. KONKURENCIJA I JAVNE USLUGE

U komunalnom sektoru, princip pravičnosti obično se izražava preko obaveze pružanja javne usluge: imućniji potrošači subvencionišu potrošače s malim prihodima (preko socijalnih tarifa). Oni koji žive u zonama jeftinijim za opsluživanje potpomažu one što žive u zonama skupljim za opsluživanje (putem jednoobraznih tarifa, zvanih još i izjednačavajuće tarife). Plaćajući cenu višu od troška, strane koje više doprinose kompenzuju razliku između troška i cene (niže od troška) koju plaćaju potrošači s malim prihodima ili oni što žive u zonama skupim za opsluživanje. Tada pričamo o unakrsnim subvencijama između javnih usluga ili grupa potrošača.

U okruženju koje podrazumeva slobodnu konkurenciju, mehanizam finansiranja unakrsnim subvencijama podstiče „skidanje kajmaka", te stoga nije ekonomski održiv: tarifirajući usluge u nekim zonama iznad njihovih troškova da bi se nadoknadili gubici nastali u nekim drugim zonama, operater ostavlja manevarski prostor jednako efikasnim (pa čak i manje efikasnim) konkurentima koji nemaju obavezu da uslužuju nerentabilne klijente ili zone. Da bi se suprotstavio strategiji „skidanja kajmaka" svojih konkurenata, operater koji pruža osnovnu uslugu mora spustiti svoje tarife u zonama najizloženijim konkurenciji (onima koje su najjeftinije za opsluživanje), što onda uništava unakrsne subvencije. U deregulisanim sektorima (telekomunikacije, energetika, poštanske usluge i dr.) suočenim sa ovim problemom, kompenzacioni fond javnih usluga, konkurentski neutralan, bio je uspostavljen u svim zemljama koje su restrukturirale ove sektore. Izdvajanje od cene svih usluga onda omogućuje da se subvencionišu usluge koje su ciljane politikom redistribucije ili regionalnog razvoja, a koje se naplaćuje nezavisno od identiteta pružaoca usluga.

Nasuprot ustaljenoj predstavi, javni servis i konkurencija nisu ni u kakvom sukobu. Tako je rebalans cena koji je usledio nakon uvođenja konkurencije bio propraćen transparentnijim obavezama servisa osnovne usluge, koje štite one najugroženije i vode računa o teritorijalnom uređenju, i koje su postale kompatibilnije s konkurencijom među operaterima.

Međutim, mogli bi se smisliti i drugi oblici redistribucije: preko poreza i neposrednih transfera prihoda. U eksperimentalnim uslovima, ekonomisti Entoni Etkinson (Anthony Atkinson) i Džozef Stiglic pokazali su 1976. godine da se svaka redistribucija između lica morala obaviti putem oporezivanja prihoda (a ne preko zadataka sektora javnih usluga) kako bi se izbegao uticaj na potrošačke odluke ekonomskih aktera.

Naime, postavljanje zadataka sektoru javnih usluga vodilo je nametanju potrošačkih izbora izvesnim kategorijama građana. Bolje bi bilo, kako ističu Etkinson i Stiglic, izbeći paternalizam i redistribuirati prihod putem direktnog oporezivanja nego koristiti indirektno poreze, ili ono što na njih podseća, poput unakrsnih subvencija u okviru regulisanog preduzeća. Naime, redistribucija putem neposrednog oporezivanja omogućava da se uvećaju prihodi manje bogatih domaćinstava - a da se pritom ne utiče na njihove potrošačke sklonosti, kako to čine indirektno oporezivanje i unakrsne subvencije. Konkretno govoreći, Etkinson i Stiglic sugerišu da bi domaćinstvo s malim prihodima – ili seosko domaćinstvo u Ariježu – moralo raspolagati većim prihodima, a plaćati više telefon, struju i poštanske usluge, i to kako bi slobodno biralo sadržaj svoje potrošačke korpe. Upoznato sa istinom o cenama, to domaćinstvo možda bi radije preusmerilo svoju potrošnju, što bi doprinelo njegovom blagostanju i suficitu.

Mada su izvesne hipoteze Etkinson–Stiglicove teoreme napuštene (naročito ako potrošači imaju različite ukuse, a ne samo različite obrasce potrošnje, prema prihodima, ili ukoliko su prihodi teško uočljivi, što se često događa u zemljama u razvoju), instrument redistribucije preko primanja osnovne usluge ipak se može pokazati kao odgovarajući. Naročito ako ne raspolažemo svim informacijama koje su neophodne za izbor korisnika neposredne finansijske pomoći – subvencionisanje nekih proizvoda ili usluga koje posebno koristi ciljana populacija može koristiti ublažavanju ovog problema s informacijama. Na primer, nacionalno tarifno izjednačavanje koje omogućava pružanje osnovne usluge posredno pomaže seoska domaćinstva subvencionišući njihove poštanske usluge. Nasuprot tome, ako pretpostavimo da pružanje osnovne usluge ne postoji, neposredna finansijska pomoć podeljena osobama koje izjavljuju da žive u seoskoj zoni mogla bi podstaći urbana domaćinstva na to da prijave adresu na selu kako bi i sama dobila pomoć, zbog čega željeni cilj ne bi bio postignut.

Dakle, nema jednostavnog zaključka u materiji javnih usluga. Dve razumne osobe mogu se složiti u ciljevima, a razilaziti u pogledu načina njihovog sprovođenja. One će se, naprotiv, složiti u pogledu nužnosti evaluacije tih politika. Zadaci sektora javnih usluga moraju biti jasno definisani kako bi na najbolji mogući način doprineli postizanju željenog cilja, i njihova efikasnost mora se uporediti s drugim instrumentima, imaju li se u vidu karakteristike datih tržišta i njihova evolucija. Sume koje su igri svakako opravdavaju takvu analizu. Na primer, troškovi javnog servisa električne energije u Francuskoj, pravdani subvencijama namenjenim kupovini električne energije iz obnovljivih izvora, geografsko izjednačavanje i najzad socijalne tarife (prema nivoima potrošnje) – predstavljaju 16% prosečnog budžeta domaćinstava. One su se povećale sa 1,4 milijarde evra 2013. godine, te dostigle sedam milijardi 2016. godine.

Tako da se obe opasnosti moraju izbeći.

Prva je da, kao i za sve javne odluke, principi političke ekonomije ne preovladaju nad ekonomskom analizom. Manjina koja ima koristi od subvencije savršeno je informisana o njoj, i nagradiće svojim glasom političare koji je podržavaju. Što se tiče većine koja od subvencije nema koristi, a koja tu subvenciju finansira, ona može biti toga nesvesna ako su te mere obavijene velom ćutanja, te samim tim nije podstaknuta da sankcioniše političare zbog toga.

Druga opasnost je nagomilavanje mera, a i nje smo se dotakli u ovoj knjizi. Mere se mogu opravdati kada se razmatraju svaka za sebe, ali se više ne zna šta im je posledica kada se razmatraju sve zajedno. Kao za pomoć najugroženijim, mere u korist obnovljivih izvora energije i ekonomski slabijih regija nagomilavaju se, tako da se gubi vidljivost nad sveukupnošću mera koje bi trebalo revidirati.

Bilo kako bilo, umesto utvrđivanja proizvoljnih cena za obaveznu kupovinu energije iz obnovljivih izvora od strane *Elektroprivrede Francuske*[1], bilo bi bolje dovesti ih u konkurentski položaj sistemom javnih nabavki, kako to predlažu nacrti evropskog i francuskog regulatornog okvira. Ali pre toga treba takođe postaviti pitanje cilja: je li u pitanju želja da se finansiraju obnovljivi izvori energije u borbi protiv globalnog zagrevanja (ako je tako, onda bi neposredno oporezivanje cene ugljenika predstavljalo mnogo efikasniji način da se podstakne upotreba obnovljivih izvora energije[2], jer ono ne prejudi-

[1] Godine 2014 – 422 evra po megavatu za solarnu fotonaponsku eneregiju (što je cena u očiglednom opadanju u odnosu na onu od pre nekoliko godina), 88 za vetrenjače, 133 za bio-masu, itd. (poređenja radi, prosečna cena u 2014. godine na tržištu u veleprodaji – na berzi evropske električne eneregije – iznosila je 37 evra po megavatu).

[2] Tarifiranje ugljenika zaista bi doprinelo smanjenju štetnih emisija. Na primer, električni automobil drastično bi umanjio štetne emisije u Francuskoj zbog proizvodnje električne energije uz malu potrošnju ugljenika, ali bi vrlo lako uvećao te štetne emisije u kontekstu gde se struja proizvodi upotrebom zagađujućih tehnologija! Videti Stephen Holland, Erin Mansur, Nic-

cira izbor između različitih obnovljivih izvora energije i uspostavlja globalnu koherentnost u energetskoj politici: videti osmo poglavlje)? Da li se ta politika kosi s drugim ciljevima sektora javnih usluga (u Sjedinjenim Državama subvencije dodeljene za solarnu fotonaponsku energiju bile su od naročite koristi najimućnijim domaćinstvima, onima koja su već bila u mogućnosti da ulože u velike instalacije na svojim kućama)?[1] Je li paleta postojećih izdvajanja odgovarajuća, ili, kako to primećuje Revizorski sud, nije li nam potreban doprinos za energiju uopšte?[2] Mogu li se subvencije opravdati postizanjem drugih ciljeva (poput pomoći nastanku neke industrijske grane i sticanja koristi od krive učenja i snižavanja troškova – ovde upućujem na trinaesto poglavlje kad je reč o načinu promišljanja o industrijskoj politici)? Te opaske takođe se mogu primeniti i na dva druga elementa javnih usluga, izjednačavanje i socijalne tarife: jesu li one dobar način da se pomogne tim populacijama? Nemam odgovor na ta pitanja, ali siguran sam da su jedino ciljevi bitni, dok su instrumenti tu samo da bi omogućili njihovo postizanje u najboljim uslovima.

Iako je ekonomija zaista usmeravala reforme koje podstiču prirodni monopol na umanjenje troškova i usvajanje cena koje doprinose društvenom blagostanju, iako nam je omogućila da shvatimo kako da bez dogmatizma otvorimo ove sektore za konkurenciju, iako nam je pokazala da su javne usluge i konkurencija savršeno kompatibilne – njoj ipak predstoji još mnogo rada i mnogo učenja. Radi opšteg dobra.

---

holas Muller, Andrew J. Yates, *Environmental Benefits from Driving Electric Vehicles?*, rad objavljen na internetu.

1 Uopšte, američka domaćinstva koja se nalaze među 20% domaćinstava s najvišim prihodima primila su 60% od 18 milijardi dolara transfera namenjenih zelenoj energiji koje je vlast podelila od 2006. do 2014. godine (solarne panele, izolaciju, hibridne automobile...); taj broj penje se na 90% u pogledu električnih automobila: videti Severin Borenstein, Lucas Davis, *The Distributional Effects of US Clean Energy Tax Credits*, rad objavljen na internetu. Borenstajn (Borenstein) i Dejvis (Davis) takođe predviđaju da bi cena ugljenika mogla biti manje regresivna.

2 Opet, treba precizirati cilj. Oporezivanje ugljenika istovremeno je jednostavnije i logičnije.

INDEKS

Žan Tirol
EKONOMIJA ZA OPŠTE DOBRO

AKADEMSKA KNJIGA
Novi Sad, Pašićeva 6
telefon: 021/4724-924
e-mail: office@akademskaknjiga.com
www.akademskaknjiga.com

Lektura i korektura
Aleksandra Andrić

Kompjuterski slog
Marius Rošu, Quadrum, Novi Sad

ISBN 978-86-6263-205-0

2019

CIP – Каталогизација у публикацији
Библиотека Матице српске, Нови Сад

330

ТИРОЛ, Жан, 1953–
Ekonomija za opšte dobro / Žan Tirol ; [preveli sa francuskog] Marko Božić, Gorana Prodanović. – Novi Sad : Akademska knjiga, 2019. – 584 str. ; 23 cm

– Napomene i bibliografske reference uz tekst.

ISBN 978-86-6263-205-0

а) Економија
COBISS.SR-ID 323736839